外交感覚

時代の終わりと長い始まり

Diplomatic Sense:
The End of an Era and the Long Beginning of
a New Order

KOSAKA Masataka
高坂正堯

凡例

一　本書は高坂正堯著『外交感覚』シリーズ（全三巻、いずれも中央公論社刊）を合本したものである。

二　第Ⅰ部「外交感覚――同時代史的考察」は『中日東京新聞』、第Ⅱ部「時代の終わりのとき――続・外交感覚」は『東京新聞』、第Ⅲ部「長い始まりの時代――外交感覚3」は『中日新聞』での連載を中心に構成され、それ以外の出典については、見出しの下に『月刊中央公論』♠、『日本経済新聞』♣、『サンケイ新聞』◆、『季刊アステイオン』♥、『朝日新聞』○を付した。

三　本文中、（　）は著者による注釈、〔　〕は編集部による注釈である。

四　原註以外の脚注、および巻末の人名・事項索引、年表は編集部が作成した。

五　原著では執筆時期によって著者の書き癖の変遷が見られるが、オリジナルを尊重するため敢えて統一などは図らなかった。

復刊にあたって

中西寛
NAKANISHI Hiroshi

このたび高坂正堯《こうさかまさたか》『外交感覚』シリーズ三冊が合本の形で再刊されることになった。没後二〇年を経てなお高坂の著作の多くは読者に愛され、読みつがれてきた。しかし高坂の著作の中で本シリーズは長らく絶版となって一般読者には手に入りにくいものとなっていた。今回、千倉書房の英断によって本書が一冊の大著として蘇り、高坂の晩年の思考が当時の時代性と共に高坂のオールド・ファンに、また新たな読者に届けられることになったことはまことに喜ばしく、かつ意義深い。

本書を手にする読者の中には高坂について知っている人も少なくないだろうが、煩を厭わずその略歴を記しておこう。高坂正堯は一九三四年、京都帝国大学の哲学教授だった高坂正顕《まさあき》の次男として京都に生まれた。その後、父の仕事に伴って短期間東京に暮らし、また戦中に京都府北部の間人《たいざ》に疎開したことはあったが、成長期のほとんどを京都で過ごした。一九五三年、京都大学法学部に入学して国際法の田岡良一、政治学の猪木正道らの薫陶《くんとう》を受け、大学卒業後、法学部助手に残ると一九五九年には助教授に採用、翌年から二年間のアメリカ・ハーバード大学留学を経て帰国後、月刊中央公論に掲載された「現実主義者の平和論」を嚆矢《こうし》として論壇における現実主義国際政治学者の旗手として注目を集めるようになった。

同論文を含む『海洋国家日本の構想』（中央公論新社）は国際政治の構造分析と欧米で発達した戦略理論を下敷きに日本外交の指針を論じる洗練された論文集であり、また「宰相吉田茂」に始まって戦後日本の政治外交に関する巨視的な分析は戦後日本外交について「吉田路線」という標準的な理解を提供し、三〇歳を過ぎたばかりで公刊された『国際政治』（中公新書）、『世界地図の中で考える』（新潮社）は一般向けながら深い洞察と洗練された筆致で研究者にも大きな影響を与えた。一九七八年、ウィーン体制の成立から第一次世界大戦の開始までのヨーロッパ国際政治の変化を分析した『古典外交の成熟と崩壊』（中央公論新社）によって第一三回吉野作造賞を受賞、一九八一年刊行の『文明が衰亡するとき』（新潮社）はベストセラーとなり、一九九二年には最後の書き下ろしとなった『日本存亡のとき』（日本経済新聞社）で冷戦後の日本外交の刷新を強く訴えた。一九九六年、内臓ガンのため急死する直前まで執筆を続けた、戦後日本を代表する国際政治学者、論壇人、文章家と言ってよい。

先述のように高坂の代表的な著作はその没後も継続して刊行されたり、再刊されたりしてきた。ことに没後ほどなく刊行された『高坂正堯著作集』全八巻（都市出版）には、単行本として刊行されなかった論文も含めて高坂の浩瀚《こうかん》な著作から代表作が収められた。しかし著作集の編集時にも収録できなかったのが、今回再刊された『外交感覚』シリーズの主要部分を占める高坂の、特に連載を柱とするタイムリーな時論であった。著作集に収めるには分量が膨大に過ぎたし、当時は刊行中の著作も多く、改めて著作集に収録する必要性は低かったからである。

本書の凡例《はんれい》にあるように『外交感覚――同時代的考察』（中央公論社、一九八五）、『時代の終わりのとき――続・外交感覚』（同、一九九〇）、『長い始まりの時代――外交感覚3』（同、一九九五）は、『中日新聞』ないし同社発行の『東京新聞』に毎月連載された時論を軸としたシリーズであり、一九七七年四月から一九九五年三月までの一八年間の八年、五年、五年をそれぞれカバーしている。ちょうど筆者が高坂の下で学んだ時期とも重なっており、ソ連やアメリカの見方、イラン・イラク戦争、冷戦後の世界など様々な話題について高坂の語ったことが思い出される。

この間、高坂は論壇誌にかなり長文の外交評論を書いており、本書に集められた時論はある意味では雑誌評論の素材という面がある。そのためか、高坂の死後も雑誌評論が読み継がれる一方で、より短期的な間隔で書かれた新聞時論集は絶版となっていった。

しかしある程度の時が隔たった今日再読すると、本書は雑誌評論とは異なる趣をもつ作品として蘇った印象をもつ。

毎月の短い評論は、言わば高坂というすぐれた観察者の視点を通じた同時代的な定点観測であった。当時にあってこの定点観測を読んだ者は、高坂の視点に啓発されるけれども基本的に高坂と同じ平面に立ち世界を眺めている。しかし時を経た現在、読者と高坂の観察眼とその対象となった世界は立体的な関係となっている。我々は高坂の知らないその後の時代の流れを知っているし、逆に高坂の視点から今は薄らいでしまった当時の価値観を思い出すことができる。

面白いのは、この三冊が期せずしてそれぞれの時代のテーマを反映しているように見えることである。最初の『外交感覚』では連載はソ連との漁業問題に始まり、ゴルバチョフの登場に終わっている。今の我々は一九七七年から一九八五年の時期、ソ連の脅威が西側を大いに戸惑わせた「新冷戦」であったことは知っていても、ソ連の行動の解釈をめぐって人々がどれだけ悩んだかは皮膚感覚として失ってしまっている。本書を読み返すとそうした感覚を（当時を知っている私のような者には）思い出させてくれる。同じく『時代の終わりの時』は日米の貿易不均衡の問題に始まり、終わっているし、『長い始まりの時代』では日米が冷戦後の国際秩序形成をめぐって戸惑いながら摩擦を深めていった状況を反映している。

また、本書に収められた時論は高坂の思考の展開を跡づける格好の資料でもある。一例を挙げると一九九〇年八月のイラクのクウェート軍事侵攻から湾岸危機が始まったが、高坂がこの問題を採り上げるのは同年一一月からであり、急速に日本外交の対応に批判的になっていく様子が見てとれる。前年にベルリンの壁が崩壊し、急速に東西ドイツの統一が実現する一方、ソ連ではクーデタが試みられる状況のなかで、高坂もまた湾岸危機をどう評価すべきか模索していたのではないだろうか。

高坂は予言者ではなく、時代の中で思考を積み重ねていった分析者であり、常にその判断が正しかった訳ではない。しかし高坂の思考は常に冷静で、世論や専門家の間で流行する見方に安易に雷同せず、歴史的経験に裏打ちされて物事の性質を見極めようとする姿勢において際立っていた。「新冷戦」期のソ連の攻撃的な行動がかなり防御的心理に由来しているとの指摘や、アメリカ衰退論が流行した時期にアメリカの再生の可能性を主張するなど、毎月の思索の中でも高坂は時代を越えた洞察を示していたのである。

高坂が存命であれば現代についてどのような時論を書くであろうか。本書の読者は誰しもがそのような想像に囚われるであろう。残念ながらその願望は現実のものとはならないが、本書に収録された高坂の日々の思考過程を丹念に追えば、我々が現代の国際政治を考える上で貴重な指針となるだろう。本書が幅広い読者にとって高坂国際政治学に新たな光をあてるよすがとなることを祈って止まない。

（京都大学公共政策大学院教授）

外交感覚——時代の終わりと長い始まり　目次

I 外交感覚

同時代史的考察

この書物〔本書第Ⅰ部〕は一九七七年四月から一九八五年三月までの八年間に『中日東京新聞』に毎月書いて来た外交評論を中心に、『中央公論』の「巻頭言」と『日本経済新聞』の政治評論を加えたものである。それらはすべて時事論文で、ひとつの事件がおこってから一ヵ月以内に分析し判断し、書かれている。雑誌論文のように多少とも長い視野で書いたものは、この書物からははずした。

というのは、その都度の分析と判断をまとめてみて、そこからどのような国際政治の認識が得られるものかを世に問いたかったからである。もっとも、八年前、『中日東京新聞』に書き始めたとき、これだけ長く続けて書くことになるとは予想しなかったし、それもあって書物にまとめることなど、まるで念頭になかった。それに、時事論文は所詮《しょせん》時事論文で、しばらく時が経てば価値がなくなると考えていた面もある。

しかし、毎月のコラムを少々続けるに及んで私の考え方は変化した。一ヵ月という視野で書かれたものをまとめるよりも、一年を通観して書いた方が流れははっきりする面がたしかにあるが、しかし、その都度書いたものには驚きやためらいなどのニュアンスがある。それに、時事論文だからしばらく時が経てば価値がなくなるようなものなら、始めから書かない方がよい。逆に言えば、事件の最中、あるいはすぐ後で書くものが誤りを大量に含むようなら、一年という期間を置いても、よいものが書けるはずはない。

外交評論や政治評論は、基本的に同時代史的な性格を持っている。それは生じつつある事態のなかで作られつつある政策への批評なのであり、十分な判断材料が与えられているわけではないし、結論がそう早く出るということもない。この書物の論文の対象となった八年間は、とくにそうした性格が強い時期であるかも知れない。

最初の論文は北方漁業の問題にからめて、ソ連が領土問題でその立場を強めようとした動きを論じたものであり、最後のものはチェルネンコ〔ソ連共産党書記長〕の死去とゴルバチョフの登場についての評論であるが、その事実が示唆しているように、この八年間の重要問題はソ連の力の増大にいかに対処するかということであった。北方漁業の問題というと、いささか末梢的なことで、最初の論文として衝撃力が弱いが、しかし、それが日本人としてソ連の力の外交に直接触れた最初の機会であった。そのころアフリカや中東へのソ連の進出とソ連の軍事力の強化から、アメリカや西欧では、ソ連問題がさかんに論じられるようになっていた。日本人はそのことを一九七九年十二月末のアフガニスタン侵攻によって認識させられることになる。

しかし、ソ連の力の増大と進出は内に弱さを含み、それゆえに懸念の産物でもあった。それは年老いつつある指導者に率いられた停滞気味の国の対外進出、という複雑な性格を持つものであったし、それゆえ、単純明快な対応は正しくないのであった。それが、いわば「ソ連問題」の本質なのである。

そして、ソ連の力の増大には限界があることが明白になり、ソ連の指導者の世代交代がおこなわれるに及んで、上述したような「ソ連問題」はその緊急性を失いつつあり、問題の質も変化するかも知れない。その意味で、ひとつの時代の終りを予見しうるかも知れない。しかもなお、せいぜいそれは「終りの始まり」にすぎないのであり、したがってこの八年間のソ連の力の増大とそれに対する西側の反応について、確定的な評価を下すわけにはいかないのである。われわれは本質論によりかかるのではなく、その都度の変化を目ざとく捉え、慎重に評価し、限界をわきまえつつ、対応策を講じなくてはならない。それが同時代史なのである。

世界経済とアメリカの動きということになると、事態の展開はそれが新しいこともあって、より濃いと思われる不透明性(ambiguity)に包まれている。「第二次石油危機」は「ソ連問題」と並んで、この八年間における重要問題であった。それは「第一次石油危機」ほど急性の攪乱《かくらん》を生み出しはしなかったけれども、しかし、第一次石油危機への対応を一応終えた世界経済に深甚な打撃を与え、深刻な不況や累積債務問題をもたらした。それもそのはずで、第一次石油危機が世界の総粗《そうそ》生産《せいさん》のなかで石油の占める比重を〇・五パーセントから二・五パーセントに増やしたのに対し、第二次石油危機はそれを五パーセントにまで上げたことを考えれば理解されよう。上昇率は低かったが、その衝撃にはずっしりとこたえる重味があった。

しかし、それは国際経済体系をおしつぶしはしなかった。苦しい対応を必要とする問題はいくつか現われたが、曲りなりにも対応策はとられたし、それに現代の世界は不思議な復元力を持った強さを示した。それはresilience〔弾性、回復力〕という言葉にもっともよく表現される。そして、にわかに増大した力には反動があるという常識通りに、OPEC〔石油輸出国機構〕の力は弱まり、石油の価格は下落して来た。この意味でも、現在われわれはひとつの時代の終りについて語りうるかも知れない。

だが、やはり事態は不透明である。石油価格の急騰が生み出した攪乱は累積債務という形で残っている。また、世界各国の経済の失速は石油価格の高騰だけが理由となったものではなく、「先進国病」などが潜行しており、それが表面化したものでもあった。そうした状況から脱出するためにアメリカがとった措置[1]は、到底尋常なものでなく、大きな賭けであった。だから、それはいくつかの問題を緩和したが、同時に新しい問題を作り出し、それがどのような形で治まるのか、今のところだれにも判らないという状態である。

恐らく、人間の営みというものは、そのようなものであろう。人間は不意をつかれる形で問題に直面し、それを解決するために努力して、ある程度まで成功するが、それは完全な成功ではなく、また、解決の努力が新たな問題を生み出す。その結果、だれもが予想しなかったような新しい状態へと入って行くということになる。一九八〇年代の半ばは、そうした時期のようにも思われる。だが、その形も方向もはっきりしていない以上、われわれは直面する状況に対し、その都度対応していくほかない。

外交感覚は、そうした試みにおいて必要不可欠のものであると同時に、そうした努力をくり返すことによって得られるものでもある。資料が出揃ってから判断することの許されない外交や政治の営みにおいては、感覚による判断が、ある程度まではどうしても必要なのである。それはかなり生れつきのものだが、生れつきのものということは、だれでも——またどの国民でも——、それをある程度は持っているということでもある。したがって、熱狂やおごりや教条といったものに動かされるのをできるだけ避け、人間の力の限界を認識して謙虚に、しかしその努力の効用ゆえにあきらめもせず、素直に事態に取り組むならば、感覚が呼びさまされるのではなかろうか。戦後の日本がそうひどいミスをおかしてこなかったのは、簡単にいえば無欲であったからで、それが次第にひとつの行動原則のようなものを作ってきたといえるであろう。

そのことから、逆に、今後の日本の舵とりは難しいといわなくてはならない。大きくなり、豊かになった以上欲が出てくるし、そこから利己主義も出てくる。それは反応を素直でないものとし、かつ遅らせる。それに、この八年間の日本は「角影」時代ということ、すなわち田中角栄氏が影の支配者である状況もつけ加わって、政治が停滞し、対応が遅れてきた。安全保障努力の強化にせよ、市場開放措置にせよ、ずっと前になされているべきものがまだなされていない。日本は変るようで、変っていないのである。

もっとも、「角影」時代はついに終りに近づいた。しかし、日本の政治が新しい時代に入りつつあると言うことはとてもできない。ここでも、われわれはせいぜい「終りの始まり」について

1　一九七四年秋以降、米国の景気は急激に悪化し、生産の急落や失業の急増を背景に、政策スタンスは積極的な景気刺激策へと転じた。公定歩合の引下げ、減税法(一九七五年)、税制改革法(一九七六年)などによる減税措置がとられ、カーター政権では約三一〇億ドルに上る大型減税案が提案された。その後、景気の回復を理由に戻し税などは撤回されたが、景気刺激策の総額は約一七〇億ドルに上った。

語ることができるだけだが、しかし、過去の歴史を見れば明らかなように、そうしたとき思いがけない新しい状況へと、半歩足を踏み入れていることが少なくないのである。ただ、それがなにであるのかはよく判らない。それを解く鍵はこの数年間にわれわれがおこなってきた努力のなかにあるかも知れない。ひとつの問題がある意味では解決されても、そのまま見過ごされてしまった側面も存在するからである。

こうして、この書物は不透明であり、かつはっきりはしないが、たしかに転換期にある現在を考えるための材料である。そのつもりで私はこの書物をまとめた。そのように、この書物を読んでいただければ幸せである。

一九八五年七月

日ソ漁業交渉と国益　1977・4

日ソ漁業交渉におけるソ連の態度は、大多数の日本人を憤激させた。もちろん、なかには過剰といわざるを得ない反応があったから、日本人の反応が無条件に正しいというわけではない。「むかしならば戦争」というショッキングな見出しを掲げた週刊誌もあったし、ある新聞はソ連の提案を「最後通牒」と書いた。しかし、それらは残念ながらマスコミに見られがちなセンセーショナリズムということができる。大多数の日本人は、有効な対応策がないという無力感とともに、憤激を禁じ得ないというところであろう。

それは正当な憤激である。細かい技術的な論点は別にして、ソ連の態度は全体として強引であった。そこから、日本人は感覚的に判断しているのであって、それは基本点を捉えている。具体的にいうなら、まず日本漁船がソ連の二〇〇カイリ経済水域[2]で操業するのを認めるかわりに、日本がその領海を一二カイリに広げた場合、三〜一二カイリの水域でソ連漁船の操業を認めよという要求は、国家間の相互性を無視したものであった。もっともソ連はこの提案をすぐに引っ込めはしたけれど、無茶なものでも提案するだけならばタダだという態度は、油断もすきもならないという気持ちをわれわれに与えた。より大きな問題は、ソ連が漁業問題をテコに領土問題の解決をはかろうとしたことであった。日本人は北方領土の四島は日本の固有の領土であり、不法に奪取されたものと考えている。それは歴史的事実に照らして正しい。その不当な獲得物をこのどさくさにまぎれて確保しようというソ連のやり口が日本人を憤激させたのは当然であった。

こうしてやがて再開される日ソ漁業交渉において、日本はたとえ話がまとまらなくても、その基本的な主張を崩すべきではない。私は四島にいつまでもこだわることには必ずしも賛成ではないけれども、ソ連の政府関係者は北方領

2　一九八二（昭和五七）年に採択され、一九九四（平成六）年に発効した『海洋法に関する国際連合条約』によって「沿岸国は自国の基線から二〇〇海里（約三七〇キロメートル）の範囲内に排他的経済水域を設定することができる」とされた。「排他的経済水域」という概念はこの条約によって確定したが、それまでは各国によって見解がわかれ、一九七〇年代から資源や漁業海域の問題などで様々な摩擦や対立を引き起こしていた。

土の地図をよく見て欲しいと思う。国後島は北海道がへこんでいるところに深く食い込んでいる。したがって、海の境界線は不自然であり、その不自然な境界線をそのままにしておけば、摩擦は絶えないであろう。それに、われわれは北方領土の強引な奪取と頑固な保持にソ連の行動様式の悪い面を見て、それゆえ既成事実を認めるわけにはゆかないのだから、この問題はソ連からの譲歩がない限り、片付かない。

今回、魚を犠牲にしても領土問題で譲歩しないことは、われわれが実益よりもさらに高次の国益から領土問題を取り上げていることを、ソ連側に示すのに役立つであろう。そして日本人自身も、日本の国益について考えを整理することができるであろう。

さらに今回の日ソ漁業交渉は、国益の守り方についてわれわれに教訓を与える。今回のできごとからわれわれが反省することがあるとすれば、その点である。大体ソ連はなぜ今回のように強引な態度をとったのであろうか。その基本的理由は、日本の立場の弱さの認識であるといえよう。日本がその国内事情から北洋漁業を続けなくてはならない理由があり、したがって、頼み込んでもソ連の二〇〇カイリ経済水域内での操業を続けたいのが本心であると見てとったのであろう。

だからこそ、先に述べたような強引な主張をしてきたのである。日本人を怒らせるためにそのようなことをしたわけではない。それにソ連はスケトウダラを利用してはいないのだから、二〇〇カイリ内での日本の操業を相当程度認め得る。ソ連は、その強引な主張によって日本からかなりの譲歩が得られると考えていたから、そうしたのであった。

ひらったくいえば、ソ連は日本の弱みにつけ込もうとした。それをわれわれが怒ることは無意味である。ソ連はその程度がひどいとはいえ、それが外交の常なのである。したがって外交において成功するためには、弱みを作らないことが第一の条件となる。漁業交渉についていえば、われわれは経済水域二〇〇カイリが世界の大勢である以上、その実現の日に備えて、遠洋漁業への依存度をへらすべきであった。それが世界の大勢であることは、少なくとも三年前のカラカス会議[3]でわかっていた。そして沖合漁業、沿岸漁業の振興によってかなりの増産は可能なのである。そうした措置がとられておれば、われわれは弱みが少なく、備えができていただろう。

それがほとんど行われなかったのは、頑固に既得権利にしがみつくという関係者の近視眼的で狭小な利己主義のためであり、それをむしろあおった政党とマスコミのためであり、そしてそれを恐れて人々を説得し、積極的な措置をとらなかった政府の態度のためであった。

備えのない国の外交は、必ず失敗し、国益を守ることができない。その備えとは軍事力を持つことだけではないし、広義の力を持つことにもつきない。必要な制度的変更を国内において行い、外国に無理をいうとか、頼み込まなくてはならないようなことを作らないことも重要なのである。

それを抜きにして外国の強引さを非難するのは、甘えん坊のすることであり、それを抜きにして政府の無策だけをそしるのは、無責任者のすることである。

首脳会議の評価 1977・5

五月七日と八日の二日間にわたって、ロンドンで開かれた第三回主要先進国首脳会議は、多くの人が予想したよりもはるかに友好的で静かな雰囲気のうちに終了した。貿易問題をめぐって日本や西独が非難されるということもほとんどなかったようだし、核エネルギー問題について西独の〔ヘルムート・〕シュミット首相とアメリカの〔ジミー・〕カーター大統領が激しく対立する情景も見られなかった。そして、「保護貿易主義」が明確に否定され、自由貿易の原則を守ることが表明されたのだから、会議はよい雰囲気を作るのに成功したと言ってよいであろう。福田〔赳夫〕首相が「すばらしい会議だった」と述べたのはうなずけるし、他の首脳も同様の感想を語っていた。

もっとも、会議がそのように「成功」したのは、利害の対立や意見の相違が解決されたということではない。首脳たちは意見が深く分かれる問題を持ち出し、正面から対立するのを避けたのであった。たとえば、会議の始まる前、カーター大統領とシュミット首相はアメリカ大使公邸で朝食を共にしたが、そのとき二人は核エネルギーの問題を話さず、それ以外のことを話すことによって、会議でこの問題を論じ合うのを避けるという暗黙の合意に達したと言われる。

3 一九七四（昭和四九）年六月から八月までヴェネズエラの首都カラカスで開催された第三次国連海洋法会議（第二会期）の通称。新しい海洋法条約の採択をめざして国連により召集されたが、経済水域二〇〇カイリ問題をはじめ、世界的に高まった資源、食糧問題への関心を映して海洋資源に関する厳しい議論が行われた。

こうして、対立点、相違点を明るみに出さず、協調の側面をクローズアップしたのは、主として二つの理由による。そのひとつは、現在の国際情勢が深刻なものであり、また、各国首脳の国内における立場が、一、二の例外を除けば、弱いものであるため、ともかく協調を保つ以外にしかたがないことを、各国首脳が十分認識していたことであった。それぞれ不満はあっても、自由貿易を原則とする国際経済体制を協調によって守らなければ、世界経済は崩壊の危険にさらされることが確実であるという事実が、各国の首脳をして「小異を捨てて大同につく」ようにさせたのであった。

第二の、多分より重要な理由は、カーター大統領がそのアプローチを多少変更したということであろう。カーター大統領はアメリカと「自由陣営」の活力を取り戻すため、刺激となるような大胆な政策提言を大統領就任後相次いで打ち出した。核の再処理をやめるとか、きわめて思い切った経済刺激策をとるといったことに加えて、いわゆる「人権外交」が提唱されるなど、カーター大統領の新政策は多くの人の記憶に新しいところである。

しかし、アメリカの同盟国はそうした動きについて行こうとせず、いくつかの点について新政策に批判的な態度をとった。そこでカーター大統領はアメリカの考え方を強力に推進しようとすることがよい成果を生まず、同盟国間の結束にひびを入れることを知ったのであろう。また、彼の考えのあるものの非現実性を反省したのであろう。その結果、カーター大統領は、今回の会議でその考えを無理強いすることはせず、同盟国間の強調を重視するという姿勢をとることによって、同盟国に安心感を与えようとしたものと考えられる。一口で言えば、今回の首脳会談は、カーター大統領のより現実的な政治家への変身を示すものであった、とも言える。

以上の二つの点は、共に、積極的に評価できる。実際、先進工業諸国の協調が曲がりなりにも保たれて来たことこそ、「石油ショック」以後、世界経済秩序がともかくも保たれ、一部の人々が恐れた悪い事態が出現しなかった基本的理由であった。その強さが今回再び示されたのであった。また、カーター大統領がその態度を修正しつつあるように見えることは、同盟国の批判がアメリカの政策決定に影響を及ぼすことを示しており、同盟国間の協議が実質的な価値を持つことを証明している。

しかし、以上の二つの理由で会議が対立色の薄いものとなったことは、今後に多くが残されていることをも意味する。まず、日本や西独がとり立てて批判の対象とならなかったことは、その「機関車国」としての役割への期待感に基づくものと言わなくてはならない。日本は西独と共に、国内需要を増大させて「機関車国」の役割を果たし、かつ貿易黒字を消滅もしくは減少させることを期待されており、各国は当面その期待が満たされるかどうかを見守るというところであろう。それゆえ、日本がその期待を裏切るならば、激しい非難が巻きおこるものと思われる。

第二に、カーター大統領の態度が現実的になって来たのは歓迎すべきだが、しかしカーター大統領はいくつかのことについて強い使命感を持ちつづけている。「人権外交」と「核拡散」の危険への対処はそうした性格のものである。しかも、よかれ悪しかれ、アメリカという国は、そうした理想主義的な目標を追求するときにのみ、活力にあふれ、自信を持った存在となる。カーター大統領の外交政策がアメリカ国内で支持され、多くのアメリカ人の活力をかき立てていることを、われわれは忘れてはならない。

したがって、われわれはカーター大統領の提案の批判だけですますわけには行かない。そうすれば、アメリカ人は失望し、孤立主義的になるか一方的な行動をとることになるだろう。カーター大統領の提案したことに問題があるとすれば、われわれは批判だけでなく、代案を提出するという態度で臨むべきである。

明白な目的意識の必要 1977・6

ひとことで言うなら、選挙は世論調査と同じようなものでよいか、というのが、いま戦われつつある参議院議員選挙への私の感想である。常識的な言い方をすれば、今回の選挙は疑いもなく重要で、興味深いが、まるで争点がはっきりしない。

第一の点、すなわち、その重要性については、大方の一致が得られるであろう。昨年末の衆議院議員選挙に見られた自民党の退潮がどこまで続き、「保革逆転」あるいは「与野党逆転」が果たしておこるのか。社会党と共産党の停滞もしくは退潮はやはり持続するのか。そして「中道勢力」の伸びはどこまでほんものなのか。つまり、変動期に入った日本の政治は、どのような方向に動いて行くのかということについて、最初の重要な決定が下されるのが、今回の参議院議員選挙なのである。当然、人々の関心は高く、新聞の世論調査を見ると、投票に行くという意思表示をしている人が八割を超えている。それは過去の参議院議員選挙の際の数字よりも高い。

しかし、なにを基準にしてそうした重要な選択をするのかと考えてみると、今回はまことに材料難である。それぞれの政党、もしくは政治勢力が提示するものは明瞭ではない。提示されている政策を見ると、具体性のあるものは、安定成長、物価抑制、中小企業育成、農業振興といった類いで、見分けのつかないくらいよく似ている。似ていないのは、安全保障政策についてと、大企業から税をとって福祉をよくしましょうという類いの政策だが、それらは共に現実性がありそうには思われない。たとえば安全保障政策について言うなら、中国を含めて日本周辺の国々は、日米安保体制の存続が北東アジアの安定要因となっていると考えているから、その変化は可能性が乏しく、また有意義でもない。つまり、各党は日本の将来について設計図らしいものを提示してはいないのである。それゆえ、選挙民としてはイメージに基づいて選ぶことになるだろうし、その結果現れるのは、国民がどの程度新しい変化を望み、どの程度安定を欲しているかということの数字であろう。

昨年末の衆議院議員選挙で新自由クラブ[4]が登場してから、新しい政治勢力を望む気持ちはにわかに表面化した。今回はそれに「社会市民連合」「革新自由連合」「日本女性党」が加わって、政界は一層にぎやかになった。この数年来、どの世論調査でも「支持政党なし」が増えていることが示しているように、既成政党への不満は強いから、新勢力の登場には根拠がある。しかし、他方では、望ましい政権のあり方などを聞くとわかるように、安定を求める気持ちも強く、そのため自民党への支持は根強い。こうして、この二つの傾向の間のバランスがどうなるかが重要なことであり、それが今回の選挙によって示されるだろう。つまり、今回の選挙は国民の基本的ムードの測定のためのようなもので、それゆえ、世論調査に似ている。

それはそれなりに意義がある。しかし、それだけならば、もうひとつ食い足りない。政治は具体的な政策課題との取り組みを通じて未来を作って行くものであり、漠然とした形で安定・変化を論じたり、空想したりするものではないからである。また、エネルギー問題を考えても、韓国からの米陸上軍撤退を考えてもわかるように、日本は近い将来のために真剣な考察を要する難問に直面している。日本の政界の勢力図が決まる重要な選挙だというのに、そうした問題をめぐる議論がないのは、どう見てもおかしい。このような状況が出現した大きな原因は、私の見るところ、与党自民党がはっきりした発言をしなくなったことにある。近年、ともかく野党に食いつかれまい、マスコミに批判されまいという消極的姿勢がだんだん強まって来た。そこにもって来て福田政権は、ともかく参議院議員選挙まではやりくりして、選挙の結果をあまりひどいものにするまいという考慮に動かされて来た。そのため、日本の将来のために、今これだけの政策が必要であるということは、あまり聞かれなくなってしまった。

だが、それでよいだろうか。たとえば、経済政策について言うなら、物価値上げを抑制しつつ安定成長をはかるといったことですむだろうか。かなり思い切った政策をとらなくては、計画通りの成長率にはならないであろうという意見が専門家の間にはかなり強い。そしてもし計画値を下回ることになれば、何年か後に日本は失業問題や経済の構造改革の停滞など、深刻な問題をかかえる恐れがある。それより先、日本は約束した成長を果たさなかったとして、先進工業諸国から批判され、各国との難しい貿易問題が表面化するであろう。

ともかく安定を保とうという政策は着実に行き詰まる。それに政治の安定、少なくとも日本の社会の安定はそう心配ない。仮に自民党が明白に過半数を割っても、その点について私は楽観的である。だから心配なのは、なすべき仕事が行われないことである。選挙戦の間に、福田内閣はこれだけの仕事をしたいということを明白にすべきである。

日時を改めて再試合　1977・7

今回の参議院議員選挙は、「与野党逆転」という見せかけの争点が奇妙に前面に出た選挙であった。しかし、それは見せかけの争点であったのだから、選挙結果の評価について、そうした誤った基準に振り回されてはならないと私は思う。つまり、自民党が「与野党逆転」を阻止したことには、大した意義はないのである。

私は選挙戦が始まる前、「与野党逆転」を争点とする見方を批判した。その理由は、たとえ参議院において与野党の議席が逆転しても、日本の政治状況はさして変化しないであろう、ということであった。もし、野党が固く結束していて共同行動ができるなら、「与野党逆転」はたしかに日本に政治状況を変えるであろう。しかし、野党はそうし

4　一九七六(昭和五一)年六月、自民党から離党した衆議院議員の河野洋平、田川誠一、西岡武夫、山口敏夫らと参議院議員の有田一壽が「保守政治の刷新」を掲げて結成した。一九八六(昭和六一)年の衆参同日選後、自民党に再合流して消滅。

た状況にはない。それならば、いわゆる「与野党逆転」とは与党が過半数を失うことであるにすぎず、それは実質的にはすでにおこっていたことであった。すなわち参議院において自民党が安定した多数を持ち、議会の運営について強い主導力をとりえた時代は六年前に終わった。衆議院においては昨年末の総選挙によって終わった。だから、自民党は問題によって協力すべき政党を捜し出し、しかるべき妥協をして議会運営をせざるをえない。したがって、仮に与党が六十一～二議席となり、数字の上で逆転がおこっても政治状況が変化するとは考えられない、というのが私の考えであった。多少皮肉に言えば、「与野党逆転なるか」という声は、与党、野党、マスコミがそれぞれの思惑を持ちながら、選挙戦の景気づけのために誘った「セールス・スローガン」のようなものであった。だから、逆転してもしなくても大したことではない、と言わなくてはならない。

おそらく、「与野党逆転」という言葉で真実に意味されたことは次のようなことであっただろう。まず自民党については、昨年の衆議院議員選挙で明白になった退潮が一層明白になるかどうかが問題であった。この点については、自民党が態勢の立て直しに成功し、一層の下落をくい止めたことは否定しえない。それは今回六十三の議員を当選させ、それが推薦した候補を含めると六十六（あるいは六十七）に達し、昭和四十六年と四十九年の選挙における六十二プラス一および六十二プラス三を維持することができた。新自由クラブの出現にもかかわらず過去の実績を守ったのは成功であろう。しかし、その成功は堅い守りの態勢をとったからであることが忘れられてはなるまい。それはとくに全国区について明白であり、自民党は第九回の三十四人、第十回の三十五人に対して、今回は二十二人に候補者をしぼった。そのため、前回は次点以下七人の自民党候補が並ぶという形で死票が多かったのに対して、今回はきわめて死票の少ない効率のよい結果を上げることができたのであった。つまり、前回の選挙では自民党は勝とうとして勝てず、今回は負けないようにしたから負けなかったのであった。それゆえ、自民党の長期低落傾向に歯止めがかかり、安定した単独政権の状態を復元しうるとは到底言えない。

第二の問題は、昨年末の総選挙で現れた中道勢力の躍進がさらにつづくかということであった。その点について、今回の選挙は昨年末に示された中道勢力の強さが決して一時的なものではないことを確証すると同時に、その将来が決して甘いものではないことを明らかにした。たしかに、公明党は議席を増加させ、共産党の敗北と明白なコントラストをなした。全国区における公明党の得票が社会党のそれにかなり接近したことは、より重要であろう。しかし、社会党が全国的に強さを誇るのに対し、公明党のそれは大都市中心に偏在しているから、全体として公明党が社会党に迫ることは依然として難しい。民社党は議席と得票率において微増を示したにすぎず、社会党は敗北と言えるほど減少してはいない。逆に新自由クラブは新しい政党がブームを真実の力とすることの難しさにつきあたったと言えるであろう。おそらく、今回の結果は、参議院議員選挙のしくみが民社、新自由クラブ、公明にとって勝ち難いものであったことも作用しているであろうが、やはり中道勢力が社会党に対抗し、あるいは取って替わることの難しさを示したものと言えよう。とはいえ、社共両党が軸となって、将来自民党に代わるという可能性が乏しいという昨年末の総選挙の結果は、今回も確認された。

全体として、今回の選挙の結果は「勝ち負けなし、日時を改めて再試合」というところであろう。その事実をはっきり見つめる政党が次回に伸びるのではあるまいか。とくに、与党である自民党とその指導者たちは、昨年末の総選挙以後一時見られた浮足立った雰囲気を克服するのはよいけれども、単独安定政権の夢を再び追うようになれば、やがて手痛い打撃を受けるであろう。国内の諸問題と国際環境の難しさは自民党だけで立ち向かえるものではまったくない。社会党と共産党が伸びなかったのは、国民が状況の難しさを認識していたからである。同じ理由から国民は自民党だけに期待しているわけではない。

難問としてのソ連問題 1977・8

「友好的になることがもっとも難しい国との関係を、悪化させないようにできるだけ努力することが、一国の外交の重要な指針でなくてはならない」、という言葉は、ある外交家が語った有名な言葉である。それは決してすべての国と仲よくというような甘い考え方を説いてはいない。国家間に利害の対立や、国柄から見てどうも巧く行かない関係があることを認めたあとで、国益を損じないために心すべきことを、それは語っている。

さて、日本の場合、ソ連が「友好的になることがもっとも難しい国」にあたることはまず間違いないであろう。今年春の日ソ漁業交渉におけるソ連の強引な態度と、日本国民の激しい反発を考えれば、それは明らかである。あの場合、ソ連は日本に圧力をかけるために故意に強引に出たというよりは、ソ連としては普通の交渉方法をとったように思われる。つまり、自らの立場が強いと考え相手の立場が弱いと判断したから、強く出たのであった。しかし、そういう態度が日本国民の神経を逆なでした。つまり、国柄が合わないのである。

もっとも、日ソ漁業交渉はかろうじて妥結した。その後、日本側の二〇〇カイリ経済水域の設定にからむ交渉は静かに行われた。しかし、それ以上に、積極的に日ソ関係を進展させようという努力は見当たらない。それは日中関係と対照的である。財界の人々は日中貿易を三倍にするという目標をかかげ、問題をはらみつつも日中平和友好条約への努力はつづいている。日ソ関係改善の努力はなされなくてもよいのだろうか。

なるほど、日ソ関係は難しい。しかし、それがある程度以上疎遠になると、日本の外交的および安全保障上の立場が悪化するのである。しかも、それは単に一般論としてそうであるだけでない。ソ連は向こう数年間、世界のどの国にとっても扱い難い国となり、対処を間違えると緊張を生ずる可能性のある国と考えられるから、一層必要は大きいのである。

まず、米ソ関係はよかれ悪しかれ〔ヘンリー・〕キッシンジャー〔国務長官〕時代の安定した緊張緩和関係ではなくなるだろう。まず、戦略兵器制限交渉の難航が示すように、米ソ間の戦略バランスは微妙な状況にある。数年前の交渉においては、まだアメリカが優位にあり、ソ連は均等を求めていたから、アメリカが均等の可能性を与えることで妥協が可能であった。しかし、今やソ連は均等を確保し、ある意味ではアメリカを上回るようになった。しかも、種々の技術革新の可能性が出て来ている。それゆえ、バランスを得ることが難しいのである。

より重要なことに、ヨーロッパの東西において、国内体制は共に流動化するであろう。キッシンジャーは西欧諸国における共産党の政権参加に対して反対の態度をとった。その逆に、東欧諸国が国内体制に関してソ連に拘束されるのを認めるところがあった。彼の副官ともいうべき〔ヘルムート・〕ゾンネンフェルトの演説にはそれを示すものがあった。つまり、キッシンジャーは勢力圏を認めあおうとしたのであり、それは安定には役立った。これに対し、カーター政権は、西欧の「左翼」と対話し、西欧の国内政治の変化に備えると共に、自由化など東欧の変化を求め、そのために人物交流や文化交流の積極化を唱えている。世の中には変化が不可避であることを考えるとカーター政権の政策は賢明と言えるが、しかし、それが事態を流動的にすることは避けられない。

　こうした展開に直面して、ソ連は周囲の世界をより大きな懸念をもって見る可能性がある。元来、ソ連はそうした傾向がある国であった。それを無視するなら数年前の緊張緩和以後も、ソ連が軍備強化のテンポを緩めず、今や断然大きな軍事力を持つようになったことは説明できない。また、ヨーロッパにおいて、イタリア共産党を始めとして共産党が勢力を強めているのをソ連が喜ばないのも、基本的には自らと異質である世界への懸念のためと言えるであろう。

　こうして、ソ連はさらに軍事力の強化を続け、それによって他国に脅威を感じさせることになるかもしれない。また、外交においても、懸念ゆえにかえって強く出る可能性がある。「ソ連問題」はここ数年間の基本問題なのである。だから、それと取り組む必要があるし、また、ソ連との関係を悪くさせないことは可能である。まず、ソ連は世界への警戒心が強く、それゆえつき合い難いが、しかし、同じ理由から外交は慎重である。とくに、〔レオニード・〕ブレジネフ〔ソ連共産党書記長〕体制が老朽化しながらもつづくだろうから、そうなるであろう。それに、ソ連もその経済の運営と革新という難問をかかえており、アメリカ、西欧諸国、日本などとの交流を必要とする。

　しかし、そうした関係の限定的改善の可能性を現実のものにするためには、かなりの努力が必要である。まず、なにから手をつけたらよいかが問題である。そして、何よりも領土問題に過度にこだわることがない雰囲気を、日本においても、ソ連においても、作るような工夫が必要であろう。

拘束および知恵としての歴史　1977・9

　九月初め、私は国際戦略研究所の会議に出るためヨーロッパに旅行したが、飛行機は観光客で満員だった。日本も世界各国と同様不景気に苦しんでいるが、海外旅行は順調に増えつづけているらしい。私があるツーリスト会社から聞いたところによると、今年は海外旅行の売り上げが四〇パーセント増えたという。

　こうした海外旅行の増加については、もちろん、種々の批評がなされている。団体を組んで、異国をわが物顔にのし歩く日本人観光客が、その土地の人々の反感を買っていることは残念ながら否定できない。それにもかかわらず、海外旅行は増えつづけるであろう。外国には新しく見るもの、経験するものが多いからである。たとえば、ヨーロッパで人々は歴史が実物として存在するのを感ずることができるだろう。私は、職業上、今までに何回もヨーロッパを訪れているが、何度訪れても、その点を改めて感ずる。

今回の会議は十五世紀に羊毛の生産地および通商の中心として全盛期を迎えたベルギーのブルージュで開かれたが、五百年ほどの間あまり変化していない街なみは、まことに魅力的であった。とくに、正午とか五時に古い教会の鐘が鳴って時を知らせるのを聞くとき、自分が生きている時代が二十世紀後半であること、そして会議が現在の国際政治の生々しい問題を論議していることが、なにか錯覚であるかのようにさえ思われた。

ヨーロッパは、現代の世界において、もっとも歴史的な場所である。そこにヨーロッパの魅力も問題もある。おそらく、これだけ歴史のにおいのするヨーロッパは、頑固な社会なのであろう。それも石の建造物が代表する素材の頑固さだけでなく、そこに住む人間が自分の生活様式や価値観について頑固であり、したがって社会組織も頑固ということであろう。

それゆえ、ヨーロッパにおいて、歴史は拘束要因である。ヨーロッパが技術革新において遅れをとり、「石油危機」以後の国際経済のなかで落伍気味であることの基本的な原因はそこに求められるであろう。たとえば、ヨーロッパでは新しい土地に新しい工場を建てても、労働者がそこで働こうとしないことが技術革新を難しくさせている重要な理由であるとされているが、労働者は古い技術を捨てて新しいものを学ぶのを嫌がると同時に、住み慣れた家を捨てて新しい土地に移るのを好まないのである。

それは停滞でもあるが、また安定でもある。しかし、頑固な社会組織が存在するがゆえに、それは多くの人々に心理的安定を与えると同時に、少数の激烈な反抗者をも生む。九月の初め、ヨーロッパで話題になった事件に、西独の実業家ハンス・マルティン・シュライヤーの誘拐事件[5]があった。西独では今年に入って極左派のテロが激化し、対応を誤ると西独の社会ががたがたになる恐れさえあると言われるようになった。というのはテロリストは一二〇〇人にも達すると考えられるからである。

こうしたテロリズムが西独で激化したことは一見不思議である。日本の戦後の経済的成功は無我夢中でやっているうちになぜか実現したものだが、西独のそれは意図的に積み上げられた努力の結果で、それを十分に説明することができると言われるように、普通に考えれば西独の政治も経済も実に巧く行っている。あるいはしっかりした基礎の上に作られている。しかし、それだからこそ、すなわち、社会組織の固さと安定のゆえに、少数の過激派が暴発するということになるのであろう。

こうして、歴史はいくつかのしかたで拘束要因であるが、それは知恵の源泉でもある。だから、それは今後思いがけない新しいアイデアを提出することにもなるように思われる。

社会秩序の問題についても、彼らの論議のなかには歴史の事例が、数多く出てくる。たとえば、種々の技術の発展が東西の軍事バランスと東西関係にいかなる影響を与えるかが、今回出席した会議の議題のひとつであったが、そんなとき彼らは歴史の事例を引きつつ、技術の発展の影響が思いがけない、屈折した形をとることを指摘して、技術中心主義になり易いアメリカ人にブレーキをかけていた。

また、九月の初めの知識人の間のもうひとつの話題は、フリッツ・シューマッハー[6]のことだった。シューマッハーは『小さなものがすばらしい』というベストセラーで有名で、巨大な現代技術への耽溺《たんでき》を戒め、人間にとって親しみ易い中間的技術を維持し、それを発展させることを説いて、多大の影響を与えた人間だった。その人間が死亡したので、彼の業績が改めて想起されることになったのである。われわれはシューマッハーのなかに、これまでなじんで来た生活様式への頑固な愛着、歴史を知ることから得られる人間への洞察、そして、それらが与える知恵を見ることができるであろう。

こうして、拘束および知恵としての歴史に濃く色づけられるヨーロッパは、今後日本やアメリカとかなり異なる道を歩むように、私には思われる。日米欧関係が語られ、昨年の「日欧貿易戦争」以来日欧関係が論じられるようになったが、問題の中心は、こうしたヨーロッパといかにつき合い、なにを学び、なにを与えるかということであろう。

5　一九七七（昭和五二）年下半期に当時の西ドイツで発生した「ドイツの秋」と呼ばれる連続テロ事件のひとつ。同年九月五日、産業界の大物であったダイムラー・ベンツ社の重役ハンス＝マルティン・シュライヤーが拉致、監禁（後に殺害）された事件。

6　シューマッハー（一八六九〜一九四七）はドイツの建築家。都市計画の専門家として行政にも携わり、ハンブルクの都市計画や建築設計を担った。

西独のようになっては困るけど　1977・10

シュライヤー・ドイツ経営者連盟会長の誘拐事件など、左翼過激派のテロが日本以上に頻発している西独では、少しでも左がかった意見を持つ知識人はテロリストの「シンパ」として激しく攻撃されるという事態がおこっているという。彼らは殺人者でもテロリストでもないが、彼らの言論がテロ頻発の土壌を作ったとされていて、たとえば、一九七二年にノーベル〔文学〕賞を受けたハインリヒ・ベルなどがその攻撃目標の筆頭となっている。女流詩人ルイゼ・リンザーの朗読会も市民の圧力で中止になった。

　こうした攻撃は、シュプリンガーなど出版社が煽《あお》っているという側面もある。しかし、一般国民の多くもテロリストへの憎しみと恐怖から、かなり厳しい見方をとるようになっていることが注目される。それもキリスト教民主党のような保守派のみならず、社会民主党のなかにも「シンパ」への批判があるらしい。そうでなければ、ルイゼ・リンザーの朗読会が市民の圧力で中止されるようなことはありえない。

　もっとも、ハインリヒ・ベルは寛容心のない反共攻撃を批判し、六〇年代末の学生運動に対していくらかの理解を示したけれども、テロや暴力行為を肯定したことはなく、これを戒《いまし》めてきているし、また、ソ連、東欧圏の自由の抑圧にも目を向け、その体制批判者たちを支援するといった行動には筋が通っている。それゆえ、ベル攻撃は、最近シュミット首相が戒めたように、ヒステリーじみた反テロリズムの風潮であり、寛容を旨とする民主主義国にあってはならないことである、と言えよう。

　しかし、西独のような展開は日本でも十分おこりうることなのである。私はそのことを、西独とは逆の意味で偏っている現在の日本の世論状況を見るときに思う。日本では、単純きわまる人命尊重論が横行していて、人質作戦〔7〕の脅威の深刻さがほとんど理解されていない。その点は会田雄次氏が朝日新聞でおこなった談話〔8〕へのヒステリーじみた反発に端的に現れていると言えるであろう。会田氏はハイジャックの人質作戦の卑劣さを厳しく非難し、これに対処する政府は法秩序がかかっていることを十分認識し、強い覚悟をもって臨むべきだと言ったのであり、決して極論を吐いたわけではない。ところが、それに対して匿名の電話攻撃が相次いだという。その単純さと不寛容とを、私は恐ろしいと思う。日本人が人質作戦に対する厳しい認識を持たないなら、テロリズムが続発する可能性は一層大きくなるだろう。そして、そのとき、反動がおこり、不寛容は逆方向のものとなるだろう。

というのは、人質作戦は自由社会の美点を逆手にとるものであるがゆえに、まことに重大な脅威なのである。すなわち、自由社会では法秩序という集団存続のために必要なことについても、人命を尊重するという原則を捨てないことにしている。少なくとも、そこにジレンマを見ることにしている。それはより難しい社会運営の方法だが、より人間的で、それゆえ秀れたものであることは間違いない。

人質作戦はそこを逆手にとる。彼らはわれわれの社会が人質を滅多に犠牲にしないことを知っていて、人質を奪い、その生命と引き換えにとんでもない要求を持ち出すのである。したがって論理的に言えば、人質作戦に対するもっとも簡単で確実な方法は、集団の利益のためには個人は犠牲にすることに踏み切って、ハイジャックの要求に応じないことである。そのことは、戦前の日本でハイジャックがありえたかを考えてみれば直ちに理解されるであろう。また、まるで人権が守られていない国でハイジャックがおこっていないことを考えてもわかるであろう。つまり、人質作戦がおこなわれる国は決してほめられたものではないが、それが不可能な国はまことに恐ろしい国なのである。

そして、テロリズムが横行して、社会秩序がゆらぐとき、社会はほぼ確実に後者の道、すなわちテロリズムを不可能にすることによって自己防衛を果たそうとする。というのは、法秩序が乱れる場合、多くの人命が失われることになるのは明確なことであり、人々はそれを恐れるからである。現在それが西独でおこりつつあると考えられる。西独では、国内でテロリズムがおこり、その手口も機関銃で護衛を殺すなど残酷になってきている。そうなれば、人々はヒステリーじみた反テロリズムの風潮に流される。

そのときでは遅すぎる。そうなればテロが成功して法秩序が乱れても、逆に鎮圧に成功しても、大きなものが失わ

7　一九七七(昭和五二)年一〇月一三日に発生したルフトハンザ航空機のハイジャック事件を指す。乗客乗員九一名を乗せたジェット機が、刑務所に収監された組織幹部の釈放を要求するテログループのメンバーにより乗っ取られた。一八日、ソマリアのモガディシュ空港(当時)でドイツの特殊部隊が同機に突入し、犯人を射殺するなどして解決したため、モガディシュ事件とも呼ばれる。

8　一九七七年一〇月一八日、朝日新聞(夕刊)一〇面。会田雄次「フリーハンドが欲しい」。

れる。社会がすさむのである。その時点までわれわれにも、そう多くの時間はない。なすべきことは多い。一方では思い切った再発防止策が必要であろう。それと同時に、国民一人一人が法秩序の維持と人命尊重の間に難しいジレンマがあることをかみしめ、人質作戦の脅威の重大性を認識すべきであろう。それは単なる破壊活動や革命運動とは質的に異なり、われわれの社会の人間的性格への挑戦なのである。それを日本社会の欠点やその変革の必要と結びつけて論ずるのは、とんでもない誤りだと言わなくてはならない。

政治家と「人気」 1977・11

「人気」の問題は、福田〔赳夫〕首相にとって、おそらくもっともいやな話題であろう。というのは、福田内閣は発足後一年の間、一向に人気が出ず、それが支持率の低さに現れているからである。支持率が三〇パーセントを超えたことは三カ月しかないし、支持率が不支持率を上回ったことは一度もない。福田内閣は明らかに不人気な内閣である。

この「人気」の問題をいかに正しく捉えるかということは、発足後ほぼ一年を迎え、間もなく内閣改造を行って二年目へのスタートを切ろうとする福田内閣にとって、きわめて大切なことであるように思われる。もっとも、「人気」の問題を考えるということは、「人気」を気にすることではない。それは最悪の反応であろう。昔から今日に至るまで、人気のある政治指導者はしばしば過ちを犯してきたし、無理に人気を得ようとしたものはもっと悪かった。

というのは、政治の世界ではさまざまな利害や意見が対立し、外的条件も厳しいために、なしうることが限られている。目ざましいことはまずできない。したがって、自然に人気のある政治指導者の場合でも、その積極姿勢には無理があるものである。最近でのよい例は、一九六〇年代初頭の〔ジョン・F・〕ケネディ大統領であろう。彼は、その前向きの積極姿勢によって大変人気があったし、それによってアメリカ国民は鼓舞され、いくつかの面で前進をとげることができた。しかし、ヴェトナムへの介入の始まりなど、後に大きな問題を残すことにもなった。また科学技術を育て、経済を発展しようとしてとった積極的な政策にも無理があったと言えるであろう。日本では田中〔角栄〕首相をあげることができる。彼は戦後の首相のなかでもっとも人気があったが、結果はみじめなものに終わった。「日本列島改造論〔9〕」の無理は今日まで尾を引いている。

こう考えてくると、福田内閣が発足後、今日まで人気を気にせずに、地道に仕事をつづけて来たことは、その美徳であることが判る。とくにそれは外交の面で妥当する。この間、日ソ漁業交渉や使用済み核燃料の再処理をめぐる日米交渉[10]など、重要で難しい問題がおこった。それらは妥当な形の解決を見たが、その重要な理由は、外交問題を利用して人気をとろうとはせず、かえってできるだけ目立たない形で——それはとくに使用済み核燃料の再処理問題について妥当する——解決を図ったことにあった。同様のアプローチをとる限り、ここ二、三年来の懸案である日中友好平和条約交渉も、なんとか巧く妥結するように思われる。

しかし、政治家は人気の問題を無視できない。なぜなら、政治家は単に行政の責任者であるのみならず、政治指導者でもあるからである。国民の元気をかき立て、活力を引き出し、それに方向づけを与えることは政治家の重要な任務であり、それがなければ大きな仕事はできない。「人気」という言葉が、いわゆる人気ということ以外に、人の気配、活気を意味することは重要であるように思われる。人気のある人物とは、他の人々に活気を与えることができる人物なのであろう。だから、「人気」は政治家にとって重要なものなのである。

それがなくては十分な仕事ができないということは、福田首相についていえば、とくに経済政策について妥当する。現在、日本経済が難しい時期に立っていることは、すべての人の認めるところであろう。いわゆる「構造不況業種」の問題があるし、日本が大幅な貿易収支の黒字を出しつづけていることから諸外国の反発が強まり、また顕著な円高を来した。日本経済の失速を避けるためにも、構造転換を行うためにも、また国際的摩擦を避けるためにも、かなり

9　第三次佐藤改造内閣の通産大臣であった田中角栄(一九一八[大正七]～一九九三[平成五])が、佐藤後継を決める一九七二(昭和四七)年七月の自民党総裁選挙への出馬にあたって発表した政策綱領。工業の再配置と交通・通信網のネットワーク形成によってヒト・モノ・カネを都市部から地方へ還流させることを謳い田中勝利の一因となったが、交通網の整備は多大な財政負担と地方から都市部への更なる人口流出を招くなど多くの問題を残した。

10　茨城県東海村における使用済み核燃料再処理事業をめぐる問題。兵器転用できる核物質プルトニウムの商業生産を認めたくない米国に対し、日本は「エネルギー安全保障上、再処理は死活問題」と訴えた。

思い切った措置を必要とすることは疑いない。

しかし、それは財政投融資を増やすなど積極予算を組むといった行政的措置につきるものではない。根本的な問題は国民の元気なのである。統計に明らかなように、消費性向が下がり、企業の設備投資は大幅に減少しているのであり、それが現在の「不況」の重要な理由なのである。つまり、国民はにわかに慎重になった。それは日本人が国際環境が困難になって来たのを目ざとく認識した結果であると同時に、それにいかに対応すべきかが判らないでいること、すなわち、先行きに迷っていることの結果でもある。

いいかえれば、リーダーシップの不足が不況のひとつの原因である。同じ景気刺激策をとるにしても、いわば後追い的に、必要に迫られてやるのでは気迷い状況はなくならない。前もって、しかも将来を切り開くというビジョンと共に、景気刺激策がとられなくてはならないのである。もちろん将来を語ることにはつねに危険を伴う。反対も多いだろう。しかし、それを敢えてしなくてはリーダーシップは生まれない。福田首相にそれが可能であろうか。その点が二年目の福田内閣の命運を決するであろう。大胆に将来を語り、イニシアチブをとり、人々の活力をかき立てる能力、すなわち人気をさかんにする能力があるかないかが問題なのである。

一九七七年をふりかえって　1977・12

今年も各種の研究会にいろいろと出席したが、非常に強く印象づけられたものの一つに、山本満氏[11]による一九三三年の日印貿易交渉の研究があった。というのは、四十年以上も前のその出来事が、今日のわれわれに小さくない教訓を与えてくれるように思われたからである。

まず、当時の事情を簡単に説明すると、一九三〇年代、日本の繊維産業は急速に成長し、とくに綿製品では、それまで一位であったイギリスに迫り、抜くというところまで行った。ところが、当時、世界は大恐慌後の深刻な不況のさなかで、世界には保護主義の機運が強まっていた。そうした流れのなかで、イギリスは重要な市場であったインドへの日本製品の流入を制限するため、日印通商条約を破棄し、新条約の交渉を無理強いしたのであった。

通商条約の破棄は、もちろん、きわめて手前勝手なものであったし、貿易に生きなくてはならない日本は大きな打撃を受けた。そして、その他全般的な保護主義の強まりと相まって、日本は諸外国によって圧迫されているという気持ちが強まることになった。

そうした情勢のなかで、東洋経済新報の石橋湛山《いしばしたんざん》（戦後の蔵相および首相）の反応は、一風変わったものであった。彼は日本人が外圧に対して過剰反応を示すことを戒めたのである。彼は戦前の日本において筋を通した少数の自由主義者として、もちろん、イギリスの行為がよいとは考えなかった。また、貿易制限が日本にとって打撃となることも認めた。しかし、「外圧」があっても、貿易は伸びないだけで（あるいは伸びが鈍るだけで）減るわけではなく、また国内の需要を伸ばすための努力など、内においてできることは多い、というのが彼の主張だったのである。

この石橋湛山の主張は今日にも妥当するところが少なくない。いや、今日にこそより妥当する。最近、日本に対する「外圧」が強まって来たのを感じている人はかなりいるだろう。秋から今日まで、日米間に貿易摩擦が増大し、アメリカは日本が諸外国からより多くの商品を買うよう要請するとともに、貿易収支を均衡させるために、日本の輸出の自制を求めている。ところが、アメリカの主張には、貿易収支を均衡もしくは赤字にせよといった独善的なところがあるし、また国内のエネルギー生産を怠って多くの石油を輸入するようなことをしておいて入超になるなど、手前勝手なところもあるから、日本人はそこに「外圧」を感ずることになる。それに、ヨーロッパ諸国も日本の輸出増加に文句をつけているし、経済問題ではなく政治的な動きではあるが、今年の前半には、ソ連がその二〇〇カイリ経済水域での日本漁業の操業制限という形で日本に圧力をかけた。それらを思いあわせると、日本にとって世界が住み難い場所になりつつあることは否めない。実際、一九七七年は、日本に対する風当たりが強まったことが痛感された年であった。

しかし、人間は外的環境の悪化を誇大にとらえるところがある。逆に国内での可能性を過小評価するところがある。それを石橋湛山は戒めたのであったが、一九三〇年代に内に可能性があったとすれば、大きくなった今日の日本経済には国内での努力の可能性がより多く存在すると言わなくてはならない。日本人は、住宅環境などを中心にまだ多くの欲望が満たされていないのであり、したがってそこに発

11　山本（一九二七［昭和二］～二〇一三［平成二五］）は国際政治経済学者。一橋大学名誉教授。主著に『日本の経済外交——その軌跡と転回点』（日本経済新聞社、一九七三年）、『自主外交の幻想』（中公叢書、一八七四年）など。

展の可能性がある。エネルギー生産を増やすことも重要だし、より長期的には、今後二十年間に増える二千万人のためになすべきことが多い。そうした内での努力が不十分であるために輸出が急増し、問題がおこるのである。つまり、国内的に一種の手詰まり状況があるから苦しいので、それを「外圧」のせいにするのは、正しくない。

また、別の意味でも、「外圧」には日本自身が作ったという性質がある。まず、日本に対する風当たりが強くなって来たのは、日本の国力増大の帰結である。日本の経済が大きくなったからその動向が世界に影響を与えるのであり、そこから経済大国の責務ということが出てくる。アメリカの対日要求にはたしかに独善的なところがあるが、しかし、その背景には日本が果たすべき責任を果たしていないことへの不満がある。

しかも、その責任とは経済的なことだけにつきるものではない。安全保障の問題をもう少しきちんと考えるとか、中東など問題のある地点での和平努力を側面から支援するといった外交的努力も含まれる。それらの面で、日本のなしうることはそう大きくないかもしれない。しかし、日本が世界の安定と平和に関心を持っていることを、行為によって示すことが肝要なのである。

そして、そのうえで、日本への要求のうち、不当と思われるものは礼儀正しく、しかも、堂々と拒否することが必要だし、こうした一連の行為によってわれわれは国際社会における地位を守ることができる。たしかに、日本への風当たりは強まった。それに対して文句を言ったり、ヒステリーをおこすことで終わるか、それとも着実に課題をこなして行くかが日本の将来を決するであろう。

季節おくれの問題 1978・1

私は、昨年の師走を、なんとなく奇妙な感じですごした。十二月の半ばになっても、温暖な日がつづいたせいだろう。どうしても、十二月も半ばになり、あとわずかで一九七七年も暮れるという実感がわかなかったのである。実際、いくらかの木々は十一月の末であるかのように紅葉を残していた。そんなわけで年賀状書きもおくれ、大みそかになってから大あわてで書くという有様で、多くの人に不義理をしてしまった。

しかし、おくれていたのは季節の移り変わりだけではなさそうである。政治もまたそうだったし、それもこの一年くらいの間、ずっとおくれつづけているのではないだろうか。まず外交において、外相の中東諸国歴訪が今年になってやっと具体化したというのがその一例である。率直に言って、それは半年から一年のおくれである。日本の外相の中東諸国歴訪はサダト・エジプト大統領[12]がイスラエルを訪問して中東情勢がやま場を迎え、アメリカのカーター大統領も行ったから、日本もおつき合いするのだという印象を与えるであろう。やま場を迎えてから乗りこむというのは、影響力の大きい国がすれば堂々と見えるけれども、中東地方について日本はそうした存在ではない。

日本にできることは、日本が関心を持っていることを示し、問題解決への機運をたかめる一助となることとぐらいである。それゆえ、日本は昨年夏には中東諸国に使節を送るべきだった。中東問題が一九七七年の最大の課題であることは、そのころにはわかっていたし日本でも外務省も含めて、中東諸国訪問の必要性を説く声が存在した。しかし、その現実化はおくれたのであった。

おくれがもっとも目立つのは言うまでもなく景気回復のための政策であろう。一九七七年の秋にとられた措置を含めた景気回復策が予算編成のときにとられるべきであったし、これから審議される予算案に見られる積極策は、補正予算の形で昨年秋にとられるべきであった。この点についても、その必要を説く声はあった。たとえば、春の段階で大半の経済の専門家たちは、六・七パーセントという経済成長率と七億ドルの経常収支の赤字という政府の目標が実現困難なものであり、したがって、目標実現のためには思い切った政策が必要であると述べていた。

しかし、思い切った景気浮揚策は、結局今年になるまでとられず、その間不況は一層深刻になったし、貿易収支は大幅な黒字を記録してしまった。そのため円の大幅な切り上げがおこったことはだれもが知っている通りであり、その円切り上げによって不況からの脱出という課題は、一層困難なものとなったのであった。それゆえ、景気刺激策をとるのがおくれたため、同じ効果を出すのには一層大きな

12　アンワル・サダト(一九一八～一九八一)はエジプトの軍人で政治家。一九五三年の革命で王制から共和制に移行したエジプトのナセル政権下で頭角を現し、一九七〇年にナセル大統領が死去すると、同年一〇月大統領に就任。対イスラエル強硬路線を進め、一九七三年の第四次中東戦争では一時的に勝利を収めるが、一九七八年、カーター米大統領の仲介でイスラエルと単独和解に踏み切り、国内外のアラブ人社会から憤激を買った。一九八一年、暗殺される。

努力が必要になった、と言えるだろう。
もっとも、一般的には政治のテンポにおけるおくれを責めるのはそう正しくない。おそすぎると思われるほど待った方がよい場合が多いものであり、たとえば、現在の課題についても、日中友好平和条約の締結は、昨年ではなく、今年行われても、少しも悪いことはない。しかし、すでにあげた事例が示すように、このところの日本の政治では、多くの場合おくれが実害をもたらしているのである。

この病弊は、基本的には、日本の政策決定過程に内在する持病といえるだろう。日本の政治過程では官庁の主管課がイニシアチブをとり、そこから次第に積み上げられて政策になるが、この過程はそれ自身時間がかかるし、それに、積み上げられて行く過程で関係のある部や課にひとつでも反対があれば、調整に著しく時間がかかり、しばしばなにも行われないことになってしまう。

もっとも、持病というものは悪化しない限り大した害はない。それゆえ、最近持病を悪化させている理由が問題にされなくてはならない。第一の理由は、おそらく議員の見識の低下であろう。近来、議員たちは自分の支持団体の意向に支配されすぎるようになった。その最大の例は医師会と農協であり、たとえば医師会が反対し、それに呼応して議員たちが動くから、税の優遇措置という不公正な制度の変更がおくれるのである。医師会はほぼ三分の一の議員を動かす。しかし、国民の三人に一人が医師であるわけはない。だから、支持団体の意向に議員が支配されすぎることは、国民全体の利益の実現を不当におくらせ、ときには阻止することになっていると言えよう。

第二の理由はリーダーシップの低下である。そしてそれは、この三、四年間に自民党の構造を大きくゆさぶるような事件がおこって来たことから、やむをえないかもしれないが、また福田首相には統率力の回復を目指しているところが見られる。たしかに、妙な形の独走は減った。しかし、福田首相には、逆に、頑固さという欠点があるように思われる。福田首相は信念の固さで知られ、簡単に動揺する人物ではない、と言われる。それは美点だが、同時にそれは柔軟性の欠如ともなっているのではなかろうか。福田首相が自ら得意とする経済政策でおくれが目立つのは、同氏がその信念ゆえに、他の意見に動かされすぎるところが少なすぎるためであるのを示唆している。

いずれにせよ、半年から一年のおくれの克服が福田内閣の基本的課題である。それが内閣の運命を決するだろう。

日米首脳会談の準備はよいか　1978・2

今年もいくつかの首脳会談が予定されている。それはどうやら晩春に集まるらしく、四月から五月にかけて、サダト・エジプト大統領の訪日、日米首脳会談、先進国首脳会談と続く。ところで日程表は立派だが、そのための準備はどうだろうか。なかでも、私にとってもっとも気がかりなのは日米首脳会談である。どうも目的意識がはっきりしないように思われるからである。

首脳会談のなかには、首脳が会うだけで価値があるというものもある。サダト大統領の来日はそれ自身に値打ちがある。というのは、日本とエジプトはまだそれほど親しいわけではないから、この訪問によって親しみを増す効果があるし、それに、サダト大統領を歓迎することが、目下重要な段階を迎えつつある中東の和平交渉についてエジプトの立場を支持する意味を持つ。そして、日本は複雑をきわめる中東の政治のなかで、エジプトの立場を支持するといった発言はしがたいから、サダト大統領歓迎という姿勢が最善の意思表示と考えられる。実にうまい時期に訪日が決まったものである。しかし、日米首脳会談は性格を異にする。日米両国は重要なパートナーであり、したがってジェスチュアはもう不要で、なにを話し、なにを決めるかがその意義を決定するのである。だから準備が問題になる。とくに、いくつかの意味で、日米関係における日本の積極的姿勢が必要とされるようになったことを考えると、準備の必要は明白である。

その第一の理由は、アメリカの国力の相対的低下ということであろう。二、三十年前のアメリカは軍事面においても経済面においても断然大きな力を持っていて、世界政治をほとんど一人で切り回すことができた。そのとき、日本が積極的な姿勢をとることは不可能でもあったし、また望ましくもなかった。だから、日米関係は、そこに問題が生ずるとき、大体は、アメリカが問題を提起してから、それを処理するという形でよかった。しかし、今はちがう。

しかも、そのアメリカは依然として、他の国々よりも数段上の国力を持っている。アメリカは一人で世界政治を切り回すことができなくなり、責任の分担を説くようにはなったが、しかし、アメリカの重みはきわめて大きい。だから、アメリカ抜きで国際関係の運営などは到底考えられない。経済の問題を考えてもそのことはわかるし、また、この数年間、中東の和平について、アメリカが表になり陰になって果たして来た役割は、実に大きなものがあった。

だから、いかにして、アメリカに重要な役割を果たさせるかが死活問題であり、それには日本などがしかるべき責任分担をすることが不可欠なのである。

というのは、アメリカのなかに「孤立主義」と呼ばれうる気分が出て来たことは否定しがたいからである。もっとも、現代の世界で文字通りの孤立主義をとることは不可能である。それに、世論調査などを見ると、アメリカにおける孤立主義的傾向はピークを過ぎた。しかもなお、他の国々の動向によって、アメリカの国際的役割が決まるという面が存在するのである。その意味で、日本や西欧諸国の責任分担の有無は、アメリカの力を活用するか、それとも眠らせておくかを左右する重要な要因と言えよう。

第三に、どの国もそうだが、アメリカにも利己主義はある。そしてそれは、国民の政府に対する信頼感の低下、もしくは政府の力の弱まりによって、表面化する危険性が増大したように思われる。かつては安全保障の名の下に、アメリカ政府が外交政策上必要と思われることについて議会・と国民の支持を得ることができたが、今はそれが難しい。逆に議会には種々の部分的利益が代表されており、その力の強まりによって保護主義的措置がとられる可能性が出て来た。あるいはアメリカが石油輸入を増大させたことによってその国際収支を悪化させると共に石油価格を維持することになったのも、政府の力の弱さゆえ国内の利己主義を抑えられなかったことの結果とみることができる。こうした面については、アメリカに対し、批判し、注文をつける必要がある。

つまり、アメリカの指導性は今や自明でなく、責任分担によってその力を引き出しつつそれを補うことが必要になったし、時には批判もしなくてはならない。しかし、責任を果たさないで行う批判が有効でないことは言うまでもない。

だから、日本は五月の日米首脳会談までにその責任を果たす姿勢を明白にしつつ、注文をつける準備をすべきなのである。その点ではまず「内需振興」による輸出ドライブの抑制についてより具体的な見通しをつける必要があることはいうまでもないが、それがすべてを解決しない以上、発展途上国に対する経済協力の積極化が必要であろう。昨年夏の東南アジア諸国訪問[13]のフォロー・アップがないのは、この点問題である。また、安全保障努力についても、日本はどこまでを自国の責任とするかを、具体的な形で示す必要があるように思われる。これらの点について、日本はアメリカの問題提起を待つことなく、積極的な態度をとらなくてはならない。

日中関係は冷静に　1978・3

日中友好平和条約の交渉再開をめぐる動きがさかんである。先日は公明党書記長矢野〔絢也〕氏を団長とする第六次公明党訪中団が中国を訪れ、福田〔赳夫〕首相の伝言を伝えて鄧〔小平〕副主席と話し合ったし、間もなく社会党も飛鳥田〔一雄〕委員長を団長とする第八次訪中代表団を送ることになっている。おそらく、福田〔赳夫〕首相も交渉再開に踏み切るであろう。そして日本が六年近く前、中国と国交を回復したとき、この種の条約を結ぶという意思を表明したことを考えると、ここらでそろそろ決着をつけた方がよいこともたしかである。

それに、現在は日中関係を進展させるのによい時期であるように思われる。中国のいわゆる「近代化路線」は毛沢東前主席の死後の動揺のあとで定着したとみてよい。中国のリーダーシップに変動がないとは言い切れないけれども、権力闘争が再びイデオロギー的な色合いを帯びるとは考えられない。なんといっても、中国は経済を発展させ、国力をつける必要に迫られている。そして、毛沢東や周恩来といった桁外れの人間がいなくなったことから、中国はその基本的課題を非常識的なしかたで解こうとすることは、まずありえないであろう。そして、中国の基本路線が「近代化」である以上、日本との経済交流や、さらには西欧諸国とのそれが中国にとっては望ましいものと考えられるであろう。こうして、少なくとも数年間程度は、日中関係は着実に進展する可能性が強い。

とはいえ、私には以前から日中関係について気になっていることがある。それは、日中関係に関して、日本のなかにその進展を望み、激励する応援団は多いが、ブレーキ役を果たすと思われる人々が見当たらないという事実である。たとえば数年前、日中貿易が大いに拡大するとして、「八億の市場」の夢を描く人々はいたが、そこにはまた限界も存在するのだと言う人はほとんどいなかった。

現在問題になっている日中平和友好条約についても状況は同じである。条約交渉を再開し、条約を結ぶことを首相

13　一九七七年八月、福田赳夫首相はASEAN諸国を歴訪し、その最終訪問地となるフィリピン・マニラでのスピーチにおいて東南アジア外交の三原則〔福田ドクトリン〕を表明し、高い評価を得ていた。

に迫る声はあるが、いくつかの条件を提示し、日本としてはそれを相手に認めさせるよう努力すべきであるという声はあまり聞かれないし、そうした条件が満たされなければ条約を締結すべきでないという意見はますます少ない。つまり、応援団ばかりが多すぎるのである。

今回の公明党の訪中団にもそうした性格が残っている。ここで残っていると私が言うのは、今回の訪中団に関する限り、それは応援団という性格より、交渉のひとつのパイプとして、条件を語り合う使節団という性格のほうが強かったように思われるからである。その点は評価できる。とくに、それが鄧副主席から四項目の正式見解を引き出したことは重要である。その第三項目に「中日両国が覇権に反対することは、両国が共同行動をとるといったことを意味するものではない。両国はそれぞれ独自の外交政策を持っている」とあるが、それは「覇権条項[14]」の問題点のひとつの克服に役立つ。

「覇権条項」は二つの点で問題のある条項だ、と私は考えて来た。第一は、覇権を求めるとは、一体どういうことを意味するのかが必ずしもはっきりしないということであり、第二に、覇権を求めるものに反対するとは、いかなる行動をとることを意味するのかはますますはっきりしないということである。つまり、覇権条項は抽象的で具体的な内容がはっきりしないことにつき、内容のはっきりしない義務を負うものであり、そうした条項は条約正文に入れるべきでないというのが外交の常識である。最近の数十年をふりかえっても、抽象的原則の共同表明はなんの役にも立たないか、あるいは宣伝に使われるだけであった。

もっとも、外交には相手があるという言葉の示すとおり、中国が強く求める覇権条項を頭から否定するのは妥当でないだろう。それゆえ、覇権条項の問題性を減らすことが現実の課題となるし、今回の中国の正式見解は課題のある程度の克服に役立つと言ってよい。ただ、覇権を求めるという言葉のあいまいさという問題は残っているから、その点が今後の問題となるだろう。だから、公明党もこれで問題はすべて解決したと考えて、応援団に逆戻りはしないで欲しいと思う。

それに、ソ連の反対をどう考えるかということももちろん大問題である。この点に関してなにも言わない日中平和友好条約推進論は、もっとも浅薄な応援団的議論と言うほかない。

要するに、日中関係を進展させよと叫ぶだけでは外交論ではない。私は覇権条項についてある程度問題が解決するならば日中平和友好条約を結ぶべきだと思う。しかし、それですべてが巧く行くわけではない。それぞれの時期に問題が出てくるし、意見の対立や利害の衝突がおこるだろう。あるいは日中間に問題がなくても、他の国との関係で問題が出現するかもしれない。だから、冷静に利害損失を計算することが必要なのである。応援団ばかり多くてブレーキ役のいないという状況では、その冷静さが保てるかが気になる。

京都府知事選の意味　1978・4

去る四月九日に行われた京都府知事選で、自民党と新自由クラブの推薦する林田〔悠紀夫〕氏[15]が新知事として選ばれた。それによって、二十八年続いて来た「革新府政[16]」は終了したわけである。京都府政はこれまで、革新勢力、とくに共産党主導型の革新陣営の砦とみなされて来ただけに、この選挙の結果は全国的に大きな影響を及ぼすものと受けとられている。福田〔赳夫〕首相は、選挙の結果を聞いて、「流れが変わった」と語った。共産党の不破〔哲三〕書記局長は社会党の脱落によって革新統一戦線が破壊されたことに敗因を求めたが、その言わんとするところは社共協力路線に社会党が復帰すべきだということであろう。山田〔芳治〕候補を擁して惨敗した中道革新路線につい

14　一九七二（昭和四七）年の日中共同声明に基づき日中平和友好条約締結に向けた交渉がスタートしたが、その過程で、反覇権を謳った条項が中国の対ソ連戦略であるとして問題化した。日本は地域を限らず覇権には反対であること、特定の第三国を対象としないこと、覇権に対して日中が共同歩調を取ることを意味しないなどの原則を示したが、その後二年近くにわたって交渉は膠着することとなった。

15　林田（一九一五［大正四］〜二〇〇七［平成一九］）は東京帝国大学卒業後、農林省に入省。一九六五（昭和四〇）年、参議院議員に転じたが、一九七八（昭和五三）年に京都府知事選に出馬し、当選した。二期八年の任期後、再び参議院議員となり竹下登内閣で法務大臣などを歴任した。

16　京都帝国大学経済学部教授、同学部長、中小企業庁長官などを歴任した蜷川虎三（一八九七［明治三〇］〜一九八一［昭和五六］）が、一九五〇（昭和二五）年、日本社会党の公認を受け京都府知事選挙に立候補し当選する。以来、七期二八年間府知事として勤め上げ、一九七八年の府知事選では杉村敏正を後継指名するも、林田悠紀夫に敗れ、革新府政も終了した。

ては、今回の選挙結果[17]は将来の厳しさを示したものという見方がとられている。

たしかに、今回の選挙結果は日本の政治の現状と将来を考えるうえで重要な材料ではある。しかし、それは三つに大別された勢力の消長と直結して考えるのは短絡的思考のそしりを免れない。また、新聞紙上などに見られる分析のなかには、京都という土地柄を軽視したものが少なくないように思われる。

まず、これまでの京都府政を「革新府政」とすることが、必ずしも正しくない。それは「革新府政」である以上に「蜷川府政」であった。より具体的に言えば、京都府知事選において、革新陣営は「革新的」であるだけで勝ちつづけて来たのではなかった。たしかに京都人には「革新的」なところもあるけれども、同時に生活感覚における顕著な保守性もある。だから「革新的」であるだけで勝つことは不可能であり、そこに蜷川〔虎三〕氏という強烈で、独特の魅力を持つ人物が加わって、初めて革新陣営は勝てたのであった。

しかし、その蜷川氏の重みが大きすぎるようになると共に、京都人にはそれが次第にうるさいものと感じられるようになって来た。また、観念的に革新好きの京都人も、その観念が生活に次第に影響を与えるようになるにつれて、それをうるさく思うようになった。今回の選挙結果は、うるさくなった政治勢力と訣別するという感情の現れであり、蜷川氏からもっとも遠い林田氏に支持が集まったことは、そうした意味にも解釈できる。

また、人柄の作用も見逃せない。山田氏が惨敗したのは、その政治路線への否定的評価によるというより、人望のなさによると言った方がよい。山田氏は有能とは思われていたが、不思議に人に好かれなかった。公明党も民社党も、現地の政治家たちは山田氏の人選に反対であった。それを全国的な戦略的考慮から、党の中央が京都に押しつけたところに致命的な誤りがあったと言わなくてはならない。そのために運動は不活発になり、支持が減り、選挙戦の終わりには、勝てない候補者に票を投じたくないという心理から、林田・杉村〔敏正〕両氏にかなりの票が流れ、あのような大差になったものであろう。政治勢力の力関係そのものは、京都の政治地図は大体のところ保守、中道革新、社共協力を軸とする革新の三つに、ほぼ均等に分かたれると言ってよい。

選挙の結果に影響を与えたと思われる具体的、個別的要因はほかにも少なくないが、それらを私が強調するのは、三つの政治勢力に大別される日本の都市部の政治力学が複雑であり、その帰結は一般的には予知しえず、個別的要因によって大きく変動するからである。だから、今回の選挙を見て、自民党の退勢にブレーキがかかり、都市部においても自民党主導型の政治が可能になったとするのは大きな誤りである。そうしたことは、今回の選挙を含め、この二、三年の選挙データからは出てこない。

逆説的に聞こえるかもしれないが、京都府知事選の保守の勝利は、日本全体で自民党以外の勢力が増えたことをひとつの原因としている、とさえ言えるであろう。それは野党勢力を多様にし、種々の革新のあり方を可能にした。そしてそれは、社共中軸路線の比重を小さくした。自民党が全国的に強かったとき野党はまとまるよりしかたがなかったし、その際、最大の勢力を持つ社会党と、もっとも旗色鮮明な共産党が中心となるのは自然の成行きであった。しかし、野党勢力が強まり、種々の結合の可能性が出てくると、共産党との共闘への警戒が出てくる。その最大の理由は、共産党が共闘した相手を食ってしまうことである。社会党はかつて京都から数人の国会議員を送っていたが、最近は一人だけになってしまった。また、社共共闘方式によって、全国的に多数をとれそうもない。このところ、自民党の得票率は低下しているが、社共両党を合わせた票もその傾向を示し始めた。

とすると、野党が種々の結合関係を試みることは不可避の展開である。その結果現れる三極関係はきわめて流動的である。今回の京都府知事選では、その力学が保守に有利に出たけれども、いつでもそうだとは限らない。まして、三極構造が自民党の主導型に戻ることを今回の選挙が予告したわけではない。三極構造のおもむく先は流動的であり、やがてそこで主導権を握るものは、現実からもっともよく学ぶものであろう。選挙戦において、押しつけがましい発言を避けもっとも淡々と語った林田氏に思いがけない支持が集まったという事実は、その意味で重要な教訓を与えているかもしれない。

17 二八年に及んだ蜷川革新府政を引き継ぐ一九七八(昭和五三)年四月に行われた第九回京都府知事選挙は、自民党と新自由クラブの推薦する林田悠紀夫と、共産党が支持する杉村敏正、社会党、公明党、社民連が推薦し、民社党が支持した山田芳治の三人で争われ、革新系候補は大敗を喫した。

日本外交の好機　1978・5

今年は不思議に国際政治の焦点が定まらぬ年である。日本についても、外交課題がはっきり浮かび上がって来ない。たとえば、昨年末には、日本と先進工業諸国の間の経済関係の調整が急を要する問題のように思われた。そして、今月の日米首脳会談と七月の先進国首脳会議がそのための重要な機会になるように感じられた。しかし、どうもそのようにはならないようである。日米首脳会談は一般的な意見の交換に終わったし、七月の先進国首脳会議が国際経済の運営についてはっきりした線を打ち出すこともなさそうに思われる。だから、日本への要求も、具体的で強いものとはならないであろう。決断の時期が迫っていると思われた日中平和友好条約の締結問題も、最近になって、なんとなく緊迫性が減ってしまった。中国漁船隊による尖閣諸島周辺海域の領海侵犯[18]がおこり、その妥協的な収拾がなされたと思うと、今度は中国が日韓大陸棚条約[19]にクレームをつけるということがおこった。それはかなりの日本人の「中国熱」をさまし、日中関係について今一度よく考えてみようという慎重さをわれわれに与えたのであった。

こうして、日本政府がその態度を決めなくてはならないように思われた問題がいつの間にか遠ざかるということになった。それは主として、他の国々の行動、もしくは事情に基づく。すなわち、中国やアメリカといった国の外交の手綱さばきが不確かなものになったことが重要である。それはまず中国について明白であろう。中国漁船隊による尖閣諸島周辺海域への出漁はどう見ても偶発的なものではなかった。出漁漁船数が多すぎるし、漁船隊と中国政府との交信が暗号であったのも偶発説への反証である。しかし、他方、日中条約の交渉に当たって来た中国の政治家が、この事件に驚き、あるいは当惑したことも、どうやら事実らしい。だから、尖閣諸島への出漁は中国の指導者たちがその影響をよく考え、十分に意見をまとめてから行ったものではないらしいという観測が十分成立する。これをもって、中国の指導部間での考え方の分裂を結論づけるのは早急だろうが、周恩来が中国政府の長であったときのような確かな手綱さばきが失われたことはまず確かである。そのため、中国は一方では日中平和友好条約の締結を欲しながら、他方で日本における条約反対派に力を貸すようなことをしてしまったのであろう。

アメリカについても同様のことが言える。七月の先進国首脳会議があまり実のないものになりそうなのは、西独とアメリカの足なみがそろわないことによるところが大きいが、それは〔ジミー・〕カーター大統領が昨年、意欲過剰もしくは発言過剰であったことに基づく。たとえば、カーター大統領は昨年西独に対し「機関車国」として世界の景気浮揚に貢献することを求め、インフレへの考慮も忘れてはならないとするシュミット西独首相とやり合ったが、やがてアメリカ自身が単純な拡大策ゆえに入超になり、ドルの急落を招いてしまった。またニュートロン（中性子）爆弾の製造について、カーター大統領は初め西独など同盟国の同意をとりつけようとし、議論の末西独は東西軍縮交渉との関係でその可否を決めようというところまで同意した。ところが、カーター大統領はだれにも相談せずに製造をとりやめてしまった。このほかにも、「人権外交」の問題、核燃料の再処理の問題で、米独間にはまずい気持ちが流れた。それはカーター大統領がやたらに多くの――しかも大きな――目標をかかげ、その実行可能性と相互の関連を考えなかったことによるところが大きい。ここでもまた、手綱さばきの確かさが失われている。

　このように大国の外交の手綱さばきがいささか怪しいものになったことは、国際政治を指揮者のいないオーケストラのような状況にしてしまった。その結果、世界各国はなにをしたらよいのかがわからなくなるとともに、とくになにかをしなくてはならないということもなくなったのである。今流行の言葉を用いれば、リーダーシップの低下が国際政治における「不確実性」の時代[20]を招いたといえよう。

　それは日本外交にとって一見気楽な状況であるように思われる。日本はこの四半世紀ばかりの間、自らイニシアチ

18　一九七八（昭和五三）年四月、機銃で武装した一〇〇隻を超える中国漁船が海上保安庁の退去命令を無視して尖閣諸島周辺海域への領海侵犯を繰り返した。

19　一九七四年に調印された日韓大陸棚協定のこと。「日本国と大韓民国との間の両国に隣接する大陸棚の北部の境界画定に関する協定」（北部協定）と「日本国と大韓民国との間の両国に隣接する大陸棚の南部の共同開発に関する協定」（南部協定）の二つからなり、一九七八年六月に発効した。このうち南部協定について国交回復前の中華人民共和国から自国の大陸棚への侵犯とする抗議を受けた。

20　この年のベストセラーである経済学者ジョン・ガルブレイスの著作『不確実性の時代』（TBSブリタニカ、現在は講談社学術文庫）を念頭に置いている。

ブをとることはせず、状況が決断を迫るようになったとき、それに対応するというスタイルをとって来た。その際難しい問題、とくに、国論の分裂する難しい問題については、できるだけ決断を引き延ばすという戦術をとって来た。現在の国際政治の状況は決断を迫られることが少ないのだから、日本的スタイルの外交はうまく適合しているように思われる。

しかし、逆説的だが、焦点が定まらず、決断を迫られない今こそ、状況対応型の外交スタイルに満足してはならないのである。国際経済政策にせよ、日中条約にせよ問題が解消したわけではない。放置しておけば、それは再び緊迫した形で現れてくるだろうし、そのとき、日本は利益を損ねる政策をとる恐れがある。多少の時間をかけてもよく、また日本がそのイニシアチブによって動きうる現在こそ、懸案解決のための望ましい機会なのである。

外交に生きるヨーロッパ 1978・6

十年余り前、「多極化」という言葉がしきりに語られた。それは中ソ対立が明白になり、フランスのドゴール大統領がアメリカの意向に反して核武装を行い、「自主外交」を展開したことに注目して語られたものであったが、少なくともヨーロッパに関する限り、最近の状況こそ、「多極化」の現実化として、われわれの注目すべきことのように思われる。先日私はヨーロッパを旅行し、多くの人々と語り合ってそのことを痛感した。

もっとも、私はドゴールの業績を過小評価するつもりはない。ヨーロッパが必ずしもアメリカに従わない独立の極へと踏み出したのは、疑いもなく、ドゴールの「自主外交」を契機にしてであった。しかし、それによってヨーロッパがすぐに独立の極となったわけではない。

ひとつには、ドゴールの「自主外交」には無理があった。彼は国民国家を国際政治の基本単位と考え、国際関係において軍事力を重要視していたので、フランスを軍事的な意味でも「独立」の存在たらしめようとした。しかし、それは所詮無理なことであった。フランスの核は米ソのそれには到底匹敵しえない。それにイギリスの核を加えても、事情はほとんど変わらない。だから、フランスの核武装はアメリカからの「独立」の意思のシンボルとして重要であっても、現実にフランスに軍事上の「独立」を与えはしなかった。

それに、文字通りフランスの「独立」を追求すること、それも軍事的側面を強調することは、ヨーロッパの独特の強みを減殺することになる。まず、それはヨーロッパのまとまりを弱めるが、フランスはヨーロッパを基盤として初めて有力たりうるのである。次に、ヨーロッパは、軍事力ではもちろんのこと、経済力をとっても、力という点で言えば、米ソ両国に及ばない（ヨーロッパ共同体に属する各国の国民総生産合計はソ連よりも大きいが、資源を他国に依存するなど脆弱であり、かつ一国の経済のようなまとまりがない）。

ヨーロッパの強みは、永年にわたる外交経験の蓄積にある。すなわち、ヨーロッパは世界の多くの国々との間に親密な外交ルートを持っており、また、国際問題に対処する知恵に優れている。そして、ヨーロッパがひとつではなく、さまざまな国から構成されていることは、外交ルートもそれを運営する知恵も多様であることを意味する。「中級国家」の集まりであるヨーロッパは、上述の強みを生かす以外に、国際政治のなかで重きをなしえないのであった。

そうした方向への進展は、フランスがその安全保障政策において、対米独立をあまり強調しなくなったことによって容易となった。実際、今回の訪問で私はくり返し、「フランスは北大西洋条約機構（NATO）からは離脱したが、北大西洋同盟[21]には属しつづけており、その義務を、フランス独自の判断に従って、遂行するものである」という言葉を聞かされた。法的状況という点で言えば、十年少し前からその通りなのだが、数年前にはフランス人はNATOからの離脱と「独立」とを強調した。しかし今は北大西洋同盟に属することが指摘されるのである。

つまり、姿勢が変化した。フランスは軍事的には米欧の協力がヨーロッパとフランスにとって必要であることを認めるようになった。そしてそれは現在の国際政治においては必ずしも従属を意味しない。まず、彼らはアメリカに種々のしかたで働きかけることができる。また、軍事力は数十年前までのような重要性を持たず、さまざまな力の要因を巧く操って、他国の行動に影響を与える技術が重要である。経済関係は経済上の目的のために役立つと同時に政治的な目的のために機能しうる。無理に軍事的独立を言わ

21　一九六六（昭和四一）年、米ソとは異なる第三極の立場を目指すフランスのド・ゴール首相は、NATOの軍事部門からの脱退を宣言。ただし形式上、一般的な国際政治の枠組みとしてのNATOにはとどまるとした。フランスがNATOの軍事部門に復帰するのは二〇〇九（平成二一）年のことになる。

なくなったがゆえに、ヨーロッパ諸国は外交に生きることができるようになったともいえるだろう。

その例はもちろんヨーロッパ共同体である。それは一次的には経済的な目的を持っているが、しかし、それにつきない。たとえばヨーロッパ共同体はほとんどすべての地中海諸国と協定を結んでいるし、ロメ協定〔22〕などの形でアフリカの開発途上国とも協定を結んでいる。これらに、旧本国と旧植民地との間の種々の紐帯《ちゅうたい》や、とくにフランスが多くのアフリカ諸国と結んでいる安全保障協定をあわせ考えるなら、ヨーロッパが全体として、地中海地方とアフリカにおいて小さくない政治的影響力を持っていることが理解されるであろう。エジプトなどアラブ諸国との紐帯も無視できない。

やや理論的に言うと、ヨーロッパの生き方はこうなる。①複数の国が多角的な協力関係を作り上げる。②多様な国が持つ多様な手段を、協議の末、巧く組み合わせて使う。③経済関係において、ある地方の政治の安定など、政治的目的を忘れない。実際、それは中級国家の生き方のよい模範である。もっとも、周囲に類似の国を持たない日本は、ヨーロッパ諸国の方式をとり難いであろう。しかし、だからといって、関心を経済関係の運営にしぼって政治を忘れ、多国間関係を嫌って二国間の話し合いに頼る日本外交の生き方は反省を要するのではなかろうか。十年余り前のヨーロッパは日本にとってあまり模範とならなかったが、昨今のヨーロッパは大いに考えさせられるものがある。

日中交渉の最低条件　1978・7

間もなく日中平和友好条約の締結交渉が再開される。そして今回の交渉は多分締結に至るであろう。「覇権条項」などの問題で難航し、一時交渉を中止したあとで交渉を再開するのだから、政府は問題点が十分に解決されなくても、ある程度のところで交渉をまとめる決意を固めたと考えられるからである。

そうした方針は、大筋において、正しいと言える。まず、日中平和友好条約を締結することを決めたのはほぼ六年前である。それ以後、交渉は長期間にわたっているので、どちらつかずの状況が続いて来たことになる。日本政府はここでその態度を明白にしなくてはならない。第二に、外交交渉においては、妥協は不可避である。利益の完全な一致や考え方の共有などということは国家間ではまずありえない。したがって、利害関係や考え方において妥協しつつ、協力し、少なくとも共存していくのが外交というものである。問題点があればなにもしないというのでは、国際社会のなかで生きていくことはできない。

しかし、すべてについて妥協するとか、利害や見解の相違、対立があるのに、表面を糊塗することがよいわけでは無論ない。前者は屈服であり、不平等な関係を意味するから長続きしない。後者はやがて相違点や対立点が表面化して、協定や条約が内容のない空しいものであることがわかるだけである。一致点と共に、相違点を明らかにすることも外交交渉では必要なのである。

こうして、日中平和友好条約の交渉に際して、日本にとってなにが譲歩でき、なにが譲りえないかが現実の問題となる。ぎりぎりのところ、条約締結に際して日本が守るべき最低の条件はなにであろうか。

思い切って言えば、問題は「覇権条項」にしぼられる。たしかに、日中両国の間には尖閣諸島という領土問題がある。そして、領土問題を未解決のままにしておいて平和友好条約を結ぶのはおかしいという議論は十分成立する。しかし、そうした議論はいささか公式論的である。領土問題が片づかなければ条約を締結しないという態度をとるならば、長きにわたって条約も結ばれず、しかも領土問題も解決されないことになるだろう。関係を改善しつつ、そのなかで領土問題を解決していく方が現実的であるように思われる。それに尖閣諸島は北方領土とちがって、日本が一応支配しているから、日本からこの問題を提示する必要はないという点も重要である。つまり、日中平和友好条約のなかで領土問題を片づけないことは、日本の側の譲歩ではない。

日中平和友好条約がソ連を刺激するという点は重要ではあるが、「覇権条項」との関係において初めて問題となりうる。日中両国が共にソ連を敵視することが明白でない限り、日中関係の改善にソ連が異を唱える理由は存在しない。ただ、ソ連は「覇権条項」がソ連を指すものとみなし、それを含む条約を反ソ的なものとして批判している。たしかに、中国はソ連を「覇権主義」の国と規定しているからソ連の立場は理解できる。それゆえ「覇権条項」を含まない条約を結ぶことができれば、一番よいであろう。

22　一九七五（昭和五〇）年二月にトーゴ共和国の首都ロメにおいて調印された欧州共同体（EC）とアフリカ、カリブ海地域、太平洋諸国間で結ばれた通商および経済支援に関する協定。

しかし、中国はこの条項をきわめて重要視しているし、それに「覇権条項」は一般原則としては拒否すべき理由がない。覇権を求める国があってはならないし、自ら覇権を求めるべきでないことは当然である。しかも、その原則は日中共同声明に入っているし、米中両国による上海コミュニケ[23]にも入っている。したがって、日本の立場を正確に言えば、「覇権条項」には反対でないが、それによって「反ソ的」になるのは避けたいというものである。それはいかにして可能であろうか。

その目的を、「覇権条項」は第三国に対するものではないことを明記して直接に妨げようとすることは正しくない。覇権を求める国に反対するということは、理論上ソ連に反対することもありうるのであり、したがって第三国に対するものではないことを明記すれば「覇権条項」は空文になってしまう。また日本がソ連の「覇権主義」に脅威を感じ、反対することが将来にもないとは言えない。

こう考えてくると、日本がしてはならないことは、中国の解釈通りに「覇権主義」を規定することと、中国の求める共同行動に応じることである。したがって、日本としてはなにが「覇権」を求める行為かについて日中両国は同一見解を持つとは限らないこと、また、同一の懸念を持った場合でも対処のしかたは異なるものでありうることを明白にしなくてはならない。実際、最近のインドシナ半島の状況を見ると、なにが「覇権」を求める行為かを決めるのが難しいことがわかる。また、脅威に対処するのに、強硬策もあれば融和策もある。この二つの点で日本はその立場が制約されてはならない。もし制約されるなら、対ソ関係以外についても問題はおこりうるのである。

私の見るところ、以上が日本として守るべき最低限のものである。そのうち、共同行動をとる必要がないことは、中国がすでに明らかにしている。それゆえ残る問題は、「覇権主義」の解釈について日本の自立性を保持することである。

日中条約と「全方位外交」 1978・8

「全方位外交」[24]は、今回の日中条約の締結によって損われなかったし、その原理としての有効性がある程度まで示された。しかし、それが今後も巧く行くかどうかは確かではない。実際、対立が現実に存在する国際社会のなかで、「全方位外交」なるものがありうるのかがそもそも問題である。今回の日中平和友好条約の締結を手短に批評すればそういうことになるであろう。

第一点、すなわち今回の交渉が大体において成功であったというのは、日本が「覇権条項」という難問を適切に処理したためである。日本は今回の交渉に際して困難なジレンマに立たされた。一方では日中国交回復時に中国との間に約束したことを守って、日中両国の間の平和友好関係の基礎を作ることが必要であった。しかし、他方では「覇権条項」に示される中国の国際政治観をそのまま認めることは、対ソ関係を始めとして障害を来すものであり、日本として避けなくてはならなかった。ある一国が世界をわがもの顔に動かすのを欲する国はありえない以上、「反覇権」は一般的には問題のない原則であるように思われる。しかし、具体的にどの国のどの行為が「覇権」を求めるものとみなすかということになると答えは簡単ではない。また、ある国が「覇権」を求める恐れがあるとしても、いかに対応すべきかも難しい。その答えは、それぞれの国によって異なるのである。日本政府は、その点について、中国政府と粘り強く交渉し、国際政治における「覇権」の問題について日本が中国の考え方とは必ずしも同一ではない独自の考え方を持っていることを明らかにする形で条約を結ぶことができた。第二条で日中両国は「反覇権」の原則を認めると共に、第四条では、「この条約は、第三国との関係に関する各締約国の立場に影響を及ぼすものではない」として、両国がそれぞれ独自の立場から、第三国との外交関係を運営することが明らかにされているのである。先に述べた「反覇権」の立場の具体化にからむ問題は、それによって一応解決されたとみてよい。

こうした成果が得られたのは、日本が原則の問題を真正面から論じたことによる。それは日本外交としては珍しいことで、大層よいことであった。原理の問題では譲り、その運用で国益の実現を計るという態度は、いささか「総論賛成、各論反対」と似ていて、原理において異なるからつき合わないという態度と同様、好ましくないのである。基本的な立場において相違点を持つ国とのつき合いに際しては、よく論じ合い、考え方の相違点を明白にし、それを認

23 一九七二(昭和四七)年二月、後にニクソンショックと呼ばれるニクソン大統領の電撃的な訪中の最終日に、上海で発出された米中の共同コミュニケ。ニクソンと周恩来首相の会談内容を踏まえ、議題となったテーマについて双方の主張が併記された。

24 特定の国家と提携を強めることなく、あらゆる国とほぼ同程度の外交関係を保つことを目標とする外交戦略。

め合った後で友好をはかるというのが正しい態度であり、それがあって始めて「全方位外交」は成立すると言えよう。

以上の成功にもかかわらず、将来の問題は決して小さくない。日本が「反覇権」の問題を適切に扱った以上、ソ連がすぐに日本に圧力をかけてくることは難しくなったけれども、日本が日中両国の友好については基本的な了解をとげたのに対し、日ソ間にそうした了解は存在しないことは厳然たる事実だからである。しかも、中国が当分の間「近代化」路線を歩むことがまず確かであるために、日中両国間の経済交流・技術交流は着実に進展するであろう。

ところが、中ソ対立はたしかに存在する。中国は今回、中ソ同盟条約[25]廃棄のために必要な措置を来年とるとの心証を与えたが、それは形式主義的な理由から喜ぶべきものではなく、むしろ中国がソ連を友好国とみなしていないことをわざわざ明白にした点で、中国の態度の固さを思わせ、私を警戒させる。そのうえ、アメリカが今回の条約締結にはやばやと賛意を表明したことは、アジアにおけるソ連の進出を警戒する上で、米中両国間に共通の利益があることを示した。そして日本にとってアメリカは重要な同盟国であり、中国とは今回条約を結んだのだから、ワシントン－北京－東京という「反ソ枢軸」が語られるのも無理からぬことである。

日本として難しいのは、米中ソ、あるいは中ソについてさえ「等距離」を保つということはありえないし、したがってそうしようとすることは望ましくもないが、さりとて、「反ソ枢軸」に同調することも、日本自身の外交原則と国益から見て避けるべきだという点にある。日本としては米国および中国との間に利益の共通性が大きいけれども、対ソ政策上アメリカとも中国とも異なり、「対ソ警戒」意識をそう露わにしない政策をとることによってその国益をもっともよく守りうるのである。その意味でのみ「全方位外交」はありうる。

もっとも、対ソ政策において、アメリカとも中国ともいささか異なった色彩を出すことは、現実には容易でなく、深い読みと知恵とを必要とする。したがって、当面は性急に動かず、それがいかにして可能かを考えつつ、時期を待つことであろう。中国の次はソ連との関係の修復という議論は「全方位外交」のあまりにも形式主義的な適用であり、単純な「対ソ警戒論」と同様正しくない。

世界的問題としてのソ連問題　1978・9

先月のこの欄で、私は日中平和友好条約の締結に触れて、日中の次は日ソだといった類いの考えをいましめた。そのとき私のあげた理由は、「全方位外交」はそのように機械的に適用されるべきものではないということであったが、実のところ、それはもっとも重要な理由ではない。もっとも重要な理由は、日ソ関係がきわめて困難なものだということにある。

いや、その言い方も十分に正しくはない。日ソ関係の難しさというと、人は最大の障害として北方領土の問題を思い浮かべるかもしれない。しかし、私の見るところ、それは最大の問題ではない。感情的にはいささか苦しいことではあろうが、北方領土の問題は妥協によって解決しえない問題ではないからである。何年か前に発表され、非常に不評であったけれども、平沢氏の論文で提示された解決方法は考慮に値する（原註　北方領土・平沢氏論文＝平沢和重氏が昭和五十年九月、米外交専門誌[26]に発表した論文のこと。四島一括返還は困難だから、まず歯舞、色丹両島の返還を条件とし、国後、択捉両島は二十世紀中凍結し、二十一世紀に再交渉を提唱）。問題はソ連の行動様式そのものにある。それゆえ、ソ連といかにつき合うべきかという問題は、日本だけでなく、世界の多くの国にとって深刻な問題なのである。

実際、ソ連は現在の世界にあってまことに異例の国である。それはなによりも、GNPの一二パーセントを越えるものが軍事費に使われているという事実に現れている（専門家のなかには、さらに大きい数字をあげる人もいる）。だからソ連は戦略核においてアメリカに追いつき、世界最大の通常兵力を持ち、それに加えて最近では空輸力など、遠隔地への介入能力を持つに至った。それはアンゴラ、エチオピアへの武器援助、もしくは介入の示すところである。

いうまでもなく、軍事費は決して経済的なものではない。それなのに、ソ連はなぜ軍備を増強しつづけるのか。ソ連の指導者はアメリカその他に対抗する必要、すなわち防衛的な目的のためだと言うであろう。彼らが主観的にはそう考えていると思われる節はたしかにある。おそらく、長きにわたって途上国的存在であったことと、歴史を通じてし

25　一九五〇（昭和二五）年にソ連と中国が締結した軍事的同盟と経済協力を柱とする中ソ友好同盟相互援助条約。一九六〇年代に入ると中ソ対立の表面化によって形骸化していた。一九七九（昭和五四）年に中国が不延長を決定、翌年、正式に失効した。

26　米国の外交問題評議会（CFR）が発行する隔月刊の外交・国際政治専門誌『フォーリン・アフェアーズ』。

ばしば侵入されて来たことから、彼らは防衛をきわめて重要視している。

しかし、不幸なことにソ連の軍備拡張は客観的には、いくつかの国に脅威を与える結果になっている。中国がそうであり、西ヨーロッパ諸国がそうである。それに米国は前からソ連と対峙して来たし、日中関係が日ソ関係よりも進展することは多分必然であろう。だから、ワシントン－北京－東京枢軸ということが言われるけれども、西ヨーロッパ諸国もまた脅威を感じていることでは同じである。それはソ連が自ら生み出したことなのだけれども、ソ連は包囲されていると感じているかもしれない。だから、ますます軍備拡張を行い、それによって周囲の国を離反させることになっている。悪循環である。

こうして問題は、ソ連が真実の自信を持たないまま、軍事力だけ強くなったことにある。もっとも、ソ連は軍事力以外に、世界に誇るものを持たない国である。ソ連から買うべき工業製品はまずない。第三世界の国にしても、ソ連の経済援助に期待できるものは少ないことを知っている。軍需産業を除いて、技術のレベルは低い。文化の上でも、ソ連政府からにらまれたり、追放された文化人を除けば、世界にアピールするものがない。一昔前はマルクス・レーニン主義の祖国という魅力があったが、今はそのような魅力を感ずる人はまずいない。要するに、ソ連は平和裡につき合うのにそう魅力がない国なのである。日ソ関係が掛け声ほど進展しないのもそのためである。

つまり、ソ連は軍事的には超大国だが、それ以外の意味では大国ではない（スポーツだけは例外であるが）。だから、ソ連の国際社会における地位は案外低い。それを打破しようとして、ソ連は目下のところ、第三世界、とくにアフリカに武器を送り、キューバに兵を派遣して、影響力を伸ばそうとしているのである。

しかし、この強引な政策はいつまでも続くはずのものではない。ソ連もいつかは、軍備拡張によって安全を得ようとすることが逆効果であるのを知るだろう。第三世界への介入についても、一箇所での成功が、他の場所での失敗で帳消しにされる経験から学ぶかもしれない。最近ではエチオピアを友人にしたと思ったらソマリアが離反し、多くのアラブ諸国が反ソ的性格を強めた。

率直に言って、こうしたソ連の性格からしばらくの間、日本としてはソ連との関係を悪化させないようにすると共に、ソ連の強引な外交（たとえば日中平和友好条約締結前の警告は強引そのものであった）に屈しない強さを示す以外にない。

そして、パイプを維持しつつ、ソ連の態度の変化に対応する時期を待つことである。日本は中国のようにソ連を敵視すべきではない。しかし、中国がソ連を敵視し、西ヨーロッパ諸国が脅威を感じていることと、その理由は十分認識しておく必要がある。

遠い国々への平和貢献　1978・10

日本の新聞で見ている限り、この一ヵ月ほど国際情勢は静かであるように思われる。長年の懸案であった日中平和友好条約は満足すべき形で調印され、それに対するソ連の反対はそう激しいものではなかった。

しかし、世界情勢は決して静かではない。平和度といったものが計測しうるものなら、それはむしろ低下していると言うべきであろう。ただ、問題の個所が日本から遠いところ、すなわちアフリカであるというだけである。西欧の新聞のいくらかによると、十九世紀末に比すべき勢力争いがおこっているとさえ言われる。

まず、事実から数え上げて行こう。公然たる戦闘が少なくとも九ヵ所で戦われている。

モロッコ、モーリタニア対アルジェリア、エジプト対リビア、チャドの内戦、エチオピア対ソマリア、エチオピア対エリトリア、ザイール対アンゴラ、アンゴラ対ナミビア、ローデシア。

そのあるものは、ローデシアの内戦のように、白人少数者の支配に対する黒人の解放戦争である。だから、それは植民地解放闘争の最後のもので、いつかはおこるべきものがおきたものと考えてよいであろう。しかし、アフリカでの勢力争いはそれだけではない。より深刻な問題は、すでに独立したアフリカ諸国間に対立と抗争があり、それに外部勢力の介入を招き、抗争が激化しているということである。

アフリカ諸国間の対立と抗争はかなりの数に及ぶ。たとえば、

① ソマリアは汎ソマリア的野心を持ち、それを阻止しようとするエチオピアと対立し戦っている。

② 旧スペイン領サハラをめぐって、モロッコとモーリタニアがアルジェリアと戦っている。

③ リビアのカダフィ[27]は、エジプトのサダトと激しく対立している。

④ アンゴラの内戦は続いているし、アンゴラとザイールが戦っている。

これらの諸国は、相手方の国内を攪乱《かくらん》するため、まず反

政府分子に支援を送り、破壊活動を展開している。リビアのカダフィはエジプトの反サダト派を支援し、逆にサダトは反カダフィ派を助けている。ザイールのモブツ［大統領］はアンゴラの反政府派ゲリラに軍事援助を送っているし、逆にアンゴラの現政府は反モブツ派を支援し、モブツ政権の転覆をはかっている。

次にこれら対立関係にある国々は、工業力がなく、したがって兵器生産力もないから、当然ながら北の先進工業諸国の助力をあおごうとする。ところがこの二、三年、ソ連はアフリカの混乱にチャンスを見いだし、大規模な軍需物資援助に加えて、キューバ軍を介入させ、実際の戦闘に参加している（その数は四万人に及ぶと言われる）。アンゴラ、エチオピアへの援助はそのもっとも顕著なものである。これに対して、西側諸国は、アメリカがヴェトナムで手を焼いた記憶が生々しいため、慎重に介入を控えているが、フランスはかなり活発に介入している。今年初夏のザイールへの介入はよく知られているが、旧スペイン領モロッコをめぐる対立ではモロッコ、モーリタニアを助け、その結果、アルジェリアはソ連に傾斜を強めるといった類いである。

こうした対立の広がりの結果、アフリカ諸国は三つのグループに分極化しつつある。第一はソ連と提携している国々でエチオピア、アンゴラなどマルクス・レーニン主義をかかげる国（内容は伴わないとしても）とリビア、ウガンダ、アルジェリアなどである。第二はモロッコ、モーリタニア、象牙海岸共和国［28］など旧フランス系の国々とエジプト、スーダンなどアラブ連盟の国々である。そして、最後にナイジェリア、タンザニア、ザンビアなど非同盟政策を守りつづけている国があるが、その数はもはや決して多くはない。

一般的には東西対立はその激しさを減じつつあるように見えるが、アフリカではまったくその逆である。それはアフリカに多大の流血を招くだろうし、また、そこから東西関係が再び悪化し、世界的な緊張さえたかまるかもしれない。それゆえ、日本から遠いアフリカのことだから日本は無関心であってよいということにはならない。

むしろ、その逆に、日本は遠く、そう直接に大きな利害関係を持っていないから、建設的な役割を果たしうるとも言えるのである。それに、日本が武器輸出をして来なかったというのも、日本の立場を強くしている。というのは、アフリカの事態を鎮静化する一つの有力な方法は、外部諸国が武器供給を自制することであるのだが、日本ほどそれを強力に主張しうる国はない。国連、とくにその軍縮会議の場などで、核兵器など大破壊力を持つ兵器のことばかり言わず、実際に人々を殺傷している兵器について妥当な主張を行うことは、日本の果たすべき重要な政治的役割ではなかろうか。

運命の不思議さ 1978・11

サダト［エジプト・アラブ共和国大統領］、［ヘナヘム・］ベギン［イスラエル首相］両氏に本年度のノーベル平和賞が与えられたというニュースを、私はきわめて複雑な思いで受けとった。それはなにも、この二人がアメリカのカーター大統領をまじえ合意したのは、ソ連の言うように中東の平和に貢献するどころか、かえって事態を紛糾させるといった理由からではない。九月中旬に結ばれたエジプト・イスラエル間の平和条約締結への枠組みは、間違いなしに、ことし最大の外交的成果であった。

現在の世界でもっとも恐れられることのひとつは、中東情勢が再び緊張し、中東戦争が起こるとか、中東のどこかの国で政変が起こり穏健派と急進派との間のバランスが崩れることとかによって、石油危機が起こるということである。そしてそのかぎはエジプトが握っていると言えよう。

エジプトとしては、シナイ半島など一九六七年の戦争でイスラエルに奪われた領土をなんとしても取り戻さなくてはならない。とくに、一九七三年秋の中東戦争[29]と石油供給制限によって有利になった条件の下でそれができなければ、サダトはその信を問われるであろう。彼はもっとも現実的な方法としてアメリカを通じてイスラエルに圧力をかけさせると共に、劇的なイスラエル訪問という平和外交によってその目的を果たそうとし、少なくともエジプトに関

27 カダフィ（一九四二～二〇一一）はリビアの政治指導者で、一九六九年のリビア革命で政権を獲得。その後、長く独裁政権を維持したが、「アラブの春」を発端とする二〇一一年のリビア内戦によって反対勢力に殺害された。

28 独立以前より、この地域の海岸は「象牙海岸」と訳され、建国後はそれが国名として用いられてきた。現在は、フランス語による「コートジボワール共和国」が一般的である。

29 一九四八年、一九五六年、一九六七年に続く第四次中東戦争を指す。第三次中東戦争で圧勝したイスラエルの油断から、アラブ側は緒戦で被占領地域の大幅な奪還に成功したものの、中東情勢の更なる不安定化を招き、一九七三年の第一次石油危機の遠因ともなった。

する限り、その目的を果たし、エジプト・イスラエル関係を安定させた。もちろんイスラエル・シリア間の問題は残っているし、パレスチナ人の国家を作るかどうかという難問は残っているが、しかしエジプト・イスラエル間の合意が中東の平和と安定への一歩前進であることは否定し難い。

私が複雑な感慨を持つのは、この二人、とくにベギン首相の前半生がきわめて激烈な闘争の歴史だからである。サダト大統領はかつてはスパイだったし、ベギン首相はテロリストのリーダーだった。サダトは第二次世界大戦が始まったとき、イギリスが敗れるのがエジプト独立に役立つと考えて、北アフリカの英軍の秘密をドイツのロンメルに通報していた。もっとも、彼は独立という大義のためにそうしたのだから、責められるべきではないであろう。

しかし、ベギンの場合はすさまじい。彼は、最近に至るまで、終始一貫闘士であった。彼はイスラエルの建国について、「世界の良心」に頼るといった方法は生ぬるいとして、暴力によってパレスチナをイスラエルのものにすべきであると主張した。そして、運命の不思議は、彼がそれほどの急進派であるために、生き残ったということである。だれもが知るように、第二次世界大戦は独ソ不可侵協定につづく独ソのポーランド分割に始まるが、ベギンはソ連占領地域に住んでいた。そして、そこでも彼は過激な運動を続けたので、ソ連の官憲に逮捕され、シベリアに送られて重労働の日々を送ることになったのである。そのすぐ後、独ソ戦が始まり、ドイツがポーランドを占領してユダヤ人狩りを始めたのだから、ベギンはシベリアの刑務所に入れられたため助かったことになる。

そして、今やドイツと戦うことになったソ連は、ベギンなど逮捕していたポーランド人が連合軍の軍隊に入ることを認め、その後多少の紆余曲折を経て彼は中東にやって来たのであった。その後なお複雑な経過を経て、イスラエル独立運動の一派のリーダーとなり、イスラエル建国に反対するものはイギリス人であれアラブ人であれ、殺人を含めて暴力で対抗するという戦術をとった。実際、独立闘争の過程で起こった大規模なテロ事件はほとんど彼の指導によるとされている。もちろん、彼の場合もイスラエル建国のためにテロリズムを行ったので普通の犯罪者ではない。

だが、私の心には、目的は手段をどこまで正当化するのかという疑問が浮かんでくるのである。スパイならともかくテロリズムとなると、私は首をかしげる。もっとも、革命とは大概そうしたもので、やむをえないのだという議論も成立はするだろう。だが、それはわかっても、私はもっとも過激なテロリストのリーダーであったベギンが、今までだれも成し遂げえなかったエジプト・イスラエルの平和条約を結んだことに、運命の不思議さ——人はなにをするか、人生はどうなるかがわからないものだ——を感ずるのである。

そのうえ、ベギンは独立後も戦闘的集団のリーダーとして、ヨルダン河西岸〔30〕の併合を主張しつづけて来た。それゆえ、彼はイスラエルがもっと穏健な政策をとるのを妨げて来たとも言える。ただ、今となってはそれもプラスの要因であるかもしれない。彼の率いる急進派が与党だから、ベギンの行為に反対し難いからである。もっとも、彼はヨルダン河西岸については相変わらず強硬な態度を捨ててはいないようにも思われる。もしそうなら、エジプト・イスラエル条約はエジプト・イスラエル間の安定しかもたらさず、中東では流血が小規模にはなっても続くであろう。果たして、ベギンは闘士変じて平和の建設者になれるであろうか。要するに、サダトは平和賞に明らかに値する。ベギンがそうかどうかは、今後にかかっていると言えるだろう。

時代と政治家 1978・12

今年は吉田茂元首相が生まれてから百年目になるということで、種々の行事があった。私もNHKのテレビに出させてもらったり、講演会で話したりして、思うところを述べることができて幸せだった。

それからしばらくして、西ドイツから送って来た小冊子で、大戦間に活躍したドイツの首相〔グスタフ・〕シュトレーゼマンが同じ一八七八年生まれであることを知り、またある論文を読んでいるとき、西ドイツの戦後を作った〔コンラート・〕アデナウアーが一年ちがいの一八七七年生まれであることをも知った。そのとき、私は時代と政治家の適合性や、運・不運といったものについて、深く考えさせられた。

普通に考えるなら、一九二三年、四十五歳で首相の要職についたシュトレーゼマンは成功した人生を送ったと言うべきであり、これに対して駐英大使で人生を終わったかに

30 ヨルダン川西岸地区は、ヨルダンとイスラエルの間に位置し、現在パレスチナ自治区の一部を形成するヨルダン川より西部一帯地域を指す。

見えた吉田茂や、ケルン市長にとどまったアデナウアーは不遇であったと言えるであろう。しかし、その事業について言えば、シュトレーゼマンの業績は崩壊したのに、吉田茂とアデナウアーのそれは長く続くことになったのである。その点から言えば、シュトレーゼマンは失意のうちに死に、吉田茂とアデナウアーは満足して死んで行ったことになる。

しかも、奇妙なことに、この三人の人物は大戦の敗北国の首相として、基本的に同一の政策を追求したのであった。シュトレーゼマンは賠償問題をめぐるこじれから、フランスがルール地方を占領し、ドイツ人が非協力政策をとって経済が変調を来《きた》し、一ポンド＝二〇マルクが、一ポンド＝五兆マルクになるという超インフレーションのなかで首相となり、抵抗策をやめて、対英仏協力政策を打ち出した。

その結果、ルール占領は終了し、賠償についても一応の取り決めができ、さらには英独仏がそれぞれ安全を保障するロカルノ条約[31]が結ばれるとともに、ドイツが常任理事国として国際連盟に入ることによって、ヨーロッパの政治は安定したのであった。シュトレーゼマンは第一次大戦前には膨張主義者であったこともあるが、敗戦後は国際協調によって生きるしかドイツに道はないと確信して、協調政策をすすめたのであった。彼の時代、フランスは〔アリスティード・〕ブリアン、イギリスは〔オースティン・〕チェンバレンによって指導され、短かった戦間期のもっとも美しい時代となった。

しかし、彼の業績は長続きしなかった。ひとつには、ドイツの国内条件が整っていなかった。民主主義の伝統がまだ弱く、それにもかかわらず理想主義に燃えて比例代表制をとったため、小党分立のひどい状況が現れて政治が安定しなかった。また、超インフレーションが中産階級を破壊していたので、その意味でも社会は弱かった。それに、国際情勢が悪かった。

ヨーロッパではドイツが潜在的に強く、フランスは弱いのに、見かけはフランスが優越するという状況であった。ドイツ人のなかには、自分たちは真実に負けていないのだと思って、いつか恨みを晴らさなくてはならないと考えていた人々があっただけに、余計状況は不安定であった。もっとも大切なことに、アメリカがその国力にふさわしい責任を果たす意思がなく、孤立主義に立ち戻り、ドイツへの借款でヨーロッパ経済を支えていたものの、その重要性の自覚がなかった。

そこで、シュトレーゼマンの引退と時を前後して世界大恐慌がおこった時、世界経済秩序がこわれ、各国はバラバラにその国益を追求し始め、やがて世界はいくつかのブロックに分かれて、戦争にまでなってしまった。こうして、彼の仕事は結局崩壊したのであった。

これに対し、同時代に生まれ、戦前に出番がなかったために戦後の指導者となったアデナウアーと吉田茂は、ともに西側との協調政策をとって成功した。実際、アデナウアーと吉田茂は驚くほどよく似ている。二人はともに強い個性と信念の持ち主で、戦前から西側との協調こそが両国の基本的政策でなくてはならぬと考えて来た。それに加えて、二人は古典的な意味での自由主義者であった。そして、これらの点で二人はシュトレーゼマンと基本的に同一といえよう。

それが成功したのは環境が変わっていたからであった。まず、日独両国民は完全に敗れ、しかも自らに理のなかったことを感じていたため、民主主義の道を本格的に追求するようになった。より大切なことは、アメリカがその優位を確立し、自由主義の国際秩序を作り上げ、それを維持するために強いリーダーシップをとろうとしていた。アデナウアーと吉田茂はこの自由主義の国際秩序の方向に沿って進んだから、早く復興し繁栄することができたのであった。

こうして、時代の環境と適合するか否かは政治家としての運・不運を決める最大のものと言えるだろう。果たして、現在の世界の環境はいかなるものであり、どのような信念を持つ政治家が適合するのであろうか。それを前もって知りえないだけに、政治はこわいのである。

大平宰相論　1978・12

およそリーダーシップというものは、状況を離れてその是非を論ずることはできない。危機における首相のもつべき素質と平和時におけるそれとは明らかに異なる。それでは、われわれが現在直面している、このだらだらした危機にさいしていかなるリーダーシップが必要なのか。今回あらたに首相になった大平〔正芳〕氏の素質のうち何が状況に適し、どこに危険があるだろうか。

31　一九二五年一二月に調印された、イギリス、フランス、ドイツ、イタリア、ベルギーによる地域的集団安全保障条約を中心とする七つの条約の総称。一九一九年のヴェルサイユ条約が定める国境の現状維持や国際紛争の平和的解決、ドイツ、フランス、ベルギーの相互不可侵とイギリス、イタリアによるその保障などが盛り込まれた。ドイツの国際連盟加盟が条約発効の条件であった。

まずわれわれは日本がこのところ、政治的にも経済的にも、長期にわたり、かつ方向が必ずしも明確ではない構造変化の時期にあることから、考察を始めなくてはならない。政治の面では、自民党が絶対多数を誇り、単独で国会を運営しうる時代は過ぎ去り、多角的な調整によって政治を運営しなくてはならない時に入った。それは決して安定したものとはいえないが、過去二年間の国会が示しているように、かえって政治を健全化した面もある。この芽を育てていくことが現在の日本の政治の必要であり、その点では前回の総選挙後に「部分連合」を唱えた大平氏の政治感覚は、正しいように思われる。やがて行われる総選挙で自民党は議席をへらすだろうが、大平新首相には、日本の政治が「部分連合」の時代に入ったという認識をあくまでも堅持してほしい。

それと同時に、多角的な調整による政治はむずかしい決定を避けることを意味しない。たとえば日米間の安全保障上の協力を具体的にするとか、あるいは社会経済の運営上の責任を果たすとかいった仕事は、決して多くの支持をうるとは限らず、かなりの反対を招くであろうが、それにもかかわらず、日本が国際社会の中で生きていくためには行わなくてはならないことである。一方では柔軟に「部分連合」の政治を行いつつ、いくつかの難問について断固たる決定を下せるかどうか。そこに大平氏への第一の懸念がある。

経済の面でも、日本経済が構造変化の最中にあることをだれもが認めることである。それは抽象的には、重化学工業中心の経済を知識集約型のものへ移行させることだと認識されている。それは十分むずかしい仕事だが、それをわれわれは低成長の中で行わなくてはならない。

もちろん不況からの脱出は多くの国民の願望であり、たしかに必要であるけれども、しかし日本経済の将来展望がはっきりしない状況では、赤字国債を出して積極財政に踏みきることには危険がある。福田政権の経済政策が、一方では日本人の創造力を生かして前進し、七パーセントというかなり高い成長率を掲げながら、その実施においてもう一つ積極性に欠ける中途半端なものに終わってきたのは、そのためである。

同様のジレンマは、大平政権をも悩まし続けるであろう。そして経済政策については、いわゆる大角連合の間に考え方の相違があるのが一層の懸念をつけ加える。というのは、大平氏が日本経済は安定成長もしくは低成長の時代に入ったと考えているようにみえるのに、田中派の中にはまだ一昔前の経済成長主義が残っているように思われるからである。党内に種々の考えがあるのは、むろん悪いことではない。それらを調整して一本の線にまとめなくては、混乱が生じるだけである。最後に、外交政策、とくに対中国政策の問題がある。この夏、福田政権が日中平和友好条約を締結してから、日中交流ブーム、とくに経済上のそれは著しく盛り上がった。たしかに今回、中国が近代化という仕事にまじめに取り組もうとしていることは間違いない。世界の多くの専門家たちもそれを本格的なものと判断し、これを機会に中国との経済交流を増大させ、中国を〝国際的相互依存〟のネットワークにひきいれ、国際社会の中で安定した位置を与えるべきだと考えている。

しかし問題は少なくない。とくに中国の近代化が果たして成功するのか否かに問題がある。現在の中国の近代化努力はその発表されたスケジュールなどからみて野心的でありすぎるように思われるし、また近代化がすぐれた機械、設備の購入ということではなく、自らの社会の特性を織り込んだシステムの建設であることが十分には理解されていないという感じもある。

したがって、日中交流ブームに乗って日本の各企業が中国に機械を売りまくろうとするのは、中国の近代化を真に助けることにならず、また各企業にとっても利益にならないことであろう。つまり一九七九年は日中ブームから一歩退き、長期的な視野に立って、何が中国の近代化を助ける最善の方法かを考えるべき年なのである。おそらくは中国の人材の育成に力を貸す方が機械を売ることよりも大切であろう。

ところが、大平氏は田中元首相と日中国交正常化を行った経緯などからみて、日中関係をややロマンチックにみる傾向があるように思われる。日中ブームに乗るのではなく、むしろそれにブレーキをかけて、長期的に実りある態勢をつくることができるかどうかは大平内閣の試金石となるかもしれない。

インドシナ情勢の見方 1979・1

インドシナ情勢は、ついに、ヴェトナム軍による公然たる大規模なカンボジア進攻と、プノンペン陥落――ポル・ポト政権崩壊――救国民族統一戦線政府成立という事態に立ち至った。もっとも、この展開は華々しいニュースではあっても、アジア情勢にすぐに大きな衝撃を与えるものではなさそうである。良かれ悪しかれ、ヴェトナムの強引な行動はヴェトナムとカンボジアの対立に終止符を打ったと考えてよい。

もちろん、以上の判断には異論があるだろう。それによってアジアおよび世界全体での中ソ対立が一層激化し、アジア情勢はさらに紛糾するだろうと考える人々がある。たとえば、今回の事態については中国は、「クレムリンは、東南アジアおよびアジア太平洋地域全域におけるその膨張主義的意図のための根拠地と子分とを獲得した」と批評したが、それをうのみにする人がいないわけではない。しかし、そのように中ソ対立を重視し、それですべてを説明するのは正しくない。それは土着の力や条件といったものを無視している。そして、今回の事態については土着の要因のほうがはるかに重要であった。

まず、ヴェトナムはソ連の支援があったからカンボジア進攻に成功したわけではない。ヴェトナムとカンボジアの力の差は二つの意味でまことにはっきりしていた。ひとつは通常の軍事バランスで、圧倒的な人口差に加えて、ヴェトナムは対米戦争の過程でソ連から種々の武器の供給を受けると共に、米軍からかなりの量の兵器を捕獲することによって、きわめて強力な軍事力を有する存在であった。実際、それはアジアにおいて中国に次ぐ軍事強国とみなすことができる。次に、ポル・ポト政権はその暴政によって支持基盤を狭めていたから、弱者の戦術とも言うべきゲリラ戦による抵抗ということも不可能であった(原註　この予測は正しくなかった)。

もっとも、現在の世界では軍事力が優越していても、それを使うことは容易ではない。国際世論の反発と他国の介入の恐れがあるからである。しかし、今回の行動に際してヴェトナムはそれをあまり恐れなくてよかった。そのひとつの理由は、もちろん、ソ連が中国を牽制してくれるという読みがあったことだろう。しかし、より基本的な理由は、ポル・ポト政権が明白な暴政であったということにあった。ポル・ポト政権は、きわめて特異な社会主義の理念を抱いていた。通貨を不要と考え、大都会は腐敗を生むと考える点で一種の原始主義であったし、しかも、仏教を弾圧すると共に、カンボジアの民俗、習慣を廃止しようとする反伝統主義であった。そして、この特異な理念に反するものは容赦なく処刑し、おそらく人口の一〇パーセントぐらいを殺したと言われている。その対象には幹部も含まれたし、それだからこそ、処刑を免れて逃げた幹部とその他の亡命者から救国民族統一戦線を組織することができたのである。

ヴェトナムは、こうして正しい社会主義者を支援するという大義名分をかざすことができた。少なくとも、西側諸国を始めとして、世界の諸国はポル・ポト政権には到底同情することができず、したがってポル・ポト政権支援の国際世論がおこるとはとても考えられなかった。以上の理由から、ヴェトナムは公然たる武力の行使ができたのである。カンボジアの元国王〔ノロドム・〕シアヌークは、いかに問題の多い政権でも、それを外国の軍隊が倒すことは許されないと論じたが、それは弱い議論であった。

もっとも、このように論ずることによって私はヴェトナム軍が解放軍であったとまで言うつもりはない。ヴェトナムの今回の行動の背後にある種の野心があったこともまた事実である。ヴェトナム人は古くからカンボジア人を軽蔑し、カンボジアがヴェトナムの勢力圏に入るのは当然ぐらいに考えている。逆に、カンボジア人はヴェトナム人の実力を認め、それを恐れつつ、ヴェトナム人を憎んでいる。実際、英紙『オブザーバー』の記者フランクランドとイーツが書いたように、ポル・ポト政権の残酷さは「心の底で自らの弱さを恐れているものの残酷さという性格が強い」と言えるだろう。そこにわれわれは悲劇を見るべきであって、カンボジアをただ痛ましい犠牲者と見ることも正しくなければ、ヴェトナムを解放者と見ることも誤っている。カンボジアのポル・ポト政権は暴政であったし、ヴェトナムには野心があった。

こうしてわれわれは事態の展開の痛ましさを感ずると同時に、ヴェトナムにある種の危険な傾向があることも認識すべきである。しかし、ヴェトナムの野心はソ連にそそのかされてできたものではない。それはナショナリズムの悪い面として土着のものである。それゆえ、ヴェトナムがソ連圏に入るとかその手先になるとかいうことは考えられない、ヴェトナムは危険なほどの強いナショナリズムから、ソ連に対しても独立を守ろうとするであろう。それを中ソ対立の図式から考え、今回の戦争を中ソ代理戦争と捉え、ヴェトナムをソ連の手先という具合にアメリカ、日本を始め、多くの関係国がみなすならヴェトナムはソ連寄りになって行かざるをえないかもしれないのである。誤った認識は誤った結果を生む。

イランの文化大革命 1979・2

イランでは、バクチアル[32]政権が倒れ、バザルガン[33]暫定政府首相の下に「回教共和国」が作られ始めた。回教を中心的イデオロギーとする革命運動を、なにか前近代的な不思議なもののように見て来た人は少なくないであろうが、そうした運動がついに実を結んだわけである。

実際、近代化を世界の趨勢《すうせい》とみなし、大多数の国が近代化を目指していることを前提にして考えれば、今回のイランの動きは理解に苦しむことと言わなくてはならない。バクチアルとホメイニ[34]の二人を比較してみても、そのことがわかる。バクチアルは亡命したパーレビ国王[35]によって任命されはしたけれども、決して王のカイライではなく、王党派でさえもない。彼は長い間パーレビ国王を公然と批判し、そのため国王の秘密警察に迫害されたこともあった(彼の左腕がきちんと伸びないのはそのためである)。

しかも、彼の経歴は一貫している。フランスに学んだ彼はスペイン内戦に際し、義勇兵として共和派のために戦ったし、第二次世界大戦中はレジスタンスに加わった。だから、「私は一生を通じて反ファシストであった」という彼の言葉は正しい。それゆえ、内戦の危機に直面したイランの首相に任命された彼はゆるやかに、そして静かに民主主義の方向にイランを持って行こうとしていた。

これに対してホメイニは、パーレビ国王の統治、とくにその腐敗を激しく非難したことははっきりしているが、王政を打倒した後いかなるイランを作るかということになると、いささか雲をつかむようである。彼は基本法はコーランであるという立場をとっているし、回教の僧侶が行政や計画などすべてのことを監督し、指導すべきであるとしている。すなわち、「宗教国家」を作ろうというわけである。それはかなり徹底していて、たとえばホメイニは女性解放については決して積極的ではない。それを反映してか、「回教共和国」支持のデモに参加している女性のほとんどは黒いチャドルで身をすっぽりと包んでいるし、「イランでめったに見られなくなっていたベールで顔まで隠す風習が、テヘランでさえ一部に復活しつつある」という。

ところが、イランは回教諸国のなかでもっとも近代化された国である。石油の価格値上げ以後、とくにそのテンポは早まり、自動車を乗り回し、ポップ・ミュージックを好み、テレビや映画を楽しむという階層がかなりの数になっている。それなのに、一見近代化に反するようなホメイニを民衆は選び、バクチアルの唱えた、より合理主義的な民主化政策を拒否したのであった。

一体、それはなぜだろうか。ひとつには、パーレビ国王の統治が近代化を目指すという目的においては正しかったものの、SAVAK[36]と呼ばれる秘密警察による仮借《かしゃく》なき弾圧を行ったし、また大きな宮殿を建てたり、次々に最新鋭の兵器を買うなど無駄な出費も多かった。なによりも急増した富は幾多の腐敗を生んだ。そうした暴政は当然反動をひきおこし、暴政が倒れるとき事態は極端なところまで行ってしまう。たとえば、ロシアのツアーリズムが倒れたとき、中間的なケレンスキー内閣で事態は治まらず、同様に専制的なボルシェヴィズムまで行ってしまった[37]。今回も同様の事情が作用している。しかし、ホメイニの運動はその反近代主義ゆえに強力であったという側面がある。チャドルやベールの復活はそのことを示している。またホメイニの作る政府が近代的な民主主義の方向ではないことがわかっていても、それはマイナスの材料になっていない。それよりも「僧侶の政府」が、厳しくとも正義の政府になるだろうことが期待されている。これらは、パーレビの推し進めようとした急速な近代化へのより根本的な反発があったことを示している。

それは程度の差こそあれ、近代化をしようとする国の多くでおこって来たことなのである。近代化は生活態度の変化を伴い、したがって信条体系を激しくゆさぶる。古い倫

32　シャープール・バフティヤール（一九一四～一九九一）は一九七九年のイラン・イスラーム革命によって打倒されたパフラヴィー朝の最後の首相。

33　メフディー・バーザルガーン（一九〇七～一九九五）はイランの民主化運動家。イスラーム革命によって樹立された暫定政権の首班となり、革命後の初代首相を務める。

34　アヤトラ・ホメイニ（一九〇二～一九八九）はイスラム教シーア派の指導者であり法学者。一九七九年のイスラーム革命を指導し、イラン・イスラム共和国の最高指導者となった。

35　モハンマド・レザー・シャー・パフラヴィー（一九一九～一九八〇）はパフラヴィー朝イラン最後の皇帝。父レザー・シャーの退位を受けて即位すると、「白色革命」を推進して国内の近代化を進めたが、イスラーム革命により失脚。当時は「パーレビ朝・パーレビ国王」と表記された。

36　アメリカのCIAとイスラエルの協力の下、一九五七年に創設されたイランの諜報機関。

37　一九一七年にロシア帝国で起きた一連の革命運動の流れを指している。「二月革命」によってリベラル政党・立憲民主党のゲオルギー・リヴォフ、ついで社会主義政党・社会革命党のアレクサンドル・ケレンスキーが暫定的な首相となるが、結局、レーニンが指導するボルシェヴィキによる「十月革命」が起こり、翌年一月、世界初の社会主義国家・ロシア社会主義連邦ソビエト共和国が成立する。

理感は崩れるから腐敗もおこり、不正もはびこる。そうした状況でかなり多くの人々が、なにか過激な信条体系に救いを求めようとするのは自然の成行きであろう。

だから、今回のイランにおける回教革命は、方向は逆でも中国の「文化大革命」に似ていると言えるかもしれない。中国でも、近代化が精神的混乱を生み出しつつあったから、過激主義に走った人々が多かったのである。官僚主義批判がその直接の原動力であったことは、そのひとつの証拠である。

しかし、そうした過激な信条体系を信ずることは、精神的に一時の救いになっても、近代化の課題を解決はしない。中国の文化大革命も終わった。イランでもやがて、回教革命では問題の解決にならないことがわかるだろう。問題はイランの「文化大革命」がどこまで過激化するか、ということであり、その過激な精神主義がいつ和らぐか、ということである。

中越戦争の示すもの　1979・3

中国のヴェトナムからの撤兵がほぼ完了してどうやら中越戦争[38]は終わったようだが、ふり返ってみると今回の戦争は、歴史にその例がないと言ってよいほど奇妙な戦争であった。戦闘経過のくわしいことはまだ判らないし、おそらく、二、三年経ってからぼちぼち判るぐらいだろうが、それでも奇妙さは明白である。

すなわち、今回中国はとても小競り合いと言えないほど大量の兵力を用いたのに、戦果らしい戦果は全然上がらないままに兵を引くことになってしまった。少々極端な言い方をすれば、戦争をやるために戦争をやったとさえ言えるだろう。一体、そこからわれわれは何を読みとり、何を学んだらよいのか。

戦闘過程をややくわしく書くと、中国は広州、昆明両軍区に配備されていた歩兵一七個師団に加えて、隣接する成都、福州、武漢等の軍区から増援し、それに武漢軍区から空挺師団も投入したらしい。したがって二〇万という大軍になったわけで、大物の広州軍区司令員許世友と、今度にわかに武漢軍区から昆明軍司令員に転任した楊得志の二人が指揮する本格的な作戦となった。実際に越境進攻した兵力も約八個師団一〇万人に及ぶといわれている。

ところが、こうした大がかりの進攻に対して、ヴェトナムは正規軍をふり向けなかった。このところ、ヴェトナムはカンボジアに精鋭部隊一二〜一三個師団を投入すると同時に、ラオス内に三〜四個師団を駐屯させているので、あとはハノイ周辺に五～六個師団があっただけである。そうした状態で攻撃を受けたヴェトナムは、カンボジア、ラオスから正規軍を呼び戻すことはもちろん、ハノイ周辺の正規軍を動かすこともしなかった。

中越国境が鉄道沿いの二つの道を別にすれば、ほとんどが一〇〇〇～二〇〇〇メートルの山地であることが、中国軍の先端戦力の発揮を制限することを利用して作られた防御態勢を頼りに、進攻する中国軍に国境警備隊を対処せしめたのであり、それがかなりの成功を収めたのであった。そしてソ連の支援を求めるとか国連安保理事会の開催を求めるなど、国際世論を利用しようとした。

こうして、ヴェトナムは防衛行動を著しく制限したのである。それにはもちろん、ポル・ポトの下で抵抗が続けられているカンボジアから兵を引くことは、中国の思惑にはまることだという事情も作用しているであろう。しかし、ハノイ周辺にあった正規軍を用いなかったことは、ヴェトナムが明らかに中国との全面衝突を避けたいという意思を持っていたことを示している。それに、ヴェトナムはソ連の援助を求めはしたが、実際に介入してもらいたいとは考えていなかったと見られる節もある。ヴェトナムが中国を負かそうという意思を持っていなかったことは、そこからも判る。

それはヴェトナムが中国との関係を決定的に悪化させて、ソ連に傾斜することを望んでいないこと、したがって、いつか中国との関係を改善する可能性を否定し去ってはいないことを示しているのではなかろうか。こうしたことを考えると、以前から指摘されて来たことだが、ヴェトナムをソ連の「カイライ」と考えることは誤りであり、たとえ中越戦争が戦われても、われわれはそのことについての判断を変える必要がないことがわかる。日本はヴェトナムのカンボジアに対する進攻以後、ヴェトナムへの援助を凍結して来ているが、それをいつまで続けるべきかについて、上述の事情は参考になるはずである。

これに対して、中国のほうはもう少し判り難い。という

---

38 一九七九(昭和五四)年一月にカンボジアへ侵入してポル・ポト政権を崩壊させたヴェトナムに対し、同年二月、同政権を支援していた中国が軍事侵攻を開始。しかしヴェトナム戦争での実戦経験と優れた装備を持つヴェトナム軍の反攻にあい、中国軍は一カ月ほどで撤退を余儀なくされた。

のは、中国も大兵力を動員はしたが、今回の作戦を限定しようという意図も明らかであった。中国側はそれが限定作戦であり、長期占領の意思はないことをくり返しているし、国境問題について交渉を提案してもいる。そして、事実、ラオカイ、ランソンを陥落させて、一応形のうえで戦果を上げるや否や撤兵を宣言している。

この行動の解釈は難しい。ひとつには中国はソ連の介入を真剣に考慮しなくてはならなかったという事情もある。それはたしかだが、判らないのは、もっと簡単に勝てると思って戦い、相手が手強いのを知ったから、面子が立つや否や引き揚げたのか、それとも、カンボジアへの約束を守る意思を示すことが目的であったのか、あるいはヴェトナムを交渉のテーブルにつかせるために限定戦争をやったのかということである。

第二、第三の解決をとれば中国の行動にある種の合理性があったということになるが、第三の解決なら実際に戦う必要はなかったわけだし、第二の解決の場合、ジェスチュアであることがあまりにも見えすいているではないかという反論がありえよう。

随分推量が入るけれども、そういうわけで今回の中国の行動には、かなり面子とか反ヴェトナム感情といった非合理のものがあったようだし、それに決定、作戦遂行についてかならずしも意思の統一がなく、ミスもあったようである。鄧小平の指導力を過大評価してはならないこと、中国はその大きな図体を持て余し気味であるというのが、今回の奇妙な戦争の示すところではなかろうか。

日米貿易摩擦に見る三つのずれ　1979・4

今年に入ってから、日米間の貿易問題が次第にクローズアップされて来た。具体的にいうと、米国が日米間の貿易における日本側の大きな黒字を是正すべきものとして取り上げ、そのために農産物の自由化、電電公社や国鉄など[39]の調達を外国企業にも開放すること、さらにはコンピューターや半導体等の関税を日本が早く切り下げることなど、いくつもの要求を日本につきつけ、日本政府はその対応に忙しいという状況である。

こうした米国の主張は必ずしも筋が通ったものではないし、その要求のなかにはかなり強引なものもある。まず、日本の貿易収支が黒字であることを簡単に悪いとは言えない。理論的には、貿易収支だけを取り上げるのはおかしいのであり、国際収支のバランスを問題にすべきであり、それも二国間で均衡する必要はなく、多角的に均衡すればよいといえるであろう。すなわち、日本が対米貿易で大きな黒字を出し、さらには経常収支全体で黒字であっても、それはどこか外国に投資されるからよいと論ずることができる。

もちろん、その黒字が日本側の保護主義的な措置によるのであれば、日本は強いことは言えない。しかし、現時点の制度をみる限り、日本の市場を保護する壁は外国のそれよりも高くはない。日本の市場は決して不自由な市場ではないのである。だから、米国の要求は国際的な通念では正当化されてないものがある。たとえば、電電公社は外国企業からも調達せよという要求を考えると、ヨーロッパ諸国の場合、電話・電信は国営であることが多く、外国の企業がその本国の企業と平等には扱われていない。日本の公社はこのヨーロッパ諸国の場合に準じて考えてもよいであろう。それなのに、多額の調達を日本の電電公社に迫るのは強引であり、それは国際競争力において日本に迫られ、追い抜かれさえした米国の焦りの反映ということもできるだろう。

しかし、以上の理論ではすまされないぐらい日米間の貿易摩擦は深刻であるし、表面に表れた議論や要求のかげには、より大きな問題が横たわっている。まず、米国の側に日本の市場は不十分にしか開放されていないというイメージが強固に存在することが、考察の手掛かりになるであろう。そして、それは謬見《びゆうけん》として片づけるわけにはいかない。少なくともそこには、日本の過去の貿易政策が永年にわたって作り上げたイメージがある。たしかに、この近年日本の市場は開放的になったけれども、過去において日本が自由貿易の制度をフルに活用しながら、自国産業を保護して来たことは否定できない。また、それを改めるにあたって、日本が不必要に時間をかけすぎたことも事実である。それが日本の市場は開放的でないというイメージを作り上げてしまったのであり、一度でき上がったイメージは急には変わらない。すなわち、時間のずれが存在するのであり、それが第一の要因である。

39　日本電信電話公社（電電公社）、日本国有鉄道（国鉄）は、日本専売公社とともに国の管轄下にあった公共企業体で、三公社と称された。「戦後政治の総決算」を掲げる中曽根康弘内閣の行政改革の一環として、電電公社と専売公社は一九八五（昭和六〇）年、国鉄は一九八六〜八七年にかけて段階的に民営化され、それぞれＮＴＴグループ、ＪＲグループ、日本たばこ産業となった。

第二は、文化または文明のずれともいうべきものである。それは多くの人が、日本の市場が現在公式の制度の上では自由になっても、現実にはまだ不自由で開放されていないと論ずることに示唆されている。彼らがなぜそう言うのかを考えてみると、たとえば日本の流通機構の複雑性、非合理性が取り上げられているし、また、日本には「非公式であいまいな規制」があって外国人は不利な立場に立たされるという議論がなされている。後者は、いわゆる「行政指導」のことを述べたものである。

そして、それは外国のビジネスマンにとってたしかに障害ではあろうが、しかし、われわれが自国産業を保護するためにわざわざそうしているわけではない。つまり、社会運営、経済運営の慣習が異なるのであり、日本のほうが悪いとは言えない。要は文化または文明の相違であり、日本のことを外国人がよく勉強すればこの障害は小さくなるとも言えるであろう。とはいえ、われわれとしても文化または文明のずれを小さくし、また、そのずれが一目見た時ほど大きくはないことを説明する必要があるだろう。

さらに、米国の批判が日本の市場の開放性の不十分さにだけ向けられているわけではないことに、われわれは注意する必要がある。日本のことをよく知り、その実力を正しく認識している人でも、いやそうした人のほうが、より強く日本に要望していることが忘れられてはならない。その批判、要望のポイントは、日本が経済大国として当然担うべき責任を担っていないということにある。彼らは、日本の経済力の強さから見て、日本は他国と同様のことをやっていてはだめなので、自由貿易を守るために一歩進んでほしいと言う。また国際政治上の役割もより積極的に果たしてほしいと論ずる。

こうして、日本が責任を果たし、さらにはリーダーシップをとる積極性がないことが問題なのである。そして、責任、役割、リーダーシップは、結局、政治的なものであるから、日本の場合、その経済力と政治姿勢の間にずれが存在するということであろう。政治のずれが第三の要因なのである。こうして、日米貿易摩擦は、三つのずれの産物であるといわなくてはならないし、それを是正するところに基本的な解決策があると考えられる。

英総選挙の結果について 1979・5

五月三日に行われたイギリスの総選挙は保守党の勝利に終わり、歴史上初の女性首相〔マーガレット・〕サッチャーを生み出したが、この選挙に関し、イギリスの週刊紙『オブザーバー』の編集委員の一人が書いていた論説が、私の脳裏に鮮やかに残っている。

「私の生涯におけるもっとも幸せな日の一つは、一九四五年の労働党の勝利であり、それは社会民主的改革の十年間をもたらした。……それゆえ、感情的にはサッチャー女史の代表するトーリー・ラディカリズムへの支持を表明するのは容易ではない」。

しかし、イギリスには変化が必要であり、それゆえ、自分は労働党の安逸な保守主義よりもトーリー・ラディカリズム（トーリー革新主義）を支持すると、その論者は述べていた。この論説は、なぜイギリスで保守党が勝ったかをよく示しているように思われる。

まず、今回の保守党の勝利は、サッチャー首相の誕生ということで、多くの注目を集めたが、サッチャー党首は勝利の要因ではなかった。選挙前にさまざまな世論調査がおこなわれたが、それはすべて、首相としては労働党首（ジェームズ・）キャラハンのほうが適切であるとイギリス国民が思っていることを示していた[40]。数字は調査によって異なるが、大体四十数パーセントがキャラハンを選び、三十数パーセントがサッチャーを推して、その差は約十パーセントあった。この差は選挙戦の進行と共に開いたのだが、それにはテレビ討論も大きく作用した。サッチャーのほうがよかったという人は、保守党支持者でも半分ぐらいしかなかった。サッチャーは冷たく、相手への攻撃が目立ちすぎる、と受けとられたようである。こうしたマイナス材料にもかかわらず保守党は勝ったのだから、その勝因はその政治的立場や政策がイギリス国民の支持を得たことに求められるのだろう。逆に、労働党は党首の魅力でもカバーできないぐらい国民の信を失っていたことになる。

なぜそうなかったかを考えてみると、二つの事実が浮かび上がって来る。その第一は、労働組合の力が強くなりすぎ、その労働組合と労働党があまりにも密着していることが批判の対象となった。だから、経済政策や教育政策について、労働党は国民的立場からは正当化できないような政策をとって来たと考えられた。イギリスでは周知のように

40　一九七九年三月、キャラハン内閣に対する不信任案が提出され、党内対立を抱えていた与党・労働党は一票という僅差で可決を許してしまっていた。

ストライキが多い。そして、労働党のほうがストライキを頻発させないと考えられ、その点で労働党が支持されるという面も、これまでにはあった。しかし、イギリスの経済が下降線をたどりつづけるのにつれ、その立て直しのためには、労働組合との正面衝突を覚悟してもがんばらなくてはならないという気持ちがイギリス人のなかに強まって来たようである。

第二の点は、労働党の高負担・高福祉の政策がきらわれるようになり、保守党の減税の公約に期待がかけられるようになったことである。実際、イギリスの税金は高い。直接税、間接税などがあって計算は簡単ではないが、五〇〇〇万円近くの年収に対し、ほぼ二〇〇〇万円の税金がかかるという状態である。なるほどイギリスは社会保障は整備されていて、多くの人から模範のように考えられているところもあるが、しかし、いかによい目的のために使われていても、これだけ税金がたかくてはやり切れないという気持ちが出て来ても不思議ではない。それこそが「イギリス病」の原因であるという人もあるが、たしかに上述のような税金であれば、企業の管理職や医師といった中産階級は働く気をなくすであろう。そして、イギリスを支えて来たのはそうした中産階級で、それが没落すれば経済の衰退がおこっても不思議ではない。何年か前にアメリカの雑誌『フォーチュン』がこの面を強調した特集を行ったぐらいである。

こうして、今回のイギリスの総選挙は福祉国家が行きすぎ、ために社会が安逸に流れたことへの批判が出たものと言えるであろう。そして、自由競争によって、イギリス経済をきたえ直さなくてはならないという気持ちが強まったのであった。「トーリー・ラディカリズム」という、一見奇妙な言葉は、こうしたイギリス人の気持ちをよくとらえているといえるだろう。保守党の革新主義というとおかしく響くかもしれないが、しかし、自由競争の原理は、その結果において革新的な場合がありうるのである。

けれども、ここでサッチャー新首相がもう一つ信頼されていないことが気になる。彼女はたしかに旗色鮮明だが、しかし、案外早く挫折するのではないかと危ぶむ向きもある。もしそうなれば、保守党と労働党の二つの極の間をイギリスの政治的リーダーシップがゆれ動いて来たことが、イギリスの経済政策を動揺させ、一貫しないものにして来たという過去がくり返されるだけである。それもイギリス病の原因の一つと考えられて来た。こうして、福祉国家の行きすぎを是正しなくてはならない、という気持ちはたしかに強まったが、是正できるかというと、それは難しいようだ、というのが大方の観測である。イギリスの悩みは深そうである。

石油不足と「第二次石油危機」 1979・6

アメリカでガソリン不足がおこり、ガソリン・スタンドに自動車の列ができたと報じられたのは少し前のことだが、その後も石油の需給関係は苦しいようである。ロッテルダムではスポットものの石油に一バーレル＝四〇ドルを越す高値がついたし、日本政府も今後の石油確保の見通しが確かではないことを明らかにした。イランの革命によって、「第二次石油危機」が到来する恐れがあるといわれたものだが、どうやらそれは真実になりつつあるように思われる。

しかも、厄介なことに、今回の石油危機は一九七三〜七四年のそれ以上に実態がはっきりしない。危機にはやたらにあわてることなく冷静に対処することが必要であるが、そのためには危機の実態を把握していなくてはならない。ところが、なぜ現在、このような石油の供給不足と高値がおこっているのかが、もうひとつよく判らないのである。

イランの革命が中期的程度の期間で石油危機をもたらす可能性があることは、これまでに指摘されて来た。イランの革命は中東の政治情勢を変え、それゆえに石油の供給に影響を与えるものである。まず、イランの革命は「回教的人民主義」とでもいうべきものを強めた。しかし〔アヤトラ・〕ホメイニの運動は右とか左とか、あるいは反動的とか進歩的とかいってみても到底理解しえない性格のものである。

それはたしかに復古的な性格を持っている。宗教と政治を切り離すのが近代のひとつの特徴だが、ホメイニの代表する「回教的人民主義」は、政教一致を主張しているのである。そして、回教の厳しい戒律にはどう見ても近代化に反するものがある。しかし、この運動はイランの王政やサウジアラビアの王政など、これまでの中東の政治体制を打破し、より平等な社会を建設しようということで、疑いもなく革新的である。回教への信念は、おそらく、近代化努力のもたらした精神的動揺の産物と言ってよく、その意味で「回教的人民主義」は精神主義的である。また、それは西欧の技術や制度を導入することによる近代化が必ずしも巧く行っていないことからおこり、したがって西欧への反発をひとつの特徴として含む。

つまり、ホメイニの代表する運動は、回教的で、人民主義的であり、復古主義的であると同時に革新的であり、精神主義的で反西欧的である。それはサウジアラビアなど中東の旧体制に対し、革命によって打倒されるのではないかという懸念を与えた。

第二に、イランの革命は王政というイランとサウジアラビアを結ぶ紐帯を断ち切った。これまでイランとサウジアラビアは、石油の価格などについて対立して来たが、しかし、両国の間には意見の疎通があった。今やそれがなくなったため、サウジアラビアは中東において孤立を強めたと言えるだろう。それに、イランの革命に対してアメリカがとった優柔不断の態度は、アメリカが危機に際してそう頼りにならないという気持ちを与えてしまった。

以上の二つの理由から、サウジアラビアのいわゆる「アメリカ離れ」がおこったのである。サウジアラビアは革命への懸念から、いわゆる急進国に妥協しなくてはならないと感じているし、西側の先進工業諸国の立場を理解する政策をとって「西側の手先」と言われるのを避けなくてはならない。これまで、サウジアラビアは、供給が過剰気味になると減産し、不足気味になると増産して、価格を安定させて来たが、もはやそれは不可能になった。まして、西側の先進工業諸国の必要に応じて増産することなどは期待できなくなった。ところが、一九八〇年代半ばまでに予測される需要の増大に対して、サウジアラビアはある程度増産してくれるだろうとこれまで期待されていたのだから、その計算が狂ってしまったわけである。それゆえ、エネルギーの消費節約と、石油以外のエネルギーの開発をしなければ、八〇年代半ばまでに石油危機が来ると考えるのは合理的である。

しかし、以上の事情は現在おこっている供給不足を十分に説明するものではない。イランの石油供給が減ったのは事実だが、減少分は一日三〇〇万バーレル程度で、世界の消費量の数パーセントである。現在の供給不足はそれにしては深刻でありすぎる。一体なにがおこっているのであろうか。あるいは、かなり深刻な中期的危機の予測が、短期的でそう大きくない問題を増幅しているのかもしれない。そして、そのようにして、石油の供給不足と価格高騰から世界経済が再び混乱するということになれば、中期的な対応はかえって難しくなるだろう。

だとすれば、現在必要なことは短期的な撹乱と中期的な問題をできるだけ分け、前者を早く鎮静させて、中期的で本格的な措置をとることである。しかし、そのあたりの問題の整理はまだできていないように思われる。そこに現在の状況の最大の危険があるかもしれない。来るべきサミットにおいて、エネルギー問題がとり上げられるについて、私がまず期待するのはその整理の努力である。

石油危機　短期的および中期的対応　1979・7

一九七三年の「石油危機」につづく経済困難からようやく脱出したと思ったら、再び第二の「石油危機」の暗雲が地平線上に現れて来た。石油の価格はすでにかなり上昇したし、それでも必要な量が確保されるかどうかは問題であるといわれる。

しかし、六年前とちがって、今回はかなり妥当な形で対処がなされつつあるように思われる。そのひとつの現れは、「東京サミット」において、来年と一九八五年までの輸入の上限を決めるのに成功したことである。それが実際守られるかについて疑問が提示されてはいるが、しかし、需要の抑制のための有力な手がかりができたことは間違いない。もうひとつの喜ぶべき現象は、日本のなかでパニックのようなものがおこらず、きわめて冷静に「省エネルギー」の努力がおこなわれていることである。混乱がおこっていないということは、われわれに対し、少なくとも対応策を考える時間的余裕を与えてくれる。

とはいえ、われわれの対応策はいわば本能的なものである。われわれは情勢を把握しないままに、必要と感じられる措置をとっている。それはそれでよいのだけれども、そうした態度は微調整には役立っても、中期的でより本格的な対策を立てることには失敗するのではなかろうか。

まずここで、現在の本能的対応が有力であるというのは、現在おこっている石油価格の高騰と供給不足は、その原因がだれにもよく判らないからである。たしかにイランの革命の結果、その輸出（一日約六〇〇万バーレル）は一時全面的にストップし、その後生産が再開されたがその量は旧状に復してはいない。以前と比べて二〇〇万～二五〇万バーレルが減少したと考えられる。しかし、イラン石油の供給が全面的に停止していた時は、サウジアラビアが供給を増加させていたから、平均して供給減少はこれまでの供給量の約五パーセント程度と思われる。

そして、その程度の削減では、石油のスポットものの価格の著しい高騰、「石油争奪戦」的な様相、メジャー（国際石油資本）の日本への供給の顕著な減少といったことがおこるのは少々おかしいように思われる。いくつかの計算によると、現在、供給量は需要量とほぼ釣り合っている。したがって、供給不足はごく僅かであり、そこに人々の過剰反応が加わることによって、需要・供給関係の攪乱がおこり、いくつかの顕著な不足現象がおこっていると考えてよいであろう。

　そのようなときには、軽挙妄動するのがもっとも愚かなのだから——それは小さな困難を大問題にしてしまう——「省エネルギー」に努力しつつ、危機の実態を見きわめるのが一番正しい。そのうちに、需要・供給関係の攪乱によるいくつかの問題は消え去って、より実質的なものが残るであろう。たとえば、メジャーの政策変更の理由とその意味するものなどはより正確におこるであろう。

　こうして、短期的にはなによりもあわてないことが大切なのだが、中期的にはかなり本格的な対策が必要とされる。イランの革命は、少し前から言われて来た一九八〇年代半ばの石油不足の可能性をより強めたと考えられるからである。イランの革命はまず中東情勢を大きく変えた。その性格を簡単に形容することには危険がつきまとうが、イランの革命は中東の旧体制の打倒ということにおいて急進的であり、西欧をモデルにした近代化への幻滅または反発において反西欧的であり、反「近代的」である。そうした回教急進主義はイランでの成功に力づけられ、中東地方全体で——あるいはパキスタンにおいても——強まってくる。

　その結果、中東においてサウジアラビアの地位はこれまでよりも不安なものとなった。それは強まった急進主義と反西欧主義の波をまともに受けることになっている。しかも、イランの王政が消滅したことによって、サウジアラビアはOPEC（石油輸出国機構）内で孤立を強めた。

　イランは石油値上げについて急進的であり、サウジアラビアは穏健派であったけれども、両国の間には政治体制の共通性から意思の疎通があった。それがなくなったことは大きい。したがってサウジアラビアは供給不足の時には生産を増やすことによって市場を安定させる役割を以前のように果たせなくなった。それがサウジアラビアの「アメリカ離れ」の実態である。

　まして、一九八〇年代半ばに向けての増産は期待できない。ところが、これまでの一九八〇年代半ばの危機予測については、需要の増大に際してサウジアラビアの供給量がかぎをにぎると考えられて来たのだから、上述の事態の変化は八〇年代半ばの供給不足の可能性を強めたといわなくてはならない。

　そして、それに対処するためには、現在見られるようなつつましやかな節約だけでは不十分である。新エネルギーの開発、産業構造と生活様式の変換など、カネと頭を使った積極的な対策が必要なのである。

ヴェトナムの戦いの悲惨 1979・8

今年も八月十五日にさまざまな行事が行われた。この日の最大の仕事は、あくまでも、戦争によって失われた霊を弔うことであるけれども、種々のしかたで戦争と平和の問題について考えてみることも八月十五日にふさわしい。そうした考察の対象としてヴェトナムの「難民問題」[41]は、もっとも適切な考察の対象といえるであろう。というのは、そこには現存する人間という形で戦争の悲惨さがある。ほとんど財産らしいものも持たず、決して上等とはいえない船に乗ってヴェトナムを出国し、受け入れ先が見つかるまで漂流する難民の姿はまことに悲惨である。ときには難破したり、射殺されたりする危険もあるのだから、彼らの心中は悲壮でさえあるだろう。

しかも、その悲惨さは、戦後の日本の平和主義が批判し、攻撃した平和の敵が生み出したものではない。それは「帝国主義」が生み出したものでもなく、「大国」の所産でもない。資本主義でない小国が「ヴェトナム難民」という悲惨な存在を生み出したものであり、それゆえ戦争の悲惨さはさまざまな理由で、さまざまな形で作られることを、われわれに教えている。

まず、あのように悲惨な難民が百万近いという驚くべき量で出現した理由を考えてみなくてはならない。形のうえでは、「難民」は国を捨てて逃げ出した人々である。しかし、あれだけ悲惨な形でも出てくるのであるから、彼らは脱出せざるをえないよう追いこまれた人々であるように思われる。事実、いくつかの外国報道によると、ヴェトナム政府は「華僑」など、自らにとって好ましくない人々に対して強烈な圧力をかけているらしい。たとえば、華僑は政府の役所を始め、いくつかの職場につくことを禁じられているといわれる。また、華僑たちが作って来た学校も解散させられたようである。つまり、ヴェトナム政府は華僑たちの住み心地を著しく悪くしておいて、彼らが外に出るようにしむけているのである。実際、よほどヴェトナム国内

41 ヴェトナム難民をはじめとする「インドシナ難民」は、社会主義体制に移行したヴェトナム、ラオス、カンボジアなどから、経済活動の制限、同体制下での迫害・不安を理由に漁船やヨットなどで国外脱出を図った各国民を指し、一九七〇年代後半から八〇年代にかけて多く見られた。

で住み難くなければ、あれだけ大量の人間があのようにあてもなく海に出るはずはない。

もちろん、華僑は同化し難い勢力として、ヴェトナム政府にとっては頭痛の種子ではあるだろう。ヴェトナムの国民社会のなかに完全にとけこんでいない華僑の在り方が、ナショナリズムと合わないことは間違いない。それにヴェトナムと中国との関係は緊張し、戦いにさえなった。ヴェトナム政府の華僑を見る目がけわしくなったとしても不思議ではない。それにしても、ヴェトナム政府の華僑追い出し策はあまりに露骨で、苛酷である。

しかも、最近では華僑以外の難民も出現して来ているという。彼らは華僑用の国内旅行旅券を手に入れて海岸まで移動し、それからなんとか船を作って国外に出るそうである。難民がそこまでになると、現政権に対する不満はかなり広汎だということになる。さらに、元政治局員が中国に亡命したことに示されているように、現在のヴェトナムに居難いと考える人は実に広範囲に及ぶ。革命の後で亡命者が出るのはどこにでも見られることだが、ヴェトナムの場合はそれがひどすぎる。

その理由は、ヴェトナム政府が多くの政策を強行しすぎることにあると思われる。企業の国営化にしても、農業の集団化にしても、住民がどう考えているかにおかまいなしに強行されている。なぜなら、それは彼らの社会主義から見て絶対に正しいからであり、反対するのはブルジョアジーと反動分子だけであるはずだからである。逆に、まともな人民であれば農業の集団化に純粋の喜びを感じなくてはならないはずである。

つまり、ヴェトナムの指導者たちは自分の信条を絶対視している。実際、私は最近ハノイを訪れた何人かの人々からハノイの雰囲気が悪化し、その指導者たちが「傲慢な正義感覚」によって動かされているというコメントを聞いた。いうまでもなく、ハノイには初めからヴェトナムに批判的な人は入れないから、これらの人々はハノイの指導者の態度によほどの衝撃を受けたのであろう。そうした考えからでは、自分と考えを異にする人を説得したり、多少妥協しても包容するのではなく、戦うべきだということになる。実際、ヴェトナムの軍事指導者ドゥンは、「戦争は国と社会にとって、最高でもっとも包括的な試金石である」と戦争の積極的作用を認める発言を公然と行っているのである。間違ったカンボジアに正しい社会主義を押しつけるため戦うのも当然であり、国内で反対のある政策を強行するのも当然であろう。

こうみてくると、ヴェトナムの悲惨さの原因は教条主義、あるいは自己の政策の正義への狂信ということが判る。国の内外において、戦争や闘争を生むのはそうした態度なのである。戦争前の日本があの悲惨な戦争に突入したのも、そうしたひとりよがりの正義感とそれゆえの傲慢さゆえであったと言ってよい。われわれは平和を欲するなら、まず、そうした態度に自らが陥ることと他人が陥ることとを警戒すべきであろう。

外務省の定員増加要求 1979・9

外務省はことしの夏からその定員の増加を求めて、議会や大蔵省をはじめ、各所に働きかけ始めた。日本の国力増大に伴って、国際社会における責任は増大した。それに独立国の数が大幅に増えたうえ、国際政治と経済が多極化して来たし、海洋問題、科学技術の交流など新しい外交の課題が現れて来たので、外交事務は大幅に増えた。しかも、日本は軍備に頼らずに生きて行くことを決めた国であるので、国家の安全と利益を守るうえで外交にかかる責務は重い。そうしたことを考えると現在の定員三四〇〇人はあまりにも少ないので、それを、昭和六十年までに五〇〇〇人に増やす必要がある、というのが外務省の主張である。日本の場合には総定員法があって、中央官庁の官僚の数は全体として限られており、したがって外務省の定員増も難しいが、そこは外務省の特別の必要を認めて欲しいというのである。

この外務省の主張は、大体のところ妥当である。まず、国際的に比較して日本の外交機関に働く人は数が少なすぎる。アメリカは一万三九〇〇人であり、しかも、それ以外に文化交流、公報活動に携わるICA[42]や、経済援助のためのAID[43]がある。アメリカは超大国であるから別としても、日本より人口が少ないフランスや西ドイツでも六〇〇〇人を超している。イタリアよりも日本のほうが外交事務の多いことは明らかだが、そのイタリアでも外務省定員は五三〇〇人もある。

実際、外務省に働く友人たちに聞いても、彼らの仕事が異常に忙しいことは間違いない。在外公館では人手が足り

42 一九五四年、アイゼンハワー大統領が設立した国際協力庁(International Cooperation Agency)。
43 一九六一年、ケネディ大統領が設立した国際開発庁(Agency for International Development)。

ないから、二つ、三つと仕事のかけ持ちになるし、本省の人間はここ十年ほど人数が増えていないから、おそくまで働かないと書類をさばき切れない。「世界情報や自分の担当している地域についてさえ、一般的な知識を得るために書物を読んだり、考えをめぐらしたりする時間はとてもありませんね」ということである。

こうして外務省の定員増加は不可欠と思われるが、しかし、その際に考えておくべきことがいくつかある。まず、他の国の外務省の定員が多いことだが、人数が多くなったことから問題がおこっているという指摘もあることを忘れてはならない。世界各国の外務省定員が増えたのは、ほとんどの場合、第二次世界大戦中と戦後である。第二次世界大戦前は、大国の場合でも一〇〇〇人余りだった。それゆえ、外務省定員の増加は、この三十年のいわゆる「世界化」や「相互依存」がいかに目ざましいものであったかを示し、その必要に応じてのものであることが判る。しかし、外交機関があまりに大きくなりすぎたため、政策決定機関としてのまとまりがなくなったことも否定し難い。アメリカでもイギリスでも、増大する外交事務の処理の必要と、まとまりを保つ必要とを調和させるため、研究委員会を作ったりして苦労して来た。第二の点はそうしたスタディ・グループなどの考察によって判って来たことだが、外交事務の増大といっても、量的なそれよりも質的なそれに目を向けるべきではないかということである。

第二次世界大戦後、国際関係は大きく変質した。単純化して言えば、政治懸案はそう増えていないが、経済交流が増大し、文化、技術交流が重要となり、人の往来が飛躍的に増えた。したがって、外交機関の伝統的な形をそのまま大きくするのは適切ではないのではないかという疑問が出て来る。実際、イギリスでは、在外公館のいくらかは通商代表部のように考えたほうがよくはないかという提案がなされたことがある。また、フランスは文化交流を重要視し、たとえば一九七二年から七三年にかけてフランス語教師約三万人、技術援助の専門家一万人を派遣している。こうした人々は専門的外交官ではないが、国際関係の運営上きわめて大きな役割を果たす。日本についても、そうした形の外交能力の増大をより真剣に考えるべきであるかもしれない。

それに加えて、交通・通信技術が発達したこの時代に、外交事務の処理の方法は変化させうるのではないか、ということがある。もちろん、外務省もデータ処理の効率的方法を試みてはいるが、より根本的な問題としては、どこにでも大使や公使を置く必要があるだろうか、ということである。問題がおこればすぐに飛行機で出かけることができるのだから、「移動大使」のような制度を提案する人もある。もっとも、相手国の立場になれば、日本が大使館を置かず、通商事務所にとどめることは軽視されたと感ずるだろうから難しいが、しかし、効率からいえば第一線に要員をはりつけるよりも、ある程度集中化し、適宜人間を送るほうがよいのは間違いない。

以上の指摘は、決して、日本の外務省の定員増加に反対するためのものではない。どう工夫しようが、現在のスタッフでは少なすぎる。しかし、スタッフを増員すればその分だけ外交能力が上がるというものではない。定員増員と共に、新しい外交機関のあり方が工夫されなくてはならないのである。そうした努力を伴わない定員増加は、定員が五〇パーセント増えて、外交能力は二〇パーセント増えるにとどまるということになるであろう。

中国式ゲームの性格　1979・10

「なぜ中国がイギリスからハリアー垂直上昇機を買うのか、その軍事的意義がまるでわからない」、そうした感想を、私は内外の秀れた軍事専門家から何回か聞いた。念のために説明しておくと、ハリアーはイギリスの開発した飛行機で、垂直に離着陸できるので、ほとんど滑走路がいらない。この飛行機に中国は少し前から関心を示し、イギリスとの間で売買の交渉が進められて来たが、どうやら、間もなくその交渉がまとまるらしいのである。

それはNATO諸国と中国との軍事的協力の一環としてクローズアップされるだろう。より広くは、NATOだけでなく、アメリカおよび日本と中国との協調が軍事的な意味さえ持ちつつある現れとして注目されるだろう。ソ連は、間違いなしにこうした軍事協力によって中国が「西側」の「準同盟国」になりつつあるとして、非難するだろう。

しかし、どう考えても、ハリアーを買っても中国にとって軍事的にそうプラスになるとは考えられないのである。もちろん、中ソ間の軍事的バランスはソ連にとって圧倒的に有利であり、とくに空軍力の格差は大きい。ソ連はその全空軍力の三分の一を中ソ国境方面に配置しているので量も多いが、なによりも、中国の空軍とは飛行機の質が異なる。中国空軍は依然として旧式のミグ19を主力としており、それはソ連のミグ23、25にとても対抗できない。もし、本格的な航空戦闘をやれば、中国空軍は三日で消滅するだろう、とさえいわれている。

だから、中国が新型の飛行機を入手し、その空軍力を「近代化」しようというのは判るのだけれども、しかしハリアーの購入には二つの判らない点がある。第一に、ハリアーは飛行場がほとんど不要である点では秀れているが、それ以外の性能においては問題が多い。そして中国は広大で飛行場を作ることには苦労しないから、ハリアーは中国にはもっとも不適切な機種ということになる。第二に、中国は外国から多少飛行機を買ったところで、とても対ソ劣勢を克服することはできず、したがって当面の安全保障を考えるならば、対戦車ミサイルなど陸上軍の強化に努めたほうがよい。それゆえ、ハリアーの購入は二重のむだになるものと考えられる。

こうした疑問点についてはさまざまな解釈が可能であり、断定は避けるべきであろう。しかし、思い切って判断を下すなら、このハリアーにからむ謎は、中国がソ連との戦争は当面ありえないと、心の中では、思っていることを示唆しているものと思われる。中国は言葉ではソ連の脅威を強調し、やがて世界に大きな戦いがおこると言っているが、しかし真実はソ連が中国に攻め込むようなことはないと考えているのではなかろうか。中国は広く、人口が多いので、これまで中国に攻めこんだ多くの国と同様、ソ連も長期的には「人海」にのみこまれてしまうし、そのことをソ連としても意識しているから、そうした愚行を避けるであろう、というのがその論拠であろう。

こう考えると、中国の対ソ強硬姿勢はさまざまな効果を考えてとられている心理作戦的なものであり、ハリアーの購入などは現実的効果ではなく心理的効果を狙ったものだということになる。すなわち、それはソ連を心理的に悩ますと同時に、ソ連の「脅威」に対抗することでアメリカ、西欧諸国、そして、日本からの資本、設備、技術の獲得を容易ならしめることを狙ったものだといえよう。またそこには国内を統一し、あるいは「近代化」を推進するうえでよい刺激になるという事情も働いているかもしれない。

そして、中国の演じているのがこうして心理的ゲームであるがゆえに、われわれは中国との関係において慎重でなくてはならないのである。まず、アメリカ、西欧、日本がそれに乗って中国を過大評価し、現実の利益以上に中国との交流に多くのものを注ぎこむ危険がある。それ以上に重要なのは、ソ連がこの中国の心理的ゲームに乗せられていることに危険がある。

すなわち、ソ連は中国に対して四〇個師団をこえる強力な軍事力を展開している。それはまずは使えないから、愚かなことなのだが、ソ連は自国の軍事的立場を強化するのが影響力を強める方法と信ずるところがある。「北方領土」に最近軍事基地を建設し、かなりの軍隊を駐屯させたのも、同様の性向からである。こうしてソ連は、中国の心理的ゲームに対して軍事的ゲームで立ち向かっているわけである。

それゆえ、中国が心理的ゲームに成功すればするほど、ソ連は軍備強化を続ける必要を強く感ずることになる。その軍備は、中国以外の国に対しても「脅威」を与えることになる。もちろん、軍備が使われる可能性は少ないが、しかし、皆無ではない。ソ連の軍備強化によって周囲の国にとっての環境は悪くなるのである。以上の理由から、われわれは中国とのつき合いについて、不必要と思われるほど、慎重でなくてはならない。そうでないと、われわれはいつの間にか中国の心理的ゲームに乗せられ、国益を損なう危険がある。

生存のための内政的基盤　1979・11

率直に言って、自民党は十月初めの選挙で「安定多数」をとれなくてよかった。こう書くと、多少時期外れの批評だと言う人があるかもしれない。また、この欄は外交を扱って来たので、ことさら内政に触れるのはどうしたわけだと、いぶかる人もあるだろう。しかし、私は日本外交のことを考えて「安定多数」がとれなかったことを喜びたいのである。逆にいえば、もし「安定多数」がとれていたなら、日本は不適切な内政基盤をもって、一九八〇年代の困難な国際情勢に立ち向かわなくてはならなかっただろう。

「安定多数」とは、自民党が衆議院の各委員会で多数を占め、委員長を出せる状態を言うらしい。つまり、自民党だけで議会を切り回せる状況だということである。そしてそれだけ強いリーダーシップが得られると考える人もいるかもしれない。しかし、そうした状況は決して意味のある状況ではない。実は、かえってマイナスでさえある。

なぜなら、一九八〇年代の世界はまことに困難で、たとえ形式的には自民党が単独で議会を切り回すことができても、それでは対処できないようなものとなるだろうからである。もっとも、国際政治情勢が困難になるというのは決まり文句のようなもので、今までにも何回も聞かされて来たことだと言う人があるだろう。また、実際に日本が難しい立場に立たされ、政治家が苦しい決断をしなくてはならなかったときは、これまでにもあった。

しかし、一九八〇年代の世界が困難なものであるというのは、より具体的なものである。すなわち、日本がその生存のために使う費用が増加せざるをえないということ、換言すれば、広義の安全保障費が増加するということである。それは日本にとって大変化である。これまで日本は広義の安全保障費がきわめて少なかった。

まず、防衛は日米安全保障条約を通じて、アメリカに頼って来た。それは一九五〇年代にはきわめて明白であったが、「自主防衛」という言葉が語られるようになった一九六〇年代から後も、基本的には変わらない。たとえば自衛隊の弱点として弾薬備蓄が少ないことがあげられるが、それはごく最近まで、有事の際には在日米軍の貯蔵弾薬を使うことができると考えられたためであった。こうした基本的な面においてもアメリカへの依存がある以上、全体的にアメリカへの依存度が高いことは容易に想像されうる。それが、アメリカの力が相対的に低下したため、そこまで頼ることはできないようになって来た。また、アメリカのほうでは、アメリカとしてしなくてはならないことが増え、しかも日本は豊かになったのであるから、自国の防衛くらいにはより責任を持ち、それによってアメリカの負担を減らして欲しいと要請するようになって来たのである。

第二に、日本は「非軍事的な手段」によって安全を守るとか、「総合安全保障」とか言って来たけれども、現実にはその面でも出費は少なかった。たとえば、経済協力のうち政府の直接行っているものは、GNP中わずか〇・二パーセントであって、他の先進工業諸国よりも少ない。それはおそらく、日本が初め貧しかったことによるものであり、その後もその惰性が許されて来たためであろう。しかし、日本経済がここまで力をつけて来た以上、そのように利己主義的な態度がもはや許されなくなったことは明らかである。

第三に、あまり指摘されないけれども、大きな経済力を持つが脆弱なところのある日本は、あちこちに気を使わざるをえず、その意味で金もうけに徹しえなくなったという意味での、生存のための費用の増加も忘れられてはならない。たとえば、中国との経済交流は、それが日本にとって利益であるか否かという見地だけから考えられてはならない。それは日中の政治関係をよくするが、ソ連を刺激するという政治効果を持つ。そのマイナスをあまり大きなマイナスにしないよう、われわれは配慮しなくてはならない。たとえば、日本政府が考慮中と伝えられる中国への借款《しゃっかん》についても、そうした考慮が必要であろう。かつて、日本の経済力が小さく、技術力も弱かったときには、こうしたことは考えなくてもよかった。

ところが、こうした広義の安全保障費は税金によってまかなわれる(第三のものについては多少事情が異なる)。そして、それは必要ではあるが、福祉政策などとちがって、直接国民に利益を与えはしない。したがって、国民の側のより大きな理解と、統治者の側のより秀れた説得力が必要なのである。そうした仕事が自民党単独でできるとは思われない。その意味で、「安定多数」とは無意味なスローガンであった。そうした仕事は自民党以外に二、三の政党の協力がなくてはできないが、いわゆる「保革接近」「部分連合」以来、日本の政治にはそうした可能性が出現しつつあった。「安定多数」は危うくそれをこわすところであった。その意味で、「安定多数」をとれなくてよかったのである。「安定多数」というような言葉は、世界の状況が安定するまで、再び使わず、金庫のなかにしまっておくべきである。

イラン原油購入について 1979・12

理論づけは、外交においても無視しえない重要性を持つものである。すなわち、ある問題をいかなる枠組みで捉え、自らの行動をいかなる理論で説明するかは重要なことである。それは、決して低い次元での「正当化」の問題ではない。ひとつの行動に対してなされた理論づけは、その行動にひとつの方向づけを与え、筋を通させるからである。逆に、理論づけのない行動、あるいは低次元での行動は、御都合主義でしかありえなくなる。

このことは、イランからの石油購入問題に際して想起されるべきことである。先日、〔サイラス・〕ヴァンス国務長官は大来〔佐武郎〕外相に対し、日本の商社と石油会社がイランの対米禁輸で余った原油を高値で買っていることを、「無神経」として抗議した。さらに、アメリカの上院において、対日非難決議を上程しようとする動きも伝えられている。明らかに、日本は困難な立場に立たされた。大使館員が人質にされ、しかも一カ月以上も釈放されないという、まったく異常な状況にアメリカ国民が苛立っていることを考えると、日本がイラン原油の対米禁輸分を購入する政策を継続するならば、日米関係にヒビが入る恐れがある。しかし、それではそうした購入をやめれば済むかというと、事はそう単純ではない。もし簡単に購入をやめられるものなら、初めから買わなければよかった、ということになるだろう。こうして、問題のありそうなイラン原油の対米禁輸分を高値で買ったことの理由づけが問題になってくるのである。政府はメジャー(国際石油資本)からの供給が削減されたため、日本は石油確保に留意せざるをえないことを、その理由としているが、果たしてそれは正当なものであろうか。

石油市場はまことに複雑なものであり、したがって、日本が必要な石油を確保するうえでイラン原油の対米禁輸分を買うことがどの程度やむをえないことであったかはなかなかわからない。しかし、理論的には次のように言えるのではなかろうか。対米禁輸分とは、今回のような事件がおこり、イランがアメリカに石油を売らなくなったために生じた余剰である。それが日本にとって、今年、必要不可欠のものであるとすると、イランの対米禁輸という突発事件がおこらなかったら、今年、日本は石油不足を来していたことになる。それは多少おかしいのではなかろうか。

したがって、日本の行動にはより長期的な理由があったはずである。すなわち、今年、イランから原油を多量に買いつけておけば、来年以降の立場が有利になるだろうという考慮があったように思われる。しかし、それはあまりにも狭い視野からの読みであり、石油確保という目的から見ても正しい方策とは言えない。というのは、問題のある石油でもなんでも、高値を顧みずに石油を買うということは、石油価格をつり上げ、産油国が供給量を制限することを一層可能にするからである。したがって、短期的には少々苦しい思いをしても、石油の価格つり上げをさせないほうが、長期的には正しい石油確保の方法だといわなくてはならない。

こうして、政治的な理由が大切になってくる。すなわち、日本として石油確保のためには重要な石油供給国であるイランとの友好関係を維持する必要がある、ということである。日本の政策決定者たちも、そうした意味のことを口にしている。しかし、ここで問題になるのは、友好関係と石油の確保を、どのような論理で結びつけるかということである。

ところが私の感触では、イランと仲よくしていればイランは日本に石油を売ってくれるだろう、というのは短絡的な論理でしかない。それが困ったことなのである。私は日本とイランの友好関係を重要と思っているが、それは、日本がそれによって石油を得られるというだけの理由によるものではない。日本とイランの友好関係は、ホメイニ政権にうかがわれる「反近代主義」にブレーキをかける作用もあると思われるから重要なのである。というのは、イランはペルシアの昔から、ロシアとイギリス（最近ではソ連とアメリカ）にはさまれて来た。だから彼らの英米に対する反感は強い。パーレビ王朝がイギリスによって作られ、それをモサデク[44]が倒した後、アメリカが第二代目の国王を打ち立てたということが、イラン人の英米両国への反感の基礎にある。それがホメイニの運動のひとつの原動力であり、したがって、近代化の必要を今日でも認める人があっても、アメリカとは協力し難いのである。そうしたかかわりを持たない日本は、イランが近代化に完全に背を向けないようにするうえで、ある程度の役割を果たすことができる。

しかし、日本とイランの友好をこう考えるなら、それは節度のあるものでなくてはならないことがわかるはずである。なんとしてもイランの御機嫌をとって石油をもらうという態度では、イランの「反近代主義」をかえって助長するだろう。こうして、イランとの有意義な友好のためにも日本の態度は妥当ではなかった。要するに、目の前の石油のことばかり考えていては、長期的には損をするということである。

44　モハンマド・モサッデグ(一八八二〜一九六七)はイランの政治家。首相となった一九五一年に石油国有化政策を打ち出し、イギリスとの関係が極度に悪化するアーバーダーン危機を招いた。その後、アイゼンハワー米大統領がCIAを使って介入し、モサッデグは失脚。米英の後ろ盾を得て実権を握ったのが皇帝モハンマド・レザー・パフラヴィー(当時の読みはパーレビ)であった。

アフガニスタン問題に思う　1980・1

ソ連のアフガニスタン介入と、アメリカの激しい反発とは、これをきっかけに米ソ関係が緊張するだろうことを示唆している。

今回のソ連の行動はいくつかの意味で刺激的なものであった。まず、それはソ連が「ソ連圏」と呼ばれている東欧諸国以外に軍事力を行使した、第二次世界大戦後初めてのケースであった。そうしたソ連軍の行動範囲の増大は、当然懸念を持たせるものである。第二に、今回のソ連の行動は明白な内政干渉である。タラキ・アミン政権はソ連の後押しによる政権で、決して「反ソ的」ではなかった。その政権の統治への反対が強まり、ゲリラ部隊も強くなってきたので、ソ連は自らの軍事力でアフガニスタンの秩序を維持するためにソ連軍をアフガニスタンに入れ、政権を変えたのであった。第三に、ソ連のアフガニスタン侵攻は中東に目を向けたものという性格を持っている。少なくとも、中東地方に小さからぬ影響を及ぼすだろう。ソ連はすでに南イエメンに軍事基地を持っている。それに加えてアフガニスタンにソ連の基地ができれば、ソ連は中東の南西と北東に軍事拠点を持つようになり、この地域で軍事的優位に立つものと考えられる。こうして、アメリカが強く反発したのは理解できる。

もっとも、以上のことから、ソ連の行動を単純に膨張的とみなすのは正しくない。少なくともソ連自身は、今回の軍事行動を防衛的と考えているであろう。まず、アフガニスタンの政権は数年前からマルクス・レーニン主義の政権になっており、したがって、それがゲリラによって打倒されるならば、チェコスロバキアの「自由化」と同様、他のマルクス・レーニン主義政権に悪影響を与えるゆえに、黙認できないのであった。それにソ連は、アフガニスタンのゲリラという実例が今後ソ連内の回教徒たちに与える影響も懸念したように思われる。ソ連内の回教徒はすでに全人口の四分の一に達しており、高い出生率のため、その比重は増加しつつある。この人種も宗教もちがう人々を、いかにして統治していくかにソ連は頭を悩ましており、それゆえ、「ソ連は甘くないぞ」ということを示すのも今回の行動のひとつの動機であった、とみることができる。

しかし、このように攻撃的なところと防衛的なところが入り混じっていることこそ、ソ連の対外行動の問題なのである。一九六〇年代の半ば以降、ソ連は軍備拡張を続けて来たし、そのテンポは緊張緩和（デタント）によって影響されず、最近でもＧＮＰの一一～一三パーセントに達している。この軍備拡張をどう見るかは、ここ数年、専門家によって論じられて来た。一方では、ロシア以来この国が何回も外敵の侵入を受けて来たという歴史的な理由や、世界最長の国境線を持つという地理的な理由から、ソ連は強い軍事力を持たないと安心できないという事情が強調された。ソ連の軍備増強は防衛的なものだというのである。

これに対して、その客観的な効果を重視する人々もあった。ソ連の軍事力増強の結果、二つのことが起こった。まず、核兵器において米ソが「均等」になったため、アメリカがこれまでのように地上兵力の劣勢を核戦力によってカバーすることができなくなり、ソ連の陸上兵力の優越が目立って来た。第二に、ソ連は海軍を発展させ、少し前には持っていなかった長距離輸送機を持つようになって、離れた土地に介入できるようになった。こうした客観的事実を無視してはならない、というのである。

さらに、ソ連の行動の侵略的性格を指摘する人もあった。

アンゴラやエチオピアに大量に武器を空輸し、キューバ兵を輸送するといったことは、どう見ても防衛的とはいえないと指摘されたのである。今回のアフガニスタンへの介入は、以上の説のどれもが正しいことを示した。すなわち、ソ連は防衛的考慮によって動かされているところがたしかにあるが、その結果現れる政策は他国に懸念を与えるものであるし、野心がないわけではない。それに、自らにとって困った状況を腕力によって解決する傾向があることも否定できない。

それゆえ、われわれもソ連の軍事増強について、それが警戒を要するものであるという現実を厳しく見つめるべきである。しかし、ソ連の対外政策の淵源が単純に攻撃的なものではないがゆえに、われわれの対応は難しい。ソ連を孤立させるような政策は、ソ連の懸念を強め、その対外政策の軍事中心主義的な性格を促進するかもしれない。したがって、われわれの課題は、最近のようなソ連の軍事中心主義の政策がソ連にとって損であり、国際交流に生きるほうがソ連の国益にかなうことを示すことである。そのためには、一方ではソ連のアフガニスタン侵攻を明白に非難し、かつソ連の軍事力増強に日本も対応策をとる必要があるだろう。しかし、他方では、経済交流の可能性は残しておいたほうがよい。ソ連に対しては、必要があれば「ノー」と言える態勢を整えつつ、折り目正しくつき合うのがよいというのが根本原則なのである。

中東こそが焦点 1980・2

外交とは、国際社会を構成するさまざまな利害と力とを見極め、それらが作り出す複雑な関係を利用して、国益を増進しつつ、国際秩序を保つ技術である。それはわかり切ったことのように思えるが、そのわかり切ったことを確認することが、現在は必要であるように思われる。というのは、アンゴラ、エチオピアなどでのソ連の強引な行動のうえに、今回のアフガニスタンへの介入が積み重なることによって、米ソの対立が激化した。そして、対立における人間の心理の特徴は単純化ということである。とくに、アメリカは国際政治を工学的思考法で考えるところがあり、元来、国際政治を単純化する傾向があるし、同様の欠点は、技術時代に住む二十世紀の人間には多かれ少なかれ見られることである。

現在の対立について言えば、それがソ連の軍事力行使から起こっているだけに、状況を軍事的見地から単純化してしまう危険がある。もちろん、過去数年間に、チャンスがあるか、あるいは必要があれば、ソ連は軍事力を用いて来たのだから、軍事的対応措置は重要である。アメリカが中東方面への軍事力の配備を増加させつつあることは決して間違っていない。同様に、極東におけるソ連の軍事力増強に対して、日本としても必要な措置はとるべきである。

しかし、米ソ対立がすべてでなく、また、軍事的側面は国際関係の多くの局面のひとつでしかないことも忘れられてはならない。というのは、非情のようだがアフガニスタンそのものが、米ソの対決を招くような重要性を持っていないことは明らかである。アメリカが強く反発したのも、またおそらくはソ連の考慮のなかでかなりの比重を占めているのも、中東問題である。アフガニスタンはきっかけとなっただけで、今回の米ソ対立の焦点は中東である。

ところが、中東情勢は米ソの軍事力の関係では到底割り切れない複雑なものである。この地方にある多くの国に、より正確には宗教とか人種なども含めて、実に多様な勢力がまことに複雑な関係を作り出している。そして、自然の摂理さながらに、ひとつの動きがあればその反動があって、ある方向に突っ走るということはないのである。

実際、ソ連が軍事行動をとり、中東地方に対してなんらかの野心を持っていると疑われるようになったことは、すでに中東地方に微妙な反響を引き起こしている。そのもっとも重要なものはイラクにおける変化であり、イラクは対ソ関係を考え直しつつあるように思われる。これまでにも、ソ連を始めとする共産主義政権が、現イラク政権を打倒しようとしているイラク共産党をひそかに支援して来たことは、ソ連・イラク関係の障害であった。ソ連とイラクは概して友好的であり、両国は友好協力条約を結んではいるが、しかし、そうした摩擦はあった。そして、ソ連のアフガニスタン介入によって、この地方へソ連の野心が疑われるようになったため、イラクのソ連への態度はさらに変化し始めたのである。

それに加えて、イランの態度にも微妙な変化が見られる。人質の解放が近いと報ぜられるのは、きわめて重要なことなのである。そこには、ソ連への懸念が作用しているであろう。それに、〔アボルハサン・〕バニサドル大統領が就任して、その政治が次第に正常化しつつあることも重要であろう。バニサドル大統領は敬虔な回教徒である。しかし、彼は宗教関係者が行政の細かい点にまで首を突っ込むことが、経済をマヒさせ、やがて、イランを収拾不可能な混乱に陥れることを知っている。また、アメリカ大使館を占拠[45]している学生のような過激派が共産主義者と結びつくとき、イランが圧政と貧困に苦しむようになるであろうことを知っているように思われる。それゆえ、バニサドル大統領は、まともな行政をもたらす方向に努力していると考えてよい。

こうした中東地方における土着の動きは、西側の先進工業諸国にとって、まことに好ましいものである。それを育てて、この地域にバランスを作り出すことこそが、外交の本来の任務なのである。

その際二つのことが決定的に重要であろう。まず第一は、中東諸国は工業化を欲しているが、しかし、その方式は彼ら独自のものであるだろうし、したがって西欧のモデルとは異なるということである。したがって、われわれとしては彼らの工業化政策を理解し、その欠点を是正しつつ、彼らの願望をかなえる形で協力すべきである。

次に、イスラエル、アラブ関係の調整が必要であり、そのためにはイスラエルが一九六七年の戦争[46]での占領地から撤退し、パレスチナ人の権利を認めることが絶対必要条件である。イスラエルの「膨張主義」はソ連のそれと同様、あるいはそれ以上にアラブ諸国にとって脅威なのであり、それが彼らを過激化させるからである。焦点はアフガニスタンではなく中東なのであり、そこを安定させるためには、その複雑な関係を認識した微妙な政策が必要なのである。

西欧諸国の外交から学ぶ　1980・3

アフガニスタン問題をめぐって、アメリカと英独仏など西欧の同盟国との間の立場の食い違いが、日本でも報道されている。たしかに、イギリスを別にして、西ドイツやフランスはオリンピックのボイコットについて、はっきりした態度を決めていない。経済制裁についても、総じて西欧諸国は乗り気ではない。彼らは、ソ連のアフガニスタン侵攻に対しては明確に警告を発すべきだが、これによってデ

45　イラン・イスラーム革命によって亡命したパフラヴィー（パーレビ）国王がアメリカへの入国を許されると、これに反発した学生たちがテヘランのアメリカ大使館周辺で抗議デモを行い、国の黙認もあってやがて大使館占拠へと過激化した。

46　一九六七年六月にイスラエルと中東アラブ諸国の間で発生した第三次中東戦争を指す。イスラエルが圧勝し、シナイ半島、ガザ地区、東エルサレムを含むヨルダン川西岸、ゴラン高原など広大な地域を占領した。

タントがこわれたわけでなく、また、こわすべきでもない、と考えているように思われる。

しかし、こうしたことだけを見て、西欧諸国は自らの立場を守っているから日本もそうすべきだとか、あるいは日本は西欧諸国と同程度にアメリカに協力すればよい、と単純に考えるのは間違いである。それは問題の解答だけを見て、それに至る過程を見ないようなもの、すなわち、西欧諸国がアメリカと異なる立場をとることができる理由について考えてみようとしないから間違いなのである。

まずわれわれは、西欧諸国がアメリカとの立場の相違が深い対立にならないよう努力していることに注目すべきであろう。イギリスの外相キャリントン卿が、国際協定によってアフガニスタンの中立を保証し、それができたらソ連が撤兵するという解決策を提案し、ヨーロッパ共同体外相会議がそれを支持しているのは、その最たるものである。その提案がソ連によって受け入れられる可能性は大きくない。ソ連が一度始めた軍事行動を、成果なしに、途中でやめたことはまずないからである。したがって、ソ連がこの提案に応ずるとしても、反政府ゲリラが壊滅し、〔バブラク・〕カルマル政権が安定してからのことであろうから、ソ連の行動を暗に容認しつつ、形を整える策といえないこともない。

しかし、案外早くソ連は提案を受け入れるかもしれない。ソ連が一応目的をとげてから提案を受け入れても、将来ソ連の手を多少しばる効果はある。なによりも、この提案をソ連がまるで受けつけなかったならば、国際社会における立場は悪くなる。そして大切なことに、こうして代替案を出すことは、アメリカと西欧諸国の立場の相違を際立たせないですむ。つまり、アメリカに同調しないにしても、そうするしかたが問題なのである。

第二に、西欧諸国は中東地方を重要視し、自らもその安定のためにできるだけの手を打ちながら、アメリカにもこの地方に目を向けるように主張しているように思われる。彼らはイランとアメリカが人質問題をめぐって激しく対立したままでは、いくらソ連を激しく非難してもなんにもならないと考えている。そこで、フランスなどは、イランとアメリカとの間で人質問題を妥協的に解決すべく、ひそかに努力しつづけて来たように思われる。そうでなければ、パーレビ元国王の罪状を調査する国際委員会にフランスが入っていることが理解できない。つまり、西欧諸国はアメリカの政策に疑義を唱えるという否定だけではないのである。

最後に、北大西洋条約機構（NATO）理事会はソ連のアフガニスタン侵攻後間もなく、パーシングⅡ型ミサイルと巡航ミサイルの配備を決定した。それによって西欧諸国の防衛力は強化され、ソ連の十五年間にわたる軍備増強によってソ連に有利に傾いたかに見えた軍事バランスは回復するであろう。ソ連のほうから見ると、それによってNATO側が有利になったという見方もありうるぐらいである。西欧諸国はデタント[47]が東西の軍事バランスによるところに基づくところが少なくないと考え、それを維持するために打つべき手は打っているのである。

こうして、西欧諸国は立場の相違を際立たせないための努力、自分でできることの実行、安全保障のための措置をとっている。日本はそのどれひとつとして行っていない。このままで行けば、日米関係にかなりの波風が立つことは避けられない。というのは、今後、ソ連に対してどのような措置をとるかということと、西側諸国の間の貿易関係とが問題になってくるであろうし、それはリンクされた形で問題になるであろう。

石油の大幅な値上げは不況を不可避にした。それにいかに対処するかは、今後、先進工業諸国間の重要な議題となるだろう。それとの関連で、ソ連への経済制裁が、その際考慮の対象となるだろう。より具体的に言えば、不況が進むにつれて、各国に保護主義的な動きが出始めることは確実で、すでに英米両国の間では合成繊維が問題になっている。日米間では自動車が問題になっている。そして、アメリカは西欧諸国がソ連との経済交流をつづけ、貿易収支の悪化を防いでいることにつき、その利己性を指摘して、アメリカの貿易収支を助けるようにという議論を展開するかもしれない。

こう考えてくると、対ソ制裁についてだけ西欧諸国なみというようなことですましていると、やがて日本がひどい目に遭うことがわかるはずである。日本から積極的になにを提案できるかを真剣に考えなくてはならない。

日本の困難な立場　1980・4

人質問題をめぐって、アメリカがイランに対して強硬姿勢をとり、西欧諸国や日本など同盟諸国に協力を求めて来たことは日本をまことに困難な立場におくことになった。

47　広義には戦争の危機にある二国間の対立関係が緊張緩和することだが、この場合、冷戦下にある米ソの緊張緩和を指す。

一方では、イランに対する経済制裁に加わり、それでも効果がなければ国交断絶を行うよう、アメリカから要請されている。他方では、そのアメリカの要請に応じた場合、石油の供給を停止するという威圧を、イランから受けている。日本としては、おそかれ早かれいずれかを選択しなくてはならないが、その選択は楽ではない。むろん、私も妙案があるわけではない。したがって、ここでは、歴史的な随想のようなものをおこなうことで満足しよう。

まず、第一の点は、日本や西欧諸国に突きつけられた選択を、アメリカか石油数十万バーレルかという形でとらえないほうがよいということである。この形でとらえるならば、ぎりぎりのところでの選択は明らかにアメリカということである。とくに、なにが問題になっているかを考えればそうである。アメリカがイランに対して求めていることは、大使館員を人質にとるという不法行為の終了であり、それは疑いもなく正当な要求である。

しかも、外交官の身柄を保障することは国際秩序の基礎にかかわるものである。それは、おそらく、もっとも古い慣行であるように思われる。名著『外交』[48]のなかで〔ハロルド・〕ニコルソンは「天地開闢以来、クロマニョンあるいはネアンデルタールの原始人たちにすら、もし一方の使者が伝言を届けないうちに相手側に食い殺されるようなことになっては、交渉は成り立ちようもないということが明らかになったはずである」と書いた。こうした必要から外交使節は逮捕されたり、処刑されることはないという慣行が出て来たのである。実際、外交官の身柄の保障なしには、外交は成立せず、国際関係の秩序正しい運営は不可能である。

こうして、イランのおこなっていることはきわめて不当である。しかし、きわめて不当な行為というものは、しばしば、強く否認するという形で対処しえないところがある。それは、外交官の身柄に対する攻撃の事例を想起すればわかる。もっとも、そうした例はまれだが、まずわれわれの頭に浮かぶのは、世紀の変わり目の義和団事件である。義和団は北京の在外公館を、その時の清朝の容認の下に攻撃した。当然、「列強」は共同出兵して在外公館を救い、清朝は賠償金を払わされた。義和団およびそれを容認した清朝は不法とされたし、それ以外の評価はありえない。しかし、義和団はゆがんではいても——すなわち排外主義であっても——ナショナリズムの一表現であり、「列強」の圧力への反抗であった。その点を理解するか否かは、その後の対中国政策に大きな影響を与えた。

イランの歴史から例を拾うと、一八二九年ペルシア（イランの前身）で反露暴動がおこり、駐テヘラン公使グリベドフなど公使館員が殺された。当然、ロシアは強く抗議し、結局イランの君主は反露暴動で指導的役割を果したシーア派の法律家を国外追放にし、殺人犯人を処罰することになった。この場合も、不法として処理されたのだが、この事件の原因としては、ロシア公使が「治外法権」をカサに着て、きわめて横暴にふるまっていたことがあり、したがって、不法とすることで問題がすべて片付いたわけではなかった。

こうした、外交官の身柄への攻撃というきわめて不法な行為の背後には、異常な事態が存在することがわかる。すなわち、長期にわたり圧力を受け、プライドを傷つけられて来た民族の感情的爆発、それが政府の抑制しえないような運動にまで暴走したことなどである。私はここで、こうした原因があるから、不法行為を容認すべきだと論ずるものではない。不法行為は不法行為として厳しく対処しなければ、秩序は崩壊してしまう。とくに重大な不法行為はそうである。ただ、そうした不法行為が異常な事態に原因するために、強く非難することはあまり有効でなく、ときとして、異常事態を一層異常にすることになってしまうということが注意されなくてはならない。

とくに、現代は軍事力の行使が容易ではなく、したがって力ずくの秩序維持はまず不可能であって、各国の内部展開によるところが大きい。したがって、イランに種々に圧力をかけることは、そこに見られる排外主義を一層強め、政府の力を一層弱めることになりかねないのである。

ここにわれわれのジレンマがある。外交官を人質にとるという不法行為は容認されえない。アメリカの要求は国際秩序にかかわる。ただ問題は、圧力をかけても問題の解決は得られそうもなく、かえって事態を悪化させる危険があるということである。アメリカと協力すれば問題が解決し、秩序が保たれるというなら、たとえ日量数十万バーレルの石油が数カ月とまっても、われわれは断固として、アメリカと同一歩調をとるべきであろう。だが、そうでないだけに、われわれの直面しているジレンマは深刻である。

48 Diplomacy, (Oxford University Press, 1939, 2nd ed., 1950, 3rd ed., 1963). 邦訳は斎藤眞、深谷満雄訳『外交』（東京大学出版会）。

イメージ作戦は成功したが 1980・6

五月初めの大平首相の訪米は成功であったという。〔ジミー・〕カーター大統領は大平氏の来訪を心から喜ぶ姿勢を示したし、『ニューヨーク・タイムズ』も一面で大きく取り扱った。昨年秋のイランの石油購入問題や、その後の日本の自動車の輸出急増問題で、大いにもつれた日米関係は旧状に復した。あるいは、一層親密なものになったとさえ思われる。こうした結果は、われわれとして十分喜ぶに値するものである。なんと言っても、日米関係は日本にとってもっとも重要なものだからである。

しかし、それと同時にわれわれは、大平首相の訪米の成功が偶発的事情によるものであり、かつイメージあるいは感情のレベルにおけるものであることに留意する必要があるだろう。というのは、大平氏はアメリカによる人質救出作戦の失敗のすぐ後にアメリカを訪れた。アメリカの国民はその失敗で力を落としていたし、また、国際的に批判と非難とを浴びたことで、苛立ちと心理的孤立感とを感じていた。そうした時であっただけに、友人の来訪は大層うれしいものとなったのである。

加えて、その少し前、日本は再び偶然に得点をかせいでいた。すなわち、日本は石油の価格を一バーレル三五ドルに値上げすることを求めたイランの要求を断り、その結果、石油の輸入は大幅に削減されることとなった。この決定は正しかった。というのは、石油の値上げを安易に認めて石油の供給を維持しようという政策は、結局のところ石油の供給の確保を難しくさせるものだからである。石油がどんどん値上がりすれば、産油国の石油収入は確保されるから、生産削減が可能になることは、みやすい道理である。こうして、日本の決定は経済合理性から見て正しいものであった。それはイランに対する制裁とは、一応無関係のものであった。しかし、アメリカはこの日本の措置をイランへの制裁の一環と受けとり、大いに歓迎したのである。

こうして、日米関係の好転は、友人からの励ましを必要とするアメリカ人の感情に、イメージのうえで訴えるような行動を日本がとったことによるものである。それをとるに足らぬこととみなすのは正しくない。イメージや感情は国際政治における重要な要因であるし、とくにこの時点ではそれ以外には、たいしたことはできないからである。アメリカは「人質問題」で、すっかり感情的になってしまった。イギリスの『オブザーバー』紙の言葉を借りれば、「いささかヒステリー気味」である。それは他の問題にも影響して、アメリカの行動には着実さが欠けているし、さりとて「人質問題」も短期間には解決しそうもない。

したがって、「強力な友人がいささかヒステリー気味になったとき、誠実な友人はどうすべきか」ということが現在の問題なのであり、それにはアメリカに冷静さを取り戻すよう忠告すると同時に、アメリカには友人が多いことを明らかにして、アメリカが焦燥感と孤立感とを強めることがないようにする心理作戦が主体とならざるをえない。「いささかヒステリー気味」という症状を治すには、そうした両面作戦が必要である。とくに「人質」をとられるということで、アメリカが著しい不法行為を受けているため、感情が激するのも当然であることを、われわれは忘れるべきでない。その点を忘れて、アメリカの過剰反応を指摘することは、公正ではない。

しかし、アメリカの神経をなだめることが必要であり、おそらくは今なしうる唯一のことであるとしても、実質的な問題としては残っている「人質問題」をまずなんとか処理しなくてはならないし、さらには、アメリカが「いささかヒステリー気味」であるためにおろそかにされている問題と取り組まなくてはならない。たとえば、対ソ政策を「自由陣営」としてどのように構築して行くかはそのひとつであろう。ここでもまた、オリンピックのボイコットというイメージ上の措置が表面に出てしまっていて、ソ連のアフガニスタン侵攻後、変化しつつある南アジアと中東地方の国際政治状況をいかにして安定に持って行くかという問題は、ややなおざりにされている。

それに、石油の値上げによって再び苦況に入りつつある世界経済をどのように運営すべきか、という問題がある。一九七三～四年の石油危機のときと比べて、今回の苦況については、いかに対処すべきかという議論が比較的少ない。そして、それはほかにあまりにも多くの、かつ感情をゆさぶる事件がおこり、状況がひどく混沌としているため、なにをなすべきかがわからないという事情が作用しているためと思われる。しかし、それでは困るのである。石油の節約や景気政策、それに国際収支の問題など、国際的に討議し、国際的に調整しなくてはならない課題は多いのである。

そうした実質的問題と取り組む日はやがて来る。イメージ作戦も重要だが、それとともに、実質的問題と真剣に取り組む準備をしておかなくてはならない。

戦後政治と大平首相の死　1980・6

故大平〔正芳〕首相が病に倒れ入院される少し前、私はある新聞に四実力者の引退を示唆するコラムを書こうとしていた。四実力者とは、いうまでもなく三角大福、すなわち三木〔武夫〕、田中〔角栄〕、大平、福田〔赳夫〕の首相経験者のことだが、ことしの末の自民党の総裁選挙までに、この四人が第一線から退くことが日本の政治にとって必要であると、私は考えるようになっていた。それは単なる若返りの必要性という以上に、四人の間の怨念の構造が自民党を麻痺させ、日本の政治の正常な機能を妨げていると判断せざるを得なかったからである。国際環境が厳しく、政治に空白があってはならない時期に、自民党の内紛から内閣不信任案が可決されたという事実はそのことを明白にしていた。

しかし、大平氏が病に倒れたため私は自分の原稿をボツにした。突然、病に倒れ無念の気持ちで病床についている人間のことを考えると、引退を勧めることは情において忍びなかったのである。だが、事態はさらに急激に進展し、大平首相は死去された。それによって四実力者の引退を示唆する必要が消滅してしまった。

以上のような私事に近いことから書き始めたのは、そこに私の気持ちと書きたいことが入っているからである。私的なレベルで私は大平氏の死を悼む。業半ばにしての突然の死であっただけに、その思いは一層強い。しかし、公的な地位にある政治家の死は政治上の事件である。したがって、その意義は冷静にとらえられなくてはならない。その意義とは、四実力者の引退と政界の変化という、起こってほしかったことが人為によってではなく自然の力で、それゆえ加速されたかたちで現実化したということである。今後、自民党内部の世代交代は急速に進むだろう。それだけでなく、政権の形態あるいは与党と野党の関係も大きく変化するだろう。

六月二十二日の総選挙で自民党は過半数を割るかもしれない、割らないかもしれない。しかし、いずれにしても、自民党は二、三の野党の公式もしくは非公式の協力なしには政権を担当し得なくなっているという事実に変わりはない。また政権につくという可能性がなく、それゆえ、まるで無責任であった野党が、責任政党の方向に変化しはじめたという事実も変わらない。この二重の意味で「一九五五年の体制」〔49〕は終わったのである。

どうも私には、大平氏は「五五年体制」の最後の首相となるべく運命づけられていたように思われる。彼は池田〔勇人〕内閣の時、「寛容と辛抱」をスローガンとすることを提案し（それは泥くさいというので「寛容と忍耐」に変わった）、野党との対決を避け、共通点を求める政治を行うことに大きく貢献した。この業績は、彼の業績として最も高く評価されるべきものである。そして前々回の総選挙で、衆議院での保革伯仲状態が起こると、その後の作業原理として「部分連合」を提唱した。大平氏の政治姿勢は、与野党の関係を再構築するのに最も適していた。

それを大平氏が、自分の手で行い得なかったのは、病ということもあるが、ミスにもよる。彼がその政治生活で犯した最大の過ちは、昨年、「安定多数」の獲得を目標として解散－総選挙を行ったことである。彼は「保守への回帰」ということで政治状況を見誤ったのかもしれない。あるいは首相になったことで、やはり政権欲が出て安定多数、長期政権を目指すようになったのかもしれない。また、彼には辛抱という言葉を口にしたときの泥くささもなくなっていた。それは人間的な誤りではあるが、致命的な誤りであった。そのために自民党に四十日間抗争[50]が起こり、今回の不信任決議となり、そのストレスが彼の命を縮めたのだから。

やはり「部分連合」から「連合の時代」へとスムーズに移行したほうがよかっただろう。世代交代も、停滞のあと事件が起こってからのものよりも人為によるほうがよかっただろう。加速された変化は混迷と思いがけない結果をもたらし得るからである。世代交代は必要ではあるが、その準備はまだ十分とはいえない。それはまだよいとして、「連合の時代」への準備は明らかに不十分である。社会党、公明党、民社党のどれを見ても他党と協調し、連立するために政策面でどこまで譲ってよく、どこでスジを通すべきかといった連合時代の原理が確立されてはいない。

だから、自民党の内部で世代交代をめぐって激しい抗争が起こり、また、連合というよりも「野合」に近いことが

49　一九五五（昭和三〇）年一〇月、右派と左派に分かれていた社会党が再統一を果たし、その翌月には自由党と日本民主党が合併（保守合同）し、自由民主党が誕生する。これにより、政権与党を自民党が、野党第一党を社会党が占める政治体制が成立。これを政治学者の升味準之輔が「五五年体制」と呼び一般化した。

50　一九七九（昭和五四）年一〇月七日の第三五回衆議院議員総選挙における自民党の敗北から、一一月二〇日の第二次大平内閣の本格的発足までの約四〇日間、自由民主党内で繰り広げられた派閥抗争。

試みられて、政治は今後、混迷状態に入る可能性がある。こうして大平氏は「五五年体制」の最後の首相としての任務を遂行し得ないままに死去したのであった。

しかし、歴史はそうしたものかもしれない。一つの体制から他の体制への移行はめったにスムーズにはいかないものである。あるいは、なにか事件を必要とする。そして、結局、混乱も大したものでなくすむかもしれない。こうして「五五年体制」への終止符を彼の行為で打つことができず、彼の死がそうしたことに、私は運命的なものを感ずる。

静かな夏の課題 1980・7

どのように騒がしい盛り場でも、喧噪がとぎれ、静けさが訪れるときがあるものである。現在の国際情勢はそうしたときにあたる。イランの「人質問題」は、一時は、武力紛争にもなりかねない様相を呈していたが、アメリカが人質救出作戦に失敗して以来、アメリカは「人質問題」が存在しないかのようにふるまうのがよいと決めたようで、なんの物音も聞こえて来なくなった。ソ連のアフガニスタン侵攻への対策としてアメリカが提唱したモスクワ・オリンピックのボイコット問題は、その是非をめぐってさかんに論議が戦わされたけれども、その評価はともかく、ボイコットをめぐる外交戦は終了した。これからは、アメリカの大統領選挙が終盤を迎えるので、現在の静けさはなおしばらくの間続くであろう。日本政府としても、当面頭を悩まさなくてはならない問題はなくなった。静かな夏になりそうである。

しかし、この静けさが表面的なものにすぎないことはいうまでもない。「人質問題」は元来、忘れ、その後で解決したほうがよい性質のものだから、今の形が続くほうがよいにしても、中東地方の政治がどうなるかは、イランの内政の動向と関連して、今後の大問題である。アフガニスタンでは戦闘が続いており、米ソ関係は来年に重要な局面を迎えるであろう。統治の責任をになうものは、こうしたときこそ深く考え、地道な努力を積み重ねるべきなのである。

そうした思考と努力を必要とする問題は数多い。しかし、私は案外おろそかにされている問題として、一九七九～八〇年の「第二次石油危機」への対策を国際的に立てることの必要性を強調したい。実際、この問題については不思議なような危機感の欠如がある。それは現在の雰囲気を一九七四年のそれと比較してみれば明らかであろう。一九七四年には石油価格の急上昇によって、日本経済も世界経済も失調し、病気にかかったという声がもっぱらであったのに、今回そうした声はあまり聞かれない。

もちろん、この危機感の欠如には喜ぶべき側面もある。ひとつには、中長期的に見て、省エネルギーと代替エネルギーの開発に努力するしかないことがはっきりし、そのための努力がなされて来ている。それは、われわれを楽観させるほど進展してはいないけれども、しかし、なんとかやりくりしていけそうでもある。より大切なことは、今回は悪性のインフレはおこっていないし、とくに日本はそうである。前回の「石油危機」から、日本人はよく学習したのであろう。政府も、企業も、消費者も、冷静に対処し、それがよい結果を生んで来ている。

しかし、忘れてはならないことは、世界のすべての国が、日本のように冷静に努力すれば、一二〇パーセントの石油値上げのショックを吸収して、なんとかやって行けるというわけではないことである。前回の「石油危機」のときもそうだったが、石油価格が上昇し、それによる外貨収入が増えても、産油国はそのカネを全部輸入に使うわけではなく、したがって大幅な貿易収支の黒字を記録する。一九七四年に、その額は六〇〇億ドルに達したが、一九八〇年の額は一〇〇〇億ドルになるだろうと予測されている。

いうまでもなく、それは非産油国のいずれかの国の貿易収支の赤字を生み出す。とくに外貨をかせぐ能力の乏しい発展途上国にそうした赤字が出て、その経済は失調を来す恐れがある。そして、世界中を相手に通商を行って生きている日本は、世界のある程度の国が失調を来せば、それによって影響されざるをえない。放置しておくわけにはいかないのである。

もっとも、この問題について、それは前回の危機のときにも語られたが、アメリカなどの民間銀行がオイルマネーの還流をおこない、そのうちに、産油国が輸入を増やすことで産油国の貿易収支の黒字はほぼなくなり、問題は自然に解消してしまった、という人があるかもしれない。しかし、一九七四〜七八年の間にたまったオイルマネーに今回のものを加えた巨額のカネを運用する能力が、民間銀行にあるかどうかは疑わしい。また、前回は産油国がむだ遣いしてくれたから、貿易収支の黒字はなくなったが、産油国がその愚を悟った以上、同じことは繰り返されないだろう。

こうして、オイルマネーを還流させて、発展途上国の苦境を救うための国際的なしくみがどうしても必要であるように思われる。しかし、その方向への進展はない。努力も不足しているようである。六月のヴェネチアの頂上会談で、そうしたしくみを作ることを、西ドイツの〔ヘルムート・〕シュミット首相が提案したが、簡単に見送られてしまったという。

どうやら、この問題はその重要性にもかかわらず、「人質問題」と「ボイコット問題」の喧噪のなかで、忘れ去られたような気がする。だとすれば、喧噪がおさまっている現在そのための努力をおこなうべきであろう。

デタントをめぐる米欧間の不一致　1980・8

このところ、米欧関係がもうひとつしっくりいかなくなった。それは、六月から七月にかけて、フランスの〔ヴァレリー・〕ジスカールデスタン大統領と西ドイツのシュミット首相がソ連を訪問し、東西関係について話しあったのに対し、アメリカのホワイトハウス筋が「無益であり、有害であるかもしれない」と評したのに現れている。その後、アメリカの大統領選挙で、国際政治は一休みという感じだが、同盟内部での意見の対立はなくなったわけではなく、アメリカの大統領選挙後、再び問題となってくるものと思われる。

というのは、意見の対立は外交のあり方の基本をめぐるものだからである。まず、もっとも明らかなものとして、対ソ関係をどう考えるかということ、あるいは「デタント」をどう考えるかということがある。ソ連のアフガニスタン侵攻以来、アメリカは対ソ姿勢を著しく硬化させ、軍備を強化して、その均衡を回復、もしくは改善するとともに、経済制裁などの手段で、ソ連の「膨張主義」をやめさせるべきだとしている。「デタント」などは、一九七〇年代初めの幻想だといわんばかりの勢いである。

これに対して、ヨーロッパ諸国、とくにドイツとフランスは、「デタント」は存続しているし、また存続させなくてはならないという態度をとっている。たしかに、ソ連の軍備増強が早いテンポで進んでいることは問題だし、また一九七〇年代の半ばに、アンゴラとエチオピアに、ソ連が自国の軍隊を送らなかったとはいえ、大がかりな空輸をおこない、キューバ兵の兵站《へいたん》を引き受けたことは「膨張主義的」といえるところがあった。そのうえ、アフガニスタンには自ら出兵した。これらのことから、ソ連を警戒すべきであるということでは、西欧諸国も同じ考えである。現に、対ソ軍事バランスで劣勢にならないよう、軍備を強化することをNATO諸国は取り決めた。

しかし、警戒することと、「デタント」は幻想として対決することとは別だと西欧諸国は考えるのである。元来、

「デタント」とは、米ソ関係が全面的によくなることを意味したわけではなく、ただ、米ソ両国が戦略核についてバランスを維持し、直接に戦うようなことがおこらないようにすることが実体だった。したがって、中東地方とかアフリカなどで、勢力争いが続くのは、初めから予想されたことであり、だからといって、米ソ関係を全面的に緊張させるようなことは正しくないと、シュミットやジスカールデスタンは考える。アフガニスタン侵攻に対しても、はっきり反対すると同時に、交渉の糸を断たず、なんとか妥協的解決を見出さなくてはならないのであり、したがって、自分たちはモスクワを訪問するのだ、というのである。

つまり、アフガニスタン問題について、アメリカがそれを米ソ関係全般にかかわるものとしているのに対し、西欧諸国は「局地化」し、妥協的に解決しようとしているのである。西欧諸国は、アメリカが米ソ関係全体を著しく悪化させるのは愚かで、危険であるという。これに対して、アメリカは西欧諸国の態度は結局、ソ連の行動を是認する「融和政策」になると論ずる。平和の維持のためには、対決政策も「融和政策」もともに望ましくなく、その中間的方策が必要だが、ある特定の時点で、ある特定の事態に、どの程度対決的で、どの程度「融和」的な政策をとるかという判断はまことに難しい。

第二の対立点は、「第三世界」に対する政策である。中東地方は国際政治の焦点だが、アメリカは軍事力を強め、その影響力によってその地方の安定をはかろうとしている。これに対して西欧諸国は、その地域の特殊な事情をよく見きわめ、そこに適した政策をとらなくては、力はカラ回りするし、ときには逆効果でさえあると非難する。たとえば、アラブ・イスラエル間の対立がこの地方では重要であり、イスラエルが最近のように頑固な政策をとり、アメリカが結局はイスラエルを支持しつづけるなら、中東諸国がアメリカに反感を持ちアメリカと協力しなくなっても当然だというのである。

たしかに、アメリカは自己の力をたのみすぎて、他の国々の利害や意見に十分敏感ではないところがある。したがって、「デタント」の問題と同様、ヨーロッパの立場は知恵を代表するものといえよう。しかし、政治の世界では力がまず必要であり、したがって、アメリカは人に好かれないが必要なことをやっていて、それがなければだれが知恵を説いても、知恵は生きて来ないことも無視できない。アメリカが、力と知恵とを兼備してくれていればよいのだが、そうくまくは行かないのが世の常である。だから、同盟国のなかでの意見の対立が出てくるのだが、その激しい議論のなかからよい政策も出てくるといえよう。日本としてもこの二つの基本的問題が、同盟国間の議論の争点であることをしっかり認識し、日本として、どのような立場をとり、それをどのように表明すべきかをよく考えておかなくてはならない。

ポーランドのストの示すもの　1980・9

ポーランドの労働者のストライキは、労働者側がある程度の成果を得て終了した。それは比較的静かなできごとで、日本では初めのうち、ほとんど報道されなかった。また、その成果がどの程度実質を持つものかは、現在の段階でははっきりしない。一九七〇年にもポーランドでは改革を求める労働者の動きがあったが、共産党は一時譲ると見せて、次第に巻き返したことがあったからである。

しかし、ポーランドの改革運動は、劇的でもなく、その成果がはっきりしないにもかかわらず——あるいは劇的でもなく、その成果がはっきりしないがゆえに——大きな重要性を持つものと考えられる。それは今後五年から十年にかけてのソ連および東欧圏の動向、さらには世界政治について考える時に、ぜひ考慮に入れるべき要因を示したからである。すなわち、ソ連圏にも深刻な弱点があるという事実である。

新聞や雑誌で報道されているように、今回のストライキの直接の原因は、ポーランド経済が不調を続け、そのため人々の生活が良くならないという事情にある。われわれ先進工業諸国は一九七三〜七四年の石油ショックで苦況に立ったが、東欧諸国は長い目で見るとそれよりも大きな打撃を受けたように思われる。東欧諸国は石油ショックの少し前、西側からの借款を得て技術革新を行い、重化学工業化をすすめようとしていた。その時、石油値上がりによって世界経済が停滞したのであり、その結果、彼らは予定していたように重化学工業製品を売ることはできなくなり、したがって重化学工業化もうまくいかなくなってしまった。そして、二〇〇億ドルという巨額の借金が残ったし、また、重化学工業化の計画のために犠牲にされたこともあって、農業と軽工業は一層ひどい状況となり、社会主義国でよく見られる小売店での行列が一層長くなった。そうした生活不満が、牛肉の値上げをきっかけに爆発したのであった。

だが、自主労組の結成やスト権要求に見られるように、人々の不満は直接の生活不満につきるものではない。生活が長い間、少しもよくならないということは、統一労働者党（共産党）の独裁に対する不満に火をつけた。自分たちの関知しないところで決定がなされ、それが経済の不調をひき起こしたことから、労働者たちは発言権を求めるようになった。その点が重要である。

それに党の独裁は、腐敗という、より身近な形で人々を怒らせた。その典型は「コネ」である。共産主義国においては、自動車や住宅などはカネがあるだけでは手に入らない。物価は安いが、モノはないというのが、その特徴なのである。相当の期間、彼らは待たなくてはならない。ところが、コネがあると待つ日数が見事に短縮されるのである。それは統制経済特有の腐敗である。

生活が少しでもよくなっている時には、こうした不満はそう大きくならないが、経済の不調とともにそれが激しくなった。今後、ソ連圏の経済は停滞を続けると思われるので、経済改革を求める声は高まるであろう。実際、今回のストライキに際し、党・政府内部にも、改革の必要性を認める人々が少なくなかったといわれる。

党の独裁への不満とともに、ソ連の巨大な影響力への不満もある。大体、ポーランド人はきわめて誇り高い国民であるから、ソ連方式の押しつけはうれしいわけはなく、独自の経済運営の方式を求める。その気持ちは、ソ連の経済の不調でそのシステムの悪さがますます明らかになり、しかもソ連との経済交流があまり利益にならないようになっていくにつれて、一層強まるであろう。

しかも、今回のストライキはポーランドの労働者と国民が、ソ連の介入を招くことがないよう、劇的な行動をとったり目ざましい成果を得ようとはしなかった点で注目に値する。一九六八年のチェコスロバキア[51]のようになっては元も子もないということを、彼らはよく知っているのである。ポーランド人は元来、血の気が多いことで有名だが、彼らもまた経験から学んできたのであった。

そして、動きがこのように賢明になれば、ソ連は力ずくで押え込むわけにはいかず、対処に苦しむことはいうまでもない。したがって徐々にではあるが、東欧諸国はソ連に対する自主性を高めていくであろう。また、東欧圏で経済改革が行われることは、ソ連にも影響せずにはいない。ソ

51　一九六八年に、新しい社会主義モデルを目指したチェコスロヴァキアで起こった改革運動「プラハの春」に対し、反社会主義的影響の拡大を恐れたソ連がワルシャワ条約機構軍を主導して軍事介入を図ったチェコ事件を指す。

連研究者が指摘しているように、ソ連の経済も停滞し、生活はまったくよくなっていないことを考えると、なおさらそうである。

以上のことは、ソ連の世界政策の拘束要因となる。あるいは、ソ連の政策を変えることになるかもしれない。過去五年間のソ連は、軍事力増強と「力の外交」によって特徴づけられてきた。それへの警戒を怠ってはならないと同時に、ソ連がその路線を走りつづけるにはかなり無理があることを、われわれは忘れてはならない。

イラン・イラク戦争の性質　1980・10

イランとイラクの間で戦争が始まってからほぼ一ヵ月になる。この両国間に公然たる戦争が始まったのは予想外のことであったが、それにもまして、この戦争がこれほど長期化すると予想した人は少なかった。この予想外の展開はいかなる背景によるのか。この戦争を、われわれはどのように性格づけたらよいのか。中東の政治情勢は今後どうなっていくのか。

まず、戦争が予想外に長期化した直接の理由は、初期の段階を別にして、戦争が限定されたものであることだといえよう。両国の空軍機の使用方法がそのよい例である。イランはイラクに空襲をおこなっているが、それは二～四機による散発的なものであるし、イラクの行動も同様に小規模である。それに、イラクは最近に至るまで、その空軍機をアラブの隣国に疎開させていたらしいが、このことはイラクが攻撃をしかけた側であることを考えると、一見不可解な現象である。

おそらく、イラクは誤算していたのかもしれない。すなわち、イランの革命によってイラン軍は解体寸前の状態であるし、それに米・イラン関係が著しく悪化して兵器のスペアパーツの入手ができないことから、イラン軍はきわめて弱体化しているので、フゼスタンを支配下に置くことは簡単であると判断したのではなかろうか。しかし、過去の歴史が示しているように、革命は旧来の軍隊を弱体化させるが、革命の情熱のため、民衆がよく抵抗する。実際、イランからの報道は、イラク軍がイランの市街地に入ってから苦戦し、思うように進めなくなったことを伝えている。

こうして、限定的な行動によって、ある地域における明白な勝利が得られなくなると、さらに大きな軍事力を投入しなくてはならないようになるが、イランを圧倒するほどの力はイラクにない。なぜなら、イラクもイランと同様、スペアパーツや弾薬が十分ではないからである。たしかに、イラクはイランのように軍隊が弱体化していたわけではない。しかし、現代の戦争は大量の武器・弾薬を急速に消費する。したがって、その補給がなければ、戦争らしい戦争はできない。

ところが、イラクの武器はソ連製である。そして、イラクとソ連の関係は、イランとアメリカとの関係ほど劇的にではないが悪化しており、そのためイラクが必要とする弾薬をソ連は十分に供給しそうもない。そのため、イラクは大作戦はおこなえないのである。実際、このところイランはアメリカよりもソ連と近いようにも見えるし、イラクはソ連を離れてフランス、そして西側に接近している。しかし、兵器に関する限り、ソ連はイランが使っているアメリカ製兵器のスペアパーツや弾薬を補給できないし、「西側諸国」もイラクへの補給能力はない。だから、両国とも、きわめて限られた手持ちの武器・弾薬で戦わざるをえず、そうなれば当然戦争は限定的なものとなる。もっとも、イラン・イラク間の対立が弱ければ、こうした事態は停戦に導くはずだが、多くの人が指摘しているように、イラン・イラク間の対立は、領土問題、シーア派とスンニ派の対立という宗教問題、それにイランにおけるアラブ系国民とイラクにおけるクルド族という人種問題がからんでいて、簡単には解決しそうもない。だから、限定的ながら戦争は長引く。

そして、戦局が膠着化するのにつれて、戦争は「政治戦争」化する。今やイラン・イラク両国にとっての問題は、第一に外交的支持をどの程度得られるかということ、第二にそれぞれの国の社会がどの程度戦争の負担に耐えるかということである。すでに、シリア、リビアというアラブ諸国中の〝急進派〟〝親ソ派〟がイランを支援し、逆にヨルダン、エジプト、サウジアラビアといった〝穏健派〟がイラクを支持するという形で現れて来ている。

こうした連携関係は五年前、いや二年前でさえ考えられなかったものであり、端的にいえば連携関係は逆転している。こうして現れた新しい連携関係は、今後一層はっきりするように思われる。というのは、イラン・イラク両国にとって、今後いかに戦争の負担に耐えるかが決め手であり、その場合、外交的支持や経済的援助はきわめて重要だからである。

こう見てくると、イラン・イラク戦争の性質は次のようにいえるだろう。イラン・イラク戦争は、イラン革命により、イランの内政・外政が変化し、ひいては中東の国際情勢が変化するなかで始められた。そしてそれは、イラクの初期の行動が期待された成果をあげなかった後、「政治戦争」になった。それによって、すでに変化しつつあった中東の国際情勢は新しい形をとり始めた。この戦争は、当事者にもそして世界の経済にもかなりマイナスの効果を及ぼしながら、まだしばらく続くであろう。端的にいって、それは中東の国際政治構造再編成のための戦いとなっている。

レーガン外交　二つの問題点　1980・11

〔ロナルド・〕レーガン氏はどのような政治をやるのだろうか。どのような外交を行うのだろうか。今や世界中の人々がそのことを問題にしている。もちろん、新しい政権に対しては、つねに期待感と懸念が抱かれるものではある。しかし、そのことはレーガン氏の場合にとくに著しい。というのは、レーガン氏は政治家としての経歴が浅く、したがって大統領として、まったく未知数と言わなくてはならないからである。たしかに、カリフォルニア州の知事としての記録は悪くはない。彼は相当右寄りの過激な発言をして知事になったが、実際の政治はまずまず妥当なものであった。しかし、レーガン氏はカリフォルニアのことはよく知っていたからむちゃはしなかったが、世界のことになるときわめて経験が浅い。しかも、レーガン氏はこれまでに、かなり物議をかもす発言を外交について行っているのである（台湾の国民政府との関係の修復を示唆した発言〔52〕はそのひとつにすぎない）。だから、レーガン氏は、いわゆる〝タカ派〟的な考え方をそのまま政策に移すことはしないだろうが、しかし、それは随所に現れてくるだろう。それはどの点についてなのか。そしてレーガン氏の外交政策は世界にどのような衝撃を与えるであろうか。世界の国々の反応を参考に考えてみよう。

まず、レーガン大統領がアメリカの力の強化をはかること、とくに軍事力の強化を行うであろうことは、間違いない。彼は「強い立場からの交渉」を信じている。そして、この点については、ヨーロッパの国々はそう否定的な評価をしていない。もちろん、彼らは軍備費の増加をアメリカから要請されることを予期しているし、急激な増加は望ましくなく、また可能でもないと考えている。しかし、ヨーロッパの国々は、カーター時代のアメリカが確固たる外交政策を持たず、いわばワシントンに真空があったことは世界にとって大きなマイナスであったと考えている。それよりは、アメリカがレーガン大統領の下でしっかりした姿勢をとってくれるほうが望ましいと考えているのである。また、レーガン氏の勝利は、ヴェトナム戦争によって自信を喪失したアメリカが、相当な期間の混乱の後、自分の力を見直し、その役割を探求し始めたことを示すものともいえるだろう。

問題は、強い姿勢をとるということで、実は硬直した姿勢をとり、「強い立場からの交渉」ということが強い立場だけ、交渉がなくなってしまうことにあるだろう。この点で、ヨーロッパ諸国は、カーター政権がアフガニスタンへのソ連の侵攻後、デタントを否定するような方向に行きつつあることに批判的であったことが想起されなくてはならない。

それは二つの理由による。第一に、デタントを否定して硬直した姿勢をとることは、東ヨーロッパ諸国のなかでおこっている緩やかだが重要な変化を止めてしまう恐れがあることである。たとえば、自由な労組を要求するポーランドの労働者の運動は、きわめて大きな重要性を持つが、米ソ間に対決的な雰囲気が強まるならソ連は力によってそれを弾圧するかもしれない。

第二に、ソ連を窮地に立たせてはならないという考慮がある。ソ連は一九七〇年代半ば以降、かなり露骨に影響力の増大をはかってきたが、そのために負担も増大してきた。とくに、アフガニスタンへの侵攻は、アフガニスタン国民の激しい抵抗にあい、さすがのソ連にも早期解決のメドは立っていない。ソ連のアフガニスタン政策はソ連の内外で、今後不人気の度合いを強めていくであろう。それに、ポーランドの場合に見られるように、ソ連自身、あるいはソ連圏内部の問題も深刻である。こうしたことからソ連はやがて妥協を求めてくるだろうが、それを拒否するならばソ連を追いつめることになり、危険であろう。この点での柔軟性をレーガン政権が持てるかどうかが重要なポイントとなる。

対ソ外交とともに問題と思われるのは、第三世界への政策である。というのは、レーガン大統領は第三世界の国々を、アメリカ支持派の「よいやつ」と反アメリカの「悪いやつ」に割り切り、後者については援助も与えず、無視す

52　読売新聞の政治部長であった渡邉恒雄を司会に、レーガンと大平正芳自民党幹事長が対談し、その様子が「日米の実力者大いに語る」の見出しで『読売新聞』(一九七八年四月一八日朝刊)に掲載された。その中でレーガンは米中関係に触れ、中国との友好関係は希望するが、台湾という「古い友人」を捨ててまで関係改善をするべきではない、と台湾への強い配慮を示した。

るといった政策をとる可能性がある。アメリカは十分強いのだから、弱い発展途上国の言うことなどは聞く必要がないというところが見られる。

しかし、世界政治の構造は複雑である。第三世界の国々の姿勢は微妙なものが多く、「よいやつ」と「悪いやつ」に割り切ることは敵を増やすだけである。そして、発展途上国の国々は、小さいながら自己の立場を持っているので、アメリカのいうなりには動かないし、動かそうとすると反発する。こうして、レーガン大統領がその考えを振り回せば、アメリカが第三世界のなかで孤立する可能性が存在するのである。

以上の二つが、レーガン外交の問題点として考えられる主なものである。日本としては、この二つの点について、どのような態度をとるべきかをあらかじめ考えておく必要がある。

注意を要する中東情勢 1980・12

すぐれた自然科学者であり、またその文章力によって啓発的活動をおこなった寺田寅彦博士に、「天災は忘れたころにやってくる」という有名な言葉がある。それは、天災が、そう頻繁には訪れないことを語るとともに、そのため人々が対応策を忘れ、結果として大きな災害を招いてしまうこと、すなわち天災の多くは「人災」であることを指摘している。

日本から遠く、したがって日本としては直接手の下しようのないように見える国際的な危機についても、ほぼ同じことが言えるであろう。突如としてわれわれを見舞う国際危機が、真実に「危機」となってしまうのは、われわれに対応する準備や努力がないからなのである。そのことは、今年おこったイラン・イラク戦争と、一九七三年のアラブ・イスラエル紛争とを比較して考えてみればよくわかる。

後者は「石油危機」をひきおこしたのに、前者はこれまでのところ「石油危機」をひきおこしてはいない。しかしそれは、アラブ・イスラエル戦争の時の石油の「供給制度」のほうが、イラン・イラク戦争の結果としておこった両国の石油供給停止よりも、大規模のものであったためではないのである。二つの場合に生じた供給量の減少は、ほぼ同じようなものだと考えてまず間違いない。一九七三年の供給量の減少は、後から計算してみると一〇パーセントまでは行かなかった。そして、イランとイラクの戦前の石油の供給量は日量四〇〇万バーレルと思われ、それが全面的に停止したのだから、世界の石油消費量のほぼ七パーセントの減少ということになる。

それなのに、一九七三年には「石油危機」がおこり、一九八〇年には「石油危機」がおこらなかったのはなぜか。ごく単純化して言えば、その相違はわれわれ消費国の態勢の相違にある。一九七三年には、われわれは完全に不意をつかれたし、また腰高の姿勢であった。一九八〇年にはその逆であった。まず、腰高というのは、一九七三年が世界的にブームの年であり、石油の需要が伸びつづけていたということである。ところが、一九八〇年には逆に、その前年のイランの政変に起因する石油価格の高騰のため、石油の需要は減少しており、世界的に余剰生産力があった。

それとともに、一九七三年以来、大口の消費国が「石油危機」に備える準備をしていたことが忘れられてはならない。たとえば日本の場合、イラン・イラク戦争がおこったとき、一一〇日分の石油備蓄があったが、それは一九七三年の石油備蓄のほぼ三倍にあたる。西欧諸国やアメリカについても、同じことが言える。だから、われわれは二重の意味で、ショックから守られていた。まず、必要とする石油は大体のところ買うことができたし、そのうえ石油の備蓄があり、状況がさらに悪化しても、備蓄を取りつぶせばよいという態勢であった。

こうして、イラン・イラク戦争が、大方の予測に反して長期化しても「石油危機」はおこらなかったのである。それだけ消費国の側に抵抗力ができたことに、われわれは自信を持ってもよい。われわれの努力次第によって、われわれは産油国の動向にふり回されずにすむということを、最近の経験は示している。

しかし、それと同時にわれわれは、「天災は忘れたころにやってくる」という言葉を、そろそろ想い出すべきであろう。なぜなら、イラン・イラク戦争が長期化することで、石油の需給関係はじりじりと変化して来ているからである。戦争前には明白に供給過剰であったものが、部分的にせよ石油が高値でなくては買えないという事態が出始めている。そのため、石油値上げへの圧力が強まって来た。先日開かれたOPEC総会が、予想をやや上回る値上げを決めたのも、そうした事情を反映している。それに、イラン・イラク戦争は湾岸地域の二大国の戦争である。米ソの自制などもあって中東地方は目下のところ政治的に平穏を保っているが、しかし、底流にはかなり激しい動きがあるものと考えなくてはならない。それゆえ、イランとイラクの石油の供給が停止したのを他の国々が増産して、消費国を助けてやることはなにもない、といった議論が力を得ることもありうるように思われる。

つまり、石油をめぐる事情はきわめて微妙なものになっている。消費国が消費を抑制しつづけることに成功すれば、イラン・イラク戦争が来年かなり続いても、大幅な値上げといったことはおこらないであろう。しかし、もう少し需給バランスが苦しくなって、石油の買いあさりが始まれば、大幅な値上げもありうる。それゆえわれわれは二つの誤った態度を避けなくてはならない。ひとつは過剰な危機感を持つことである。それはかえってパニックを招く。他のひとつは、イラン・イラク戦争の影響は大したことがないとして安心してしまうことである。消費抑制の努力にゆるみが出るようなことがあれば、微妙なバランスがこわれ、世界経済をゆるがすような石油値上げに至るかもしれない。「天災は忘れたころにやって来る」のである。

同盟国間の負担公平論　1981・1

ソ連がアフガニスタンに侵攻してほぼ一年が経過した。その後ポーランドで〝自主労組〟を求める動きがあり、ソ連の軍事介入の可能性が現れたこともあって、米ソ関係は一層緊張の度を強めて来た。それゆえ、「東西関係」が国際政治上のもっとも重要な問題になったように思われる。

しかし、それとともに忘れてはならないのは、〝自由陣営〟の内部、とくに米欧関係に意見の対立が現れて来たという事実である。その対立は「デタントは分割不可能か」という問題をめぐるものといえるであろう。アメリカは分割不可能という立場をとっている。すなわち、ソ連のアフガニスタン侵攻はソ連の対外政策が軍事力による勢力圏の増大という新しい危険な段階に入ったことを示すものであり、アフガニスタンをめぐって〝西側〟が強い立場をとらないならば、ソ連は膨張主義の色合いをますます強めるであろうと考える。

換言すれば、「デタント」全体がソ連のアフガニスタン侵攻によって危うくされているのであり、〝西側〟は全面において対ソ強硬姿勢をとらなくてはならない、というのがアメリカの立場である。これに対してヨーロッパ諸国の考えは、西ドイツの優れたジャーナリスト、テオ・ゾンマーの次の文章に表現されている。

「世界のどこかに緊張があるからといって、ヨーロッパを緊張地域にすることがあってはならない。ルアンダ（アンゴラの首都）、アジスアベバ（エチオピアの首都）、カブール（アフガニスタンの首都）といったところでの抗争のおける敗北を、ベルリンで勝って取り戻すわけにはいかない……フランスとドイツは、ヨーロッパにおけるデタントをやめにしてはいけないと確信しており、そのため、仏・独枢軸が出現しつつある」。

要するに、アフガニスタンの事態とヨーロッパのデタントとは分割可能だというのである。この論争は少々異なった形ではあるが、昔から存在し、どちらが正しいかは簡単には決められない。理想論からいえば、世界のどこで平和が破られようが、それを黙視するのはよくないということになるのであり、国際連盟時代にも「平和は分割不可能」という形でそれは論ぜられた。しかし、現実の問題として、世界中のあらゆる問題に関心を持つことはできないし、小さな平和の破綻や緊張のたかまりは局地化し、世界の重要問題と結びつけないのが外交の知恵というものである。

こうして、アメリカとヨーロッパの意見の対立には、アメリカの原則主義と外交的な知恵を重んずるヨーロッパの現実主義の相違が存在するが、それとともに、両者の利害関心の広さが作用していることにも注目しなくてはならない。すなわち、アメリカは戦略バランスにおいても、政治的な影響力についても、ソ連とグローバルな(全世界的な)抗争関係にある。それに対してヨーロッパの利害関心も決して狭くはないが、しかしヨーロッパ大陸に集中している。それゆえ、アメリカはソ連の世界的な動きに関心を示すのに対し、ヨーロッパ諸国は、ともかく、ヨーロッパが安定し平和であることを重視するのである。そしてアメリカから見ればヨーロッパは利己的だということになるし、ヨーロッパから見ればアメリカはいたずらに強い姿勢をとることによって、せっかくヨーロッパで得られた「デタント」という成果をだめにしてしまう恐れがあるということになる。

ここで注意しなくてはならないのは、アメリカがその同盟国を〝利己的〟と考えるのは根拠がないわけではないことである。というのは、アメリカがグローバルな力のバランスでソ連と対抗しているからこそ、その同盟国は安全を保障され、そして「デタント」策を追求することもできる。アメリカとしては、アメリカが力の均衡の維持という嫌な仕事を分担させられ、「デタント」の成果は同盟国に持って行かれるのでは割が合わないと感じても不思議ではない。そうした感情は、アメリカ内のいわゆる「タカ派」の間だけでなく民主党系の学者のなかにも、さらに「新左翼」的な人々の間にも存在する。

最近、同盟国の負担の公平の問題が盛んに論じられる背景には以上の事情がある。それは、より国益中心主義的なレーガン政権の登場によって、一層激しく論じられるであろう。この問題は、同盟国がアメリカに従うことによっても、また逆に、同盟国がアメリカを説得することによっても解決しはしない。なぜなら、アメリカの力がソ連のそれと対抗していることは、平和と安全の重要な条件であり、そのためにアメリカは大きな負担を負っている。そのことを同盟国は理解しなくてはならないし、負担の公平は必要である。

しかし、アメリカが原則主義で世界の複雑さと各国の立場の多様性を無視しがちなことは、「自由陣営」にとって好ましくない。それゆえ、同盟国はその立場を主張しなくてはならない。この二つの行為の間のバランスが大切なのである。

政治家の責任 1981・1 ♠

『史記』に韓信が劉邦に向って説くところがある。項羽は勇敢だがその勇は匹夫《ひっぷ》の勇であり、仁強だがその仁は婦人の仁である。だから結局は劉邦に破れるであろう。劉邦はそういわれて天下取りを決意するのだが、憲法発言で物議をかもした奥野〔誠亮〕法相[53]について、韓信の言葉をもじっていえば、奥野法相は誠実だが、その誠実は婦人の誠実といえるだろう。あるいは書生の誠実としてもよい。たしかに、法相は自分の真情を吐露した。占領改革の押しつけについて心をこめて語ったさまは、人の心を動かすものがあった。しかし、政治家として、あのような発言をするべきでなかった。そして、自民党としても、十年間は憲法論議を棚上げすべきであると私は思う。それが真の誠実というものである。

なぜなら、政治は結果倫理の支配する世界である。自分の心を忠実に語るというのは二の次で、不愉快でも沈黙し、なすべきことをなすというのが政治家の倫理である。実際、この段階で憲法制定時の事情や憲法改正を論ずることは、具体的に何の益もない。まず、自衛のための軍備はいまの憲法でも十分可能である。このところ軍備強化が唱えられ、私もその意見だが、しかし、それはいまの軍備では自衛の力もないからなので、それ以上の軍備を持ち、「国際紛争の解決の手段として」の軍備を持とうなどとは毛頭思わない。安全保障の問題をまじめに考える人は、大方その意見であろう。だから憲法改正の必要はない。

第二に、憲法というものは抽象性の高い条項を含むから、その精神を理解しつつうまく運用するうちに、具体的な内容が決まっていくものである。自衛のための軍備という言葉上の合意は、それが得られても十分ではない。具体的にいかなる軍備を持ち、それをいかにコントロールし、いかなる外交を行うかといったことが、自衛のための軍備か否かを決めるのである。それが今後十年間の日本の課題であり、責任ある政治家は、憲法論議ではなく、そうした具体的課題と取り組むべきなのである。

中国プラント中止に思う 1981・2

中国のプラント建設中止が問題になっている。同問題を協議するため中国を訪問した大来佐武郎政府代表に対し、中国の外国投資管理委員会主任の谷牧《こくぼく》副首相は、「日本側に厄介な問題をおかけすることになった」として陳謝の意志を表明し、中止に伴う損害については「国際上の通常の慣例」に沿って損害を補償するという基本方針を示した。日中両国の関係を損なわない形で問題を処理する方向に一歩踏み出したわけだが、しかし「国際上の通常の慣例」が具体的になにを意味するかは明らかでない。そして、中国の財政赤字とインフレとはかなり深刻らしいから、この問題の解決は困難で長引くであろう。

日本がこの問題についてとるべき態度は明白である。契約停止によってこうむる損害に対しては十分な補償を行うよう、礼儀正しく、しかし強く、中国に対するべきである。というのは、契約は守り、そしてそれがやむをえない理由で実行できないときには補償するということは、経済関係の基本となる信義であり、それが守られなくては長期的な相互利益の関係は成立しえない。そして、通常国会というものは、もうかりさえすればどんな妥協をもするという存在ではなく、信義に基づき、長期的な相互利益を求めるものであるから、日本はその基本原則を断固として守るべきである。そのために一時的に多少の摩擦があるかもしれな

53 靖国神社への閣僚参拝問題を背景に、一九八〇(昭和五五)年一〇月、奥野誠亮法務大臣が参院法務委員会で「憲法二〇条に謳われている宗教的活動は、制定当時十分な議論がなされたのかどうか、疑問を持ち続けている」、翌月の衆院法務委員会でも「憲法二〇条はマッカーサー草案のままで字句も変わっていない。(中略)制憲議会の際に、公式参拝ができるか、できないか、等のことが議論になっていない。少なくとも宗教的活動の範囲について、もう少し広げた議論をしておいてもらうと、今日のこの混乱は起きなかったと思う」と発言し、野党の猛反発を招いた。

い。しかし自己の存立の基本原則をあいまいにするならば、敬意も信頼感も得ることはできないのである。

それと同時に、今回の問題はわれわれにとって重要な反省材料を含むものであることも見逃されてはならない。すなわち、一九七八年以来、われわれは中国の経済建設に協力するということで、慎重さを欠いたのではないかということである。谷牧副首相の言によると、今回中国がプラント建設停止のやむなきに至ったのは、膨大な基本建設資金が必要だが、それを捻出するのが不可能であることや、プロジェクトのいくつかは石油を原料とするため、建設しても当分稼働できないことなどの理由に基づくという。

しかし、それらは初めから警戒してかかるべきことでなかったであろうか。もちろん、中国の石油生産量の見通しがどの程度のものであり、そのため、ある程度以上の石油化学プラントは現実性がないとか、中国の資金調達能力が限られており、支払いのメドが立たないといったことを、具体的な数字に基づいて正確に判断することは不可能であっただろう。それがわかるぐらいなら、中国自身そのような計画を立てることはなかったであろう。しかし、中国の統計の不備や、官僚制度の弱さからくる総合計画立案能力の著しい不足は、日本の関係者にはわかっていた。それならば、野心的な計画がいずれは計画だおれに終わることは感じえたはずであり、そこで警戒するのが深慮というものであった。

もちろん、現実の世界ではそのように理論通りに行くものではない。この問題について言えば、中国の側の「現代化」への著しい情熱があった。そうした情熱に燃える中国人に対して、巨大な計画の無理を説き、計画を縮めることはきわめて困難であったであろう。しかも、日本経済は競争原理の上に立っているので、商社間、企業間の競争が激しい。その売りこみ競争と中国側の情熱との結合が、中国の能力以上のプラント契約をもたらしたのであった。

しかし、自ら慎重であるだけでなく、他国に対して深慮を説く能力を身につけることは、いかに難しいにせよ、今後の日本にとって是非必要なことなのである。日本は資金力も技術もついて来たので、今後ますます他国の工業化に関与することになるであろう。しかし、近代化というものはきわめて困難なものなのである。資金がなければだめだが、それがあればよいというものではない。そのことはイランの実例が明らかにしてくれている。国民の教育水準や技術水準も必要だし、それに国全体のバランスが「近代化」のためにこわれないようにする管理能力もいる。そのためには、強力で、そして夢想的ではないリーダーシップが必要だが、これから近代化しようという国の場合、強力なリーダーシップは大概の場合夢想的であった。それというのも、情熱がなければ国をまとめ近代化することはできないのだが、その情熱が近代化に必要な深慮と相反するからである。こうして、他国の近代化に協力するには、相手国の実情を把握し、相手側に深慮を説く能力を持たなくてはならないのである。

先にも述べたように、今回のような事態は多分避けられなかったであろう。したがって、筋を通しつつ善後策を巧みに講じ、そして、失敗から学ぶというのが、現実の世界でなしうる最善のことであろう。人間は失敗しなければ学ばないもののようである。

ソ連の平和攻勢と西側の対応　1981・3

ソ連がさかんな「平和攻勢」をかけ始めた。アメリカのレーガン大統領に首脳会談を呼びかけるとともに、ドイツ、フランスなど西ヨーロッパの指導者にも親書を送った。そして、日本に対しても、〔ドミトリー・〕ポリャンスキー大使が鈴木〔善幸〕首相に面会を求めて来た。

明らかにソ連はアメリカをはじめとして「西側」諸国との関係改善を望んでいる。逆にいえば、アフガニスタン侵攻以来、アメリカが中心となって行った経済制裁はソ連にとって痛手であった。

たしかに、穀物禁輸はその有効性が限られたものであった。ソ連はアルゼンチンやオーストラリアから買ったり、あるいは東欧諸国を通じて買ったりすることで、予定していた量に近いものを手に入れはしたが、しかしソ連の指導部自らが認めているように、ソ連は打撃を被った。

高度技術商品の禁輸についても、アメリカの対ソ貿易の激減は、西欧諸国との貿易の増加でほぼ埋め合わされた。しかし、ソ連と西側の経済関係の緊密化にブレーキがかかったことは否定できない。ところがソ連は、七〇年代に入って顕著になった経済成長の鈍化を克服するため、西側との経済関係の緊密化を必要としているのである。

一九八〇年には、ソ連の経済成長率は一パーセントに落ちこんでしまった。それには西欧先進諸国の成長率の低下も影響しているが、それ以上に、労働力の増加が停止し、技術革新がうまくいっていないことが原因となっている。その技術革新のおくれを取り戻すため、西側との経済関係に期待せざるをえないのである。

それに、ソ連は軍事力をテコとした勢力拡大策が招いた反発を和らげなくてはならないと判断したのであろう。一九七五年のアンゴラ、一九七八年のエチオピアという具合に、ソ連がその飛行機で武器とキューバ兵を輸送して「友好政権」を作るということが続いた後でアフガニスタンに介入したために、国連における投票が示しているように、第三世界の国々もソ連への警戒を強めた。

しかも、アフガニスタンでの戦闘はソ連に対してかなりの負担となっている。ソ連はアフガニスタンに八万強の兵力を送り、そのための出費は年二〇〜三〇億ドルに達すると推定される。

より重要なことは、戦闘が続いていること、そしてそれがソ連にとって第二次世界大戦後初めての「撃ち合いの戦争」だということであろう。よほどの大義名分がない限り「撃ち合いの戦争」はその社会にとって大きな負担となるものである。こうしてソ連は強引な姿勢というイメージを修正することを必要と判断したのであろう。

実際、こうした考慮はソ連がポーランドに軍事介入していないことの理由でもある。「自由な労働組合」を求める「連帯」がソ連にとって容易に認めえないものであるにもかかわらず、ソ連が武力行使の威嚇にとどめ、介入を思いとどまって来たのは、ポーランド人の抵抗が予想されることに加えて、これ以上西側との関係を悪化させたり、これ以上ソ連のイメージを悪化させることのマイナスを考慮したためであろう。

以上のことから、われわれはソ連が「西側」との関係改善を求め、そのために話し合いを欲しているのは間違いないと判断してよいであろう。しかし、外交は話し合えばよいというほど簡単なものではない。とくにソ連との関係についてはそうである。

実際、ソ連は東西関係の悪化を招いた自らの行動を修正する用意があるとは到底思われない。ソ連はアフガニスタンから撤兵することなど、まるで考えていないと判断される。ソ連軍はしっかりした軍事基地を作り、そことソ連とを結ぶ交通網を改善している。急いでゲリラを討伐しようとすることは損害を招くと判断し、長期にわたって駐屯することによって、アフガニスタン人の抵抗がしりすぼみになるのを待つのがその軍事戦略であるといってよい。

もうひとつの例は、ヨーロッパにおける中距離弾道弾の凍結である。表面的には、それは緊張緩和策のように見える。しかし、ソ連はすでにSS20とバックファイアー爆撃機の配備を終わっており、西側はこれからパーシングII型と巡航ミサイルの配備をするのだから、「凍結」はソ連にとってまるで不便ではない。

つまり、ソ連は仲よくしたいとは思っているが、そのために自らの過去の行動を修正するつもりはなさそうなのである。

国民総生産（GNP）の一一～一二パーセントといわれる軍事支出を減らす兆候もない。それゆえ、アメリカをはじめとする「西側」の対応が難しいのである。ソ連が仲よくしたいと思っている以上、話し合いの提案をむげに断ることは、ソ連を追いつめることになるだろう。しかし、アフガニスタン侵攻や軍備増強（日本の場合でいえば「北方領土」への軍隊の配備）といったことをそのままにして、関係改善をはかることは、最悪の融和策でしかない。

おそらく、問題はなにについてソ連と話し合うかということである。いきなりソ連からの大きな譲歩を望むのは無理としても、なんらか実質的な譲歩を引き出しうる問題を選び、ソ連と真剣に話し合うことが必要であろう。

四ヵ国共同報告書と日本　1981・4

このところ、外交・国際関係に携わる人々の間で話題になっているものに、米・英・独・仏の研究所が発表した「西側の安全保障」という報告書がある。その要旨は、西側諸国間の政策の調整のため協議機構を整えようということで、具体的提案としては二つのものがなされている。そのひとつは、一九七五年ランブイエで開催されて以来、今日まで続いて来ている先進国首脳会議の議題を経済問題に限ることなく、安全保障問題や外交政策上の問題を含めるようにし、さらに、その討議を実質的なものにするため、事務局を作ってはどうかということである。

第二の提案は、重要な問題について外相、次官など外交責任者の会議を定期的に開くとともに、外交の実務を担当している官僚――たとえばアジア問題担当者、中東問題担当者――の協議機構を作るべきだということである。そして、当面の国際情勢の焦点は、中東・西南アジアであるから、その問題につき、米・英・独・仏の四ヵ国に日本を加え、その五ヵ国で上述のような協議をおこなって、政策の調整をおこなうべきであるとしている。

こうした協議が必要であるとされるのは、ひとつには国際情勢が険しいものになって来たためであろう。報告書は、第一に東西間の緊張がたかまったこと、第二に第三世界が不安定性を増しながら、自己主張を強めており、しかも石油の例に明らかなように、先進工業諸国の経済が第三世界に大きく依存していること、そして、第三に世界的な経済危機が持続するであろうことをあげている。西側は低成長とインフレと失業の増大に悩んでいるし、そのため西側諸国間の経済摩擦と南北間の緊張の増大の危険が大きくなった。

そうした状況ゆえに、西側の団結をたかめようというのは当然の反応だが、私は報告書を読んで、それがアメリカと日本にあてられたヨーロッパ諸国からの呼びかけであるという感じを持った。アメリカの外交政策に対するヨーロッパ諸国の批判は次の文章によく現れている。

「ヨーロッパの人々はアメリカの外交政策の知恵と着実性について懸念を持ち、その一方的行動主義を憂慮している」。

この言葉は、一昨年末のソ連のアフガニスタン侵攻やイラン革命に対するアメリカの対応をヨーロッパ諸国が疑問視していたことを考えると、よく理解できるであろう。カーター大統領はソ連の侵攻に対して唐突に反応し、経済制裁やオリンピック・ボイコットといった措置をとるに際して、ヨーロッパの同盟国に対してほとんど協議をしなかった。また、イランがアメリカの外交官を人質にとった際も、感情的になり、その有効性の疑わしい対応策をとった。だから、報告書は、西側の同盟諸国内部の意見の対立に注目し、今回の意見の相違は過去にあったような短期的な「エピソード」ではなく、より深刻で重大な結果を招くものであると指摘しているのである。

日本のなかにも、同様に「アメリカの外交政策の知恵と着実性」とを疑う気持ちはある。ただ、ここで注意しなくてはならないのは、ヨーロッパの人々がアメリカを批判するだけで満足してはいないということである。アメリカとの協力は今後も必要であることを彼らは深く信じている。それゆえ、協力の度を増しながら、アメリカの政策に影響を与える以外に道はないと考えているのである。

「ヨーロッパはソ連の脅威に対処し第三世界における西側の利益を守るために、より大きな責務を負うべきである。そうすることでヨーロッパはアメリカの政策に対して新しい影響力を得、また、アメリカの見方に対してより感受性のある態度をとるようになるであろう」(傍点筆者)。

ヨーロッパ諸国は、そうした協調のなかに日本も入るべきであるというのである。

「日本は経済的、政治的地位を獲得し、そのため重要な世界的勢力と認められるようになった、とわれわれは信ずる。それは日本に対して、機会のみならず責任をも与える」(傍点筆者)。

日本はその責任を果たしていない、と彼らが感じていることはいうまでもないであろう。これまで、そうした気持ちはアメリカによって表明されて来たが、いまやヨーロッパもそう感じ始めていることは重要である。したがって、日本は報告書に提案されているような協議体制がやがて作られるようになるとき、進んでそれに参加すべきである、と私は思う。日本はこれまで慎重さゆえか、あるいは利己主義のためか、協議に加わると引きずられるとして一歩離れた態度をとって来た。しかし、それは典型的な小国の態度であり、世界を相手に広く貿易している日本として、もはや継続しえないものである。それは、世界政治のシステムを利用だけし、その維持のためのコストを払わないとみなされるであろう。協議に積極的に加わり、発言し、行動することによって、その自立性と利益を守ることができるし、それが現在における唯一有効な方法であるというヨーロッパ人の考えから、学ぶべきところは多い。

信頼ギャップを恐れる 1981・5

日米共同声明をめぐって、なんとも形容し難い奇妙な情景が展開している。鈴木〔善幸〕首相は日米首脳会談後の記者会見で「同盟関係といっても軍事的意味合いはない」と述べた。これに対して十三日、伊東〔正義〕外相は同盟関係には軍事が含まれるという発言をおこない、首相と外相とで解釈が食い違い、十六日、伊東外相が辞任するということになってしまった。政府部内の意見の不統一はときとしておこることではあるが、日本の外交政策の基本である日米関係について、首相と外相の解釈が異なったというのは重大である。

もっとも、この解釈の不統一については、首相の言葉が足りず、それが誤解を招いたということで、一応処理されるであろう。鈴木首相は日米安保条約の存在と、それが日本の外交政策の基本であることを否定してはいない。そして、日米安保条約はアメリカが日本の防衛に寄与することを約束した軍事条約なのであるから、日米関係には当然軍事的なものが含まれている。おそらく、鈴木首相は日米安保条約の片務性が変わらないことを言いたかったのであろう。日米安保条約では、日本が攻撃された場合アメリカは日本を助ける義務があるが、アメリカが攻撃された場合日本がアメリカを助ける義務はない。この性格を変えるというような考え方は外務省にも防衛庁にもないし、今回の首脳会談で話し合われたということもない。鈴木首相はそのことを言うつもりであったのであり、宮沢官房長官の発言も政府の統一見解もその線をとっている。

しかし、問題は一応、説明不足の発言ということで処理したとしても、鈴木首相の態度にはもう一つすっきりしない面がある。すなわち、鈴木首相が日米会談で日本が「なお一層の努力」をおこなうという意思を表明し、それを共同声明にも明記した後、日本に帰ってくると、途端に逃げ腰になって、「大したことはなにも約束していませんよ」といわんばかりの態度をとっていることである。おそらくアメリカ人は二枚舌だと言うだろうし、また事実、二枚舌なのである。

そうした言葉の使い分けは外交の舞台ではときどきおこる。そして日本は、戦後アメリカとの関係で何回もそうした術策を用いて来た。だが、そうした術策は今日では明らかに不適切なのである。というのは、日米関係において、広くは日本と「西側諸国」との関係において、日本が責務を背負わなくてはならないことは明白であり、そのためには日本の国民の意識が変化しなくてはならないからである。過去においては、日本のやるべきこと、できることは所詮小さかったから、やる姿勢を表明すれば——そしてごく一部を実行すれば——よかったから、国民に対しては責務は小さいと言っておけばよかった。もはや、やる姿勢を表明するだけでは不十分なのであり、したがって政治家は国民に対して、責務はある程度はあるのだということを名言しなくてはならない。

しかも、そうした責務のなかに軍事的なものも含まれる。というのは、自国の防衛についてさえ、アメリカに大幅に依存するという状況は、日本の国力から見て異常であり、自国の防衛についてはだれが見ても明白な形で努力しなくてはならない。それは国としてなすべき最低限のことである。その努力をおこなって初めて、日本はその安全保障政策について独自性を出すことができる。たしかに、日本が世界に貢献できるのは、経済・技術を通じてであろう。しかし世界の常識から見て、自国の防衛について最低限のこともしないで経済・技術で貢献するといっても、それは逃げ口上としか受けとられない。また、日本の経済協力費は最近増えたとはいえ、国民総生産の〇・三三パーセントで先進工業諸国の平均より低いのだから、経済・技術で貢献するという言葉は事実逃げ口上なのである。

このまま行けば、日米両国の間に信頼ギャップが生ずるであろう。そしてそれは西欧諸国との関係にも広がるであろう。そのマイナスはすぐにはわからないが、実に大きい。現在、日本の首相がとるべきである態度はむしろ逆のものではなかろうか。すなわち、アメリカに対しては、日本の努力は着実なものでかなり努力しても状況がすぐには変わらないことをはっきり述べ、国内に対しては、防衛努力と経済協力のいずれに力点をおくにせよ、そうした国際社会での責任分担のためにかなりのカネを使うことがもはや避けられないことを明白に告げることとである。

二十年前には日本の国民総生産はアメリカの十分の一に過ぎなかったが、今日では二分の一になり、人口が日本はアメリカの半分強だから、一人当たりGNPでは日本人はアメリカ人とほぼ肩を並べるにいたった。そのため、国際社会が日本を見る目は変わって来ているのだが、日本人はまだそのことを十分に意識していない。この意識のギャップを克服するために努力することが、政治指導者には必要なのである。それを、アメリカにも日本国民にもいい顔をしようとする傾向があるのが問題なのである。

イスラエルのイラク空爆の影響　1981・6

イスラエル空軍機によるイラクの原子炉工場の爆撃[54]は、多くの人々を驚かし、多くの人々を憤激させた。当然ながら、この問題は国際連合で討議され、激しい非難がイスラエルに浴びせかけられた。日本もイスラエルの行動を批判した。しかし、この問題は態度の表明だけで片付けるにはあまりにも重要である。そこに現れている危険な兆候と今後への影響とをよく見てとり、われわれが中東政策を立てるときの材料とすることは最小限の必要であろう。

まず、イスラエルの行動についていえば、それは確かにある種の合理性を持っている。フランスがイラクに供与した原子力施設は九三パーセントの濃度という純度の高いウラニウムを作るものであり、原子爆弾の開発に使われる可能性が小さくない。したがって、それを阻止したいとイスラエルが思うのは当然であり、また核拡散を防止するというのは広く認められている目標でもある。

ところが、世論による非難とか、経済的圧力では核兵器の開発は防止しえない。インドもパキスタンも、核所有への道を歩んでいるし、世界はそれに対してなんら有効な対応措置を講じえないでいる。それに、イスラエルの人々は、

54　一九八一年六月、イラクの核兵器保有を恐れるイスラエルが先制的自衛を掲げイラクの原子力施設を攻撃した、通称オペラ作戦。

第二次世界大戦中のユダヤ人の虐殺を想起して、世論などが一体なんの役に立ったかというであろう。だから、力によって阻止する以外に方法はなかった、というのが彼らの議論であり、それは論理的に筋が通っている。

しかし、その論理性はごく短期的なものでしかない。なるほど短期的には、イスラエルの行動はイラクの核武装を阻止しえた。しかし、イラクが核武装を欲し、今度は十分のうえにも十分の防衛措置を講じて、イスラエルの今回のような行動ができないようにして核武装へと乗り出したらどうなるであろうか。イスラエルは同じことをできるであろうか。それに、今回の行動はイラクの人々と多くのアラブ人を憤激させた。したがって、核武装への欲求は今回のイスラエルの行動によって強まったと見なくてはならない。こうして、イスラエルの計算は長期的には正しくないのである。

つまり、彼らの誤りは、絶対確実にイラクの核武装を防止できると思われる方法を選んで、かえってその可能性を増したことにある。もちろん、世論に訴えたり、経済的圧力を用いるという方法は効果において確実ではない。しかし、効果の不確実なものでも、そのほうが長い目で見ればまだましであり、とくに現代においては、それ以外にとるべき道がないということの認識がイスラエルに欠如しているのである。もちろん、過去の大きな苦しみと建国以来の不安定な状況からして、イスラエルの人々は、そのような考えは甘いと言うであろう。しかし、そうした不安感が、均衡の感覚と長期的視野に立った計算能力をイスラエルから奪っているのである。そこにイスラエルの不幸がある。イスラエルの生き方は危険であり、世界の国々に問題を与える。

こうして、イスラエル・アラブ関係は今後さらに緊張の度を強めるであろう。そしてそれは中東情勢を一層混迷させるであろう。ところが、ここでもうひとつ困ったことに、アメリカは結局のところイスラエルを支持すると判断される。その理由はあまり合理的なものではない。アメリカは世界中でもっとも多数のユダヤ人が住むところであり、しかも彼らは優秀であるので、マスコミ、大学、経済界で大きな力を持ち、アメリカの内政のうえで無視しえない勢力となっている。そのうえ、ユダヤ人の過去の受難の歴史から、彼らは世論の支持を取りつけやすい。戦略的な見地からしても、また石油の供給確保という経済的な見地からしても、アラブ諸国との友好のほうが大切であるのに、イスラエル・アラブ問題となると心情のほうが勝ってしまうのである。

アメリカは賢明とはいえないイスラエルに引きずられて、中東政策を誤る危険性を持っている。ところが、アメリカは超大国であり、この地域の情勢に大きな影響を与えうるし、しかも日本や西欧諸国の同盟国である。そのアメリカに中東政策を誤ってもらっては困るのである。そこで、たぶん二つのことが必要となる。

まず、日本は西欧諸国とともに、イスラエルに傾斜するアメリカの政策への異議をはっきり表明すべきである。それがアメリカの政策に与える影響は小さくても、しかし、なにもしないよりましである。とくに、この問題については西欧諸国が強い懸念を持っているだけに、異議を申し立てる声はかなり大きなものとなるであろう。

第二に、イスラエル・アラブ対立とあまり関係のないところで、中東地域の安定を寄与することがあれば、日本もその努力を行うべきである。換言すれば、ホットな問題でなく、クールな対処ができるものを探し、それから中東政策を積み立てて行くということである。たとえば、エジプ

55　一九五六年一〇～一一月、ソ連の支配に反発する民衆がハンガリー全土で蜂起し、政府関係施設などを占拠したが、軍事介入したソ連軍によって鎮圧された。

トとの関係はそうした努力の基礎になるかもしれない。

ソ連の不行動の意義　1981・7

軍事介入という強圧的手段をソ連がとることをせず、七月の十四日が来て、ポーランド統一労働者党大会が開かれた。そのポーランド統一労働者党大会は、党第一書記を代議員の投票で決定するなど、いくつかの改革をおこなった。

このことは注目に値する事実である。もっとも、ソ連が軍事力を用いなかったことを重要というのは、そもそもソ連に対し偏見があるからで、ソ連は強圧的な外交をおこなう国ではない、と論ずる人もあるだろう。しかし、ソ連はこれまでソ連型共産主義からの逸脱を防止するため軍事力を用いてきた。一九五六年のハンガリーへの介入[55]、一九六八年のチェコスロバキアへの介入を思い出してもらえばよい。とくにチェコスロバキアの場合、共産主義をやめるといったわけでもなく、ワルシャワ条約機構を脱退しようとしたわけでもないのに、ソ連は介入した。

それは党内の反対派の存在を認めるということで、ソ連

型共産主義から逸脱し始めたからである。ところが、昨年の夏以来ポーランドで展開し、今回のポーランド統一労働者党大会で固められた成果は、チェコスロバキアの場合と同様、ソ連型共産主義からの逸脱の端緒となりうるものである。「連帯」が共産党から事実上独立した労働組合であることは、共産主義の原理に反する。また、党第一書記の選出方法の改革は、これまでの「上意下達」のやり方を変えるものである。それにもかかわらず、チェコスロバキアとちがって、ポーランドにソ連は介入しなかった。それは注目に値する。

もちろん逆に、ソ連は軍事介入をしなかったけれども、演習その他で圧力をかけ続けたし、今後もかけ続けるであろう、という指摘も可能である。さらには、ソ連は種々の理由から軍事介入をしなかっただけで、できれば軍事介入をしていたであろう。つまり、ソ連のものの考え方が変わったわけではない、と論ずる人もあるだろう。しかし、軍事力で圧力をかけるのと実際に行使するのとは大きなちがいである。

また、軍事介入が困難であったからおこなわれなかったというのは事実であっても、そうした制約があり、それがソ連を拘束したということが重要なのである。というのは、圧倒的に強く、拘束要因もないのに自制するといったことは、いかなる国についてもまずあったためしがないからである。逆にいえば、ある国の行動が危険であるのは、多少の拘束要因を無視して、自らの主義主張や、利益を貫く場合である。

それでは、ポーランドに対するソ連の行動を拘束したものはなにだろうか。おそらく、ひとつには、ポーランド人の抵抗が考えられたということであろう。ポーランド人は誇り高く、独立の気風が強いうえに、「連帯」は大衆的基盤を持っているので、ポーランドの改革を阻止し、「連帯」を解散させるためにソ連が介入すれば強い抵抗が予想された。ところが、ソ連はアフガニスタンの国民的抵抗に手を焼いている。十万弱と考えられるソ連軍は、昨年からアフガニスタンのゲリラ鎮圧に努力したが、抵抗は続いているし、今後もかなりの期間続きそうである。それにポーランドでも抵抗があれば、二ヵ所で鎮圧作戦を強いられるということになり、ソ連としても負担が大きすぎることになったであろう。

第二に、ポーランド介入は西側諸国との関係を決定的に悪くし、さらには第三世界をも含め、世界中でソ連を孤立させることが恐れられた。ソ連はそれを大きな不利と考えたのであろう。元来、ロシアは他の国々に対する懸念とそれを裏返しにした権力外交的性格を持つと同時に、世界の国々、とくに西側の国々とつき合い、文明の恩恵を共有したいという願望を持っている。いわば二重性格であり、そこにソ連とのつき合いの難しさがあるのだが、最近では、経済的に見てもソ連は世界とのつき合い、とくに先進工業諸国とのつき合いを必要とするようになっている。ソ連では今年から第十一次五ヵ年計画が始まったが、それを分析した専門家がいうところでは、そのいくつかの重要項目は先進工業諸国との経済交流なしには不可能と思われる。

七〇年代の後半をふり返ってみると、ソ連は、あるいは力を背景に(たとえばアンゴラ)、あるいは力を直接使用して(アフガニスタン)、その勢力を伸ばしてきた。また、六〇年代後半以来の軍備増強のテンポも世界に危惧の念を与えるものであった。それゆえ、西側がソ連の行動を非難し、必要な対応措置を講ずるようになったのは当然である。われわれはソ連に権力外交的性格があることを直視しなくてはならない。しかし、それとともに、ソ連は世界との関係を決定的に悪くするのを欲してはいず、交流を欲していることも忘れてはならない。この二つの考慮のかね合いがソ連とのつき合いの基本なのである。

南北問題の基本 1981・8

熱帯の密林というと、われわれ日本人には無縁のもののように思われる。われわれの直接の経験といえば、太平洋戦争中に日本軍の将兵が苦しんだことと、この十年間ほどはそこから木材を買っているといったことぐらいである。

ところが、その一見無縁と思われる熱帯の密林がわれわれの生活に深くつながっているのが現代の特徴なのである。ある生態学者の論文によると、地球上には五〇〇万から一〇〇〇万の種が存在すると思われるが、そのうち四分の三は熱帯にある。温かく、一年中雨が降って湿気がたかいこの地方は、多くの生物を生存させることができるのである。その熱帯に最近重要な変化がおこって来た。すなわち、文明が進み、人口が増えるとともに、昔は人間が入らなかった密林に人が入り、樹を切り、畑を作り、あるいは鉱山を開くようになったが、それによって環境が変化し、種が絶滅し始めたのである。現在、大体一日に一種が絶滅しているぐらいだが、今の傾向が続けば一九八〇年代末には一時間に一種が絶滅するようになるだろうと思われる。

ここで、熱帯の密林の生物の種が減ってもわれわれになんの関係があるのかという人もあるだろう。また、それはわれわれにとってあまり役に立たないものだし、また五〇〇〜一〇〇〇万種もあるのだから少しぐらい減っても差し支えない、という感想もあるだろう。ところが、そうではないのである。たとえば、温帯でおこなわれている農業の栽培物は熱帯から持って来られたり、それを交配して作られたりしたものが少なくない。小麦が一番よい例らしいが、一つの品種は五年もすると病気にとりつかれ易いので、絶えず新種を作る必要があるが、そのためには世界の各地で小麦の変わった品種を探し求め、それを交配することがおこなわれる。ところが、先に述べた事情からそうした小麦の変わった品種が探し難くなりつつあるというのである。

つまり、五〇〇〜一〇〇〇万の種は可能性の宝庫なのであり、その四分の三を持つ熱帯、とくにその密林はまことに貴重な宝庫ということになる。これに対して、農業などの形でその可能性を現実化するのは、環境的にも、能力のうえでも温帯が優れているらしい。そこで、この問題は南北問題となる。というのは、熱帯の密林の保護は人類のために必要だが、それは熱帯にある開発途上国がその開発を自制するというコストを払ってなされ、その利益の多くは温帯にある先進国が獲得することにならざるをえないからである。そこで、だれが熱帯密林の保護のコストを支払うかが問題となってくるのであり、事実、それは南北間の問題の一つとなって来た。

ごく簡単にいえば、文明の発達と人口の増大によって地球は狭くなりつつある。過去においては、われわれがなにもしなくても熱帯には自然が保たれており、そこから世界の人々は利益を得て来た。先進国は、一国のなかでいえば都会のようなものだが、それは熱帯という自然によって支えられて来たのである。しかし今や、放置すれば、地球における自然が危ないので、それを保護する必要が生まれ、それとともにだれがコストを維持するかの問題が出て来た。地球における「都会の人々」は、地球における自然の維持に留意し、そのコストを支払わなくてはならないようになったのである。

こうして、地球上の各国の運命は密接に結びついており、だからこそわれわれは南北問題について無関心ではおれないのである。経済協力が、決して慈善事業ではないことをわれわれはまず認識しなくてはならない。しかし、その次にわれわれは、世界がいくつかの国に分かれているという現実を認めなくてはならない。地球的視野から必要だといった議論がしばしば自分の見解の押しつけになるのは、それを忘れているためである。

もっとも重要なことは、国柄が異なるため、ある国でうまくいくことが、他の国ではうまくいかないことの認識であろう。たとえば、日本流の産業発展のやり方を東南アジアや中国に持ちこんでも成功しない。したがって、これらの国々が近代化の方策を考えて実行し、われわれはそれを側面援助することとしかできないのである。そして、側面援助というものはつねに難しい。だから、経済協力をやろうという掛け声はあがるが、いざ実行となるとよいプロジェクトが見つからないということになってしまう。過去十年をとっても、日本が開発途上国の開発のためにおこなって来たプロジェクトは、ほとんどといってよいほど失敗して来た。

つまり、地球は生態学的、技術的には一つだが、社会的、政治的、経済的には多数の単位に分かれている。そこで、地球的な関心と、それを実行に移すときに地球の多様性を認識し、それぞれの事情に合わせる知恵との両方が求められるのである。そのどちらか一方では経済協力は成功しない。日本は経済協力を通じて世界に貢献するという立場をとっているが、そうした基本的姿勢もまだ確立されていないのではなかろうか。

レーガン外交の実際的検討　1981・9

最近、注目に値すると私が思うものに、保守的な立場および実際的な立場からのレーガン政権批判がある。というのは、レーガン政権に「タカ派」というレッテルをはり、それを憂慮するだけでは、批判にもならないし、また事態の予測にも役立たない。それは雰囲気的発言にすぎないからである。

大体、ソ連に対するレーガン政権の「タカ派」的アプローチを批判する人々の議論には、ひとつの大きな論理的欠点がある。すなわち、彼らはレーガン政権がソ連に対する強硬姿勢をとることを批判するが、過去七〜八年の間、アメリカの軍備拡張のテンポが落ちているときにソ連が軍備拡張にはげんで来たのに対しては沈黙していた。そして、それは必ずしもえこひいきのためではない。彼らはソ連が好きで、アメリカが嫌いだから、そうしているわけではないのである。

ソ連の軍拡には沈黙し、アメリカのそれは批判する主たる理論的根拠は、ソ連が他の国々に対して懸念を持つ存在であり、それゆえにソ連は大きな軍備を持って初めて安心するという認識であろう。そこから、アメリカが軍拡することがソ連の懸念をかき立て、事態を一層悪化させるという判断がなされ、アメリカの対ソ強硬姿勢が批判の対象となるわけである。

こうしたソ連認識は、たしかに重要な真実を含んでいる。すなわち、ソ連の軍事力増強には防衛的動機がある。しかし、一九七〇年代におけるソ連の軍備増強とアフリカなどへの進出は、ソ連外交を防衛的といってすますわけにはいかない面もあることを明らかにした。この間のアメリカや西側の行動は、ソ連に対し懸念を与えるようなところは少なかった。それにもかかわらずソ連の軍事力増強は続いたし、それを利用しての進出が見られたのだから、ソ連には膨張主義的な面もあるということである。

こうして、ソ連に対する「タカ派」的態度への批判は、その前提に誤りがあるといわなくてはならない。それゆえ、ソ連に対してはある程度の「タカ派」的態度が必要ということになるが、問題はそこから始まる。たとえば、ソ連の軍事力増強の結果、世界のどこで、どのように軍事力のバランスが変わったのか。そこで「西側」としては、どこでどの程度の対応が必要になるのか。さらに、対応が必要であるとして、それは可能なのか、といったようなことが問われなければならない。

最近になって、そのような実際的見地からの検討がようやくなされるようになって来た。それはまことに多岐にわたり、こと細かな議論になるので、ここで十分に取り上げることはできないが、われわれにかかわりがあることを一、二拾うなら、まず、基本的には、アメリカが世界のほとんどすべての場所で、ソ連に対して十分な対応をすることは不必要でもあり、不可能でもあるという点が重要である。

不必要であるというのは、ソ連の力は増大したといっても、種々の制約条件もあり、ソ連の力が多少上回っても、ソ連はアメリカと正面衝突する危険をおかすことはないだろうからである。そして、ソ連は、ある国の内情が乱れるなど条件がそろったところで勢力の膨張をはかるのだから、世界各地、とくに開発途上国の位置する地域での政治的、経済的安定のための努力の必要性が忘れられてはならない。この点、レーガン政権が「南北問題」を軽視していることが問題だというのである。この議論はヨーロッパ諸国に多いが、それを正しいとすれば、日本のように経済、政治を通じて世界の安定に寄与するという政策は妥当性を持つことになる。ただ、日本はそう発言するだけで、実行していないのが困るのではあるが。

不可能であるというのは、アメリカ経済の成長率や予算の動きなどを分析すると、レーガン政権の言うように、軍事費を一年七パーセントずつ増やしてなお、財政を均衡させ、アメリカ経済に活力をとり戻すことはできないということである。そこから出発して、アメリカ政府が永年赤字予算を組みつづけて来たことが、アメリカ国内でインフレをひき起こし、それが世界にひろがって、結局はドルの減価を招いてアメリカの国力の低下を招いたのであるから、アメリカは世界へのコミットメントを思い切って削減する以外に立ち直れないとする人々さえいる。

そして、程度は別にして、アメリカはやがてコミットメントの一層の削減に進む可能性がある。実際、同盟国への防衛努力要請はその線に沿っている、といえよう。この点から日本の防衛力のある程度の増強が必要だということになる。

まとめて言えば、日本にとって経済援助の増額は望ましいからやるべきであり、防衛力の増強は必要だからやるべきだ、ということになるように思われる。

サダト大統領の悲劇的な死 1981・10

サダト大統領の死は悲劇的なものであった。というのは、彼は宿願達成の寸前に殺されたからである。彼がナセルを継いで大統領になる少し前、一九六七年の第三次中東戦争で、エジプトはシナイ半島をイスラエルに奪われていた。それを取り戻すことは、彼だけではなくエジプト人の悲願となったが、サダトは力によって奪い返すことの不可能を認識し、アメリカを仲介とし、イスラエルとの間に平和をもたらすことによって返還をもたらそうとした。それは、人々が知っているように、成功し、すでにシナイ半島の四分の三は返還され、残り四分の一が来年四月に返還されることになっていたのである。

この事業を完成させることを彼は重視していた。実際、今年の夏、二〇〇〇人という多数の反対派を投獄したのも、シナイ半島返還の最後の段階において、エジプト国内が不安定であるといった印象を与え、イスラエルが返還をおくらせることがないようにという考慮が作用していたという観測もあるぐらいである。それほど重視していたことを成就する前に殺されたのはまことに悲劇的である、といわなくてはならない。

しかし、サダトの悲劇のより基本的な意味は、イスラエルとの平和が限られた意味しか持ちえなかったことであろう。彼が登場する前、アラブ諸国の公式の立場は、イスラエルの存在を認めず、抹殺するというものであった。逆に、イスラエルは一九六七年の占領地を手放すことなく、さらにそれを広げ、力によって自らの存在を守り抜くというものであった。

サダトの偉かったのは、そうした頑固な建て前の背後に、より柔軟な気持ちが増大しているのを見抜き、それを現実化するために大胆なイニシアチブをとったことである。アラブ、イスラエルの対立が続き、ときに戦争となって死傷者が出るといった状況から、アラブ諸国のなかにはイスラエルの存在を認めることを不可避と考える人々が出て来たし、イスラエルのなかには対決姿勢を永遠に続けることが望ましくないとし、一九六七年の占領地の返還と平和条約の締結を考える人々が出て来た。ただ、アラブ諸国のなかにも、イスラエルのなかにも、頑固派が相変わらず強かったし、どちらが先に譲るかという問題があった。だから、妥協を望む人々も、それをはっきりいい出せずに、手詰まり状態のままになっていたのである。サダト大統領は、大胆なイニシアチブによって、その手詰まりを破り、イスラエルの存在を承認するかわりに、一九六七年の戦争における占領地を返還させるという方式を現実化したのであった。

しかし、イスラエルはこの方式を完全に実行するところまではいかなかった。イスラエルの政治的リーダーシップは、穏健な労働党からより極端なベギンの政党[56]に移った。そして、パレスチナ人の国家または自治を認めず、ヨルダン河西岸を新たに開拓しイスラエルの所有とするような行為がとられた。それは、ただでさえイスラエルに不信と敵意を持つアラブ諸国を憤激させることになったし、その結果、イスラエルとエジプトの間には平和が訪れたが、他のアラブ諸国とイスラエルの間には対立が続くことになった。そして、エジプトはアラブ諸国のなかで孤立することになったのである。

だから、イスラエルがもっと思い切った譲歩を他の国々に対して――とくにパレスチナ民族に対して――おこなっていたなら、サダト大統領のイニシアチブは、一層大きな効果を持っていたであろう。その点で、イスラエルの指導者がサダトに匹敵するステーツマンシップの持ち主でなかったことが、サダトにとって不幸であった。

もっとも、中東和平といった難問は一挙に解決できるものではない。だから、サダトはまずシナイ半島を返還させ、その後にイスラエルと他のアラブ諸国の問題の解決のために動くつもりであったかもしれない。

しかも、この間、エジプトの国内事情は悪化した。このところ、中東地方は近代化の過程にあるが、それは既存の社会構造を切り崩し、貧富の差を広げて社会を不安定にする作用を持っている。イランでパーレビ国王が倒れ、イスラムの教条主義者が政権をとった基本的原因はそこにあるし、エジプトのなかでまだ少数とはいえ、イスラムの過激派が勢力を増大させて来たのもそのためである。結局、彼らがサダト大統領の命を奪うことになった。

　サダトの不幸の二つの原因はそのまま残っている。すなわち、エジプト以外のアラブ諸国、とくにパレスチナ民族についていかにしてイスラエルを譲歩させるかということと、苦悩多き近代化をいかにしておこなうかということであり、サダトの後継者の成否も、この地域外の国々の中東政策の成否もそこで決まるであろう。サダト大統領は偉大な政治家であったが、その業績はすべて不完全なものに終わった。それは中東地方での政治の難しさを反映している。

二人の英雄の死　1981・11

　人間の死は、時として、象徴的な意味を持つ。明治天皇の死は、名実ともに、明治の終わりを画した。十月の半ば、サダト大統領が暗殺されたのに続いて、イスラエルの名将〔モーシェ・〕ダヤンが病死したのを知ったとき、私はそこに象徴的なものを感じた。すなわち、イスラエルとエジプトの和解を確定したキャンプ・デービッド協定[57]によって特徴づけられる一つの時代が中東で終わったのではないか、ということである。

　というのは、この二人はエジプト、イスラエルの和解、ひいてはイスラエルとアラブ諸国との間の平和をもたらすためにもっとも努力した、両国の代表的人物といってよいからである。サダトの努力と、そして、そのために彼が暗殺されたことはよく知られている。それに対して、ダヤンの名前をイスラエルの代表としてあげることに奇異の念を

56　一九七三年にベギンが立ち上げた新党リクードを指す。一九七七年、イスラエル与党内部の右派宗教勢力の分裂騒動やイツハク・ラビン内閣（労働党）の汚職問題により、初めて政権を獲得する。

57　一九七八年九月、中東和平をめぐりエジプトとイスラエルの間で交わされた合意。カーター米大統領が、エジプトのサダト大統領とイスラエルのベギン首相をメリーランド州のキャンプ・デービッドに招き、三首脳会談が行われた。

持つ読者は少なくないであろう。イスラエルを代表して協定に署名したのはベギン首相だからである。しかし、ベギン首相が故サダト大統領と同じ長期的平和構想を持っていたとは思われない。ダヤンのほうが共通点が多かった。

日本では、ダヤンは独立戦争と一九六七年の六日戦争[58]の勝利の指揮者、秀でた軍人として知られ、それ以後のことはほとんど知られていない。しかし、彼は一九七〇年代に入ってからは、中東の和平のために働いた外交官、政治家であった。それは決して不思議なことではない。

すぐれた軍人が、好戦的人物であることはまれである。おそらく、それは彼らが戦争の悲惨さを熟知するとともに、どの戦争にも勝ちつづけることなどは到底できないのを知っているためであろう。だから、ダヤンは戦争の後、永続的な平和を作り上げることに努力した。

実際、サダト大統領の最初のイスラエル訪問も、ダヤンがモロッコ国王ハッサン[59]と個人的な親交関係を作り上げ、その縁を通じてサダトに働きかけたことによるところが大きいといわれる。この平和へのイニシアチブに対して、イスラエルも応答することをダヤンは説いた。すなわち、ガザ地区とヨルダン河西岸の軍政をやめ、パレスチナ人に政治への参加を認めることである。この提案にベギン内閣が応じなかったとき、彼は外相を辞任したのであった。

もし、ベギン首相がダヤンの提案を取り入れていたならば、エジプト、イスラエルの和解はより大きな広がりを持っていたことであろう。そうなれば、サダト大統領が暗殺されるということもなかったかもしれない。こうして、ダヤンの提案が取り上げられなかったことは、中東にとって、また世界にとって不幸なことであったが、その後のダヤンも不幸であった。彼の柔軟性はイスラエル国民によって理解されなかったし、そのうえ、一九七三年の戦争[60]でエジプト軍によって緒戦に打ち負かされたことの責任を彼に求める雰囲気が広がって、彼はいわばスケープゴートにされてしまった。だから、勝利の英雄ダヤンは、イスラエル国民の多くによって憎まれたまま世を去ることになった。それは悲劇的な死であった——暗殺されたサダトの死と同じように。

以上に見られるイスラエルでの頑固派の支配と、サダト暗殺に見られるエジプトの複雑な状況とを考えあわせるならば、キャンプ・デービッド協定はこれ以上の広がりを期待できないように思われる。したがって、中東和平へのイニシアチブは別のところに求められなくてはならない。そうした希望を与えてくれるのが、昨今時々ニュースとなる、サウジアラビアの八項目提案[61]である。その第七項目は中東地域の各国が平和に生きることを提案しており、それはイスラエルという名前を具体的にあげてはいないが、イスラエルの存在の承認を示唆したものと考えられる。サウジアラビアの外相が記者会見で、「パレスチナとイスラエルが相互に認め合わない限り、両者の交渉はありえない」と発言していることも、そうした判断を支持するものである。イスラエルの存在を認めることを頑固に拒否して来たサウジアラビアが、こうした態度をとるようになったことの意義はまことに大きい。

その点で、故サダト大統領が勇気あるイニシアチブをとり、イスラエルの存在を承認したことが、サウジアラビアを動きやすくしたといえるであろう。ヨーロッパ諸国もこのサウジアラビア提案を支持し、それを実現させるのに協力しようとしている。もちろん、それがアラブ諸国のうちどの程度のものの承認を得るか、また、なによりも、イスラエルがパレスチナ国家に対する頑固な反対をやめるかといった問題など、多くが将来にかかっている。ただ、それが成功しなければ、遅かれ早かれアラブ、イスラエル間の緊張がたかまることは間違いない。

サダトとダヤンの時代は中東和平への第一歩の段階であった。それがあるところまで進んで行き詰まったとき、今度、サウジアラビアがイニシアチブをとった。中東和平への努力は第二段階に入ったのだが、その帰結は、平和が広がるか、それともサダトとダヤン以前の激しい緊張の時代に逆戻りするか、のいずれかしかないように思われる。

58 この年の六月に勃発した第三次中東戦争の異称。イスラエル軍がアラブ諸国軍を圧倒し、わずか六日間で終結したことにちなむ。
59 アフリカ統一機構の議長などを歴任したモロッコ国王ハサン二世のこと。
60 注29を参照。
61 一九八一年八月八日、ファハド皇太子は中東の恒久和平を実現するため、八項目から成る和平提案を行った。この提案は国際社会から支持を集め、翌八二年にモロッコのフェズで開催されたアラブ首脳会議においても全会一致で採択された。この会議後、同提案は「アラブ和平案」と名づけられた。

ポーランド情勢に思う　1981・12

ポーランドに軍政が敷かれたという十二月十三日のニュースは、悲痛で衝撃的なものであった。それは、自由と独立を求めるポーランドの〔自主管理労働組合〕「連帯」の運動が失敗に終わったことを示すものだからである。そしてそれは、結局のところ、ソ連の勢力圏のなかにあることが、いかにみじめなものかを明らかにするものといえよう。

もちろん、ポーランドの「連帯」の前に直接立ちはだかったのはソ連軍ではなく、ポーランド軍である。その誘因のなにがしかは「連帯」の運動にあった。すなわち、今秋あたりから、「連帯」のなかの〝過激派〟の勢力が強まり、〔レフ・〕ワレサ議長を中心とする幹部の抑えがきかなくなって来ていた。それは、各所でおこった〝ヤマ猫スト[62]〟に現れている。そうしたこともあって、ポーランドはたしかに無政府状態の入り口にさしかかっていたといえるであろう。社会の混乱は経済の混乱を生み、生活の基本資材にも不足するという状況がおこっていた。そして、それがまた一層の社会の混乱を招くという形で、悪循環が始まっていた。したがって、ポーランド政府が無政府状態の出現を防止するために強力な手段に訴えるということは、十分予測できたことであった。

しかし、われわれはこうした展開の陰にソ連の強大な力を見ることができる。ポーランドが無政府状態になれば、ソ連は介入することになっていただろう。だから、ポーランドに軍政が敷かれたのは、その最悪の事態を予防するためであったということができる。

つまり、ソ連の強大な力は、ポーランドのとりうる行動の幅を著しく限定していた。ポーランドは無政府状態に陥るわけにはいかなかった。まして、共産党の政府を倒して「連帯」の政府をつくることなどは、到底できないことであった。したがって、「連帯」は初めから、ごく狭い岩場の間を航行するように運命づけられていた。すなわちそれは、過激になりすぎてポーランドが無政府状態に陥ったり、「連帯」自らが権力を奪取することは避けなくてはならなかった。その一方で、「連帯」は運動を続けるために、その傘下の労働者や人民の情熱を冷却させるようなことはできなかった。つまり、「連帯」は過激化という岩にも、政府および共産党との安易な妥協という岩にもぶつかることなく、改革という激流を乗り切らなくてはならなかったのである。それはひどく難しいことであった。結局、「連帯」は過激化という岩にぶつかってしまったのであるが、そのことで「連帯」を責めることはだれにもできないであろう。

　そうした狭い、困難な道を通らなければ、ソ連圏の国々が自己の運命を改善することはできないのである。そこに、われわれはソ連圏のなかにいることの悲しさと恐ろしさを見ることができよう。そのことを示した点に、今回の衝撃的な展開の悲痛さがある。だから、われわれはソ連という国を甘く見てはならないのだし、自国を弱い立場に置くようなことがあってはならないのである。ソ連に対して理解を示しさえすれば、世界はよい方向に進むと考えることが、いかに間違っているかは、いかに強調しても、しすぎることはない。

　しかし、その点を認識すると同時に、ポーランドに見られるような不当な事態を緩和するために、軍事力の増強が必ずしも適切な対応策ではないことをも認識しなくてはならない。実際、アメリカが現在よりも多少強い軍事力を保有していたとしても、今回のようなポーランド情勢の展開は防止し得なかったであろう。たとえ、アメリカが多少対ソ優位の立場にあっても、それによってポーランド情勢に影響を及ぼそうとすれば、大戦争を覚悟しなくてはならなかったであろう。それは核時代の今日では不可能なことなのである。

　古来、人間にとって、許し難いことへの抗議は、戦う意思を示すことであった。今日、いくらかの人々がそうした方法をとろうとするのはまことに人間的なことである。しかし、それが不可能である以上、われわれは長期的な展開に望みを託する以外にない。

　具体的にいえば、ポーランド情勢の展開ゆえにデタントをあきらめたり、あるいはジュネーブで始まったばかりの中距離核兵器削減のための交渉を中止するといったようなことがあってはならないということである。デタントというものは、断じて、対ソ融和策ではない。それは政治的に効力の少なく、緊張をもたらす点で危険の大きい軍事力の増強を断念し、交渉を通じて危険を避けようとし、そうしているうちに人間性の作用が、やがては、われわれにとって好ましい展開を導くであろうという信念に基づくものなのである。それはまた、われわれの体制がより優れたもの

62　労働組合の一部の組合員が、組合中央執行機関の承認や組合全体の意思を無視して行う争議行為。

であるという信念に基づいているし、そうした信念があってはじめてデタントは長期的に、もっとも有効な手段となる。

ただ、日本では――そして欧米でもある程度まで――ソ連に対する強い態度とデタントを重視する考えを両立させている人が少ない。それが、私には気になる。

今年の課題 発言の公平 1982・1

昨年は「負担の公平」ということがしきりにいわれた。アメリカが自由世界の安全と世界経済の運営の責任をほとんど一手で引き受ける時代は終わった。西欧諸国も日本も、その国力に応じて責任を果たすべきであり、とくに経済力の増大した日本はこれまでの態度を改めるべきだ、というのがその論旨であった。それは、たしかに、正しい議論であったし、それゆえ、政府が一九八二年度予算案で防衛費と経済協力費とを増やしたのは適切であった。

しかし、「負担の公平」は必要なことの半面にすぎない。それに伴って「発言の公平」がなくてはならないし、今年はその面に留意すべき年である。というのは、アメリカのレーガン政権は、内政を重視した一年目と異なり、二年目は外政を強調しようとしているが、いくつかの点でその外交政策には問題があるからである。だから、アメリカの同盟国がそれらについて、いかに発言し、全体として正しい政策を作っていくかが今年の焦点となるであろう。

そうした問題として、少なくとも四つのものがあげられる。まず第一はポーランド問題への対処である。レーガン政権は昨年末、ポーランドで軍政が敷かれたことに対し、制裁措置をとり、同盟国に同調を呼びかけた。たしかに、ポーランドで軍政が敷かれ、「連帯」が抑圧されたことは遺憾なことである。しかし、だからといって制裁措置をとり、ポーランドの軍政を失敗させようとすることは正しいとはいえない。軍政が失敗すれば「連帯」が復活するというわけではなく、ソ連の介入の可能性が恐れられるからである。それゆえ、ポーランド問題については、西ドイツのとっているような柔軟な政策のほうが、長い目で見てよい結果を生むように思われる。

第二の問題領域は中東である。ここでもアメリカはソ連への力による対抗にとらわれており、その結果、イスラエル・アラブ関係を改善することをおろそかにしている。昨年十二月の中旬、イスラエルはゴラン高原併合を決めたが、それは明らかに「平和への脅威」を構成するものである。それに対し、アメリカも反対の意思を表明したが、国内の強力なイスラエル・ロビーの存在もあって、もうひとつ迫力がない。したがって、この問題については西側諸国がこぞってイスラエルに圧力をかけ、理性を取り戻させ、中東和平への努力を再開させなくてはならないであろう。

第三は、世界経済を停滞から回復させることであり、この点でアメリカの高金利政策は世界の金融システムをゆがめ、西欧諸国の景気回復をおくらせるとともに、第三世界の国々の金利負担を一層増大させることになっている。だから、それは昨年から問題にされて来たが、今年、経済の回復の必要がクローズアップされるにつれて、一層議論を呼ぶことになるであろう。

もっとも、世界経済の停滞はアメリカの高金利政策だけによるものではない。必要な経済改革を大胆におこなわない点でヨーロッパ諸国は批判されるべきであるし、日本は内需を振興せずに輸出を伸ばし、逆に輸入の増大に努力しないことで、他の国々よりも激しく批判されている。だからこそ、西側諸国は批判しあい、協議して、経済の回復のために政策を調整しなくてはならないのである。それがないと、他国の政策のせいにして、それぞれが勝手な道をとることになってしまう。

最後に、日本に身近な問題として、アメリカが台湾に新しい戦闘機を売ろうとし、中国が反対して、米中関係がもつれそうになっていることをあげておこう。中国が台湾を武力解放することは望ましくなく、アメリカがそれを防止するよう行動するという原則は一応正しいけれども、当分の間中国には台湾を武力解放する意思もなければ能力もない。したがって、今、台湾の空軍の維持、強化をおこなわなくてはならない理由はなにもない。つまり、アメリカは台湾に戦闘機を売ることで無用の摩擦をおこしているといわざるをえないのである。

こうしたことについて、日本は発言しなくてはならないし、協議の末、できるだけ政策の調整をはからなくてはならない。大体、同盟とは軍事的協力の機構につきるものではなく、政治、経済等、広く政策を調整するためのしくみでもある。元来そうであったが、国際政治における軍事力の意義が低下し、外交が国家間の関係の総合的な調整である色合いを濃厚にして来たため、一層協議が重要となって来た。そのことは、種々の協議機関が同盟のなかで、またそれと離れて、作られて来たことに明らかであろう。

日本はこれまで、そうした機会を通じて外国の意向を知り、政策形成の材料として来たが、積極的に発言することはあまりしなかった。全体として、負担も軽く、発言も控えめにという姿勢であった。いまや、負担と発言とを均衡させつつ、増大させていかなくてはならないのである。

日本特異論の過ち 1982・1

個性的であるのはよいことである。しかし、自己閉鎖的であったり、ひとりよがりであったりするのはよくない。ごく当り前のことだが、人間の多くの過ちはこの点にかかっている。人は自らのやり方で行動するよりしかたがないが、それが一般的に通用する基本原理にかなっていなければ、自己閉鎖的になって成功しない。逆に、一見特異に見えても、成功しているものはどこか基本原理にかなっている。だが、画一主義者にはそれが判らず、そのため長所を失う。

国のあり方や外交も同じである。このところ議論のあるわが国の安全保障政策のポイントも、そこにあるように思われる。というのは、ほとんどの人が、日本の安全保障政策の独特の性格を安易に前提としている。そして、一方では日本独自のあり方をなにがなんでも守れという議論があり、他方では、それは特異だからだめで、国際社会の常識に従って軍備を増強せよという意見がある。

たしかに、GNP比〇・九パーセントの軍事費ということだけをとれば、日本は特異な存在であるように見える。しかし、それは現代の国際社会の基本原理にかなうところがあり、それゆえ、今日までのところまずまずの成功をおさめて来たのではないだろうか。安全保障は、味方を増やし、敵を減らし、そういった総合的な力関係のなかで、自助の努力も含め、自国を不利な立場に置かないことによって得られる。日本の安全保障政策はその基本原理にかなっており、ただ、日本が東西関係の焦点になく、島国であり、国際社会における比重が小さいことから軽武装で足りて来たということなのである。

政策の具体的な形態は情勢によって変化するし、今はそうした変化の時期であるだろう。だから議論がなされているのだが、その際、憲法だけですべてを説明する自己閉鎖症やひとりよがりは避けなくてはならない。それと同時に、単純に国際的常識を持ち出す画一主義も排すべきであろう。

緊張緩和策の難しさ 1982・2

一九七〇年代の末に、東西関係が再び緊張するようになったころから、西側諸国のなかで「緊張緩和策」あるいはデタントをどう見るかということが問題になって来た。変わることなく続けられるソ連の軍備拡張やアンゴラ、エチオピアなどへの軍事的テコ入れ、そしてアフガニスタン侵攻を前にして、アメリカはソ連に対して強硬態度をとることを主張し、これに対して西欧諸国、とくに西ドイツは、だからといってヨーロッパでも緊張緩和策を捨てたり、軍備規制をやめて軍備拡張に走るのはよくないという態度をとった。

この対立は、ポーランドに軍政が敷かれるに及んで、一層激しいものになった感がある。アメリカはそのことを理由に、ポーランドおよびソ連に対して経済制裁をおこなうことを主張したし、西ドイツはこれに反対した。そのことから、アメリカの新聞にはかなり激しい西ドイツ批判がいくつか現れた。そうした米独間の意見の対立は、訪米したシュミット首相の説得力によって、一応調整されたが、やはり両者の間の隔たりは相当なものであるように思われる。というのは、緊張緩和策自体が、固い信念と柔軟な政策との間の微妙なバランスに依拠するという難しい政策だからである。ポーランドの軍政への態度を例にとろう。緊張緩和策は、そこに軍政が敷かれ、「連帯」が弾圧されたことを容認するものではない。

また、それを不可避にしたソ連の対東欧政策やソ連の体質を是認するものでもない。自由という価値を重要視するなら、「連帯」の登場を喜び、それを支援するのが当然であるし、それが弾圧されることには無関心ではいられないはずである。

しかし、他方、なにが可能かという現実的判断の問題がある。軍政を敷いたということでポーランドに経済制裁を加えて、なにがもたらされるであろうか。それが軍政の終了と「連帯」の復権をもたらすならば、われわれはもちろん経済制裁を加えるべきであろう。しかし、力の現実はポーランドがソ連のすぐそばにあり、西側からは遠く、したがってソ連が決意すれば、ソ連はポーランドに介入して自らの力でポーランドを「正常化」しうるということである。したがって、ポーランドで軍政が失敗したとして、次に来るものは「連帯」の復権ということではなくて、ソ連の介入ということであるだろう。それゆえ、ポーランドの軍政に圧力をかけるのは愚かだといわざるをえない。

つまり、ソ連の体質とその東欧政策に問題があっても、直接に、かつ短期間に、それを変える方法はないのである。したがって、西側のとりうる方策は、ソ連の力が国際関係を圧倒することがないよう適切な備えをしながら、東西の交流をおこない、それを通じて、二、三年という長い期間にソ連と東欧諸国、すくなくとも後者が徐々に変質するのを期待するよりない。

　しかも、軍事的に適切な備えというのは、今日、軍事力の強化だけによっては得られないから、軍備規制の努力は放棄されてはならないことになる。

　こうした微妙なバランスに基づく政策をとるのが難しいことも明白である。一方では、ソ連との間の基本的対立点を忘れてしまう危険がある。そして、ソ連と仲よくすることだけが目的のように考えられてしまう。日本ではこの危険は決して小さくない。そのことはたとえば、最近、米ソ間の核の規制・削減だけに注目が集まり、アフガニスタンのことなどは忘れ去られているようなところがあるのに現れている。先日も、日本人の一団がソ連の首相と会見して来たのはよいが、その報告にはアフガニスタン戦争のことはまるで触れられていなかった。一九七〇年代後半、「デタント」にもかかわらずソ連が軍備拡張を続けたことを無視して、アメリカの最近の軍備拡張努力を批判するのも、同様である。こういう態度では、結局のところ、ソ連の得手勝手の政策を許すことになってしまう。また、経済交流や人的、文化的交流はよいが、近視眼的な金もうけ主義に走ると、操られるのは西側ということになってしまう。

　しかし他方では、現実性を無視して強硬姿勢をとるのは逆効果であるし、それに西側陣営のなかに分裂を生ずる恐れがある。たとえば、ソ連とポーランドに対して制裁を提唱した昨年末のレーガン大統領の行動は、その危険を持つものであった。そして、西側陣営にひびが入ることがもっとも恐ろしいことなのである、西側陣営は、その多様性とそれを生かす協力を最大の強みとする。それが協力を続け、経済がうまく機能し、必要な備えをしていれば、事態は悪い方向には行かず、やがては好転するであろう。

　それは、一方では信念抜きの緊張緩和策、他方では信念をすぐ怒りに転化する単純な強硬策という二つの誤りを避け、その間の適切なバランスを、長期にわたって維持しうるか否かにかかっている。

第三の鼻つまみ者　1982・2 ♠

　このところ、イスラエルがソ連と並ぶ鼻つまみ者になりつつある。イスラエルはエジプトとの和平の後、共存関係の輪を広げようとせず、かえって他のアラブ諸国に対しては強硬態度に出る傾向を示して来たが、十二月中旬には、ついにゴラン高原を併合することを議会で決めてしまった。シリアがそれを容認することは到底ありえない。もちろん、パレスチナ人が権利を無視されたままだまっていることもないから、今後、イスラエル・アラブ関係は一層緊張をたかめることになるだろう。イスラエル・アラブ間の共存をもたらすべく努力して来た人々は、こうしたイスラエルの動きに憤り、訝《いぶか》り、なんともやり切れない気持ちになっている。

さて、一九八二年の日本は、ソ連とイスラエルという二大鼻つまみ者の仲間入りをするか否かの岐路に立っているように思われる。もちろん、この二つの国と日本とを並べることには、多くの人が異を唱えるであろう。ソ連とイスラエルは、強引で力ずくの外交をおこなっている点でたしかに共通点を持っているだろうが、日本はそんなことはない。むしろ、日本は種々の外圧にこづきまわされつつ、低姿勢を続け、平和な通商によって生きるために努力している、というであろう。

たしかに、日本は力の外交をおこなってはいないし、それはよいことである。しかし、それをいわば免罪符のようにし、通商では他人を押しのけて自らを発展させている。しかも、日本は国際情勢や他国の利益や思惑に対しての理解が少ない。その点で、日本はソ連やイスラエルと共通しているのである。ソ連もイスラエルも、主観的には「防衛的」な外交をしていると思っている。両者とも、敵の多い環境のなかで、必死になって自国の存在を守ろうとしている。そのいわば余裕のなさが、他国の思惑を軽視させることになっているのだが、日本もその点で両国によく似ているのではなかろうか。多分それは、三国が西欧文明という世界の主流の外れにあることに原因するのだろう。そうした国が、成長して後制約を破ることが実に難しいことを、われわれは認識すべきである。

商いの常道 1982・3

私の尊敬する先輩が、二、三カ月前、「石油を除くすべての分野に問題山積ですね」といっていた。まことにいいえて妙である。あらためて指摘するまでもないことだが、二年ほど前は石油が最大の問題だった。イランの革命をきっかけに石油価格が高騰し、しかも、需給関係の厳しさから、石油価格は引き続いて上昇するのではないか、という懸念があった。しかし、この一年ぐらい石油はだぶつき気味となり、そのため価格も下がって来ている。

ところが、今度は第二次石油危機による世界経済の停滞が、第一次危機のときよりもどうやら深刻らしいということが明らかになり、そのなかで輸出を伸ばし続けている日本への批判が強まって来た。もちろん、貿易摩擦はこれまでにもあった。しかし、それは特定の商品の輸出急増によって起こったものがほとんどで、その輸出の自制措置がとられると、摩擦は解消していた。ところが今回は、そうした特定の商品をめぐって問題が起こっているわけではなく、日本市場が閉鎖的であり、その結果、極端な貿易収支の不均衡が現れていることに非難が向けられているのである。

そうした対日要求を通すための手段として提案されているものも、いままでに例のないほど過激である。アメリカの議会で提出されている相互主義法案は二十をこえるから一概にはいえないが、もっとも有力といわれるダンフォース案[63]を見ると、市場に対する相互に平等な接近の確保をその目的とし、そのため米国大統領は適当な制裁措置を講ずることができるようになっている。その措置は、差別を受けていると見られる商品と異なった分野でもよいということになっているから、たとえば日本が外国の農産物に対して十分な接近を与えないことに対して、日本の工業製品の輸入を制限することができるわけである。

こうした法案が通れば、その使い方によっては、第二次世界大戦後の自由貿易体制が大きく後退する危険もある。まず、市場への平等な接近という概念は、かなり抽象性が高く、解釈によってどうにでもなりうるところがある。場合によっては、大きな貿易不均衡は全体としての市場への接近の不平等性を反映している、という議論がなされうる余地がある。そしてそれへの対抗措置があらゆる分野について、一国の裁量で行いうるということは、恣意的な措置を行う可能性があるということである。それは貿易上の関係のもつれに対して、その調整の方法を定めているGATTの原則に反する。

こうした二つの性格から、相互主義法案がアメリカで採択され、それが他の国々に広がるならば、一国の恣意的な制限措置に他国が別の恣意的な制限措置によって対抗し、保護主義への悪循環を生み出すかもしれない。そうした法案が提案されるようになったアメリカの雰囲気はまことに嘆かわしいというほかないし、われわれはアメリカに対して理を説くべきであろう。アメリカの輸出が伸びず、日米間の貿易不均衡が生ずるのは、日本の市場の「閉鎖性」が唯一の理由でもなく、また、最大の理由でもない。やはり、アメリカの産業が国際競争力を失ったのが大きな理由であり、アメリカとしてはその点の認識と再生への決意が必要なのだ、ということを語らなくてはならない。

しかし、日本のやり方に問題がないわけではない。多くの人々は、依然として日本の輸出を伸ばすことを至上命令のように考えていて、よくて安い製品を作り、また製品の売りこみのために強力な組織を作る。その結果、日本製品が世界各国を席捲すると、それを誇るところがある。人間の情としてわからぬわけではないが、しかし、いかにも視野の狭いことである。その結果、商いの常道が見失われがちとなる。すなわち、商いには相手が必要であり、他人もまた豊かでなくては、自らのものを売ることができない、ということなのである。換言すれば、商取引は売買なのであり、売り手だけいてもなんにもならない。売売はありえないことなのだが、日本人はどうもそう考えているようなところがある。

そのように、相手を考えない点で、われわれは産油国と共通したところがあるともいえよう。彼らは、石油は是非必要な商品だから、価格を上げても売れると考えて、どんどん価格を上げた。しかし、それは間違いであり、やはり石油は売れ行きが減り、いまや産油国は苦しい立場に立つようになった。相手を考えない商いは、結局成立しないということなのである。

頑張れ賃上げ運動　1982・3 ♠

われわれ人間の学習能力はきわめていびつなものである。まるで経験から学ばないかと思えば、学ぶとなると間違った学習をする。そのなかで、もっとも良心的だが困った間違いは、過剰学習であろう。実際、社会の風潮が極端から極端へとゆれ動くのはそのためであるという説もある。たとえば十九世紀のヴィクトリア朝のイギリスのように、性その他にきわめて厳格な社会があり、その問題が露呈して厳格主義への反省が始まると、今度は逆に厳格主義の弊害に留意しすぎて、放任のほうに流れるという具合である。

最近の日本の経済運営とその基底にある社会風潮を見るとき、どうも過剰学習の弊害が出ているのではないか、という気がする。すなわち、高度成長あるいは日本列島改造論ブームのころの過ちの過剰学習である。たしかに、十年前の日本の風潮は極端だった。使い捨ては美徳とされたし、だれでも大金持ちになれるように思って、平凡な主婦が土

63　当時、貿易問題に関する対日批判の急先鋒として知られた、ミズーリ州選出の共和党上院議員ジョン・C・ダンフォース（一九三九〜）が一九八二年に議会に提出した「互恵貿易・投資法案」。

地を買い、大損をするというようなことがあった。賃上げも二ケタは当然で、その程度だけが問題だった。社会風潮はまことにうわついていた。

それは十年足らず前の「狂乱物価」をもたらし、多くの人々がひどい目にあった。その結果、「オイル・ショック」をきっかけとして、人々は生活に関する考え方を改めた。一口でいえば、ひどくまじめになった。ものは大切に使いましょうということになり、むやみに賃上げをすることは物価を押し上げるだけだということが理解された。

それはよいことだったし、そのおかげで、一九七〇年代後半から今日の日本経済の世界一の業績が可能となった。しかし、この頃になって過剰学習の弊害が出て来ているのではなかろうか。たとえば、賃上げはいまや日本経済の活性化のために望ましいと思われるのに、もうひとつ賃上げ運動に力がない。先日も労組の指導者が、「賃上げの好材料がないので困ります」といっていた。たしかにそうだが、もっともすぎるのも困るのである。

亡霊のすみか 1982・4

南大西洋に過去の亡霊がさまよい出した、というのが、フォークランド諸島をめぐる紛争の報を聞いたときの私の率直な印象であった。なぜなら、フォークランド諸島そのものには、もはやほとんど価値がない。十九世紀には、それは捕鯨基地としてかなり重要であった。しかし、いまや捕鯨禁止が世界の大勢で、イギリスもアルゼンチンも捕鯨はおこなっていない。

また、十九世紀後半から二十世紀にかけて、それはマゼラン海峡に近いということで海洋戦略上重要であった。実際、第一次世界大戦のとき、ドイツの東洋艦隊はフォークランド諸島の近くで捕捉され撃滅された。しかし、今日そうした重要性はない。それから少し遅れて、フォークランド諸島は電信の中継基地として重要になった。ヨーロッパから南米向けの放送はここを拠点とし、第二次世界大戦ではその意味で重要であった。しかし、通信衛星ができてから、中継基地の必要はなくなった。

したがって、目下のところこの島の価値といえば羊毛を産出するというだけで(それは十九世紀以来続いている)、大きな価値があるとはとてもいえない。なお、最近、近くで石油が産出されるらしいという話があるし、それがこの島の帰属を政治問題にしたという説があるが、私には容易に信じられない。そのような話はあちこちにあるので、それを信じて戦っていたのでは、きりがない。

だから、南大西洋のこの島をめぐって波乱がおこったのは、領土への欲望と威信という、人類とともに古い衝動のためであるといってよいであろう。フォークランド諸島は、十六世紀末にイギリス人が発見して以来、スペイン、フランス、イギリスの間で争われたが、十八世紀の後半にはスペインが支配していた。そこで一八一六年に、現在のアルゼンチンの前身であるラプラタ連邦[64]がスペインから独立したときに、フォークランド諸島はラプラタ連邦に帰属するようにも思われた。

しかし、イギリスはフォークランド諸島に対する領土権を放棄したことはないという立場をとり、一八三三年にそこを占領して、イギリス領としたのであった。当時イギリス海軍は文字通り「七つの海」を支配していたから、アルゼンチンは腹が立ってもどうしようもなかった。島の帰属が再び問題になったのは、大英帝国が衰えた第二次世界大戦後で、最近も交渉が続けられていたが、それではらちがあかないと見たアルゼンチンが今回の行動に出たものである。アルゼンチンは百五十年前の恨みを晴らしたわけである。

これに対してイギリスは、この十数年間交渉に応じて来たことから見て判るように、譲歩の用意もあったように思われる。しかし、軍事力によって奪取されたのでは面子丸つぶれなので、航空母艦二隻を含む英国海軍の大半を派遣して、力には力をという姿勢で応じたのであった。その主要な動機は威信であるといえよう。

さて、法的に見てフォークランド諸島の帰属は、どちらにでも論議できそうなところがある。イギリスは、有効支配をおこなったのは自分たちだというだろうし、アルゼンチンは、それを植民地主義の残存物だと論ずるだろう。また、もっとも厄介な問題として、フォークランド諸島にはイギリス人だけが住んでいて、その点が他の植民地とちがう。そこにイギリスが簡単に譲れない理由がある。しかし、けっして妥協不可能とは思われない。

それに、現在の世界では、戦争がおこりそうになると多くの国がとめに入るので、それを無視して両国が戦うことはないであろう。それによって失うものは、フォークラン

64 スペイン領ラプラタ副王領で生まれた「クリオーリョ」と呼ばれる白人が中心となり、一八一六年にラプラタ諸州連合（ラプラタ連邦）が独立。一八六二年に連邦共和制となり、国名もアルゼンチンと改められた。

ド諸島の価値と比べて、不均衡に大きすぎるからである。

しかも、なお無視できないことは、アルゼンチンが百五十年前の領土問題の恨みを晴らしたとき、多くの国民が熱狂したという事実である。また、傷つけられた威信を回復するためイギリスが海軍を派遣したとき、多くのイギリス国民が熱狂したということである。実際、アルゼンチンの指導者が今回の措置に踏み切ったのは、困難な経済情勢に直面して不満が出ているのをそらそうとしたためだともいわれる。

つまり、領土問題や威信は、いぜんとして人々の感情を激しく揺さぶるものなのである。だから、私は昔の亡霊といったが、それはわれわれの心のなかに今も住んでいると考えなくてはならない。公然たる戦争がなくなりつつあるので、そうした衝動は滅多に表面には出なくなったが、存在していることには変わりない。だから、それを安易に否定したり、無視したりするのは危険である。そうした人間の本能をどう位置づけ、どう処理するのかということは、今後の世界の平和を考えるときに無視しえない問題である。

航空事故と現代文明 1982・4 ♠

単純な統計的思考からいえば異常と思われるぐらい、人々は航空事故に関心を示す。それが確率的にきわめてまれであり、地上の交通事故による死傷者がその数万倍に達するということを指摘しても、そのような言葉に耳を傾ける人はいない。それは、航空事故がいったんおこると、その規模が大きく、目立つからであるというだけでなく、航空事故が現代文明の問題点を象徴するものであることによるのであろう。

航空機は、近代技術の粋を集めて作られた乗物であり、当然、もっとも高速である。それは安全性を確保するために、何重もの安全装置を持っており、さらにレーダーや誘導装置などからなるシステムによって支えられている。航空機の操縦席を見る人は、そのおびただしい計器類に機械の複雑さを感じ、コントロール・タワーに入る人は、航空業務を支える仕事の広がりに印象づけられるであろう。それを動かすのは訓練を積んだ秀れた人々である。つまり、航空機は機械＝人間システムという点で、現代を象徴するものなのである。それは到底事故をおこしそうにもない。だが、やはり事故はおこる。それは現代文明の問題を象徴的に示すものなのである。当然、われわれもそのようなものとして航空事故を見なくてはならない。今回の日航機の事故〔65〕は、機長の錯乱が直接の原因であり、その意味できわめてはっきりしたものらしい。しかし、直接の原因とはあるシステムがこわれた点、すなわちブレーキング・ポイントでしかない。それが、現実にブレーキング・ポイントになるまでには、多くの要因の積み重ねがある。

たとえば、私は日航はどうも事故をおこしそうだという話を、その前に聞いたことがある。その人は、日本航空という機械＝人間システムになんらかの乱れを、第六感で感じていたのであろう。それがなにであったのかを理論的に整理することが必要なのである。機長のミスという直接の原因の解明によって、われわれは満足してはならない。それは、より根本的な反省への出発点にすぎないのである。

報道される戦争とされない戦争　1982・5

世界では何カ所かで戦争が戦われている。しかし、それらはすべて報道されているわけではない。しかも、重要なものが報道され、重要でないものが報道されないという具合にはなっていない。それは新聞記者の関心が偏っているからではなく、戦争の形や、報道の機会によるものであるのだが、しかし、そのため国際政治の動向を誤って捉える危険性が生ずる。

たとえば、この一カ月の間、われわれはフォークランド諸島の戦争については新聞・テレビでかなりよく知らされて来た。しかし、それが唯一の重要な戦争かというと、そうではない。二年以上続いているアフガニスタンのゲリラ戦のほうが、おそらく、より重要である。しかし、アフガニスタンには記者たちが入れないので、ほとんど報道されることはない。

それについては、またあらためて書くことにして、中東地方でもきわめて重要な戦争が続いている。すなわち一年半以上続いているイラン・イラク戦争と、エジプトを除くアラブ諸国とイスラエルとの間の戦争状態である。そのうち、前者はとくに注目に値するように思われる。というのは、イラン・イラク戦争はこのころ、きわめて重要な段階を迎えているからである。

イラン・イラク戦争はイラクが戦端を開き、イラン領土に少し攻め込んだところで阻止され、その後膠着状態が続

65　一九八二（昭和五七）年二月、日本航空のジェット旅客機が羽田空港への着陸作業中に失速して滑走路の沖合に墜落し、二四名の死者を出した。着陸直前に機長が行った逆噴射などの異常操作が事故の原因であった。

いて来た。国力としてはイランのほうが上だが、イランは革命後の内紛で勢力が弱まっていたため、そうした結果になったものである。ところが、その後イランは陣容を立て直し、巻き返しをはかるようになった。そして最近ではかなり大規模な戦闘がおこなわれるようになり、死傷者の数も増大している。

もっとも、イラン・イラク戦争は重要な段階を迎えたといっても、いずれか一方が相手を圧倒することにはならないであろう。アメリカとソ連は武器を供給していない。そこで両方とも、北朝鮮、リビア、エジプト、イスラエルなどから、間接的に武器を入手している。それでは、相手を圧倒するだけの力は持ちえないのである。だから、少々単純化していえば、イランもイラクも少しずつ武器を貯え、その後で戦闘に入るが、決定的な戦果をあげることができないままに武器のストックが減ってしまい、また一休みということになっているのである。

それにもかかわらず、全体としてイラクが徐々に苦しい立場に追いこまれつつあるように思われる。少なくとも、イラクがその戦争目的を果たすことはできないことは明白になった。イラクの戦争目的は、イランのシーア派の原理主義を打倒するか、あるいは弱めることにあった。周知のように、イラクにはシーア派とスンニ派の両者が住んでいる。そして前者のほうが数は多いが、国内で主導権をとっているのは後者である。だからイラク政府は、イランのシーア派の原理主義が伝染するのをきわめて恐れた。また、イランのほうもイラク内のシーア派への工作をおこなった。いわばその根源を絶つためにイラクは戦争をしかけたのである。その目的は果たせなかった。

逆に、戦争が消耗戦になってくるにつれて、国内の団結力が問題になってくる。そして、イランはよかれ悪しかれシーア派の強い宗教的情熱でまとまっているのに対し、イラクの国内の分裂は次第に表面化してくるであろう。したがって、イラクの指導者サダム・フセインは面子を失うような妥協をすることを強いられるかもしれない。しかし妥協のしかたによっては、イラクにおける彼の地位が危うくなる恐れがある。

つまり、全体としてイランのシーア派の原理主義はその強さを示すことになったのであり、その力は今後、中東の回教諸国の政治のうえで重要な要因となるであろう。そしてそれはアラブ・イスラエル問題にも影響すると考えられる。すなわち、いわば休火山の状態にあるアラブ・イスラエル紛争は一、二年の間に火を噴く可能性がある。

いうまでもなく、それは石油問題に影響を及ぼすであろう。このところ、石油はだぶつき気味で、価格も下がっている。また、経済的要因だけを見ると、この状況はしばらく続くように思われる。しかし、上に述べたような政治的状況を考えると、安心するのは危険であることが明らかである。なんらかのショックが来る可能性はかなりある。そして、石油についても、備蓄は一部取り崩されて、それほど大きくなくなっているし、省エネルギーや代替エネルギーへの切り替えの努力も弱まっている。つまり、ショックに弱い体質になりつつある。そうしてはならないのである。

慎重と慎慮　1982・5 ♠

政治家の美徳としてプルーデンス（prudence）ということがあげられる。慎慮とでも訳すのだろうか、それでも十分に内容を説明したことにはならない。それは、成功におごらず、注意深く行動するとともに、先のことを見て対応策を考えつつ行動することをも含んでいるからである。

そのように慎慮を定義するならば、日本の政治家には慎重さはあっても、慎慮は乏しいということになるだろう。たとえば、昨年末からの経済摩擦である。最近は、そのことで日本中が大騒ぎで、経済摩擦について読んだり、聞いたりしない日はないという状況である。これまでにも貿易摩擦はあったけれども、今回ほど激しい対日批判がなされたことはなかった。

しかし、それは一年ほど前に十分予測できたことなのである。一昨年の末、新聞、講演会、研究会といったところで、翌年、すなわち一九八一年の経済見通しがよく話題となった。そのほとんどは、一九八一年に一九八〇年と同じ状況が続くであろうことを予測していた。すなわち、日本を除く先進工業諸国は、実質成長率一パーセント、消費者物価上昇率約一〇パーセント（西独はやや低く六パーセント）、そして七〜一〇パーセント強の失業率という苦況が続くのに対し、日本は実質成長率四パーセント、消費者物価上昇率四パーセント、失業率二パーセント強と、まずまずの状況であるだろう、ということだった。そのことはほとんどの関係者が知っていた。そして、一年のみならず、二年も三年も、日本だけが良好な経済パーフォーマンスをあげれば、対日要求や対日批判が強まることも当然予想されえた。しかし、不思議なことに、その点を重視した人はごく少数にすぎなかったのである。そのため、景気抑制的な政策が続き、市場開放措置がおくれてしまった。その結果が現在の経済摩擦である。

むろん、諸外国の対日批判には、一方的で勝手な理屈も多い。しかし、そのかなりのものは、われわれの慎慮の不足がひき出したものなのである。

フォークランド紛争の教訓 1982・6

「無益な戦争」といわれたフォークランド紛争もようやく終わった。確かに、それは無益なものであった。たいして重要でもない島のために、千人をこえる死傷者を出し、イギリスは一兆円、アルゼンチンはその半分ぐらいのカネを使ったからである。

しかし、それを「無益な戦争」として片づけるのは正しくない。正直なところ、この戦争は私には理解しかねる。しかし戦う必要のない戦争を戦ったことが事実であるなら、そこには人間の誤りが存在したはずなのであり、そうした誤りはわれわれとも無関係ではないからである。戦争がおこると、あるいは「侵略戦争」として非難し、あるいは「無益な戦争」としてからかうのが日本人の通例だが、それは自分たちと関係がないと考えている点で無責任でもあるし、また傲慢でもある。自分たちも犯しうる過ちをそこに見て、そこから学ばなくてはならない。

そこでフォークランド紛争をひきおこした過ちとはなにかということになるが、私はイギリスが機動部隊を派遣してフォークランド諸島の奪回をはかったことが誤りとは考えない。交渉の過程で関係者に巧みさが欠けていたことは事実であるが、イギリスがアルゼンチンに占領されたままなにもしないということは、ありえないことだった。それが平和に役立つと思った人も日本にはいるらしいが、そうなればアルゼンチンの軍事行動は成功だったということになり、戦争はなくても侵略は成立したということになったであろう。後で述べるように、アルゼンチンの主張にまるで根拠がないわけではないけれども、しかし、その主張を軍事力によって実現しようとしたアルゼンチンに基本的な責任があることは否定しえない。

しかし、われわれに教訓を与えてくれるということでは、イギリスの誤りが重要である。その誤りとは、フォークランド諸島を断固として守ろうともせず、さりとてアルゼンチンの主張をいれて譲渡することもしなかったという点にある。

フォークランド諸島の帰属問題は、イギリスとアルゼンチンの間で二十年もの間交渉がおこなわれて来たことが示唆しているように、困難なものである。思い切って単純化していうなら、国際法のうえからはイギリスの立場のほうが強い。

一八三〇年代まで同島を有効支配した国はなく、その後イギリスが有効支配をおこなって来たからである。しかし、それまでにスペインは同島への主権を主張して来たし、それを、スペインから独立したアルゼンチンは継承したとしている。それは、独立後間もなく失われた領土ということになり、アルゼンチンのナショナリズムの重要なシンボルとなって来た。それに、最近はアルゼンチンの大陸棚に石油が見つかり、フォークランド諸島がその大陸棚にあるところから、一層重要と考えられるようになった。ただ、フォークランド諸島の周囲の資源は未知のものである。

以上の事情から、イギリスは同島をどうしても自国のものにしておかなくてはならないと考えていたのではなく、イギリスとアルゼンチンの友好関係のほうを重要視して、島を譲渡することを考える人々もあった。しかし、フォークランド島にはほとんどイギリス人しか住んでいない。イギリス人が住む前はだれも住んでいなかったからである。そのイギリス人がイギリスに帰属しつづけたいと願っているので、イギリスはそれを無視しえない。

つまり、アルゼンチンのナショナリズムとフォークランド島に住むイギリス人の意思の衝突が問題の核心であったといえよう。ただ、それを解決しようという試みはあった。とくに二年足らず前、イギリスの植民地省は、フォークランド諸島についてアルゼンチンに主権を与え、そのかわりイギリスが同島を長期にわたって租借するという妥協案を考えた。この案は、アルゼンチンのナショナリズムを満足させるとともに、その周囲の海域をアルゼンチンが開発することを可能にし、しかもフォークランド島のイギリス人の意思をも尊重しているということですぐれた案であったように思われる。

ところが、この案はイギリスの議会で猛反対を受けた。それも超党派的な反対で、今回の紛争が発生した後に「ハト派」的なことを言った労働党も、当時は島民の意思を絶対視して、妥協案を葬り去るのに貢献した。どの国の言論も、こと領土問題になると強硬論が勝つものらしい。

こうして、先見の明るさをもって譲渡することをしなかったうえに、イギリス政府は同島に十分な防衛力を置かなかった。その結果、アルゼンチンの行動となったのである。つまり、無責任で、感情的な領土問題の扱い方にイギリスの過ちがあった。それはわれわれと無縁な欠点であろうか。

保守党の指導者の二つの類型　1982・6 ♠

思い切って分類するなら、現在の世界の保守党の指導者は、成行きまかせ派とイデオロギー派とになるであろう。前者は政界での調整役として伸びて来た人で、自分の考えはあまりなく、いくつかの主張をまとめて政策にするタイプである。たとえば、今回イギリスの外相となった〔フランシス・〕ピムはその代表で、彼のもっともよく使う言葉は「うん」とか「ええ」といったものであり、そうした言葉をはさみながら相手の言うことを聞く名人だと言われる。彼が院内総務として信任されて来たのは当然であるが、その彼はサッチャーの次の総裁の有力候補とされている。いうまでもなく、日本の鈴木〔善幸〕首相もこのタイプだし、西ドイツのキリスト教民主同盟の〔ヘルムート・〕コールもそうである。

もうひとつのタイプはサッチャーやレーガンで、「自由経済」の精神に戻ることを唱え、そのために大胆な政策をとろうとしている。決断力とある種のリーダーシップはあるのだが、しかし、その政策はイデオロギーが強すぎるためもあって、現実の世界から遊離している。

この二つのタイプへの分裂は、現在われわれの置かれている状況の難しさを反映している。というのは、一方では世界経済の再活性化の必要は明白だが、プログラムは作り難い。福祉の制度の行きすぎの是正は必要だが、「自由経済」に復帰するというのでは答えにならない。さりとて、どのようなポリシー・ミックスが望ましいのかも判らない。有難いことに、日本ではイデオロギー派は少なく、ポリシー・ミックスによって経済の再活性化をはかろうという人々が積極論者だが、彼らの景気刺激策はもうひとつ具体性に乏しい。

だから、成行きまかせ派が強くなるのはよく判る。しかし、それでは世界経済は緩やかに下降を続けるだろう。目ざましいものではないが、プログラムを提示する人、イデオロギー的ではない形で、ある程度の方向づけを与えるリーダーシップが求められているように思われる。三人寄れば文殊の知恵とやらで、六月のサミットがそうしたリーダーシップへのきっかけとなれば有難いのだが。

OPECの崩壊と今後　1982・7

先週末、ウィーンで開かれていた石油輸出国機構〔OPEC〕の臨時総会は、OPEC全体の生産上限、各国別生産枠について、合意に到達することができず閉会した。昨年十月に決めた一バーレルあたり三四ドルの基準原油価格が事実上破られているなかで、原油価格について新たな協定が出来なかったので、結局、生産量も価格も野放しになったということになる。

そこで、各国は増産して販売しようとするので、石油は値下がりするだろう。とくにスポット価格[66]は低下するであろうと推定されている。それは、不況のどん底にある現在の世界にとって、好ましい刺激となるように思われる。しかし、中、長期的に見て、それは事態をかえって混沌とさせる可能性をもっている。OPECの事実上の崩壊によって原油価格が下がったとしても、われわれはそれを手放しで喜ぶわけにはいかないのである。

その理由の第一は、今回OPECが合意に達することができなかった理由そのものにある。今回OPECが、カルテルとして機能することができなかったのは、もちろん基本的には石油の需要減少と供給過剰に理由がある。昨年のはじめ、石油の需要減少が明白となったころ、優れた専門家は、OPECへの需要がこれまでの日量二八〇〇万バーレルから二三〇〇万バーレルへと下がったが、それがさらに下がって日量二〇〇〇万バーレルを割ることになればOPECは苦しい立場に立つだろうと予測していた。ところがOPECに対する需要は昨年の夏、日量二〇〇〇万バーレルを割って一七〇〇〜一八〇〇万バーレルになってしまったのである。そのためOPECは生産上限を設けてこれに対抗した。しかしOPEC参加国の多くが、より多くの石油を生産して、より多くの石油を売りたいという立場を取る以上、生産上限を長く維持するのはむずかしいことなのである。そのむずかしさが今回あらわれた。

しかし、そうした経済的理由だけであれば、OPECはなんらかの協定に達していたであろう。実際、アメリカの国務省など、OPEC総会に際してこれまで正しい判断を下してきた観測者たちは、総会が何らかの合意に達するであろうという見方をしていた。その予測がはずれたのは、イラン、リビアなどが増産をみとめるよう、強硬に主張したためであり、そのイランと、サウジアラビアやアラブ首長国連邦などアラブ諸国が、政治的な次元で不気味な対立

66　原油や石油製品の当用買いなどが行われるスポット市場で成立する現物取引価格。

状態にあるためである。イラクや他のアラブ諸国にとって、いまや中東世界における最大の脅威はイランなのであり、そうした雰囲気であったからこそ、OPECは妥協に達することが出来なかったのであった。ところが、こうした対立の存在は、何年かうちに中東世界を大混乱に陥れる可能性を秘めている。OPEC諸国が協定に達しえなかったほど対立関係にあるということは、中期的にはむしろ不安材料なのである。

第二に、当面石油の価格が下がるということは、石油の需要を増す働きを持っている。そして、省エネルギーの努力がおろそかになり、代替エネルギーへの切りかえが中止されるなかで、景気がよくなれば、石油の需要はかなり増加すると思われる。もっとも、石油の需要供給および価格の予測については、専門家たちはくりかえし間違ってきたし、OPEC総会の少し前、ケンブリッジ大学で開かれたエネルギー専門家の国際会議においても、種々まちまちの予想が提出されたという。

しかし今回の値下げの前でもあったにもかかわらず、その会議で、やがて石油の需要が伸び、八〇年代の半ばにはまた石油の価格が上昇するだろうという予測が出されていたことは注目に値する。さらに、産油国が精製などに手を出しはじめ、石油市場の構造が変化しはじめていることは、いまのところその帰結が予測できないものではあるが、不気味な構造変化であることも指摘された。

こうしたわけで、石油の価格が当面下がったということから需要が伸びれば、その反動としてやがて第三の石油ショックともいうべき石油の値上がりがおこる可能性は、十分あるといわなければならない。

実際、一番困るのは、石油の需要と価格が大きく波うつことである。したがって、石油の価格が少々下がっても、その消費を増やさないことが大切になるが、人々の心がけだけではそれは実行困難なものであることも、見やすい道理である。それゆえ、専門家のなかには、石油の価格が変動し、ある程度以下に下がった場合に、政府が輸入税をかけて石油の消費が伸びないようにすべきだという意見もある。それは簡単に実行できることではないが、なんらかの手段で石油の消費の伸びすぎをおさえるよう、石油消費国が協議し、行動を取ることが必要であるように思われる。

イギリスの過ち 1982・7 ♠

フォークランド諸島をめぐる戦争は、他に例がないほどばかげた戦争である。イギリスもアルゼンチンも、とくにフォークランド諸島を必要とする現実の理由はなにもない。それなのに、多数の飛行機が落ち、船が沈み、人間が死んでいる。また、それは南アメリカの外交関係を攪乱し、関係諸国の頭痛の種子となっている。

この馬鹿げた戦争は、イギリスの誤算から始まった。というと、イギリスが艦隊を派遣し、フォークランド諸島の奪回をはかったことを考える人があるかもしれないが、私はそのことをいっているのではない。イギリスとしては他にとるべき態度はなかったであろう。領土問題を軍事力によって解決しないというのは国際社会の重要な原則であり、それは第二次世界大戦後ほぼ守られて来た。唯一の明白な例外はイスラエルによるゴラン高原の併合で、その重要性ゆえに、私はこの欄でイスラエルは国際平和への脅威であると書いたことがある。

だから、イギリスがその原則のために戦わざるをえないと決断したのは当然で、それを力には力で対応するのは誤りとして非難するのはおかしい。アルゼンチンがフォークランド諸島からの撤退を求めた国連安保理事会決議五〇二号に従わなかった以上、こうなるのはやむをえなかったであろう。

イギリスの誤りとは、いくつかの兆候にもかかわらずまさかアルゼンチンが軍事力を用いてフォークランド諸島をとるとは考えず、対応策をとらなかった点にある。イギリスは艦隊を送るとか、海兵隊を増員することによってアルゼンチンの行動を抑止することができたし、一九七七年にはそうした。それが今回はアルゼンチンの意図を誤認したのであり、それが自らも損をし、他国にも迷惑をかけることになったのである。領土を持つということは、不快な侵害からそれを守るということである。それを怠ったときの帰結を今回の紛争は示している。

教科書問題　歴史感覚の必要　1982・8

今年の八月十五日は、教科書問題ということもあって、太平洋戦争に対する歴史認識を改めて考察させられることになった。戦争が終わってから今年で三十七年になるし、日中戦争が始まってから数えると四十五年にもなる。しかし、それは過去のこととして簡単に片づけられるものではない。中国の人々や韓国の人々はそれを鮮烈に記憶しているし、だからこそ、今回の抗議となった。

その抗議は外交問題として、多少微妙な点を含んでいるが、われわれは、あの戦争が侵略戦争であったという確認を基本的立場とすべきであろう。実際、戦後の日本外交はその認識に基づき、そうしたことをくり返さないことを基本原則として展開されて来た。だからこそ、いったん失われた信頼も回復し、国際社会における地位も向上して来たのである。それゆえ、日本は中国と韓国の批判を謙虚に聞くという立場をあくまでも崩すべきでない。

しかし、教科書問題は外交問題に尽きるものではない。それはわれわれが過去をいかにとらえるかという問題であり、また、それをわれわれの子供たちにいかに教えるかという問題なのである。そのほうがより重要な問題である。そして、これまでのこの問題との取り組み方は、まったく不十分だといわざるをえない。

まず、検定によって「侵略」を「進出」と変えた人々だが、そうした行為は反省を不明瞭なものにしてしまう危険を持っている。いかなる事情があったにせよ、悪いことは悪いことである。その判断を欠けば、やむをえない事情があったからという議論になり、やがては悪いことをしたという自覚が薄らぐであろう。それに、「侵略」を「進出」と変えたところで、歴史教育が改善されるわけではないことを認識していない点でも彼らは誤っている。「改訂」後の教科書を読ませても、生徒は日本の過去に誇りを持つようになるだろうか。

むろん、私は戦後から現在までおこなわれて来た歴史教育が正しいとは思っていない。そのなによりの欠点は、それが日本の近代史を誤りとして黒々と塗りつぶし、したがって教科書だけを読む人は日本の近代に到底誇りを持ちえないようなものであるという点にある。ウソだと思われる人は教科書を読まれるがよい。

そこには、十九世紀後半の世界がほとんどすべて西欧列強の植民地か半植民地となり、西欧人でなければ人でないという雰囲気さえあったなかで、日本が独立を守り、近代化に成功したことや、そのための営々たる努力は、まず描かれていない。近代日本には影もあったが光もあった。その光の部分を書かないか、あるいは著しく過小評価するのは、明らかに誤った歴史である。日本はすべて正しかったとした戦前の歴史教育の裏返しといってもよい。

太平洋戦争にしても同じことである。戦後の歴史教育では、連合国が正義で日本は悪という具合に単純に割り切られて来た。しかし、人間の営みに、一〇〇パーセント正しいとか、一〇〇パーセント間違っているとかいったことはまずないものである。日本が一〇〇パーセント悪かったというのは、戦争が一方の勝利に終わった後に作られた基準で遡及的に判断したものにすぎない。

一九三〇年代にはそれまでの国際秩序は崩壊していた。すなわち、各国の行動を律する基準は怪しいものになり、そのなかで各国はその力を拡大し、国益を増進するためにそれぞれ勝手なことをした。イギリスがポンド圏を作りブロック経済をしいたのはそのひとつであり、それはよいこととはいえない。ソ連は自国の生存のためとはいえ、ナチス・ドイツと談合し、一九三九年にポーランドを分割したが、それもよいことではない。アメリカにしても、たかまり行く危機からできるだけ身を引いていようとしたのであり、それも称賛されることではない。

つまり、当時において、各国の政治家は状況がよく見えていなかった。ただ日本の指導者はとくにそうであって、そのため、いつの間にか、どう見ても国際正義に反することと――それも他の諸国よりも相対的により重大な侵犯――をおこなってしまったのであった。すなわち日本は「侵略」をおこなったのであるが、それは日本の指導者たちが愚かで、貪欲であったというより、状況の難しさを負けてしまったのである。けっして軍国主義者とはいえない米内光政は、日本が「魔性の歴史」にひきずられたといったが、そこには実感があふれている。そのことも認識し、教えなければ歴史教育とはいえない。

ただ、そのように歴史教育を変えるのに、検定はよい手段ではないであろう。日本人の多くが歴史に関心を持ち、光と影の両面を認識しつつ、為すべき判断はおこなう以外にない。それは難しいことだが、正しい歴史感覚を持たない国民はいつか国を誤るものである。

「角影」の背景 1982・8 ♠

だれの造語か知らないけれど、「角影」とは巧くいったものである。それは現在の日本の政治状況を一語にして表現している。すなわち、田中角栄は表の存在ではありえないが、しかし、影の力として、日本の政治を動かす最大のものである。

そのように影の力が大きいことから、政治状況はきわめて不透明になる。自民党のなかでの政策論争は、まったくといってよいほど影をひそめた。折角総裁公選の制度を作りながら、選挙戦が戦われるということもない。また、それは日本の政治を停滞させている。「若返り」がまるで進まないのは、そのなによりの現れである。「角影」時代は角栄時代よりも悪い。

だが、この状況はまだしばらくつづく恐れがある。というのは、人々が角栄を問題にして、「角影」時代に正面から挑戦しないからだ。政治倫理の問題を焦点として日本の政治を変えようという議論が強いことは、そのことを示している。たしかに「角影」の根源である角栄を批判することは、問題を根本から解決するように見える。しかし、政界のバランスから見て、どうもそうなりそうにない。一方には、政治倫理の問題を唯一の攻め手にする人々がある。彼らはかなり強いけれども、しかし、他方にロッキード事件の衝撃を抑え角栄を守ろうとする人々もあって、彼らはそれだけの力は持っている。そこでこの二つの力が拮抗してしまい、そのバランスの上に乗った人物が、当分、政治を預ることになる。

だから、問題はこのバランスを破るものがないということにある。すなわち、自分はこういう政策をおこない、こういう日本を作るという意欲と構想力を持った政治家がいない。しかし、彼らもリーダーにはなりたい。そこで、ロッキード事件という難問が片づくまで待とうということになるのである。そうした、いわゆるニューリーダーたちの弱々しい態度が「角影」時代を長引かせているのであり、そうした態度では、ロッキード事件が終結しても大したことはできないであろう。

IMF総会と新しい動き 1982・9

勝海舟の『氷川清話』は、知恵の泉というべき書物だが、そのなかに「料理屋の女将たち」という興味深い一文がある。勝海舟は「青柳」という料理屋でよく昼飯をとったが、年の暮れの十二月二十九日にそこに行くと、店の人々が年越しの準備で忙しく立ち働いており、景気がよさそうに見えた。ところが、その印象を勝海舟が述べると、女将は実情は逆で、年を越すのも苦しいと語った。

「お見かけのところは、ほんの世間に対するていさいをつくろう義理ばかりで、よし金がなくて苦しくても、するだけのことはいたしておかないと、自然と人気が落ちてまいりまして、しまいにはお客さんが、ここのものはサカナまでが腐っているとおぼしめすようになってしまいます。ぜんたい、人気の呼吸と申しますものは、なかなかむつかしいもので、いかほど心の中では苦しくても、お客様方にはもちろん、家のうちの雇人へでもその奥底をみせるといけなくなります」。

勝海舟は、この女将の言葉は、外交や、およそ人間の営みにすべてあてはまるといっているが、たしかに味わい深いものがある。もちろん、こうした人生訓のような言葉はさまざまな解釈が可能である。また、人生訓にせよ、行動の原則にせよ、ひとつのものがいつでも妥当することはない。しかし、この言葉は景気・不景気への対処についてすばらしい知恵を与えるものであり、その点、日本の政治家は現在、この言葉をよくかみしめる必要があるように思われる。

というのは、日本は現在、世界の他の諸国とともに、深刻な不況を経験しつつある。そして政府は困難な財政問題をかかえているので、手を打ちたくても打てないという態度をとっている。まず、財政赤字をなくすことが必要だという態度とも受けとることができる。しかし、果たしてそうなのだろうか。私にはどうも、政府の政策もしくは態度が不況をさらに深めているところがあると思われる。

昨年初め、世界の不況が深刻なものであることが明らかになりつつあったころ、日本政府は財政を均衡させることを政策目標としてかかげ、行政改革を始めるとともに、近来例のない緊縮予算を組んだ。私は行政改革も緊縮予算もともに望ましく、必要なものだと思う。しかし、不況が深まりつつあるときに、この目標を追求するというのは、いかにもタイミングが悪かったのではなかろうか。政府支出の削減は景気をおさえる経済効果を持つし、それ以上に人心を消極的にさせることを通じて、不景気を一層ひどくする。昨年の後半から、日本の景気が著しく悪くなったのは、そのように政府の政策および態度によるところが少なくないのである。しかも、景気が悪くなったものだから政府の財政収入は減り、財政赤字は一層増大してしまった。つまり、逆効果であったわけである。

まとめていえば、財政の均衡という目標は、長期的に追求すべきもので、好況のときの緊縮財政はよいが、不況のときのそれは逆効果だということである。それはケインズの理論の基本のひとつで、だれもが知っているはずである。もっとも、経済学はやたらに難しいところがあるから、日本政府のやったことは「青柳」の女将の人気を動かす呼吸に反することだと、私はいわしてもらう。だから、今日、「青柳」の女将の言葉から学ぶべきだというのである。

世界的にも、そうした反省が現れ始めた。この三、四年、先進工業諸国は不況のなかで緊縮予算を組んだり、高金利政策をとるということをやって来たが、それではうまくいかないらしいという認識が、ぼちぼち出始めた。たとえば、今月の上旬カナダで開かれた国際通貨基金（IMF）総会へのコメントのなかにそれが見られる。このIMF総会は、メキシコなどラテン・アメリカ諸国が借金で首が回らなくなり、それが金融危機をもたらすのではないか、という状況下で開かれた。

それに対する緊急措置は見事な早さでとられた。アメリカ政府と銀行筋は、メキシコを助けるために、すばやく動いたし、高金利もようやく下がり始めた。しかし、かなり多くの人々が、それでは不十分であり、問題の基本的解決にならないと指摘した。すなわち、現在の世界の不況はエネルギー問題や先進国病などの原因によっておこったものではあるが、それはデフレ効果を持つ財政政策〔たとえば日本〕や通貨政策〔たとえばアメリカ〕によって、さらに悪化させられているのであり、それを是正する必要があるというのである。さらには、マーシャル・プラン[67]のような世界的な回復策が必要だという人もある。経済政策について世界は動き始めた。「青柳」の女将はやっぱり正しいのである。

シュミット時代の終わり　1982・10

先月末の西ドイツ・〔ヘルムート・〕シュミット内閣の崩壊は、一時代の終わりを画するものであった。シュミット首相は世界の政治のなかで実に大きな地位を占めて来た。今年で第八回を迎えたサミットは、彼が〔ヴァレリー・〕ジスカールデスタン仏大統領と語らって始めたものであり、そこで彼は主導的立場をとりつづけて来た。サミットは仰々しいわりに成果が乏しいという人もあるだろうが、しかし、一九七三年に石油危機以後の諸困難の解決にサミットが貢献したところは少なくない。

シュミットはまた、「デタント政策」の実施責任者でもあった。デタント政策は西ドイツについては〔ヴィリー・〕ブラントが、西側全体については〔ヘンリー・〕キッシンジャーが推進したものだが、それ以後、対ソ軍事バランスの維持と人的、経済的交流を始めとする緊張緩和努力とを巧みに組み合わせておこなう、という難しい任務を彼は実に着実に果たして来た。こうして、シュミットは一九七〇年代を代表する政治家であった、といえよう。

しかし、そのシュミットも功なり名とげてその経歴を閉じるというわけにはいかなかった。たしかに彼は八年以上首相の地位にあったのだし、交代の時期に来ていたけれども、彼の路線を後継者が継ぐという形での辞任ではない。そもそも社民党の内部が深刻に分裂しているし、彼の人気は著しく低下した。デタント政策をめぐる意見の相違が現れた。そして、経済政策をめぐる社民党と自民党の対立が彼の内閣にとどめをさしたのである。

シュミットの辞任をめぐる事情のなかで、第一に考察しなくてはならないのは、デタントをめぐる内外の意見の分裂である。一方ではアメリカが一九七〇年代の末から、デタント政策を放棄し、対ソ強硬路線をとり始めた。ソ連が一九七〇年代にも軍備強化を続け、その影響力を増大しつづけたので、アメリカはソ連に欺かれたと感じ、強い立場をとるほか道はないと考えるに至った。しかしそれに対し、シュミットの与党社民党の左派を中心にデタントの継続だけではなく、たとえば軍拡の自制など、一層思い切った措置を説く人々が現れた。こうした左右からの圧力がシュミットを疲れさせたことは疑いない。

たしかに、デタント政策は期待を裏切ったのである。一九七〇年代の初め、デタントが訪れたとき、人々は単に米ソが争うのをやめるということだけではなく、東西ヨーロッパの交流が強まり、事態が徐々に変化することを期待した。とくにヨーロッパ人、なかでも西ドイツの人々はその期待にかけた。しかし、そのようなことはおこらなかったのである。ポーランドの事態はそのことを示している。「連帯」がいかに広範な支持を集めた運動であったにせよ、ソ連の強大な力ゆえに、ソ連の欲しない変化はおこらなかった。

そして反発がおこる。また逆に、いわば絶望的な努力として、思い切った行動を説く人々も現れる。そしてシュミットのようなデタント政策は、必要であるかもしれないが、魅力のない中途半端な政策ということになる。

第二に重要であるのは、社民党〔SDP〕と自民党〔EDP〕の対立である。自民党は経済相ラムズドルフの文書という形で、福祉国家の制度の見直しを唱えるに至った。それは失業手当の削減と病欠者への支払い制度の見直し、低所得家庭への住宅補助金の削減、健康保険の掛け金の増額と患者負担の増加、公務員の給料の抑制などを主張したのであり、社民党はそうした主張を受け入れるわけにはいかなかったのである。

この場合も、福祉国家の制度に問題が現れ始めたことは

67　第二次世界大戦後、荒廃したヨーロッパ経済の立て直しを図るため、一九四八年から五一年まで行われたアメリカによる援助計画。反ソ・反共主義が前提であったため、実際は西ヨーロッパ諸国の経済復興が目的であった。正式名称はヨーロッパ復興計画だが、当時の米国務長官の名前から、マーシャル・プランと呼ばれる。

否定しえない。かつて、勤勉さゆえに称賛され恐れられた西ドイツの労働者は、もはや勤勉ではない。西ヨーロッパで第一の経済成長率を誇ったのは、もう随分昔のことである。こうしたとき、対応策について人々は分かれる。一方では勤勉という古来の美徳に戻るべきだという声が強まり、他方では数は少ないが、経済成長そのものを否定する人々が現れた。だからシュミットも、西ドイツ経済がこのままでよいとは思っていなかったが、事態の打開策を打ち出すことはできなかった。

つまり、シュミットの退場はデタント政策と福祉国家の行きづまりによるものであり、それゆえ、デタントと福祉国家が支配的な目標であった時代の終わりを画する。それらはともに立派な目的だったが、現実の厳しさがそれを制約した。ソ連問題はデタント政策だけでは片づかない。福祉も経済政策もというほど世の中は甘くない。

こうしてわれわれは厳しい現実に直面せざるをえない時代にある。もっとも、状況の難しさから、西ドイツでもまた世界においても、シュミットの路線から大きく離れることは当面はないであろう。しかし、左右への分極化傾向が強まりつつあることも感じられる。

妥協的解決と原則 1982・10 ♠

日本の政治の特徴は、なにか問題がおこると、ともかく目前の緊張、対立を解消するという妥協的技術にある。鈴木内閣はとくにそれが顕著だが、私はそうした政治のスタイルをあまり好まない。

しかし、今回の「教科書問題」については、ここまではそれでよかったと思う。というのは、今回の問題は、対応がおくれたならばマイナスが大きくなっていただろうからである。問題が「侵略」の歴史の書き換えとしてクローズアップされたため、対応がおくれたならば、中国と韓国の人々の感情はさらに激化したであろう。さらに、広く国際社会における日本のイメージも悪化したかもしれない。

それに加えて、日本の国内でも過激な意見が強まることになったであろう。今回の中韓両国の抗議のなかには、誤解や理解不足に基づくものもあった。また、いかに相互依存の時代とはいえ、教科書を外国の抗議で書き直すことは愉快なことではないから、時間が経てば日本人の一部は、両国の抗議のなかの問題点を見つけ、反論することになっていただろう。それが理性的な範囲におさまらなかった可能性は十分ある。

それだけに、真の妥協的解決は、双方の原則の最低限の承認を伴うものであることを忘れてはなるまい。一方が完全に相手方の主張を認めるというケースは滅多にないからである。この問題についていえば、日本の行為が侵略であったということは中国側にとっての基本原則であろう。しかし、諸外国の批判をききながら、歴史をどう捉えどう教えるかが日本自身の決定すべき問題であることは、日本側にとっての基本原則なのである。それは日本として放棄できない。

また、そうでなければ真の友好もありえない。それぞれがその原則を主張し合いながら、その姿勢はあくまでも折り目正しく、興奮しないことが、友好関係の基本だからである。この問題は友好関係をくずさず、しかも品位ある姿勢で解決されなくてはならない。

ブレジネフ以後のソ連 1982・11

ブレジネフ〔共産党書記長〕以後のソ連はどうなっていくか、それとともに世界政治はどう変わるのか、といった問題に対して人々の関心が集まっている。しかし、その問いに正しく答えるためには、ブレジネフとその時代を正しくとらえる必要がある。というのは、ブレジネフはソ連を十八年の長きにわたって統治した。それゆえ、今日のソ連はブレジネフの業績と限界によって特徴づけられている。それが変わるにせよ、変わらないにせよ、その理由はブレジネフの体制に求められるだろう。

さて、私の見るところ、ブレジネフは「ハト派」でも「タカ派」でもなかった。彼はロシア型の強靱で有能な党官僚であった。「ハト派」でも「タカ派」でもなかったというのは、もちろん彼の外交政策についてである。いくらかの人はブレジネフが緊張緩和に熱心であったことを指摘し、アフガニスタンへの侵攻はブレジネフの指導力の弱まりによるものだとする。たしかに、彼は緊張緩和に努力したし、とくに戦略兵器制限交渉〔SALT〕については、それをまとめるために努力した。彼が核戦争の脅威を真剣に受けとめ、それをなくすることに熱心であったことは間違いない。

しかし、ブレジネフは、彼がソ連を統治した期間のほとんどすべてにわたって、一〇パーセントを超える軍事費を使い、軍備の増強をつづけた。彼はSALTによって核軍備の増強を抑制したけれども、それで浮いたカネは通常軍備に使ったといってよい。その軍備を賢明かつ有効に利用して、ソ連はアンゴラ、エチオピア、イエメン、ヴェトナムという具合にその勢力を伸ばして来たのである。

大体、緊張緩和（デタント）というのは、単純に仲よくなることを意味するものではない。それはソ連にとってもアメリカにとっても、破滅的な大戦争がおこらないよう保障しながら、権力闘争をつづけ、世界政治において自らが優位に立とうとすることなのである。それにはバランスのとれた行動をとることが必要だが、ブレジネフはその仕事を強靱かつ有能な党官僚として、着実にそして巧妙におこなったということができよう。そうした性格を持つ緊張緩和政策は、今後も続くだろう。その意味でソ連の外交政策は基本的には変わらない。

しかし、ブレジネフのもと、ソ連は慎重な膨張策に成功した。それによって多くの問題をかかえるようになったのが、この二年ぐらいの状況である。アフガニスタンがもっともよい例だが、勢力圏の増大はコストを伴う。実際、ソ連はキューバ、ヴェトナム、アンゴラなどのために相当の出費をしているのである。つまりソ連は出すぎたわけで、それへの反省も明らかにうかがえる。この点ではソ連の外交政策には変化の可能性がある。

内政については、強靱かつ有能な党官僚という性格はより明白であり、ここでは外交政策よりも業績は小さく、限界は大きい。大体、彼は十八年間も統治していたのに、有名な発言、人々に記憶されている発言は、一つもしていない。彼は根っからの組織人だったのだろう。だから、彼の治世の間に新しいことはなに一つとして始められなかった。

考えてみると、ブレジネフと彼の支持者たちは、新しい、派手なことが大好きで、それゆえ強い印象を残したフルシチョフが次々に大きな失敗をするものだから、一九六四年に彼を政権の座から引きずりおろした人々である。彼らが実験をせず、経済政策などについて新しい考えを説く人々をきびしくしりぞけたのは当然といえるであろう。

そして、使い慣れた組織を、昔からの方法で使うことは、政治において大体はうまくいくものである。だから、ごく最近までソ連の経済はアメリカを上回る速さで成長して来た。ソ連の農業は不振で、大量の穀物をアメリカなどから買わなくてはならないのは事実であるが、しかし、ソ連の市民の食生活はフルシチョフ時代よりもよくなっているのである。

しかし、新しい実験をしないことのツケはいつか回ってくる。そのときのツケは巨額である。それに、ブレジネフが十八年間も統治しつづけたことのマイナス面もある。常識的に判断できることだが、同じ人が同世代の人々とともに、長期間、指導的地位につく場合、次の世代は育ち難い。チャンスを与えられないからである。

こうして、ソ連は長きにわたって安定しすぎたものだから、新しい試みが必要であり、新しい人材を用いるべきときに来ているが、それができるかどうかが問題なのである。この点が今後のソ連にとっておそらく最大の課題である。そしてソ連がこの方向に力をもちい、成功することは、ソ連にとっても、多分世界にとってもよいことであろう。だとすれば、ソ連には強く出たほうがよいというレーガン政権の政策の当否が、やがて問われることになるように思われる。

シュミット首相に聞きたいこと 1982・11 ♠

社民党（SDP）と自民党（FDP）の連立関係が崩れ、シュミット首相は九年間占めて来た首相の座を去った。シュミット首相は一九七〇年代のもっとも偉大な政治指導者であったと思うから、彼が辞任しなくてはならなかった事情に、私は同情する。

二、三年前から、シュミット首相は困難な立場に立たされて来た。ひとつには、社民党内部に過激な左派が出現し、西側同盟の結束を重視するシュミットの立場に挑戦し始めたし、アメリカは彼を助けるどころか、賢明ならざる発言や政策によって、一層窮地においこんだ。

より重要なことは、西独の経済事情が悪化し、停滞を続けるようになったことである。「西独の奇跡」といわれた成長力はもはやない。その経済の立て直しについて、社民党と自民党の意見が食いちがうようになって来た。自民党は経済相ラムズドルフの書いた文書に明らかなように、福祉政策の見直しと行政改革を必要と考えている。それは、失業保険の減額、低所得家庭への住居費補助金の削減、健康保険の掛け金の増額と患者の自己負担の増額、公務員の給与の抑制などを主張している。そうした主張を社民党の党首としてシュミットは認めるわけにいかず、そのため十三年間続いて来た連立は崩れた。

しかし、シュミットは教条的な社会主義者でも、甘い理想主義者でもなかった。だから、聞けるものならこっそりと彼に聞いてみたいことが私にはひとつある。すなわち、彼自身が福祉の行きすぎをどう考えていたか、ということである。西独のGNPに対する公共支出の比率は、一九六〇年に三二パーセントであったものが、今日では四八パーセントとなっているから、「大きな政府」の問題はたしかに存在する。

ラムズドルフのいうように、福祉関係費を思い切って削減するというだけでは現実性が乏しいが、シュミット首相も現実を放置できると思っていたわけではないだろう。どうすればよいと、彼は考えていたのだろうか。

中ソ和解のとらえ方 1982・12

中ソ和解はどこまで進むのか。この問題は今年の夏、中ソ関係が修復されつつあることが明らかになったころから、しきりに論じられて来た。ある人は、中ソ関係の修復は着実に進んでいるので、中ソ同盟が実質を伴っていた一九五〇年代に近いところまで行くだろうという。またある人は、中ソ関係の修復の事実を認めながら、対立点の存在することを強調し、それゆえ、中ソ和解は緊張緩和にとどまるであろうと論ずる。米ソ両国が基本的な対立をかかえながら、他方、緊張緩和の試みが時折なされるのと同じだということである。

この議論に関して、結論だけを取り上げるなら、後者のほうが正しいと私は思う。それは中ソ両国の関係修復の動機を考えれば分るだろう。まず、ソ連についていえば、ソ連はアフガニスタン戦争、ポーランドに見られる東欧諸国の問題。さらにはその経済の不調という具合に、内外において難局に直面しているため、対外関係の部分的調整をはかりつつあると考えられる。アフガニスタン問題の「政治的解決」を唱え始めたのは、そのひとつの現れである。そうした難局に際して、中国といたずらに対立することの愚かさを悟ったといえよう。

そこに見られるのは、ある程度の妥協と部分的後退ということである。中国と組んでその立場を強化しようということではない。東西関係においては、多少の譲歩によってアメリカの中距離弾道弾の欧州配備を取りやめさせるとともに、経済交流を数年前の状況に戻すことがソ連の目標である。第二の点については、日本への期待も増大しているように思われる。

中国について考えると、中ソ和解の最大の動機は西側諸国との経済交流への幻滅にあるといえよう。一九七〇年代には、中国は西側に接近して、その資本と技術を導入し、「四つの現代化」を促進しようとした。しかし、その結果は思わしくなかったのである。簡単にいえば、西側の資本と技術を大量に導入しても、中国はそれを十分に吸収しえないことがわかった。そうであれば西側に接近するまでのことはないということになる。中国にしてもソ連との対立が激しいことは、自国にとって損なことであるから、中ソ関係の修復に着手したのであった。

しかし、中国は西側との経済交流をまったく無価値のものと考えるようになったわけではない。そのことは八月十七日に米中間で共同コミュニケが出され、中国はしばらくの間、アメリカが台湾の国民政府に武器を供給するのを、容認するという妥協をおこなったことに明らかであろう。また、中国が西側、なかでもアメリカにかなり多数の留学生を送っていることも重要である。

こうして、中国は西側に接近していたこの十年の立場を修正してやや距離を置き、ソ連にやや接近し、いわば等距離に近いものにしようとしているといえるだろう。

しかし、以上のような見方は妥当なものではあるが、中ソ関係の変化、とくに中国の変化をとらえるうえで十分正しいとはいえない。第一は、政策上の意味合いである。率直にいって、中ソ和解に限度があるとする人は、それによって日本はなにもしなくてもよく、事態を静観すればよいということになりやすい。たしかに、中ソ和解にいたずらに興奮したり、あわてたりするのは正しくない。しかし、中国が「対西側接近策」をやめたことは、それだけで十分重要な変化なのである。中国は日中友好という単純な路線をとらず、あるときには強く出るという、動きのある政策をとってくるだろう。その中国とどうつき合って行くかは、難しい問題なのである。

第二に、外交政策を動かす要因として国益とイデオロギーをどの程度重要視すべきか、という問題がある。先に述べた中ソ両国の外交の変化の説明は、両国の国益からのものである。私は共産主義国も含めて、国益が外交政策を決めるもっとも基本的な要因だと思う。しかし、イデオロギーの役割を無視することは間違っている。そして、中国外交の変化の底には、中国において党官僚の支配する体制が固まりつつあって、その点で中ソ両国が似かよって来たことや、そうした体制の維持のために何らかの引き締めが必要になって来たという事情が存在するのである。「現代化」への努力が、経済主義的な態度を生み、秩序がゆらぐことを中国の指導者たちは恐れている。

この要因が重要なら、中ソ和解はかなり進展するかもしれない。また、そうならなくても、以上のイデオロギーの要因は中国外交のあり方のどこかに影響を現わし、国益だけから中国外交を見る過度に合理主義的な人々を驚かすことになるだろう。

真実のとき 1982・12 ♠

人生においても政治においても、「真実のとき」とでもいうべき時期がある。真実のことが判り、真実のことをいわなくてはならない時期であり、そして人間の真価が問われるときである。

どうやら、日本の政治はそうした時期に入りつつあるようだ。というのは、退陣を決めた鈴木〔善幸〕首相は、次第に難しさを増しつつある情勢のなかで、事態の妥協的収拾をおこなって来た。それは、当面を糊塗する政策ともいえるし、コンセンサスを得るために必要な手続きともいえるだろう。その評価は難しいが、それはともかく、いまや問題と正面から取りくみ、態度をはっきりさせなくてはならないようになってきていることは間違いない。

たとえば、財政再建と行政改革である。鈴木内閣は、行政改革をおこない冗費を省けば、増税なしに財政再建ができるという立場をとって来た。さらに、政府支出の二つの大口である福祉と教育の見直しの必要を口にしなかった。しかし、他の先進工業諸国と同様、日本の財政問題も深刻で、行政改革も思い切っておこなうとともに、税のしくみの変更とある程度の増税をもおこなわなくては解決できないことが判りつつある。さらに、長期的には福祉、教育と国とのかかわり方も、かなり思い切って見直さなくてはならないであろう。

それというのも、世界経済と日本経済の先行きがしばらくは暗いからである。だから、かなり思い切った努力を重ねて、ようやく不満足だが、なんとかがまんできる経済成長が達成されるであろう。この点でも、ぼろを出さないよう巧くやって行くという態度は通用しなくなりつつある。

最後に、田中〔角栄〕氏と福田〔赳夫〕氏によって代表される時代は終りに来ており、党内の和を保ちながら旧時代との訣別をすることも難しくなっている。鈴木首相の辞任にもかかわらず、後継総裁がすんなりとは決らなかったことはその現れである。下手に決断を下すことは政治において避けるべきことだが、そうもいっておれない時期に入りつつあるように思われる。

一九八三年の意味 1983・1

ジョージ・オーウェルがその有力な小説『一九八四年』を書いて以来、一九八四年という年は悪い年のシンボルとして用いられて来た。そして、芸術家の直観というのか、不思議にも、現実の歴史の歩みは一九八四年を悪い年にする可能性を持つようにしてしまっている。もっとも、その内容はオーウェルの描いたものとは異なる。オーウェルは世界が二つの全体主義独裁国によって支配されることを想定したけれども、ありがたいことにそうしたことはおこっていないし、近い将来にもおこりそうにない。

　しかし、現在の世界の状況は、われわれが賢明に対処しないならば、これまでのものよりははるかに暗いものになってしまう危険を秘めている。その一つはいうまでもなく、深刻な同時不況で、もう一年それが続けば、戦後続いて来た国際経済の体制が大きく変化する恐れがある。それについてはいずれ稿を改めて書くことにして、もう一つの危険は米ソ関係である。米ソ関係については、一九七九年末から「新冷戦」の時代といわれて来た。しかし、確かに米ソ関係は悪化したけれども、状況を一変させるほどのものではなかった。だが、今年米ソ関係が改善の方向に向かわなければ、それは明らかに悪化し、世界情勢は著しく悪化するであろう。

　というのは、米ソ関係の悪化は危険性の大きな軍拡競争につながるからである。すなわち、米ソ両国が戦域核兵器の規制に合意することができず、その結果アメリカがNATO諸国との合意通りにパーシングII型と巡航ミサイルの配備をおこなえば、ソ連はまた対抗措置を講じるであろう。そして戦域核兵器[68]は、所在についても、発射についても、外部からの認識が大陸間弾道弾（ICBM）に比べて困難であるため、その軍拡競争は双方の猜疑心を煽るという危険性を持っているのである。

　その危険を回避する際の困難は、反核運動の人々がいうように、アメリカがパーシングII型と巡航ミサイルの配備を取りやめればすむものではないことにある。このところ見られる東西関係の悪化は、ソ連が愚かにも、一九七二～三年の緊張緩和の後軍備拡張を続けたことに起因する。アメリカはGNP当たりの防衛費を減らしたのに、ソ連はそうしなかった。そして、戦略核兵器[69]から、SS20やバックファイアーといった中距離ミサイル、さらにはより射程の短いミサイルに至るまで、兵器の質的増強を図った。とくにSS20とバックファイアー爆撃機は、ソ連からヨー

68　戦域核兵器（Theater Nuclear Weapon）は、ある戦域（例えば西欧など）での使用を目的とした核兵器を指し、中距離核戦力（INF）ともいう。一般的に、中距離核戦力（射程一〇〇〇～五五〇〇キロ）と準中距離核戦力（射程五〇〇～一〇〇〇キロ）に区分される。

ロッパに対する核攻撃能力を増強するものであったため、NATO諸国に脅威を与えた。だからこそNATO諸国がアメリカに対して、新しい中距離ミサイルの配備を求めたのである。

もっとも、私はソ連が軍事力によって世界を圧倒しようというような邪悪な意図で、軍備の近代化をおこなったとは思わない。ただ、ソ連は自分が強くなければ安心できないという「力の哲学」を持っていて、それが軍備増強を続けさせた。しかし、動機は主観的には防衛的なものとはいえ、ソ連の「力の哲学」は世界にとって問題なのである。だから、ソ連にはそうした考えを反省し、具体的にはすでに配備した戦域核を削減してもらわなくてはならない。そして、それには口でいっただけではだめなので、ソ連が軍事力を強化してもなんにもならないということを、われわれの行為で示さなくてはならないのである。だから、私は日本が自衛努力を強化することは必要であると思う。

しかし、ソ連が戦域核の増強を始めたからといって、アメリカがパーシングII型と巡航ミサイルを計画通り配備するのは過剰反応であろう。常識的にいっても、新しく作った兵器のほうが優れているからである。そこでアメリカには、ソ連の軍事力強化が無益であることを示す強い態度とともに、自らの力を自制し、ソ連の気持ちにも理解を示す柔軟な態度が必要ということになる。

この強い態度と柔軟な態度のバランスを保つことは、まことに難しい。しかし、ソ連が西側の強い態度の前に、七〇年代の自らの軍備増強に、内心では、多少は反省していると思われるだけに、アメリカが硬軟のバランスをうまくとれば、戦域核兵器の規制は可能のように思われる。それだけに、アメリカにそうした知恵を望みたいし、日本政府としても、自衛努力をおこない、責任を果たすことを示すと同時に、アメリカに対して戦域核の軍備管理への努力を要望すべきである。

私は状況の暗さと課題の難しさにもかかわらず米ソ関係についても、世界経済についても悲観的というよりは楽観的である。しかし、危険があることは認識し、正しく対処しなくてはならない。つまり一九八三年は、一九八四年を「一九八四年」にするかどうかを決定する年なのである。

不透明時代と方向感覚 1983・1 ♠

一九八三年ほど、不透明という言葉がぴったりする年はなさそうである。不況の暗雲はいつ晴れるか見当がつかないし、防衛、貿易をめぐる日米関係の調整もすっきり行われるとは思えない。ロッキード事件の求刑と判決があることは確かだが、それに自民党がどう対応するかがまるで分らない。中曽根〔康弘〕内閣の「ロッキード・シフト」を見ると、自民党が心機一転するとは思えないが、しかし、ロッキード判決によって政治状況が何も動かないとも考えられない。

ところが、五年先、十年先という視野で見ると、それまでにはっきりしていると思われること、あるいははっきりさせざるをえないことがいくつかある。まず、行政改革と財政改革がしっかりなされているか、それとも日本が破産しているかのいずれかであろう。それも、いわゆる行政の「冗費」を省くといったことではなくて、政府のなすべきこと全体について再検討のすえ、限界が明確にされていなくてはならない。

次に、日本がこの国力にふさわしい外交・防衛政策を打ち出していかなくてはならない。日本は世界のGNPの一〇パーセント強を占めるが、それはまことに大きな存在であり、したがって、独自の安全保障能力と外交能力を持たなくては到底やっていけない。いわゆる経済力にふさわしい国際的役割という議論は、基本的には正しいのである。

それに、自民党の田中時代が終ることも確かである。それが自民党の分裂となるか、あるいは再生となるかは別として、いつまでも今の不自然な状況が続くことはない。世代交代は自然の摂理のようなものである。

こうして現在の状況は、当面は不透明だが、中期的になすべきことはいくつか分っているというものである。それらの中期的課題を念頭に置きつつ目前の問題と取り組んでいくのが、不透明時代における正しい態度であろう。中曽根氏の「仕事のできる内閣」はその意味であってほしい。中曽根内閣の仕事がその日暮しに終わるか否かは、そうした方向感覚の有無で決まる。

逆ショックへの対応 1983・2

だれだったか正確に思い出せないので名前を出すのは差

69 主に大陸間弾道ミサイル（ICBM）などに搭載され、長距離を飛行して目標を攻撃する核兵器のことをいう。戦略核は、主に「戦術核」（戦術核兵器）との対比で用いられる。戦術核はおおむね数百キロの射程距離を持つが、戦略核の場合、数千キロの超長距離を想定している場合が多い。また一般的に戦略核の方が破壊力は大きい。

し控えるが、一九七四年、第一次石油値上がりの後、私の友人の経済学者がいった。「石油の大幅値上がりはもちろん困ったものだけれども、天井知らずということはない。もっとも困るのは、値が上がりすぎてやがて下落し、また値上がりして大きく下落するといった、上下動をくり返すことだよ」。

私はこの言葉を聞いたとき、いわば理論的な可能性としてそれを受けとっていた。しかし、今日、石油のかなりの値下がりに際して、われわれが直面しているのは、まさに石油価格の上下動の問題なのである。それでは、石油価格の急激な上昇と同様、急激な下落がなぜ困るのか。それは、石油の高価格を前提にして作られたシステムが大きく動揺するからである。

すなわち、石油の高価格の結果、産油国には相当の貿易収支の黒字が出るので、世界の銀行はそのリサイクルをひとつの中心業務として来た。その際、OPEC以外の国々——メキシコやイギリスの北海油田——の石油の開発や代替エネルギーの開発は、収益が上がるので、主要な投資対象となった。ところが、一、二年前から石油の需要が激減し、価格も低落し始めると、こうした予測は狂って来た。オイル・ダラーは生まれなくなり、メキシコは予定していた石油輸出をおこなうことができないので、借金に苦しむということになる。それは昨年初秋に金融不安をおこしかけた。

今回、石油がかなり大幅に下がれば、これらの問題はさらに深刻になる。メキシコだけでなく、ナイジェリアやエクアドルなどの産油国の信用不安は一層強まるだろう。逆に、サウジアラビア、クウェート、アラブ首長国連邦などカネが余り、海外の金融資産を買っていた国のなかにも、カネに困って、それら資産の売却をする国もあるかもしれない。こうして金融危機は深まるものと思われる。

もちろん、石油値下げにはプラスの効果もある。日本やアメリカやヨーロッパ諸国など、石油を輸入している先進国は石油の支払いが減るのだから、その分内需回復が期待できる。その点は非産油開発途上国も同じである。また韓国やブラジルなど、新興工業諸国は石油の支払いが増えるとともに、世界が不況になって輸出が不振になったため苦境に立った。それゆえ、石油値下がりはうれしいニュースだろうし、やがて先進国の内需が回復すれば輸出も伸び出すだろう。国際金融面においても、先進国が増収分を巧く回すことができれば、資金不足もおこらないはずである。

しかし、ここで二つの点に注意する必要がある。ひとつは時差の問題である。すなわち、一部の産油国を中心とする金融危機の深まりといったマイナスはすぐに出てくるが、プラスの面が出てくるには多少の時間が必要であるように思われることである。つまり、全体としての状況は、よくなる前に悪くなる。そのことから、おそらく第二の点が出てくる。

すなわち、世界の主要国が中心となってなんらかの対策をとらなければ、石油値下げのいわゆる「逆ショック」は切り抜けられないであろう。深刻化する金融危機を切り抜けるために、各国の努力が必要であることは明白だが、内需回復にしても、政策的な努力なしにすみやかにおこるわけのものではない。現在の世界の不況は相当程度、各国政府の抑制的経済政策の産物であるが、その抑制的経済政策はある程度まで、石油の高価格によって必要となったものであった。その事情はいまや、一部変化しつつあるのだが、果たして、適切な景気刺激策がとられるであろうか。

昨年の秋以来、金融危機への対策は国際的に検討され、いくつかのものがとられて来た。しかし、世界の景気を回復させるための政策については、国際的にはまだほとんど議論されてもいない。世界のトップリーダーの資質も影響しているのだろうが、一九七〇年代の半ばと比べて、現在は、先進工業諸国の経済政策の調整や企画の能力が低下してしまっているように思われる。サミット（主要先進国首脳会議）にしても、この二年ほどはほとんど実質的な経済政策の議論はなかった。

日本は、アメリカと議論しながら「逆ショック」の攪乱作用を小さく食いとめ、そのプラスの側面を生かす政策を作成するように努めるべきである。それが「国際社会への貢献」というものであり、しかも、日本にとって少なからざるプラスにもなる。

ことしの経済見通しについて、前半は苦しいが、後半はよくなるということがいわれて来た。その見通しの根拠はともかく、石油値下がりによって前半暗さが増すことは間違いない。後半よくなるかどうかは、政策如何にかかっている。

西独総選挙の意義　1983・3

去る三月六日におこなわれた西ドイツの総選挙は、今年の世界政治のなかで最初の重要なできごととみなされ、多くの人々の注目を集めた。その結果は、西ドイツの国民が大筋において健全な判断力を示したものとなった。「緑の党」[70]が初めて連邦議会に進出したことが、その珍しさゆえにかなり取り上げられているが、それによって選挙の結果の全般的性格を見失ってはならないであろう。

というのは、今回の選挙によって、ドイツでなにか新しい潮流が現れたというより、これまでの政治路線が基本的に確認されたからである。「緑の党」が進出したことから、反体制的な傾向が強まったとか、逆に、昨年秋まで政権について来た社会民主党が後退した(得票率で言って四二・九パーセントから三八・二パーセントへ減少)ことから、西ドイツが保守化したとかいうことは、右、左、保守、革新といった単純な尺度で割り切るもので正しくない。

たしかに社会民主党は後退した。そして、それが過去十四年も与党であったことを考えると、「保守化」といいたくなる人もあるだろう。しかし、西ドイツ国民が社会民主党に背を向けたのは、それが左だからではなく、少し前までは持っていた「統治能力」を失ったからなのである。党内の分裂で悩み、膨張する財政に歯止めをかけえないといった状況が、国民にそう判断させたのであった。

キリスト教民主・社会同盟が大いに進出したこと(得票率四四・五パーセントから四八・八パーセント)の最大の理由は、西ドイツの重要な国策であるアメリカとの同盟関係の重要性を、同党がはっきりと確認したことに求められよう。キリスト教民主同盟党主(ヘルムート・)コール首相は、「中距離核兵器の規制交渉に努力するが、話がまとまらなかったならばパーシングII型を配備する」といい切った。そもそも、その決定はシュミット首相のときにおこなわれたのだから、パーシングII型の配備について、不得要領の発言をする(ハンス=ヨッヒェン・)フォーゲル氏が首相になったのでは独米関係はおかしくなる可能性があった。だから西独国民はコール首相を選んだのである。

しかもそれは、中距離核兵器の規制交渉にもよい効果を及ぼすであろう。西側陣営のなかが分裂していたのでは、ソ連は交渉で譲渡せず、アメリカとヨーロッパ諸国とをかみ合わせて操ることを続けたであろう。ソ連は三月六日の選挙の前の一、二カ月間、それを狙って宣伝戦を展開していた。それが失敗したことで、中距離核兵器の規制交渉はまとまる可能性が増えたと考えてよい。

これまでの政治路線の確認というのは、以上の二つのことに加えて第三の意味がある。それは自由民主党が議席を確保したということである。同党は党勢がふるわず、下手をすると得票率が五パーセントに満たず、五パーセント未満の政党は議席なしという条項のために、連邦議会から姿を消すのではないかと恐れられた。ところが、自由民主党は小政党ではあるが、キリスト教民主・社会同盟と社会民主党の間に介在して、ドイツの政治の分極化を防止して来たのだから、自由民主党が消えることは西ドイツの政治の構造的変化をおこすことであった。その心配が現実のものとならなかったことが実に重要なのである。

それに加えて、小さなことだが、キリスト教民主・社会同盟が単独で過半数をとっていても、同党が単独で政権につくか、あるいはキリスト教社会同盟のシュトラウスが副首相になって、自由民主党の影響力は低下し、西ドイツの政治は「保守化」していたであろう。

政治通の間では、キリスト教民主・社会同盟が勝ち、しかも過半数にならないのが一番よいという希望を口にする人が少なくなかったが、「水物」の選挙の結果がそうなったのであった。

以上の四点から考えると、西ドイツの選挙の結果は、西ドイツ国民の健全な判断の結果であると同時に、幸運でもあった気がする。そして、政治の世界において、幸運は大切なのである。とくに、西ドイツは数年にわたって経済が不調であったうえに、政治の面でも憂慮すべき兆候を呈していた。とくに、政治が左右に両極分解する危険があった。一方では社会民主党が内部分裂し、それにあきたらない人々が「緑の党」を支持し始め、他方保守側がそれに反発した。そうした傾向は「緑の党」の進出を含め、今回の選挙にも現れた。しかし、その程度は恐れられたよりも小さかったうえに、議会内の勢力配分が、これ以上の分極化がおこり難いようなものとなったのである。

われわれはその重要性をしっかりと認識すべきである。西ドイツは困難をかかえつつも安定に向かうであろうし、それはヨーロッパと世界に好ましい影響を及ぼすであろう。

田中裁判と自民党の責任　1983・3 ♠

田中〈角栄〉被告に対する求刑がおこなわれて、日本の政治は騒々しく動き始めた。問題は、そこからなにが出てくるかにある。

これまでの様子からすると、少なくともここ当分の焦点は、田中議員に対して野党が提出する辞職勧告案をめぐる

70　一九八〇年に西ドイツで連邦レベルの政党として確立された。脱原発、二酸化炭素の削減といった環境政策に力を注ぐリベラル政党で世界的な連帯の拡がりを持つ。

ものとなるだろう。与党はそれを拒否し、その結果、国会が空転し、そこでひとつのヤマ場が訪れるという過程が想定されるが、しかし、それは多分騒騒しいだけに終わるだろう。というのは、野党の攻め方には無理がある。田中被告に対して求刑があったといっても、まだ有罪と決ったわけではない。それなのに、辞職を勧告するというのは、検察側の主張をうのみにしたうえでの行動ということである。だから、立法府がそうしたことをすべきでないという反論は、たしかに、筋が通っている。もっとも、それは形式論理といえないこともないし、裁判のこれまでの経過から田中氏の有罪間違いなしという人もあるだろう。しかし、法の裁きでは手続きが重要なのだから、田中氏を有罪と決めてかかるのは正しくない。

しかし、以上のことから、野党の無理攻めに応戦しておればよいと与党が考えるなら、それも大層困ったことである。与党・自民党は今の異常な事態を続けてはならない。ここで異常というのは、自民党の最大、最強の派閥に田中派とか元田中派とかいう名前がつき、それを田中氏が牛耳っていることである。田中氏は自民党党首ではない。そうであれば、その人物が自民党を動かし、ひいては政界を動かしているというのは、当の人物の進退が一貫していないということでもあるし、また動かされている自民党が影の操作を認める不明朗で不名誉な存在であるということでもある。

そうした異常事態に自力で終止符を打つ責務が自民党にある。自民党がそうしないなら、何年かして最終判決が出るまで――一審の判決が出ても控訴があって二審、三審と裁判はつづくだろうから――同じように騒々しいが不毛の動きがくり返されるだろう。その損失は測り知れないほど大きい。

INF削減交渉の難しさ 1983・4

中距離核兵器〔71〕の削減交渉が難航している。三月末、レーガン大統領はこれまでのゼロ・オプションを修正して、双方が少数の中距離弾道弾を保有するという提案をおこなったが、ソ連はほとんど即時にこれを拒否した。そして〔アンドレイ・〕グロムイコ外相が四年ぶりに記者会見をおこなって、ソ連の立場を説明した。

これまでの交渉過程は、ヨーロッパにおいて双方に受け入れ可能な軍事力のバランスを作り上げることの難しさを示している。まずアメリカの立場だが、ゼロ・オプションとはソ連がSS20を全廃するかわりに、NATOはパーシングII型と巡航ミサイルを配備しないというものであり、修正提案は、ソ連がSS20を削減するかわりに、NATOは配備計画を下方修正するというものであって、いずれもヨーロッパにある中距離核兵器についての均等を求めている。

双方が同数の兵器を持つというのは明快で、妥当な提案のように見える。事実、戦略核については、米ソはその原則に立って軍備規制をおこなっている。ところが、ヨーロッパの中距離核については、その原則は必ずしも妥当なものではない。グロムイコ外相の記者会見はそのことに触れている。彼はまず、ヨーロッパに配置されている航空機および、ヨーロッパに近い海域にある空母搭載機を除外した提案は正しくないと指摘した。それも中距離核兵器として計算のなかに入れるべきだというのである。次いで彼は、英仏の核兵器がアメリカの提案では触れられていないが、英仏の核兵器も相当の能力を持つ以上無視するわけにはいかないと述べた。

このグロムイコの指摘は、かなり正しいものを含んでいる。たしかに、航空機は考慮のなかに入れなくてはならないであろう。もっとも、航空機についてはNATO側だけではなく、ソ連側も持っているから、この面でソ連が完全に劣勢というわけではない。しかし、海洋に置かれる核については、西側のほうが優越していることは事実である。ソ連の海軍は過去二十年間に増強されはしたけれども、ソ連海軍は外洋に出るために海峡あるいは狭い水域を通らなくてはならないという地理的な不利から、海洋では西側が優越しているのである。

それでは、ソ連が中距離ミサイルを配備して西側はそれをおこなわないというのが正しいかというとそうではない。ここで、交渉の対象になっている中距離ミサイル以外のもうひとつの戦力を考慮のなかに入れる必要が出てくる。すなわち、ソ連がユーラシア大陸の中心部に位置し、巨大な陸軍を保有していて、通常軍備においては優越した立場にあるという事実である。

それは当然ヨーロッパ諸国に懸念を与える。実際、NATOがパーシングII型と巡航ミサイルの配備を決定したひ

71 戦略核と戦術核の中間に位置する核兵器。戦域核。INF。注68も参照。

とつのきっかけは、一九七〇年代の後半西独前首相シュミットが事態を憂慮したことである。彼は、ソ連が戦略核においては対米均等を要求しながら、通常軍備の規制を意図したMBFR(相互均衡軍備削減)では均等の原則を認めようとしないのが問題だと述べた。

そのうえ、ソ連が戦域核を近代化したので、西側としては対応措置をとらざるをえないと彼は主張し、それが一九七九年のNATO理事会での中距離ミサイルの配備決定につながって行ったのである。

つまり、東西の軍事バランスは非対称的なものなのであり、それは地理的な要因にもとづいている以上、いかんともなし難い。その結果、ある側面についての平等の主張が、全体としての不平等を生み出してしまうのである。したがって、米ソ両国はともに相手の部分的優越を認めつつ、全体としてバランスをとるようにしなくてはならない。

だが、それはきわめて難しい。たとえば中東欧におけるソ連の軍事的優越は、自然でもあり、またソ連の安全保障から見て不可欠のものであろう。それは、海洋におけるアメリカの優越が自然でもあり、また自由陣営にとっても不可欠であるのと同じである。しかし、その度合いがすぎると、西ヨーロッパ諸国は懸念を持つ。だが、西ヨーロッパ諸国が十分な安全感を持つ程度に西ヨーロッパの軍事力を強化すると、今度はソ連が懸念を持つ。双方が満足する均衡点は得られ難いのである。中距離ミサイルの削減交渉が難航しているのは、以上の事情に基づく。

おそらく、米ソはともに、中距離ミサイルという部分的なものを強調しすぎてしまったといえるであろう。ある部分における一方の優越が他の部門における他方の優越によって均衡する、という形でしかバランスは得られないからである。そうした大筋におけるバランスをうち建てるには、部分にとらわれぬ政治的な知恵が要求される。米ソ両国がそれを取り戻せるか否かに、INF交渉の将来もかかっている。

イギリスの二つの報告書 1983・5

去る四月に、イギリスで大変興味深いレポートが二つ発表された。その一つは「代替的防衛委員会」のレポートであり、もう一つは「正当防衛委員会」のものであるが、これら二つの委員会はそれぞれ大学教授、宗教家、軍人などから構成されている。そのレポートは細かい点では異なるところもあるが、基本線はきわめてよく似ている。すなわち西ヨーロッパの防衛は戦域核を使わないものにすべきだというのであり、それはこのところ発展して来た技術、とくに探索技術（センサー）と誘導技術とを最大限に利用して防衛システムを作れば可能だ、というのである。

ヨーロッパの「反核」運動のことは日本にもよく報道されているので、多くの日本人が知っている。しかし、「反核」運動だけが核の問題に対するヨーロッパの反応ではない。四月に発表された二つのレポートのような考え方のほうが広く社会の支持を受け、やがては主流になる可能性を持っているのである。

というのは、「反核」運動は、一部の例外を別にすれば、ソ連の軍備増強という事実をまともに受けとめていない。もっとも無責任な人は、万一、ソ連が攻めてくれれば降伏すればよいという。そこまで極端になれない人々は、結局アメリカの力がソ連を抑止するだろうと考えつつ、アメリカに対してものをいう。あるいは、アメリカが対抗措置をとらなければソ連は自国の強い立場に満足して、なにもしないだろうと論ずる。

しかし、それが誤りであることは明白である。ソ連がSS20（戦域核ミサイル）を作り、配備し始めたのは一九七〇年代半ばのデタントの時代であるし、そのとき、アメリカは核攻撃力を増強してはいなかった。ソ連の軍事力の増強はかなりのもので、アメリカの優越などはもはや存在しない。そして、万一攻められたら降伏するというのでは、結局いかなる正義を守れはしない。

それらのことは、日本人も最近になって分かり始めたように思われる。ソ連はヨーロッパで削減するSS20の一部をアジアに配備するといった。最近では、INF（欧州中距離核兵器）削減交渉とは無関係に、アジアのSS20を百八基から二百数十基に増やしつつある。それを見れば、アメリカにだけ呼びかけるような――あるいはアメリカだけを非難するような――運動は、少しでも良識のある人にはできるはずがない。昨年は夏にかけて、日本でも「反核」運動がなされ、かなりの人々がアメリカで開かれた「反核」集会に出かけて行った。しかし、それは「大義名分」つきの観光旅行にすぎなかったといわなくてはならない。そのことを日本人も認識しつつある。ソ連の軍事力増強にどう対処するかはまじめに考えなくてはならないことなのである。

しかし、初めにあげた二つのレポートは、アメリカ政府の考え方ともちがう。すなわちソ連がSS20を配備したから、それに対して同種のパーシングII型や巡航ミサイルを配備するという対応は正しくないと考えている。なぜなら、この欄で私がすでに書いて来たように、中距離核兵器はそのスピードとすさまじいまでの正確さゆえに、対兵力兵器であり攻撃的な性格の強い兵器だからである。やや専門的なことをいえば、INFは先制攻撃を可能にするところがあり、その点、どちらが先に使っても確実に共倒れになるという大陸間弾道弾と性格を異にする。そのような兵器によって西ヨーロッパを守ろうとすれば、それはそのままソ連にとって脅威になり、東西間の緊張は激化するだろう。

こうして、ソ連の軍事力増強が無視しえないものであり、それに対して中距離核兵器によってこたえるのがよくないとすれば、なにか別の方法が考えられなくてはならないことになる。そのための検討が、今回発表された二つのレポートなのである。中距離核兵器を生み出した技術は、ほとんど純粋に防衛的なシステムを可能にするものでもある。レーザー、赤外線、震動、音などによって相手の動きを探索するセンサーは、ほぼ十分な警戒態勢を可能にする。そして、INFにおそるべき正確さを与えた誘導技術は、対戦車ミサイルや対空ミサイルを正確にする。だから、ソ連の通常軍備に対しては、通常軍備だけで十分に対応できるようになるというのである。

そうなれば、西側は大胆に中距離核および戦域核の削減を呼びかけることができるし、それに対してソ連は応じざるをえないであろう。こうした考えは、具体的な形では今回初めてイギリスで発表されたが、同様の考え方はアメリカのなかにも存在する。だから、安全保障の考え方がその方向に動いて行く可能性は十分存在する。日本としても、その方向に向かって努力すべきであろう。

二つの中庸　1983・5 ♠

中庸は中国でも日本でも美徳とされ、英語にはGolden meanと訳される。黄金分割のことで、それは言い易く、得られ難い。しかし、三月には二つの中庸が得られた。

そのひとつは、西ドイツの総選挙で、西独国民はキリスト教民主・社会同盟をほどよく勝たせた。社会民主党の内部がごたごたして統治能力が衰弱しているのを考えると、キリスト教民主・社会同盟が票を伸ばすほうがよかったけれど、それが勝ちすぎて単独で過半数をとると、キリスト教社会同盟の〔フランツ・ヨーゼフ・〕シュトラウスの勢力が強まるから好ましくないと考えられていたし、自由民主党が五パーセントもとれず連邦議会から姿を消すとドイツ政治が分極化する、と恐れられた。だから、キリスト教民主・社会同盟が快勝しながら単独過半数にはかろうじて届かず、自民党が五パーセントをこえる得票を得て連邦議会に残ったのは、まさに黄金分割的バランスであった。

同じことは石油値下げについてもおこった。石油価格の高騰が現在の世界経済の窮状の大きな原因なのだから、値下がりは望ましいことなのだけれど、あまりに大幅に値下がりすると、メキシコやヴェネズエラなどの国際収支が著しく悪化し、金融危機が訪れることが恐れられた。そして、世界の多くの国々がそれを心配したがゆえに、産油国だけに委せずに、いくつかの国や関係者が加わって話し合いがつづけられた。それは難航したけれども、結局五ドルの値下げという中庸を得た線に決まったのである。石油価格は公示価格二九ドルでは落ち着かず、もう少しはじりじりと下がるだろうけれども、いったん二九ドルでとまったことの意義は大きい。中庸を得た値下げは、いわゆる「逆ショック」の危険を防止した。

このように、よい事がちょうどよい程度でおこると、世界を見ていて、なんとなく愉快になる。この数年、あまりよいニュースがなかっただけに、今後事態が好転するのではないかという気がしてくる。たしかに、その可能性はあるので、われわれもそろそろ、考え方を積極的にすべきであろう。

サッチャー現象に思う 1983・6

先日おこなわれたイギリスの総選挙で、サッチャー首相の率いる保守党が、戦後最大の勝利をおさめた。いろいろと考えさせられる現象である。

というのは、最近のイギリスは決して巧くいっているとはいえない。とくに経済の状態はひどく、失業者は一九八〇年の百万強から三百万をこえるに至ったし、工業生産も一割弱減少している。もっとも、二〇パーセントもあった物価上昇率が五パーセントを切ることになってインフレが収束し、生産性が上昇しているという明るい数字もあるが、それにしても不況と失業は深刻を極めている。そうした状況のなかで保守党が圧勝したのはなぜだろうか。

ひとつには、野党が不出来すぎたということもあるだろう。統治能力を持った社会主義政党といわれて来た労働党は、極左派の力が強まって、国民の気持ちとかけ離れた綱領をかかげて信用を失ってしまった。そして、一部の党員が労働党を離れて民主社会党を作り、今回の選挙では自由党と連携して戦ったが、その勢力はまだ十分に強くない。そうなるとイギリスは小選挙区制をとっているから、第一党は議席を多数とることになるのである（今回の総選挙での保守党の得票率は四〇パーセントであった）。

しかし、そうしたことから、保守党が勝利をおさめたわけではないというのは誤りである。イギリスはずっと同じ選挙制度のもとで総選挙をおこなって来ているのだから、圧勝はやはり圧勝である。そして、その圧勝にはサッチャー党首が大きく貢献している。保守党政権の業績を国民がどう捉えているかの世論調査を見ると、明白にプラスの評価が与えられているのはサッチャー首相のリーダーシップ（よかったとするもの四六パーセント、悪かったとするもの一九パーセント）とフォークランド戦争（よかったとするもの五一パーセント、悪かったとするもの二三パーセント）の二つである。そして、フォークランド戦争もサッチャー首相のリーダーシップに負うところが大きいのだから、イギリス国民の保守党への信任はサッチャー首相への信任という性格が強いといわなくてはならない。

こうして、サッチャー首相は、イギリス国民の生活を楽にしたわけではないのに、相当多くの国民から信任されているのである。しかも、今回の選挙戦のレポートを読んでいると、かなりの国民がサッチャー首相を女王のような感情で見ているところがある。

普通は敬称をあまり使わない新聞記者が、サッチャー首相に「マーム」（ma'am）という言葉を使ったということもあったらしい。一体、それはどういうことなのか。

いろいろな説明のなかで、私がもっとも説得的だと思ったのは、サッチャー首相がイギリス国民の美徳を象徴しているからだというものである。彼女はイギリスの偉大さを心から信じている。自らはエリザベス一世やヴィクトリア女王のようになりたいと思っている（不思議なことに、イギリスの歴史のなかでもっとも輝かしい国王はこの二人の女王である）。そして、イギリス人がそのときのようによく働き、発明の才を発揮し、世界のなかで再び名誉ある地位を占めたいというのが彼女の願いであり、彼女自ら実によく働く。昨秋訪日したとき、一日の日程が終わった後、次の日の準備を夜おそくまでやっていたことは関係者の知るところである。

だから、選挙演説のなかで彼女が発したもっとも代表的な言葉は、「われわれは自ら驚くほどよくやって来た。イギリスが衰亡するなどと予言した人々はイギリス人を知らなかったのだ」というものであった、といえよう。もちろん、この言葉に対して、客観的には疑問を呈しうるであろう。状況は決してよくない。しかしサッチャー首相はイギリスの復興を信じ、そのために努力している。その役割を彼女は威厳をもって演じている。しかも女性的な魅力があるのだから、人人をひきつけるのも当然であろう。

それに、イギリス人はたしかに逆境に強く、何回も逆転ゲームをやって来ているのである。その美徳をサッチャー首相は体現している。だから『マイ・フェア・レディ』の有名な歌の文句を使えば、「ちょっと運がよけりゃ」、イギリスは真実に再生するかもしれないと、私も思う。

一般的教訓としては、サッチャー首相の成功は、政治家にとって政策だけがすべてではないことを示している。ひとつの国民の美徳、すなわち奥深く存在し、眠ってはいても、なくなってしまうということはない性質や、夢を呼びおこし力を与える、ということも重要な素質なのであり、それは危機に際して、とくに貴重なものとなるのである。サッドゴールはフランスにおいてそのことをおこなった。サッチャーがそれに成功するかどうかは別として、それを試みつつあることは間違いない。

関係者だけの政治決戦 1983・6 ♠

今年は政治決戦の年だそうである。なるほど、四月には統一地方選挙がおこなわれたし、間もなく六月末には参議院議員選挙がある。それがうわさされているように「ダブル選挙」ともなれば、すべての選挙が今年おこなわれるわけだから、「政治決戦」というのも判らないではない。

しかし、私にはこの言葉がもうひとつぴんと来ない。私と同様の感想を持つ人も少なくないだろう。その理由を考えてみると、まず、選挙によって政治勢力の分布図が変わることは考えられない。先の統一選挙で北海道と福岡の知事選が大きくクローズアップされたが、それは逆にいえば、他の選挙の結果が初めから判っていたからにほかならないのであり、つまり、大勢は初めから明らかであったということなのである。

もっとも、小さくても重要な動きというものもあるだろう。しかし、今年のいわゆる決戦には争点がない。行政改革とか、経済の再活性化とか、防衛政策とか、日本にとって大切な問題はあるけれども、それらについて各政党が具体的に、かつ正直に議論をして、国民の審判をあおぐという態勢にはなっていない。「軍国主義化」といったありもしない危険が叫ばれたり、十分な決意を伴わないで「行政改革」という目標がかかげられたりしている。それでは決戦にはなりようがない。

各政党が考えているのは、自分たちの世界という狭い社会での勢力の消長である。それは自民党についてとくに著しく、「ダブル選挙」を唱える人は、それによって重要国策について国民の信を問うという目的のためではなく、そうすれば自分の党、あるいは自分の派閥が多くの議席を獲得できるという考慮からである。こうして、政治家たちは視野狭窄《きょうさく》症にかかっていて、そのため小さなことをいかにも重要な決戦のように語れるのであろう。

決意表明の時は過ぎた 1983・6 ♣

中曽根内閣は、第一回の審判である参議院議員選挙で信任されたといえるであろう。比例代表選挙での結果や、戦後最低の投票率をどう考えるかということはあるけれども、改選議席数を上回り、絶対多数を確保した点で、自民党が勝利を収めたことは間違いない。少なくとも相対的に――すなわち、他の政党との比較で、自民党とその政権は信任された。

ここで「相対的に」ということが第一の重要な点かもしれない。というのは、投票率の低さの一つの理由はシラケムードであるが、それは野党に期待をかけ得ないという事情に基づくところが多い。また、ミニ政党が予想外に進出し、逆に社会党が敗退したことも同じである。今回の選挙で社会党をはじめとする野党は、中曽根内閣の外交、安全保障政策の危険性を訴えて選挙を戦った。しかし、それは選挙民にあまり浸透しなかった。おそらく国民は、今日の日本が国際社会の中である程度の責務を果たすことの不可避性を感じており、十年も二十年も三十年も、同じように警告だけを繰り返してきた社会党の政策不在に背を向けたのであろう。

それと並んで大切なのは、野党の批判が「党派的」にみえるようになったことかもしれない。たとえばそれは、社共両党が行政改革に反対したことに現れた。国民は、それは公務員の利己主義を守っているだけではないかと感じたのであろうし、少なくとも、中曽根内閣の行政改革に反対するのはよいとしても、財政危機は現に存在するのだから、それはどうしてくれるのかと、これまた政策不在を物足りなく思ったのであろう。

こうした心理は、日本を取り巻く情勢が困難なものになればなるほど強まってくる。それが、ここ数年の保守の再興の基本的理由なのである。そこで第二の点として、そうした自民党への信任は、その政策への信任というより、自民党が難問と取り組む姿勢への信任であることを指摘すべきであろう。

ともかく、中曽根内閣は行政改革をやろうとしている。

同様に、国際社会における日本の地位を守ろうとしている。そのためには、国民にとって表面的には嫌なことでも、いうべきことはいい、やるべきことはやるという決意がある。それに加えて、自民党はそう過激なことはやるまいという、その基本的保守性に対する安心感があるから、自民党は支持されるのである。実際、自民党の長所は決意と深慮の組み合わせにあり、それが信頼を得ているのである。

しかし、政策はまだ信任の有無を問うほど熟してはいない。たとえば中曽根内閣の外交、安全保障政策について中曽根首相がはっきり発言した決意が評価されているのか、それとも今年の春にタカ派的姿勢を弱めたことが国民を安心させたのかは、よくわからない。行政改革など内政についても、中曽根内閣の政策はまだ十分に具体的ではない。だから中曽根首相としては今後なによりも、こうした信任の性質をわきまえて行動しなくてはならない。すなわち、はっきりと発言し、政策について、国民の支持を得てから行動するという原則を守るべきである。

というのは、外交、安全保障政策についていえば、私見では、日本の防衛力増強は行うべきだし、対米関係を修復したことは評価されるべきである。しかし、それには国民の支持を得て行わなければ必ず反動が起こり、一時は進展しても、いつか後退が起こる。

また、対米関係の修復は確かに必要であったが、それだけが外交ではない。対米関係を修復した後、それに立脚して他の関係を発展させることが日本外交には必要である。米国の考え方と日本のそれには、微妙な相違も存在する。この好例は、対中国政策で、米国は米中関係を少々悪くしてもよいと思っているが、日本にとって中国は、米国にとっての中国よりも重要性が大きい。こうした点について具体的に行動をとることによって、はじめて中曽根外交は形をとることができる、ということを忘れてはならない。

行政改革、財政再建についても多くが今後にかかっている。というのは、たしかに一方では行政の効率化が必要である。しかし、財政再建は半ばは歳出の削減の問題であり、半ばは歳入の増加の問題である。すなわち、経済活動を盛んにして歳入を増やすことも必要なのであるから、性急の歳出減を図ることは、景気を悪くし歳入減を招くことによって財政再建を困難にさせるという関係がある。だから、行政の効率化や福祉の整理で歳出減を図るだけでは問題は解決されないのである。その点、中曽根内閣は日本経済をどのような方向に、またどのようにして伸ばすかを具体的に示してはいない。以上の二つの例に見られるように、はっきりと発言し、国民の声を聞きつつ、政策を具体的にしていくことが今後要請されるのである。

ここまでのところ、中曽根内閣はよくやってきた。決意をもって外交上の懸案と取り組み、行政改革の意思を確認したことは評価され得る。だが、決意表明の第一期は終わった。第二期はプログラム提出の時期であり、中曽根首相の性格は、それには第一期の仕事ほどには適していないように思われる。中曽根首相としては、いうべきことを率直にいえば、日本国民は妥当なものは支持するということを信頼して行動すべきである。そうすればプログラムは作られ得る。

国際的責任の基本　1983・7

原則一〇パーセント減という厳しい概算要求枠の例外として、防衛関係費と経済協力費の増加が続けられることとなった。そのうち、とくに前者については「突出」として批判する声があがっているが、私は増加は当然と思うし、七パーセント弱の増加ではまだ不十分だとも考える。というのは、日本はこの分野での努力をこれまで怠けすぎて来た。それぞれの国が置かれている状況が異なるから、一概にはいえないけれども、国民総生産に占める防衛関係費の比率がアメリカが六パーセント弱、西独が四パーセント弱、日本が一パーセントという数字を見れば、アメリカが不満を持つのは当然であろう。

経済協力費もまた少なすぎる。日本は世界の平和と安全に対して軍事面での貢献はできないから、経済と技術の分野で貢献するのだといっているくせに、日本の政府開発援助が国民総生産に占める比率は、先進工業諸国の平均よりも少ない。こうした事実から考えて、日本が国際的責任を果たしていないといわれてもしかたがない。日本の国力が小さいとか、日本経済の調子が悪いのなら、なんとか弁解もできようが、日本経済は規模も大きいうえに、メカトロニクスなど先端技術で世界をリードするところまで来ている。それに、今年度は貿易収支の黒字は二〇〇億ドルを超すことが確実視されている。こうした状況のなかで、もし防衛関係費や経済協力費を増額しないことになれば、日本は多数の国々から激しい非難を浴びることになるであろう。先日、予算編成の方針で決まった程度の増額は、日本が「無責任」国家といわれないための最小限のものなのである。だから、国際的責任を果たしているということにはならない。

増額が少ないこともあるが、より基本的には、それはいわゆる「国際的責任」の中核をなすものではないからである。私は日本が防衛関係費を年率一〇〜二〇パーセント増額することに反対でなく、できればそうすべきだと思うけれども、それは、これまでアメリカに依存しすぎて来たものを是正し、「オンブダッコ」の無責任人物と思われないようにするためのものでしかない。いってみれば、生徒割引を学生割引にする程度のものである。

政府開発援助はたしかに「貢献」といえるけれども、その効果は、一部の人が想像しているよりも小さい。なによりも額が少ないのである。この二、三年間の政府開発援助の金額は三〇億ドル強であるから、たとえばそれを年間一〇〇億ドルを超える民間投資とか今年度の貿易収支の黒字二〇〇億ドルと比較してみれば、世界に対するインパクトがどのくらいのものかは想像できるであろう。

つまり、日本はそれが日々おこなっている経済活動によって、世界に対して大きなインパクトを与えているのである。だから、その活動をどのような形でおこなうかということが、日本の国際的責任の中核となる。それは社会に対する各個人の責任が、社会とのかかわりのもっとも大きな分野で、社会に役立つような行動をすることにあるのと同じで、寄付も大切だけれど、それよりも自分の守備範囲での在り方のほうが重要である。

ところが、日本にはこの視点はまったくといってよいほど欠けている。たとえば、経済政策・財政政策といえば、このところ「財政再建」という言葉がすぐかえってくるぐらい、関係者はそれを重要視している。たしかに、それは日本にとって重要なものであり、私もそれを軽視してよいとは思わない。しかし、なりふり構わず財政再建に熱中するなら、景気の回復が思わしくいかず、その結果、過去と同様、輸出だけが伸びるということにならないであろうか。現在、国際経済にとっての必要は、アメリカの景気回復をきっかけに世界的に経済成長を再開することであり、そのためには日本と西独がもう少し成長を刺激する財政政策をとったほうがよい、というのがかなり多くの経済専門家の考えなのである。そうした論議が日本では、政策決定にあたってほとんどなされていない。

日本人の国際的責任観は、かつてのアメリカのビジネスマンの社会的責任観に似ているところがある。すなわち、私利を求めてまったく自由に経済活動をし、もうけが大きくなれば、やがてそれを社会的目的のために寄付するというものである。だが、日本の寄付はケチすぎる。より根本的な問題は、私利を求めてまったく自由に行動するということが、今日の相互依存時代の国際社会では不可能になっているということである。実際、日本の産業政策が批判される基本的原因は、日本が国内では政府の巧みな指導と私的な活動を組み合わせながら、国際的には、それぞれの国を単位とする〝自由放任〟政策を原則としていることにあるように思われる。

政治的亡命の報道　1983・7 ♠

最近、二つの政治亡命事件[72]があった。それに関する報道を見ていると、一部にではあるが、原則の偏った使用があるのが気になった。すなわち、ハイジャックによって亡命を求めた「犯人」を中国に返すべきだとほのめかしてみたり、テニス選手胡娜《フーナー》さんの亡命を認めたことから中国が文化とスポーツの交流を断ったことについて、レーガン政権の対中姿勢に原因があるかのような書き方をしたものがあったことである。

もちろん、国家間の友好は重要である。しかし、政治的亡命というのも国際法上確立した制度なのである。しかも、それは、国家間の友好をもたらすための重要な原則である内政不干渉の原則と一体になっている。というのは、内政不干渉の原則によれば、ある国の政府が問題の多い政治をおこない、その国民の人権を抑圧しても、他国はそうした他国の内情を改善するために干渉してはならないことになっている。それはまことに妥当な原則で、それがなければ、各国は人権についてのそれぞれの見解に基づいて干渉し、その結果、国際政治は収拾不能の混乱状態に陥るであろう。

しかし、それだけでは人間的に見て悪いことに目をつぶるということになってしまう。その点を考えると、内政不干渉という原則は冷たい原則なのであり、その冷たさを緩和するために政治的亡命者を受け入れ、それに対して当事国は異を唱えたり、外交関係を変更したりしないことが国際社会でのルールになっているのである。

このように、原則というものは、いくつかのものがセットになっている。だから内政不干渉を原則とする人は、その補完原則として政治的亡命も認めなくてはならない。それを、あるときは内政不干渉を大声で叫びながら、別のときには政治的亡命に対して疑義をさしはさむのは原則の正しい使い方ではない。そうした言論が日本ではかなり多い。それは彼らが「不偏不党」どころか、著しく党派的であることを示している。

二極体制の安定と変化　1983・8

夏に入って、内外の政治状況は大体のところ静かで、大きなできごともない。そこで、本月のこの欄では、少々長期的な問題を扱うことにしよう。

もっとも、そうした情勢判断に異を唱える方もおられるであろう。今年の夏も「反核」運動のうねりが欧米の各国で見られたし、それは今年の末にかけてパーシングII型ミサイルが西独に配備されるのが近づくと、一層激しさを増すだろう。中央アメリカに対するアメリカの介入が深まりつつあり、その一環としての「砲艦外交」に馳せ参ずるため、戦艦ニュージャージーが日本には来なかった[73]。北アフリカでは、リビアの支援するチャドの反政府軍が軍事的成功を収めてきたので、チャド政府はアメリカとフランスに支援を求めて、事態は紛糾しそうである。それに、イラン・イラク戦争、アフガニスタン戦争、カンプチア戦争と、あちこちで戦争が続いている。

しかし、そうしたさまざまな対立や紛争にもかかわらず、それが国際政治の構造をゆるがすような大変化には発展しそうもない、という意味で、世界政治は静かである。たとえば、アメリカがよほどおかしなことをしない限り、中米が「第二のヴェトナム」となることはないし、アフガニスタンでも、(民主)カンプチア[74]でも、介入した軍隊(前者はソ連軍、後者はヴェトナム軍)は、一応地歩を固めているが、完全に反対勢力をやっつけることは、当分ありそうもない。逆にいえば、彼らは完勝はできないが、まず負けそうには

72　一九八三年四月四日に発生した中国の女子テニス選手・胡娜の米国亡命事件と、同年五月五日に起こった中国民航機韓国着陸事件を指す。瀋陽発上海行き中国民航機トライデントが六名の武装グループにハイジャックされ、大韓民国江原道春川市の在韓米軍基地に緊急着陸。犯人は米国への亡命を求め投降した。

73　この時期、中米ではニカラグア、エルサルバドル、グァテマラで内戦が続いていた。米国の介入は目前とされ、艦艇の派遣をはじめ様々な示威行動が行われていた。実際、この年の九月からレーガン大統領はニカラグアへの空爆(直接武力行使)に踏み切っている。

74　一九七五年にクメール・ルージュを主力とするカンボジア民族統一戦線がプノンペンを制圧し誕生した、ポル・ポト政権の正式名称。

ない。

実際、このように対立・紛争はあるが、大変化が少ないことが、現代の世界政治の基本的特質なのである。少なくともそれは、国際政治における力の配分を重視する人々の基本認識となって来た。権力政治の構造からいえば、第二次世界大戦後はずっと二極構造が続いてきた。そこでは、米ソ両国が自らは得点し、相手には得点させまいとして、にらみ合っている。それゆえ、世界でおこるほとんどすべてのことが、二超大国の関心事となる。北アフリカや中米の小さな国の内戦さえ、米ソ対立とかかわることになる。その意味で、対立と紛争は絶えない。

しかし、他方、米ソ関係は手詰まり状態にあり、両国が巨大な核兵器を持つ以上、お互いに相手を無視することはできない。だから超大国の一方にとって、どうしても認められないことは起こらない。そのことはハンガリー、チェコスロバキア、そして近年のポーランドにおける自由化の動きが、結局はソ連によって抑圧され、アメリカは非難する以上になにもできなかったことを考えてみれば明らかであろう。

西側陣営についても、そのブロックの結束が基本的には強いことが示されてきた。もちろん、いくつかの政策について意見の相違はあった。最近でいえば、対ソ政策をめぐって、アメリカとヨーロッパ諸国とでは意見が食い違った。実際、「反核」運動が前例のないかたまりを示したのは、与党的な立場に立つ人さえもが、レーガン政権の強硬策一点ばりに懸念を持ったことによるところが多い。しかし、彼らが欲したのは、アメリカに注文をつけることであって、対米関係を悪くすることではなかった。そのことは今年春の西独と英国の総選挙に如実に示された。それに加えて、レーガン政権が、ソ連との交渉、とくに軍備規制交渉を否定するわけではないという具合に態度を変えたため、今年の「反核」運動は昨年のたかまりを欠いたのである。

こうして、二極構造は苛立たしいまでの安定性を持っている。対立と協力の混在という、その基本的特徴は決して愉快なものではないから、ことあるごとに多極化とか、第三世界の台頭とかいったことがいわれてきたが、現実に起こった変化はつねに限られたものでしかなかった。

しかし、どのような体系も無限には続かない。そして、この二、三年というもの、再び国際政治の多極化が語られているし、今度は一九六〇年代半ばよりも現実的な背景があるように思われる。とくに重要なのは、米ソの核の均等の結果、アメリカが、安く確実にその同盟国の安全を保障しえなくなったことと、国際経済におけるアメリカの比重が三十年前の約半分に低下したこと（世界の生産全体に占めるアメリカの生産のシェアは四〇パーセント強から二一パーセントとなった）である。そのためアメリカの同盟国は、より自主的で、より責任のある外交・安保・国際経済政策をとらなくてはならないと説く論者は少なくない。

　こうした兆候と、これまでに二極体制が示してきた安全性という二つの矛盾から、われわれは国際政治の将来をどう考えればよいのだろうか。それは安易な解答を許さないままに、今後の基本的な問題となるだろう。

弱い者ぶりっこ 1983・8 ♠

　参議院議員選挙の比例代表制は、ミニ政党が善戦し、何人かの議員を送り出すという、大変興味ある結果となった。とくに、選挙制度が改正され、今回の制度が生まれた過程における議論を思い出して、現実の結果と比べてみると、一層面白い。というのは、当時出された反論の多くは、比例代表制の導入が既成政党、とくに大政党に有利であり、それ以外のものにチャンスを与えないことに向けられたものであった。実際に、比例代表制をおこなってみた結果は、まさにその逆であったわけで、サラリーマン新党[75]の二人の議員のように、無名の人間が議員になったのは、日本の憲政史上、今回が初めてである。しかも、それは選挙をやる前から判らないことではなかった。

　理論的にいって、比例代表制は多数の小会派を生み出すものである。ドイツはワイマール共和国の時代に、そのため政治が不安定になり、その教訓から得票率五パーセント以下の政党は議席をゼロにする現行制度が生まれた。ところが、日本の場合にはそうした制約がきわめて緩やかなのであるから、小会派は出て来て当然なのである。

　それにもかかわらず、小さな勢力のチャンスを奪うという議論が広くおこなわれたのは、日本における言論の傾向、あるいは特徴によるものである。すなわち、日本では自らは弱いものだという姿勢に立つ議論が人々の耳目を捉えやすい。比例代表制の導入に際して、このようなしくみなら、

75　この年、経済学者の青木茂らが結成したミニ政党。給与所得者の税不公平感に訴え、所得税の源泉徴収廃止などを掲げ、同年の参院選で二議席を獲得するが、大きな政治勢力とはならなかった。

小会派にもチャンスがあるから賛成だという議論をしても——そのほうが理論的には正しいにもかかわらず——人々に聞かれることはなかったであろう。

そうした傾向には、むろん、よいところもある。弱者をひいき目に扱うことは公平の観点から正しい。しかし、それには欠点もある。事態を正確に把握できないということである。今回は、批判にもかかわらず、比例代表制を導入したからよかったけれども、批判に耳を傾け、比例代表制の導入をおこなわなかったら、誤った理由からひとつの試みをやめることになっていただろう。ついでにいえば、弱い者のふりをすることは、国際社会における日本の不評の主要な原因のひとつである。

ソ連の体質について　1983・9

今回の大韓航空機撃墜事件[76]で、もっとも嫌なことは、事件後のソ連の対処のしかたにある、といえるであろう。もちろん、民間航空機の撃墜は恐ろしいことであり、ソ連がその領空侵犯物に対して、かなり簡単に軍事力を行使する点で、軍事的考慮が優先した国であることを示している。しかし、それにもまして、その後の処理に問題がある。そして、それはソ連の体制のあり方を示している。

ソ連は、九月一日にはソ連領域内に飛行機はないといい、第一回のタス通信の声明では、飛行機が樺太などソ連の領空を侵犯した後、日本海方面に飛行して行ったと発表した。そして三日には、タス通信の報道で事故があったことを認めたが、撃墜の事実は認めなかった。ようやく七日になって、政府声明が出され、それによってソ連は領空侵犯阻止のため指揮所の命令が遂行されたとし、ようやく九日に、ソ連機による撃墜の事実を認めたのであった。

つまり、最初の二回には、知っていて知らぬといったわけである。また、最後には事実を認めたものの、責任は一切認めず、スパイ飛行をおこなっているアメリカが悪いという具合に、他に責任を転嫁する論理をとった。こうした言動がソ連の悪印象を一層強めたことはいうまでもない。もし、事故後、ソ連がただちに謝罪していたならば、今回の事件は不幸なことではあったが、ともかく解決されていたであろう。

なぜ、ソ連はそうしなかったのか。また、このように虚偽をいうことがなぜ可能であったのか。その点を考えることは、今後のソ連とのつき合いに際して重要なことであろう。

まず、ソ連はなぜただちに事実を認めなかったのか。そのひとつの理由は、ソ連の交渉スタイルということであろう。知らぬ存ぜずで押し通すことができれば、それでよいというのがソ連の初めの思惑だったかもしれない。また、それが無理でも、初めは強い立場をとるのがよいということであったかもしれない。しかし、日本とアメリカの情報網はソ連の予想よりしっかりしていて、事態をつかんでいた。それが明らかになるにつれて、ソ連は譲歩するかのような形で、事実を認めたのであろう。

次に、ソ連がその責任を認めないのはなぜか。その基本的理由は、ソ連の指導部の一枚岩を保つ必要があることと、その正しさをソ連国民に示しつづける必要があることに求められよう。民間航空機の撃墜は明らかに関係者のミスであり、最上層部の知らないことであったが、ある条件下では侵入物に対して武力を行使してもよいという体制になっている以上、軍を責めることはできない。そんなことをすれば士気にかかわる、といった議論も出されたかもしれない。

しかし、まったくほおかぶりで通せば、ソ連外交は非常な窮境に陥る。そのジレンマに悩んだため時間がかかったのであり、結果として、責任を他に転嫁する形で撃墜の事実を認めることになったものであろう。

したがって、今回の事件の処理は、ソ連の指導部の団結を示しているとみなくてはならない。軍部のペースで事件の処理がおこなわれたというより、指導部のまとまりの強さのほうが印象的である。この性質からソ連の対外政策は着実なのであり、失敗をカバーすることが巧みなのである。

最後に、なぜ、虚構を貫くことができるのか。それは言論の自由がないことに帰着する。自由主義諸国のような報道機関がある場合には、その国のなかで事実の究明がおこなわれ、批判もとび出すであろうが、ソ連ではそうしたことはありはしない。だからソ連政府は虚構を貫きうるのであるし、同じ理由から、外国政府はソ連に対して不信感をぬぐい切れないことになる。実際、この点は軍縮交渉などでも大きな障害になる。ソ連の軍備計画が秘密のうちに進められ、公開の議論もないし、反論も現れないから、ソ連はなにをするか分からないという懸念がつきまとうのであ

76　一九八三年九月、大韓航空のジャンボジェットがソ連の領空を侵犯し、ソ連防空軍の戦闘機により撃墜された。二六九名の乗員乗客は全員が死亡。

る。

以上の体質は、ソ連がきわめてつき合いにくい国であることを意味している。しかし、忘れられてはならないことに、そうした体制は案外安定していて、長続きするものなのである。言論、報道の自由がなく、エリートがしっかりとまとまって統治しているという国は、われわれの目から見て好ましくないが、しかし、そうした体制は安定している。悪いものが早くだめになり、よいものが長続きするということはいえないのである。その逆もかなりおこる。

したがって、われわれは今回の事件に現れたような体質を持つソ連と、そのことを十分に承知しつつ、今後も長くつき合っていかなくてはならない。甘い希望を持たず、過剰の懸念や嫌悪感に動かされるのを避けて、冷静に行動すること以外に道はないのである。

宿題の季節　1983・9 ♠

アメリカの景気が予測以上に力強く回復してきた。それに石油の値下がりをあわせ考えると、人々とくにアメリカの人々の雰囲気が変化しても当然である。国際会議での経験だが、昨年十一月に人々はアメリカ経済の先行きにずいぶん悲観的であったのに、今年の六月には危機は去ったと明るい顔色で話すようになっていた。

しかし、こうしたなかでいくらかの人々は現状をひそかに惧《おそ》れ、まじめにその打開策を考えている。というのは、いくつかの好ましい展開があったにもかかわらず、その波及効果は限られており、多くの問題が解決の見込みのないままに存続しているからである。たとえば累積債務は開発途上国を中心として巨額のままであり、ブラジルなどは破産寸前の状態にある。緊急措置がとられるから、それが大破局につながることはなさそうだが、開発途上国の購買力は低く抑えられたままで、世界的な景気回復の足をひっぱっている。

それゆえ、アメリカの景気回復はそのままでは広く波及せず、短命のものに終わる可能性がある。もしそうなれば、アメリカの財政赤字はますます大きくなるだろう。というのは、アメリカの現在の政策は財政赤字の問題は未解決のままとりあえず景気回復を図り、それによる財政収入の増加を期待しようというもので、いわばなりふりかまわずの政策だからである。

こうして、アメリカの景気回復を短命のものに終わらせないよう、国際的な政策協調と累積債務問題解決のための思い切った措置が必要だということになる。その際、日本に多くが期待されることはいうまでもないが、けっして容易な仕事ではない。二回も大きな選挙をやったためか、日本の政界はこの夏は静かである。それは結構なことで、その間、政策決定者たちは上述の課題を考え知恵を絞ることができるし、またそうしなくてはならない。それがこの夏休みの課題なのである。夏休みというと生徒たちの宿題の季節であるが、今年は生徒たちよりも日本の政策決定者たちにとっての宿題の季節でなくてはならない。

日本のジレンマ　1983・10

このところ、〔ベニグノ・〕アキノ氏射殺[77]、大韓航空機撃墜、そして韓国の四閣僚爆殺[78]という具合に、血なまぐさい事件がわれわれの周辺で起こって来た。これらの事件は相互に関連がなく、それぞれが突発したものという性格を持っているが、しかし、アジアの情勢が騒がしくなりつつあることを示唆して、われわれに注意をうながすものであるように思われる。

だが、本稿はその問題を論ずるものではない。私はまず、これらの事件のように新聞の大見出しにはならないけれども、より大きな重要性を持つ事態が、静かに、着実に進行していることを指摘したいと思う。すなわち、日本が一日ほぼ一億ドルの貿易収支の黒字を生み出しているという事実である。それゆえ、一九八三年度における日本の貿易収支黒字は三〇〇億ドルを突破し、三五〇億ドルに迫るものと考えられる。

それはまことに巨額な黒字である。したがって、アメリカをはじめとして、国際的な批判が強まってくるであろう。現在のところは、日米間の安全保障関係を強化する中曽根内閣の努力が評価されているうえに、大韓航空機の事件で両国が緊密に協力したことから、日米関係は円滑であり、

77　独裁体制を確立したフィリピンのフェルディナンド・マルコス大統領は、国民から幅広い支持をあつめる元上院議員ベニグノ・アキノ（一九三二～一九八三）を恐れ国外追放にしていた。アキノは身の危険を知りつつ追放先のアメリカから帰国し、マニラ国際空港で国軍兵に射殺された。

78　一九八三年一〇月、ビルマのラングーン（現ミャンマーのヤンゴン）訪問中の全斗煥韓国大統領暗殺を狙う北朝鮮工作員により引き起こされた爆弾テロ事件。韓国の閣僚四名を含め、韓国・ビルマ双方合わせて二一名が死亡した。

貿易収支の黒字問題は先鋭なものとはなっていないが、やがてそれは政治問題化するであろう。それに、日米関係を離れても、これだけ大きな黒字をどうするかということは、国際経済の動きにとって重要である。

もちろん、こうした巨額な黒字がすべて日本の政策の誤りのために生み出されたわけではない。日本は石油危機の後、質的な成長のために努力し、高度技術商品の分野で強い競争力を身につけることに成功した。その結果、石油の価格が高いときでも、輸出が輸入を上回るという能力を持つようになったのであり、そうした状況のなかで今年初め石油価格が下落したため八〇～九〇億ドルぐらい支払いが減少したのであった。しかも、今年に入って、アメリカの景気がにわかによくなったため、対米輸出が増加した。つまり、元来黒字を生み出す力があるところに、今年はとくにそれを急増させる要因が加わったということである。

しかし、大きな貿易収支の黒字は、以上の理由だけによるのではない。円安も重要な理由であるし、日本の内需がなかなか活発にならないこともそうである。このなかで、円安についてはアメリカの政策によるところも大きく、日本だけで解決するわけにはいかないから、国際的課題として取り扱う必要がある。

しかし、内需の不振は日本政府の政策によるところが大きい。すなわち、日本政府はこの二、三年の間、財政再建を経済政策の最大の課題とし、そのため歳出削減を強力におし進めて来た。それがデフレ圧力となったことは否定しえず、その結果日本の主要産業は、一層の輸出努力をおこなうことになっているのである。

もちろん、財政赤字は放置しておいてよいというものではない。しかも、財政再建は単に財政を健全化するというだけでなく、行政改革のスローガンと相まって福祉国家が野放図に膨張することを阻止し、逆にぜい肉をとるという作業の主要な手段となっている。理論的には、不必要な出費は削り、必要な出費は惜しまないという態度がよいのだが、それはつねに難しく、とくに日本においてはそうである。全般的な緊縮ムードのなかではじめて、ぜい肉をとることが可能になる。

そのことはたとえば、一部の地方公務員の不当に高い賃金や退職金への批判が出たり、健康保険制度の改正が提案されるようになって来たことを考えれば理解されるであろう。そのこと自体の非を指摘し、改正を提唱しても、世の中に緊縮ムードがなければ、それは言葉だけに終わるであろう。

こうして、最近の緊縮財政は日本にとってはたしかに必要なことである。しかし、それはただでさえ強い日本の輸出競争力を一層先鋭化させることになり、貿易収支の黒字を拡大させている。それは諸外国の反発を招くし、したがって、今や弱体化している自由貿易制度の維持・運営にマイナスになる。つまり、われわれは深刻なジレンマに直面しているのである。

しかし、日本が国際経済に大きく依存して生きている以上、国際的見地のほうが重要であり、やがて現在の緊縮財政は修正されざるをえないであろう。その際、ぜい肉を落とすという作業を忘れないようにしながら、もっとも実質的な内需の振興策はなにかを考えることが必要であろう。空騒ぎでも内需の振興にはなるが、それは好ましい方策ではないからである。その解答を得ることは決して容易ではなく、それゆえ、多少の年月を必要とするだけに、問題との取り組みは、ただちに始められなくてはならない。

〝田中政治〟克服の時　1983・10 ♣

田中角栄被告に有罪の判決が下った。予想されていたことだが、やはりこの判決をきっかけに、日本の政治は動き出すであろう。そうならなくてはならないし、また、事物の本性からしてそうなるであろう。

もっとも、私は判決直後におこるであろう政争が、ただちにそうした展開をもたらすとは思っていない。もちろん、社会党をはじめとする野党は、田中元首相議員辞職勧告決議案を提出しており、その取り扱いをめぐって、政界はしばらくの間紛糾を続けるであろう。しかし、現在の野党の力と、日本の政治状況から見て、それは具体的な成果なしに終わるものと考えられる。大体、野党もその提出する決議案が否決されることを前提にし、それを期待して行動しているのである。

この際、形式的にいえば、田中角栄氏のほうにも一応の論理があることが忘れられてはならない。日本の裁判は三審制をとっている。したがって、一審の判決では有罪が確定したわけではなく、最高裁まで法廷で黒白が争われた後、初めて有罪が確定するというのは、法律論だけからいえば正しい。

ただし、上述の論理は指導的政治家の用いるべきものではない。なぜなら、政治における指導性は基本的に信用に基づく。したがって、指導的政治家は自己の信用に敏感でなくてはならない。一審とはいえ、有罪の判決を受けることは、日本の検察の過去の実績からみて、クロという蓋然性がきわめて高いことを意味する。だから、一個人田中角栄の有罪は確定しなくても、政治家田中角栄の信用は大幅に低下したのであり、それを考慮して出処進退を決めるのが妥当なのである。

そうではなく、形式的な法律論をたてに、強引に頑張り抜くところに田中角栄という存在の特徴がある。だが、それがなぜ可能なのか。ここで、田中角栄氏を性急に論難するのではなく、彼の使命感とそれが果たしている機能とを考察することが必要であろう。使命感のない人間が頑張れるわけはないし、重要な機能を果たしていない人間が、逆境のなかで政治的地位を保ちうるはずがないからである。

田中派は効率の高い影の行政機関のような機能を果たしている、というのがそのひとつの答えである。政治学者加藤栄一氏はそのことに注目して、田中派を〝令外《りょうげ》の官《かん》〟的なものだと考えている。現代日本の政治は行政機構が肥大化し、複雑化しているのに、セクショナリズムはいたって強い。そのため公式のルートでは、容易に事が進まない。ところが、田中派に頼めばそれが実現するというのである。

しかし、それとともに、私は自民党内の微妙な派閥均衡の作用を指摘したい。一九七〇年代に登場したリーダーたちにその点はとくに濃厚なのだが、彼らは派閥均衡を操ってともかく自民党総裁になろうとはしたが、それに成功した後なすべき仕事についての使命感が、きわめてとぼしかった。彼らは官庁のセクショナリズムを破ろうとせず、党内では派閥均衡と年功序列に乗っかり、そして国会では慣例にしたがって行動する、というタイプであった。つまり、一応の権力欲はあるが、強烈な使命感はなかった。その最悪のあらわれが、「四十日間抗争」であり、それが田中角栄の影響力の持続を可能にしたことは、多くの人によって指摘されている。この問題について優れた評論をものしている伊藤昌哉氏の言葉を借りれば、彼らは「京都の公卿」のような人々なのであり、その非力さと積極性を欠く権力欲とが、田中角栄の影響力を可能にして来たのである。

だから、田中角栄という存在を克服しようと思うならば、上に述べた田中派の存在理由を除去することが必要であるといえるだろう。権力は真空を嫌う。権力の座についた人がそれにふさわしい仕事をしなければ、だれかがそのギャップをうめることが不可避なのである。具体的にいえば、使命感を持つ人のみが首相の座を狙えるような雰囲気の復活が必要であろうし、党の重要な柱として政策形成能力の強化がなされなくてはならない。それは一見迂遠のようだが、田中角栄という存在にふり回された十年余りの時代を克服する本道である。

最後に、判決の後という状況において、上述の方向へのスタートが切りやすいようにするための具体的要望を追加しておこう。第一は、田中角栄氏と同じ時代に生き、したがって田中政治に間接的ではあるが責任のある政治家たちが、自分の政治生命をかけて過去の清算をおこなうべきだということである。彼らは、田中角栄氏とともに辞職する心構えがなくてはならない。もしそうすれば、若返りのムードが強まり、田中角栄氏にも影響を及ぼさざるをえない。

それに、なんといっても田中角栄氏は辞任すべきである。法律論で押し通すのは、政治の源泉が信用であることを無視している点で無理である。しかも、無理はそれだけではない。自民党員でない人物が自民党の最大最強の派閥のリーダーであるというのも、また、その派閥から総裁候補が出ないというのも、ひどい無理である。それだけの無理は長続きしない。どうしてそのことが田中氏に分からないのだろうか。

「おしん」たちの日本 1983・10 ♠

テレビ番組『おしん』[79]が驚くべき高視聴率を記録し続けている。それには出演者に人を得たということもあろうし、感涙を誘うような番組を好むという日本人の気質に合致したということもあるだろう。しかし、基本的には「おしん」が日本人の美徳を体現していることが重要である。いかなる時でも希望を捨てず、よく働き、つましく生活して未来を切り開こうとする「おしん」の生き方は、日本人の琴線に触れるものである。そして、現代が物に不自由しない時代であるだけに、そうした美徳の純粋な形での発露に人々はいささか懐古趣味を含めて共感するのであろう。

実際、そうした雰囲気は現在の日本で支配的であるし、好ましい効果も上げている。たとえば、行財政改革はそのひとつであるし、各企業が生産性を上げるために行っている努力もそうである。勤倹が日本人の美徳であることは間違いないし、困難な時期に直面して、それを思い出そうと

79 一九八三年度に放映されたＮＨＫ連続テレビ小説。太平洋戦争の戦中戦後をたくましく生きた、明治生まれの女性の一代記。国内では平均視聴率は五二・六パーセント、最高視聴率六二・九パーセントを誇り、海外でも一大ブームを巻き起こした。

することはまことに自然である。

しかし、個人の美徳は常に公共の必要とは合致しない。勤倹は高い生産性と多額の貯蓄とを生む。それらが現在の内需の不振と輸出の増大とを招くのであり、その結果、膨大な貿易収支の黒字が生み出される。今年は三〇〇億ドルを超える黒字になるということで、国際摩擦が激化することは目に見えている。つまり、それが「おしん」たちの日本のひとつの帰結なのであり、それゆえ現在の日本人が「おしん」とちがって、もう少し働かないか、あるいは浪費してくれるほうが公共の必要に合致するといえよう。

ここに、現代の日本の基本的ジレンマがある。国を構成する個人が美徳を失えば、国は駄目になるのだから、われわれは、勤倹の精神を否定するわけにはいかない。しかし、それは今日、公共の必要に反するところがあるのだから、手放しで賞賛するわけにもいかない。『おしん』は良い番組だし、「おしん」たちの精神は過去においてだけでなく、石油危機以降の日本においても必要であったけれども、その賞賛が過剰になりつつあるのが、最近、私には気になる。

越山会　1983・11 ♠

越山会[80]、なんと情緒的な言葉であろうか。それは田中角栄という人物と、彼が生み出した現象を説明する象徴的な言葉でもある。だいたい、人間には山を越えてなにものかを求めるという性質があるのかもしれない。上田敏の訳になるカール・ブッセの詩を引くなら、

山のあなたの空遠く
「幸《さいわい》」住むと人のいふ。

ということなのである。

田中角栄の場合、越えるべき山はふたつあった。そのひとつは、もちろん、後進的な新潟から谷川岳を越えて、文明の都東京に出るということである。それに加えて、田中角栄の場合には、中等教育を受けられなかったという境遇から、もろもろの障害を越えて、学歴社会日本のなかで中心的な地位を占めるという課題がつけ加わった。こうした山を越えるという欲望が、田中角栄の活力と能力と、そして落とし穴に落ちる欠点との両方の源泉となったのではあるまいか。

実際、一九七〇年代の日本の指導的政治家のなかで、彼の能力は最優秀であった、と私は思う。構想力、人情味、決断力といったリーダーシップの項目をとり、その総合評価をおこなえば、彼が最優秀であったことが理解されよう。ただ、田中角栄には、やってよいことと、やってはならな

いことのけじめに欠けるところがあった。それは難しい山道を越える無理のもたらしたものではなかろうか。しかし、そうした田中角栄的存在が戦後の日本の経済発展の土台となったことも否定できない。だから、われわれは田中角栄を弾劾するとともに自ら反省すべきなのである。とくに、日本社会内での越山の時代が終わりつつあるだけに、そうした態度が必要であろう。

あらゆる物語には終わりがある。初めの句だけでは話にならない。だから、もう一回引用しよう。

噫《ああ》、われひとゝ尋《と》めゆきて、
涙さしぐみかへりきぬ。

一時の凪　日米経済関係　1983・11

このところ、日米経済関係は一応、平穏に推移して来ている。レーガン大統領は日本を訪れた際、政治指導者との会談や国会の演説で日本に一層の輸入促進を求めはしたが、どうしても早急に解決を求めるということではなかった。だから、今回の訪日は全体として親善訪問という色彩が強く出た。実際、昨年の秋と比較すると、雰囲気の変化は驚くほどのものがある。昨年の秋は、とくに中間選挙にかけて、日本の経済政策、通商政策が激しく非難され、中間選挙の争点のひとつにさえなったのだった。

しかし、われわれは現在の静けさが、今後しばらく続くと思ってはならない。それは一時の凪であり、ひょっとすると嵐の前の静けさとなるかもしれないのである。

今年の平穏さは主として三つの理由による。第一に、年の初めに中曽根首相が訪米して安全保障政策について明確な姿勢をとり、その後もウィリアムズバーグの首脳会談や大韓機撃墜事件などの機会にも、はっきりした態度を示したことが、アメリカ政府に同盟国日本を再確認させた。昨年のアメリカの対日批判には、日本が同盟国とはいえない存在ではないかという不満が作用していた。同盟国といえないような国との間でなぜ自由貿易をやらなくてはならないか、という気持ちが出てきていた。その不満がある程度解消したことは大きい。

第二に、やはり年初の訪米で、たばこへの輸入関税引き

80　一九五三年、田中が衆議院議員として四度目の当選を果たしたことを機に地元新潟で創設された個人後援会。それまで散発的に立ち上がっていた各地の後援会も合流、改名するなどして一本化され、強固な支持地盤を形成した。

下げという、具体的なものについてかなり思い切った措置がとられたのも効果があった。たばこというと大したものではないと思われがちだが、その売り上げは三兆円と大きく、したがって、その輸入増大をアメリカ側は望んでいたのである。そして第三に、アメリカの景気がにわかによくなったことがアメリカ人に自信を与え、社会の雰囲気を明るくした。

しかし、こうした要因が来年も働き続けると考えることはできない。順番に検討していくと、日本の安全保障の積極化は、これまでのところ姿勢の面に限られている。だから、やがてアメリカは姿勢の変化だけでは不満足と言い始めるであろう。第二に、輸入促進措置は、そのひとつひとつの効果が、そう大きなものでなく、また日本の市場に入る際の障壁は複雑、微妙で、簡単にはこわれないから継続的にとられる必要がある。

なんといっても、もっとも重要なことは、アメリカ経済が好況を呈していることは、先に述べたプラスの半面、日本の対米輸出の激増を生んでいる。これに対して、日本の景気回復が遅れていることから輸入は伸びず、そのため日本の貿易収支の黒字は、対米もまた全体も著しく増大するであろう。一九八三年度の対米貿易黒字は二〇〇億ドルに近くなり、全体では三〇〇億ドルに近づくものと考えられる。

もちろん、日本は資源供給国との関係では大きな赤字となるから、対米貿易の黒字は必要だし、資本投下国だから全体の貿易収支の黒字も自然である。しかし、対米二〇〇億ドル弱の黒字とか、全体で三〇〇億ドルの黒字というのは大きすぎる。それは目立つ。だから、問題となる。

とくに来年はアメリカの大統領選挙の年である。だから、日米貿易の不均衡がそこで取り上げられ、政治問題化する危険性が小さくない。おそらく民主党は、この問題をアメリカの失業問題と結びつけるであろう。それは労働組合の票をとるために有効だからである。もちろん、日米貿易の大きな不均衡は、日本だけにその理由があるのではなく、アメリカ側にもあり、多分そのほうが大きいであろう。しかし、巨額な数字を振り回す議論の前に、そうした精密な議論は弱い。

そして経済問題は、いったん政治問題化してしまうと解決が難しくなることが、これまでの例から明らかである。そうしないためには、貿易の不均衡問題と今から深刻に取り組み、できるだけ早く、なんらかの措置をとる必要がある。それがあればレーガン大統領は民主党の批判に対して、

〝日本からの譲歩〟という実績を示すことができるが、それがないと、民主党と共和党が日本非難合戦ということになる危険がある。

そうなっては、ことはこじれる。大河原駐米大使が十月に一時帰国したとき、日本は早く譲るほうがとくだと発言したのは、上述のような判断からであろう。それは正しい判断だから、日本政府はそれを生かすべきである。

INF交渉の回顧と展望　1983・12

先日、アメリカ政府は、流会になった欧州中距離核兵器(INF)削減交渉の過程を記した報告書を発表した。交渉の一方の当事者の発表したものであるから、全面的に信用するわけにはもちろんいかないが、新聞、テレビが自由活発に活動している国の発表であるから、大体のところは事実を正しく伝えていると考えてよいであろう。そこで、報告書を手がかりにINF交渉を振り返り、なにが交渉を失敗に終わらせたか、それがなにを示しているかを考えてみたい。

まず注目されるのは、ソ連代表クビチンスキーは、アメリカ代表ニッツに対して二回にわたり、かなり妥協的な提案を行い、それで話がまとまりそうに見えたが、その後、ソ連が再び強硬な立場をとったため妥協が成立しなかったという事実である。第一回目のチャンスは一九八二年夏の、いわゆる「ジュネーブの森の散歩」におけるもので、ソ連はヨーロッパのSS20の数を減らすことを認め、その代わりアメリカは巡航ミサイルの配備を行うが、パーシングII型の配備はやめるというものであった。

次のチャンスは、今年の十一月初めのもので、米ソ両国は同数の中距離ミサイルを持つが、アメリカが西ヨーロッパに配備する数量は、ソ連のそれよりも少なくするというものであった。これらの示唆は、ともにソ連側が行ったか、あるいは話し合いの中で、その線ならばソ連としては絶対にのめないものではないこと、すなわち交渉の基礎にはなりうることを認めたものである。

しかし、ソ連はいったんは、そこまで歩み寄りながら、その直後に後退してしまった。そのことは、ソ連の政策決定者たちの間に意見の分裂があることを思わせるものである。それを軍部対文官の対立とするのは、おそらく単純化が過ぎるものであり、文官の中にも意見の対立があるとみたほうがよいであろう。そして、妥協を求める勢力がある程度優勢になった後、逆転されたのは、結局のところアメリカの中距離核を西ヨーロッパに置くことを阻止しようという決定――おそらく数年前、ブレジネフの時代に行われた――の重みによるものと考えられる。

それはソ連の立場からは、かなりの正当性を持つものである。というのは、ソ連の中距離核兵器は、アメリカに届かないが、西ヨーロッパに置かれたアメリカの中距離核兵器は、ソ連本土に届くからである。つまり、ソ連の主張は西ヨーロッパのアメリカの中距離核については、ゼロ・オプションなのである。ただ、この主張が完全に正しいとはいえないのは、ソ連が先にＳＳ20を開発し、その結果、ヨーロッパでは核バランスに関して優位に立ち、西ヨーロッパ諸国を脅かすようになったということが忘れられているからである。

だから、公正に見て、アメリカの中距離核を西ヨーロッパに置かせないという、それ自身としては妥当な目標を実現するためには、ソ連がＳＳ20を大幅に削減する必要があった。それはレーガン政権が初めに主張するように「ゼロ」にする必要はない。英仏両国の核兵器もあるし、西ヨーロッパのアメリカの航空機による核攻撃能力も考慮しなくてはならないからである。しかし、英仏両国の核兵器は精度が悪く、アメリカの航空機は到達が確実ではないから、ソ連のＳＳ20は少量でなくてはならない。

ソ連は、しかしながら、いったん造ったＳＳ20を大幅に削減するという英知、もしくは、そうする決断力がなかったということなのである。そしてヨーロッパの「反核運動」のたかまりを見て、アメリカの中距離核兵器を「ゼロ」にすることが可能と考え、強硬態度をとったのであろう。しかし、ソ連の強硬態度は、ＳＳ20の脅威がある以上、妥当なものではなく、したがって西欧諸国をかえって団結させ、議会での決定によって配備が開始されたのである。そうなると、面子もあって、ソ連は交渉を中断する以外になかった。

つまり、ソ連の判断の悪さから、またその立場に無理があったことから、ソ連は外交的に敗北したということである。したがって今後の問題は、ソ連がその敗北から何を学ぶかということになる。そして私の見るところ、それは世界にとって悪い方向のものではないと思う。ソ連は、まず最大限の成果をねらい、それが失敗すると、より現実的な態度に変わるという傾向を過去において示してきたからである。だから来年か再来年には、ソ連は再び交渉に入るのではなかろうか。その後、交渉再開をソ連にとって容易なものにする形づくりが、西側に与えられた課題である。

建設的野党と対話を　1983・12 ♣

今回の選挙〔第三七回衆議院総選挙〕は激戦だった。自民党は田中角栄問題という負い目を克服すべく必死だったし、野党は、これほどよい状況の中で議席を増やさなくては大変だとばかり頑張った。「今回ほど苦しい選挙はなかった」という声が、当選者の多くから聞かれたのはそのことを反映している。そのうえ投票日は天候も厳しく、日本海側ではかなりの雪が降り、その他の地域でも冷え込んだ。そのため投票率は低下したが、それは逆に、投票の真剣度を高めたともいえよう。

こうして激しく戦ってきた選挙だが、個々の結果については奇妙なものもある。何といっても、田中角栄氏が首相のときにも取らなかった二十二万票という票を集めたことは、すべての人にとって大きな驚きであろう。しかし、それは「人情票」として理解できる。田中角栄氏は世間から袋だたきにあいながら頑張っている人物である。そうした人間を温かく遇するところが、日本の「ふるさと」にはあり、それは何も新潟三区に限らない。そしてその「人情」が日本の社会の安定装置となっているのである。したがって、今回の選挙の結果で田中氏がいわゆる「みそぎ」をすませたとするのは正しくない。政治過程と司法過程とは別ものなのであり、それぞれが異なるからよいのである。それに、日本人は人情家ではあっても、必要な変化を行うだけの知恵を持っている。それが今回の選挙にあらわれた。

今回の選挙は、三つの変化をもたらしたといってよい。第一は、もちろん自民党の安定多数が崩れ、保革伯仲という前々回の状況にほぼ戻ったということである。そうなった理由は複合的である。ひとつには、前回の選挙で自民党が勝ちすぎたものが戻ったということがあるし、もちろん田中金権政治への批判も作用している。しかし全体として国民は、この混沌の時代には伯仲のほうがよいと判断したといえるのではなかろうか。

実際、現在の政治課題はすべて難しい。行政改革、財政再建は確かに必要だが、しかし景気回復を忘れてしまっては袋小路に突き当たってしまう。日本は量的に大きく、質的に優れた経済を持つ国として国際的責任を果たさなければならないが、そのやり方が難しい。そうしたとき伯仲に近い形で、大いに議論を行うのがよいのである。

そのことは、第二の変化と合わせて考えればいっそう意味深い。すなわち今回の選挙では公明党が躍進し、民社党も議席を増やして、中道政党が伸びた。この二つの政党の議席数九十六に、新自由クラブと社民連の議席を加えると百七になり、社会党の議席数百十二にごく接近する。

それは、公明党と民社党の政治家たちが選挙でも強調し、選挙結果を見ながらの感想でも述べていたように、反対ばかりしているのではない建設的な野党が強くならなくてはならない、という主張が支持されたからだとみてよい。実際、減税と年金の拡大を合わせて主張するのは無責任な人気取りというべきなので、そうしたところが少ない中道政党が伸びた、ということは喜ばしいことなのである。

最後に、第三の変化は新旧の交代である。自民党をみれば明らかなように現職閣僚が三人、閣僚経験者が九人落選した。逆に和歌山、長野、北海道、京都などで新人が当選した。それは、自民党について人々が望んでいたことなのである。実際、一九七〇年代には田中角栄問題が奇妙に作用して、自民党内のリーダーシップが停滞し、動かなかった。それは自然の変化をせき止める障害のようなものであって、それを破って新旧交代が行われなくてはならないのである。今回の選挙はその欲求がいかに強いかを示した。

以上の考察を踏まえて、中曽根首相がこの選挙から何を学ぶべきかを考えて、この小論を終わることにしよう。その教訓とは、中曽根首相のいう「戦後政治の総決算」は、よい意味での与野党伯仲の中で行われなくてはならないということである。中曽根首相は戦後の総決算を行い、新しい路線をつくりたいとその就任の弁で述べた。それはその通りだと私は思う。

安全保障面について、日本はいつまでも世界に甘えているわけにはいかない。日本が大幅な経常収支の黒字を出していることから、諸外国の対日圧力は高まるだろうし、経済援助のかなりの増額が必要となるであろう。日本の国内だけうまくいけばよいという時代は終わった。その国内にしても、ただ社会保障を増やし続けるわけにはいかないことは、財政事情から明らかである。何を行い、何を行わないかという難しい選択をせずにすますわけにはいかないようになった。

ただ、こうした戦後の総決算は自民党だけで行うことはできない。たとえ今回の選挙で自民党が安定多数をとって、その課題に取り組んだとしても、それは成功しなかったであろう。新しい路線をつくるためには、より広い国民のコンセンサスを必要とするからである。

ばらまき福祉で国の財政がパンクしないためには、統治の責任感覚が、政治家の中で一般的に強まらなくてはならない。だから、新しい路線の建設は、少なくとも建設的野党との対話のなかでつくられなくてはならない。それでこそ本物の新路線ができるというものである。

その難しい仕事を行うのが中曽根氏に与えられた課題である。そのために、故池田勇人首相の言葉を一部借りて指針とすべきであろう。すなわち「忍耐」と「対話」と「決断」ということである。そうした姿勢が今後の日本のリーダーには必要である。

し残したこと 1983・12 ♠

だれでもそうだろうが、師走に入ると「年内にはやります」という類いの約束が意外に多く残っているのがわかり、あたふたとそれを片づけるようになる。だから師走は忙しいのだが、もしも年の区切りというものがなければ、「まあいいや」ということで仕事を先に伸ばし、それがたまっていくことになるだろう。

そうしたことは歴史においてしばしばおこる。とくに、われわれ日本人はその傾向が強いように思われる。オリンピックや万博の準備のように期限がはっきりしているものは、なんとか仕上げるのだが、政治や経済の課題には、普通そのような期限はない。それゆえ、コンセンサスが固まるまで決定しないという日本型意思決定方式の弊害が出て来て、決定と行動はおくれ、課題が蓄積されるということになる。

実際、われわれが今日直面している課題はそうした性質のものではなかろうか。たとえば財政再建は、四、五年前におこなうべきものであったのに、コンセンサスは得られず、また時の内閣も断行することを避けた。自衛努力の増強はといえば、もう少し前からやっておくべきことで、それが国際的に必要となったのは一九七〇年代後半だった。また、国内の反対も一昔前と比べれば弱くなり、リーダーシップをとる政治家があれば、文字通り漸増は可能だった。しかし、コンセンサスを重んずるあまり、ほとんどなにもされなかった。

そうしているうちに、新しい課題も出てくる。対外政策のうえでは、今こそ日本の経済力を国際社会のためにどう使うかを考えるべきときであろう。こちらのほうは、自衛力の増強と並行しておこなうことができるが、財政再建についていえば、世界経済の再活性化とハイテクノロジーを中心とする〝第三次産業革命〟のための積極的施策が必要となっていて、し残した課題と新しい課題の間にジレンマがある。

つまり、日本の政治は時刻表よりも数年おくれているのであり、そこに基本的問題があるように思われる。田中問題もそうである。日本はこうした進行のおくれを克服できるだろうか。

英国の対東方外交 1984・1

一九八四年の第一週は、イギリスの対東方外交によって幕をあけた。サッチャー首相は、おそらく生まれて初めて温和な調子でソ連について語ったし、ハンガリー訪問を計画している。〔ジェフリー・〕ハウ外相は、ソ連のグロムイコ外相と会う手筈を整えた。こうした動きが、歴代のイギリス保守党内閣のなかでも「右寄り」といわれるサッチャー内閣によってなされているのが興味深い。また、昨年の大きな争点であった巡航ミサイルの配備を断行した後で、こうした展開があるのが重要である。

それは、イギリスの政治の美徳である「外交的感覚」の所産といってよいもののように思われる。すなわち、イギリス外交の関係者は、このあたりで、東西関係の雰囲気の悪化を和らげることが必要である、と冷静に判断したのであろう。実際、このところソ連の宣伝機関が行っている対米批判は、まことに激しい調子のものであり、米ソ対立も危機の前夜のような感じを与える。たとえば、レーガンのアメリカをヒトラーのドイツにたとえるといった論調は、そうである。

もっとも、共産主義者が激烈な言葉を用いるのはいまに始まったことではない。彼らは「戦争屋」とか「吸血鬼」といった言葉を平気で使う。そうした体質は、それ自体問題であり、政治の雰囲気を損なう効果を持っている。政治は基本的に妥協の技術であるが、彼らの激烈な言葉はそれを困難にし、ときには不可能にさえする。深刻な対立があっても冷静な言葉遣いをする政治文化のほうが優れていると私は思う。

しかし、ソ連がそういう言葉遣いの国であることは現実なのであり、そのなかでも変動があって、最近の論調は三十年ぶりに激烈なものとなっている。その狙いのひとつは、西側の世論に影響を与えることであろう。ソ連が激烈な言葉を使うことは、むしろ逆効果のような気もするが、ソ連はアメリカの大統領選挙を念頭に置き、レーガン大統領への不信感を強く表明することによって、その再選を防止することを望んでいるのであろう。

より重要な狙いは、危機を強調することによって、ソ連の国内を引き締めることであろう。ソ連経済は種々の理由から、このところ沈滞しているが、これまでのところアンドロポフ政権は、経済改革よりも労働規律の強化によって生産を上げようとしている。そのためには、ソ連が重大な危機に立っているという宣伝は有効である。

しかし、それ以上に、ソ連の指導者は心から現状を憂慮しているのかもしれない。七、八年前までソ連の国力は伸びていたが、この二、三年は形勢は逆転した。アフリカに進出してみたものの、影響力はそう増えず、コストのほうが大きくてソ連の負担になっている。アフガニスタンの内戦は五年目を迎えて、戦況はソ連に有利になっているというよりは、むしろ不利になっていると伝えられる。それに経済の停滞があり、そのうえアメリカが軍備強化を始めたので、ソ連は再び劣勢に立つのではないかと恐れている。そういう逆境に際しては、かえって強く出るというのがソ連の体質なのである。

つまり、ソ連が順調にいっていないところに、その激烈な宣伝の原因がある。ところが、少し前まで順調に勢力を伸ばしていた国が逆に劣勢に立つようになったときに、案外、国際関係は紛糾するものである。そうした例は過去の歴史に少なくない。危機感をあおるための言葉が一人歩きして、本物の危機が訪れるということになってしまうのである。

イギリス外交は、こうした危険を察知し、雰囲気を鎮静化することを必要と考えたように思われる。そして、今月末にストックホルムで欧州安全保障会議が開催されることを考慮し、そこでもまた言葉の戦いがくり返されるようなことがあってはならないと判断して、たとえ限られたものであっても、緊張緩和のための努力がストックホルムで始まるよう準備を始めたものであろう。したがって、イギリスの対東方外交はまことに時宜を得たものといわなくてはならない。

なお、いかなる状況でも対話を必要視しながら、イギリスが、対話だけでことがすむとは思っていないところにも注目しておく必要がある。昨年末、イギリスは巡航ミサイルを配備した。それは、ソ連が数年前からSS20を配備し、西側の反対にもかかわらず削減しようとしない以上、必要なことであった。必要な備えはする、それとともに対話も忘れない、それが平和を維持する正統の方法なのである。対話一辺倒、あるいは力一辺倒の議論が横行しがちな今日、われわれとしても、学ぶべきものがあるように思われる。

アンドロポフ時代の意義　1984・2

〔ユーリ・〕アンドロポフ〔共産党書記長〕は、ソ連の史上もっとも不運な指導者として位置づけられることになるであろう。それも、ただ、彼が指導者の座についてから、わずか一年余りの後に死去したということだけではない。彼がブレジネフから引き継いだ状況が悪すぎて、だれがやっても最初の何年かは積極的に前進することは不可能であったということが、私の〝不運〟という最大の理由である。

まず、彼は〝膨張しすぎた帝国〟という状況を引き継いだ。ソ連の軍事力は一九七〇年代を通じて強大になり続けたし、史上初めてアフリカに〝友好政権〟をうち立てた。実際、それらを年表にしてみると、少々異常という感じを否めない。たとえば、一九七六年にはアンゴラに対して大規模な軍事援助を行って〝有効政権〟をつくり、一九七七年にはエチオピアに対して同種のことを行った。新型ミサイルの就役をみると、一九七七年にSS20、SS17およびSS18のモデルⅡを、一九七八年にはSS21、一九七九年にはSS22とSS19のモデルⅡ、そして一九八〇年にはSS23といった具合である。いうまでもなく一九七九年にはアフガニスタンへ侵攻した。

これだけ勢力を増大させれば、あちこちで反発が起こるのは当然だし、また随所で失敗があり、政策遂行上のコストが増大するのも避けられない。こうしてアンドロポフには、大きくなりすぎたソ連の力の整理という任務が、客観的に課せられたのであり、それはいうまでもなく、どの指導者にとってもうれしい仕事ではない。

第二に、アンドロポフは〝安定しすぎた官僚制国家〟をブレジネフから引き継いだ。それはブレジネフ時代が十八年も続いたことからだけでも必然なことであったが、そのうえブレジネフ政権が最近に至るまで、ほぼ同じ世代、すなわち一九〇〇年代生まれの人々によって構成されたことによって一層そうなった。そうしたとき、若い次の世代は育ち難い。また、いたるところで年功と序列が幅をきかすようになり、凡庸な年長者の天国のような状態が生まれる。またそうした状況には腐敗がつきものであり、規律も乱れるようになる。

こうして、アンドロポフは老朽化した官僚制に活を入れるという仕事を背負うことになったが、これまた官僚制というものの性質を知っている人ならだれでも分かるように、きわめて難しい仕事である。だから、アンドロポフの時代は、まず外交的には後退の時代となった。

ソ連は、アメリカの中距離核兵器の欧州配備に反対を続けたが、ソ連がSS20を配備したのに、西側は対抗手段をとるなという立場が無理である以上、ソ連の反対は無益であった。また、国力にまさるアメリカがソ連の力の拡大に反発した以上、ソ連の力の相対的な弱さが目立つようになることも避けられなかった。しかも、夏ごろからアンドロポフが病気になり、時を同じくして大韓航空機の撃墜事件というミスが加わったため、この過程は一層印象的なものとなった。

第二の仕事について、アンドロポフは、ある程度の成功を収めたようである。まず、彼はかなり強引な方法も混じえて、規律の立て直しをはかり、ひとまず成功した。また怜悧な彼のことゆえ、自分のできることには限界があることを知っていて、若手を登用した。ロマノフ、ゴルバチョフ、アリエフといった人々がそれである。ただ、こうした仕事は早くはできない。逆にいえば、彼は早く死にすぎた。彼は彼の後、若い世代にバトンを渡すつもりであっただろうが、それはできず、ブレジネフ派のチェルネンコに逆戻りしてしまった。ゴルバチョフを推す人々がかなり頑張ったようだが、結局〝古手〟が勝った。

こう見てくると、チェルネンコ政権には多くを期待できないように思われる。しかし、それで案外よいのかもしれない。ひとつには、アンドロポフが嫌なことをいくつか済ませている。ソ連の後退はどの道、避けられないことであったが、それはすでに起こった。ソ連はこれから時間をかけて、戦線の立て直しをはかることができる。それに、世代交代は決して早くは行われえないものである。あるいは、多少時間をかけてやったほうがよい、という性格を持っている。

今後のソ連の政治の焦点は、経済を中心とした内部の体制の立て直しであり、それとの関連における新旧の関係の調整であろう。善意によってであろうが悪意によってであろうが、その過程を攪乱するのを避け、当面は見守るというのが、われわれの態度として、多分、最善であろう。

変わるアメリカのリズム 1984・3

一カ月ほど前、一部の専門家を除いて、〔ゲーリー・〕ハート氏の名前を知る人はほとんどいなかった。しかし、今では知らない人のほうが少ないであろう。「スーパー・チューズデー」といわれるこの火曜日の予備選挙と党員集会のうち、ジョージア州とアラバマ州で〔ウォルター・〕モンデール氏がハート氏を破ったため、二月末のニューハンプシャー州の予備選挙以来の「ハート旋風」は終わったけれども、ハート氏はスーパー・チューズデーの九つの州のうち五つで勝ったのだから、同氏が民主党の大統領候補になる可能性はかなりのものといわなくてはならない。アメリカの大統領選挙は興味をそそり、興奮を生むものとなって来た。それはまた、今日のアメリカの状況を知るうえで絶好の材料でもある。なぜ、モンデール氏絶対有利という予想が外れたのかを考えるなら、アメリカのことが相当分かるであろう。

もちろん、「ハート旋風」になにか不健全なものを感ずる人も少なくないであろう。その上昇ぶりはあまりにも早すぎる。それはマスコミュニケーション、とくにテレビがきわめて速やかに、印象的な情報を流すことの結果である。ニューハンプシャーというひとつの小さな州の予備選挙での劇的な勝利と、その勝利者のイメージがテレビで伝えられると、アメリカ全体がゆれ動いたのであり、テレビの力の大きさを如実に感じさせられる。そして、このように早く、かつ大きく社会がゆれ動くのは、なんといっても不健全といえよう。

しかし、「ハート旋風」を「テレビ選挙」のせいだけにしてしまうのは、正しくない。人間がある情報に動かされるのは、その素地があるからなので、今回もそうであった。その素地のひとつは、モンデール氏が魅力に欠け、民主党員にもなにか物足りぬ思いを抱かせる人物だということであろう。彼は一九八〇年まで四年間副大統領をつとめていたこともあって、民主党の組織や労働組合をしっかりと掌握している。当然、選挙資金も豊富である。ただ、その半面、理念や原則といったものは戦術的考慮で使うという、ご都合主義のところがある。

実際、〔ジミー・〕カーター大統領の副大統領のときはカーター大統領よりも理想主義的で、「人権外交」なども盛んにやっていた。ところが、一昨年の秋に、日本商品、とくに自動車の進出を食いとめようという気持ちがアメリカの一部で強まってくると、赤裸々な保護主義的言動をとるに至った。私はそれを見ていて、同一人物かと疑い、なんともお粗末なご都合主義よと思ったものである。いかに彼が大統領選挙のために全米自動車労働組合の支持が欲しかったにせよ、節操がなさすぎる。

そうした思いは私が日本人であるから強いのだろうが、アメリカのなかにも存在する。その証拠に、ハート氏は先日、今後の主張の最大のポイントとして保護主義の波を阻止することと答えている。それは理論的にも正しい。そう発言してもアメリカ国民の多くの支持を得られる、と判断しているのであろう。逆にいえば、アメリカでは民主党にとっても労働組合の支持がかつてほど決定的でなくなったことを示している。もっとも、モンデール氏は今後イリノイなど労働組合の力強いところで勝ち、民主党の大統領候補にはなるかもしれないが、その場合、レーガン大統領は楽に勝つだろうといわれる。

それに対して、ハート氏ならレーガン大統領に勝つチャンスがかなりあると思われるし、それが「ハート旋風」の重要な原動力となっている。それは、ハート氏がアメリカ国民の求めているものを与えるかもしれないという期待感である。アメリカの国民が明確な目的意識を持って力を発揮するようにするのが大統領の任務だ、と彼はいい、その点で自分は四半世紀前のケネディ大統領のような大統領でありたいと述べているのが、少なからぬ共感を生んでいるようである。そうした訴えが受け入れられる素地は、昨年、ケネディのリバイバル・ブームがおこったことから見て、明らかに存在する。

さらに興味深いのは、上述の点でハート氏はレーガン大統領とも――方向はちがうかもしれないが――共通点を持つということである。レーガン氏はアメリカ経済を再活性化し、アメリカを再び強国にすることをスローガンとして登場し、大統領選挙に勝った。その後、成功もあれば失敗もあるが、アメリカ再興という基本姿勢はおおむね支持されているようである。ハート氏は、その民主党版といってもよいし、それゆえ共和党支持者にも再興の気持ちが強まっている。それは七〇年代に混乱し、やがて沈滞したアメリカが活力を回復させつつあることを示唆している。

もちろん、それがどのように具体化するかはまだ定かではないし、そこにムードに引っ張られる危険がある。しかし、アメリカの歴史のリズムが変わって来たことは間違いない。

「昨日の人」と「今日の人」 1984・5

二月末以来激しく戦われてきたアメリカ民主党大統領候補の予備選挙は、モンデール氏の勝利が確実になったと思われるが、ハート氏も頑張っていて、まだ先がある。三月の初めから中盤にかけては、ハート氏という新人がすい星のように出現し、勝利をおさめるのではないかという推測も出されるといった状況だったが、労働組合など民主党関係の組織を握るモンデール氏はやはり強かった。

しかもなお、本命といわれたモンデール氏は思ったよりもはるかに苦戦である。そうした選挙戦の過程は、現在のアメリカについて、いろいろなことを示唆し、教えてくれる。まず、それはよい意味でも悪い意味でも、アメリカの政治が動きの激しいものであることを示した。なにしろ、世界の人々が年初にはほとんど知らなかったハート氏が、三月半ばには、民主党の大統領候補になり、ひいてはアメリカの大統領になるのではないかとさえ思われるようになったのだし、その後もモンデール氏は容易に勝ち切れないでいる。

それは、アメリカの大統領選挙が、予備選挙を通じて、かなり多くの人々が候補の決定に参加することができ、そのため、新人が比較的出やすいようになっていることに、まず起因する。それに、この過程においても公共の選挙資金が使われうるようになっていることも重要であろう。また、アメリカの大統領選挙が、テレビを通じて与えられる各候補者のイメージの勝負というところがあることも、動きを激しくする要因として重要であろう。

それにしても、この二、三カ月の動きは激しすぎる。それは本命モンデール氏に案外人気がなかったこと、挑戦者ハート氏に、イメージはあっても〝中身〟がなかったことによるものと考えられる。そしてそのことは、現在のアメリカ社会の変容をわれわれにかいま見させる。モンデール氏の人気のなさは、一つにはその政策が、混合経済と福祉政策の充実の二本柱であることにあるだろう。それは二十年前まではたしかに現実の必要を満たすものであったが、今日では〝大きな政府〟を生み、マイナスのほうが強いとして、反省が強まっているものである。そうした政策をかかげるモンデール氏をロンドンの『エコノミスト』誌が「昨日の人」と評したのは、まさに適切であった。

政策面だけでなく、運動面でもモンデール氏は「昨日の人」というところがある。すなわち、同氏は労働組合を中心とする既成の組織に乗っかり切っているところがあり、それは、米国産自動車部品調達(ローカル・コンテント)法案のように、かなり露骨に保護主義的法案に賛成を表明したことに示された。〝大きな政府〟は〝利益集団〟を強めるというのがよく批判される点だが、モンデール氏はそうではないか、という気持ちをかなりの人々が持ったように思われる。

実際、この十数年間でのアメリカの重要な変化は、労働力のあり方の変化であり、それと関連して生じている、労働組合のイメージの評価であるといってよい。まず、後者からいえば、アメリカの労働者の組織率は、一九五六年の三四パーセントから一九七四年には二六パーセントと低下した。それにもまして重要であるのは労働組合への評価で、大体同じ期間に、労働組合を積極的に評価する人は七五パーセントから六〇パーセントへとかなり減少している。二十年前にも、アメリカの労働組織率は低かったが、そのころは労働組合は労働者全体、ひいては国民の多くを代表すると考えられていた。いまはそう見る人は減ったのである。

そのことは、労働組合の中心である大産業――たとえば自動車や鉄鋼――がアメリカの将来を切りひらく力を失い、アメリカ人にとって夢のある産業ではなくなったことと関連している。実際、雇用の創出という点から見ても、大企業は雇用を減らしているのに、中小企業、とくに被雇用者二十人以下という小企業が雇用を増やし、業績も伸ばしているのである。ハイテク産業や情報産業については、どうやら規模があまり大きくないほうがよいらしい。それにアメリカの調査で分かるのだが、小さな会社のほうが〝働きがい〟がある――自分のやることと、会社の仕事との関係がはっきり分かるから――ということで、人々、とくに若い人々に人気がある。

彼らは「今日の人々」といってよいであろうし、彼らがハート氏を支持したのだった。しかし、彼らは将来の方向がはっきり分かっているわけではないし、政治に何を期待するかも、政治の考え方も定まっていない。その点でもハート氏は彼らを代表していた。

こう見てくると、モンデール氏とハート氏の間でゆれ動いた民主党の予備選挙の姿は、「昨日」はすぎ、「今日」はまだ形を整えないという転換期のアメリカを映したものといえるであろう。

イラン・イラク戦争の現実 1984・6

「丘の向こう側」とか「川の向こう岸」といった言葉は、論文や書物の題名に使われて、強い印象を与える。「丘の向こう側」はエドガー・スノウが米中接近の少し前、出版した書物の題名として頭に残っている。

それはおそらく、距離としては案外近いのに人間には「向こう側」のことは意識せず、知らないところがあるということに関係するのだろう。イラン・イラク戦争に対する日本人の反応を見ていると、私にはその感慨が浮かんでくる。日本人は、ともかくイラン・イラク戦争が終結することを望んでいるし、日本政府は大国のなかで日本だけが両国と交渉があることを誇りとし、その立場を利用して両国間の和平に貢献したいと考えている。

それは決して悪いことではない。もちろん日本が湾岸地域から六〇パーセントもの石油を入手しているので、その地方が平和でなくてはならないという考慮が働いている。しかし、自国の利益を考慮するのは当然のことで、その方法が他国の利益も考えていれば、それでよいのである。それに、イラン・イラク戦争が、最近の戦争では珍しいほどの人命の損失を伴う悲惨なものであることから和平を願うという気持ちも作用している。

しかし、それはあくまでも日本から見たイラン・イラク戦争なのである。その視点だけに安住してしまうと、イラン・イラク戦争について両国が戦っている戦争目的が分からなくなる。そして、両国はただひたすら無益な殺し合いをしているということになってしまう。だが、そうなってはイラン・イラク戦争の、彼らの側の見方が分からなくなるのであり、われわれはこちら側で勝手なことをいっているだけになってしまう。

われわれとは考えが違うけれども、イランとイラクは必死になって戦っているし、周囲のアラブ諸国も、関係のある西欧諸国もそれは分かっているのである。簡単にいえば、イラン・イラク戦争は体制の存否をかけて戦われている「宗教戦争」である。一九七九年のイラン革命によって、イランにはシーア派の原理主義を信ずる政権が生まれたが、それはスンニ派の支配するアラブ諸国に大きな懸念を与えた。とくに、多くのシーア派の人口をかかえ、しかも国境を接せるイラクにとって、その懸念は大きかった。ホメイニ政権に打撃を与え、その力を弱めようとして、イラクは戦争を始めたのであった。

しかし、イランは革命によって混乱していたけれども、イラクの攻撃を食い止め、やがて反撃に転じた。そこでイラクは終戦の用意があることを示唆するようになったけれども、今度はイランがイラクに指導者のフセインの辞任を招く可能性のある「謝罪」や、賠償金の支払いなど厳しい条件をつきつけた。もちろん、イラクにはそのような条件はのめない。そうすれば、イランの威信が強まり、シーア派の勢力がイラク内部で強くなるからである。

それはまた、他のアラブ諸国にとっても悪夢である。そこでサウジアラビアなどアラブ諸国は、戦争によって石油収入が減り、経済が苦しくなったイラクに対して経済援助を増額した。そのカネでイラクはフランスなどから武器を買ったし、ソ連もまたイラクに武器を売った。カーグ島やその周辺の船舶を攻撃しているイラクの攻撃機シュペール・エタンダールとミサイルのエグゾセがフランス製であることは、広く知られているとおりである。この際、注目しなくてはならないのは、フランスの武器売却はイギリスやアメリカの暗黙の支持を受けているということである。彼らもまた、過激な教条によって動かされるイランが勝ち、湾岸地域を支配するようになることを恐れている。

こうして、ほとんどのアラブ諸国と西欧諸国は、イラクが負けないようにするという目標については完全に一致している。そして、イラクに適当な援助をし、それによってイラクが持ちこたえるならば、イランがイラクを屈伏させることをあきらめ、「勝者なき終戦」が成就されるであろう、というのがその外交プランであるといえる。だから、ペルシア湾でのイランによるタンカー攻撃に際して、アメリカはAWACS（空中警戒管制機）を出動させてサウジアラビア空軍を助けたたし、国連の行動もイランに厳しく警告するところがあった。

これらは厳しい情勢判断による冷酷なまでの計算に基づいた外交である。だが、そうしたものがなければ平和はありえない。その点をわれわれは忘れてはならないのである。

種々の理由により、ペルシアの複雑で厳しい権力政治のなかで日本は役割を果たすことはできないし、果たすべきではないであろう。しかし、以上が国際関係の中心的な現実であることは、しっかりと認識すべきである。

アメリカの不思議 1984・7

今日のアメリカは多大の知的好奇心をそそる。一体、アメリカはうまく行っているのか。それとも乱調なのか。この問いに対して明快な答えは得られないが、しかし、アメリカが現代文明の最先端を行く国であるだけに、この問題を考えることは価値があるものと思われる。

まず、成功か乱調かについて、基本的な事実をあげよう。レーガン政権の経済政策がうまく行っていることを示す事実は多い。インフレは沈静した。レーガン大統領が就任したときには一三パーセント近くあったインフレは、一年余りの間に大体五パーセント程度におさまった。その急速な鎮静は当然不況をもたらしたが、それも一九八三年からは近年には珍しい好況へと変わり、一九八四年もやはり五パーセントぐらいの経済成長となるであろうと予測されている。同時に一〇パーセントに近かった失業率も低下し、七パーセント強の「自然失業率」へと近づいている。つまり、完全雇用の状態に近いということである。

以上は完全な成功物語である。しかし、首をかしげざるをえない数字もある。すなわち、財政赤字が二〇〇〇億ドルに近いことがそれであり、経常収支の赤字も一〇〇〇億ドルという巨額のものに達すると思われることが、それである。それでドルは強く、「ドル独歩高」といわれる状況になっていることは、どう考えても理論的には矛盾なのであり、そうした状況が長続きするはずがないと論ずることは十分可能である。

アメリカはうまく行っているのか、それとも八方破れのやり方が当面成功をもたらしているだけなのか。それを考えるために、レーガン政権がしたことを思い切って単純化して考えることにしよう。

レーガン政権はインフレを抑えるため厳しい金融引き締め策をとるとともに、アメリカ経済再活性化のために、大幅な所得減税と乱暴なまでの投資減税と投資優遇策をとった。所得税は平均で二五パーセント軽減されたし、償却は約半分の期間に短縮された。

それが景気刺激効果を持ったことは間違いない。しかし、そうした措置は、当然、政府の財収減をもたらすから、それについての手当てがいる。その点に関し、レーガン大統領は、一方では福祉の経費の削減によって支出を減らすことを考え、他方では、減税は経済活動を活発にするから、税収は増えるので、減税による財収減はかなり相殺されると主張した。しかし、さすがのレーガン大統領でも福祉の経費はそう削減できなかったし、他方、軍事予算が増えたので、支出は減らなかった。そして、経済活動が活発化するので税収はあまり減らないということは、少なくともすぐには起こらなかった。その結果、大幅な財政赤字が生じてしまった。

ところが、アメリカでは個人貯蓄率が低いので、政府の大きな財政赤字は資本市場を圧迫し、金利の上昇をひき起こした。普通ならば、それは好況を抑えるはずである。ところが、アメリカの場合にはドルが基軸通貨であるため、世界の人々はアメリカの高金利を見て、アメリカに投資することになった。そのため、アメリカは高金利にもかかわらず、資本には不足しないということになったのである。

だが、以上のカネの動きはドル高を生み、そのため、アメリカの輸出は伸びず、輸入が大幅に増えることになった。したがって、このところ赤字傾向であったアメリカの貿易収支は一層大きな赤字となり、その結果、歴史上例のないほどの大幅な経常収支の赤字となったのである。アメリカはこれまで世界に多額の投資を行って来たので、世界に多くの債権を持っているが、現在の状態が続けば、来年もしくはその翌年にアメリカは債務国になると計算される。

つまり、簡単にいって、アメリカは世界からカネを借りて再活性化しているのである。一体、その行き着く先はどこなのであろうか。ここから先は常識的に考えるしかない。企業でもそうだが、伸びるためには、時として借金をしなくてはならない。借金もできぬ企業はだめだといわれるのは、そのことである。しかし、借りたカネはいつかは返さなくてはならない。したがって、問題は借りたカネによる好況が、経済の飛躍を生み、経済が一回り大きくなるかどうか、そして大きくなった分をむだ遣いしないかどうかに帰着することになる。

アメリカはどうだろうか。新しい飛躍がなされつつあるという兆候は確かに存在する。しかし、まだ断定はできない。それにむだ遣いもありそうである。そのようなわけで、今年から来年にかけて、とくに来年のアメリカは注目と研究に値すると思われる。

イスラエルの悩み　1984・8

七月末から八月半ばの二週間余りの間、テレビも新聞もオリンピックのニュースで埋めつくされた。もっとも、こういうお祭りもたまにはあってもよいと私は思うし、それに、この間の世界は平穏で、大したニュースはなかった。だれの手になるのか分からない多数の機雷が紅海にまかれるという物騒な事件があったが、しかし、幸せなことに被害は軽微であった。

オリンピックのニュースによってかき消されてしまってはならないニュースは、おそらく七月二十二日のイスラエルの総選挙とその後の政局の空転であろう。いうまでもなく、イスラエルとアラブの関係がどうなるかは、中東の状況に大きな影響を与えるものであり、その中東は世界政治の重要な焦点である。そして、今回の総選挙はレバノン出兵の失敗と年四〇〇パーセントもの物価上昇に表わされる経済運営の失敗が前政権にあっただけに、〔メナヘム・〕ベギンと〔イツハク・〕シャミルの政治に、イスラエル国民がどのような審判を下すかに、世界の人々は強い関心を持っていたのであった。

その結果は、イスラエルに大きな政策変更はなさそうだというもので、多くの人を失望させた。たしかに、これまで政権を担当して来た与党リクードは、四十八議席から四十一議席に減った。全議席は一二〇だから、七議席の減少はかなり大きく、リクードへの批判は厳しかったことが分かる。しかし、野党第一党労働党も、第一党にはなったものの、四十七議席から四十五議席へと議席を減らした。だから単独過半数にはほど遠い。そして残りの三十四議席はなんと十三の小政党が分有したのであった。典型的な小党分立の形である。ややくわしく説明すると、労働党よりも左の二政党が六議席、リクードよりも右の二政党が五議席であり、それに宗教政党が四つで十二議席、中道政党が五政党十一議席となっている。

こうした結果になったのは、一つには、イスラエルの国会議員選挙が完全な比例代表制を用いているためである。完全な比例代表制は第一次世界大戦後のワイマール共和国が示しているように、小党分立と政局不安定とを招き易い。しかし、同じ制度でも、一九七〇年代の半ばまでは、労働党が過半数、もしくはそれに近い議席をとり、長期安定政権を誇っていた。それが最近、小党分立になって来たのは、アジア・アフリカ系のイスラエル人が建国後流入して次第に勢力を増したことと、労働党が統合力を弱めたことによる。

労働党はイスラエル建国運動の主導権を握った勢力であり、それが建国後リーダーシップをとったのは自然の成行きであった。しかし、なにもないところから国家を再建しようというのであるから、初めからイスラエル建国については、いくつかの理念があって対立していた。だから、イスラエルには初めから実に多数の政党が存在していたのであり、それを労働党の指導力がかろうじてまとめていたといえよう。

そうした対立は、イスラエルが夢ではなくて現実となったとき、深刻となり始めた。そのころ、アジア・アフリカ系のイスラエル人の力が増大したが、彼らは西ヨーロッパ流の社会主義にはなじみがなく、より単純で、分かりやすいイスラエル中心主義のほうにひかれた。それがリクードを強くしたのだが、しかし、彼らはイスラエル中心主義であるから、アラブ諸国との平和的な関係は作れない。レバノン侵攻がその一つの現れだし、ヨルダン川の西岸をパレスチナ人に与えるといったことは考えず、そこに植民して完全なイスラエル領にという考えもそうである。

だが、それではイスラエル・アラブの対立はいつまでもなくならない。しかも、人口のうえでは、周囲のアラブ諸国の人口を合計するとイスラエルの人口の何十倍にもなる。だから、イスラエルは兵営国家のようになって、ひたすら生存のために戦いつづける以外にない。いかに生存が大切だといっても、それでは建国の父たちの理想が無くなってしまう。

それゆえ、レバノン侵攻の失敗の後の今回の総選挙は、リクードの偏狭なナショナリズムを訂正する絶好のチャンスと考えられていたのである。しかし、結果は先に述べたようなものであった。労働党の党首〔シモン・〕ペレスが活力も魅力もない人物であったことが響いたといわれているが、より基本的には、労働党がリクードの偏狭なナショナリズムに代わるものを大胆に打ち出せなかったことが重要であろう。

選挙後、労働党を中心とする連合政権作りが試みられているが、まだ成功していない。イスラエルの政治の混迷はまだしばらく続きそうだが、それは、イスラエルをどのような国にするかについて迷っているイスラエルの姿を表わしている。

「ミニ・デタント」の終わり 1984・9

東ドイツの〔エーリッヒ・〕ホーネッカー国家評議会議長が、計画されていた西ドイツ訪問を取りやめた。これによって、今年の春から静かに進行してきていた「ミニ・デタント」、すなわち西ドイツと東ドイツ間の交流増大による緊張緩和努力は、ソ連の圧力の前に一頓挫したということである。

ソ連は四月ぐらいから今日まで、相当の圧力を東ドイツに加えていた。とくに西ドイツが東ドイツに対し、まず十億マルクの借款を供与し、続いて七月二十五日、西ドイツのドイツ銀行が東ドイツの輸出入銀行に対して九億七千万マルクの借款を供与する協定を結んだことに、ソ連は神経をとがらし、七月二十七日の『プラウダ』で、こうした動きを非難する論説を載せた。それは表面上は西ドイツの「報復主義」を非難するものであり、東西ドイツの間の交流の増大を東ドイツ切り崩し策ととらえ、したがって、第二次大戦で生まれた戦後秩序を打破しようとする動きとして攻撃するものであった。

ところが、西ドイツの意向だけで「ミニ・デタント」はできるはずがなく、東ドイツもそれに熱心だったために「ミニ・デタント」は可能だったのであるから、ソ連の西ドイツ非難は、実は東ドイツ非難を意図したものであったことが理解されよう。そのことは『プラウダ』をよく読めば分かるし、それに今になって思い当たることとしては、六月末〔ドミトリー・〕ウスチノフ国防相が東ドイツを訪問したとき、東ドイツ駐留ソ連軍が示威演習を行った。ソ連は東ドイツの動きに不満を持っていた。

しかし、それはなぜか。東欧圏の諸国が西側の国から借款を受けるのは、いまに始まったことではない。西側との経済交流がなければ、ソ連と東欧の経済は苦しいし、逆に、借款を受けたからといって、これらの国々の社会体制が揺さぶられるということは、これまでの例から見て、まずありえない。それに、緊張緩和は悪いことどころか、いいことだと考える人も多いだろう。なぜ、ソ連は東ドイツの動きに対して目くじらを立てるのか。

それは、ソ連が昨年秋以来、対米強硬路線をとっており、今回の東ドイツの動きがそれに反するからである。ソ連は昨年末、アメリカのＩＮＦ（中距離核兵器）が西ドイツとイギリスに配備されたとき、ジュネーブでのＩＮＦ削減交渉を打ち切った。そこには、ソ連が強い態度で終始すれば、西側はやがて折れてくるという判断があったように思われる。

今年になってソ連はそうした態度を強化した。五月八日にロサンゼルス・オリンピックへの不参加を表明したうえ、続く五月九日、レーガン大統領を歓迎した中国に、〔イワン・〕アルヒポフ第一副首相の訪中を取りやめることにしたのが、その現れである。同じころ、ソ連は西ドイツへの非難を強め始めた。こうした一連の動きによって、ソ連はソ連の意図に反する緊張緩和は認めないことを示そうとしたのであった。それに反する東ドイツの動きは認められないのであった。

こうしたソ連の圧力で、東ドイツは「ミニ・デタント」を中止した。しかし、ここで興味深いのは、東ドイツ政府がかなりソ連に抵抗し、独自の歩みをとったことである。七月二十七日の『プラウダ』の論文で批判された後、東ドイツの機関紙『ノイエス・ドイッチュラント』は、ホーネッカー議長の西方外交を称賛するハンガリー共産党の機関紙の記事を転載して、反論とした。

こうした東ドイツの大胆さの理由のひとつは、ソ連の立場に無理があるということであろう。そもそもＩＮＦの問題は、ソ連がＳＳ20を配備したことから起こったのに、アメリカは対抗手段をとってはならないというのでは、アメリカも西ヨーロッパ諸国も認めるはずがない。

そして、デタントが完全に消滅して東西間の交流がなくなれば、困るのは東側なのである。おそらく、東欧圏には緊張激化を望まない勢力がかなりあるのだろう。いや、そういう人々はソ連の中にもいるように思われる。対米強硬路線の主唱者はグロムイコ外相、ウスチノフ国防相だといわれるが、その結果生じる意地の張り合いはソ連の国益に合致しないと考えている人々があるのだろう。それがホーネッカー議長を力づけていたのかもしれない。

だが、ホーネッカー議長は結局、西ドイツを訪問することは取りやめた。それは、あまり一時に事を行おうとしてはならないというホーネッカー議長の賢明な現実的判断のゆえとも考えられる。それならば、「ミニ・デタント」は将来また再開されるだろう。しかし、ソ連部内で〝タカ派〟の勢力が強まったことが理由になっているかもしれない。それならば、状況は憂慮すべきものである。

九月初めの〔ニコライ・〕オガルコフ参謀総長の辞任は、その意味するところの判断は難しいが——彼は単純な〝タカ派〟ではなかったから——ソ連指導部内の対立を示唆している。今後のソ連指導部の動向は要注意である。

「ラージ・デタント」1984・10

九月は奇妙な月だった。上旬に、東ドイツのホーネッカー書記長が予定されていた西ドイツ訪問を取りやめた。そのことは「ミニ・デタント」の終わりということで、先月この欄で触れた。ところが、九月末、グロムイコ・ソ連外相が国連総会に出席し、その機会にレーガン大統領と会見し、三時間半にわたって話し合った。それは、ソ連の首脳陣とレーガン大統領の最初の会談であり、その写真をとるため、ホワイトハウスのオーバル・ルーム（大統領執務室）に入り切れないほどのカメラマンが詰めかけたと報じられる。

それは、米ソの話し合いが始まり、したがって「ミニ・デタント」の代わりに「ラージ・デタント」が始まったことを意味するのだろうか。そして、やはり九月上旬、オガルコフ・ソ連参謀総長が解任されたという、もう一つの出来事は、以上の展開との関連でどう判断したらよいのであろうか。

そのためには、まずグロムイコ外相の〝訪米〟について報道されていることから、その意義を探ってみるのがよいであろう。一方では、その行為自身が、ソ連はレーガン政権と話し合うことに決めたことを示している。これまでソ連は、レーガン大統領は東西関係の運営に誠意がなく、それゆえ話し合うのはむだだ、という立場をとってきた。特に昨年末、米国がＩＮＦ（中距離核兵器）を西ヨーロッパに配備してからは、ＩＮＦ削減交渉とＳＴＡＲＴ（戦略兵器削減交渉）を打ち切り、ロサンゼルス・オリンピックにも参加しないことによって、強硬路線をはっきりさせた。それを英国の『エコノミスト』誌は、ソ連の五月の「冬ごもり」と形容したが、ソ連がそうした姿勢をとりつづけることの不利を悟ったことは、まず間違いないと思われる。なにしろ、米国の大統領選挙の約五十日前という重要な時期に会談を行うということは、レーガン大統領の再選を一層、確実にするものであり、それゆえ、レーガン大統領とは交渉しないというこれまでの政策とは明らかに異なるのである。

おそらくソ連は、軍備管理について交渉しないことが、米国の好きなように新技術の開発を行わせる点でソ連に不利であることを認識したのであろう。特に、「スター・ウォーズ」と呼ばれる衛星と宇宙空間の軍事的利用に米国が本格的に乗り出した場合、その方面での技術に優れる米国がリードを奪うのを恐れたように思われる。あるいは、そうした米国の力の強化に対抗するためには、ソ連は巨額の出費を必要とすることを知り、それが不調のソ連経済におそらくは耐え難い負担を与えることを知って、それを避けようとしたのであろう。

オガルコフ参謀総長の解任の理由の一つは、彼が今年の春に発表した論文で、ソ連軍の「マイクロ・エレクトロニクス革命」を提唱したことにあると考えられるが、ソ連指導部はオガルコフ参謀総長のいうとおりにした場合の、経済的コストの大きさに驚いたのであろう。

とはいえ、他方、米国での行動で、グロムイコ外相は米国への具体的譲歩は何ら行わなかった。国連総会での演説では、彼はレーガン政権の政策を「力による平和」を求めるものとして非難したし、最近のレーガン大統領の〝ソフト〟な態度については、言葉よりも具体的な行動が大切であると述べた。ソ連は、レーガン政権が「対ソ軍事的優越」を示そうとしていると考えており、そうしないという保証を具体的に与えよ、ということであろう。つまり、米国が「スター・ウォーズ計画」に乗り出さないならば、ソ連は交渉に応ずるということである。また衛星破壊兵器（ASAT）の実験停止をソ連は求めている。

これに対しレーガン政権は、ASATは交渉の結果決めるべきものである、としており、その過程でINF交渉において米国の主張をある程度認めさせようというのである。実際、ソ連が米国の「スター・ウォーズ計画」を恐れるのと同様、米国はソ連がSS20を配備したのに、米国はINFを西ヨーロッパに配備してはならないというソ連の立場を認めえないのである。その点に関し、両者の言い分には、それぞれ根拠がある。

そこを両者がどう認め合うかが今後のポイントであるが、両者とも、初めから自分の持っている強いカードを捨てる気持ちは毛頭ない。それは交渉の結果行われるべき妥協としてしかありえない。グロムイコ外相は米国訪問によって、そうした交渉におけるソ連の立場の強化を図ったのであった。彼が米国と交渉する姿勢を示し、同時に中国外相と二日にわたって話し合ったのは、その一つの現れであろう。

こうしたグロムイコ外相の〝訪米〟は、長期にわたる外交交渉のための準備である。米ソ交渉が始まるのは時間の問題だが、その交渉は厳しく、長期に及ぶであろう。それが「デタント」といわれているものの実態なのである。

来るべき日米経済摩擦について 1984・11

十一月六日に行われた米国大統領選挙で、レーガン大統領が記録的な大勝をおさめた。楽勝は予想されてはいたが、その予想をさえ大きく上回る大勝であった。強いアメリカを復活させようというレーガン大統領の基本姿勢は、これで国民による支持を確かめたわけで、レーガン大統領は強いリーダーシップを発揮することができるだろう。

そのレーガンのアメリカといかに付き合い、協力していくかは、向こう二年間の日本にとって最大の課題である。こう書くと、日米関係はよいではないか、「ロンとヤス」という信頼関係もあるではないか、だから日米関係以外に努力の重点を移してもよいのではないか、といった感想を持つ方がおられるかもしれない。確かに日米関係は良好である。

しかし、アメリカと日本が直面している課題は前例がなく、かつ解決の方法をどこに求めてよいかを簡単には知り得ない困難なものなのである。まず、現実に現れている問題から考えていくと、本年度の日本の対米貿易収支黒字は四〇〇億ドルもの大きさに達するものと考えられる。しかも、アメリカ全体の貿易収支の赤字は一〇〇〇億ドルを超えると思われるから、それを放置することは不可能であり、したがって、一国で最大の不均衡をもたらしている日本に目が向けられることは不可避であろう。

だが、アメリカの全体としての貿易収支の大きな赤字も、対日赤字も簡単に解決できるものではない。日本が関税障壁などを設けて、アメリカの商品を買わないようにしているため、こうした結果が出ているのなら、それをやめれば事態はすぐに改善されるのだが、大幅な不均衡をもたらしているのは市場のメカニズムなのである。また、アメリカの経済が不調を続け、競争力がまったくないなら、事態は理解できるが、アメリカの経済は明らかに質的にも進歩している。

問題は、ドルが断然強いという事実にある。円とドルの為替レートが今日のような状況である限り、日本の対米輸出が増え、対米輸入が減るのは当然であるし、他の国との関係についても同様である。今日、アメリカ人は外国の商品の価格を見てドルに換算した時、大半のものが安いと感ずるであろう。昨年の夏と今年の夏、ヨーロッパがアメリカ人観光客によってあふれたという事実はそのことを象徴している。

ここで、われわれは経済学の常識に反する現象にぶつかる。常識からいえば、為替レートは貿易収支や国際収支を均衡させるように動くはずである。すなわちドルが高過ぎるために不均衡が生ずるのなら、ドルは安くなるはずであるその趣旨の議論は過去にもあったし、やがてそうなるはずだという議論は今日もある。それらが間違っているとも思われない。

この矛盾をどう考えたらよいのであろうか。一つは、そこにアメリカの総合力が反映しているという考え方である。アメリカが三、四年大幅な国際収支の赤字を出しても破産することはないと人々が考えるから、アメリカにカネが集まったり、ドル高が続くというのである。この説明はアメリカ政府の苦しい説明という面もあるけれども、しかし、アメリカで新しい産業が力をつけてきていることを考えると、あながち根拠がないともいえない。

もう一つの説明は、アメリカの異常な高金利がカネをアメリカに集めるからドル高になるというものであり、したがって、高金利の原因となっているアメリカ政府の財政赤字が減少しなければ、ドル高と国際収支の不均衡は続くというものである。それが多数説であり、おそらく正しいであろう。

しかし、ここで忘れてはならないのは、現在のアメリカの政策はアメリカにとっても世界のほとんどの国にとっても、かなり好都合のものであり、したがってしばらくは続きうるということである。アメリカ経済の再活性化と好況は、アメリカにとってはもちろんよいし、他の国は輸出を伸ばして景気をよくできるから悪くない。そして、貿易収支の黒字をアメリカに投資したり貸したりすれば、アメリカはカネ詰まりにならない。実際、日本は史上前例のない巨額の貿易収支黒字を稼ぎ、大体その分をアメリカに投資したり貸したりしているのである。そのように両者にとって好都合の状況は、続いても不思議ではない。

しかし、アメリカにいかに力があっても、無限に借りることは出来ない以上、この状況はいつか終わる。問題はそれがいつかということであり、どのような形で終わるかということである。

そして、今の状況を続ければ続けるほど、その終わり方は激烈なものになると思われるし、それが世界経済に与えるマイナスも大きい。日米両国政府はそうした展開を避けるために知恵を絞り、協力しなくてはならない。間もなく表面化するであろうと思われる日米経済摩擦についてはこうして、これまでと異なる対処が必要なのである。

第三期を迎えた日韓関係　1984・12

韓国大統領、全斗煥氏の訪日は一九八四年の日本の国際関係の展開において、極めて重要な出来事であった。それ以上に重要であるといえるのは、日本が急速に世界に対する資本供給国になりつつあるという不思議な事実ぐらいのもので、その意義やそれがもたらす課題については、鋭意研究中だが、まだよく分からないので、やがて書かせてもらうことにして、本年最後のこの欄では、日韓関係について論じたいと思う。

さて全斗煥大統領の訪日が、なぜ、それほど重要なのか。それは太平洋戦争後、日韓関係が第二期を終わり、第三期に入ったことを象徴するものだったからだ、というのが私の見解である。

私のいう第一期とは一九六五年の日韓国交正常化までであり、この期間では、日本の韓国支配三十五年の負債のために、日韓両国の間には国交もなかった。また、韓国としては、ともかく国をまとめ、そして、分割と朝鮮戦争という二重の衝撃に負けずに、経済的になんとか食べて行くことができるようにする、という課題に忙殺されていて、日本との国交は必要性も少なかったし、それ以上に国交のないことのメリットのほうが大きかった。

しかし、一九六〇年代の半ばには、過去の負債は多少減って、国交を結ぶことが出来るようになったし、また韓国が本格的な経済建設に乗り出したので、日本との国交も必要となった。その結果、日韓両国間の経済交流は増大し、韓国経済は、その成長率において日本に追いつき、追い越し、一九七〇年代には、日本にまさる経済成長を遂げるようになったのであった。

それは、韓国の人々に自信を持つようにさせ、日本人と話し合う際、過去のことだけではなく、未来のことを話題とすることが出来るようにさせた。その分だけ「三十五年の植民地支配」の負債が小さくなったわけであり、それだからこそ、全斗煥大統領の来日も可能となったのである。

私自身の経験からいっても、韓国の新世代の人々は、旧世代の人々よりはるかに話し合い易い――彼らは日本語は話さず、したがってお互いに不自由な英語で話さなくてはならないにもかかわらず、である。

それは、極めて必要なことであり、それゆえ、喜ばしいことである。というのは、一九六五年から約十年間の第二期は、韓国が大成功を収めた時期であると同時に、その終わりにかけて、さらに一層の発展を遂げるために、いくつかの関門を越えなくてはならないことが明白になった時期でもあるからである。

ごく簡単にいえば、第二期の韓国は、「安い労働コスト」の利を生かして、軽工業品と一部の重工業品の輸出をテコに伸びればよかったが、もはやそうはいかず、質の高い製品で世界に進出しなくてはならないようになった。しかし、その段階への発展は、いわば「胸つき八丁」ともいえるような苦しいものなのである。

まず、これまでのやり方の一部を変える必要がある。次に、高い技術レベルの商品における競争力をつけるためには、実に広範な能力が必要であるのだが、新興産業国の場合には容易には満たしえない。すなわち、どこかに穴があいているのである。さらに韓国は一九七〇年代に、急速に工業化するため、外国から大量の資本導入をしたが、韓国は今や、その借金の重荷を感じている。

これらのこと、特に第二点と第三点は、日本とかかわりのあることである。第二点については、日本は韓国に対して、そうした技術を供給する能力を持っているし、隣国として、そうしやすい立場にある。しかし、日本の企業家としては、そうしたことをすれば、ライバルを育てるのではないかという、ためらいがある。

第三点については、日本は資本供給力があるし、さらに日本は韓国との貿易において、この二十年間、常に黒字——それも韓国経済の規模を考えると、大きな黒字——を記録して、韓国の借金支払い能力を減じている。しかし、ここでは詳しくは述べないが、そうした黒字は構造的なものであり、簡単になくすわけにはいかない。

つまり、日韓関係の第三期は、両国間の分業をどうするかが問題である時期なのである。そうした関係をつくっていくために、なによりも必要なものは、率直な意見の交換である。だから私は、日韓両国間で、未来のことを話し合えるようになったことを喜ぶ。しかし、まだ十分そうなったわけではない。

真に率直な対話を行うために、日韓両国として必要なことは多いだろうが、ひとつだけあげておこう。韓国に対しては、あまりに多くを過去のいきさつで説明しないで欲しいと思う。われわれとしては、無意識のうちに続いている韓国軽視観を克服することが、最も大切である。

軍備管理交渉の見方 1985・1

新春早々の一月七日、米ソ両国の外相がジュネーブで会談し、一年余りの間中断していた核兵器削減交渉が再開されることになった。米ソ間の緊張が次第に激化していった一昨年や、米ソ間にほとんど対話らしいものがなく、ソ連がオリンピックをボイコットした昨年と比較すると、事態はたしかに改善されつつあるといってよいであろう。

しかし、われわれはこの変化を、対決から対話への変化といった具合に単純化して捉えてはならない。大体、交渉というものは、日本語の話し合いという言葉が示唆しがちな甘いものではないのである。それは、しばしば力の闘争の代用物でもある。今回の米ソの交渉再開について二つの事実を考えてみれば、それは明らかであろう。

まず、ソ連は一九八三年の末、あれほど強く西側のINF(中距離核兵器)配備を非難して、核兵器削減交渉を中断したにもかかわらず、なぜ再びテーブルについたのであろうか。平和のためというのは答えにならない。それなら、そもそも交渉を中断しなければよかったからである。ソ連が交渉のテーブルに戻って来た基本的な理由は、交渉をおこなわないことがソ連にとって大きなマイナスを招く恐れがある、という点にある。それは軍備拡張競争を生む恐れがあり、そうなればソ連が劣勢に立つ可能性が大きいのである。

とくに重要なのは、アメリカの経済が再活性化して、ある程度の軍備拡張を支えうることを示したという一般的事情に加えて、レーガン大統領がいわゆる「スター・ウォーズ」計画を唱え始めたことであった。それは技術的に見て未知の点が多く、したがって近い将来に成功する可能性は小さいし、それに間違いなしに巨額の費用を要するであろう。しかし、それは成功するかもしれない。だとすると、ソ連もアメリカに対抗してスター・ウォーズの能力を開発しなくてはならないが、それはソ連の経済にとって、おそらくは耐え難い負担となるであろう。それがなくても、ソ連は一九七〇年代を通じて、GNPの一〇パーセントを超える軍事費を使い、その経済に対する悪影響が出始めているのである。

つまり、ソ連は宇宙兵器の開発禁止をその重要な目的として交渉のテーブルに戻ったのであり、したがって、ソ連はそのために交渉をフルに利用するであろうし、逆にアメリカは、自らの持つその有利なカードを簡単に捨て去ることをしないであろう。こうして、交渉は始まった後、間違いなしに長引くし、再度の中断さえ考えられないこともない。

第二に、軍備管理交渉は、その効用において二重の限界があることを忘れてはならない。まず、それは核兵器を減らすことを直接の目的とするものではない。それは核のバランスを安定させることを目的とするものであり、その過程で、両国は自らにとって有利な結果を得ようとするところがある。だから、ソ連は反ミサイル・システムの禁止を唱えるが、過去においては、ソ連のほうがそれに熱心だったのである。客観的に見ても、米ソ両国が限定的な防衛システムを、ある程度均衡した形で持つことは望ましいであろう。また、削減ということだけからいえば、長距離核ミサイルの弾頭数を半減するというレーガン大統領の提案のほうがよいことになる。しかし、ソ連は脆弱性を増しつつある地上発射の大陸間弾道弾への依存率がアメリカより高いため、急に長距離核ミサイルの弾頭数を減らせば、ソ連の立場が弱くなるのである。

こうして、ともかく核と軍備を減らせば世の中は平和になる、という考えは誤っているのであり、それは平和どころか、かえって不安定を招く。しかし、残念ながら、そのことを忘れた議論が世界でも日本でも少なくないのである。ある者はレーガン大統領が半減案を出しているのを忘れて、宇宙兵器開発禁止を唱える。その逆の人ももちろんいる。

次に、こうして軍備管理は、核のバランスを安定させ、それが使われないようにするものであるから、それがいかに重要であっても、平和な国際関係構築の第一歩でしかない。つまり、軍備管理の協定ができても、米ソ間、あるいは東西両陣営間の対立がなくなるということはない。対立が緩和するのでさえ、さまざまな動きの結果、長い年月の後でしかあり得ないであろう。

実際、その点を見誤ったところに、一九七〇年代初めのデタントが、数年後には人々に幻滅を与え、再び国際緊張が激化した基本的な理由がある。軍縮論の最大の落とし穴は、兵器がなければ対立もないだろうと考えてしまうことにある。そこで軍備管理協定ができれば対立は大幅に弱まったと信じ、やがて事実に裏切られてしまうのである。今回の軍備管理交渉がそうなってはならない。

五五年体制の功罪 1985・1 ♣

一言にしていえば、「五五年体制」は「特化」という言葉で特徴づけられるであろう。それも歴史にほとんど例を見ないようなものである。

まず、それは基本的には自由民主党が与党に、社会党が野党に特化した体制であった。それまで離合集散をくり返していたとはいえ、いくつかの保守党が日本全国に持っていた地盤は圧倒的なものであったから、それらが合同すれば、その政権は相当永続的であることが運命づけられていた。逆に社会党は歴史が浅く、基盤が弱かったうえに、外交・安全保障政策において非現実的な立場をとることによって、政権党たることを自ら放棄してしまっていた。しかも、彼らは一九六〇年代に入っても、「非武装中立」に固執した。それは西ドイツの社会民主党が五〇年代末に中立政策を捨て、六〇年代に入って政権党へと前進したのと、まったく対照的である。多くの国民は社会党を純粋の批判者として見るようになり、政権を担当する基本的条件を欠くものと考えるようになったのであった。

しかも、社会党はそれを表看板とした。それは二つの帰結を生んだ。ひとつは、政治における論議が、どのみち動かしえない外交・安全保障政策に集中し、しかも神学的ともいえる色彩を帯びた結果、経済政策のあり方といった世俗的な問題が現実的な効果をもって論じられることはなかった。したがって、日本の経済政策は優秀な日本の官僚たちが計画し、実施するようになったのである。国際経済のなかで弱い立場にありながら経済成長をとげようとする国は、外国の圧力と国内の諸集団からの圧力のいずれからも自由な政府を必要とするというのが通説であるが、以上のようなメカニズムで後者の条件は満たされた。前者については、日本人の基本的な島国的性格と、経済発展以外に生きる道はないという広範な信念から見て、その条件を満たすことはそう難しいことではなかった。

次に、社会党の「安保反対」の立場は、日本がアメリカと軍事的に協力することにも、また日本が軍事費にカネをかけることにもブレーキをかけた。社会党が批判者の立場に徹していただけに、その反対は効果があった。それは社会党の日本への貢献といえるであろう。少なくとも一九六〇年代の半ばまで、日米軍事協力と日本の軍事力増強が抑制されたことは疑いもなく有意義なことだったからである。

以上の二つの帰結の合計は、日本が軍事的役割はほとんど果たさず、経済に専念し、それに成功したということであった。すなわち、日本は経済に特化した国となったのであり、それが「五五年体制」の成果であった。

しかし、生物の世界の事例が示すように、特化したものは、ある意味では目ざましい成功をおさめるが、逆にその奇形性ゆえにいつかは苦しむことになる。われわれはこの十年ほどの間、その苦しみを味わっているのではなかろうか。

まず、経済に特化した国は他国に対し、特異性、利己性、脆弱性といった印象を与える。そうした印象が一般に「経済摩擦」と呼ばれているものの背景をなすことは否定できない。さらに、「ファンダメンタルズ」が強いにもかかわらず、円が安いということも、前述の印象と無関係とはいえないであろう。もっとも、経済に特化した存在というのは、核時代の現代に合致したあり方であり、伝統的な国のあり方よりも適合的であるかもしれない。とはいえ、日本が国際社会のなかで変わり者であるという事実は残る。

より平凡だが重要な問題は、永遠の与党と永遠の野党という特化が、長期的にはそのいずれをも不健全にさせてしまうという事実である。それは物質的および精神的腐敗を生む。自民党の金権体質は残念ながら周知の事実であるが、社会党の精神的腐敗も見逃せない。国民には到底理解しえないような理論闘争が党の動きを決めるという現状は、国民への責任を忘れた点で、政党としては腐敗である。また、こうした状況は、国民と政党の間にみぞを生ぜしめるものであり、政治への興味を減らすものであるから、いずれは「公共の精神」の衰弱も起こりうる。

要するに、「五五年体制」はあまりにも特化し、あまりにも成功した。その長期的負債は長い目で見れば小さくないのである。

ヤルタ会談後四十年 1985・2

今年の二月で、「ヤルタ体制」がつくられてから四十年になる。一九四五年二月四日から十一日までソ連のクリミア半島ヤルタに、ルーズベルト米大統領、スターリン・ソ連首相、チャーチル英首相が集まって第二次世界大戦後の世界の構図をつくったのであった。

そこで、ソ連領をカーゾン線[81]まで拡大することや、ほぼその分だけポーランド領を西へ動かし、ドイツ領を削ること、さらにはスターリンが強引につくり出したポーランドのルブリン政権を既成事実として認めるなど、強大なソ連圏がつくられた。それによってソ連はアメリカに拮抗しうる勢力となったから、ヤルタ会談は米ソの二極体制をつくったといってよい。

また、このヤルタ会談で、ルーズベルトはスターリンと秘密協定を結び、ソ連が対日参戦することを条件に、樺太がソ連に返還されるべきことと、千島列島がソ連に引き渡されるべきことを約束した。その後、アメリカはサンフランシスコ講和会議のころには、千島列島について態度を変えたけれども、しかし終戦時にはヤルタ協定を守ったのであり、そのため今日の状況ができたのであった。

この「ヤルタ体制」について何よりも注目すべきことは、それがほとんど変化することなしに四十年間続いて来たし、今後も相当の期間にわたって続くであろうと考えられることである。国際政治の歴史を見ると、ひとつの体制が四十年もそのまま続いたということはまことに珍しいことなのであり、それゆえ「ヤルタ体制」は驚くべき安定性を誇って来たということができる。

だから、「ヤルタ体制」がつくられてから四十年ということもあり、今後十五年(四十年に比べれば、はるかに短い)で二十一世紀になるということもあって、二十一世紀に「ヤルタ体制」はどうなっているであろうか、といった議論が欧米諸国でなされているけれども、このまま「ヤルタ体制」は変化せずに続くであろうという観測がかなりある。

確かに、軍事力を中心に、東欧圏に対するソ連の掌握力は強い。そして「ブレジネフ・ドクトリン」[82]によって、ソ連の定義する「社会主義」から逸脱する国があれば、ソ連は軍事力によって、それを矯正するという立場をとっているのだから、明白な変化はまずありえないであろう。

しかし、すべてのものは変わるものであり、したがって、ひとつのシステムが長期にわたってまったく変わらないということはありえない。そこで、変化がいかなる形で起こるだろうか、ということになるのだが、まず考えられるのは、体制の形は変わらなくても、意味合いが変化するということである。

実際、千島列島の意味は四十年前と同じではない。アメリカがそれをソ連に引き渡すのに同意した時、アメリカはそれが重要と思っていなかった。しかし、今ではソ連の潜水艦の安全行動地域であるオホーツク海を守るものとして極めて重要である。——それは日本にとって、うれしくな

81　第一次世界大戦後にイギリスの外務大臣ジョージ・カーゾンが提唱した、ポーランドとソビエト・ロシアの境界線。

82　一九六八年「プラハの春」を鎮圧した後、ブレジネフソ連共産党書記長は「ある社会主義国にとっての脅威は、社会主義諸国全体に共通の問題である」と述べ武力介入を正当化した。

い変化ではあるが。

　それとは逆に、東欧が世界政治に占める比重がやがて低下するということは十分考えられる。今年に入って「アジア・太平洋地域」とか「太平洋共同体」といったことが語られるようになったことは、そのひとつの前兆かもしれない。

　私は、まだ当分の間ヨーロッパが世界政治の焦点であり続け、逆に「太平洋共同体」は容易に現実化しないと思うけれども、長期的趨勢は太平洋の時代へと向かっており、それゆえ、二十一世紀には焦点が移動するかもしれないのである。そうなれば、ソ連が東欧を掌握していることの価値が減少し、そのためソ連の態度が変わるかもしれない。

　第二に、明白な変化はなくても、緩慢な、なしくずし的変化はありうる。昨年の「ミニ・デタント」は、東ドイツ、西ドイツ、東欧と西欧の接触、交流への欲求が強いことを示した。それが持続すれば、長期的には状況は変化するかもしれない。

　それとともに興味深いのは、ポーランドの秘密警察員の裁判が現在進行中だということである。いうまでもなく、秘密警察は共産主義国の権力の基幹的手段である。だから、そのメンバーを裁くということは、少し前までのソ連・東欧圏では到底考えられないことであった。それが行われるようになったというのは、ポーランドが変化したことを示しているのであろう。「連帯」の運動は、ソ連の強大な圧力のもと、軍政によって挫折したように見えたが、やはりポーランドは変化したのであった。それが積み重なって行けば、かなりの変化があるかもしれない。

　こうして、ヤルタ会談後四十年を経た一九八五年二月は、「ヤルタ体制」の長命とともに、その変化の可能性を示唆しているように思われる。

ソ連指導者の世代交代　1985・3

　葬儀とは非情なものだ、とつくづく思う。故人の冥福を祈るという場を借りて、生きている人人《ママ》の利益が図られるからである。今回のチェルネンコ前書記長の葬儀には、レーガン米大統領を除く西側主要国の首脳がすべて参列して、アンドロポフ元書記長の葬儀の時よりもはるかににぎやかになった。しかし、それはアンドロポフ氏よりチェルネンコ氏が評価されていて、その死が惜しまれたということではない。チェルネンコ氏を継いだゴルバチョフ新書記長に対する評価が、アンドロポフ氏を継いだチェルネンコ氏に対する評価よりも、明白に高いというのが、その理由なのである。

チェルネンコ氏からゴルバチョフ氏への交代で、ソ連の政治はついに古強者から新しい世代へと変化したのだ、ということを多くの人が感じている。ブレジネフ氏と同世代の人々は、一九八〇年代に入ってから後は、どう見ても過ぎ去りつつある世代であった。だから、それに属するチェルネンコ氏は暫定政権として軽視されたのは当然であった。しかし、いまや新世代になり、善かれ悪しかれ、それが永続すると思われる以上、それを無視または軽視することはできないというのが、西側の支配的な見方なのである。

そこで、ソ連の世代交代について、その良い側面と危険な側面を考察することが必要になる。良い側面というのは、これによってソ連が「指導者危機」を乗り切りつつあるということである。考えてみれば、ブレジネフ氏の世代は異常に長く国政を掌握して来たし、それゆえに「指導者危機」が生ずることになった。

しかも、私が異常に長くというのは、ブレジネフ氏が第一人者になった一九六四年から彼が死ぬまでの十八年間のことだけをいっているのではない。ブレジネフ氏の世代は、一九三八年にスターリンが「大粛清」によって中年以上の共産党員を抹殺した時、三十代の初めに要職に就いた。その時以来、対独戦などの苦労によって鍛えられつつ、最近まで指導的地位を守って来たのである。彼らがこうして経験を積んだ指導者であったことが、一九六〇年代から七〇年代にかけてのソ連の着実な歩みへの源泉であった。

しかし、ある限度を超した長期政権は、動脈硬化を起こすことが避けられない。また長期政権の後では、若い世代へのバトンタッチも円滑にはいかない。一九七〇年代の終わりごろからのソ連の行動――たとえばアフガニスタン侵攻、中距離核兵器交渉での非妥協性――はこうした事情によって説明されることが少なくないように思われる。

ゴルバチョフ氏の就任は、その困難な指導的世代の交代が、いまや、起こりつつあることを示している。彼らは、これまでのいきさつにそうとらわれず、新しいアプローチをとりうるし、事態の進展を期待できる。

しかし、新しい世代が常に良いとは限らない。新しい世代は大胆に新しい試みを行う傾向があるが、それはまた、彼らがリスクを冒すこともありうるということでもある。ブレジネフ氏の世代は弱いソ連を十分に知っていた。新しい世代はソ連が超大国になってから育って来ているから、国際的に弱いソ連のことを知らない。

そのことを〔ヘンリー・〕キッシンジャー元米国務長官は

『回想録』[83]で指摘している。彼は、ブレジネフ氏の世代が苦しい経験を積んだがゆえに、慎重であることによって特徴づけられ、それゆえに彼らがまだしっかりしていた一九七〇年代初頭には交渉が可能であったとした後、やがてそうでない指導者が現れた時、彼らが自負心と新鮮なアプローチから国際的になればよいが、自信過剰で慎重さを欠くものとなり、性急に国益を主張するようになれば恐ろしいことだ、と書いたのであった。

ゴルバチョフ氏は国際派だとされているし、多分その観測は正しいであろう。しかし、新しい世代がすべてそうだとは限らないのである。そして、旧世代の力もまだ残っているから、ソ連の政治情勢は複雑で種々の主張があり、今後どのような方向をたどるかについては、いくつもの可能性が存在する。

そして、西側諸国はその対ソ政策によって、ソ連の新しい世代の政治がどのような方向をとるかについて、わずかではあるが、影響を与えうる。すなわち、西側がやたらに強硬な態度で終始したり、逆にソ連の無理を通したりすることがあれば、ソ連の指導部の中で強硬路線が強まるであろう。前者の場合には、話し合いをしてもだめだという気持ちから反発するだろうし、後者の場合には、強く出れば相手は折れてくるということで増長するからである。そうでなくて、主張すべきは主張しつつ、妥協すべきはするという姿勢で臨むならば、交渉が必要で、有利であることが分かるから、国際派の成長に貢献するであろう。

そのための場は、さしあたって、核軍縮交渉や戦略防衛構想(SDI、いわゆるスター・ウォーズ計画)をめぐる交渉である。その意味で、ゴルバチョフ政権の発足に当たってレーガン大統領が柔軟に交渉する態度を示したのは適切なことであった。

83　White House Years, (Little, Brown, 1979). 邦訳は桃井眞監修、斎藤彌三郎ほか訳『キッシンジャー秘録』全五巻(小学館、一九七五〜一九八〇年)。

II 時代の終わりのとき

一九八五年は、これまでの国際体系が変化し、崩れ始めた年であった。一方ではドル高が極端なものとなった後、プラザ合意をきっかけにドル安・円高が始まったし、他方ではゴルバチョフが登場し、その独特の魅力によって西側に語りかけた。そしてほぼ五年後、すなわち一九九〇年春までに、これらの新しい動きは国際関係を大きく変動させるものであることが判明した。一九八九年に東欧でおこった一連の劇的な出来事はあらためて指摘するまでもないし、一九九〇年にはソ連自身の体制が変化し、日米摩擦がきわめて深刻な事態を迎えた。簡単に言えば、共産主義は東欧諸国で崩壊し、それとともに冷戦が終了し、新たに日米関係が困難な問題として登場してきたということになる。

この書物〔本書第Ⅱ部〕に収められているのは、ちょうどその期間、すなわちひとつの時代が終わりつつあったときに書かれた、短い時事論文である。いつもながら、編集者はうまい時期を選んで本を作るもので、この書物はひとつの時代の終わりの同時代史的考察となった。

もちろん、人間の能力は限られているもので、そのつど書かれた論文は、事態の展開を十分正しく見通してはいない。ほぼ五年間の論文を読み返してみて、おこりつつある変化の可能性は認識されているものの、そのテンポについてはまるで予測外れであったという気もする。一九八九年の東欧の変化は突然訪れたし、やがておこると思ってはいても、それは一九九〇年代に入ってからだろうと予測していた。なによりも、ドイツの再統一がこうも急速に進むとは思ってもみなかった。

しかし、テンポの問題はわれわれのような研究者の場合、それほど大きな問題ではないかも知れない。それは元来推測し難いものであるし、また、変化の性質を正しく認識することができれば、前もってそれへの対応を考えておくのが政治における慎慮、すなわち先を見るということだからである。それに、——専門家がどの点で正しく考察し、どの点で誤ったかは、記録としても面白い。

それよりも、変化の早い激動の時期の問題は、問題の性質を深く、突っ込んで考える余裕がないことであろう。ひとつには、それぞれの論文が短いためでもあるが、しかし、より基本的には、動きの早さに気を取られることと、伝統的な枠組みと言葉とで考え続けることが重要であろう。例えば、日米関係の困難性についての論考がそうで、この五年間に私は何回もその問題について書いているのだが、その際、これまでの日米間の経済摩擦の延長線上で考えていることは否定しえない。実は、昨年以来現れてきた日米間の問題は、十年前のそれと性質を異にするものなのである。

それもあって、末尾に、日米関係の新しい性質についての、ややまとまった論文をつけ加えることにした。もちろん、現在の世界でおこっている問題は日米関係だけではない。より基本的に考察すべき問題は数々ある。この書物でくり返して取り上げた問題にしぼっても、少なくともドイツ再統一の国際体系への影響とか、共産主義の終焉による「言語の再統一」の問題については同種のことをすべきかも知れない。しかし、それにはかなりの時間と労力が必要だし、またそれによって、われわれにとっての焦点がぼける恐れもある。日米関係はわれわれにとって最も重要なものだし、しかもそれが世界的にも重要であるが故に、そこに世界でのさまざまな変化が反映しているところがある。だから、日米関係に関する論文をもって結びとする。

それは一九八九年秋、サントリー文化財団の主催した国際シンポジウムに提出したペーパーを基礎に、そこでの討議やその後の思考を加えて大幅に加筆訂正したものである。同財団の人々と会議の出席者に感謝すること大なるものがある。また、なんといっても、この書物の大半は『東京新聞』(一九八五年四月〜一九九〇年三月)に連載されたものである。ふり返ると、このコラムを担当してから十数年になる。これだけ長い執筆活動を可能にしてくれた同社に心から感謝したい。

むろん、それ以外の人にも多数お世話になった。奇妙な連想だが、私のように同時代史的な仕事をするものは、古代のギリシアのデルフィの神官と似ているところがあるように思うときがある。それは情報に触れていることが重要だという点においてだけでなく、なにを聞かれるかということ、そして十分には分からないなかで考え、話したり書いたりすることを他の人々がどう理解するかに多くかかっているという点においてである。問いや反応がなければ、同時代史的考察はありえない。それ故の感謝の気持ちとともに、この書物をまとめた。

一九九〇年五月

貿易摩擦への態度　1985・4

私は初めパロディーかと思った。というのは、国民一人一人が外国商品をなにがしか買おう、という中曽根（康弘）首相の提言のことである。私は東京の地下鉄のなかの広告を見たのだけれど、その広告の言葉は、五十年前の「国産品を愛用しましょう」というところを、「外国商品を愛用しましょう」と代えたものという感じであった。

多分そこには、私の錯覚以上のものがある。一つには、人間は子供や青年のときに見たり聞いたりしたことを、ほとんど無意識のうちに覚えている。日本で「国産品愛用運動」が展開されたのは、中曽根首相の子供のころだったであろう。それ故、単語を交換して同じような言い回しになっても、決して不思議ではないのである。

より重要なことは、「国産品愛用運動」の時代以降の努力が成功しすぎて、今日、問題をひき起こしているということである。二十世紀の初頭以来、半世紀以上の間、日本の国際経済政策の中心的課題は、貿易収支の構造的赤字を解消するということだった。そのために、できるだけのものは日本のなかで作り、輸出を伸ばすための努力がなされた。その過程で作られた公式、非公式の制度が、現在になっても作用しつづけていることは否定し難い。諸外国にとって、日本はなぜか進出しにくい国であり、それは政府の施策によるところが少なくないというイメージが存在するのは、その一つの後遺症であろう。だから、中曽根首相が「輸入品を買いましょう」という提言をしたのは意義がある。

しかし、ここで忘れられてはならないことは、「国産品愛用運動」それ自身は、大して成功しなかったということである。というのは、「国産品」は質が悪かった。例えばミシンだが、アメリカ製のシンガーで裁縫ができても、日本製のミシンではよく糸がもつれた。主婦たちのある者は、そんなことから、太平洋戦争が始まったとき、日本がアメリカに勝てるはずがないと思ったというが、それは生活感覚に基づく、正しい判断だった。また、太平洋戦争中の工場で、職工たちがアメリカの工作機械を好んだという話を私は聞いたことがある。その方が正確に工作できたからである。

つまり、商品は良いか安いかでなければ売れないのであり、愛国心などの心情にいかに訴えようが、悪い製品や高い製品は売れるものではない。そして今日、アメリカの製品は、どう考えても高すぎるのである。なぜなら、ドルが高すぎる。それは数年前と比べ、一般的には四〇パーセントも高くなったし、かなり強い円に対しても二五パーセントは高くなった。その分だけアメリカ製品は高いわけで、このことから、アメリカ政府は自国製品に対し、二五パーセントの輸出課徴金をかけているようなものだと言われるのである。

したがって、日本としてはできるだけ輸入を増やすよう、それを妨げている種々の制度を改めると同時に、ドルの異常な高さを修正するよう、他の国々とともにアメリカに対して働きかけなくてはならないであろう。それは来るべきサミットの重要課題である。

それとともに、「国産品愛用運動」時代の、長期的で心理的な遺制に目が向けられなくてはならない。その一つは、日本の市場が小さく、かつ、売れるものは努力なしに売れたことから、アメリカをはじめとする外国が、日本に売りこもうとする努力を怠ってきたということである。

アメリカの大きな会社で、日本に現在ものを売りたいと思っているもののうち、たった数年前には、あきれるほど少数の出張員しか日本に派遣していなかったところが多い。例えば、現在問題になっている電信電話の設備メーカーがそうである。もし彼らがコカコーラのように努力していたならば、事態は変わっていたであろう。コカコーラは今や、日本のソフト・ドリンクの最大の販売者なのである。

こうして、外国とくにアメリカに対して注文をつけるところが多いのだが、日本として反省し、改めるべきであるのは、いわば「おしん的態度」と言うべきものであろう。すなわち、よく働き、つましく生活し、できるだけ貯蓄するというもので、それはかつては必要であった。しかし、勤倹はつねに美徳というわけではなく、思い切ってカネを使うことが、未来を切りひらくこともあることを、われわれは想起すべきであろう。

諸外国の日本に対する批判は、彼らに比べて貧しい住宅環境のなかで、日本の製品だけがよいという不均衡を、その基本的原因としており、それはたしかにおかしいことなのである。こうして、われわれは内需の振興について、かなり、覚悟を決めて努力しなくてはならない。財政赤字はたしかに問題だが、世界最大の貿易収支の黒字の方がもっと問題なのである。

議論避けたサミット　1985・5

良かれ悪しかれ、サミット（先進国首脳会議）はその年の国際情勢、少なくとも西側のそれを反映し、映し出す。今年のそれは、実質的な討議がほとんどなかったという意味で、目下の国際情勢を如実に反映したものであった。もっとも、すべてのことが調子よく決まったというわけではない。GATT（関税貿易一般協定）の関税引き下げの新しいラウンドを始めようということについて、原則の合意を見たが、それを来年初めから開始しようというアメリカや日本の提案に対し、フランスが反対したため、いつから始めるかは決まらなかった。

しかし、それをフランスの例の横紙破りとして、真実に腹を立てている人は見当たらない。少々皮肉な見方をすれば、今度ばかりは、フランスの反対のおかげで、サミットに関する報道に活気がでたということで、内心では喜んでいる関係者が少なくないのではなかろうかという気さえする。

実際、それ以外の点で、今回のサミットはまるでつまらないものだった。もちろん、すべてうまくいっていて、討論すべきものがないためにつまらないのなら、この上なく結構であるけれども、そうではなかった。サミットの前の調整で、討議すべきものを外してしまったのである。まず、SDI（戦略防衛構想）の問題が議題にはなかった。また、諸国のマクロ経済政策の調整も、具体的な形で議論はされなかった。その結果、会議はひたすら礼儀正しく進行したのだった。

こうした問題は討議の必要のないものではなかった。間違いなしに、各国の意見は一致していない。SDIについては、フランスのようにはっきり反対している国もあるし、西ドイツのように控えめに疑念を表明している国もある。マクロ経済政策についても、アメリカはヨーロッパ諸国や日本に景気刺激策をとることを求めているし、逆に日本やヨーロッパ諸国は、まずアメリカがその財政赤字を減らし、ドル高を修正することが必要だと考えている。

つまり、これらの問題について、各国の意見は食い違っていて、サミットで議論しても、まとまりそうにもなかったから、それらは議題から外されたのである。それは決して間違いとは言えない。意見の相違の調整が望み薄であるのに、それを議論して意見の相違を際立たせるのは、愚かなことだからである。

それに、これらの問題は今すぐ解答を与える必要は少ないと言えるところがある。とくにSDIはそうで、SDIがすぐにでも国際情勢を変えるかのように考えて、賛成したり反対したりする人々がいるが、彼らは間違っている。アメリカを代表して軍備管理の交渉に携わった経験を持つポール・ニッツ氏が演説しているように、SDIは十年ほど研究し、それよりもさらに長い時間をかけて、その体制を作っていくものだからである。まだ技術的にも分かっていないことが多いので、そのような問題を国家の最高指導者が目くじらを立てて議論するのは避けるべきであろう。

マクロ経済政策についても、同様のことが少しは言える。アメリカの経済の再活性化に伴って、世界経済も最悪の時期を脱し、成長軌道に乗りかかっている。だから、しばらく様子を見ようということになるので、あることについて真実に西側がまとまらなくてはならないときには——石油問題が緊急課題であった東京サミットや、中距離核戦力(INF)がそうであったウイリアムズバーグ・サミットはその例である——まとまったのだから、そう悲観的になる必要はないと言えるであろう。

しかし、マクロ経済政策が論議されなかったのは、その必要性が少なかったということによるより、議論をしても、実のある結論が得られそうにないという事情によるところが大きいように思われる。多分、理論的には、アメリカが財政赤字を減らし、ドル高を修正し、他の国々が積極的な財政政策をとるのがよいことは言えるであろう。アメリカの〔ジョージ・〕シュルツ国務長官も、四月におこなった演説で、そうした趣旨のことを述べた。

問題は、各国がどうしたらそうできるか分からず、あるいは、そのための思い切った施策をとるのをためらっていることにある。それぞれに国内問題があり、例えばアメリカでは間接税の増税は難しく、日本は財政赤字で金縛りになっている。そうした、それぞれの問題による共同の無策というのが、現在の国際情勢の特徴であり、それが今回のサミットにも表れたのであった。

それは、やはり困ったことなので、今回「一回休み」にしたのはまず妥当だが、いつまでもそうしているわけにはいかないことも明白なのである。

人間の攻撃性　1985・6

五月の末の週、ベルギーのブラッセルの郊外にあるヘイゼル競技場で、サッカーの観客がひきおこした大惨事〔84〕は、われわれにいろいろなことを教え、反省させてくれる。まず、だれが一番悪いかははっきりしていて、イタリアのファン席になぐりこみをかけたリヴァプールの若者たちである。サッチャー首相は早速、ベルギー政府とイタリア政府に謝罪し、サッカー競技場に無頼漢が入らぬよう、措置をとるべく考慮を始めたが、たしかに「紳士の国」イギリスにあるまじき蛮行であった。

だが、「紳士の国」というところに、蛮行を働いた若者たちの出てくる理由の一半があるらしい。イギリスでは意識の上での階級差が著しい。そのため、下層の下の方の人間は誇りなどは持ちえない。しかも、現代社会では最下層といえども多少のカネはある。失業保険などをもらえる上に、いわゆる「アングラ経済」で働けば相当のカネが手に入る。そうでなければ、近いとはいえベルギーまで出かけ、結構高い切符を買うことはできないであろう。つまり、カネが多少ある社会の落伍者という存在が、今回の蛮行をおこなったのであり、それは現代の豊かな社会のすべてにとって大問題なのである。日本の少年非行についても、同じことが言えるであろう。

次に、今回の事件は人間という存在のなかにひそむ攻撃性向の強さを示している。そのことは、サッカーの試合があちこちで暴動をひき起こしていることに示されている。メキシコでもサッカーの試合で死者が出たし、今年、官憲の強い中国の北京でさえ、中国が香港に負けた後、憤慨したファンが競技場の近くで店をこわしたり、自動車を傷つけたりした。それほどサッカーは人々を熱狂させるのであり、とくに、国の対抗試合や今回のような町の対抗戦ではそうである。

恐らく、人々はサッカーの対抗試合に、昔の戦争に代わるものを見、異常に興奮するのであろう。サッチャー首相は憤慨のあまり、イギリスに存在する暴力は「サッカーの暴徒とアルスター（北アイルランドの都市でテロもしくは市街戦が長年にわたって続いている）とピケライン[85]だけだ」と口走ったと言われるが、この三つは、共に闘争という点では共通しているかも知れない。だからといって、闘争もやむをえないということはできないが、しかし、そうした攻撃性向がわれわれのなかに存在していることを認めなければ、闘争を制御することはできないのである。それを認めない

84 一九八五年五月、欧州サッカー連盟（UEFA）チャンピオンズリーグの決勝戦がベルギーのブリュッセルにあるヘイゼル・スタジアムで行われた。この試合前、対戦カードであるイングランド・リヴァプールとイタリア・ユヴェントスのサポーターによる大規模な衝突が発生した。三九人の死者と四〇〇人以上の負傷者を出し、のちにヘイゼルの悲劇と呼ばれる大事故となった。

85 スト破りやストに対する妨害を防ぐために設ける監視線。ピケット－ライン（picket line）。

人々が、警察に始まって外交に至るさまざまな制御機構を悪しざまに言ったり、そのようなものはなくてもよいような発言をしたりして、社会に大害を流すのである。

実際、後からの調査、研究によると、今回の惨事はベルギーの警察が適切な対策をとっており、関係者が然るべき措置をとっていたならば起こらなかったことを示している。まず、ベルギーの警察はファンが競技場に入る前にやたらに厳しくした。ヨーロッパの都市対抗のサッカー試合では、その前にファンが町を練り歩き、飲んだり、スカーフをふったり、歌を歌ったりして競技場に向かうという風習がある。その間に相手チームのファンの行進と出会うと小競り合いが起こるが、試合の前だから大事には至らない。

ところがベルギーの警察は、この前哨戦を嫌い、行進をできるだけ早く切り上げさせた。ファンたちは試合開始の二時間も前に競技場へと詰めこまれたわけで、かなりの憤懣をいだいていたことになる。そして、競技場そのものの警備は人手が少なく、ほとんどいなかった。警備の専門家によると、正しい方法のまったく逆であったという。

その上、競技関係者も不注意だった。大惨事はZ部[86]で起こったのだが、その横のY部とX部はリヴァプールで売られていたので、Z部はベルギー人に売る予定だった。中立の立場のファンがいれば喧嘩もおこるまいという考えである。ところが現実には、ブラッセルに多数いるイタリアの出稼ぎ労働者がこの席を買ってしまった。それにZ部の切符が当日売りで売られ、イタリアから汽車で押しかけたファンの手に切符が渡った。

しかも、入場係の不手際で、Y部の切符を持っているリヴァプールのファンの一部がZ部に押しこまれた。かくて、満員のZ部で、イタリア人とイギリス人の小競り合いが起こり、それに隣のY部で見ていたイギリス人たちがなぐりこみをかけ、イタリア人が逃げようとして、倒れて積み重なったり、端の壁が群衆の圧力でこわれて人々が下に落ち、大惨事となったのであった。

実際、人間というものは恐ろしいものだし、とくに群衆はそうである。だから、適切な予防措置が必要になる。ただ、それはやたらに高圧的でもかえって悪いのである。つまり、人間は完全に信用もできないが、羊の群れのように、むちひとつでおとなしく従うというものでもない。

世界のための経済政策 1985・7

今年の夏は、経済政策に携わるものにとって「長い、暑い夏」となるであろう。というのは、適切かつ迅速に対処を必要とする問題が次々に現れてきて、その処理を誤ったり、時機を失したりすると、過去二年くらいの間、好転の兆しを示している世界の経済は、一挙に暗転して深刻な状況に陥る危険性が存在するからである。

　われわれを憂慮させる要因の第一は、アメリカの経済成長が今年に入って明らかに減速してきたことである。一つには、景気論理からいって、一九八三年と一九八四年の二年間、三十年ぶりの好況が続いたので、一九八五年は成長が鈍化して普通と言えよう。それにアメリカの「再活性化」は、政府財政の大幅赤字、それ故の高金利、その結果としての資金のアメリカへの流入とドル独歩高という正常ならざる方法によって可能となったものであり、一時期はそれで成功しても、とうてい長続きするものではなかった。

　つまり、アメリカは正常な形での経済成長に落ち着かすためには、財政赤字の削減が必要だったのであり、レーガン再選後、レーガン政権もそのための努力を多少はしたが、あまり成果を生まなかった。レーガン大統領の側近として財政政策を担当してきた〔デーヴィッド・〕ストックマンが先日辞職したことは、財政赤字の削減の成功の見込みが立たないことを裏づけているように思われる。

　第二の要因は、アメリカにおける保護主義的雰囲気の高まりであり、これまだ種々の政治的事情から見て、来年にかけて強まると見なくてはならない。保護主義の勢力は、アメリカの輸出にかかわる企業や、外国商品の競争にさらされている企業が源泉となっている。たしかに、ドルがこれだけ高くなれば彼らは苦しい。その苦悩の原因はアメリカ自身が作っているのだけれども、だからといって苦境に立っている企業が、その要因を弱めるということはない。

　彼らは、そうした企業の所在する選挙区の議員に圧力をかける。ところが来年は中間選挙の年であり、大統領選挙では国際的考慮がかなり働くが、中間選挙では国内の圧力がものをいう。だから、議員たちもこれらの圧力に従わざるをえない。そんなわけで、今週見られたように、貿易収支の黒字を減らさなければ輸入課徴金をかけるという赤裸々な保護主義的法案が提出されるのである。いくら何でも、それほど無茶な法案が通るということはないであろう

86　リヴァプールサポーターのために用意されていたX、Yと呼ばれるエリアに隣接するZエリアのチケットをダフ屋が当日販売してしまい、そこにユヴェントスサポーターが流入して、衝突のきっかけとなった。

が、アメリカの国内政治のムードがそうしたものになりつつあることは見逃されてはならない。

そこに、第三の要因として、ラテン・アメリカの国々を中心とする国々の累積債務の問題の悪化の可能性がある。それは一九八二年にいったん深刻になり、銀行の危機とも言われた。ただ、国際的対策がとられ、一時をしのいだ後、アメリカの景気がよくなり、アメリカへの輸出が急増したため、これらの国々は利払いが可能になって、累積債務問題はしばらくその緊急性を減じたのであった。それ故、アメリカの経済成長が鈍化し、アメリカへの輸出が伸びなくなると、問題が再燃する可能性は十分にある。

もちろん、すべてが悪くなっているわけではない。過去二年間のアメリカの「再活性化」が、一時的なものに終わるものとは考えられない。より大切なこととして、異常なドル高の修正の兆候が見られるし、今度こそは本物であることが期待される。それはアメリカの産業を苦境から救い、やがて経済の復調と保護主義的圧力の減少をもたらすであろう。さらに、石油価格の低下も、世界経済にとって望ましいことである。世界経済ほど巨大になると、どこかに悪いことがあると、よいこともある。だから、われわれは、いたずらに危機感を持ってはならない。

しかし、ドル高の修正にしても、石油価格の下落にしても、それは急激なものではないであろうし、また急激なものであると、マイナスが大きすぎる。まして、それがよい効果を現してくるには時間がかかる。こうして、いささか異常な方法によるアメリカの「再活性化」におんぶした世界経済の好調から、より普通の状況への変化は時間がかかるし、今年はその転換期で、はかばかしくない様相が出てくるものと思われる。

それ故、少なくともつなぎの努力が必要となるし、その上で日本の果たさなくてはならない役割は大きい。日本は、アメリカよりも遅れて景気がよくなったこともあって、今年の景気もよい。その上に立って少々無理でも、日本市場の開放のための「行動計画」を一層進めるとともに、この景気をできるだけ長続きさせる施策をとって、世界経済に刺激を与えることが、日本には求められているのである。

戦後四十年——二つの参拝　1985・8

第二次世界大戦が終わって四十年を経た今年、第二次世界大戦とその後の四十年間の特異性を示す二つの出来事があった。すなわち、レーガン大統領の〔西独〕ビットブルク軍人墓地参拝をめぐる議論と、日本の〔中曽根〕首相の靖国神社公式参拝の是非に関する議論とである。ともに国内で深刻な議論が展開されただけでなく、前者については西側のジャーナリズムで広く取り上げられたし、後者については中国政府が日本に抗議を申し込むということがあったから、国際的な問題にもなった。

こうした事態が第二次世界大戦の特異性を示しているというのは、二つの参拝は五十年前までの人間の常識から言えば、ごく当然のものだからである。まずビットブルク軍人墓地参拝は、ドイツと戦ったアメリカの大統領が旧敵国の軍人の霊を弔うという行為であり、軍人という敵を象徴する存在を許し、彼らもまた人間的には苦しんだことに理解を示すものであって、和解の儀式としては、最も古典的なものである。西ドイツの元首や首相も、日本の天皇や首相も、旧敵国への重要な訪問では、その国の軍人墓地にもうでてきた。逆の参拝がなされていないのは、ある種の差別であり、戦後四十年という機会をとらえてそうした異常状態に終止符を打ちたいという気持ちが、レーガン大統領にも、参拝を要請したコール〔西独〕首相にもあったように思われる。

日本の首相の靖国神社公式参拝については、藤波〔孝生〕官房長官の私的諮問機関である「閣僚の靖国神社参拝問題に関する懇談会」の報告書が述べているように、戦没者追悼は「宗教・宗派・民族・国家を超えた人間自然の普遍的な情感である」し、追悼を各家庭や各個人が行うだけでなく、国や公的機関が行うのは当然と言わなくてはならない。戦争を始めたことは正しくなくても、そのことは、戦場におもむき、戦い、死んで行った人々の行為の価値を傷つけるものではない。戦没者を追悼する気持ちを失った国民が、立派な国を築くというようなことはありえない。

それでは、なぜ二つの参拝が物議をかもしたのか。その理由の第一は、第二次世界大戦が、邪悪な体制に対する正義の体制の戦争という性格の戦争として戦われ、その後もそうしたものとして位置づけられてきたことにある。事実、ドイツの場合には明白に侵略戦争という性格があったし、日本の場合には、明治以来の世界情勢を考えると簡単には割り切れない面があるが、やはり侵略戦争と言わざるを得ない。

第二次世界大戦は、国家間の対立が交渉によって解決されずに、不幸にして起こったという性格のものではなかった。だから、戦争が終わった後、両者は話し合うということですますわけにはいかなかった。敗者は悔い改めなくてはならなかったし、また、限られた軍備しか持たないにもかかわらず、「軍国主義復活」の批判に配慮してこなくてはならなかった。

そこに、戦争の「非合法化」が加わった。第一次世界大戦が終わったころから、戦争そのものが「非合法」と考えられるようになったし、その考えに立って、戦争を開始したことの罪で戦争犯罪人が訴追されることになった。この考えを推し進めていけば、軍隊に対する考え方も変化せざるをえないであろうし、軍人だけを特別に祀ることもおかしいことになる。

上記懇談会の報告書は、「国民、遺族の多くは靖国神社を戦没者追悼の中心的施設としており」としているが、問題はそこにある。事実認識としては、それは正しいが、しかし、そうあってはならないという強力な少数意見が存在する。日本が悔い改め、戦争を放棄した以上、靖国神社が戦没者追悼の中心的施設であってはならないという議論は成立する。レーガン大統領のビットブルク軍人墓地参拝に際しても、同種の議論がドイツ国内にあったことが注目される。

しかし、私は日本が全く新しい存在になったという意見にくみすることはできない。大体、世界政治がそうなってはいない。ドイツと日本は邪悪な勢力として処理されたが、新しい価値観は確立されず、価値の対立は続いている。ドイツと日本は「戦争非合法化」の論理で裁かれたが、世界から戦争の脅威も戦争もなくなったわけではない。なによりも世界の人々は国家を単位として行動し、その生存を図っているのであり、そして、日本も新しい性格を帯びたとはいえ、やはり国家なのである。

つまり、第二次世界大戦を裁いた論理とその後の世界政治の行動原理には矛盾があるし、伝統的な戦争観も新しい世界政治観もともに支配的ではありえない。そこではナショナリズムは必要だが、それは抑制されたものでなくてはならない。どこか心に痛みのあるナショナリズムは悪いものではない。首相の靖国神社参拝に反対があるなかを、中曽根首相が静かに参拝し、多くの国民がお盆のなかで、それぞれに祈るといった状況は、そう悪いとは言えないであろう。

中国近代化の見方 1985・9

昨年の秋から今年の初めにかけては、目ざましい中国ブームであった。中国が思い切って対外開放策をとり、同じ路線上で、今世紀末に香港の主権は返還してもらうが、香港の体制はその後五十年間変えないという妥協的な形で、心配されていた香港問題を解決したことが、そうした楽観主義を生み出した。しかも、一九七八年から始められた、農業への利潤インセンティブの導入が成功し、その方式が確認されたことが、その楽観主義の支えとなっていた。

そこで、日本だけでなく、世界のジャーナリズムが、中国は自由経済の原理を導入することによって経済発展の路線に乗ったという論説を、盛んに載せるようになった。いつもは冷静な論説で信用のあるロンドンの『エコノミスト』〔誌〕でさえ、そうした議論を展開した。もっとも、歴史的に見て、中国の経済の将来性を過剰評価することが、英国のジャーナリズムの弱点とも言えるのだが。

ところが、今年の春になると、いくつかの警戒信号が現れて来た。中国の国際収支を冷静に見ている専門家たちは、中国の国際収支が急速に悪化しつつあり、外国から次々にものを輸入することは続けえないという判断を下すようになった。また、社会秩序の弛緩を思わせる事件も起こった。最も激しかったのは、中国対香港の親善サッカー試合で中国が敗れた後、北京で起こった騒ぎであるが、幹部の子弟を含む、ならず者の集団暴行事件なども報じられた。

そのため、六月下旬には、鄧小平党中央顧問委員会主任も後退を余儀なくさせられた。彼は六月二十九日のアルジェリア代表団に対する談話のなかで、「深圳経済特区」は一つの実験であり、それが成功するか否かは今後の展開を見なくてはならないと述べ、次いで七月二日の〔トゥルグト・〕オザル・トルコ首相との会談で、「中国の経済改革、対外開放には紆余曲折があるだろう」と語った。

同じ六月末、党による統制と社会主義の精神を重んじ、商品交換の原則によって社会が動かされ、金銭万能の考えや拝金主義がはびこることがあってはならない、とする主張が、薄一波中央整党指導委常務副主任や陳雲政治局常務委員など、いわゆる「保守派」によって一斉になされた。経済改革と対外開放には明らかにブレーキがかかったのである。

さて、こうした展開からわれわれは何を学び、かつ中国の将来をどう考えたらよいのか。私の意見では、今年の初め、中国があたかも資本主義の方向に歩み出したかのように見る見解が誤りであったのと同様、六月末を転機として教条的な社会主義に戻るとするのも正しくないように思われる。

その主要な理由の第一は、中国の大きさと、そこから出て来る政治的伝統とである。広大な国土に十億を超える人口が住んでいることは、中央の命令ですべてを動かす命令経済[87]を不可能にする。中国の政治は元来そうだった。中央で固い原則的な命令を発し、それを各地方が「曲げて」、すなわち自らの状況と利益に合わす形で実施するのが中国の伝統であったし、それによって巨大国家の統一という難問に一応の解決が与えられてきたのである。

今日、「上に政策あれば、下に対策あり」といった言葉が聞かれるのは、同一の事情を示しているように思われる。今後、中国は共産党の支配で統一を確保しつつ、地方や各機関にかなりの自由さを与えるという形で――そして、この両極の間を揺れながら――進んで行くであろう。

第二は、一九七八年以来、農業について、各農家にかなりの自由を与え、それで成功してきたということである。中国は集団農場[88]を廃止し、各農家に土地を割り当て、その代わりに国家に一定量を納入させた後は、何を作り、どこで、いかなる価格で売ってもよいようにして、インセンティブを導入した。その結果、毎年一〇パーセント近い成長率が見られたのであった。こうして農民は「自分の土地」を持ったのであり、再び取り上げるというようなことはできるものではない。

最後に、ジグザグコースはすべての発展途上国につきものである。それは日本の過去を振り返っても分かることで、あるときはインフラストラクチャー(経済・社会基盤)の整備が遅れ、経済の伸びについて行けずに調整が必要になった。経済成長の結果、外貨が減って減速を余儀なくされるといったことは、何回も繰り返されて来た。あらかじめ最適の成長率を決めて経済を伸ばすことなど、できるものではないのである。中国が思い切って対外開放を行い、また締めるのを繰り返すのもごく自然である。

だから、皮肉のようだが、中国は次のように見るのがよい。すなわち、ブームになれば先は短いと思い、少々停滞期が続けば中国に期待する、という態度である。

パリのゴルバチョフ 1985・10

十月初めのゴルバチョフ・ソ連共産党書記長のフランス訪問は、国際舞台への初登場であったが、疑いもなく成功であった。というのは、国際的指導者としてのイメージを盛り上げることと、実質的な提案とが巧みに組み合わされていたからである。

イメージ作戦の方は、記者会見での受け答えやミッテラン大統領主催の晩餐会での立ち居振る舞いで、彼は生き生きとした柔軟な知性を人々に印象づけた。晩年のブレジネフ元書記長、病気持ちのアンドロポフ元書記長、そして明らかにワンポイントのチェルネンコ前書記長と続いた後であったことで得をしている面はあるけれども、ゴルバチョフ氏が人々に語りかける能力を持っていることは間違いない。

実質的な提案とは、もちろん核軍縮提案だが、それには宣伝戦めいたところや、政治的駆け引きなどがつけ加えられている。まず、その中心となる戦略核を、運搬機および弾頭の双方について半減させるという提案は、きわめて適切なものと言わなくてはならないし、実際、それはレーガン大統領が一期目の初め、戦略兵器削減交渉（ＳＴＡＲＴ）に際して提案した「大幅削減」とかなり似かよっている。だから、アメリカをはじめとして西側諸国は、ゴルバチョフ提案にまじめに応対しなくてはならないであろう。

もちろん、ソ連の提案が四年前のアメリカのそれと全く同じというわけではない。それなら事は簡単すぎる。まず第一の相違点は、「半数削減」とか「大幅削減」というときの基準数値の計算方法で、アメリカは長距離弾道弾と長距離爆撃機だけを対象としているのに対し、ソ連は米ソ両国を攻撃しうるものはすべて計算する。だから、ヨーロッパに配備されている中距離爆撃機や空母搭載機、それにパーシングⅡ型や巡航ミサイルなど、アメリカの中距離核兵器も削減の対象となる。ソ連のＳＳ20は射程は四千キロと長いが、ヨーロッパを攻撃できるものの、アメリカに届かないからソ連流の計算では入らない。

もっとも、それだけではヨーロッパ諸国が反対するだろうから、ゴルバチョフ氏はＳＳ20の問題などについて、英仏両国と直接交渉する意思を示した。この提案はアメリカと西欧諸国の間の立場の相違や、英仏両国と西独の間の相違（ＳＳ20と英仏両国の核とをバランスさせることに対し、英仏両国も反対だが、西独はとくに強く反対である）を衝く可能性を考えての、巧みな政治的な動きである。

第二の大きな相違は、ゴルバチョフ氏が禁止を呼びかけているものがあることで、それは射程六百キロを超える巡航ミサイルと戦略防衛構想（ＳＤＩ）といった、「ハイテク

87 計画経済の異称。
88 中国で一九五八年から導入された農村部の生活組織（単位）「人民公社」の所有した集団農場。農民は、医療、教育、政治など生活のほぼすべてを人民公社に依存したが、一九七八年に生産責任制が導入されることで意義を失い、八〇年代の初めには解体された。

兵器」である。なお、後者については、仏ソ両国の首脳が宇宙の軍事的利用反対で意見の一致を見たことが大きく報道されたから、宣伝戦も行われた。

やがて行われる米ソ首脳会談と、今年の初めから徐々に進められてきた米ソ交渉で、これらの相違点が争点になるだろうが、最大の難関はSDIであろう。というのは、『ロンドン・エコノミスト』誌が書いたように、この提案が一九八三年以前になされていたならば、比較的容易にまとまっていたと思われるほど、米ソ両国の立場は似ているが、それ以後、アメリカがSDIの研究を始め、中距離核兵器（INF）の配備を行い、それをソ連がやめさせようとしているからである。

ヨーロッパに配備中の爆撃機や空母搭載機は、戦略兵器制限交渉（SALT）IでもSALTⅡでもソ連は問題にしたが、アメリカが戦略核の数量についてソ連の立場を考慮するという形で（両国同数とすると、地政学的理由からソ連に不利になるのである）交渉はまとまってきた。INFについても、ソ連は、西欧諸国がフランスを含めINF配備では一致しているので、とことんまで押すことはしないであろう。ただ、英仏両国の核はこれまで計算外とすることでソ連は譲歩してきたが、今回は軍事的考慮よりも政治的考慮から、ソ連は容易に譲歩しないかもしれない。そして、それはソ連の外交の変化を意味するであろう。

そこで最大の難問のSDIだが、米ソ両国がその主張をあくまでも変えないなら、交渉はまとまらない。しかし、ここで重要なのは、ソ連も戦略核に対する防衛の重要性は認識しているということであり、理論的には、そうした方が米ソ両国の戦略バランスは安定すると思われることである。ただ、米ソ両国の相違は、ソ連が地上に設置するシステムに力を入れて開発しており、アメリカは宇宙大のシステムを考えているということであって、宇宙大のシステムについてはソ連がアメリカよりも遅れているので、アメリカの先行を許したくないと思っているのである。

基本的な考え方が異なるわけではない。それに、宇宙大のシステムにおいてアメリカが先行していると言っても、まだ雲をつかむようなところがある。だから、全く妥協不可能というわけではない。困難で、時間はかかるだろうが、米ソ両国間に「交渉の時代」が再来しそうな情勢である。

日韓正常化して二十年 1985・11

日韓関係が正常化されてから二十年になる。日本の寄与については種々の議論があるが、この間、韓国は大きく成長した。韓国は工業化を軌道に乗せることに成功し、国民総生産（GNP）は二十億ドル程度から八百億ドル強へと、そして一人当たり所得も百ドルから二千ドルへと増大した。韓国は世界の国々の経済が減速した一九七〇年代に、年平均で約一〇パーセントという目ざましい経済成長をとげたのである。

よい方向への発展が見られたのは経済だけではない。恐らく、経済力がついて自信が出てきたのであろう。韓国は北朝鮮を「脅威」とみなすだけの姿勢を変え、北朝鮮への交渉を怖がらなくなった。そして、当面は「二つの朝鮮」という方式で朝鮮半島の状態を安定させることを目標とするようになった。この十数年間、私は国際会議で韓国人の学者や政治家とときどき席を共にしてきたが、かつては感情的な北朝鮮批判と教条的な「一つの朝鮮」論しか出て来ず、辟易させられたものだった。しかし、今はそうではない。それに、大きくなった経済力を基礎に、種々の国際会議を開催し、東南アジア諸国連合（ASEAN）諸国をはじめとして交際を広めようとしている事実をつけ加えるとき、韓国の外交の成熟が知られよう。

国内政治でも事態の好転の兆しが見られる。これまでの韓国の政治体制は、疑いもなく、権威主義的なものである。急速な経済発展、とくに発展途上国が輸入代替工業化による経済発展をおこなうときには、そうした強力な政府が必要なので、一概に非難はできないが、よい政治体制とはとても言えないし、経済をさらに発展させ、高度化するためには、今度は障害となる。その点、今年の二月におこなわれた第十二回総選挙が、完全に公正でなくても、今までのどの選挙よりも、公正であったことは喜ぶべきことである。

実際、民主化が進展するか否かは、今後、韓国の経済が順調に発展するかということと密接に関連し合っているのであり、その点がうまくいけば、紀元二〇〇〇年には韓国の一人当たり国民総生産は一万ドル、国民総生産は五千億ドルとなり、一人当たり国民総生産で日本の二分の一、国民総生産で五分の一という存在になるだろうと推定される。それは日本にとってだけでなく、世界経済全体においてもきわめて重要な存在となるだろう。

だが、そうなるかどうかは、かなりの程度将来にかかっているし、日本の対応のあり方も少なくない影響を及ぼす。成功しつつある韓国は日本にとっての挑戦なのである。その際、日本の中心的課題は、韓国が引き続いて経済成長するのを助け、あるいは邪魔しないことができるかということである。韓国の経済がともかく順調に発展していれば、その外交や政治は、緩慢であっても好ましい方向に発展していくことを、一九八〇年代の韓国の歴史が示している。

ところが、日本は韓国にとっての「よきパートナー」であるかというと、いささか疑わしい。それは、韓国から日本に対して、貿易不均衡の是正など強い要求と激しい批判がなされていることにも表れていると言えるであろう。もっとも、貿易不均衡そのものが、日本の非難されるべきことかというと、必ずしもそうではない。日韓関係が正常化して以来二十年間、一貫して日本は韓国に対して大きな貿易収支黒字を記録してきた（韓国経済の小ささから判断すると、それは相対的に日米間のそれより大きいとさえ言える）から、韓国の批判は分かるけれど、こうなった重要な理由は、韓国が完成工業品を作る能力を持つことに焦り、そのため、その部品の多くを日本から輸入せざるをえないという構造になっていることにある。韓国から世界への輸出が増大するにつれて、日本から韓国への輸出は増えることになっているのである。

だが、日本が韓国から工業品を買う姿勢がない――あるいは乏しい――という批判にはあたっているところがある。関税は高くはないが、種々の非関税障壁が存在することは否定し難い。より重要なことは、韓国がより高度の工業品を作るようになり、日本に輸出してくるようになるのを恐れて、日本の企業が韓国への技術移転を渋ってきたことである。つまり、日本は日韓関係において水平分業が発生することを望んでいないのである。それは、日本の国際経済関係の将来のあり方についての間違った見方によると言わなくてはならない。端的に言うと、われわれはケチなのである。

われわれは自分の作ったものを守ろうとしている。真実のカネ持ちは、他人を豊かにさせ、それと交流して、自らをさらに豊かにするものである。その狭小な利己主義と開かれた利己主義の差は、現実の世界ではまことに大きい。今後の二十年間は、日本が前者から後者へと脱皮できるかが問われるときであり、日韓関係はその試金石なのである。

ジュネーブ会談後の国際情勢　1985・12

十一月中旬に行われた米ソの首脳会談は、その奇妙な性格において際立っていたし、また、今後の国際政治の動向を示唆するものでもあった。ここで私が奇妙というのは、これまでの首脳会談がほとんどの場合、かなりの下準備の後に行われ、なんらかの成果を上げげて、それを誇示するものであったのに対し、今回のジュネーブの会談ではそうした成果はなく、ただ雰囲気を盛り上げることに終わったということにある。

別の言い方をすれば、軍縮問題に明らかなように、米ソ両国の立場は、合意に達するにはかけ離れすぎていたのだが、さりとて両者は激しく対立するというのでもなく、相互訪問という形で対話を続けることにし、友好的な雰囲気で首脳会談を閉じることになったのである。なんらかの具体的な成果が出ることを期待した人は失望したであろうし、逆に、米ソ両国のいずれかが頑固な態度をとり、会談が失敗に終わって、いずれかに責任を問おうと考えていた人もやはり失望したことであろう。

だが、米ソ両国はそれぞれの事情から、こうした「中途半端なデタント（緊張緩和）」に満足することになったのであり、その事情こそが、今後の国際政治における重要な要因になるものと考えられる。

まずソ連についていえば、ゴルバチョフ共産党書記長は「現実主義者」として——彼はこの言葉を何度も繰り返したのだが——、ソ連の経済が近年の停滞から急速に立ち直り、成長に転ずることはできないことを認識していた。彼の施策の全容は、来年二月に行われるソ連共産党大会を待って初めて明らかにされるのだが、しかし、これまでに知りえたところから判断すれば、ゴルバチョフ書記長がソ連経済の業績をにわかに上げることは不可能と判断していることは明らかである。

要約していえば、ソ連経済は旧式化しており、マイクロエレクトロニクス革命を中心とする技術革新に後れをとっている。このままではソ連は世界の大勢について行けない恐れがあるが、新しく事を行うのはつねに難しく、ソ連の巨大な官僚組織は、それを一層難しくする。それ故、ソ連は今後苦しい調整の時期を迎えることになるし、その際、新たな軍備拡張競争などはとんでもない、ということになる。できれば西側の先進工業諸国との交流を増大させたい、というのがソ連の考えであろうし、それ故、ゴルバチョフ書記長は米ソの立場の相違をクローズアップするのではなく、それを避けることを選んだのであった。

レーガン大統領も強気を押し通す立場にはなかった。というのは、一九八五年に入って、アメリカ経済のブームは終わり、アメリカ政府も軍事支出を抑制せざるをえない状況になっているからである。その一期目において、レーガン政権は、巨大な財政赤字が出るのもかまわず、いわば、ならふり構わぬ姿勢でアメリカ経済の再活性化を図り、それに成功した。しかし、無茶を長く続けることはできない。

だから、この九月下旬の五カ国蔵相会議[89]によって、ドル高修正のための「共同介入」が行われたことは、アメリカにとっても世界にとっても喜ぶべきことであった。それはアメリカがなりふり構わぬ突進から、より正常な状態への復帰を図るようになったことを示すものであり、アメリカ経済が、膨らみすぎた風船が破裂するというような破局を迎える危険を感じたことを意味する。だが、この正常化の過程も難しい。正常化への基本は、アメリカ政府がその巨大な財政赤字を減らすことであり、そのことを考えると、アメリカ政府も軍拡競争を避けたいのであった。

ジュネーブの首脳会談に映し出された状況が、以上のようなものであるとすると、今後、日本が小さくない役割を担わなくてはならないことが理解されよう。アメリカ経済がより正常なものへと移行する過程で、しばらくの間、アメリカ経済は減速するであろう。そしてそれは、アメリカの好況によりアメリカへの輸出の急増によって急場をしのいで来た累積債務問題を、再燃させる危険をはらんでいる。そこでアメリカの〔ジェイムズ・〕ベーカー財務長官は、累積債務に苦しむいくつかの国への救済策を、各国に呼びかけている。その際、日本の負担はかなりのものとなるであろう。

それに加えて、アメリカ経済が減速する分だけ、アメリカ以外に世界経済を引っ張る国が必要だとして、日本経済を活気づかせることと、輸入を増やすことが、一層強く求められるであろう。こうして、一九八六年は、日本のいわゆる「内需振興」が国際的な重要性を持つ年となるように思われる。

核全廃提案の意味　1986・1

ソ連のゴルバチョフ書記長が、今世紀末までに核兵器を全廃する提案をおこなった。まず、五〜八年で米ソ戦略核兵器を半数削減し、ついで、おそくとも一九九〇年に始まる第二段階で米ソの残りの戦略核兵器を全廃するとともに、米ソ以外の核保有国のそれも廃棄する。そしておそくとも一九九五年までに始まる第三段階で、中距離核、短距離核、戦術核などすべての核兵器をなくすというのである。ただしこれらの提案は、アメリカが推進しようとしているSDI（戦略防衛構想）など宇宙兵器開発の中止が前提とされている。

この提案に対する常識的な評価は、アメリカのSDIを阻止するための平和攻勢のひとつというものであるだろうし、恐らくそれは正しい。というのは、ゴルバチョフ書記長の提案はアメリカのSDI中止を前提にしていて、アメリカがSDIをやめてくれさえすれば、戦略核の半減に始まって、二十一世紀は〝核抜き〟になるのだ、と言わんばかりのところがあるからである。

それに、少々記憶力がよくて、少々意地悪い見方をする人なら、一九七〇年代後半にソ連が早いテンポで戦略核を増強し、今や最大の核戦力を持っていることを指摘して、そのような国が核兵器の全廃を提案することに無類の厚顔さを見るであろう。実際、最近の十年間をとるなら、ソ連の方が軍拡競争に責任がある、と言わなくてはならない。最近は、さすがに、ソ連の軍拡のペースは落ちたようだが、それでも、今年に入って初の本格的空母を進水させたし、超音速長距離爆撃機ブラックジャックの開発も進んでいて、間もなく就役するものと考えられる。

しかもなお、ゴルバチョフ書記長の提案を宣伝、あるいは平和攻勢と単純に割り切ってしまうことは賢明でないように思われる。この提案にはソ連の指導者なりのまじめさも入っている、と考えておいてはどうであろうか。というのは、核全廃という提案は、宣伝用のものとしては必ずしも有効とは思われない。それは一見して非現実的だから、多くの人は宣伝と受けとるであろう。ゴルバチョフは、そのことが分からないような知性の持ち主ではない。

それに、ソ連あるいはロシアには、このように思い切った軍備縮小の提案の前例がある。最近の事例でよく知られているのは、フルシチョフの全面完全軍縮提案[90]であったが、フルシチョフはその提案について、ある面ではまじめであったように思われる。さらに昔へとさかのぼるなら、十九世紀末にアレキサンダー二世が完全軍縮を呼びかけた

89 一九八五年九月、ニューヨークのプラザ・ホテルで開かれた先進五カ国蔵相・中央銀行総裁会議のこと。アメリカの対日貿易赤字が拡大する中、ドル危機の再発を恐れる先進各国が協調的に市場を円高ドル安に誘導することが合意された（プラザ合意）。

90 一九五九年にソ連の首脳として初めてアメリカを訪れたフルシチョフは、国際連合総会で行った演説の中で全面完全軍縮を呼びかけた。それを受け、ドワイト・アイゼンハワー米大統領との首脳会談では国際紛争の平和的解決に合意するなど、冷戦は解消に向かうかと思われたが、翌年五月一日にソ連領内を飛行していたアメリカの偵察機が撃墜され（U2撃墜事件）、偵察行動が明るみに出たことから再び緊張状態に戻った。

し、十九世紀初め、ウィーン会議のしばらく後、アレキサンダー一世が同じような提案をした。彼らもまた、完全に不まじめというわけではなかったのである。ロシアの風土には、そのように思い切った、夢のような平和提案をさせるところがあるのではなかろうか。

そして、ゴルバチョフ書記長が世界最大の核保有国でありながら、その全廃を唱えたことも前例がないわけではなく、例えばアレキサンダー一世は、〝最強〟ではなくても〝最大〟の軍隊を擁していた。このことは矛盾しているように見えるが、そうではないかもしれない。すなわち、ロシア人はきわめて強い対外警戒心を持つ国民である。それ故、強力な軍備を持たなければ国の安全は保ちえないと考える。しかし、その半面、そのような警戒をしなくても生きていける状況を、時として夢見る。その夢見る気持ちは、警戒心が強ければ強いだけ、反動として強くなっても不思議ではない。つねに警戒し、安全保障のために巨額の出費をしているだけに、それがソ連に限られた安全しか与えないことが分かったとき、夢を見るという面もあるだろう。

SDIに対するソ連の反発と警戒心は驚くほど強いが、それは、ソ連が大陸間弾道弾を必死になって増強し、もうこれで十分安全と思った途端、異なった次元での競争があることが分かり、これまでの努力がいささかむなしかったように感じられているからではなかろうか。

問題の根本は、ソ連の対外警戒心の強さにあるので、周囲の国々がいかにソ連を非友好的な目で見てもソ連は安全だというような安全保障体制を作ろうとするから、いつまでたっても安全感が得られないのである。しかし、そんなことを説教してみても、逆に優しくしても問題は解決しない。現在大切なことは、ソ連が軍備を抑制する気持ちになってきていることである。だから、今日は軍備を削減するチャンスである。ただ、ソ連の指導者と国民の心理の複雑さから考えて、そこへの過程は難しい。こちらが誠意を見せれば、それで事態は進展するというほど簡単なものではない。

石油暴落とわれわれの課題　1986・2

石油価格が、ついに暴落といってもよい状況を呈するようになった。石油価格は昨年の十一月から着実な値下がりを始めていたが、今年に入ってその傾向は顕著となり、一バーレル当たり二〇ドルを切り、さらに一六ドルを下回ることになった。それは世界経済にとって望ましいことであるし、とくに日本にとってはそうである。石油の価格は一九七四年の値上がり以来、石油輸出国機構（ＯＰＥＣ）というカルテルの力で、不自然な高さにまで押し上げられてきたし、それが世界経済を圧迫する重しとなってきた。だから、石油価格が妥当な水準にまで下がることは、世界経済に成長の可能性を与えるものと言うことができる。

　日本の場合、石油価格の低下の持つ意義はまことに大きい。それが大幅に下落したことに、ドル高の是正と円高とを加えると、同量の石油に対する日本の支払いは半分弱となる。ところが、原油の輸入は日本の輸入全体の約三分の一を占めるので、それが半分以下に減ることは実に巨大である。その分を日本は他のことに使えるので、経済成長は容易となる。しかも、錫《すず》やココアの暴落をはじめ、一次産品が全体として価格を下げているので、その分を加えると、日本は突如として国民総生産（ＧＮＰ）の二パーセントにも達する贈り物を受けたことになるであろう。

　しかし、われわれは喜んでばかりであってはならない。まず、この十年余りの間の石油価格の急上昇と急下落から、しかるべき教訓を学ばなくてはならない。それを簡単に言えば、一方にだけよい話は長続きせず、いつか手ひどいしっぺ返しを受けるということである。そもそも、一九七〇年代の半ばに石油価格が暴騰したのは、一九六〇年代に石油価格が低すぎたためであり、それが石油の需要の急増と供給の不十分な伸びを招いたからであった。逆に一九七〇年代には、ＯＰＥＣは調子に乗って石油価格を上げすぎた。その結果、逆の論理が働き、省エネ、ＯＰＥＣ以外の石油の増産、エネルギー転換が起こって、今日の急激な価格低下になったのである。

　この教訓を広く考えると、ＯＰＥＣの今日の状況は「自業自得」と言って笑っているわけにはいかないので、われわれの国日本も、一人だけうまいことをしているのではないか、ということを反省しなくてはならない。理論的な正確さはともかく、世界の多くの国々が、巨大な貿易収支の黒字を計上する日本を見て、そのように感じていることは事実なのである。

　それは長続きするものではない。しかも、今年の日本の貿易収支の黒字は昨年よりも増えて五百億ドルを超すと言われていたところに、今回の石油価格の急速な下落があったのだから、なにもしなければ日本の貿易収支の黒字は一層大きくなるであろう。

「一体、日本はどうするつもりかね」と諸外国は聞くであろう。それへの基本的対応は、値下がりという〝突然の贈り物〟を日本のためだけにではなく、世界経済全体のために、うまく利用することである。例えば、それによって日本国内の需要を拡大することができれば、日本も潤うし、諸外国もその恩恵を受けるので、対日批判は減るであろう。ただ、〝贈り物〟の大きさ故に、日本政府もかなり思い切った措置をとる必要があると思われる。

前回の円高のとき、電力料金をわずかばかり値下げしたことの愚かさにかんがみ、今回の為替レートの変動に際しては電力会社に先行投資をさせることにしたのは正しかったが、その後の石油価格の下落と一層の円高を考えると、奨励だけでよいのかを改めて考え直さなくてはならないように思われる。

また、一次産品の急落に悩んでいる国があることも忘れられてはならない。過去の高値が異常であったにせよ、価格の急変は——生産者にとってのみならず、消費者にとっても——望ましくない。それ故、一次産品の価格安定化の努力が日本の経済外交にとって今年の重要な課題となるであろう。その際、石油よりも暴落の色彩の濃い錫は、さしあたっての対策となるように思われる。錫の主要生産国のうち四つ、マレーシア、インドネシア、オーストラリア、タイが日本との関係の深い国であるだけに、これらの国々の利益を図ることは日本の利益でもある。

以上のことは、先進工業諸国の協力を必要とする。東京サミット〔先進国首脳会議〕はそのための絶好の場となるであろう。考えてみると、七年前の東京サミットは〝第二次オイルショック〟の後であり、そのことが重要な議題となった。それは石油の消費節約に貢献した。奇しくも、第二回目の東京サミットは、その逆の現象が起こった後に開かれる。急変にいかに対処し、この機会をいかにとらえるかは、東京サミットの主要な議題になるべきものであり、それに成功すれば、東京サミットは平均点以上のものとなるであろう。

アキノ政権の課題　1986・3

〔フィルディナンド・〕マルコス大統領が退陣し、〔コラソン・〕アキノ夫人が大統領になって、フィリピンの事態[91]は一応、収拾された。世界のマスコミはごく少数の例外を除き、この政変に熱烈な拍手を送った。しかし、実のところは最悪の事態が避けられたということで、アキノ政権にはいくつかの困難な課題が待ち受けている。

まず、腐敗した国軍の刷新が必要である。フィリピンにはアメリカが援助もしてきたし、したがって大きな軍事予算も組まれてきたが、給料も装備も衣服・食料も、高級将校たちが着服して、一般兵士にほとんど届かなかった。その結果、一般兵士たちの多くは、市民から食料や財産を掠奪して生活を立てるようになった。それに、民兵や私兵が国軍に編入されて国軍は膨れ上がったから、状況はますます悪くなった。それが、共産主義者主導の新人民軍（NPA）をにわかに成長させたのである。

したがって、国軍の兵員数を減らし（とくに民兵や私兵をなくし）、国軍の兵士にはきちんとした手当てをすると同時に、義務を遂行するようにさせなくてはならない。このことがいかに大切であるかは、一九五〇年代初頭、共産主義ゲリラが力を得たときにマグサイサイが大統領になり、ゲリラ退治に成功したのだが、そのときの最も重要な施策が民兵・私兵の解散であった、と言われているのを見ても分かる。

第二は、失速状態にある経済の立て直しである。現在、フィリピンでは労働力の半数が失業しているか、たまにしか職につけないという状況にある。そうなったのは、マルコス政権下のフィリピンが大量の資金を借りながら、その一部分しか生産的なものへの投資をおこなわなかったことにある。そのため、フィリピンはここ何年かの間、深刻な累積債務問題に悩むことになり、その上、アキノ暗殺以来の政治的不安定への懸念が加わって、外資が入って来なくなった。元来が外資の上に築かれていた経済繁栄であったから、その流れの停止はたちまち不況をもたらした。しかも、悪いときには悪いことが重なるもので、この一両年、一次産品の価格が下落した。フィリピンの輸出の多くは一次産品だから、フィリピン経済の不況は一層深刻となった。

こういうときは、開発援助、借款、あるいは民間の投資などのカンフル注射しかない。実際、フィリピンの経済の指導者たちは、フィリピンに対する投資家たちの信用の回復が決め手である、と述べている。また、ごまかし選挙の後、エンリレ国防相とラモス参謀総長代行とが反乱するまでの間に、マルコス大統領の私的諮問機関である「生産評議会」を構成している財界人が一斉に辞表を提出したのは、

91　一九八六年二月、フィリピンで改革派国軍将校たちの決起を契機に起こった革命運動を指す。マルコス大統領は国外へ脱出し、暗殺されたベニグノ・アキノ氏の夫人、コラソン・アキノ女史が大統領に擁立された。アキノ女史の発言からピープル・パワー革命と呼ばれる。

マルコス政権が続いたら、投資家たちのフィリピンへの信頼は完全になくなり、フィリピン経済は破産すると考えたからにちがいない。

そうしたカンフル注射ということになると、IMFや世界銀行とともに、アメリカおよび日本が大きな役割を果たさざるをえない。それがおこなわれると、一般投資家もフィリピンから引き揚げたカネを戻すであろう（その金額は、多数のフィリピン人がアメリカに住んでいることを考えると馬鹿にならない）。しかし、その援助のしかたが難しい。ただカネを注ぎこむだけでは、また無駄遣いになる危険性があるし、さりとて用途についてあまり口を出すと、フィリピン国民が反発するだろう。

ここで重要なことは、フィリピンの国民も関係国も、政変の性格について正しい見方をすることであろう。それが第三の課題となる。フィリピンで起こった政変は、幸いなことに死人は少なかったが、しかし正常な権力の移行ではなかった。アキノ政権はこれまでの憲法の下で出現したとは言えず、したがって革命政権である。それはまず、自らを正規なものにする手続きをとらなくてはならない。例えば、憲法を改正し、国民議会や裁判所を改組し、やがては大統領選挙をおこなって政府を作るといったことである。こうした手続きをとって初めて、アキノ政権は安定したと言えるのだが、こうした憲法上の問題もまた決してやさしくない。

また、今回の政変にはアメリカによる「内政干渉」があった。アメリカがルーガー選挙監視団[92]を送り、選挙が正当なものであるかをくわしく調査し、それをいちいち発表したのは、内政干渉以外のなにものでもない。ただ、日本においては――またアメリカにおいても――、マルコス政権が「無血革命」的に倒れたということに喜び、「内政干渉」のことはほとんど言われていない。そのことを指摘した二、三の雑誌はあるけれども、それぞれ斜めに構えて、冷笑的なコメントをするのみである。

それが困るのである。「内政干渉」はつねに悪いことではなく、例外的には許されることなのである。そのことをめぐる議論は近代ヨーロッパでは四百年も続いてきたから、細かく言えば、多数意見は、暴政を倒そうという国民の意思が明白で強力であるとき、過大な力を用いない干渉は容認されるというものである。例えば、軍事介入は悪いが、声明あるいは経済的手段による支援表明などは許されるとする。今回のアメリカの干渉は、その条件を満たしている。しかし、干渉の事実をはっきり認めず、あるいは「結果オーライ」の立場であると、上述の限定を忘れてしまう恐れがある。「よい政権」ができたから、カネも出し口も出すということになると、ヒイキのヒキ倒しということになるかも知れない。

戦後秩序のかくれた欠陥　1986・4

リビアのテロ行為やアメリカの実力行使など、最近は嫌なことが多い。しかし、私にとって最も嫌な事件――いいかえれば腹にこたえる不快感のあったものは、前国連事務総長クルト・ワルトハイム氏の戦争中の行動が暴かれたこと、それをめぐるさまざまな動きであった。まず、私が不快感を持った理由から説明させてもらおう。

まず、そこには聞かせて欲しくなかった過去の事実を聞かされたことから来る嫌悪感がある。ワルトハイム氏はすぐれた外交官として成功し、一九七二年から八一年末までは国連事務総長として、世界の平和のために貢献した。そして、今年の五月初めのオーストリア大統領選挙に、保守派である人民党から推されて出馬し（形式は無所属）、優勢が伝えられて来た。ところが、その人物が一九四二年から四四年にかけて、情報将校としてバルカン地方で勤務し、ユーゴスラビアでの対ゲリラ作戦やその地方のユダヤ人の集団収容所への輸送にかかわっていたということを示唆する文書が、ごく最近になって出て来たのである。

温厚な模範的な市民に、実は暗い過去があったのが暴かれるとき、そんなことをしなくてもよいのにと思うところが、私にはある。『レ・ミゼラブル』の悲惨さは、まさにその典型である。同種の感情が今回の事件についても私には出てくる。

もっとも、ワルトハイム氏は静かに暮らしているのではなく、公職についていたし、今日また公職を求めている。その場合、過去を暴かれてもやむをえないところがある。それに、ワルトハイム氏は今回暴かれた行動を秘密にしてきた。それが余計に後ろ暗い感じを与え、私を不快にさせる。彼は当時、軍役に服する年で（現在六十七歳だから、一九三八年には十九歳）徴兵された。しかし、一九四一年の対ソ戦で負傷し、肢体不自由になったので兵役から解除さ

92　一九八六年二月五日、ルーガー上院外交委員長を中心とする米国選挙監視団二〇人がマニラ入りし、翌日、選挙委員会は同監視団の投票所への立入りを許可する。一〇日にはルーガー団長が、選挙の投開票過程における不正を確認する。

れ、それ以後大学で法律を勉強した、という虚偽の経歴を用いて来たのである。

彼は「戦争犯罪」になるようなことをしていたというわけではないだろう。ただ、戦後のオーストリアで人材が求められ、また彼も人生の成功を求めたが故に、自らを適格ならしめるために過去を偽ったのであろう。しかし、経歴を偽ったことが彼の大きな汚点であることは否定しえない。だが、この点について彼にクリーンであることを求めるのは、多くを求めすぎかもしれない。

というのは、第二次世界大戦における勝者は、少なくとも戦後の初期において、過酷であり寛大ではなかった。すなわち、連合国は絶対の正義、枢軸国は完全な悪とされたし、その前提の上に立って、従来の戦争法の枠をはるかにこえて処罰がおこなわれた。そのため、兵役に服したうちかなりの人々が、過去をかくそうとしたのだった。もっとも、ナチス・ドイツの暴虐と日本軍部の一部の野蛮な行為（私は、ナチス・ドイツと軍国主義日本とを同列に論ずることはできないと思うが）を考えると、それまでにないような処罰は避け難かったであろう。そこまでの寛大さは不可能でもあったし、正しくもなかった。

しかし、寛大ということには二つの種類があって、その一つは、罪を大目に見ることであり、もう一つは、罪は厳しく罰するが、その後罪人を許すということである。第二の意味の寛大さは可能であったし、また、それがないような秩序は——国内的なものであれ、国際的なものであれ——、永続しえない。それが第二次大戦後の秩序の欠点であり、今回の事件は、それを垣間見せてくれたということではなかろうか。それが、私に不快感を与え、考えこませる最も基本的な理由であるような気がする。

実際、ワルトハイム氏の過去が暴かれた後のオーストリアの国内状況を見ていると、大きな危険性の兆しを感じることができる。例えば、ワルトハイム氏の選挙ポスターには、「われわれオーストリア人は、われわれ（この字を大きく書いている）の欲する人を選ぶ」と書かれるようになり、外国からの内政干渉を拒否するという、ナショナリスティックな気持ちの復活をうかがわせる。

それも当然で、戦争が終わって四十年がすぎた。そしてオーストリアは生き方を変え、東西両陣営の接点にある困難な立場を逆に生かして中立の立場をとり、国際機構において活動することで国の地位を高めようとしてきた。それなのに今になって、という気持ちがおこるのは避け難い。そうした気持ちは日本にも西ドイツにもあることを考えると、旧連合国に、寛大さの欠如という第二次大戦後の国際秩序のかくれた欠陥を、もう一度意識してほしいと思う。古傷というものは案外危険なものである。

あきれた「サミット失敗論」1986・5

東京サミットは日本にとって失敗であった、という声があちこちで聞かれる。なにしろ「同日選挙」と「中曽根三選」[93]絡みで日本の政治が動いていて、野党はもちろんのこと、与党のなかにも、その阻止を目指す人々が少なくないだけに、サミットは失敗であった、と言いたい人々が多いのは分からぬではない。政治には駆け引きは付きものであるから、その程度のものはあって当然だろう。

しかし、本気でサミットは失敗であったと思っている人があれば、その判断は、将来の失敗につながる大きな過ちである。サミットが失敗であったと言う人々は、リビアを名指しで非難したテロ反対の声明が出たことと、共同介入によって円高を是正する合意が得られなかったことを、その理由としているようである。そのうち、前者はきわめて微妙な問題であるので、ここでは触れないことにしよう。

問題は後者で、円高是正の合意が得られなかったことを、「失敗論」の人々は真実に失敗と思っているのだろうか。そう思っている人は、国際社会に対する甘えの持ち主と言うほかない。大体、「円高是正」というような可能性は初めから存在しなかった。日本がこの数年、巨額の経常収支黒字を出し続け、しかもそれが増えて、昨年は五百億ドル、今年はそれをさらに上回ることが確実視されている状況のなかで、円が安くなったりするわけはないのである。

もちろん、為替レートは貿易収支だけで決まるわけではない。金利の高低も重要で、この三、四年間のドル高はアメリカの金利高のもたらしたものというのが定説である。もっとも、それは異常で長続きしなかった。より基本的な要因として、各国の通貨の購買力も重要で、この説に立って計算すると、一ドル＝一七〇〜一八〇円ぐらいになるらしい。しかし、それに加えて日本は大幅な経常収支の黒字を記録しているので、その水準よりも円は高くなると考えるべきであろう。

93 当時、自民党の総裁任期は一期二年で連続二選までとされていた。しかし一九八六年、中曽根首相は衆参同日選での大勝を背景に総裁任期の延長を望み、例外的に二期目の任期を一年延長された。その後の党則改正で、現在は一期三年連続三選まで。

しかし、サミットは失敗ではなかったと言うことは、中曽根首相を弁護することではない。首相自身、円高防止のための協力の約束を取りつけうると考えていた節がある。つまりは、だれもかれも、実現不可能なことを可能と考える集団的幻想にふけっていたのである。それほど危険なことはない。

こうしてわれわれは、一ドル＝一七〇円よりも円が安くなることはないと考えて、将来のことを考えなくてはならない。なんとしても内需を拡大し、黒字幅を減らす以外にはない。そうしないと、一ドル＝一五〇円だってありうる。サミットでは円高是正の合意が得られたはずと考え、それがなかったから失敗というのでは、そうした決意は出てこないし、今後円が安くなると期待するのも、そうである。私はサミット失敗論にあきれるとともに、サミットの後、中曽根首相がこのような円高は続かない、と言っているのを聞いて、真実に失望した。現在はのみこみ難い事実であっても、正直にそれを語り、国民の協力を要請すべき時ではなかろうか。

そうした現実認識と決意がなければ、いわゆる「内需拡大」も「対外開放」も言葉だけに終わってしまうだろう。諸外国の政治やジャーナリズムは、大体のところ、そう思っている。例えば内需拡大について、イギリスの『エコノミスト』〔誌〕は、日本政府は過去九カ月の間にすでに三回も内需拡大策を発表したが、たいした中身はないと評した。一般的な減税も、投資減税も、住宅減税もないのだから、内需が目立って伸びるはずはないというのである。残念ながら、その通りだと言うべきであろう。対外開放策については、アメリカの通商代表が「見せかけ」と評したことを挙げておこう。前川委員会の報告〔94〕は、目標を掲げただけで、具体的な方策はぼかしてあるというのである。

それは諸外国との関係を悪くするだけではない。それだけなら批判、攻撃に対し、感情的に反発せず辛抱して、頑張るのも一策である。問題は、ある程度以上大きな貿易収支の黒字を、ある程度以上の期間続けることが、日本の真の国益に合致しないことにある。その分だけ、日本は外国に投資したり融資したりするのだが、それは、巨額のものであるとき、むしろ国益に反するのである。

一九五〇年代から六〇年代にかけてのアメリカがそうだった。経常的な黒字のためアメリカのドルは高く――恐らくは過剰評価され――、資本は海外に投資され、そのうちにアメリカ産業の空洞化が進行するようになった。日本が必ずそうなるというわけではないが、そうなる可能性はある。

だから、日本は死に物狂いで内需拡大に努めなくてはならない。「円高是正」の淡い期待が今回のサミットで吹っ飛んだならば、災い転じて福となるであろう。

原発事故とソ連の体質 1986・6

恐らくは、変わることなき人間の習性なのであろう。ソ連の原子力発電所の事故[95]に際して、人々は自分の見たいものを見、聞きたいことを聞き、そして話した。

ドイツの「緑の党」のように原子力発電所に反対を唱えてきた人々は、今回の事故を、原子力発電所の危険を示したものとみなした。ゴルバチョフ政権になってソ連が西側との協調を欲していると思う人は、五月十四日夜のゴルバチョフ書記長の演説をその表れと見た。ソ連の経済が危機に直面しているという見方の人は、今回の事故によってソ連のエネルギー生産やウクライナの農業生産が大打撃を受けるであろうと論じた。そして、ソ連の体制に不信感を抱く人々は、相も変わらぬソ連の秘密主義を非難した。

こうした見解は、それぞれ真実を含んでいる。しかし、少なくとも部分的にしか正しくないし、また誇張を含んでいる。

例えば、今回の事故が原子力発電所の危険を示したとする見方には、少なからぬ誇張がある。鋼鉄の格納容器とコンクリートの遮蔽壁のないソ連の原子力発電所と西側諸国のそれを同列に語るのは正しくないし、近くの住民への避難命令後三十六時間もたって出されるような、悪い情報が

94 一九八六年四月、中曽根首相の私的諮問機関「国際協調のための経済構造調整研究会」がまとめた報告書を指す。研究会の座長であった元日銀総裁、前川春雄の名前を取って前川レポートと呼ばれた。大幅な対米貿易黒字を背景に、日本経済の運営と世界経済の調和ある発展の両面からその不均衡の是正を宣言し、内需の拡大や市場開放、金融自由化といった民間投資拡大のための規制緩和、公共投資を中心とする財政支出の拡大などを提言した。

95 一九八六年四月二六日、当時のソ連（現在のウクライナ）チェルノブイリ原子力発電所で発生した事故。四つの原子炉のうち一つがメルトダウンし、爆発に伴って発生した放射性降下物が広範囲を汚染した。のちに国際原子力機関（IAEA）が策定した国際原子力事象評価尺度（INES）のレベル7に相当する。一九七九年三月のアメリカ・スリーマイル島原子力発電所事故（INESレベル5）を超え、二〇一一年に福島第一原子力発電所事故（INESレベル7）が起きるまで世界最悪の原子力事故と呼ばれた。

上に伝わりにくいソ連の体質が事故の被害を大きくしたことも無視できない。また、ウクライナの農業が大きい打撃を受けたとする見方も、当時の風向きを考えると（事故発生後五日目になるまでウクライナの方には吹かなかった）、誇張であるように思われる。

ソ連、とくにゴルバチョフ政権の体質についても、簡単に総括することはできないように思われる。事故発生から相当の期間、ソ連が秘密主義であり、情報を遮断したことは間違いない。ゴルバチョフ書記長がテレビで演説したのは、事故が起こってから十八日もたってからのことであり、そのようなことは、他の国ではまず考えられない。それは、これまでに繰り返して見られてきたソ連の体質である。何かまずいことが起こると、ソ連はまず情報を遮断し、内部の混乱を避け、その後、態勢を整えてから、加工された情報を流す。ゴルバチョフ書記長が「情報の公開」という目標を掲げても、ソ連という国のそうした本能は揺るがなかったのである。

本能的対応といえば、ゴルバチョフ書記長の演説に、謝罪はおろか、自らの誤りを認めることさえなかったのも、そうである。逆に西側の報道に誇張が多く、さらには、この痛ましい事故をタネに反ソ・キャンペーンが展開されたことを非難するために、ゴルバチョフ書記長は随分時間を使った。このように、自らの非を認めないことも昔からの癖で、非を認めれば自らの立場が弱くなると思っているのか、あるいは内部の統一がおかしくなると思っているのか、いずれにしてもソ連のもうひとつの本能であるらしい。そして問題のすりかえも行われる。核実験禁止のために米ソの首脳会談を広島か欧州で開こうという呼びかけはその典型で、つまり、原発事故の脅威を核全体に拡大して――つまり、すりかえて――論じている。

ここらが日本人の心性と著しく異なるところで、大きな事故を起こした責任者が、謝罪もせず天下国家について論ずるといったようなことが日本であれば――例えばＪＡＬ１２３便の事故について運輸大臣が遺憾の意を表明せず、救難体制の改善について検討しようというようなことを言ったら――、人はいかに怒り狂うだろうか、と私は思った。

このように本能は強い。それは当然のことである。しかし、ゴルバチョフ書記長になってからも、まるで変わらないと考えるのは正しくない。例えば、チェルノブイリの原子力発電所が欠陥だらけだということが、事故の一カ月前『ウクライナ・リテラトゥーラ』紙（キェフで発行されている知識人向けの新聞）に載ったが、そうしたことは五年前にはありえなかっただろう。残念ながら、そうした記事が現実の政治や行政に結びつかないのである。

　また、ゴルバチョフ書記長の演説に続いて、テレビや新聞でかなりの報道が行われた。テレビの方は、火災鎮火のため消防士が生命の危険を顧みず（実際、彼らは多くの犠牲者を出した）義務を果たしたといった愛国的物語や、キエフでのパニックへの、これまた愛国的批判といったものが多いらしいが、新聞の方は『プラウダ』[96]が「人民を信用することが必要」と書いたり、あるいは『イズベスチヤ』には、ソ連の対応への駐モスクワ西ドイツ大使の批判の書簡が掲載された。とくに後者は、少し前までは考えられなかったものである。

　つまり、本能はいぜんとして強く作用しているが、しかしソ連の体制も少しは変化しているのである。世界化と高度工業化の時代には、それしかない。ただ、その変化はきわめて遅い。より大切なことは、そうした変化は、すぐには安定と繁栄には結びつかず、むしろ逆の効果の方が初めは強く出るということで、そこにゴルバチョフ政権の悩みがある。

アキノ政権の将来　1986・7

　去る七月六日、フィリピンではちょっとしたクーデター騒ぎがあった。アキノ大統領、（サルバドール・）ラウレル副大統領をはじめ半分の閣僚と（フェデル・）ラモス国軍参謀総長が首都には居ないという好機を狙って、旧マルコス派の軍人五百人とスラムの暴徒がホテルを占拠し、アキノ政権打倒の旗をあげたが、彼らに続くものはなく、（ポンセ・）エンリレ国防相がすばやく鎮圧して、騒ぎはすぐに収拾されたのである。こうして、アキノ政権打倒の試みそのものは一幕の茶番劇に終わったのだが、しかしそれは、フィリピンの政権情勢が、アキノ政権誕生当時に考えられたほど安定したものではないことを示すものであった。

　まず、ホテルを占拠した人々は、自分たちの力だけでアキノ政権を打倒できるとは思っていなかったであろう。したがって彼らは、首都に残っていたエンリレ国防相が、こ

96　一九一二年に創刊されたソ連共産党の機関紙。現在は共産党の所有ではあるが機関誌としての位置づけではなくなった。「プラウダ」はロシア語で「真実、正義」の意味。

のチャンスをとらえて、アキノ大統領に代わってくれるといった希望的観測を抱いて行動したのではないか、というのが多くの人々の見方である。そして、そのような観測が、たとえ一部の人々によってであっても抱かれるところに、アキノ政権の弱体さが露呈したと言うべきであろう。

実際、アキノ政権内部におけるエンリレ国防相の立場は微妙なものである。エンリレ氏はマルコス前大統領の腹心の一人として、マルコス政権を支えて来た。それが不正に満ちた大統領選挙の混乱の中で、改革派の将校たちとともに反マルコスの立場をとって立ち上がり、そのことによってマルコス政権は倒れたのであった。つまり、彼は力もあり、功績もあったわけで、アキノ大統領としては彼をそのまま国防相として留任させるよりなかった。その後も、彼は実力があるので、大統領を狙う一人と言われている。しかし、その経歴にはすっきりしないところがあるので、アキノ側近の何人かは、エンリレを辞めさせるべきだという気持ちを持っているらしい。

以上のことをさらに一般化して言えば、アキノ政権は寄り合い所帯であり、アキノ大統領は、雑多の勢力によってかつがれているおみこしのような性格を持っているということになろう。アキノ政権は、かなり急激な改革を望む人々、マルコス氏に遠ざけられてきた旧政治家たち、マルコス氏の下で冷や飯を食わされた実業家たち、カトリック教会、それに軍の改革派といった勢力によって支えられており、その中で、アキノ大統領子飼いというのは決して強くない。

これらの諸勢力は、マルコス氏では困るということだけで一致していたが、それ以外のものの考え方は随分異なっている。ある者は思い切った農地改革を主張するが、それへの反論も強い。共産主義ゲリラについて、心からの反体制派は少ないので交渉によって切り崩すのがよいとある人が主張すれば、そのような情勢判断は甘いとして反対する人々が現れる。

そして、二年続きのマイナス成長となったフィリピン経済をいかにして立て直すかについて、意見はまだまとまっていない。大体、フィリピンは、マルコス氏が多大の借金をして工業化を図ったが、一九七三年のオイルショックで早々と挫折してしまい、その十年後ぐらいからの一次産品の値下がりで、非工業部門も不振となったため、大層難しい立場に置かれているのである。

一体、フィリピンはどうなるのだろうか。それが太平洋の中央部にあるため、その動向は日本にとっても、またアメリカにとっても、さらに東南アジア諸国連合（ASEAN）にとっても、重大な関心事とならざるをえない。政治変動の歴史から見て、ひとつ確かなことは、おみこし政権ではフィリピンは安定しないということであろう。経済をはじめ社会がうまくいっているときであれば、おみこし政権でもよいが、そうでないとき、政治には強固な核が必要である。

その核ができるのは、今秋に予定されている新憲法制定が行われ、新憲法によって新しい大統領が選ばれてからであろう――それがアキノ氏であるか、ラウレル氏であるか、エンリレ氏であるかは分からないが。しかし、それまでの道は長い。まず、新憲法の制定が予定通りの日時で平穏に行われるかどうかが問題だし、次に大統領選挙が公正かつ平和裏に行われるかに不確実性があり、さらに、そのとき、強いリーダーシップを持った大統領が選ばれるか否かも分からない。

いったん損なわれた政治的安定を取り戻すのは、大変な仕事なのである。それ故、われわれ日本人としては、当初の期待の反動として、アキノ政権の将来について、にわかに悲観的にならず、冷静に事態を見守ることが必要であろう。マスコミがアキノ政権をしきりに持ち上げていたとき、マニラの巷の声は、アキノ政権は短期間しかもたないというものであったのだから、そうした現場感覚からいえば、フィリピンの人は予想以上の政治能力を発揮しているからである。

アジア多極時代　1986・8

時として、小さな出来事が案外重要なことを示唆してくれる。首相の大演説よりも、ちょっとした官僚の往来の方が事態を明らかにしてくれることさえある。例えば、ジュネーブでの核兵器削減交渉のソ連代表カルポフ氏が最近、中国を数日間訪れ、米ソ間の交渉について説明したのは、そうした出来事であった。去る七月二十八日、ゴルバチョフ・ソ連共産党書記長はウラジオストクでアジア・太平洋地域の平和について語ったが、その内容とカルポフ訪問を併せて考えると、ゴルバチョフ氏の対中外交の本質的性格がよく分かる。

というのは、米ソ間の核兵器削減について中国に事情を説明するといったことを、ソ連がこれまでしたことはないからである。アメリカはNATO（北大西洋条約機構）諸国に対し、また近年は日本に対し、そうした説明をしてきたが、ソ連は、超大国の問題は自分たちだけが処理するので、他の国には関係がない、と言わんばかりの態度をとってきた。もっとも、この二十年余りは中ソ対立が激しかったので、それは当然であったが、ソ連は東欧諸国に対しても同様の態度であった。そして、そのような態度が中ソ関係悪化のひとつの原因であったということもできる。

それを変えたということは、ゴルバチョフ政権になってからのソ連が中ソ関係修復に本気でもあり、かつ、過去の誤りから学んでもいることを示している。もっとも、中ソ関係修復の努力はこれまでにもなされていて、過去五年間に相当の成果を上げている。国境をはさんでの貿易も再開され、文化交流も行われるようになった。一九六〇年に〔ニキータ・〕フルシチョフ氏が顧問、技術者を引き揚げて以来、四半世紀ぶりに、顧問、技術者が送られた。

考えてみると、これらは当然のことと言えよう。中ソ関係が世界の大国の関係の中で一番悪いという状況は、ソ連にとっても、中国にとっても損である。また、中国は周知の通り近代化を国家目標としているが、その際、ソ連との経済交流もあった方がよい。なにしろ中国の工場は、中ソ蜜月時代の一九五〇年代に建てられたものが依然として多く、したがってソ連製の機械がまだ稼動している。それを修理、改善することは、中国にとって必要である。

しかし、こうした経済交流から一歩進んで、政治的にも関係を改善するとなると、にわかに困難になってくる。というのは、中国はそのための条件として、三つの障害の少なくとも一つが除去されるべきである、という立場をとってきているからである。その三つの障害とは、アフガニスタンの占領、ヴェトナムのカンボジア占領への支援、そして中ソ国境に置かれている五十万に近いソ連軍の存在である。ゴルバチョフ氏は七月二十八日にウラジオストクで行った演説の中で、このうちの二つに触れた。まず、アフガニスタンから六大隊、約六千人を引き揚げること、次に外モンゴルに駐在するソ連軍をかなり削減することを彼は提示した。

このうち、アフガニスタンからの部分的撤退は宣伝以上のものではない。アフガニスタンのソ連軍は約十二万人と推定され、そのうち一～二万は二年ほど前に増強されたものなので、つまりソ連軍は十～十二万でアフガニスタン作戦をやっているのである。だから十二万から六千人を撤退させても、事態にはなんの影響もない。しかし、外モンゴルのソ連軍の削減には実質がある。地図を見れば分かるように、外モンゴルは中国北部に近く、それに配置されている七万五千人のソ連軍は中国にとって脅威だからである。

しかも、このため中ソ間で交渉が現に行われているということから、ソ連が本気であることが分かる。

もっとも、その交渉がまとまるか否かはなんとも言えない。ソ連が思い切った削減を行うことが必要でもあり、またソ連軍の強さから見て、それは十分可能なのだが、ソ連は思い切って譲った方が得であるときにそうせず、チャンスをつかみ損ねるということがよくある国だからである。歴史上、そうした事例に事欠かない。

とはいえ、ゴルバチョフ政権が中国を見下す態度を変えつつあることと、中国の安全保障にとっての最も直接的で目立つ脅威——あるいは中国がそう考えているもの——について何か手を打とうとしていることは、中国人の気持ちや国益観をよく認識して、ソ連が行動し始めたことを示している。したがって、それはある程度の成果を生むであろう。

もちろん、いくつかの対立点は残るが、しかし、中国とソ連が何らかの問題に限っては協力することもあるかもしれない。一九七一年から十年間ほどは中ソは激しく対立し、アメリカや日本の方が明らかに中国に近かった。今や、そうした状況は完全に終わった。つまり三極、四極、あるいは多極の時代が、今初めてアジア・太平洋地域に訪れつつある。

ソ連問題の根幹　1986・9

どうやら無難な結末を見そうであるものの、『USニューズ・アンド・ワールド・リポート』の記者（ニコラス・ダニロフ氏を、ソ連の国家保安委員会（KGB）が逮捕し、訴追しようとした事件は、大いに考えさせられるものを含んでいる。

まずダニロフ氏逮捕は、控えめに言って強引な行動であった。恐らく、ソ連の官憲自身が、ダニロフ氏は普通の意味でのスパイではなかったことを知っていたことであろう。たしかにダニロフ氏は、敏腕な新聞記者として、ソ連の官憲が外部に知られたくないことも取材していたにちがいない。ソ連の官憲はソ連の市民と外国人の接触を嫌っていて、それを防止する法律または規則を作っている。ダニロフ氏がそうした規則に触れることをしていたことは想像できる。しかし、彼は普通の意味でのスパイではなかった。逮捕の直接のきっかけとなった封筒の受け渡しは、KGBの仕組んだことで、したがって、事件そのものがでっち上げであることは多分確かであろう。

KGBがそうした行動に出たのは、八月下旬にアメリカ連邦捜査局（ＦＢＩ）によってソ連人の国連職員ザハロフ氏がスパイ嫌疑で逮捕されたことへの報復であり、身柄交換を意図したものであった。現実にもそのように進行した。しかし、真実にスパイ行為をしていたものと、「でっち上げ」のスパイとの交換というのは強引な話である。しかもソ連は、これまでアメリカの新聞記者を逮捕したことはなかった。これに似た先例は一九六三年、フルシチョフ政権のときに、ソ連を訪問していたエール大学の教授を同じスパイ容疑で逮捕し、同じようにソ連のスパイと交換したことだけである。

ゴルバチョフ書記長のソ連は、アメリカとのある程度の緊張緩和を望んでいるのに、なぜそのようなことをしたのか。その説明の第一は、米ソの首脳会議を望んでいないソ連政府の一部が、首脳会議をつぶすために、ゴルバチョフ氏の知らぬ間に逮捕したというものである。それは善玉・悪玉説の一種で、それなりにまともに聞こえるのだが、しかし、ソ連の政治体制を考えると、米ソ関係に重大な影響を及ぼすことが確実な、今回のような事件を、最高指導者に知らせずにひきおこすことはまず考えられない。

そこで第二の説明となる。ゴルバチョフ氏はソ連の行動の重大性を知りつつ、また不承不承ではあっても、ダニロフ氏の逮捕を認めざるをえなかったというのである。というのはＦＢＩによるザハロフ氏逮捕は、ソ連の指導層には挑戦と受けとられた。たとえ真実のスパイであっても、そのことは前から分かっていたはずで、そのスパイを、米ソ首脳会議の準備が行われているときに、なぜ逮捕するのか。それはアメリカが優位にあり、アメリカが強い態度をとってもソ連はアメリカと交渉せざるをえないことを世界に示すためではないのか。それならば、強引でも挑戦を受けて立ち、ソ連はアメリカと対等ということを示すべきである。こうした議論に対し、ゴルバチョフ氏は承服せざるをえなかった、という説明である。そこには、全体としてはアメリカより弱いということを知りながら、なおも「対等」として振る舞わざるをえないソ連の苦悩がある。ソ連の指導者たちには、甘く見られまいという妄執あるいは固定観念が存在するのである。

そこに、ソ連との付き合いの難しさがある。話題を少々変えて言えば、先月に触れたゴルバチョフ氏のウラジオストク演説について、どうやらソ連政府内部に、ゴルバチョフ氏は中国に対して譲りすぎである、という批判があったようである。とくに、七年前に問題になったダマンスキー島など、ウスリー江上の島について譲歩の姿勢を示したことに対して、譲りすぎだという反対が起こった。いったん領土問題で譲れば、他の国々によって甘く見られる。そうなれば、次々に領土回復の要求が起こる。したがって、一インチも譲ってはならない。それに、中国に対して譲歩して、その代わりに何か得られるのか、そうした批判が行われたと推測される。

実は、この心理がソ連の問題なのである。譲歩すると甘く見られる、したがってあらゆる譲歩には見返りがなくてはならない、と彼らは考える。しかも、人情の常として、彼らは自らの譲歩を実際よりも大きく評価する。つまり、気前のよさがないので、彼らは譲歩に対する見返りをすぐに求める。自分だけが譲ることが、長期的には大きな得を生むことを考えない。だから、譲歩して見返りがなければ、譲歩をした責任者が非難される。したがって、責任者は臆病にならざるをえず、そのために不十分な譲歩をし、なにものも得られないことになる。

ソ連は、人々と仲よくしたいとは思っているが、臆病なため、長所のみならず短所をも含めて、さらけ出すことをしない人間と似ている。そうした人間と付き合うのは難しい。それでもなお、われわれは以上の困難を克服して、ソ連と付き合っていかなくてはならないのである。

米ソ首脳会談の深層　1986・10

一般の予想もしくは期待に反して、米ソ首脳会談は決裂に終わった。この結果に失望した人は多いだろう。事実、合意に至らなかったのはどちらが悪いのか、といった悪人探しがすでに始まっている。

確かに、首脳会談が一度決裂すると、次に会うきっかけを見つけるのが難しくなる。米ソ両国のいずれにおいても、相手の頑固さをなじり、こんなことでは交渉をしても仕方がないという意見が強まるだろうから、今後の対処が難しくなる。それ故、決裂するぐらいなら、そもそも首脳会談を行わない方がよかったとも言えるのであり、米ソ両首脳の判断が誤っていたことは否定しえない。

しかし、米ソ両首脳が、妥協の可能性が乏しいのに、ともかく会いましょう、と軽率に判断したようにも思われない。それどころか、ストックホルムの全欧安全保障会議、核兵器の削減を話し合うジュネーブでの米ソ交渉、それに同じくジュネーブでの軍縮会議などで、これまでになく実質的な進展が見られていたのである。

第一の重要な進展は、ソ連が初めて、具体的に現場査察を認めたことであった。これまでソ連は、現場査察には反対でないと言いながら、具体的にそれが問題になると、言を左右にして、ごまかしてきたのだが、今回、二つの点で具体的に現場査察を認めた。

まず、ストックホルムで、信頼醸成措置として、東西両陣営は演習や軍隊の移動について事前通告をすることを決めたが、その正しさを保障するため、西側のオブザーバーがソ連の演習に随行することをソ連は認めた。次に、ジュネーブで開かれている化学兵器禁止のための四十カ国軍縮委員会で、要求があれば、化学工場の査察を認める意思を明らかにした。ソ連が現場査察を認めないことは、ソ連と協定を結んでもだまされるのではないか、という懸念を生むが故に、過去四十年ほどの間、米ソの軍縮交渉の重要な障害となってきたのだから、部分的なものであるにせよ、ソ連が現場査察を認めたことは、大きな前進と言わなくてはならない。

第二の進展は、ヨーロッパの中距離核戦力(INF)について、ソ連は米ソ両国がそれぞれ百弾頭を持つことで合意するよう提案してきた。現状はソ連が二百四十ミサイル、七百二十弾頭、アメリカが単弾頭のもの(パーシングII型と巡航ミサイル)二百五十基だからINFに関する限り、相当の削減となる。しかも、数年前にはソ連は、ソ連はINFを保持し続けるが、アメリカはそれを西ヨーロッパに配備してはならない、という立場をとっていたことを考えると——ソ連はアメリカがINFを西ヨーロッパに配備するなら、一切交渉しないと述べ、事実その通り行動した——この方面での進展も重要であることが理解されよう。

こうして、レイキャビクの首脳会談に先立って、軍備管理交渉では、まじめな交渉が行われ、相当の進展が見られたのであった。しかし軍備管理交渉には、兵器の削減を含むようなものになると、それぞれの国内での反対が強まり、交渉が難航するという困ったパラドックスがある。

これまでに挙げた事例でいえば、ソ連内部には、ソ連がINFで譲ったのだから、アメリカに宇宙防衛構想(SDI)で譲らせるべきだという意見があったかもしれない。逆に西側では、ソ連はSS20に引き続いて、それほど射程は長くないが、しかし有力なミサイルSS21、SS22、SS23を配備したので、SS20対パーシングII型プラス巡航ミサイルという取引はアメリカにとって損であるという反論があった。したがって、その上、SDIで譲歩するのはとんでもない、ということになる。

今回の決裂の原因は、SDIについて妥協ができなかったことにあるというのが大方の見解だが、私の見るところ、それはやや単純すぎると言わなくてはならない。レーガン大統領は弾道弾迎撃ミサイル(ABM)制限条約を五〜七年は破棄しない(現在のABM条約は通告後六ヵ月で失効する)と言っていたようであり、これに対してゴルバチョフ書記長は十五〜二十年の保証を求めたので、その差は確かに大きいが、しかし妥協不可能とも思われない。

こうして、INFとの絡みや、それ以外に大陸間弾道弾(ICBM)の数だけでなく、大型ミサイルや複数目標弾道(MIRV)をどうするかといったことの絡みで、双方が満足できる方式が見つからなかったと判断すべきであろう。

それにリンケージ(連関)と言えば、軍備管理交渉のみならず、アフガニスタン問題やテロ活動など、深刻に意見の分かれる問題がいくつかある。それに一切手を触れずに、兵器だけ減らしても、その効果は知れているが、この問題については恐らく話し合いの糸口もつかめなかったであろう。

こう見てくると、今回の米ソ会談が決裂したことは、東西対立の深さと激しさから当然のことであり、したがって、人々に現実を見させたことで、決裂もまた悪くなかったようにも思われる。

九〇年代のエネルギー問題 1986・11

十年余り前にはどうなることかと思われた石油問題は、ほとんど完全に姿を消した。石油は一時一バーレル=四〇ドルもしたのに、最近では一〇ドル前後まで値下がりした。その結果、電気・ガス料金も下がったし、灯油やガソリンの値段も随分下がった。

しかし、これによってエネルギー問題がかなりの期間、解決されたと考えるのは大きな誤りである。まして、長期的あるいは根本的に解決されたというのには程遠いのが現実である。一九九〇年代に入ってしばらくすると、再び石油価格が上昇し始めるであろう、というのは多くの人の予測だし、それ以後、より本格的で困難な問題が出てくるだろう、と言う人もいる。

そのことは、石油が不足気味という状況から過剰気味になって来た理由を検討して行けば理解されよう。その理由の第一は、石油が値上がりしたため、世界各地で油田の開発や旧油田における生産の再開が大規模に行われ、石油供給能力が増大したことである。ところが、最近のように石油が値下がりすると、そうした油田のうち、かなりのものが採算割れを来すようになり、石油生産は減少に向かうものと考えられる。一九九〇年代の半ばには石油価格が上昇するだろうと言われるのは、そのためである。

もっとも、石油の需給関係が緩んで来たのには、需要側の理由もあって、そのほとんどは今後も変化しないであろう。すなわち、石油その他のエネルギーの使用効率が目立って改善された。その主役はマイクロエレクトロニクスで、機械のあちこちに付けられた電子機器がエネルギーの使用を制御し、むだ使いを減らしたのである。それに最も成功した日本の場合を見ると、一九七三年の石油危機以前と比べて、大体三分の二のエネルギーで同量の富を生みだすことができる。この方面での進歩は、今後進むことはあっても、後退することはないであろう。

しかし、石油問題の当面の解消には、もうひとつの原因、すなわち、代替エネルギーの開発と普及ということがあって、これは長期的にはいささか心もとないのである。というのは、その最も重要なものは、大気を以前ほど汚染することなしに石炭を利用するようになったことと、原子力発電とである。ところが、前者については、全くクリーンなエネルギーとは言えないし、後者については今年に入って、にわかに懐疑論が強まって来た。スウェーデンは新たな原子力発電所の建造をやめ、次第に他のエネルギー源に切り替えることに決定したし、西ドイツでも野党社会民主党が同様の立場をとり、原子力発電所を必要とする与党キリスト教民主同盟＝社会同盟との間で激しい議論が展開されている。日本の世論調査でも、原子力発電所に反対の意見が、賛成意見を十余年ぶりで上回るようになった。

その直接のきっかけは、ソ連のチェルノブイリ原子力発電所の大事故で、そのことは世論調査の結果の推移を、この十年ぐらいにわたって見てみると明らかである。また、それは原子力発電所に対する賛成の高さが、エネルギー危機の強さと比例していることをも示している。つまり、エネルギー危機が遠のき、原子力発電所への賛成が弱まって来た、最も悪い時期にソ連の原子事故は起こったわけである。

そうした社会の雰囲気の変化のままに原子力発電所をやめてしまうならば、世紀末には深刻なエネルギー危機が起こるだろう。フランスの五八・九パーセントを最高に、大体どこの国でも二〇パーセント弱程度のものが、全電力量のうち原子力発電によって占められているからである。われわれは軽々しく原子力発電の開発をやめることはできないし、まして放棄するわけにはいかない。

しかし、最近、西ドイツなどで議論されているものを見ると、原子力発電には相当の難点があり、現在の段階で、それを将来のエネルギーとみなすわけにはいかないことも事実である。反対論には種々の論点があるが、そのうち真剣な考慮に値するものが、少なくとも二つある。

まず、原子力発電が生み出す廃棄物は処理のしようがないので、われわれは子孫に廃棄物という厄介なお荷物を残すことになる。次に原子力発電所の安全性の問題で、絶対に安全とは言えないし、大事故は注意すれば防止できるだろうが、小事故は起こるだろう。また、事故防止のために厳重な管理体制をとることには無理があり、社会のあり方に好ましくない影響を与える恐れがある。

以上から、原理的に格段に安全な原子力発電の仕方の探求とか、未来のエネルギーとしての太陽エネルギーの利用を進めることが必要ということになる。つまり、現状はエネルギー問題の本格的な解決とは程遠いものなので、バランスのとれた見方と、本格的解決への一層の努力が必要だということである。

西ドイツの復調　1986・12

もし、世界各国の一年間のできを評価する賞のようなものがあるなら、一九八六年について、私は西ドイツを佳作として推したいと思う。

まず、佳作というのは、本年に関する限り、それ以上の賞に値する国がないからである。なんといっても、為替レートの大きな変動や、石油価格をはじめとする一次産品価格の下落などで、今年は状況が不明確でありすぎたから、そう見事な成績が得られるはずはなかった。もっとも、数字に表れたところでは、上述の二つに利子の低下を加えた「三低」に助けられて建国以来初めての貿易収支黒字を記録した韓国や、それをさらに上回る台湾の成績の方がよい。しかし、これらの国の場合、情勢に助けられたという色彩が強く、それを本格的で継続的な発展へとつなげうるかは今後の重要な課題なので、一年間は賞を与えるのを見合わすことにしよう。ＮＩＣＳ（新興工業国）[97]のできは確かに

97　一九七九年に経済協力開発機構（ＯＥＣＤ）の報告書で、第一次石油危機によって世界経済が停滞するなか工業化に成功した大韓民国（韓国）、台湾、香港、シンガポール、ブラジル、メキシコ、ギリシア、ポルトガル、スペイン、ユーゴスラビアの計一〇カ国・地域が新興工業諸国（Newly Industrializing Countries）と定義された。現在では他の発展地域も加え、ＮＩＥＳという表現が一般的である。

よく、日本人は最近それに注目するようになったが、それが本物の力をつけるか否かは、一九八七年から八八年にかけて決まるだろう、と私は思う。

そこで、そう状況に恵まれたわけではなく、それでいてまずまずの成績を上げた国として西ドイツが浮かび上がってくる。その経済成長率は三パーセントで、消費者物価指数はマイナス一パーセントであったから、実質的には生活はかなりよくなったはずである。それに、ドルに対してマルクはかなり切り上がったのに、「マルク高不況」といった言葉が聞かれない安定ぶりが頼もしい。マイクロエレクトロニクスなどの新分野での発展を見ると、日本の方が一段上だが、国際社会の変動にそう動揺しない点では西ドイツがかなり上であることを、われわれは忘れるべきではないだろう。

もっとも、それは西ドイツの国際的環境によるところが小さくない。西ドイツはヨーロッパ共同体（EC）の有力メンバーであり、共同体に属する国との貿易が多い。ところが、EMS（ヨーロッパ通貨制度）のおかげで、西ドイツのマルクとこれらの国々の通貨との為替レートはそう大きくは変わらないので、ドル・マルクレートの変動に直接影響されるところが小さいのである。日本の場合には、近隣諸国との間で共同体を作るわけにはいかないので、西ドイツの事例は直接参考にはならないけれども、自国通貨での国際取引を増大させることは、やはり重要であろう。

それにしても、西ドイツもまた少し前には、一九六〇年から七〇年の初めにかけての、マルクの何度かにわたる切り上げに苦しんだ。一九七〇年代の半ばには、それに石油危機が加わり、しかもエレクトロニクスへの進出のおくれから、西ドイツの将来が暗く見えたこともあった。しかし、西ドイツはその困難な時期を、結局切り抜けたのである。

その方法は、退屈なぐらい平凡で堅実なものであった。すなわち、産業はそれが最もよく知り、最も慣れているところで、着実に製品の質を上げることで対処したのである。それがとくに顕著に見られたのは、従業員数五千以下の中企業であり、彼らが次々によりすぐれた製品を生み出すと同時に、納期を守り、アフターサービスをしっかりするといったことによって、マルクが上がり価格が上がったなかで、国際競争力を維持したのであった。巨大企業はもっと苦しんだようだが、あるものは規模を縮小して効率を上げることで、またあるものは企業活動を多様化することで、新しい情勢に対応した。困難な時期の間、賃金上昇は抑制され、今年、数年ぶりに実質で五パーセント上昇を見た。

政府の果たした役割も、ドラマチックなものではなかった。補助金を多少減らし、規制緩和を多少おこなうといったことがおこなわれたが、そう目ざましいものではなかった。財政金融政策についても同様に手堅いもので、例えば失業保険など社会保障を少々切り詰め、政府赤字をいくらか減らすことに成功したが、これまた大変革ではなかった。

もっとも、以上のような平凡さ故に、西ドイツの今年のできは、あくまでも佳作でしかないとも言えよう。批評家のなかには、西ドイツはより思い切って各種の補助金を減らし、かつ政府規制を緩和すべきだという人がある。それによって三次産業の育成をはかることが、将来を考えると必要だというのである。

それもあって私は、西ドイツを日本の規範として佳作に推しているのではない。ただ、西ドイツは日本の先輩ではある。そして、相当力のある国が、自分の個性に沿って対応していくなら——着実さは西ドイツの個性である——、前代未聞と見える困難な状況にも——自国通貨の大幅切り上げは、当事者にはそう思われるだろう——、やがては対処できることを示してくれている点で、われわれの参考になる。

「防衛」に見る日本の甘え　1987・1

中国を訪問した竹下〔登〕幹事長に対して、呉〔学謙〕外相と鄧小平氏が懸念を表明したと伝えられた。より正確に言えば、竹下幹事長が防衛費の一パーセント枠[98]を超すにいたった事情を説明し、理解を求めたのに対し、反論する形で、中国は日本が軍事大国になるのを恐れており、日本の防衛力には一定の限度が必要であると考えている、と述べたものである。

だとすると、竹下幹事長は余分のことを言ったように思われるし、多分、中曽根首相がそれを指示したのであろうから、中曽根首相の判断にも問題があった、と言わざるを得ない。同盟国でもない国に対し、わが国は国防費を少々増やしますが理解して下さい、と言ったとき、相手として

98　防衛費をGNPの一パーセント以内に抑えるという、一九七六（昭和五一）年一一月に当時の三木武夫内閣によって閣議決定された枠組み。歴代内閣でも踏襲されたが、同盟諸国に防衛協力を求めるアメリカの要求の強まりに伴い、中曽根内閣が一九八七年度予算編成において撤廃した。

はほとんど答えようがないことは、常識的に考えれば分かるはずである。懸念を表明し、軍事大国になるのを恐れる、としか言いようがないではないか。

立場を変えて考えてみれば、さらによく分かるはずである。例えば中国が中距離弾道弾の配備を決め、やむを得ない事情があるので理解してほしい、と日本に対して言ってきたと考えてみてほしい。それが強大になりすぎることへの懸念を表明する以外にないではないか。ソ連が同じようなことを言ってきたら、なおさらそうであろう。国際社会においては、他国の軍備が大きくなるのを歓迎するのは異例なことであり、そのようなことに理解を求めるのは常識外れというほかかない。

もっとも、私は一国の軍備は他国がどう考えようが、自ら正しいと思うだけ持てばよい、というつもりはない。他国の反応は、一国の軍事力の大きさを決めるきわめて重要な要因である。そして、あの国ならあの程度の軍事力を持っても大丈夫だろう、という信頼感のようなものを与え得る範囲で軍備を持つのが最も妥当であろう。日本の場合、無謀な太平洋戦争の結果、そうした信頼は得られにくくなっているので、軍事力強化にあたってはよくよく注意しなくてはならない。しかし、それと同時に、防衛は国家の主権の根幹を成すものであり、したがって、結局はその国が自らの意思で防衛政策や軍事力の水準を決めなくてはならないことは基本的なことである。この二つの要請から、軍事力整備は、周囲の国々の反応を考慮に入れつつ、自己の判断と責任において行わなくてはならないことになる。そして、他国の警戒心については、その行動によって長期的に理解を得、信頼をかち得るようにする以外にない。

こう論じてくると、他国の反応が大切なら、中国に一声かけて理解を求めてもよいではないか、小さなことにこだわるのはおかしいと言う人があるかもしれない。しかし、外交では小さなけじめが重要なのであり、それがつけられないところに厳しさの欠如を私は見る。

大体、どのようなつもりで竹下幹事長は一パーセント枠の問題を持ち出したのであろうか。まさか、中国が難色を示せば一パーセント枠突破を再考するつもりではなかったであろう。そのように確信がなければ、初めから一パーセント枠の修正などは考えない方がよい。ついでながら、私は一パーセント枠のように合理的根拠のない、タブーのようなものによって防衛費を規制することが、かえって防衛論議と防衛政策を歪めるが故に、撤廃するか、より妥当なものに変えるべきだと考えているから、今回の決定は妥当なものだと思うし、日本として十分責任のとれる範囲の決定だと考えている。

それなら、中国に一言あいさつをしておけばよいと考えたのだろうか。多分そうだと思われる。日本の政治におけるの根回しのようなもの、と考えたのであろう。だとすると、中国に配慮しているようで、実は中国を甘く見た話である。一言あいさつをしておけば済むような問題ではないからである。日本の経済力に文字通り釣り合った大きな軍事力を持つべきだと私は思わないが、しかし、これまでのように、アメリカにほぼ完全に依存しつづけるわけにはいかなくなった。それは国際関係を歪め、かえって平和を害する。

それ故、妥当な範囲での軍事力の増強が必要なのだが、それは必然的に、他国の懸念を生むものである。そこを、日本ならあの程度の軍備を持っても大丈夫だし、その方が均衡がとれると、他国に理解してもらうには、長期にわたる血のにじむような努力が必要なのである。

中国との関係について言えば、一昨年の夏、中国の世論の状況から見て最悪のときに靖国神社に公式参拝したのは――公式参拝がつねに悪いとは私は思わないが――、怠慢であった。中国となると、商品を売りこむことだけを考え、中国経済の長期展望を考えないのもそうである。そうした努力を怠り、一声かければそれで済むというのは、国際政治を甘く見ているためである。私にはそれが心配である。より一般的には、大国になるのは大変なことである。その覚悟なしに、「大国の責任」などという言葉は使わないでほしい。

国際化は議員主導、民間主導で 1987・1 ♣

現在の日本の重要な課題である「国際化」は、すぐれた国内構造の問題である。というのは、国家の運命は相当程度、その国内構造が国際情勢の与える課題の解決に、どの程度適合的であるかによって定まる。

まず、日本以外のところで例を引くなら、不適合の典型的な例は戦後の英国であろう。過去の大英帝国時代の遺産として、国際関係を熟知し、そこでの人的関係を持ったエリートを政界と金融界とジャーナリズムに持っていて、彼らは英国の外交政策に関して、強いリーダーシップを国民から認められていた。そのため、少なくとも一九五〇年代の半ばを過ぎるころまで、英国はアメリカのよき友人として、世界政治で重要な役割を果たすことができた。

英国はほとんどの場合、整然と帝国の役割から後退していったし、しかもゆっくりそうしたので、その勢力圏においても、ポンドの地位についても、混乱や真空はおこらなかった。英国が欧州大陸の安全にコミットすることがなければ、現在の欧州の安全保障体制はできていなかったかも知れないというのは、現代史の研究者たちの広く認めるところである。

しかし、そのような役割を果たすことは、第二次世界大戦で疲弊した英国にとっては過重負担であった。英国自身にとっては、誇りを捨て、それ故に勢力圏を早くかなぐり捨てるとともに、ポンドをいち早く切り下げていた方がよかったであろう。そのためには、自国のことだけしか考えないリーダーが育ち、選ばれるような国内構造の方がよかったと言ってよい。しかし、第二次世界大戦まで世界のリーダーだった英国にとって、そのような国内構造と、リーダーのあり方の激変はおこりようがなかったのである。その結果、過重負担のまま英国は、一人当たり国民所得においてイタリアを下回るところまで衰微してしまった。

現在の日本は、英国の恐らくは対極にある存在と言えよう。戦後日本の国内構造は、戦後の日本が置かれた国際的立場、すなわち、無謀な戦争で信用を失った国だが、ただ成長の潜在力はある弱小国、かつ国際政治の焦点となる地域から外れた弱小国のそれに、恐ろしいぐらい適合していた。だが、その立場がほぼ完全に変化した今日、その適合性が問題になろうとしている。

戦後日本の国内構造の特徴は、まず、与党と野党の分業にある。政府・与党はアメリカとの協力によって安全を保障し、経済の繁栄をはかってきた。これに対して、一九四八年以来野党となった社会党は、その立場の現実性と無関係に、日米安保に徹底的な反対を続けた。少なくとも初期の十数年間、彼らの反対が日本の権力政治への深入りを防止する点で、プラスの役割を果たしたことは否定しえない。

第二に、議会を見ると、自民党を中心に恥ずかしいほど国内中心主義的であり、さらに言えば、選挙区中心であった。彼らの関心事はもっぱら、経済成長の果実を自らの選挙区に持ち帰ることであった。これら議員の活動は、日本の各地の可能性を十分に発揮させるのに役立った。

第三に、日本の政府は、経済政策に関する限り弱い存在ではなかった。国際経済のなかで日本が生きる政策を立案し、国民もそれに概して従った。その結果、村上泰亮氏[99]が「仕切られた競争」と呼んだものがおこり、お互いを傷つけることなしに日本経済の活力を高めた。行政指導という根拠のないものが効力を持ち、七〇年代の初めに、賃金コントロールが非公式の形できわめて円滑におこなわれたことが示しているように、こと経済政策に関する限り、日本の政府の力は弱いどころか、まことに強いものだったのである。

　さらに付言すれば、貯蓄を集める制度が発達し、そのうち郵便貯金については財政投融資という形で、議会にはかることなしに——少し前にそれは変わったが——官庁が投資先を決めえたことは、国益上必要な産業を伸ばすことに役立った。その成果は独占されず、その成長に国民のほとんどがあずかりえてマイナス面が出なかったため、全体として優れたシステムでもあった。戦後日本の驚異的な成功は、こうした国内構造を離れては考えられない。

　しかし、七〇年代末には状況は明白に変化し、八五年以降の円高によって、何人も否定しえないものとなった。日本の国内構造とのかかわりで、その変化を記すなら次のようになる。

日本は自国の発展だけを考え、国内の問題を国外に出かけることで解決することはできなくなり、逆に、まず他の国々の発展を考えなくてはならないようになった。というのは、日本が世界経済のなかできわめて大きな存在となったからで、日本が自らのことだけを狭く考えるとき、外国の批判が出てくるし、たとえそれがなくても、日本が他国の経済を傷つけ、弱めるような行動に出るなら、外国市場が客観的に狭まるか、少なくとも拡大しないからである。つまり、日本の国益の性質が変化したのであり、われわれはその国益の追求のしかたを変えなくてはならなくなったのである。

　しかし、そうした仕事が選挙区中心主義の議員に可能であろうか。また、野党は日本が「国権主義的」になることへの貴重なブレーキであったが、今日ではもはやそうではない。このブレーキはアメリカとの軍事協力と日本の軍事力増強についてのみ有効で、国際経済政策に関する限りほ

99　村上（一九三一［昭和六］〜一九九三［平成五］）は経済学者。元東京大学教授。専門は理論経済学。経済学博士（東京大学）。論文「病める先進国」（一九七三年）で吉野作造賞を受賞。主著に『新中間大衆の時代——戦後日本の解剖学』（中央公論社、一九八四年）、『反古典の政治経済学』（中公叢書、一九九二年）など。『文明としてのイェ社会』（中公叢書、一九八〇年）の共著者である佐藤誠三郎、公文俊平らとともに中曽根康弘政権のブレーンとしても活躍する。

とんどブレーキの用をなさないからである。それは農業保護策をはじめ、彼らが個別的地域的利益の擁護にいかに熱心かを考えれば理解されよう。

次に、強力な政府もしくは官僚制の適合性も、二重の意味で疑わしくなった。日本経済が世界のトップグループに入った以上、必要なのは明白な目標に対する国力の集中ではなく、多くの人のイニシアチブに基づくさまざまな試みである。

現在、日本経済が直面している構造転換は、基本的には日本がトップグループに入ったことによるものであり、しかも、世界的な大きな技術革新の時代にそうなったことが、大きな転換を不可避ならしめている。さらに、八五年秋以来の円高によって急激に現れた点で深刻である。転換は苦しい過程となるだろうが、その解決の方向は、大企業が体重を減らすか、体質を変えるかすることで対応するとともに、中規模の企業が多数出現して、新しい分野を切り開くことにあるだろう。

その際、政府または官僚制の果たしうる役割は、せいぜいが補助的なものにとどまる。より基本的には、かつての「超然内閣」[100]の時代のように、官僚たちが政党に引きずり回されることなく、国益を考え、その実現に努力することは期待できないことである。議員たちが地方的もしくは特殊利益によって選ばれながら、国益のために行動するという、議会主義本来の姿をとる以外に方法はない。

最後につけ加えるならば、政治的役割を含めて日本が国際社会で役割を果たすことが必要となり、しかも交渉相手がアメリカ以外の多くの国を含むようになった以上、「権力政治」からの棄権だけを説く野党の効用は、ほとんどなくなった。もっとも、それは現在の緊急の課題というよりも、やや先のことではあるが……。こうして、「国際化」の成否は、日本の国内構造を上述の必要性に合致するように変えうるかにかかっている。

その際、完全な変化は現実の世界ではありえないだけに、日本の国内構造の変化の可能性に見合った形で、現実に世界へのコミットメントを増していくことが必要である。それはまことに難しい。しかし、私が数年前に考えていたよりもはるかに、日本の政治はこの課題に対応して来ている。恐らくは世界的な「自由化」や「規制緩和」の傾向に刺激されて、政府主導型の経済運営は改まってきた。政府の仕事を整理し、無理のない程度に減らすことも進行している。

なによりも驚くべきことは、貯蓄優遇制度の廃止や税制の改革にみられるように、議員の少なくとも一部が選挙区中心主義ではなく、国際社会のなかの日本の国益を考えて行動するようになったことだ。まったく動かしようのないように思われた農業保護制度についてさえ、それを修正する雰囲気が現れ始めている。国際社会の動向に逆らってはならないという、日本人の気弱さとあきらめのよさが、プラスに作用しているのかも知れない。

私の見る限り、日本の将来は三、四年前よりも明るくなっている。だが、結果が出るまでは、安心は禁物である。実行過程で思いがけない挫折がおこることも、まれではないからである。このようにして、八七年は、この何年かの間に始められた国内構造の変革という「国際化」の仕事が成功するか否かを決する重要な年となろう。

危機の日米関係 1987・2

本年前半の、日本の対外関係において、最も重要なものは対米関係であろう。しかも、それは日本にとって重要であるのみならず、国際経済全体にとってそうであり、それ故、世界全体の動向に大きな影響を与えるものなのである。

それは、アメリカの保護主義のことを考えてみれば、容易に理解されるであろう。この二、三年、アメリカの議会では保護主義的傾向が強まって来ており、今年は、それがとくに顕著であるように思われる。というのは、アメリカの国際収支の赤字がまことに大きなものとなり、なんとかしなくてはならないことが、だれの目にも明らかだからである。それに対する短絡的な答えは、アメリカの輸入を減らすということであるだろう。すなわち、保護主義的立法である。

しかし、そうした措置は第二次世界大戦後、今日まで、曲がりなりに機能し、世界の多くの国々の経済成長と繁栄とを支えて来た自由貿易体制を危うくする危険性を持っている。そこまで行かなくても、アメリカに輸出することによって、巨額の債務の利子をかろうじて支払っているいくつかの国に大打撃を与える恐れがある。

こうした危険が、幸運にも現実化しないとしても——不

100 成立初期において内閣は主として藩閥、官僚によって構成されたが、帝国議会が開設され政党が誕生すると、その政策は議会や政党の意向を汲まざるを得なくなっていく。そうした議会や政党の主張から離れ（超然とし）、各政党を公平に扱い党派争いに関与しないとする考え方を掲げた内閣。

幸にして、アメリカで保護主義的立法が成立した場合、その悪影響は他国の反応によって大きくなり小さくもなるから——、われわれは最悪のことが起こったときの対応も考えておかなくてはならない。

保護主義は、アメリカの国際収支問題の真の解決法にはならない。アメリカの国際収支の大赤字は、アメリカの産業の競争力が低下したことと、アメリカ政府の財政が大幅な赤字であることに真の原因があるので、それを解決しない限り、なくなりはしないからである。

もっとも、一年前ほどまでは、ドル高がアメリカの国際収支の大赤字の重要な原因であった。だから、それが修正されたとき、国際収支への楽観論が生まれ、一時的に保護主義への圧力は減ったが、為替レート修正後一年たってもアメリカの国際収支赤字が減らないので、再び保護主義への圧力が高まって来た。しかし、それはある程度まで、為替レートの修正が国際収支に反映するには時間がかかるということで説明される。事実、昨年の末にかけて、アメリカの輸出が増え、日本の輸出が減るようになって来た。もちろん、その変化はそれほど大きなものではなく、アメリカの国際収支の大赤字を解決しそうにはない。だが、大赤字の真の原因は、先に述べたようにアメリカにある。

だから、日本をはじめとするいくつかの国の国際経済政策が悪いから、アメリカの国際収支は赤字になるのだという議論は、日本をスケープゴート(身代わりのヤギ)に仕立てて、自らに弱さと誤りとに目をつむるものである。それは、問題を解決しはしない。日本がきわめて優等生的な貿易制度をとっても、日米間の貿易不均衡は部分的にしか是正されないことを、日米経済交渉に当たる日本の代表は繰り返し指摘して来たが、それは大体のところ正しいのである。アメリカ自身の努力に、きわめて多くがかかっている。

こうして、日本の課題は、いかにして日本がスケープゴートになるのを避けるかということであり、また、アメリカ人をいかにして発奮させるかということになる。

いうまでもなく、この二つの課題は、関連している。苦境にある人間は普通、言いわけがなくなって初めて、自らの弱さと誤りに気づき、発奮するものだからである。素直に説得される人間はまれにしかいない。とくにアメリカの場合は、行政府と立法府が大きな独立性を持っており、財政赤字にしても、政府がその削減を望んでも、どの出費を減らすかで立法府と行政府の意見が異なると、結局、赤字予算になってしまう。しかも、立法府は選挙区のある力によって動かされやすい。こうして、並大抵のことではアメリカの議会を説得することはできないのである。

だが、それをしなくてはならないのが今日の実情である。そのためには言葉ではなく、行動による説得しかない。まず、われわれは思い切った自由化政策によって、日本がスケープゴートになるのを防止しなくてはならない。次に、緊急の方策として、本格的な景気振興策が必要だろう。しかも、他方でアメリカの発奮を求める毅然たる姿勢がなくてはならない。

それぞれが難しく、かつ、その間のバランスが重要である。その難題を避けて通れないというのは、現在が真の試練の時であるということを示している。

三つのＳＤＩ論　1987・3

ちょっとキザだが、英語のもじり遊びから始めさせてもらうことにしよう。戦略防衛構想（ＳＤＩ）は別名スター・ウォーズとも言われる。そのスターを形容詞にして、その下に目を意味するアイをつけると、星のように輝く目、すなわち、幻想や夢や確信といったものによって熱にうかされた目、という意味になる。

この二つを結びつけると、熱にうかされたスター・ウォーズ論者ができ上がる。スターが二つ来るから、彼らのことを二重星のＳＤＩ論者と呼ぶことにしよう。これまで、ＳＤＩをめぐる論議は、これら二重星のＳＤＩ論者を中心にして行われてきた。彼らは、ＳＤＩによって核のない世界が出現すると熱にうかされて論じ、反対派はその非現実性を指摘してきた。

その議論においては、明らかに後者に分がある。大陸間弾道弾（ＩＣＢＭ）は千基から二千基の間だが、それらはいくつかの弾頭に分かれるし、それを宇宙空間まで運んで来たロケットの残骸も複数個あるし、それに囮もばらまかれる。したがって、数万個の物体が飛んで来るので、そのなかから本物の弾頭を識別し、それらを正確に撃ち落とすといったことは、常識的にとても不可能である。この意味で、ＳＤＩを批判することは容易である。

しかし、ＳＤＩにはそれ以外に、二つの形容詞をつけたＳＤＩがある。その一つは研究開発型ＳＤＩとも呼びうるもので、それは、真に防衛能力のあるＳＤＩは作られそうもないが、それを目標とした研究開発は、コンピューターの演算速度やセンサーの信頼性といった技術の上で一大進歩を生み出しうる、と考えるものである。

つまり、ＳＤＩは軍備計画というよりも技術開発だとみなすもので、多くの実務的日本人はこの態度に近い。政府も、兵器としての配備については、その可能性が出て来たときにあらためて態度を決めるということにして、当面、研究開発には参加するという態度であるから、やはり研究開発型ＳＤＩ論と言えよう。

それは、確かに実際的なアプローチである。ＳＤＩが兵器体系として作られるか否かは疑問であり、早くても二十一世紀に入ってからでないと実用化しないが、数十億ドルの研究開発費は、かなりの技術進歩を生むだろう。だから、ＳＤＩの研究には参加し、その動向を知っておこうというのは妥当な態度である。しかしＳＤＩは、限定的にせよ成功した場合、これまでの核バランスを揺るがし、変える可能性を持っている。したがって、それは戦略上の問題としても扱われなくてはならない。そこで重要になってくるのが、もう一つのＳＤＩ論、すなわち懐疑論的ＳＤＩ論とも言うべきものである。

この考え方は、それ自身で核兵器を無力化する完全な防衛兵器であるＳＤＩは現実不可能だが、限定された数のミサイルに対してであれば、かなりの効果を上げうる可能性があると考える立場である。それ故、核兵器を削減する軍備管理とＳＤＩとを併用すれば、脅威感が少なく、安定度もある核時代の軍事力のバランスが作られる、ということになる。それを現在の相互抑止と比較すれば、その方が望ましい、というのである。

確かに、現在の相互確証破壊（ＭＡＤ）の体制、すなわち、どちらが先に攻撃しても、攻撃を受けたものが反撃して十分大きな攻撃を与えうるという状況を作り上げ、それによって相互が抑止し合うという体制は、冷徹な論理から言えば安定してはいるが、破滅の恐れと同居しなくてはならないので、心理的に問題がある。それよりは、核の削減プラスＳＤＩという体制の方が――もしそこに円滑に移行できれば――優れている、と私は考える。

この懐疑論的ＳＤＩ論の重要なポイントは、軍備管理を重視することである。レーガン政権はこの点がはっきりしなかった。やや、「二つ星のＳＤＩ論」に傾くところがあった。例えば、弾道弾迎撃ミサイル（ＡＢＭ）制限条約を拡大解釈して、あるいはＡＢＭ条約を破棄して、ＳＤＩの部分的配備を早期に行うという議論が強力であった。しかし、最近、アメリカの関係者の内部でも、「二つ星のＳＤＩ論」よりも「懐疑論的ＳＤＩ論」が強まってきたように思われる。ワインバーガー国防長官の主張してきたＳＤＩの部分的配備の早期実施が行われなかったことが、そのことを示している。

この立場が十分強まれば、ABM条約を今後十年間守ることを確認することが可能となるし、そうなれば、レイキャビクの首脳会談でほぼ合意に達したと伝えられる戦略核兵器の大幅削減の協定も、合意しうるであろう。ソ連は、アメリカがABM条約を破棄して、SDIを早期に配備するのを恐れているからである。さらには、軍備管理プラスSDIの体制への移行も可能になるかもしれない。

日本政府も、SDIと軍備管理を関連させて考え、そのように発言すべきときに来ているのではなかろうか。二月末、ソ連は核軍縮についてパッケージ方式を放棄したが、それは軍備管理での前進を可能にするものである。そのことを考えると、日本がこの問題に関する態度をはっきりさせる必要は一層大きい。

白頭わしと対日報復 1987・4

アメリカの国鳥は白頭わしである。ほとんどの方がそのことは御存じだろうし、至極もっともな選択と感じられることだろう。白頭わしは威風堂々たる鳥だし、北米大陸にしかいないから、アメリカのシンボルにふさわしい。しかし、実はこの白頭わしがアメリカの国鳥にすんなりと決まったわけではなかった。七面鳥を国鳥にしようという人々がいて、その方が優勢であった。

というのは、七面鳥は野生の鳥としてアメリカにすんでおり、開拓時代の初期、耕作も牧畜も未発達のときには、きわめて貴重な資源であった。それで飢えをしのいだ人は実に多かった。そうした、最もなじみのある鳥を国鳥にするという意見が多くの支持者を得たのは、不思議ではない。その意見が通り、七面鳥が国鳥になり、大統領の演壇に七面鳥が刻まれることになっていたらユーモラスでよかったかも知れないが、現実にはそうはならなかった。

白頭わし派が逆転裁判におさめたのは、ある動物学者の証言によるところが大きいと言われる。その学者は言った。「七面鳥は多夫多妻の鳥である。ところが白頭わしは一夫一妻を厳格に守る。そのように道徳的、倫理的に正しい鳥を国鳥にするのが当然ではないだろうか」。この主張には反論することが難しく、白頭わしが国鳥になったのだった。

この話を聞いて、読者はどう思われるだろうか。奇妙だとも、子供じみているとも思われるかもしれない。鳥について、人間の倫理、道徳を持ち出すのはおかしいとも考えられるであろう。

しかし、それがアメリカなのである。子供じみた道徳主義がアメリカ人を動かす強い力であることをわれわれは銘記しなくてはならない。実際、日本の会社による半導体のダンピング[101]の証拠があがったのをきっかけに、これまで議会の保護主義的圧力に抵抗して来たレーガン大統領が、制裁として一〇〇パーセントの関税をかけるという態度を表明したとき、私は白頭わしの話を思い出した。すなわち、そこには悪いことをした奴、ルール違反をした奴は処罰しなくてはならないという単純な正義感が作用している。

もちろん、政治家はそれ以外の種々の考慮によって動かされるもので、その方が恐らくは大切であろう。ひとつには、イランゲート[102]でリーダーシップを失ったレーガン大統領が、この問題での強硬姿勢によって、国民の関心をそらそうと考えているのだという説がある。より重要な理由としては、下院を通過したものとはちがうが、それでもかなり保護主義的性格の強い包括貿易規制法案が上院に上程されているので、そのように国際的に問題の多い法案を通さなくても、今のままでも大統領はアメリカの経済的国益を十分守りうることを示す狙いもあるだろう。しかし、その場合にも、今回の大統領の行為はアメリカ人の道義主義的心情に訴えるから、有効なジェスチュアとなりうるのである。

以上のような心理から報復関税が提案されていることを考えると、日本の対応は難しい。というのは、今回の措置は、日本から見れば、とても正当化しえないものである。アメリカは日本が第三国で半導体をダンピングしてアメリカ製品の売れ行きを減らし、三億ドルの損害をアメリカに与えたと主張しているが、その根拠はきわめて薄弱であるように思われる。通産省との交渉でアメリカはそれを証明する材料を提示していない。だから日本は、アメリカの言い分を認めることはできない。そうすれば、日本はやはり後ろ暗いところがあったのだと思われかねない。

しかし、アメリカが今回は自らが正当化されうると信じこんでいることも事実であり、そうしたとき反撃することは、アメリカ人を一層憤激させるだけであることは、いくつかの歴史的事件が示しているところである。それ故、日本としては冷静に反論をおこない、当面、アメリカがどうするかについては、事をあまり荒立てない方がよいであろう。

ひとつには、それは逆効果であるし、より重要なことはアメリカには反省能力があって、その強引さや手前勝手の道義主義とバランスをとっていることである。幣原喜重郎は、第一次世界大戦の少し前、駐米英国大使であった〔ジェームズ・〕ブライスから受けた助言を回想録のなかに書き残している。ブライスはアメリカが不当な行為をする場合、折り目正しく抗議すべきだが、あまりしつこくそうするのはよくないと言った。なぜなら、アメリカ人は自ら考え直して、その誤りを正す能力を持っているからで、歴史がそれを示しているというのである。

私はこのブライスの言葉は、対米関係を考える際の座右の銘とすべきものだ、と思う。それは現在のけわしい状況において、われわれを正しく導いてくれるだろう。

暗い国際環境での努力 1987・5

日本経済を取り巻く環境はまことに暗い。なによりも一ドル＝一三〇円台の円高となり、しかもドル安・円高の傾向はしばらくは続きそうである。一ドル＝一五〇円なら、努力次第でなんとかなると思っていた日本人も、この円高では一体どうしたらよいかと頭をかしげ当惑しているし、途方に暮れてさえいる。そこに、アメリカでは保護主義の傾向が強まり、さまざまな形の対日批判が出ているので、憤慨の気持ちも散見される。

四月末から五月初めにかけての中曽根首相の訪米が、成果なしとして冷たく受け取られたのも、そうした情勢を反映している。中曽根首相は、「第三国における日本の半導体のダンピング」への報復としてアメリカが日本製品に課した一〇〇パーセントの関税が、早期に撤廃されるという感触を語ったが、それもあまり歓迎されなかった。どちらにせよ、そう重要なことではないという評価も作用していたであろう。それよりも、はるかに重要な円高の是正について、なんらの対策も得られず、ただ、アメリカ政府は財政赤字の削減への決意を表明し、日本政府は内需拡大の意

101　一九八七年三月、「日本が半導体協定を遵守していない」ことを理由に、米政府は通商法三〇一条に基づく制裁措置の発動を発表した。それを受け、半導体以外の特定電気製品（パソコン、カラーテレビ、電動工具など）に報復関税が賦課されることとなり、レーガン大統領と中曽根首相のトップ会談で半導体問題が協議された。この結果、日本は官民一体で協定遵守をしていくことが確認された。

102　一九八八年、レーガン政権がイランに売却した武器の代金をニカラグアの反共ゲリラ（コントラ）の援助に流用していたことが発覚し、政治的に大きなスキャンダルとなった。大統領の指示によって行われていたことから、ニクソン政権で発覚したウォーターゲート事件になぞらえイランゲート事件とも称されたが、現在ではイラン・コントラ事件と呼ばれる。

思を示すという一般論に終わったことが、日本人に失望感を与えたのであろう。

たしかに、今日のアメリカは大層困った状況にあり、しかも、それをなんとかしようという決意に欠けているように思われる。世界中のほとんどの専門家は、アメリカの巨額の国際収支赤字が現在の世界の最大の病根であることを認めている。それが解決されなくてはドル安傾向も続くし、今すぐではなくても、やがてドルへの信認が崩壊することにもなりかねないとする点で一致している。また、その国際収支赤字の削減のためには、アメリカ政府の財政赤字を減らす以外にない、という点でもほぼ完全な一致が見られる。

それなのに、アメリカでは政府も議会も、財政赤字の削減に本腰になってはいない。議会の一部の議員にいたっては、日本がアメリカに輸出し、逆に輸入努力を怠っているからアメリカの国際収支は赤字になっていると言わんばかりに、対日批判に熱を上げている。それらを見ていると、腹を立てないまでも、いつになったらアメリカは自分の課題に取り組んでくれるのか、と苛立ったり、さらには、日本としてはなにをやってもだめではないか、という気持ちになる人があっても不思議ではない。

つまり、国際経済はアメリカという強力なマネジャーが力と意思——とくに後者——を失ったことに加えて、金融の世界の変質(昔では考えられなかったほど大量のカネが、今日国境を越えて移動している)のため、どうやら制御不能になっているように思われる。だから、無気力になったり、無責任になったりもする。

しかし、こういう状況で一番悪いのは、アメリカが自分の課題に十分まじめに取り組んでいないことから、アメリカを責め、自らもまた課題をかかえているのを忘れることである。例えば、農産物を含めて日本への輸入を自由化することや、日本の経済社会を開放的にして、外国人の日本における活動(最近問題になっている新関西国際空港[103]の建設への参加や第二KDD[104]への参加はその典型である)を容易にするといったことを考えてみよう。

それらのことを、アメリカが要求するからだとか、その要求を容れれば、アメリカの方もこれに対応し、よい結果が早期に得られるだろうといった理由からやろうとするなら、やめておこうということになるかもしれない。そうしたことをやっても、すぐに円高が是正されるとは思われないし、対日批判にしても、ひとつの要求が容れられたならば、また他の問題に焦点が移るだけかもしれない。繰り返すが、アメリカが本気で自らの課題と取り組むようになるまで、国際経済情勢が本格的に好転するとは考えられないのである。

しかし、自由化にせよ、開放にせよ、それが他国に与えるイメージ上のプラスとか、その他の影響のためにおこなわれるものにすぎないわけではないのである。それらの措置は、二十年前のものと言ってよいほど旧式の日本のあり方を変え、日本がその生産力をよりよく生かすために必要な体質改良のためのものなのである。

日本人は食生活のために、他の先進工業諸国よりはるかに大きい割合の所得を使っている。また土地が高いので、住居に多くのカネを使い、しかも満足を得ていない。それらが日本の経済生活を歪めていることは、ちょっと考えれば理解されることである。それらを直さなくては、日本の一層の発展は望めない。だから、それをわれわれは着実に、しかし十分徹底しておこなうべきなのである。アメリカをはじめとする外国が、随分勝手なことをも含めて言ってきて、喧嘩もできないから、しぶしぶ譲るというものではない。自らの課題と取り組み、やがて状況の好転を待つのが、まっとうな生き方なのである。

サミットと主要国の責任　1987・6

サミット（先進国首脳会議）は、元来、経済政策の調整を目的として始められた。しかし、この数年のサミットの現実を見ると、それはむしろ、政治面で存在を発揮しているように思われる。

例えば、中距離核戦力（INF）の問題でサミットが西側の一致した見解を表明してきたことは、米ソ間の交渉に際して重要な要因となってきた。もっとも、私は今回のベネチア・サミットのコミュニケで、いわゆる「ダブル・ゼロ・オプション[105]」が承認されたことがそうだと言うつもりはない。事態はヨーロッパ諸国が今春、それを受け入

103　一九九四年に開港した現在の関西国際空港のこと。当時国際空港であった大阪国際空港（伊丹空港）との区別のためこう呼ばれた。一九六三年に基本計画が閣議決定され、本稿が執筆された一九八七年に着工していた。

104　一九八五年に施行された電気通信事業法により、電気通信事業への新規参入が認められ、国際電信電話株式会社（KDD）の独占状態にあった国際通信サービスに新規参入を検討する企業が現れた。

れることを認めたときに決まっているのであり、今回のサミットはそれにうやうやしくハンコを押したぐらいのところである。

しかし、このように問題が西側共通の関心事であることを公示することには、小さくない価値がある。とくに、交渉が難航し、西側が頑張らなくてはならないときはそうである。その意味で、ウィリアムズバーグのサミット（一九八三年）で、ソ連はある数量の中距離核戦力を保持するが、アメリカのそれはそれをヨーロッパに配備してはならないとするソ連の立場を認めないという、強い姿勢を示したのは重要であった。それもあって、ソ連の方が譲歩するようになり、間もなく、ヨーロッパにおける双方の中距離核戦力を全廃するという協定が結ばれる運びに至ったものである。

より最近の例を引けば、昨年の東京サミットでのテロリズムへの反対の意志表示も、効果があったと言えるであろう。当時は、日本でかなりの物議をかもしたけれども、それから今日までの間のテロの件数は、その前年の半数へと明白に減少しているのである。そうした前例から判断して、今回のコミュニケでペルシア湾岸の航行の自由の確保がうたわれたことは、やはりある程度の効果を発揮するものと考えられる。

これに対して、経済政策の調整については、このところ実のある決定が行われたことはない。今回のサミットにおいても、貿易の自由や農業に関する保護政策や政府の介入を減ずることがうたわれてはいるが、それはあくまでも抽象論、一般論にとどまる。また、経済政策について、国際収支黒字国は経済刺激策をとり、赤字国は財政赤字を減らすことを通じて、国際収支の不均衡の是正に努力することがコミュニケで述べられているが、これまた、具体性は乏しいようである。

ここで私は、だからサミットはもはや価値がなくなったとか、やめるべきだとか言うつもりはない。しかし、なぜ、政治面の行動の方に実質が移動してきたかは考えておく必要があるし、そこから、われわれなりに教訓を読みとらなくてはならない。

私の見るところ、二つのことが重要である。第一は、経済政策は元来、国際的な調整が難しいということである。それはいくつもの分野での措置の総合であり、したがって、コミュニケを見れば分かるように、実にさまざまなことが書かれている。そのことは逆に、焦点が定まらないことを意味する。しかも経済政策は、国内の各種の利益が深く絡むものであり、外国政府はそれぞれに拘束されている。その分だけ、会議で具体的な政策を決めるのが難しい。

大体、国際会議というものは、政策を決めるものではない。それは抽象的な方針のようなものを決め、それに沿って行動する国に正当性を与える――ひらたく言えばハクをつける――ところに、最も中心的な機能がある。したがって、国際会議の決定――より正確に言えばコミュニケ――に実質が与えられるか否かは、主要国に強い意思があるか否かによって決まると言ってよい。

そこで、第二の理由になるのだが、このところアメリカが、権力政治の上では相当頑張るのに、経済政策に関しては、意思の欠如としか言いようがない状況にあることが重要である。中距離核戦力の問題にしても、テロリズムの問題にしても、アメリカはサミットのコミュニケをひとつの支えとして、思い切って力を使う用意がある。ところが、その財政赤字を減らすということになると、多分、十分の一の意思もないであろう。アメリカ政府もその必要を理論的には認めているのだけれど、ペルシア湾に戦艦三隻を送るといったたぐいの、強烈な意思はまるで見られない。

しかし、それは困ったことで、政治面では一応秩序が保たれるようでありながら、国際秩序は根底からじわじわと溶解されることになる。だが、嘆くだけでは仕方がない。国際協調は結局のところ、主要国の意思の強さにかかるものであることを考えるとき、経済の面では世界に貢献すると公言している日本は、少なくとも自らの経済政策について、刺激策をとるとしたサミットでの発言を現実化させる強い意思を示さなくてはならないであろう。

東芝機械事件の教訓　1987・7

アメリカは広い。そして多様性に富む。つまり、アメリ

105　一九八一年九月、米国はソ連に「SS20を全廃すればパーシングⅡも全廃する」という「ゼロ・オプション」を提案する一方、欧州への軍備増強戦略も進めた（「NATOの二十決定」）。そうした動きにソ連は反発し、協議は中断するが、一九八五年に再開され、欧州だけでなくアジアのINF制限も視野に入れた協議が重ねられていく。一九八六年一月、ソ連はすべての核兵器を二〇〇〇年までに禁止する案を発表。それに対し、米国は一九八九年までに欧州とアジアのINFを段階的に縮小する逆提案を示すなど、軍縮に向けた協議が本格化した。こうした協議が実り「中距離核戦力全廃条約」（一九八七年）へと結びついていく。

カにはさまざまな面があるということである。東芝機械の高精度工作機械のソ連への輸出[106]に不満の意を表するため、「TOSHIBA」の電気製品をハンマーでたたき壊すアメリカ下院議員の姿が日本では大きく報道されたが、それがアメリカの反応のすべてとみなすことは誤りと言わなくてはならない。

それはアメリカのすべてではない。すでに一部で報道されているように、アメリカの有力紙は、そうした下院議員の行動を「子供じみたもの」と厳しく批判した。私が最近アメリカで会い、話した官僚たちも、この問題は冷静に考え、対処すべきものだという態度であった。というのは、アメリカや日本のように、また一部のヨーロッパ諸国のように優れた技術能力を持つようになり、その技術が民生用にも軍事用にも使える場合、どの技術をどの国に与えてよいか、どれはだめだと正しく判断し、行動することはまことに難しいことだからである。当然、だれにでもミスはあるもので、いかにしてミスを繰り返さないかが重要になってくる。

もうひとつの例は、私の体験談である。アメリカから日本に帰る飛行機の隣の席は、見るからに元気のよさそうなアメリカ人だった。話しているうちに、その人はアラバマ州の産業局長だということが分かったが、彼は日本企業のアラバマへの進出を喜び、アラバマにある宇宙産業系の研究所と相まって、アラバマはサイエンス州になりつつあることを誇らしげに語ってくれた。

とくに彼が喜んでいるのは、少し前に進出し、最近生産を始めたビクターの小型ビデオカメラで、その優秀性を、機械のことをあまりよく分からない私に、三十分もかけて説明してくれた。日米摩擦など、どこにもないような雰囲気で、三時間ほど彼と話している間、私はなにかアメリカとは別の国の人と話しているような気がした。それに対して、彼はアメリカの南部が北部とは違い、人情が厚いなどの特徴を、これまた雄弁に話してくれた。

私は、以上のことから、アメリカ議会における対日悪感情を無視してもよい、と言うつもりはない。それもまた、ひとつのアメリカの顔を見て、他の顔を見ない愚かなことである。なんといっても議会は、公式にアメリカを代表する制度である。それが圧倒的多数で東芝機械のココム違反を非難する決議案を可決したことは、重要な事実である。同じように、その議会が保護主義的色彩の強い包括貿易法案を通そうとしていることも、また無視しえない事実である。

私の言いたいのは、それがアメリカの圧倒的な雰囲気とは、必ずしも言えないということであり、それ故に、われわれはアメリカに働きかける可能性を持っているということである。もし東芝製品にハンマーを振るう下院議員がアメリカのすべてなら、われわれとしては、このところの日米摩擦に対して打つ手はなくなるのだが、そうではないから、われわれとして手の施しようがあるということである。それ故、私は包括貿易法案に見られるようなアメリカ議会の態度だから、こちらも強く出ようといった考え方には、全く反対である。

ひとつには、議会は確かに一国の代表ではあるが、ややオーバー気味の代表である。それは日本の議会のことを考えてもらえば分かるであろう。とくにアメリカの場合、政府が国際主義的な考慮を示すのに対して、議会は地元の利益とそれ故、狭い意味でのナショナリズムを代表する傾向があることが忘れられてはならない。それも、彼らはある程度まで自覚して、そうしているのである。

したがって、われわれの課題は、アメリカ議会に見られるような極端な考えが支配的になるのをいかにして防ぐか、ということになる。そのためには、アメリカ人に共通する心情的特性をよく理解しなくてはならない。その第一は、多様性に富むアメリカだが、いったん国の安全保障のこととなると、国民は団結する傾向があるということである。今回の東芝機械事件は、その点に触れたから大きな問題となった。なお、この傾向はアメリカのみならず、世界の多くの国に共通するものであることに注意してほしい。

つまり、アメリカがおかしいのではなくて、その点に関しては日本がおかしいのである。日本は経済的利益、つまりカネのためならなんでもするというイメージを与えており、今回の東芝機械事件はそれを一層強めた。そうした国である日本への不信感を、アメリカ議会は表明しているのである。どうすればそのようなイメージを克服できるかは、今後の日本の中心的課題であると言わなくてはならない。

106　一九八二（昭和五七）年から八四年にかけて、東芝の子会社である東芝機械が、日本も加盟する対共産圏輸出統制委員会（ココム）の協定によって禁じられていた工作機械などをソ連に輸出した事件。一九八七年三月に表面化し、アメリカ国防省が、この工作機械によってソ連海軍の攻撃型原子力潜水艦のスクリュー音が静粛性を向上させたとの見解を示したことから外交問題に発展した。

山梨勝之進の対米認識　1987・8

今年も、八月のこの欄では歴史を題材にして書かせてもらうことにする。というのは、「終戦記念日」の八月十五日に日本人がなすべきことは、「再び軍国の道を歩みません」とお経のようにくり返すことではなくて、われわれの歴史を、その複雑性や不可思議性を十分に顧慮しつつ、ふり返り、反省することだ、と思うからである。

この欄の主人公は元海軍次官山梨勝之進である。歴史に関心のある方ならば御存じと思うが、山梨はロンドン軍縮条約締結のときの海軍次官であり、その前のワシントン軍縮会議では随員であった。したがって同氏は、当時の軍備縮小に大いに貢献されたわけで、いわゆる「英米派」であった。そうしたことで私は同氏を尊敬して来たが、今年再出版された同氏の講義録『戦史に学ぶリーダーシップ』(毎日新聞社ミューブックス)を書店で見つけ、読むに及んで、ますます尊敬の念を強めた。日本海軍のなかで、いや、当時の日本全体で、彼ほど正しい対米認識をしていた人はないのではなかろうか、と私は思った。

すなわち、同氏の講義をあらためて読み返してみると、山梨が軍備縮小についてもアメリカに対しても、決して甘い考えを持っていなかったことが明瞭である。例えば、二つの軍縮会議について、山梨は「弾丸を撃たない戦争」であった、と言っている。国家は自国を有利な立場に置こうとして軍備を行うのだが、それは軍備縮小に際しても変わらない。できるだけ有利な形で軍備縮小を行おうとして、知恵をしぼり、駆け引きを行うのである。それが軍縮に関する常識なのだが、平和の構築といった美名のため、この厳しい現実を忘れてしまうことがどれだけ多いことか。

アメリカそのものについても、山梨はその問題点を認識しており、とくに上院が「わがまま」を言う厄介な存在であることを、歴史的事例をあげて説明している。例えば、パナマ運河を作るとき、それまでの条約からアメリカ船もイギリス船も平等に扱うことになっていたのに、いったんパナマ運河ができると、アメリカ船の通行料を安くするなど明白な差別待遇をおこなった。この事件は国際的に有名だが、日本に関係のある事件としては、日本からの移民を差別した移民法案の可決がある。

もっとも、山梨はそうしたマイナスの評価とともに、イギリスのアメリカ学者で駐米大使をも務めた〔ジェームズ・〕ブライスが幣原喜重郎に述べた言葉も紹介している。すなわち、アメリカは勝手なことを随分するし、そのとき周囲から言ってもだめだが、やがて自ら思い直し、その非を改める偉さも持っているというのである。しかも山梨は、そうであっても、ブライスが勧め幣原が感心したように、何回も抗議をくり返すという無用のことをせず、アメリカが自ら悟るのを待つということが、「国民の面目、威信、利害に関する問題」について実際できるかどうかは分からないが、と適切なただし書きもつけている。

こうした対立認識を持つ山梨は、軍備縮小に関するアメリカの主張が全面的に正しいとは思わなかった。しかし、それは容認しうるものであると考え、彼はその成立のために努力したのである。その理由は、彼我の力の差の冷静な認識にあった。もしも無協定ということになり、それぞれの国々が好きなだけ軍艦を作ることになれば、アメリカは日本の三に対し五どころか、日本に何倍する軍艦を作ることができる。そんな強大な国と建艦競争をやれば、日本の財政と経済は破綻してしまう。だから、多少不満のある協定でも、無協定よりもはるかによい、と彼は考えたのであった。

私が山梨勝之進の話を持ち出したのはほかでもない。激しさを増しつつある日米間の経済摩擦を見るとき、彼のようなものの見方、考え方が必要である、と思うからである。

経済摩擦に関するアメリカの主張には随分無理があり、手前勝手なところがある。アメリカ議会のわがままにいたっては、第一次世界大戦後のことを描いた彼の言葉が、そのままあてはまる。

しかし、このまま対立を深めて行った場合の大きなマイナスを考えると、「無協定」状態はなんとしても避けなくてはならない。それに、アメリカには十分しっかりした良識があるし、対立が深まるときにアメリカも少なからぬ損失を蒙る。そのことを、かなりの数のアメリカ人が知っている。したがって、妥協は可能なのである。その過程で主張すべきことは主張するとしても、妥協を目的として、そうしなくてはならない。

要するに、今日の日本にとって必要なのは、冷徹で厳しい対米認識に基づく、協調と友好のための努力なのである。そうした考え方が弱いのは、戦後の日米の大きな格差ゆえの甘えの風習が残っているせいのように思われるのであり、そこに日本にとっての危険が存在すると言わなくてはならない。

技術と国際関係 1987・9

包括貿易法案の審議との関連で、東芝問題はまだ尾を引いているが、初夏に見られたような熱狂はさめてきたようである。それ故、われわれはこのあたりで、技術と国際関係について冷静に考えてみなくてはならない。アメリカが怒ればなんらかの対応策を講ずるが、危機が去ればそれで一件落着、とばかりなにもしないという態度では、結局、根本的なことはなにも変わらないということになるからである。もし、問題自身がさしたる重要性を持たないのであれば、そうしたその場しのぎの対応でもよいけれども、技術の問題はきわめて大きな重要性を持っている。

というのは、テクノロジーの分野において力を持つことは、経済発展上有利であり、国際的バーゲニングにおける発言権の基礎となるし、さらに、優れた技術は強い軍事力の根源でもあるから、権力政治的な意味を持っている。各国がハイテク分野における優位を確保することを、その戦略的課題としていることは当然といえよう。

日本は十数年前には、技術の最先端分野において、それほど重要な存在ではなかったから、技術と国際関係について自ら深く考える必要はなかった。しかし、今日では最先端半導体の材料や、オプティカル・エレクトロニクスの分野などで世界一になったので、この問題を考えないわけにはいかないのである。

さて、この問題について最も重要なポイントは、国家の科学技術政策というものが、ほとんど解決不可能の矛盾を内包しているということであろう。優れた技術を持つ国は、たしかに国際社会において有利な立場に立つ。それ故、テクノロジーの問題はナショナリスティックな立場と結びつく。米ソの対立が否定し難い現実である以上、ソ連への技術移転を放任するわけにはいかない。また、日本がいくつかのハイテクの分野でアメリカを脅かすようになると、日本にアメリカの開発したハイテクをやるなという意見も出てくる。ところが、現在は情報が速く、正確に伝達される時代であり、しかも経済的な相互依存はますます深まっている。それ故、技術移転を管理することは容易ではないし、下手にそれを強行しようとしても、あまり効果はなく、コストだけが大きくなってしまう。

やや具体的に考えてみると、対ソ技術移転の管理について、その必要があることは否定し難い。一般的に言って、ソ連は重いものを大量に作るのが得意だから、そこに西側の優れた技術を自由に追加できれば、その軍事力は強大となる。それが好ましくないことは広く認められており、そのことは中立国スウェーデンが、軍事的に使われる可能性のある技術の移転を管理していることを考えれば理解されよう。しかし、きわめて厳格に管理することはできることでもないし、それを無理にやろうとすれば東西関係を過度に悪化させる恐れもある。実際、アメリカの国内でも、対ソ貿易の管理を再検討し、安全保障上どうしても必要な規制は残すが、それ以外のものは整理し、国際市場におけるアメリカの競争力を損なわないようにすべきだという意見も強いのである。

第二の、日本など同盟国や友好国に対し、ハイテクの技術開発の成果を簡単に渡すなという立場については、それを「テクノ・ナショナリズム」と呼び、それが結局は、アメリカの国益につながらないことを指摘する有力な意見があることが重要であろう。アメリカは、優れたものであればどこからでもそれを購入してきたし、研究開発についてば、アメリカの研究所や大学に世界中から科学者や技術者を招いて、国際的に各国間の研究開発をおこなってきた。そこにアメリカの強みがあったので、そうした体質を変えればその強みが失われる、というのである。

以上の考察は、技術開発に関し、①国際協調なしには技術開発は阻害されるという基本的事実とともに、②各国ができるだけ自国の優位を保とうとするという矛盾をかかえること、および、③東西対立の現実から言って、東西貿易にはある程度の規制が必要であること、を示している。つまり、各国は協調しながら自らが優位に立とうとしているのだし、ソ連との経済的つながりは否定しないが、ある種の規制の必要も認めている。現実問題としては、きわめて微妙な判断を必要とすることなのである。日本としては、そのことを認識し、そうした専門的判断のできる人材を育成または登用しなくてはならない。トップリーダーが科学技術に関するアドバイザーを持っている国は、アメリカ、イギリスをはじめ、決して少なくないのである。

次に、ものの考え方において、日本がアメリカと逆の方向でバランスを失っていることを認めるべきであろう。すなわち、まず対ソ貿易に管理、規制が必要であることが十分認識されていない。さらに国際協力での貢献が十分ではない。アメリカの誇張もあるけれども、日本が基礎研究にカネを使わず、もっぱら応用に熱心なのは事実であり、そこから、日本は技術開発についても国際協調を利用しているだけだという批判が出てきている。十分に世界に貢献し、かつそのことを認めさせなくては、国際協調のネットワークに真実には入れてもらえないことを、われわれは知るべきである。

「奇跡」がもたらす問題　1987・10

なにかよい知らせがあるたびに、裏があるのではないか、と疑ってかかるようなひねくれ者では、私はない。どちらかというと、よい知らせには喜びすぎる方であろう。しかし、この数年、日本経済の動向についてのよい知らせを聞くと、また問題がおこるな、と私は考えるようになった。

今年に入って、とくに夏前から、日本経済の動向を示す指標はよい方向へと動いて来た。企業の収益率は目立って上昇した。成長率もかなりのものになりそうである。八月の工業生産は前年比四パーセント増加した。こうした数字は、日本経済が「円高」を克服しつつあることを示唆している。一昨年の今ごろ、有名なプラザ・ホテルでの合意があり、それ以後ドルは下がり円は上がった。一ドル＝二五〇円から一ドル＝一四〇円になり、そこでも止まらずに一ドル＝一三〇円台になったこともあった。当然輸出は伸び悩み、あるものは落ちこんだ。「円高不況」と呼ばれる現象がおこった。

しかし、約二年間で多くの企業は必要な調整をおこなったようである。細かいことは十分には分からないし、企業によって異なるであろうが、種々の手段の組み合わせでコストを下げ、「円高」によって減少した競争力を回復させたことは多分間違いない。その際、円高のプラス面も生かされたことであろう。

これらはすばらしいことであり、そのための努力を惜しまなかった経済人に、私は称賛をおくりたいし、感謝もしたい。しかもなお、この成功――『ロンドン・エコノミスト』はそれを「もうひとつの奇跡」と呼んだ――が問題をもたらすことも否定できないように、私には思われる。

その問題とは、まず何よりも、輸入を増やすという課題が一番切実なものとなることである。これまで長きにわたって、日本の輸入が少ないことや、その原因として日本市場に種々の障壁があることが非難されて来た。そうした批判を手短に評価することには危険がつきまとうが、私の見るところ、問題は輸出の速い増加に対して輸入の伸びがおくれている点にある。

例えば、日本市場の閉鎖性について考えてみよう。それはたしかに否定すべからざる事実ではある。さまざまな障壁も存在する。しかし、他の国々にも類似の閉鎖性や障壁は存在する。だから、他の国との比較を持ち出せば、結局は水掛け論に終わってしまう。より大切なことは、日本市場の閉鎖性も障壁も不変のものではないということであり、例えば、一昨年の「円高」以来、西ヨーロッパ諸国と近隣諸国からの消費財は目立って増えて来た。また、それはいくつかの商品について、日本の流通業者と外国の生産者との直接取引を増やすことによって、重要な障壁のひとつと言われて来た、総代理店や代理店の制度を切り崩しつつある。それ故、十分な時間をかせば、日本市場は政府の特別の努力がなくても、経済の自然の流れによって大きく開放的なものとなるであろう。

しかし、日本の輸出の増加は並の速さではない。それと比べれば、輸入の自然の増加ではとても釣り合わないのである。初めに述べたように、日本の企業の多くが「円高」への調整を終えたとすると、ほどなくして輸出は再び伸びることになるだろうし、それ故、輸入との間の不均衡は一層大きくなる恐れがある。いうまでもなく、それは経済摩擦を激化させるであろう。それは相当程度日本人の努力によるものだからやむをえないとしても、輸入を制限しているような制度が一層激しく非難されることは間違いないし、それに対して弁解することはとうていできない。例えば、食管法など農業の保護主義的制度はその最たる例である。それが日本の国際関係における緊急の課題となることは、まず間違いない。

第二の問題は、「円高」への対応の成功と日本の不況からの脱出が、日本の産業構造の変革という根本的課題から目をそらさせることである。つまり、ノド元過ぎれば熱さを忘れるという危険である。例えば、日本経済の輸出依存型の体質を変え、内需に多くを期待することが主張されて来た。今回の不況からの脱出は、どの程度、その力点の移動によるものなのであろうか。それを調べ、評価し、この面での変化が少なければ、然るべき手を打ちつづけなくてはならない。週休二日制という比較的簡単なことさえまだおこなわれていないことを考えると、日本経済の体質が大きく変わったとは、私には思われないのである。

この月には自民党の総裁が代わり、来月には首相が代わる。彼にはこうした決断と根気を要する問題が待ち受けている。

革命後七十年のソ連 1987・11

この十一月でソ連は革命後七十年を迎えた。ところが、不思議なことに、日本の総合雑誌などでは、ソ連やソ連革命七十周年のことはほとんど扱われていない。ひとつには、ソ連がもはや革命的とはいえなくなったことが影響しているのかもしれない。より具体的には「日本たたき」、株の世界的な大暴落、そして日本の首相の交代など、関心を奪われる問題がいくつもあって、ソ連革命七十周年といった話題はいささか迂遠に見ることが作用しているのであろう。

しかし、われわれはソ連に対して、もう少し多くの注意を払うべきであるように、私は思う。というのは、ソ連が七十年前の革命以来、恐らくは最大の変化を迎えようとしているからである。より正確には、そのような変化が起こる可能性がある。ソ連の経済が構造的な理由から停滞し、国際的にもアフガニスタン介入などからその立場を弱めたなかで登場したゴルバチョフは、かなり大胆な改革に着手した。まず国内において、彼は事実をより率直に知らせる「開放政策」を取り、それとともに、中央による計画ですべてを動かす体制の修正を提唱しはじめた。

もっとも、そうした試みがなにをもたらすのかは、まだ分からない。革命七十周年の演説においても、ゴルバチョフはまだ、改革の明快なイメージを打ち出すに至っていない。それは、すべての改革者は慎重でなければならないという事情によるとともに、改革がソ連の政治体制の根幹に触れるところがあるからである。例えば、計画ですべてをおこなうのではなく、人々の自発性を生かすようにすることは、共産党の権力を制限することになる。共産党の関知しないところで、かなりの経済の営みがおこなわれることになる。

それは、ソ連の一党独裁の体制を揺り動かさずにはいない。ここで重要なことは、ソ連の一党独裁が、ただ単にひとつの政党が圧倒的な力を持っているというだけのものではないということである。それは、マルクスの理論が唯一の正しいものであるという前提に立っている。それだけであれば、具体的な問題に際して、その理論の解釈ということで、相当の柔軟性が得られるかもしれない。マルクスの理論は、高度工業国家のさまざまな問題に関して、具体的な解答を与えるようなものではないからである。

ところが、共産党はレーニン主義の組織原理に立っている。すなわち、共産党内に分派は認められない。そのため共産党は、中央の決定に従って動く一枚岩の組織となっている。したがって、事実を公開して、批判を可能にするといっても、それが政治過程に反映するのには明白な限界があることになる。

この唯一の正しい理論という前提と一枚岩の政党組織の組み合わせは、ソ連共産党に強力な指導力を与えた。それはロシアの専制皇帝を打倒するために必要であるといわれたし、恐らくその通りであっただろう。その後も、スターリンが述べたように、国際的に孤立に近く、かつ経済基盤の弱かったロシアにとって、そのように強力な指導力は必要であったかもしれない。ソ連革命後七十年を経た今日、ソ連が強大な国家となったことは否定し得ない事実である。

しかし、強力すぎる権力は必ず問題を生み出す。ひとつには、「絶対的な権力は絶対に腐敗する」という有名な言葉のとおり、腐敗が起こる。それがソ連経済のパフォーマンスに悪影響を与えることは広く知られているとおりである。多分、より重要なこととして、強大すぎる権力は社会をひとつの鋳型にはめるようなもので、いったん型ができると、社会はそこから抜け出すことが難しい。当然、人々の自発性も失わせる。ゴルバチョフはこれまでの型を破り、あるいは変え、人々の自発性を呼び覚まそうとしているのだが、一党独裁という基本原理に触れることなしにそれが可能かは、はなはだ疑わしい。もちろん、一党独裁が事実上修正の方向に向かうならば、ソ連の国民にとっても世界にとっても、これほどよいことはないけれども、すんなりそうなるとも思われない。

それに、ソ連はもうひとつのカラに入っている。すなわち、完全な防衛体制を求める志向であり、そのためソ連は強力な軍備をつくって来た。ところが、主として防衛的な意図に基づくその軍備が、今や多くの国に、とくに周辺の国々に脅威を与えるようになった。ソ連が真剣に友好を求めても、その軍備が障害になる。さりとて、ソ連は軍備を削減し、緊張を緩和することに踏み切っていない。中距離核戦力（ＩＮＦ）の廃止がその方向への一歩であればよいが、そこまでの判断はまだできない。

こうして、ソ連は革命後七十年を経て、これまで概して成功を生んで来た鋳型とカラを破らなくてはならないようになっている。国や体制の運命とは、そのようなものなのであろう。

力くらべの終わり　1987・12

米ソ両首脳がＩＮＦ（中距離核戦力）全廃条約に調印し、引き続いて戦略兵器削減交渉についても話し合っている。そして、早ければ来年の春にも、戦略兵器を半減することで合意が得られるのではないか、という観測をおこなう人も少なくない。

こうした展開は疑いなく重要なものである。ＩＮＦ全廃条約は、既存の兵器の廃棄で米ソが初めて合意したものであるし、その際、条約が履行されていることを確かめるために、現地査察を含む厳格な検証措置が定められたことも、また前例がない。ソ連はこれまでそうした検証を認めようとせず、それ故、ソ連が真実になにをしているかについて不安感を抱かせるところがあって、それが軍備縮小の重要な障害になってきたことを考えると、ソ連の立場の変化の持つ意味は大きい。

　しかし、やがて戦略兵器が半減するにしても、まだまだ過剰の核戦力が残ることになるという批判もある。逆に、西ヨーロッパでは、これによってアメリカの核のコミットメントが弱くなる恐れがあり、今後のヨーロッパの安全保障には一層の工夫が要求されるという意見もある。ＩＮＦ全廃をきっかけにする核戦力の削減への動きを、われわれはどのようにとらえたらよいであろうか。

　まず、プラスの評価のできることから言えば、米ソ両国とも、核に対する考えを変え始めたように思われるということである。米ソ両国は種々の問題で対立し、世界政治におけるリーダーシップを競い合う存在だが、その際、核戦力での優越が全体としての国力の優越を決めるかのように考えるところがあった。もちろん、米ソの核戦力に大きな開きがあった時代は、それが米ソの力関係に相当大きく影響したけれども、その後、ソ連が強力な核戦力を持つようになってからは、双方とも使えないのだから、多少の戦力差は無意味となった。それにもかかわらず、米ソとも核戦力の増強が米ソ間の力関係を決めるかのように行動してきたのだから、愚かであったというほかない。その愚を米ソは悟り始めた。

　もっとも、そうした愚かな考えを抱いていたのは、米ソのいずれにおいても多くはなかったであろう。それにもかかわらず、両国が核戦力の増強を続けたのは、米ソ間に存在する不信から、双方が巨大な核を持ち、両国が衝突すれば間違いなしに破局が訪れるというしくみが確実性のあるものと考えられたからである。この立場には重要な真実が含まれていることは、承認されなくてはならない。激しい対立があり、不安は与えたものの、米ソ間に戦争がなかったことは重要な事実である。しかし、そうした平和の維持方法は明らかに野蛮なものである。またカネもかかる。だから米ソとも、そうしたシステムから離脱しようと考え始めた。

　それはよいことであるけれども、同時に難しい運営方法への移行なのであり、西ヨーロッパ諸国における不安はその点に関連する。破局の可能性を減らすことは、たしかに文明的である。しかし、人間の不完全性を考えるとき、破局の可能性がはっきりしている方が、人間の自制を生みやすいことも残念ながら事実である。したがって、破局の可能性を減らす場合、それ以外の自制のメカニズムをつくる必要がある。

その際、ある程度の信頼関係が必要であろうが、それがすべてではない。米ソの間、さらには東西両陣営の間には、利害の対立や見解の相違が存在するからである。また、すべて信頼で片づくほど政治は甘いものではない。そこで、全体としてのバランスが必要となるだろう。ソ連は西ヨーロッパに対して通常軍備における優越を持っているが、それだけに、西ヨーロッパ諸国への懸念を減ずるよう努力しなくてはならない。西ヨーロッパはある程度の通常軍備の増強とともに、東西ヨーロッパのつながりを深めていく必要がある。こうして、来年以降に本格化することが期待されるヨーロッパの通常軍備の削減交渉が、重要な意味を持つと思われる。

それを含め、全体として利害や意見の対立を発火点に達せさせることなく、なんとかやりくりし、できるならば解決に持っていく理性、すなわち外交が、これまでに数倍する重要性を持つことになるだろう。しかも、その際、米ソは少し前のような圧倒的な国力を持ってはいないから、外交は多極的なものとならざるを得ない。

今回のＩＮＦ全廃条約は、米ソ両国が力だけに頼るのをやめたことを示すものであり、そうした時代の終わりを告げるものである。他国との国力の開きがそう大きくなくなったため、米ソの力くらべに熱中しておれなくなったことが、その基本的事情である。しかし、新しいシステムへの移行はつねに時間がかかり、かつ難しいものであることも、また銘記されなくてはならない。

ある小さな変事　1988・1

今年はどんな年になるのだろうか、と年初にほとんどの人が考える。それは習慣といえばそうで、たいした知恵が出たり、決意が生まれたりするわけではないけれども、しかし、やはりよいことだと思う。日々の行動のパターンや思考型式と離れて、いろいろと考えてみると、思いがけないことが見えて来ることがあるからである。

私も例年通りそうした。ただ、今年は道草をしばしば食いながらそうした。というのは、情勢はきわめて厳しく、平穏に推移することは、まずなさそうだからである。決意を新たにするのは必要だけれど、正月早々、あまり深刻になるのもまずい。それ故、資料を検討し、日本の行方に関係のありそうなニュースを読むと同時に、なにか変わった話はないかなという態度でも世界を見てみた。困難な情勢のなかでの選択はこの欄でやがて書くことにして、今年最初のこの欄では、その変わったことの方を書かせてもらうことにする。その方がおめでたいからである。

私が最も面白いと思ったのは、ニュージーランドの労働党政権の経済政策であった。ニュージーランド政府は〔デヴィッド・〕ロンギ首相を長とするもので、二年ほど前、アメリカの核搭載可能艦船の寄港に際して、核兵器を積んでいないと明言せよ、とアメリカに迫り、アメリカが核の有無は明らかにできない、という態度をとると、アメリカ艦船の寄港を断って、大きな波紋をおこしたから、記憶されている方も少なくないであろう。テレビで見た方は一徹、つまり純朴で頑固な大男という印象をお持ちかも知れない。

そのロンギ政権が、昨年の終わりに新経済政策を発表した。その内容がまことに変わっているのである。核政策のイメージから、きわめて「社会主義的」な経済政策が発表されたのであろうと考える人は驚き、目を白黒させるにちがいない。というのは、それはサッチャーなど「典型的自由主義」の人々が実行しても、少しもおかしくないようなものだからである。

重要なポイントを簡単に書くなら、まず所得税について累進制度をやめ、一律（恐らくは二三〜二五パーセント）課税をおこない、そのかわり、種々の控除はほとんど廃止する。また、それによって所得税は減収になるので、付加価値税の税率を一〇パーセントから一二・五パーセントに上げる。法人税も税率を下げるが、そのかわり、控除など複雑な制度を思い切ってなくす。国有財産や企業を売却して——すなわち民営化して——政府の財政赤字を埋める。

間接税は逆累進だから不公正であり、累進的な所得税こそが公正である、という常識にこだわっている人から見れば、ロンギ首相は突如として社会主義者であることをやめたのかとも取られるだろう。しかし、累進性を保つために必要な控除など複雑な制度が、「悪賢い」人々の税金をきわめて安くしているのが現実なのであり、真実のカネ持ちはあまり税金を払わず、中産階級が最も重い税負担に苦しんでいることは、多くの人々が指摘しているとおりである。

もっとも、低所得層対策を見て、やはり社会主義だと安心する人もいるかも知れない。ニュージーランドでは、一定の水準以下の所得の人々に対して補助金のようなものが出ていたが、それは増額されるらしい。しかし、そうした恩恵を受けるのはフルタイムで働いている人々であり、彼らは自分の所得と補助金を合わせると、社会保障で生活している人々よりもかなり高い収入が得られることになる。ニュージーランドの現政権は、やがてこの制度を拡大して、社会保障のほとんどを廃止しようと考えているらしい。つまり「負の所得税」の考えで、その狙いは、働いてちょっとした収入を得るより失業保険をもらった方がとくだ、という現状を変えることになる。

私は、日本を含めて社会主義政党がニュージーランドに見ならえと言うつもりはない。それぞれの国には事情があって、ニュージーランドで可能であり、望ましいことが、他の国では不可能であったり、望ましくなかったりすることがあるからである。その点を無視しての模倣は、〝猿まね〟に終わってしまう。また、ニュージーランドのように小国で、比較的へんぴなところにある国は案外、行動の自由が大きいことも無視できない。

ただ、私は公正＝累進税、社会保障＝善といった教条主義をニュージーランド労働党が捨てたことを特筆大書し、その精神に学べと言いたい。今年の世界情勢は厳しい。それは戦後に作られた制度が四十余年を経て老朽化し、現実に合わなくなってきているからである。それ故、過去の惰性と別れを告げ、基本に戻って考え直すことが必要になっている。ニュージーランド労働党は、そうした実験を始めた点で評価されなくてはならない。

アメリカ保護主義の危険　1988・2

私はこれまで、アメリカの保護主義を深刻な脅威とは考えて来なかった。もちろん、それは真面目に対処すべきものではあったけれども、外務省や通産省を中心とする地道な努力で、大体のところは対応しうるものであった。アメリカの輸入は、保護主義的な叫び声にもかかわらず伸び続けて来ていたし、明瞭にガット違反になるような措置が取られることもなかった。さらに、アメリカの要求の中心は日本の市場開放にあり、それは当該産業にとっては打撃となることがあっても、日本全体にとってむしろ利益となるのであった。農業の自由化にしても、建設業の入札要求にしても、日本はアメリカの要求を容れるべき性質のものであった。

しかし、そうした状況は今や変化しつつある。大統領選挙まで、あるいは新大統領が就任する来年初めまでは、過激な手段が取られるということはないだろうが、その後に状況が変わる可能性が出て来たように思われる。すなわち、われわれ日本人の目から見ればもちろん、客観的に見てもおかしいと思われるような措置が取られる可能性が出てきた。そしてそれは、大統領選挙で民主党の候補が勝てば、かなりの確率となるであろうが、共和党の候補が勝っても、なくなるものではない。

私がそう判断するのは、少なくとも一部の政治家たちの間で、保護主義的な措置の必要性と正当性とを信ずる気持ちが強まり、そのような主張を行っても恥ずかしいと思われなくなって来たからである。例えば大統領選挙の予備選挙における、〔リチャード・〕ゲッパート議員の善戦はそのひとつの兆候である。一年前には、ゲッパート氏はまだ泡沫候補のようにしか見られていなかった。しかし、一年間、日本たたきや保護主義的措置の主張を行って、いわば名を売り、アイオワ州の党員集会では民主党候補の首位におどり出たのである。もちろん、アイオワ州はアメリカそのものではない。それはアメリカでは珍しく農業州であり、その農業は目下不況で苦しんでいる。しかし、その余勢をかったとはいえ、まったく異なるニューハンプシャー州の予備選挙でも善戦した。だから、彼のような主張は今や市民権を得たと見なくてはならない。

それは、アメリカが経済の世界でどこから見てもナンバーワンの座をすべり落ちたことからくる、フラストレーション（欲求不満）に表現を与えるものなのである。ゲッパート氏の主張は、アメリカがまだナンバーワンだが、狡い相手にしてやられているという説明を含み、したがって人々の耳に入りやすい。先日の演説でも、アメリカでよく売れているマッキントッシュのパソコンが日本では売れていないことをあげ、日本の流通市場に問題があることの例としていた。私の見るところでは、マッキントッシュのパソコンは英文ソフトに優れているのが最大の長所なのだが、日本では英文を書く人はそう多くないので、もうひとつ売れないと思うのだが、その点をアメリカ人は見落としがちで、ゲッパート議員の言うとおりと思ってしまう。

それに、アメリカは財政赤字と国際収支赤字という双子の赤字を減らし、なくして行くには、かなり思い切った手段を取らなくてはならないようになって来ている。そうした手段とは、論理的にはアメリカ自身の改革がほとんどなのだが、人間はそうしたとき、外に原因と対策を求める傾向がある。少なくとも、二つの手段が同時に取られる可能性は無視できない。

加えて、アメリカでは好況が終わり、経済成長率が鈍化して来ているので、一年もすると失業率がまた上昇するであろう。それも、かなり上がるかもしれない。アメリカの雇用はサービス産業が圧倒的に多いが、その就業率はかなり派手に上下するのではなかろうか。この数年間は、なんといっても失業率が低く、アメリカのシステムでは完全雇用に近かったので、「輸入が職を奪う」という主張が多くの人々を惹きつけなかった。したがって、失業率の上昇は保護主義的傾向に拍車をかけるものと判断せざるをえない。

　私はいたずらに悲観主義を煽るつもりはない。ここに描いた可能性が現実化しても、アメリカの政策が全面的に悪い方向へと変わるものでもなかろうし、また、日本が反発して対抗手段を取り、それに対してアメリカがまた報復するといった愚かなことをしない限り、保護主義は長続きしないであろう。なんといってもアメリカは相互依存のなかにあるからである。

　しかし、危険は避けるべきである。それに、一年ほどの時間もありそうである。日本は少々景気がよくなったぐらいで気を緩めずに、内需を振興し、外需を抑え、できるだけ早く、内需中心型に切り替わりつつあることを示すべきである。雄弁を求めても、日本の政治家にその素質は乏しい。それに、行動は大概の場合、単なる言葉にまさる。

アフガニスタンの教訓　1988・3

　アフガニスタンからソ連軍が撤退するのに先立っておこなわれている外交交渉は、大詰めを迎えているようである。もちろん、交渉は複雑なポイントをいくつか含むものであるし、とくに、アフガニスタン政府の構成をめぐるパキスタンの主張は、ソ連にとって受け入れ難いものであろう。

　しかし、その点にパキスタンがあくまで固執することはないように思われる。それに、ゴルバチョフ・ソ連共産党書記長は、来る五月十五日からソ連軍の撤退を開始するという立場を明らかにしている。そうした態度表明があった後で、ゲリラとの戦いという嫌な仕事を続けるのは至難の業だから、ソ連軍の撤退が開始されるのは間違いない。

　こうして、ソ連はアフガニスタンの内戦に介入してから八年半ほど後に、多くの人命を失い、アフガニスタンを混乱させただけで撤退することになるだろう。一体、それはどういうことだったのか。ソ連がアフガニスタンに介入した直後から、その動機や理由について、さまざまな議論がおこなわれてきた。ソ連の関係者自身が、介入の決定はきわめて困難なものであったと述べ、介入に際して、その必要を説く者とともに、多くの慎重論や反対論もあったことを示唆している。

　ところで、先日、すぐれたソ連研究者から、ソ連の軍事理論の長期的な視野からの分析を聞き、歴史の複雑さをあらためて痛感させられた。というのは、軍事理論の長期的分析によると、ソ連のアフガニスタン介入は、ソ連の積極的介入主義の盛んな時代にではなく、それが変化しようとしているときにおこっているのである。

一九六〇年代の半ばから一九七九年ごろまで、ソ連の軍事理論は積極的介入主義の特徴を持っていた。例えば、民族解放戦争は必然でもあり、よいものとされたし、ソ連は、必要があればそれを支援する能力を持つべきであるとされた。そのため、軍隊の構成については、陸、海、空などのあらゆる軍種について能力を整え、制限戦争を戦いうるようにすべきだと考えられた。

今日の軍事理論は、どうやらそれと異なる特徴を持っているようである。防衛のために必要なものはどの程度か、といった議論が表れてきているし、そのためもあって、全軍種を増強するのではなく、重点整備が主張されている。ゴルバチョフ書記長の登場以来、こうした傾向は一層明らかになり、防衛力の限界はより精密に定義されつつある。なによりも、民族解放戦争は不可避であり、ソ連はそれを支援すべきだという考え方が否定されたようで、戦争は「政策遂行の合理的手段」ではなくなった、という論議がみられる。

こうした新しい傾向は、興味深いことに、一九八〇年の春から表面に表れている。そしてソ連の政策論議の判明には時間がかかることを考えると、それらの議論はソ連のアフガニスタン介入の前から始まっていた、と考えざるをえない。それ故、一九七〇年代後半に、ソ連がアンゴラ、エチオピア、モザンビークと次々に積極的な介入をおこなったのは、その当時の軍事理論に合致していたが、アフガニスタン介入はそうでもないことになる。

より具体的に言えば、ソ連は、ある場合には介入してもよいという理論を最も強く信じていたときにではなく、それに疑いを抱き始めていたときに、アフガニスタン介入という最大の過ちを犯したのであった。

歴史とはそういうものかもしれない。一九七〇年代の初めはソ連の国力が頂点に達したときで、アメリカがヴェトナム介入で力を弱めていたのと対照的であった。そうしたとき、自信が生まれる。そして大国というものは、よかれあしかれ、使命感を持つものだから（ソ連の場合には民族解放戦争への支援）、行動をとる。それが成功すると、自信は過信へと堕落する。それに気がつく人もあって、議論も始まるのだが、ブレーキがかかるには時間がかかり、失敗を犯すということになるのではなかろうか。失敗を犯して後、反省は本物になる。ソ連はアフガニスタンに介入し、苦労した後はじめて、第三世界の戦争への介入の危険を十分に悟ったであろう。

以上の軍事理論と行動の検討は、いくつかのことを示唆しているように思われる。まず、ゴルバチョフ書記長の下でのソ連の外交・軍事政策の修正は、かなり本物らしいということである。以上の歴史的過程を経ているからである。第二は、現在の世界に多数存在する内戦は、少数の例外を除いて、外部からの介入ではなんともしえないものだということであろう。最後に、以上の事例は軍事力の理論と行使をめぐるものだが、なぜ失敗が犯されるかという見地から言えば、他の形態の力についても妥当するということが指摘されなくてはならない。

石油の価格低下と石炭火力 1988・4

石炭火力発電を復活し、伸ばしていくという方針が具体化しつつある。東京電力は茨城県の水戸射爆場跡地に、出力二〇〇万キロワットの大型火力発電所を建設する方針を決めたし、関西電力は京都府舞鶴に一六〇万キロワットのものを造る方向で準備を進めている。こうした動きは、中央電力協議会が策定した長期ビジョンに基づくもので、それによれば、現在四パーセントにすぎない石炭火力比率を二〇三〇年までに一五～二五パーセントとして、原子力発電の四〇パーセントに次ぐものとし、石油火力を五パーセントにまで減らすことになっている。

この石炭火力復活の動きは、まことに賢明なものである。というのは、中長期的に見て、石油は再び不足するようになるであろうし、原子力発電についてはいくつか問題があって、それを使わざるを得ないが、それに頼り切ることは危険である。それに対し、石炭は世界中に大量に存在する燃料である。一昔前は有害な煙を出すとか、また、発電所としての効率が悪いといった欠点があった。しかし、オイルショック以降、種々の技術進歩があり、公害が少なく、かつ効率のよい新型の石炭火力発電所が可能となって来た。こうして、エネルギーを確保するために石炭火力を復活させ、伸ばすことが不可欠であるのが理解されよう。

それは中長期、つまり先のことだと考えてはならないような緊急性を持っているかもしれない。東京電力の茨城火力発電所が計画の二〇〇万キロワットの半分の一〇〇万キロワットの発電を開始するのが、今から十五年後の二〇〇三年となっているが、それも少々急いだ方がよいとさえ考えられるのである。

最近の石油のだぶつきと価格の下落を見ていると、そうした心配は不要のようにも思われるかもしれない。しかし、実は逆にこの二、三年の価格の下落が、十年以内に石油不足をもたらす危険を持っているのである。

今年の初め、原油価格は一バーレル一四ドルとなったが、この価格はドル安と多少の物価上昇を考慮すると、一九八六年七月に原油価格が下落したときの一〇ドル弱とほぼ同じくらいの安値と考えられる。一九八六年七月は石油輸出国機構（OPEC）というカルテルの力の弱まりが示されたときであった。一九七〇年代には、OPECはまことに強力であって、三ドル弱であった原油価格を一九七四年には一二ドル弱へ、そして一九八〇年には四〇ドル近いところまで上昇させた。

しかし、ある製品の価格が上昇すると需要は減り、供給は増えるのが経済法則というものである。石油の価格が上昇したため、人々は本気で石油の効率的使用や代替エネルギーの利用を考えるようになったし、それだけもうかるものは生産しようという人が増えた。その結果、石油の消費が減り、生産は増えた。結果は数字に表れて、一九七九年には非共産主義世界の石油生産の六〇パーセントを占めたOPEC諸国の生産は、一九八五年には四〇パーセントに低下した。

これに対し、OPEC諸国は生産のシェアを取り戻すべく、一九八五年に生産量を増やしたが、それが需給関係を一層緩め、上述の価格下落となったものである。慌てたOPEC諸国はその後生産量割り当てなど、種々の方策を試みたが、OPECの生産シェアの低下と需給関係の緩和という基本情勢はなんともしがたい。彼らの方策はすべて失敗した。こうして現在の安値となったのであり、したがって、それはしばらくのあいだ続くであろう。

ところが、現在ほど原油価格が低下すると、経済原則は逆に作用する。現在の価格は一九八六年のそれに直せば一〇ドル弱と述べたが、一九七三年の価格に直せば、正確な比較はできないが、五ドル前後となるであろう。それはオイルショック前のものの二倍であるが、オイルショック後のそれの半分以下である。その結果、オイルショック後に開発された油田は採算すれすれとなるであろうし、開発は減るであろう。逆に需要は伸びる。やがて需給関係が逼迫することは不可避で、一九九〇年代のある時点には不足の恐れがある。

つまり、エネルギーについては、好天のときにこそ将来を心配しなくてはならないのである。その意味で石炭火力発電所の建設は正しい。ただ、今の建設のテンポでは一九九〇年代に危機が現実化した場合、間に合わない。それ故、一方では建設を急ぐことを考えるべきであろう。それより重要なことは、安値ゆえに石油の需要が増えすぎないように、種々の施策をとる必要がある。この点に関しては国際的な協力が必要なので、今年の主要先進国首脳会議(サミット)などで問題にしてもらいたい、と思う。

変化不可避の農業政策 1988・5

農業は国の本、という言葉は、決まり文句であり、決まり文句につきものの歪みがあるけれども、農業が一国の経済を構成するきわめて基本的なものであり、したがって、農業政策の是非がその国の経済と、ひいては国運を左右してきたことは間違いない。

まず、最も衝撃的な事例をあげるなら、アフリカのかなりの地域に見られる飢饉がある。それには、気候の悪化とか内戦といった原因も作用しているけれども、最も重要な理由は農業政策の失敗である。すなわち、多くのアフリカ諸国は、食料品の価格を安くすることに重点を置き、農産物の価格をできるだけ安く抑えてきた。それには工業化重視ということもあったし、また、都市住民に不満を持たせると、デモや暴動で政権が倒れるので、それを避けるという意図もあった。いずれにせよ、自分の売れる農産物が安値では、農民の生産意欲は上がるはずはなく、その結果、農業生産は増えず、人口のみが増えたため、飢饉が起こりやすい体質になってしまった。

だが、幸せなことに、アフリカは現代世界の例外で、他の国々では供給過剰になってきている。その理由の一つは、世界の多くの国々が行ってきた価格支持政策で、その方法は多種多様であるけれども、原理は同様で、豊作になっても農産物の価格がにわかに下降しないよう——経済学はそうなりやすいのが農産物の特徴であることを教えている——日本のように政府が買い支えたり、あるいは欧州共同体(EC)のように価格を決めて買い支えるというものである。その土台の上に立って、この十年ほどの間に品種改良などの技術革新が次第に普及し、世界の農業生産は着実に増え続けてきた。その理由は必ずしも同一ではないが、多くの開発途上国においても農業生産は伸びてきた。

しかし、成功はつねに新たな問題を生む。生産量の増大は農産物の価格を押し下げるように作用するし、輸出競争は激烈となる。そして、先進諸国の場合、問題はこれからますます困難なものとなるであろう。というのは、バイオテクノロジーの発達は今後、本格的な成果をもたらし、過去十年間の技術進歩を色あせたものとするだろう。例えばBSTと呼ばれるホルモンを使用すれば、牛乳生産は三〇パーセントは増大するものと考えられる。あるいは、牛の食料であるアルファルファについて遺伝子に働きかけた品種が完成すれば、その生産額は著しく増大するであろう。その結果、牛肉の生産が増えるであろう。開発途上国の場合には、まだ過食とは言えないから、生産額が増えた分を消費するだろうが、先進国の場合にはこれ以上は食べられないから、供給過剰がより激しくなることは不可避と考えられる。

こうして供給過剰が激しくなると、これまでの価格支持政策は継続不可能となるであろう。例えば、余剰農産物を政府が買い入れるといった仕組みの場合、そのための支出はアメリカの場合では数百億ドルにも及ぶものと試算されている。余剰農産物を政府が買って貯蔵するという仕組みは、不足が起こる可能性が皆無に近い状況では愚かしいし、なかには貯蔵が容易ではない農産物もあるから、その場合には、政府は捨てるために買うに近いことをすることになる。日本の場合でいえば、休耕田をむやみに増やさなくてはならないし、それはそれなりに問題がある。

こうした技術革新は、止めようと思っても止められるものではない。一部にはそのような説もあるけれども、それは妥当ではないことが多いし、大体、不可能である。したがって、一九三〇年代以降、各国政府がとってきた農業政策の方を考えなくてはならないということになる。確かに、農業は完全な自由競争にゆだねるわけにはいかない産業である。なんらかの適切な助成策が必要ではあろう。しかし、保護政策がその産業をだめにすることもまた事実である。

日本の農業にしても、これまでの保護を続けるなら、バイオテクノロジーの可能性を生かすことができずに、衰退するのではなかろうか。いかなる農業政策が望ましいかは、難しい問題である。しかし、異常に高い米価を農家に払うことを根幹とし、強い保護主義的性格を持つこれまでの農業政策の寿命が終わりつつあることは間違いない。

オレンジ・牛肉に関する日米交渉が予想外に難航し決裂したのは、上述の転換期の前兆と考えられる。

現在の変化の性質について 1988・6 ♠

人間の習性から言って当然だが、戦後これまで、何回も転換期ということが言われて来た。それはまるで嘘ではなかったが、真実でもなかった。それに対して、これからの十年間はより確実に転換期になりそうである。

というのは、まず、重要な変化がおこっているのが米ソ両超大国においてである。中級国家や小国における変化も無視できないけれども、やはり大国が変わるときの衝撃の方が大きい。しかも、その米ソ両超大国での変化は、両国のこれまでの力の根源にかかわるものであって、これまた手直しで済むようなものではない。つまり、大きな存在が大きく変わろうとしているのである。

もちろん、米ソ両国が変わらざるをえないという分野や態様は同じではない。しかし、違っているから、それぞれの根幹部分にかかわるのである。ソ連は「ペレストロイカ(立て直し)」に取りかかっている。これに対して、西側はかなり好意的に見ているし、それはそれでよい。しかし、より重要な認識は、それがひどく難しいということなのである。そのことは、西側での歓迎とは対照的に、ソ連それ自身においては、「ペレストロイカ」はあまり歓迎されていないことに表れている。先日も『ロンドン・エコノミスト』が、「ペレストロイカ」がソ連よりも西独で歓迎されているのは奇妙なことだと書いたが、それは重要なポイントをついている。

それは二つの理由による。一つは、日本でも指摘されていることだが、共産党の幹部の多くが、その発言力と特権とを失うのを恐れて抵抗することである。それにしてはゴルバチョフは巧みに行動しているけれども、「ペレストロイカ」が早く進むとは思われない。しかも第二の理由として、ソ連の一般大衆も「ペレストロイカ」に情熱を示してはいない。彼らは、これまでは言われたように働けばよかったものを、にわかに変えろと言われたわけだから、戸惑いや抵抗があっても不思議ではない。それにゴルバチョフの言っていることは、今までよりもよく働けということである。その成果は、すべての改革がそうであるように、先のことである。だから、あるソ連専門家の言葉を借りれば、ソ連の国民は、「よりよく働け、ウオッカをのむ量を減らせ。そうしたら同じだけの給料をやる」と言われているわけで、情熱がわかなくて当然であろう。

一口で言えば、ソ連の共産党の幹部も一般大衆も、今までとはちがう生き方を求められているのである。これまでのソ連の強みは、よかれあしかれ、強大な国家機構の強制力にあった。それが行き詰まって、「ペレストロイカ」というわけだが、その際、これまで使命感を持って指導せよと言われてきた共産党の幹部は、その指導を減らすように言われ、おとなしく従うことを求められてきた一般大衆はイニシアチブを発揮せよと、まったく逆のことを言われているわけで、きわめて根本的な変化をソ連が必要としていることは明白である。それがうまくいく方がソ連のためにも世界のためにも望ましいけれど、それが難しく、したがって、うまくいっても時間のかかることは間違いない。

アメリカの財政赤字と国際収支赤字については、多くの人が触れているから説明は不必要であろう。しかし、一点だけ、すなわち、それがアメリカの強みであった強大な経済力にかかわることは強調されなくてはならない。これまで、アメリカの外交がうまいとか、知恵があることでアメリカを評価して来た人はほとんどいない。アメリカの力の根源は、あふれんばかりの豊かさであり、基本的な善意であった。だからこそ、しばしばエラーを演じても、結果は善と出たのだった。現状は、その力の根源に問題が出てきたということであり、その立て直しをやるとしても、これまたソ連の場合と同様、根源にかかわるだけに、困難で時間がかかるであろう。

こうして生ずる世界政治の変化は、悪いこととは限らない。もちろんよい面もある。例えば、米ソ両国がともに味わった失敗と挫折から学びつつあるのはそうである。両国はお互いを意識しすぎて力比べに熱中し、軍備のためにカネを使いすぎてきた。それが問題を生んだという認識は、INF（中距離核戦力）の全廃が案外すんなり決まり、戦略核削減交渉が予想以上の進展を示していることの、ひとつの重要な原因であるだろう。

人によっては、アメリカがヴェトナムで、ソ連がアフガニスタンで手を焼き、内戦への介入をやめるか、あるいは控えるようになって来たこともよい進展としてあげるであろう。しかも、上述の二つの例がすべてではなく、ソ連はエチオピアなどアフリカで労多くして功少なきことを経験しつつあり、アメリカは中東や中米で同じ経験をしている。たしかに超大国の介入が減ることは、概してよい方向への歩みである。しかし、超大国が介入しなくなれば内戦がなくなり、世界は安定するという考えは甘い。超大国の力は世界における秩序の基本的構成要因なのであり、それが役割を控え目にかつ賢明に果たすことが必要なので、まったく役割を果たさないのも困るのである。

アメリカがその輸入、技術提供などを通じて、国際経済の運営のために果たして来た役割を果たさなくなるのをよいことだと思う人はないであろう。しかし、それも収縮するだろうし、そのことが問題を生む。こうして平凡な言葉だが、転換期は混乱の時代でもあるのである。

首脳会談の変質　1988・6

約三週間前にモスクワでおこなわれた米ソ首脳会談は、具体的な成果に乏しいものであった、というのが大体の評価である。たしかにそのとおりで、戦略兵器の削減の合意には至らなかったし、文化交流などの小さな協定はいくつか結ばれたけれども、新しい大きな進展はなく、中距離核戦力（INF）全廃条約の批准書を交換したのがメーン・イベントになってしまった。

しかし、その評価に加えて、首脳会談の性格が変わったことを認識することもまた必要である。大体、今回の首脳会談に関して、それが具体的な成果を生み出さなかったことに両国の首脳は失望感を表さなかった。つまり、レーガン大統領もゴルバチョフ共産党書記長も、今回の首脳会談が具体的な成果を生みはしないであろうことをあらかじめ知っていた。それにもかかわらず、レーガン大統領はかなりの準備と意気込みとを持ってモスクワに出かけて行ったし、ゴルバチョフ書記長も心からの歓迎を示した。そのことは、二人の首脳の狙いが、今回の首脳会談に関しては具体的な成果を得ることにはなかったことを示唆している。

もっとも、レーガン大統領については任期の最後の年であり、アメリカは大統領選挙で忙しいので、ほかにすることもなかったからモスクワを訪れたのだ、と皮肉なコメントをすることもできるであろう。しかし、レーガンは独特のパフォーマンスの感覚から、今、モスクワに行くことが彼の経歴にとって重要――あるいはその最後の年を飾るもの――であると考えてソ連を訪問したのだったし、あるイギリスの新聞が書いたように、「オスカー」に値する演技をおこなった。そして、現在の政治はパフォーマンスの時代なので、レーガン大統領のやったことは無意味ではないのである。例えば、それは最後の年までアメリカの大統領職の権威を示し、アメリカがソ連とともに世界のリーダーであることを示すことになった、と言えるだろう。また、いささかのうぬぼれも手伝って、モスクワ大学の講演や記者会見などで、一部とはいえ、ソ連の国民に直接訴えることは米ソ関係の改善に役立つという考えもあったかも知れない。たしかに、レーガン訪ソは次期大統領が――〔ジョージ・H・W・〕ブッシュ副大統領になろうが、〔マイケル・〕デュカキス・マサチューセッツ州知事になろうが――米ソ関係の改善のための措置を取りやすくした。

他方、ゴルバチョフ書記長も、レーガン大統領の訪ソを利用する意図であったように思われる。ゴルバチョフ書記長が、六月二十八日に始まるソ連共産党特別大会のことを考えていたことは間違いない。こうした大会が開かれるのは一九四一年以来初めてであることをみれば、そこにゴルバチョフ書記長の工夫があることは疑いない。そして、ソ連の種々の決定機関の権限はやたらに複雑なので、ここではくわしいことは省くが、平常使われる形式のものよりも、旧来型の党官僚の影響力がいつもより小さく、ソ連の世論というか雰囲気がより大きな役割を果たすものになると考えてもよさそうである。その雰囲気を盛り上げるために、レーガン訪ソは重要であった。厳密に言えば儀式にすぎないINF全廃条約の批准書の交換にしても、米ソ関係の改善が進行しており、アメリカもそれを望んでいることを示すという効果があったであろう。恐らくより重要であったのは、レーガン大統領とともにゴルバチョフ書記長が何回かテレビに現れたことであり、記者会見が中継されたこともあって、彼の考えを直接国民に訴える機会を持ちえたということである。

こうして、レーガン大統領の場合とゴルバチョフ書記長の場合では対象や狙いがやや違うけれども、二人とも、広い層に訴えかけることで、その政治的立場を強化しようとしたことではほぼ同じである。過去における首脳会談は、外交官や官僚が十分に準備した後で、最後の詰めをおこなうという性格のもので、いってみれば外交交渉の延長だったが、今回のそれはよりオープンな政治的行為と言うことができるであろう。そして、交渉はすべて公開にすることもよくないけれども、公開にすることが役立つこともある。

もっとも、そうでもしなければ、なかなか事が進まない——とくにソ連はそうであるが——ということもあるだろう。広い層に訴えかけるのは悪くないが、具体的な成果もあった方がよい。しかし、それは米ソ間の立場の相違や国内の意見の対立もあって簡単にはいかなかった。ペレストロイカのために軍縮が必要であるのは間違いないし、その過程が始まったことは確かだが、これまでに決まったものでは防衛費はたいして減らないし、戦略兵器削減が決まっても、それでそう減るわけではない。

ソ連もアメリカもかかえる問題は大きく、それに対して現実に打てそうな手は限られている。そんなとき、前進する雰囲気作りを今回の首脳会談はおこなったわけだが、下手をすると、雰囲気作りだけで終わってしまう恐れもある。

バラマキとケチを避けて　1988・7 ♠

もし計画通りに実施されるなら、日本は本年度、アメリカを抜いて経済協力世界一となるかも知れない、という。世界には極度に低い生活水準に悩む国や、大きな債務をかかえて首が回らない国、あるいはまずまずの経済成長はとげているものの、資金がなければ失速してしまう国といった具合に、援助を必要とする国が多数存在する。他方、アメリカは大きな財政赤字をかかえているので、経済協力を積極化するわけにはいかない。

だから、経済協力ということになると、日本がクローズアップされるのは当然である。日本の経済はうまくいっているし、それに、なによりも国際収支の黒字が大きい。したがって、日本には十分な援助能力があるということになる。しかも、経済協力というものは、回り回って、結局は日本の利益になる。他の国々も豊かになって日本製品を買ってくれて初めて、日本はさらに伸びることができることが銘記されなくてはならない。

しかし、他人を助けることは大概の場合難しく、知恵が要求される。というのは、カネのバラマキでは人を助けることにならないからである。援助を受ける国の吸収能力が、決定的な重要性を持っている。そのことは、援助の輝かしい成功例と言われるマーシャル・プランを考えてみれば理解されよう。GNPの一・五パーセントをこえるカネを援助に使ったアメリカは、心が広かった。私も、日本が経済で世界に貢献するというのなら、このアメリカの世界記録を破れなくても、接近するぐらいの気概を持つべきだと思っている。

しかし、マーシャル・プランの成功の最大の原因は、西ヨーロッパ諸国にそのカネを使う能力があったということである。簡単に言えば、西ヨーロッパ諸国は戦争による破壊と国際経済システムの崩壊によって苦しんでいたので、それを回復させればよかった。それに、アメリカはケチな条件をつけなかったけれども、西ヨーロッパ諸国が協調して援助を使うよう要請するという、大切なポイントをしっかりと抑えていた。

現在の世界における援助は性質を異にする。例えば、最近フィリピンの窮状を救うための「マーシャル・プラン」がアメリカ政府の一部によって示唆されていて、もちろんその資金の最大の醵出者《きょしゅつしゃ》は日本らしいが、「マーシャル・プラン」などという名前はつけない方がよいように思われる。なぜなら、資金を作ることがその最大の問題ではなく、それをうまく使えるか否かが問題だからである。

すなわち、肝心のフィリピンの援助吸収能力がかなり心もとない。それは過去二年の援助実績にあらわれていて、一九八六年は約束額三十二億ドルに対して実施七億七千万ドル、一九八七年は三十五億ドル対九億二千九百万ドルで、約束額の四分の一しか実施されてはいない。それは、援助の対象となるプロジェクトに適切なものが見つからないことによるところが大きいように思われる。しかも、一九八六年の後半以降、フィリピン経済は成長して来ているので、このままにしておく方がよいとも言える。フィリピン政府としては累積債務で政府財政が苦しいので（国家予算の四割程度が利払いにあてられている）、それを救うため一般的援助を求めている。それを一概に排すべきではないけれども、使途を明白にしない援助は、ややもするとつかみ金になってしまう。

しかし、われわれとしては以上の考慮を、ケチな態度を続けるための口実としてはならない。以上の例は、援助を与えるものとしては、プロジェクトを探すとか、いかなる形の協力が適切かを判断する能力と、その上に立って相手を説得する能力とが、大切であることを示すものとして受けとられなくてはならない。

その絶好の例が、開発途上国のエネルギー問題への協力である。成長するためにはエネルギーが必要である。しかし、電力を作るには膨大な資金が必要であって、開発途上国にはそれだけの資金を生み出すことは難しい。しかし、それでは開発途上国に発電所を作るのを助けましょうというのでは、短絡的にすぎるのである。その点に関し、最近、アメリカの国際開発庁（USAID）が興味深い研究を発表した。それによると、新たに発電所を作ることよりも、火力発電所の効率を上げるとか、電力の使用効率を上げるとかに強調点を置くとともに、発電所に補助金を出して電力料金を下げる政策を改めるのがよく、そうすれば必要な電力は確保できるという。つまり、十五年前のオイルショックの後で、日本など先進工業諸国がおこなった技術進歩が必要で有効なのであり、そのために先進工業諸国は協力すべきだということである。

カネは使い方によって、生きもするし、死にもする。もっとも、USAIDの説くところは案外実行が難しい。大きな発電所を作ることは見栄えがするので、各国はそれを望む。逆に技術進歩のための協力は、より少ないカネでより大きな効果が出るけれども地味である。

しかし、最大の援助国となる可能性が出てきた以上、日本はこうしたことをまじめに考えなくてはならない。関係者によると、日本にとってカネを出す能力はあっても、適切な援助を考え、説得し、実行する能力の方に問題があるという。だとすれば、日本政府としては、まず経済協力の企画能力や体制づくりなど、協力を適切におこなうための能力を育てることから始めるべきであろう。

なぜスターリン批判か 1988・7

六月末から七月初めにかけて開かれたソ連共産党協議会[107]で、スターリン主義の犠牲になった人々(公式用語では「不当に苦しみを受けた人々」)の追悼記念碑が建てられることになった。

それは尋常ならざることであり、ソ連が直面している問題をよく表している。というのは、ソ連では革命がおこって、これまでの政権が倒れたわけではないからである。共産党が――そして共産党だけが――政権を担当するという政治体制はつづいている。ところがその体制をつくり上げたのはスターリンであった。彼が共産党の支配を強固なものとし、そして、第二次世界大戦という大試練を乗り切ったことは客観的事実である。

そして大先輩については、問題は認めながらも、功績を評価するのが常識というものであり、その常識を破って批判を強く打ち出すことには危険もある。今回の協議会でブレジネフ派の一人が論じたように、「それは若者に否定的な影響を与えるものであり、そうした無政府的言動や安っぽいセンセーションにふけるのは、統治の責任に反する」とも言えるであろう。ソ連は立派な国であり、ソ連共産党はおおむね正しかったという立場をとる方が、統治しやすいことは間違いない。

その常識をゴルバチョフたちが破っているのは、過去のカラを破らなければソ連の将来は暗いことを認識しているからである。次第に明らかになってきたゴルバチョフの改革には、これまでの改革にはなかった二つの特徴がある。その一つは、改革が経済上のものにとどまることなく、政治的なものを含み、さらにはある程度の言論の自由を含むものであるということである。そのため、党の権限を限定して、投票によって選ばれる政府の権限を強めると同時

107 ソ連共産党大会の閉会中に党を監督する機関とされ、年に一度おこなわれる規定だったが、この年ゴルバチョフが四七年ぶりに招集するまで一九四一年以来、開催されなかった。このときの協議会で、ソ連最高会議に代わるソ連人民代議員大会の設立が議論された。

に、それが絶対的な権力を持つことによって腐敗しないようう、五年の任期を二期以上務めることができないようにするといった改革が決議されたのであった。党がすべてを取りしきる体制では、技術革新はおろか、これまでの経済水準を維持することさえ難しくなる恐れがあることを、ゴルバチョフたちは認識しているのであろう。

しかも、今回の改革はグラスノスチ〔108〕ということで、公然たる議論を伴って進められつつある。今回の協議会で最も印象的であったのは、ソ連ではこれまでに例を見ないような公開の議論が行われ、しかも、それがテレビを通じてソ連中に報道されたということである。予想された発言もあったけれども、例えば保守派のリガチョフと急進派のエリツィンの議論が公然と行われたことは、多くの人々を驚かせた。ここまで公然とペレストロイカを打ち出した以上、逆戻りすることは難しいであろう。あるイギリスの新聞が書いたように、「グラスノスチとペレストロイカのジェニイ(アラビア物語の魔神)は、びんから外へ解き放たれた」のである。

こうして、ソ連の改革者たちが今や桎梏《しっこく》となったソ連の過去の制度を大幅に変えようとしていることは間違いないし、その点で本気であることも確かである。しかし、過去と訣別することは、だれにとっても、つねに難しい。しかも、ソ連の場合には、そうすることは共産党の一党支配の正当性という根本に触れる恐れがある。ある代議員が述べたように、すべてをスターリンの責任としてしまうならば、スターリン主義を生み出した権力機構を不問に付す危険があるのだが、それでは機構を問題にするとき、共産党だけが統治するという原則に触れないで済むであろうか。

ソ連の最も有名な俳優ミハイール・ウリヤーノフはこの問題につき、権力の濫用から人々を守る制度が必要であると論じた後、制度的保障に加えて、新聞、雑誌が自由を与えられ、反対派の役割を演ずるようにならなくてはならないと述べた。それはたしかにその通りだが、しかし、そこまで行くのなら、さらに一歩進んで、反対党がある方がよいということにならないであろうか。

ここにソ連の改革の基本的なジレンマがある。普通には明快な発言をするゴルバチョフも、この点に関しては、どの国にも「統治政党」があり、ソ連では共産党がそれだとしか言っていない。ただ彼は、その権限を制限し、民主的な統制下に置く必要を指摘した。それがおこなわれるならば、たしかに大きな進歩ではある。

私は基本的な矛盾があることをもって、その行為が必然的に失敗するなどとは考えない。大体、人の世の営みは、矛盾をかかえつつ、なんとかやっていく以外にはないことが多い。ただ、それにしてもソ連の場合には、その矛盾が統治の正当性にかかわるものであるだけに、深刻なものであるかもしれない。同じ理由から、最近ソ連でくり広げられているドラマは、人々を興奮させるものではあるのだが。

安易な通説を駁す 1988・8 ♠

常識のように語られているが、私にはどうも腑に落ちない議論がある。それは、米ソ超大国が共に過重な軍備負担に悩み、それを減らすために軍備規制や軍備削減に熱心だというものである。

たしかに、それは概論としては正しい。アメリカはGNPの七パーセント、ソ連は一二〜一五パーセントを軍事費に使っていて、疑いもなく大負担である。いくらソ連が資源の重点配分のできる国だと言っても、GNPの一〇パーセント以上も軍事費に使っていたのでは、資源配分が歪み、例えば技術革新におくれを取っても不思議ではない。それに比べればアメリカの負担は随分小さいが、しかし一パーセントしか使っていない日本はいうまでもなく、三〜四パーセントを使っている西ヨーロッパの国々よりもかなり多いから、経済競争に不利を来す恐れは十分にある。いくらかの人々は、すでにそうなっていると言うだろう。

しかし、このことを軍備削減にただちに結びつけることに、私は三つの点で疑問を持つ。第一は、この一両年の現実の展開で、そこから判断する限り、米ソの軍事費が大幅に減りそうには思われないのである。INF(中距離核戦力)禁止条約は、核のバランスを安定させたとか、より大きな核兵器削減への第一歩という意味はたしかにあるのだが、それでどの程度の軍事予算が節約されたかを計算すると、アメリカの場合、全軍事予算の二パーセント程度であるにすぎない。やがて戦略兵器が半数削減されるなら、その節約効果はもう少し大きいが、それでも一〇パーセントまではとてもいかないだろうと考えられる。

費用を喰うという点では、通常軍備の方が大きいから、節約となるとここに手を着ける以外にない。そして年末ま

108 ペレストロイカ(改革)の一環として展開された、言論・思想・集会・出版・報道などの自由化・民主化政策をいう。

でには、欧州通常兵力削減交渉が始まるだろう。ところが、会議が有意義なものになるためには、まず米ソ両国がどの程度の戦車や航空機を現に保有しているのかを確定しなくてはならないが、それさえもできていないのが現実である。したがって、交渉が始まってからなんらかの成果が得られるまでには数年もの年月を要するだろう、という観測が出るのも当然である。

ところが、経済が苦しいのは現在である。アメリカは巨大な財政赤字を減らさなくては経済は健全化しないし、その最も手っとり早い方法は軍事費の削減である。しかし、アメリカは目下のところそこまで踏みこみそうもない。ソ連はペレストロイカをやろうとしていて、この一両年がその成否を決めるだろうと言われる。そして、それを成功させるためには、なんらかの部門、例えば農業で明白な成果を上げ、国民に元気を与える必要がある。ある批評を借りれば、ソ連国民はこのところ、「頭を使って働け、ウオッカを飲むな。そうして努力すれば、三、四年後によくなる」と言われているので、それではもうひとつ盛り上がらなくても不思議ではない。ところが、そうした明白な成果を上げるためには、その部分に資金を回すしかなく――カネがなくては何もできない――、そのカネは軍事部門から回す以外にはない。それをまだやっていないのは、軍事部門が「聖域」視されているからではないかと思わざるをえない。

それは理由のないことではないのである。米ソ両国がその軍事費を減らしていって、軍備がある程度以下になった場合、それは質的な変化をとげる。例えばソ連は、その長い国境線のあらゆるところに十分な数の軍隊を配置しているし、それでカネがかかるのだが、軍備削減のどこかのポイントでそれは不可能となるだろう。その場合、国境を接する国に対する外交姿勢を変化させる必要が出て来ても不思議ではない。それは別種の国際関係を意味する。

アメリカの場合はもっと分かりやすい。それは世界のあちこちに軍隊を置いていて、それがアメリカの国際関係の骨組を構成している。それを減らし、撤退するならば軍事費は減るが、それは国際関係の変質を意味するから、簡単には実行できない。例えば、韓国から撤兵すれば、米韓関係が変わるかも知れない。西太平洋の兵力を減らして日本に肩代わりさせるということも、国際関係の変質を招く恐れがあり、これまた難しい。

すでに一部報道されていることだが、〔ヘンリー・〕キッシンジャーと〔サイラス・〕ヴァンスという二人の元国務長官（前者は共和党、後者は民主党）が、日本に軍事力増強をこれ以上求めるべきではないという趣旨の論文を共同で発表した。大体のところ正しい議論だと私は思うが、もしそうなら、アメリカは西太平洋から容易には引けないことになる。

つまり、いったんひとつのシステムを作ってしまった以上、それを変えるようなことはなかなかできないのである。そこに、世界のなかでいったんリーダーシップを取ってしまった国のジレンマがあると言えよう。しかも、長期的にはできることしかできない。したがって、米ソの軍事政策について、基本的には二つの可能性しかありえない。その一つは、たとえ国際関係の質が変わる危険があっても、米ソ両国はその軍事費を減らし、その軍事力の果たす役割を縮小することである。その場合、いかなる点に関し、またいかなる形で国際関係が変わるのかを、われわれは真面目に考えてみなくてはならないであろう。もう一つは、軍事費は経済にとってそれほどマイナスではなく、かつ米ソの経済は俗に言われているほど悪い状況にはなく、それ故、やや小幅の節約で済むという説で、この可能性も考える必要がある。

もっとも、この二つのシナリオの中間が最もありうるとは思うけれど、その場合でも、二つの基本的シナリオについて現実的に検討することは有用である。

一九六八年と一九八八年　1988・8

二十年前、すなわち一九六八年は、世界のあちこちで、社会体制あるいは秩序が動揺を示した年だった。

まず、五月にはフランスの学生が激しい反ドゴール運動をくり返し、やがては労働者も運動に参加した。夏にはより多くのことがおこった。チェコスロバキアでは「プラハの春」、すなわち〔アレクサンデル・〕ドプチェクによる「人間の顔をした」社会主義が始められ、人々の注意を集めた。アメリカでは、マーチン・ルーサー・キングの暗殺もあって、百以上の都市で、黒人を中心とする暴動がおこったし、大学のキャンパスも荒れた。九月、メキシコのオリンピックを前にして、学生の抗議に対し警察が発砲し、三百人以上の死者が出た。こうした波は年の末には日本に到着し、それから一年余りの間、大学紛争でかなりの数の大学で授業ができなかった。

この世界的な騒動、あるいは革命騒ぎは一体、何だったのだろうか。それは世界にどのような影響を与えたのか。

まず明らかなことは、一九六八年の運動は、短期的にはほとんど失敗に終わったということである。激しいデモは具体的な変化をひきおこしはしなかった。チェコスロバキアでは一時は政府の変更があったけれども、ソ連をはじめとするワルシャワ〔条約〕機構軍の軍事力によって、「プラハの春」は踏みつぶされてしまった。ただ、アメリカではヴェトナム戦争反対が重要なスローガンとなって多くの支持を集めたため、ジョンソン大統領は再選を求めることをあきらめた。その年の選挙でニクソン政権が成立し、その下でヴェトナムからの撤退がおこなわれたので、学生たちの運動は無意義ではなかったことになる。

しかし、アメリカはヴェトナム戦争を戦っていたから例外に入る。それに一九六八年の運動の主要な目標は、それぞれの社会の革命的変化にあった。管理社会への反対、という言葉をその当時よく聞いたし、そうした既成秩序への反対は、古い左翼によるものではなく、「旧左翼」に失望した「新左翼」を中心とするものであった。

だが、彼らが目指したことは、今日に至るまで、実現の方向に向かっているようには思われない。少なくとも、彼らが考えたような意味での管理社会への反省がおこっていると判断することは無理であろう。なかには、日本の場合、教育における管理体制は一層強まったと言う人が少なくないであろうし、企業についてもやはりそうだと言う人もいるであろう。「若者の文化」とか「カウンター・カルチャー」なるものは、いまだにお粗末としか言いようがない。

もっとも、彼らが唱えたことはきわめて皮肉な形で、ある程度まで実現しつつあると論ずることはできる。すなわち、経済政策における保守主義——大きくなりすぎた国の行政的役割——を減らし、民間の活力を利用することは、ほとんどすべての国の経済政策の原理となった。彼ら「新左翼」は「旧左翼」をも激しく批判したが、それによって「国有化」とか、国の経済に対する介入が大きい方がよいといった見方が崩れたのであり、それは保守主義が支配的になる上で、かなりの貢献をしたと言えないこともない。

しかし、それはたまたまそうなっただけで、結局のところ、一九六八年に若者たちは、なにかあるものに駆られて過激な運動に乗り出した、と見るのが普通の見方であろう。その点でひとつの重要な要因が、彼らがベビー・ブームの世代で、若年層が急増していたことであることは間違いない。彼らは数が多かったし、その分だけ、大学など既存の制度は不備であった。あるいは、社会に出て働くときのチャンスも少なそうに思われた。それが彼らを反乱に駆り立てたという通説は、やはり正しいように思われる。

それとともに彼らは、社会が大きく変わることを予感していたのではないだろうか。一九六八年から今日までの二十年間に、世界各国の国内情勢も国際情勢も大きく変わった。多少結果論になるが、彼らはそのことを本能的に感じ、行動したと言っても、そう間違いではないであろう。

彼らの処方箋は間違っていたし、それ故、彼らの運動はその当時もそれ以後もほとんどなにも生まなかった。しかし、あれほど大きく世界を揺り動かした運動の、どこにも正しいものはなかったということは常識に反する。彼らの唱えたことは、どこか正しいものを含んでいるのかもしれない。「管理社会」という言葉は稚拙だが、それは、現代社会の問題の一端に触れている気がする。だとすると、彼らの提起した問題は、今後あらためて問われるようになるという気もする。

ワルトハイムと出世主義　1988・8 ♠

欧米諸国でのナチズムへの関心は、われわれには十分理解できない程度に、強く長く続いている。例えば、前国連事務総長、現オーストリア大統領、クルト・ワルトハイムの過去の追及はそのひとつで、ナチズムの残した傷跡の深さを物語っている。実に多くの研究書やドキュメンタリーが出版されているのである。

ところが、多くの調査研究が出されるとともに、ワルトハイム問題のもうひとつの側面も現れてきた。そして、欧米諸国の人々とはちがって私がナチズムの恐怖を直接味わったことがないことも作用しているだろうが、第二の側面もまた、きわめて重要であるように思われる。

その側面というのは、国連事務総長としてのワルトハイムにかかわるものである。私はかねてから、ワルトハイムが国連事務総長になりえたという事実を抜きにして彼のことを論じても、きわめて不十分な議論にしかならないと考えてきた。一体、ワルトハイムはどのようにして国連事務総長になれたのだろうか。彼が有能であったことは、その重要な理由であるだろう。しかし、ドイツ軍の下級将校として、彼がユダヤ人虐殺の事実を知っており、それにもかかわらず任務を続けたことは間違いない。そうしたことを関係国が知らずにいて、彼が国連事務総長に選ばれたのであろうか。

それに対する単純な答えは、ワルトハイムが巧みにうそをついていたということになるだろう。彼はドイツ軍のバルカン作戦に情報将校として参加しており、その作戦においてサロニカのユダヤ人狩りがおこなわれたのだが、そのときのことを彼は、東部戦線で負傷し、療養をしながら大学で研究生活を送っていたと述べている。それは今日、うそであることが明らかになっているが、うそをついていたこと自体、多少は後ろ暗いところがあることを示唆している。そのうそが真実に分からなかったのであろうか。

こうしたことについて、確かなことはなにも分からない。というのは、ワルトハイムとドイツ軍とのかかわりの真実を明らかにする史料を持っている国々、すなわち、米ソ英三国にユーゴスラビア、そして国連といったところが、それを公開することを拒否しつづけているからである。そして、この事実もまた、ワルトハイム事件が単純なものではないことを示唆している。

その点に注目して、大層大胆な説を唱えているのがミハエル・パルンボで、彼は『ワルトハイム・ファイル』という書物を出版した。小説の『オデッサ・ファイル』を思い出させる題だが、内容も似ていなくもない。彼によると、ワルトハイムは戦争犯罪者とは言えない人物だが、ソ連とユーゴスラビアが、彼を戦犯にできるような史料をでっち上げ、それでワルトハイムを脅迫しはじめたという。恐らくはそれを知って、アメリカとイギリスの情報機関もその企みに一口乗ることになり、この四国に対し、彼は種々の便宜を計るようになったというのである。

まさかと思われるような話である。しかし、著者パルンボはだれよりも早く、一九七九年から、ワルトハイムに疑いを持ち、国際連合のファイルを調べはじめた人物であるから、関係の事実は十分に知っている。それだけにでっち上げとは言い難いし、それに、先に述べたように、関係諸国が史料を公開せず、事件を隠蔽するかのような態度をとっているというミステリーは、パルンボのように考えて初めて解明されるものでもある。私も、このようなことがあったかも知れないと思うし、それは現在の世界の情報戦争のすさまじさを如実に示しているもののように思われる。

もっともパルンボも、ワルトハイム弁護論を書いたというわけではない。ワルトハイムがその経歴についてうそをついていたことは否定しえない事実であるし、だからこそ、ワルトハイムはにせの史料をでっち上げられ、脅迫されることになったからである。それにしても、ワルトハイムは目ざましいばかりの機会主義=出世主義者である。オーストリアがドイツに合併されると、そのなかで彼は出世しようとした。ドイツが戦争に敗れると、彼はその過去を消し、オーストリア風の中立主義を支える外交官として成功の道を歩んだ。そして国連で活躍し、事務総長にまでなった上に、今度はオーストリアの大統領になった。見事な能力であり、目ざましい出世主義者である。

彼が戦後に、戦争中のことを消そうとしたくらいなら、そう珍しいことではない。日本の知識人のなかにも、戦前戦中に近衛〔文麿〕に協力したとか、海軍の研究会に熱心に参加したことを経歴には書かなかった人は少なくない。まだ若く、引退するわけにもいかない人の場合、そのぐらいのことは許されるべきであろう。しかし、大いに成功し、しかもさらに成功しようということになると話は別である。そうした出世主義に出会うと嫌な気持ちになる。

それが成功するとなると、世の中が暗くなる。しかし、現代はそうした時代なのかも知れない。少なくともそうした面の強い時代なのであろう。価値観の激しい対立があり、しかもその価値観自身が揺れ動く。対立のまともな妥協は難しい。そうしたとき、下手に誠実さを持ち、それにこだわるよりも、状況に従って巧みに動く才能のある人間の方が重用されることにもなりかねない。ひょっとすると国連という存在は、平和を維持するという美しい装いの下に、そうした面をかくし持っているのかも知れない。それを知るだけでも、ワルトハイム事件は貴重である——ただし、われわれがその汚さ故に、世の中そのものに絶望まではしないという条件つきではあるが。

ボーダーレスの時代　1988・9

十七日開幕したソウル・オリンピックを衛星テレビで見る人は、かなりの数に及ぶであろう。NHKに第三のチャンネル[109]ができ、時に応じて機動的に使用できるようになったわけで、その効用は大きい。今回のオリンピックを機会に衛星放送のアンテナを買った人も少なくないし、今後、衛星放送の受信者は着実に伸びていくであろう。

しかも、こうした第三のチャンネルができたということが、衛星放送の最大の利点ではないのである。その特徴は、国際的なメディアということにある。ヨーロッパやアメリカも衛星放送を始め、やがて多くの国がそうすることになるだろうし、電波の性質上、それは広い範囲で受信することができる。もっとも、日本の場合には、東側は太平洋で、

109　NHK総合、教育に続き、一九八四年から順次放送を開始したNHK衛星（第1・第2）テレビジョンのこと。現在のNHK BS1およびBSプレミアムの前身にあたる。

かなりの距離にわたって国がないし、西側と北側にある中国、韓国、朝鮮民主主義人民共和国（北朝鮮）、ソ連といった国々が衛星放送を始めるのはまだ先のことにように思われるので、近い将来に外国の番組を見るようにはならないかもしれない。しかし、多くの国が隣接しているヨーロッパなどでは、外国の番組を見られる日は近いであろう。すでに韓国では、日本の衛星放送を見るのがひそかなブームになりつつあるという。

つまり衛星放送は、テレビを今日のラジオと同様の広範囲をカバーするメディアにするのである。それが社会の営みに与える影響はまことに大きい。すでに、ラジオは国境を越えて情報を流しており、政治上重要な要因となっている。

アメリカのラジオ・リバティーは東欧諸国への呼びかけを目的としたもので、宣伝臭が強すぎるともいわれるが、しかし、情報が自由に得られないソ連、東欧諸国の人々には貴重な情報源である。妨害電波を出してその受信を妨げることがしばしばおこなわれているのは、ラジオ・リバティーの有用性を裏づけるものといえよう。イギリスのBBCのワールド・サービスはより客観的で、多くの国の人々が、最も信頼できる情報源とみなしているらしい。

例えば、ほぼ十年前のイランの革命に際し、多くの人々がBBCのニュースを頼りに判断したといわれ、事実、打倒されたシャーはBBCを大いに恨んだそうである。このごろ、ボーダーレス・エコノミー（国境のない経済）ということがいわれるが、最もボーダーレスになっているのは情報の分野なのである。その上に、テレビが加わる。すでにラジオがあるからたいした変化ではなかろうという見方も成立しないわけではないが、しかし「百聞は一見に如かず」という言葉があるように、映像が伝わるということの効果は、やはり大きいであろう。

つまり、世界の人々は世界のことについて、より多くの情報と知識を持つようになるということである。その結果、例えば専政はより困難になるであろう。他の国々についてなにも知らぬ人々を従わせるよりも、知っている人々を従わせる方が難しいことは、常識的に考えても分かる。もっとも、たとえ専政であっても秩序は必要であるという側面もあるので、鎖国してみたり、厳格な教条によって人の心をしばろうとすることはおこなわれるだろうし、それ故、専政はより専政的になる可能性もある。その無理がすぎると、ビルマのようになるので、世界にはひどい専政がいくつか存在し、それが打倒されるということで騒がしい世の中になるのかもしれない。

より確からしく思われるのは、テレビによる国際化で、人々が豊かな国の人々の生活を見、自分たちもそうなりたいと思うことであろう。それは基本的にはよいことである。世界の人々のエネルギーがその方向に向けられることは生産的である。

しかし、この場合もよいことずくめではないだろう。豊かになりたいという気持ちが出てくるのはよいけれども、人間はすぐにもそうなりたいと思う。しかし、経済をすぐに発展させるわけにはいかない。それぞれの段階で可能な目標を追求すべきなのだが、それは逆にいえば、辛抱が必要だということになる。ところが情報の国際化は、その大切な辛抱を難しくさせるので、国によっては野心的な計画を立てすぎ、そのために大きな国際的債務をかかえ、国内はひどいインフレに悩むことになるであろう。ブラジルなどはそのはしりかもしれないが、今後そうした国は増えこそすれ、減りはしないように思われる。

同様に確実なことは、情報のボーダーレス化が国際的な平等化要素にもつながるということがある。豊かな国々はかなりの援助をして当然、という風潮が一層強まるように思われる。その際、日本がそうした要求の重要な対象となることは疑いない。二十一世紀になるころには、今日のように国民総生産(GNP)の〇・四パーセントの経済協力では済まなくなっているであろう。われわれはその覚悟をしておいた方がよい。

こう考えてくると、衛星放送などは普及しない方が、世の中は静かで、現状とはそう変わらないからよいという人さえ出てくるかもしれないが、しかし、ボーダーレス化は止めようのない現実である。それが与える善悪双方の衝撃のなかで、うまく、しっかりと生きていく以外にはない。

イラン・イラク戦争の特徴と今後 1988・10 ♠

八年も続いたイラン・イラク戦争はようやく終わりを告げた。この戦争の過程と戦争の終結のしかたは、現代の戦争と国際関係の性質について、多くのことを教えてくれる。

まず第一に、現代の戦争は決定的な帰結を生み出すことがほとんどない。それは、現代の戦争がほとんどの場合、国際化し、その結果生ずる国際的圧力が、現状維持の方向に作用するからである。今回のイラン・イラク戦争はその端的な現れであった。初め、戦争の火ぶたを切ったイラクがしばらくのあいだ優勢であったが、やがてイランが革命の情熱に基づく人海戦術によって、逆にイラクを圧倒し始めた。イラン・イラクの間だけで事が決せられたのであれば、恐らくイランは勝利をおさめていたであろう。

しかし、米ソ両超大国をはじめとして関係諸国の大半は、イランの勝利、逆に言えばイラクの崩壊を望まなかった。なんといっても、イランの教条主義的な回教が、イランの勝利によって広がることを、アメリカや西欧諸国、さらにはサウジアラビアやクウェートといった保守的な回教諸国は恐れた。ソ連もまた、そのような気持ちをもっていたようであるし、それにソ連はイラクと長年にわたって友好関係を保ってきていたこともあって、イラク側に傾いた。

その結果、関係諸国はさまざまな形でイラクを助けた。サウジアラビアやクウェートなどアラブ諸国はイラクを外交的に支援したり、戦闘員やカネを供給した。そのカネでイラクはソ連やフランスから武器を買った。逆にイランは革命前アメリカやイギリスから武器を買っていたので、部品はこれらの国からの供給に仰がざるをえなかったが、英米はそうしなかったし、新しい有力な供給源は現れなかった。

それでも、イランへの武器あるいは部品の流れが完全に停まったということはない。現在の世界は経済的相互依存によって特徴づけられるが、そのことは交易の複雑な網の目が存在することを意味し、それを巧みに利用することによって、公然とではない形で、イランはなにがしかの武器を手に入れることはできた。しかし、その量はイラクのそれと比べて明らかに少なく、長期の消耗戦になったために、イランの軍需物資は消耗し、次第に底をつくようになった。それは停戦をもたらした決定的な要因であったと言ってよいであろう。

もっとも、こうしたことは何年も前に分かっていたはずである。それでもなお、戦争が長期にわたって続いたのは、スンニ派対シーア派というイデオロギー上の対立があり、それは両国の政権の存続にかかわることであったので、いずれの国も負けるわけにはいかなかったからである。その点はイランについてとくに顕著で、イランとしてはどうしても勝たなくてはならなかった。つまり、イデオロギー戦争であったが故に、今回の戦争の終結は困難であった。それに、アラブ人対ペルシア人という人種対立も作用していた、と言えるであろう。

こうしたことから、イラン・イラク戦争はいかなる点においても決着をつけなかった。片一方が明白に勝つということはなかったし、さりとて妥協がなされたわけでもない。だから、今後は大変であろう。戦争責任の問題に一応の形をつけなくてはならないだろうが、それは多分、国連による、もって回った報告書ぐらいにしかならないであろう。もって回ったと言うのは、その報告書はイラクを明白に非難することなしに、戦争を開始したのはイラクであることを認めて、イランにある程度の満足を与えなくてはならないからである。

それはある程度まで「修文儀礼の術」で解決することができるが、国境問題となるとそうはいかない。シャッテル・アラブ川の保有やペルシア湾上の航行権といった問題は、戦争の理由としてイラクが掲げているだけに、イラクの方にも言い分がないわけではない。さりとて、イラクの言い分を認めるならば、イラクの勝利ということになるので、イランとしてはとうてい認めえないように思われる。もちろん、両国とも――とくにイランは――戦争によって疲弊し切っているので、和平交渉がうまくいかないからといって、再び武力に訴え、戦火を交えることはしないであろう。だから、停戦は成立したが平和条約は結ばれない、といった中途半端な状況が続くことになる可能性も小さくない。

今後の最大の未知数、あるいは不安定要因は、両国が疲弊し切って戦争を終えたということである。しかもどちらも勝利をおさめていない。イランの〔ハシェミ・〕ラフサンジャニは「勝利宣言」をおこなったが、それはイランが事実上敗れたに近いことをおおいかくすわけにはいかない。したがって、イランにおいても、そしてイラクにおいても、今後政府に対する不満が出てくるであろう。とくにイランは疲弊度が高い上に、革命によって「すばらしい未来」を約束した国でもある。

ところが、イランは戦争にエネルギーを費やし、社会、経済面での改革はほとんどなされていない。それに、革命後九年にもなるので、革命的情熱もさめてくるころである。歴史は「反革命」がまずありえないことを示すとともに、革命的情熱が長期にわたり続くこともないことを教えている。したがって、今後イランの国内情勢がどうなるのかは予断を許さない。それを見ながら、戦争によって疲弊した国の再建に協力するという、いわば人道的な援助をおこなうといった姿勢が日本の当面の方針となるべきであろう。

オリンピック後の韓国　1988・10

ソウル・オリンピックは史上最多数の参加国・地域を集めておこなわれ、大成功のうちに幕を閉じた。昨年、「民主化」運動で韓国が大混乱に陥ったときや、大韓航空機が墜落したときは、オリンピックがはたして開かれるだろうかという危惧の念も生じたが、結局はうまくいった。韓国は国際社会における存在感を高め、自らも自信をつけた。

それ故、オリンピック後韓国がおちこむのではないかという、かなりの専門家がいだいてきた危惧はあたらないようである。盧《ノ》〔泰愚〕大統領はなかなかの政治家で、十月四日、ひきつづき高度成長をとげることへの自信を示すとともに、朝鮮民主主義人民共和国〔北朝鮮〕に対して緊張緩和と交流の増大を呼びかけた。韓国はオリンピック後もうまくいきそうである。

ただ、それと同時に、韓国が急ぎ過ぎているのではないかという感じも否めない。民衆、少なくともその一部がそうなるのはわかるけれども、政府もまた急いでいる。それはとくに「北方戦略」、すなわち北朝鮮への呼びかけと中国およびソ連に対する接近の努力についていえることである。オリンピックの二週間ほど前、韓国は中国との間に貿易事務所の年内相互開設を取り決めたが、その模様はテレビニュースでも、新聞でも大々的に報道された。それとともに、韓国はソ連への接近にも熱心で、オリンピックにおける「ソ連人気」ともいうべきものは、日本にも報道された。同じころ、ボリショイ・バレェが韓国各地で公演旅行をおこない、これまた大変な人気を呼んだ。

こうした動きは、経済的にも政治的にも根拠のあるものであり、しかも志向するところは正しい。少なくとも、二つの現実的必要がある。

一つは経済的なもので、韓国はその経済の発展に伴い、交流の相手を増やす必要に直面している。周知のごとく、韓国は輸出志向の工業化という戦略をとって、世界史上最高の経済成長をとげてきたが、その際の輸出先は断然アメリカであり、工業製品の半分をアメリカに輸出している。しかし、アメリカが大きな貿易収支の赤字を記録し、国際収支の赤字の累積額が四千億ドルを軽く突破した今日、さらに多くを望むことが無理であることは見やすい。すでにアメリカと韓国の間にも貿易摩擦がおこっていて、それが「反米ムード」さえ生み出している。そこで日本への輸出が重要となるわけで、日本としても韓国製品の輸入を抑えるといったことはすべきでなく、着実に輸入を増やすべきだが、アメリカに代わるといったことはありえない。だから韓国の目が中国に向くのは自然の成り行きで、すでに香港などを経由する間接貿易の形で年間三十億ドルという額に達しつつあると思われる。中国も近代化のため韓国との交流を必要とするから、中韓貿易の将来性は明るい。それにソ連も、経済に目を向け始め、同時にアジア・太平洋圏に関心を示すようになったから、これまた韓国にとって有望な市場ということになる。

第二の目的は、いわゆる「朝鮮統一問題」であって、家族や親族が南北朝鮮に分かれたまま、ほとんど交流がないという現状は、人道的見地からだけいっても放置できないものである。とくに、韓国のなかでは「統一」を求める声が学生運動の主要なスローガンになっているだけではなく、一般国民の間でも強いため、慎重論を唱えるのも難しいという状況である。そこで韓国政府としては、北朝鮮への呼びかけとともに、中国やソ連との関係をよくし、国際環境を変えて、統一という目標に接近しようとしているのである。

以上、韓国政府が志向するところは正しい。しかし、その現実的成果となると、残念ながら多くを望めない。中国との貿易は着実に伸びるだろうが、ソ連とのそれはさして進展しないであろう。そして南北朝鮮の統一はおろか、交流の増大についても、ほとんど前進はないであろう。北朝鮮は、「鎖国政策」ともいうべき孤立策をとって国内をまとめているところがあり、開放には危険が多すぎるからである。もちろん韓国政府はそうであっても、国民感情からいって、統一のためになにかしなくてはならないであろう。それがすべてとはいえないけれども、盧大統領が昨年来の選挙の際に約束した「信任投票」に勝つために、無為は許されないのである。それにしても、たいした成果が出ないというカベに、韓国はおそかれ早かれぶつかることになる。そのとき韓国の人心はどう動くだろうか。今日の動きが早いだけに、止まったときのショックも大きいかもしれない。それに経済にしても、何年か先にはカベにぶつかる可能性がある。

こんなことを考えると、日本は当面、韓国との間で、地味でまじめな交流を積み上げ、意見を交換して、共通の認識を増大させるべきだ、と私は思う。今のところは、韓国のさらなる成功を願っていればよい。しかし、やがて韓国がカベにぶつかるとき、地味であまりさえないが、現実的でまじめな友人が必要となるかもしれない。

暑い争いの新しい火種　1988・11

この夏は、政治的にはごく平穏な夏になりそうな気配であった。八年以上続いたイラン・イラク戦争がようやく停戦の運びに至り、ソ連軍がアフガニスタンからの撤退を開始した。それに、なんといってもレーガンとゴルバチョフの四回目のサミットが示しているように、米ソ関係が好転し、軍縮交渉がINF削減条約でとどまらずに、さらに戦略核や通常軍備についても進展する可能性が出てきた。世界は平和の方向に向かっているように思われた。

しかし、日本のおそまきの夏といささか似て、八月に入ってしばらくすると、いくつかの激しい動きがおこり、世界にはいくつもの火種が残っており、そのいずれかが発火する恐れのあることを示唆したのである。八月中旬にビルマで激化した反政府運動と首相の交代は、ビルマが現在の世界では例外的と言える孤立政策をとっていることから、いわば世界の片隅でおこっていることとして片づけることもできるが、パキスタンのジアウル・ハク大統領の死去——恐らくは暗殺——とソ連周辺でのデモは、ともに世界をゆさぶる可能性を持っている。

それはまた、ソ連のペレストロイカやグラスノスチがどの程度本物であるかを示すことにもなるだろう。まず、ハク大統領の死去は、パキスタンがアフガニスタン・ゲリラの最も重要な支援者であっただけに、アフガニスタン情勢と、ひいてはそれに対するソ連の政策に影響を与えるかも知れない。すなわち、ハク大統領という支援者を失ったアフガニスタン・ゲリラを鎮圧することは可能だと、ソ連は考えるようになる可能性がある。そうした恐れは、すでにアフガニスタン・ゲリラによって表明されており、彼らはソ連の空爆が再び強化されていると感じている。もっとも、たとえ一部分でもソ連軍が協定を破って、アフガニスタン領土内にとどまることは、ソ連の信用を著しく傷つけるようになるから、ソ連はそこまではしないであろう。ソ連領土内から出撃した空爆によって、現政権を支えようとするぐらいのところであろうか。もっとも、それでもアフガニスタンの将来の混沌が一層増すことは避けられまい。

ハク大統領の死亡のようにトップ記事にはならなかったけれども、より大きな影響をもたらしうるのは、ポーランド、チェコスロバキア、ソ連領内の旧バルト三国でおこったデモや労働争議である。ポーランドでは、日本でもよく知られている「連帯」の活動禁止を解くことなどを要求したストライキが、広範に広がった。チェコスロバキアでは、二十年前の「プラハの春」を記念し、ソ連軍が介入した八月末の二十八日に、一万人のプラハ市民がドプチェクをたたえてデモ行進をした。そうしたデモ行進が認められていない共産国では、一万人と言っても馬鹿にはできないのである。

しかし、最も大規模であったのは旧バルト三国、すなわちラトビア、リトアニア、エストニアの場合で、十五万人もの人々が四十九年前の八月二十三日に結ばれた独ソ不可侵条約に抗議して集会を開いたのであった。ソ連はこの協定によって、ナチス・ドイツとともにポーランドを分割し、バルト三国を併合した。バルト三国の人々は、むろん、この併合に反対で、それ故、一部であっても独立運動は続いているし、少なくともより多くの自治権を要求する気持ちは強い。

こうした動きがおこってきたのは、ゴルバチョフがソ連国内で改革をやろうとしていることと関係している。そうでなければ四十九周年などという妙な時期に大きなデモがおこることは考えられない。すなわち、これらの国々や地方の人々は、ゴルバチョフがグラスノスチということで、許されなかったような政府批判的発言を許容するようになったことや、ペレストロイカということで、市場経済の原理を導入しようとしていることに勇気づけられ、自分たちも同様の主張をしてもよいはずだ、ブレジネフ時代のように弾圧されることはないだろう、と考えているのである。独ソ不可侵協定については、地方の共産党がその密約を発表したことがきっかけとなった。

また、現在ゴルバチョフがソ連でやろうとしていることのいくつかは、二十年前にドプチェクがチェコスロバキアでやろうとしていたことと、まことによく似ている。しかしゴルバチョフにとって、上に述べたような運動は頭痛の種である。というのは、彼としては、二十年前のチェコスロバキア介入や四十九年前のバルト三国の併合は悪かった、とは言えないからである。改革といっても、共産党の支配が揺らぐようなことになるのも許容し難い。ソ連はこれらの国々や地方を支配し続けなくてはならないからである。

そこに、ソ連の悩みと現在試みられつつある改革のジレンマがある。もしソ連が超大国ではなく、勢力圏もなく、自国の政治・経済体制のことだけを考えていればよいのなら、理論的に改革に資することをより自由におこなうことができるだろう。ところが、ソ連の周辺への支配はもっぱら力によるものであり、明らかに、今ソ連が国内でおこなおうとしていることの精神を徹底していけば、その支配は怪しくなる恐れがある。それは困るが、しかし、ソ連国内ではやってよいことを他の国や、ソ連の特定の地域ではやってもらっては困るというのも筋が通らない。これらの運動を弾圧すれば、世界とソ連国民に対するゴルバチョフの信用は地に堕ちるであろう。そこにジレンマがあり、それはゴルバチョフの改革の命取りになる可能性すら秘めている。

ブッシュ氏勝利と株下落　1988・11 ♠

十日ほど前に終わったアメリカの大統領選挙は、戦後最低の選挙であった。ひとつには、選挙戦のほとんどが中傷合戦であり、とくに〔ジョージ・H・W・〕ブッシュ候補のそれは徹底していた。もっとも、現代社会における選挙は多かれ少なかれイメージ選挙となるし、競争相手の欠点を暴くことは汚いといえば汚いが、それぞれの短所が分かるという効果はある。そして、民主党の〔マイケル・〕デュカキス候補は、まじめなよい人間だが、大統領になるには度量が狭く、頑固すぎるといった欠点があることは間違いなく、かなりの差で敗れたのもやむをえなかったように思われる。

より大きな問題点は、ブッシュ候補が自分のプログラムを打ち出さなかったことで、彼の言ったことは、レーガン政権の八年間の政治を続けるということにつきる。「増税はしない」と言い切ったのは、その印象を一層強めるためであった。そして、アメリカ国民は巨大な双子の赤字〔110〕にもかかわらず、ブッシュ候補の快い言葉を選ぶことにしたのだった。つまり、大統領選挙はアメリカ国民にみなぎる安逸の気持ちを示した、といえるだろう。

それには無理からぬところもある。現在のアメリカは物価上昇率も失業率もともに低く、レーガン大統領の選ばれた八年前とはひどくちがう。戦後でもほとんど例がないほどの、「インフレなき繁栄」をアメリカ人は享受している。ただそれは、史上空前の大借金によって初めて可能になっている点でにせものなのだが、それは一般市民には具体的には感じられ難いことなのである。しかし、虚構の上に立つ安逸は、いつかは破局を迎える。

ここで、少々脇道にそれるが、大統領選挙の報道やコメントをみていて、日本人の関心のありかも、少なからず気になった。日本では、どちらの候補が勝った場合により保護主義的になり、経済摩擦が激しくなるか、ということに注意が集まっていた。それは、小心翼々たる利己主義といえよう。それは、日本の国力と責任を十分理解していない立場である。思い切って言えば、保護主義が高まるか否かはそれほど大きな問題ではない。現在のように相互依存が大きくなった時代に、徹底した保護主義をとる政権はまず現れない。逆に、多少の保護主義はアメリカの実情からみて不可避であり、したがって、経済摩擦もまた必ずおこる。それは不愉快だが、そのつど妥協的に解決していくしかない。また日本には、それだけの力もある。

日本にとって本当に困るのは、双子の赤字が本当に解決不可能ということになり、その結果、株の暴落かドルの信認低下か、貿易政策の大転換か、形は分からないが、なんらかの破局がおこることである。それ故、日本にとって重要なことは、アメリカ経済が健全な方向に向かうか否かということであり、そのために、効果は限られていても、日本政府も行動すべきなのである。ナンバーワンのアメリカ人が安逸に流れ、ナンバーツウの日本人が小心翼々たる利己主義に閉じこもるならば、世界経済は本当に破局に見舞われるかもしれない。

もっとも、アメリカも日本も悪いところだらけではなさそうである。妙な言い方だが、ありがたいことに、大統領選挙が終わった翌日からニューヨークの株式市場は値を下げ始め、今月の最低値を記録した。その理由は、ブッシュ大統領の下で双子の赤字が減少するのは明らかに疑わしいことが、将来への懸念を生み出していることにある。ブッシュ氏は増税はしないと言った。だとすると、支出削減以外に財政赤字を減らす方法はないが、彼は国防予算をそうは減らさないし、議会は民主党の支配が強まったので、社会福祉費の削減も難しそうである。つまり、財政赤字は続きそうであり、中長期の見通しは暗いということになる。

だから、ブッシュ氏勝利の後の株式の低落は、アメリカの経済界がブッシュ氏に対し、財政赤字の削減に本腰で取り組むことを求めるシグナルといえるだろう。こうして、政治だけではなく、株式市場をはじめとして、いくつかの制度がそれぞれの役割を果たすという多元性に、アメリカの復元力の根源がある。それによって、ブッシュ氏がその財政政策を見直してくれることが望まれる。

もっとも、事は簡単には進まない。一九八九年は、ブッシュ新大統領にとって苦しいスタートの年となるだろうし、世界経済にとって死活の年となるだろう。為替レートの問題も再び深刻になるであろう。その際、アメリカの何分の一かではあるが、日本がどのような主張をおこなうかも事態の進展に影響を与える。日本としても、狭い視野から広い視野へと成長して、事態を判断し行動すべきときが近づいている。

110　貿易赤字と財政赤字が併存する状況を言う。アメリカはレーガン政権期、ジョージ・H・W・ブッシュ政権期と長らく、この赤字に苦しんだ。

対中国経済協力と「現代化」 1988・12 ♠

中国の「現代化」は、その成否を分けるきわめて重要な時期に差しかかっているようである。その意味で、この夏の終わりに竹下〔登〕首相が中国を訪問し、総額八一〇〇億円に及ぶ経済協力を取り決めたのは正しい政策であった。中国は、今が最も他国の協力を必要としているし、中国の「現代化」がうまく進行してくれることは、アジア・太平洋地域の安定のために肝要であり、したがって日本の長期的国益に合致していることだからである。

しかし、現在は中国にとって、最も困難な時期でもある。簡単に言えば、中国の「現代化」は失敗する可能性をもはらんでいる。われわれは中国への経済協力に際して、そのことをも十分に認識しておかなくてはならない。

中国の直面する困難の具体的な現れは、鄧小平氏が訪中する日本の指導者に対して語っているところの物価上昇である。食料品や公共料金など、日常生活の必需品が着実に値上がりしている。しかも、それに対する明快な解答は存在しないのである。毎年の夏、中国の指導者は避暑地北戴《ほくたい》河《が》で会議をおこなうが、そこでも経済政策をめぐって激論が交わされた後、はっきりした結論はでなかったという。

大体、中国やソ連のように計画経済〔III〕（命令経済）をとっているところでは、インフレーションの原因について、われわれの知っている経済学では十分に把握できないところがある。そのことを断った後で、中国のインフレについて考えると、一方では物価上昇はやむをえず、また望ましい面もある。というのは、過去の中国では物価は政府によって決定され、生活必需品は低価格に抑えられて来た。それを担保するため、生活必需品を生産するところでは、生産資源の優先配分を受けたり、補助金を与えられて来た。

しかし、それでは生産性は上がりっこない。質の向上も望めない。そこで中国は市場原理を少しずつ導入しているのであり、そのためには物価を自然のものに戻す必要がある。その意味では、生活必需品を中心に、低く抑えられて来た価格を上げることが必要なのである。ただ、その場合、生産性が上昇しなければどうなるか。給料が上昇する以上に物価が上昇してしまうであろう。

ここで難しいのは、中国が食料品など日用生活品について、すでに一部は市場原理を導入し、価格も自由化しているということである。一九七八年の改革で、各農家は一定の土地の割り当てを受け、そこでの生産物の一定の量を国家に納めた後は、残りを自由に売りさばいてもよいということになった。その結果、中国農業生産は目立って伸びた。そして「万元戸《まんげんこ》」[112]と呼ばれる金持ちが農村地帯に出現するようになった。それが不公平を生み出したにせよ、ここまでは成功であった。

　だが、問題はそこから始まる。工業の発展がなければ、近代化に成功したとは言えないし、人々は豊かにはなれない。ところが、工業の発展のためには、投資が必要であり、そのためには貯蓄が必要である。そのとき、いわゆる「消費ブーム」がおこり、人々の「期待」のレベルが上がるならば、どうなるだろうか。人々は争って物を買い求め、インフレがおこり、工業化のために必要な資金は出て来ないことになる。

　私の見るところ、現在の中国はその危険に直面している。中国の現実を直視して来た専門家中嶋嶺雄氏が指摘されている現実は、そのことを示している。実際、現在の中国には供給力を上回る大衆の欲求という現象がいたるところに見られる。

　中国銀行総裁も同趣旨のことを述べている。「中国人は旨いブタを食べ、ビールを飲みたがっているが、中国ではまだそれが可能ではない」。そこで彼は引き締めを主張するのだが、それは中国の民衆の期待に反するし、また経済改革をおくらすことになるであろう。

　恐らく、中国には二つの理論的選択がある。一つは断固として引き締めをおこない、貯蓄を増やすことであろう。もう一つは、インフレーションにはしばらく目をつぶり、決然として経済改革を進め、ともかく生産力を増加させることであろう。もちろん、その場合には、工業化の初期にどの国にも見られた一部の貧窮と拝金主義、劣悪な労働条件や売春、さらには倒産や失業といった社会悪も出てくるであろう。それは危険ではあるが、工業化の早道であろう。

　もちろん、政治家としては、こうした、理論的には筋が通っていても極端な道はとりにくい。経済改革と「現代化」をかなりおくらせるのも嫌だし、さりとて社会が混乱する危険を含むような方策もとれない。妥協策が選ばれるのは当然で、上述の北戴河会議でも、物価改革は五年をかけて穏やかにおこなうことに決定した。そして、企業管理

111　市場主義の対概念であり、主として社会主義国が導入していた、国家が生産、流通、金融などを統制し、経済を運営する経済体制。

112　改革開放政策の下、年収が一万元以上になった世帯のこと。

を改革し、市場の整備を優先することにしたのだが、これらは物価改革がなければ進行しない。

以上の検討は、「現代化」を目指す中国の経済政策が、今後もかなりのジグザグを記録するだろうということを示唆している。それだけに、日本の経済協力も難しい。中国の経済政策のジグザグにかかわらず、自らの経済協力の正しさに確信を持てるようなものを計画し、実施しなくてはならないからである。しかも、それを中国の人々と議論し、納得してもらわなくてはならない。中国の指導者を、その場だけ満足させるようなことであってはならないのである。

ゴルバチョフ氏を襲った〝激震〟 1988・12

ゴルバチョフ・ソ連共産党書記長の国連総会での印象的な演説[113]から、アルメニアを突如として見舞った大地震までの期間は、象徴的であったかもしれない。

駐東欧軍を中心として五十万のソ連軍を削減するというゴルバチョフ書記長の国連での演説は、米ソのデタント（緊張緩和）への真実の一歩といえるものであった。ＩＮＦ（中距離核戦力）全廃交渉は、目ざましくはあったけれども、ソ連にとっては決して損なものではなく、ゴルバチョフ氏の見事な宣伝作戦ということができた。

コストを減らす面でも、東西の軍事バランスにおいても、ソ連の通常軍備を削減することがより実質的であり、それがソ連の緊張緩和への善意の証明である、と専門家は考えていた。私もその一員としてそう考えた。したがって、今回のゴルバチョフ氏の五十万の一方的削減は、きわめて重要なものであった。一月からのアメリカ大統領ブッシュ氏がいかに対応するかに当惑した、といわれるだけのことはある。

それ故、ゴルバチョフ書記長はその後のニューヨーク滞在でさらに印象を深め、次いでキューバにおもむいて、ソ連のデタント政策に対し不安をいだいているキューバの指導者と意見を交換し、安心させ、その後にイギリスを訪問して、玄人筋からの称賛を受けることができるはずであった。ところが、アルメニアで大地震がおこり、ゴルバチョフ氏は急遽帰国しなくてはならないようになってしまった。彼はその思い切った外交的イニシアチブを、さらに広げることはできなかったのである。

この展開を象徴的というのは、ゴルバチョフ書記長の世界における新路線が、ソ連内での激震によって妨げられるということである。もちろん、私は大地震が続いておこるということをいっているわけではない。相当の政治的な動揺がありうる、ということである。

　というのは、ソ連は百四十に及ぶ民族から構成される多民族国家、あるいは帝国であり、そこでほぼ過半数を占め、ソ連邦の主導権を握っているロシア人とその他の民族の間の関係は微妙であるし、それ以外の民族間の反目もある。この春からアルメニア人がより多くの民族自治を掲げて行動し、それがアゼルバイジャン人との反目を引き起こして、死者さえ出る衝突がおこったことを覚えておられる人は少なくないであろう。北の端にあたるバルト三国でも、エストニアがかなり大胆な自治権の主張をこの夏におこなった。なにしろ、ソ連邦が作る法律をそのまま認めず、エストニア共和国の議会が批准して初めて有効にするというのだから、もう少しで独立国となるようなことを要求しているわけである。

　これまでのところ、ゴルバチョフ書記長は、そうした主張は認められないとしているが、力によって弾圧することはしていない。ただ、こうした動きがさらに広い地域に広がりはじめたら、どうであろうか。アルメニアはソ連の南端にあり、人口も三百万ぐらいだし、バルト三国は北西の端で、合計しても数百万である。しかし、中央にあるウクライナ共和国には四千五百万ものウクライナ人がいるし、南方には三千万に近い回教徒がいる。これらの少数民族は、ソ連の強大な力によって、強引にソ連邦にまとめられているところがあるので、ソ連政府と共産党がその強権的支配をゆるめることには、少なからざる危険を伴うのである。

　それに、ソ連は東欧諸国を支配下に置いている。これらの諸国を「衛星国」と呼ぶのは行き過ぎだが、しかし、ブレジネフ・ドクトリンによって、ソ連はこれらの国々に介入しうるという立場をとっていることも事実である。そして、ゴルバチョフ書記長もブレジネフ・ドクトリンを破棄するとか、修正するとかいった発言は避けてきているのである。ところが、ポーランドをはじめとして、現状に対し強い不満が存在することもまたよく知られている。だから、ここでもソ連はその支配をゆるめることはなかなかできない。

　それでも、もしペレストロイカ（立て直し）がうまくいっ

113　冷戦後世界の国際秩序を「世界新秩序」という言葉で表現し、注目を集めた。

ているならば、それによって人々の気持ちをまとめ、分裂的傾向を避けることも可能であろう。しかし、ペレストロイカは西側諸国の人々には評判がよいが、ソ連内では冷ややかに受け取られている。ペレストロイカが始められてから三年もするのに、人々の生活水準の面で具体的成果が上がっていないのだから、それもしかたがないであろう。その基本的理由は、ソ連の命令経済が始まってから六十年も経つことで、人々の企業家精神が失われてしまっており、逆に党や政府の官僚制が、既得権利を伴った権限を持っていて、それを手放そうとしないことにある。

私は、この段階で、ゴルバチョフ書記長が失敗すると予測するつもりはない。しかし、彼が難問をかかえていることと、その道がなめらかなものではないことは確かである。

平和な時代の政治 1989・1

イギリスのサッチャー首相が、「気象問題」をその中心的政策課題のひとつにしようとしている。いわゆる「温室効果」によって地球上の気温が上昇をつづけ、二十一世紀の半ばには環境を深刻に変える危険と、上空のオゾン層がフロンガスなどによって破壊され、紫外線が人間に有害な程度に入ってくる危険への国際的対処を呼びかけるため、イギリスの関係省庁に研究を命じ、この月のうちに連絡会議が開かれる、という。

さすがだ、と思う。もっとも、このテーマを取り上げること自体は独創的ではない。「温室効果」については国際連合を舞台に、いくつかの会議が持たれているし、フロンガスについてはその使用を漸減していくことを決めた国際的取り決めができた。私が感心するのはそのタイミングであり、チェンジ・オブ・ペースである。すなわち、緊張緩和（デタント）がほぼたしかなものとなってきた現在、新しい争点をあざやかな形で持ち出すところがすばらしいので、それが政治的リーダーシップの精髄なのである。

彼女がだれよりも長く指導者の地位についてきたのは、決して不思議ではない。彼女は、一方でイギリスを再建するため、労働組合と対決して一歩も引かなかった。だが、そうした「鉄の女」のイメージだけでは、その長命は理解できない。彼女は国際政治において、争点を作ってきた。まず一九七〇年代の終わり、彼女はソ連の膨張主義の危険について語り、タカ派中のタカ派と目せられた。それがゴルバチョフの登場の少し前からデタントの可能性を指摘し、そのために行動した。その変身も見事であり、デタントをもたらす上で功績があったが、今度はまったく性質を異にする政策を、中心のひとつにすえようとしている。それはデタントの時代に、たしかに必要なことなのである。

昨年は、一昨年の年末に中距離核戦力全廃条約が調印されたのをうけて、ソ連がアフガニスタンから撤退を開始し、イラン・イラク戦争が終わり、秋には南アフリカがナミビアの独立を承認する代わりに、キューバ兵がアンゴラから撤兵する約束ができ、十二月にゴルバチョフ・ソ連書記長がソ連軍五十万の一方的削減を発表し、それで終わりと思ったら、まださらにパレスチナ解放機構（PLO）のアラファト議長が、イスラエルを認める代わりにパレスチナ人の権利を認めようという提案をおこなうということで、事態は平和へと一挙に進展した。

対立感情や戦争は伝染しやすいが、平和もときには伝染するらしい。だから、今回のデタントは今までのものとちがって本物らしいし、少なくともかなり続くというのが大方の観測である。それはたしかにそうだが、今年から後、デタントを定着させていく仕事は随分大変なもので、今年は昨年のように目覚ましい進展は見られないであろう。

ひとつには、先月書いたように、ソ連が国内と「ソ連圏」において改革をおこなう際に遭遇する問題は、大変困難なものである。場合によっては、一時的にせよ反動がおこるかもしれない。なんといってもソ連は第二次大戦以来五十年以上も戦時経済のようなことをやってきたのだから、それをデタントの時代に合わせて調整するのは、大仕事なのである。困難の程度は異なるけれども、アメリカにとっても調整は決して容易ではない。

それにデタントを定着させる仕事は、技術的に有能な人々による具体的な取り決めを必要とする。つまり外交交渉ということで、例えば東西ヨーロッパにまだ大量の対峙しつづけている軍隊の数を減らすためには、そうした作業が不可欠である。これまた難しい仕事で、「お互いに仲よくしましょう」と言って済むほど国際関係は簡単ではない。日本についても、ソ連との関係の改善はたしかに必要だが、そのためにも領土問題の解決が必要であり、異なっている立場と利益の妥協点を探さなくてはならないことを考えてもらえば、デタントを定着させる難しさが理解されよう。

そうであるからこそ、もうひとつの努力として、まったく新しい種類の問題を取り上げ、その解決に向かって国際的に協力するというアプローチが必要となってくる。それによって人々の頭が切り替われば、それだけ新しい時代に入りやすい。

そして、地球を「温室効果」から救う仕事が、そうした一例であることは間違いない。私は必要な科学、技術的知識が十分ではないから、それが最大の問題であり、今すぐに手を打つべきであると判断する立場にはない。それに、なにが有効かについても意見が分かれているようである。

ただ私の言いたいのは、状況に応じて、取り上げる問題を変えることが必要であるということである。また、政治は日常的なことがらに関するものだが、それよりやや高いところに目標を設定することによって、リーダーシップは得られる。

世界の新秩序と日本の国益　1989・1 ♣

ひとつの時代が終わり、別の時代が始まるとき、世界は混沌とし、新しい時代の形はもちろんのこと、事態の発展の方向性も定かではないのが普通である。転換期とはそうしたもので、これからしばらくはそうなる。

新しいシステムが見えてきたので世の中が変わるというのは、後からつけうる説明でしかない。人々はそれと知らずに新局面に突入する。そして変化は、古いシステムが現実に合わず、それを支え切れなくなったから起こるという性格がより強いのである。

米ソ関係は一九八八年に明らかに変化した。冷戦的な二極構造の時代は終わりかけている、と言えよう。もっとも、米ソ間の緊張緩和は今回が初めてではない。だが今回の緊張緩和はなにか違う。軍備が削減されるのは今回が初めてである。その基本的理由は、米ソ両国が冷戦的対立に疲れてきたことに求められよう。

かつて私は、二極体制の安定性を論ずるとともに、両超大国が、その地位の維持のため軍事費を中心として他の国々より相当大きなコストを支払っているという問題点を指摘したことがある（原註　1988・8「安易な通説を駁す」も参照）。今やそれが現実となり、政治を動かしている。しかし、米ソ両国の政策の変化は、両超大国にとって、たぶん遅過ぎた。だから両国は、性格は違うが、それぞれかなりの困難に直面している。

ソ連について言えば、ペレストロイカはそれ自身難しい。党や政府の官僚組織が肥大化し改革への妨げとなっているうえに、人々が長きにわたる統制経済のために企業家精神を失って、自主的な経済活動を営むことに熱意を示さない。そうした状況を打破するためには、軍需部門から資源を移して目に見える成果を上げ、人心をかき立てるしかないが、ペレストロイカが唱えられてからごく最近に至るまで、そうした動きはなかった。昨年十二月に発表された通常兵力五十万人削減は重要な動きだが、遅過ぎたかもしれない。

そのうえ、ソ連は国内に百四十もの民族を抱えるとともに、東欧諸国をその指導力の下に置いている。その支配を緩める傾向のあるペレストロイカとグラスノスチ（情報公開）は、危険をはらんでいる。実際、八八年にはアルメニアやエストニアで相当な自治要求があったし、同様の機運はあちこちに存在する。

これに対して、アメリカは周知のように「双子の赤字」に悩んでいる。もっとも、アメリカの状況はソ連とは違って、だれの目にも明らかに悪い、というようなものではないことに注意する必要はあるだろう。簡単に言えば、双子の赤字は、軍備拡張も減税もという、贅沢な政策から生まれた。しかし、そのような贅沢から生まれた問題も解決し難いところがある。というのは、問題が長期的には深刻であることを人々が認識するまでに、時間がかかるからである。八八年の大統領選挙は、人々に危機感が希薄であることを示した。

たぶん、より重要なことは、アメリカ経済の変調が、冷戦の負担だけから生じたものではなく、それがまったく新しい局面に足を踏み入れたためでもある、ということであろう。アメリカは政治的に全世界をリードすることにはならなかったが、それがつくり出した経済的相互依存の体制は見事な成功をとげた。それは、中国が数年前からこの体制への参入を図っていることや、ソ連もいまやその中に入ろうとしていることを見れば明らかであろう。「ボーダーレス化」と呼んでいいような現象は確かに存在する。

しかし、アメリカはそうした新しい局面に少々急いで入り過ぎたかもしれない。よく言われることだが、アメリカは多国籍企業が主導して生産拠点の多くを国外に移した。そして、八〇年代初頭のドル高もあって、それが過剰になった結果、輸入を異常に増大させることになった。それを国民経済という伝統的な尺度で測れば、アメリカの「空洞化」ということになるが、やや視点を変えれば、アメリカと深く結び付いた国々や地域が広がったということになるであろう。

日本やアジア・太平洋諸国、それにたぶん欧州諸国も、アメリカ経済の命運と離れ難く結び付いており、必要があれば、その資源を移転してもアメリカ経済の失調を防止しなくてはならない。ただ、きわめて多様なものを、歴史上いまだかつてなかったほど密接に、かつ深く結び付けるシステムを、どのようにして運営していけばよいのかは、まだだれにもわかっていない。そもそも、それが可能かどうかさえ確かではない。

おそらく、ここで必要なのは、国際経済関係が政治的な意味合いを持つようになってきたことへの十分な認識である。なるほど、経済の政治化ということは語られている。しかし、その認識はまだ内容に乏しい。例えば、米ソ関係の変化によって、軍事的な抗争の時代が終わり、米ソともに——そして他の国々も——経済に関心を寄せるであろう、と人が言うとき、何か古典的な経済関係の領域が広がるように、あるいは戦後の日本の経済中心主義が広がるように考えている。

しかし、そうしたイメージは、二つの点で問題がある。まず、軍事力の意義はそれほど明白に減少はしないであろう。それは、各国が行動をとるときに考慮する重要な要因であり続けるであろう。世界には、戦争になるか、あるいはその危険をはらむ紛争はまだまだ多い。その処理に際して、米ソ両国は他国に対して、明白に優越する影響力を持ち続けるであろう。米ソ両国が互いに抗争する度合いが減るとともに、両国はその影響力を効率的に使用することができるようになる、という側面もある。二極体制の終了といったことは、安易に語ってはならない。

もちろん、その二極体制は冷戦的な性格を減じたもので、従来とは異なる。したがって、国際関係は多角化するであろう。西は西、東は東でまとまって行動する必要が減り、逆に、外交交渉をそれぞれの国が繰り広げた方が有利になるからである。

第二に、経済への関心の移動は、国際経済関係が政府間の交渉、取引の対象となるという傾向を強めるであろう。そうした傾向は、十年ぐらい前から明らかになってきた。それは、どの国でも、政府が国内経済において重要な役割を果たすようになってきたこと、とくに、研究開発や産業政策によって経済に小さくない影響を与えることが、基本原因である。

関税が引き下げられ、相互依存が増大したため、そうした要因が国際競争力を決めるうえで重要性を増した。そして、それと相まって、通商関係は政府間の交渉によって決められることが多くなってきた。学者の中には、「そのようにしてしか国際経済秩序は形成されない」と言う人もある。とはいえ、政府が経済活動に関与することが種々の歪みを生むこともまた事実である。その意味でも、新しいシステムが模索されている。これまでに述べてきたように、混沌とした転換期にあることとの深い認識が、日本の対外的行動の出発点にならなくてはならない。そして、転換期の問題に現実的に対処しつつ、なんらかの方向感覚を持つことが必要となる。

新しいシステムは、設計図に従って作られたりはしない。過渡期には偶然としか言えない出来事が起こり、問題が発生する。それといかに取り組むかが、将来を決定することが多い。例えば、レーガン大統領の時代に緊張緩和が進行したのは、偶然と言えないだろうか。同様に、アメリカが純債務国となり、日本が大債権国になったことも、偶然か少なくとも予想外だった。しかし、そうなってしまった以上、かつそれが問題をはらむ以上、われわれはその奇妙な状況に対応しなくてはならない。

とるべき態度の例として、とくに必要と私が考えることを二つだけ挙げて終わりとしよう。

第一は、日本が国際経済体制の指導国であるアメリカを実質的に助ける「支持者」となり、しかもその際、日本の国際関係の多角化を図るべきだということである。

前段は、日本がそうしなければ、世界の金融体系がおかしくなり、国際経済関係に破局が訪れるから当然である。それに、アメリカ以外に相互依存世界の支柱はありえない。例えば、ドルに代わって基軸通貨になりうるようなものは、世界中を探しても存在しない。後段は、国際関係の変化と、日本自身の利害関係の広がりから、それなしには日本はアメリカの支持者にもなれないという点で重要である。

第二は、日本の基本信念である経済合理性から逸脱することなく、しかも経済協力などにおいて、他国や世界の利益にもなる行為を思い切ってすることである。換言すれば、広い枠組みで日本の国益を考えるようにする、ということである。大きくなった日本は、そうしなければ生きていけない。

そこで重要なのは、思い切ってする、というところである。しかも、「緑を守る」といった、これまでのものとは違う目標を追加すべきであろう。というのは、混沌から脱して秩序をつくるためには、粘り強さや現実主義に加えて、ある程度の大胆さが必要とされるからである。それは人々のイメージを変え、新たな視野を与える。転換期にはそうした創造性がふだんよりも重要となる。

中ソ和解と国際体系　1989・2

二月の初めに〔エドゥワルド・〕シェワルナゼ・ソ連外相が中国を訪問し、その結果、春にはゴルバチョフ・ソ連共産党書記長と鄧小平・中国中央軍事委員会主席の首脳会談が行われることが決まった。ソ連外相の中国訪問は三十年ぶりだし、首脳会談となると、それ以上前になるから、ソ連と中国は実に長い間対立してきたものである。その間、世界の外交は中ソ対立を前提として動いてきた。日中平和友好条約の交渉のときに、中国が「覇権条項」を強く主張して日本が難しい立場に立たされたように、ときには困ることもあったけれども、多くの場合には、中ソの対立を利用して外交的に有利な立場に立つことができた。

その中ソ対立が解消するのだから、国際関係は変わらずにはいないであろう。しかし、ここで重要なことは、それがどのような変化かということである。まず確かなことは、中ソ和解はわれわれ「西側」にとって困るものではないことである。というのは、中ソ両国は、三十年前のように「西側」に対立する存在として、和解し、結束を固めるのではないからである。中国やソ連のものの考えや、体制の変化を過大評価するのはよくないけれども、変化が起こってきていることは間違いない。

次に、中ソ両国は和解しても、結びつきが深まるところまではいかないであろう。というのは両国とも、その経済を近代化したり、立て直したりすることに優先順位を置いているが、その経済で、両者はお互いに役に立つところが少ない。アムール川を国境として両国民が接しているところでは、中国が食料品を売り、そのかわりに化学肥料、セメント、木材などを買う貿易が数年前に再開され、ある程度の量に達しているが、大きく飛躍しそうにはない。なにしろ、ソ連の工業品の質が悪いことは中国人もよく知っている。それに東北の場合であれば、日本や他の西欧諸国だけでなく、韓国からもよい製品を買うことができる。さらに、両国間の貿易がバーター貿易[114]であるという厄介な形のものであることや、両国が交流と貿易に適した制度を持っていないことも障害となる。

変化があるのは諸国家の間の外交関係においてで、多角化というべき現象が起こるであろう。アジアにおいても、各国はそれぞれ独自の外交を行うよう努力するであろう。中ソが和解し、その上に米ソの対立が前ほど激しいものではなくなった。この三国が――米中関係はいささか例外として――対立しているとき、コストを支払っても支持者を求めるから、どれか一国と親密な関係に立つことは中小国家にとって可能であり、また利益がある。その対立がなくなると、各国は対立関係を利用するのではなく、国益の共通点で友好国をつくっていかなくてはならない。

そのよい例がインドである。インドは完全にソ連寄りではないが、ソ連に近い立場に立つことによって、経済、政治面でのソ連の協力を得、パキスタンや中国と張り合ってきた。しかし、ソ連はかつてのようにはインドを支持しないと考えられる。そこで〔ラジーヴ・〕ガンジー首相は、パキスタンとも中国とも和解の努力を開始したし、西側諸国にも目を向けつつある。そのなかには日本も含まれていて、そうした気持ちが天皇崩御のときのインド政府の態度[115]に反映したように思われる。

　もう一つの例は朝鮮半島の二つの国で、韓国の「北方外交」は新しい事態によって可能になったものである。かつては中ソ両国とも、朝鮮民主主義人民共和国（北朝鮮）との関係を重視した。そこで韓国が中ソとの関係をつくっていこうとして、中ソいずれかがそれに対応しそうになると、北朝鮮はもう一方に傾斜することによって、そうした動きを牽制した。それ故、韓国の接近策は実を結ばなかった。ところが、中ソ両国が対立しなくなった今日、その手は効かない。そうしたわけで、オリンピックを機会に韓国は、中国ともソ連とも、そして東欧諸国ともつき合いを深めることができたのである。やがては、韓国はこれらの国々と国交を開き、二つの朝鮮が共存状態に入ることを目指している。韓国の目標が近い将来に達成されることはないであろう。しかし、韓国が独自の外交を始めたことは、軽視すべきではない。

　こうした状況を自主外交の時代とか、多極化の時代と形容することは正しくない。米ソ両国の力は大きく、それが国際関係を規定することは、程度は弱まっても、そうは変わらない。多分、最も重要なことは、アメリカは日本との間がそうであるように、相互に利益になる体制をつくり上げており、ソ連のように基本的に閉鎖的な存在とは違うことである。日米の同盟体制は、他者に対する安全保障以上に——もちろん、それもあるが——相互の利益をもたらすもので、それ故に、断然他にまさる重要性を持っている。

　しかし、外交関係が多角化し、各国がその国益に基づいて行動し、その結果、あの国はアメリカ側、この国はソ連側ということが限られた意味しか持たなくなりつつある時代にふさわしい外交を、日本としても展開しなくてはならないことは間違いない。

114　中ソ貿易は商品構造が極めて相互補完的で、歴史的・伝統的に行われてきた、いわゆる「国境貿易」（辺境貿易）が大半を占める。
115　昭和天皇崩御に際してインドは日本よりも一日長く、三日間を服喪期間とした。

四十年たったシステムの動揺 1989・3

冷戦が終わりつつあるということは、今やほとんどすべての人が認める事実である。もちろん、戦略核兵器の削減はまだ交渉を必要とし、それは決して容易な過程ではないであろう。ヨーロッパにおける通常兵力の削減交渉は、なおさらそうである。しかし、米ソ両国が激しく対立するという状況はなくなったし、今後相当の期間、対立の再燃といったことはおこらないであろう。

ここで問題なのは、冷戦後の世界をどうとらえるかということである。それを戦後世界マイナス冷戦としてとらえ、平和で住みやすい世界の到来とみなす見方がかなり強い。それはごく普通の、あるいは自然の見方であるけれども、恐らく誤りである、と私は思う。米ソの対立はここ四十年余りの世界の政治経済体制の中心的特徴であったし、それ故、世界各国の内政にも少なからぬ影響を与えてきた。それが変化することは、国際的と国内的の両面にわたって無視しえない影響を及ぼす、と考えるべきであろう。それに、四十年余りという年月は長い。それだけの年月がたてば、ほとんどすべてのシステムは老朽化するものなのであり、したがって、動揺や変革は避けられないものなのである。

そして、その兆候はすでにあちこちに現れている。例えば、西ドイツの最近の政治状況はそうである。まず、少々前のことになるが、一月末におこなわれた西ベルリン市会議員選挙は、西ドイツに安定を与えてきた政治的バランスが動揺しはじめたことを示すものであった。すなわち、国家主義的な政党である共和党が、戦後初めて議席を獲得したかわりに、中道の自由民主党が議会から姿を消した。よく知られているように、西ドイツの選挙制度は基本的に比例代表制であるが、小党分裂を避けるために「五パーセント条項」があり、得票率が五パーセントに満たない政党には、議席が与えられない。そして、自由民主党は五パーセントを割ってしまい、逆に共和党は五パーセントを突破したのであった。

もし同様の現象がドイツ連邦共和国(西ドイツ)の国会議員選挙でおこるなら、西ドイツの政治的安定は損なわれるであろう。戦後から今日まで、西ドイツはキリスト教民主同盟(CDU)と社会民主党(SPD)が二大勢力であったが、政治観においてその中間に位置する自由民主党(FDP)が、一〇パーセントに満たぬ少ない得票率ではあるが五パーセントは突破し、議席を占めてきた。そしてCDUもSPD

も単独で過半数ということはあまりなかったので、FDPと連立政権を組んで政府を組織してきた。つまり、FDPはキャスチングボートを握ってきたわけで、小さいながらもドイツの政治を中道寄りにし、左右の分裂を避け、安定させてきた。

八〇年代に入って、SPDよりも左寄り、もしくは既成の政治概念では律しえぬグリーン（緑の党）が五パーセントを突破し、議席を獲得したことによって、最初の動揺を経験したが、それだけでは基本構造は変わらなかった。しかし、もし、共和党が国会で議席を獲得するとか、より悪い可能性として、その際FDPが消えるといったことがおこるならば、ドイツの政治は中道でまとまる求心力よりも、左右に分裂し、対立する遠心力の方が強くなるであろう。

それは外交政策の面にも影響を与えずにはいない。グリーンとSPDの一部は北大西洋条約機構（NATO）に反対であり、共和党は自主独立型の安全保障政策に傾く傾向があるので、西側との同盟と協調を旨とする勢力は左右から挟撃されることになるし、その分、同盟政策が及び腰のものとなりうる。実際、今年に入ってNATOの軍事政策に関するコール首相の態度には、そうしたところが見られるのである。

もちろん、西ベルリン市会と西ドイツ国会とは同じではない。西ベルリンで共和党が伸びたのは、西ベルリンに多数働いている外国人労働者への国粋主義的反感によるところが多く、それは、西ドイツ全体ではまだそれほど深刻にはなっていない。しかし、それと同時に、国際情勢の変化に伴い、アメリカとの同盟が絶対に必要であり、CDUからSPDにいたる主要政党すべてがそれを承認するという状況ではなくなったことも作用している。このことは西ドイツ全体にあてはまるのであり、したがって、西ドイツの変化は、冷戦の終わりによるものという面を持っている。こうして、西ドイツの政治が不安定化する危険を持っていることは否定できない。

そして原因も形もちがうが、既存の秩序の動揺は、その他多くの国で今後見られるであろう。日本もその例外ではない。日本には外国人労働者はほとんどいないから反外国人感情も弱いし、同盟の存否が問題になるとも思われない。しかし、既存のシステムの悪い面が現れ、システムにほころびが出始めていることはだれもが感じうることであろう。

目が離せないソ連の動き 1989・4

ソ連ではたしかになにかがおこっている。もっとも、それがなにをもたらすかは、少なくとも現在のところ分からない。

去る三月二十六日におこなわれた人民代議員選挙の結果は、ソ連がもはや一枚岩の共産主義国ではないことを示した。今回の選挙は、対立候補が現れたり、それがないところでは不信任の×印が過半数を超えれば代議員には選ばれないという仕組みになったため、ソ連国民は革命以後、初めて選択の権利を持つことになった。そして、少なくとも都市部において、ソ連国民はその意思を明示したのであった。

モスクワ、レニングラード、キエフという三つの重要な都市で、市長が代議員に落選した。そのうちキエフ市長ワレンチン・ズグルスキーは、自分の選挙区で対立候補を出さないようにして出馬したが、有権者の不信任が信任票を上回り、代議員になれなかった。政治局員候補のソロビョフも、レニングラードで同様に五〇パーセントの票が取れなかった。

逆に、急進的すぎるということで一年半前、モスクワ市共産党第一書記の座を追われた（ボリス・）エリツィンが、九〇パーセントという圧倒的多数で選ばれたのをはじめ、改革派として有名な女性ジャーナリスト、アラ・ヤロシンスカヤや、テーリマン・グドリャーン（モスクワの一地区で出馬）が、これまた九割前後の投票で代議員に選ばれた。都市部とともに、ペレストロイカの流れのなかで共和国の自治権拡大を求める運動が盛んなバルト三国（リトアニア、エストニア、ラトビア）では、その動きを代表するものが勝ち、そうではないリトアニア共和国首相は落選した。

もっとも、この選挙でソ連が民主化されつつあると考えることはできない。選挙に出た候補者の九〇パーセントは共産党員だから、共産党の一党支配体制は変わるわけではない。それに二二五〇人の代議員は、地域代表、民族代表、社会団体代表と三分されており、最後のものについてはほとんど波乱はなかったし、最初の二つだけが直接選挙で選ばれるようになっているからである。その直接選挙で三十人程度の古手の共産党の大物が落選の憂き目を味わったといっても、数字の上では、形勢を動かすというところまではいかない。

ゴルバチョフ書記長自身が述べているように、複数政党制をソ連に導入するつもりはまるでないのであり、敗北したのは「真の新しい民主的スタイルに歩調を合わせないもの」ということになる。つまり、ペレストロイカをおこなうための一手段として、ある程度の民主化がおこなわれたわけであり、そのもくろみは完全に当たったということができる。ペレストロイカに反対、あるいは消極的な大物が落選したことは、ゴルバチョフのペレストロイカを支持する気持ちが強いことを示し、したがって何人かのソ連研究者が述べているように、ゴルバチョフが今後ペレストロイカを進めるのを容易にするであろう。

しかし、反ペレストロイカの大物の落選は大都市においてであって、ソ連全体に及んでいるとは言えない。そして大都市において市長などが落選したのは、ペレストロイカの掛け声にもかかわらず、生活が楽にならず、むしろ行列が長くなっているといったことが反映している。だから、問題は二つある。

一つは、大都市を中心とした改革派がソ連の大勢から遊離することはないだろうか、ということである。先日、私はNHK衛星放送の「ソ連と中国の人気番組」というプログラムで、ソ連の人気番組「真夜中前後」を見て、驚いた。それはソ連革命前のロシアについて、暗くて貧しかっただけというのは誤りで、工業化も進んでいたし、活気もあったことを指摘していた。つまり過去の再評価であり、ソ連共産党欽定史観の修正である。しかし、この種の番組が――とくにそれが真夜中前後に放映されることを考えれば――農村部でそれほど見られているとは思われない。大都市での雰囲気の変化が急激にすぎれば、逆効果にもなりかねないのではなかろうか。

次に、ペレストロイカへの反対が弱まっても、それが成功し、大都市の住民たちが満足するとは限らない。農業生産の増加や消費資材の質の向上といったことは、ソ連経済の体質の変更が必要であり、それには少なくとも時間がかかる。とくに、農村部が動かなくては農業の発展はありえないが、そこではまだ変化の兆しはほとんどない。そうなると、ゴルバチョフ書記長は、自らが高めた人々の期待感に追われることになりかねない。高まった期待感はよい方向への動きの原動力ともなるが、社会を不安定化させる要因にもなる。もし、後者の面が強く出れば、共産党内部に反動がおこる可能性がある。ここ二年ぐらいの間、ソ連はきわめて重要な時期に差しかかっているといえるであろう。

中ソ首脳会談の当然と驚き　1989・5

先週おこなわれた中ソ首脳会談は、ある面では予想通りであったが、ある面ではまったく予想外であり、そして両側面とも、きわめて重要であった。

予想通りというのは、中ソ首脳会談そのものの方で、驚くことはなにもおこらなかった。それは中ソ両国がこれまで何年かの年月をかけて関係を修復してきたことの、しめくくりの儀式であった。とくに、ソ連は一九六〇年代以降の政策に対する中国の不満を正しく認識して、それを修正した。すなわち、中国が中ソ関係修復のための「三つの障害」としてきたものについて、それぞれの除去につとめてきた。

第一の障害であったアフガニスタンへのソ連の出兵については、この三月に撤兵を完了した。第二の障害とされた中ソ国境におけるソ連の軍事的圧力についても、ソ連はそこに展開する軍事力を削減することを約束し、また削減しつつある。ゴルバチョフ共産党書記長は昨年末、一方的にソ連の通常兵力を五十万削減すると発表したが、そのうち四〇パーセントは中ソ国境およびその付近の軍隊の削減なのである。そこにソ連は全通常兵力の四〇パーセントもの軍隊を置いていたわけではなかったから、この地域での削減が重点的におこなわれたことになる。そして第三の障害は、ソ連が援助するヴェトナムのカンボジア占領であったが、ソ連はヴェトナムの撤退に向けて圧力をかけ、それは実を結びつつある。

こうして三つの条件がかなり満たされた結果、中ソ関係の修復が宣言されたので、中ソ首脳会談の結果、新しい動きを取り決めたというわけではない。予想通りというのは、その意味においてである。しかし、だからといって中ソ関係の修復が正式に宣言されたことが、重要でないわけではない。

その結果、まずソ連と中国は不要な軍事費の負担を減らすことができる。一九七〇年代のソ連の軍拡は世界に脅威感を与えたし、正当性の薄いものではあったが、その増加分の八割が中ソ国境およびその周辺の軍事力増強のためであったことを考えると、中国に対するソ連の軍事力の削減は、増加分をほとんどなくすぐらいの効果を持つかもしれない。もちろんソ連にとっては、軍事費の負担を減らすことは、その経済的苦境に対処するため不可欠である。

より重要なことは、中国敵視政策と軍事力増強が、アジア・太平洋地域におけるソ連のイメージを、軍事力中心主義で力ずくの国というものにしていたので、ソ連は政策変更によってそのイメージを変え、外交能力を回復し、増大することができるだろう。

これらのことは悪いことではない。約三十年前の中ソ同盟は西側に脅威感を与えたが、今回の関係修復はそうした危惧の念を与えない。というのは、ソ連が上述の方向で変わることは悪いことではないし、中国はソ連との関係を修復したからといって西側と疎遠になるわけではなく、経済交流はますます盛んになるだろうからである。予想外のことはおこらなかったといって、われわれがすました顔をしていることができるのはそのためである。

しかし、すべてがうまくいっているわけではない。少なくとも、予想通りにいっているわけではない。天安門広場における学生たちのハンストと百二十万人にも及ぶ集会は、ほとんどの人にとって予想外のことであった。この学生たちの行動は、彼らのしたたかさを示し、その活動が地についたものであることを証明している。彼らは、アジア開発銀行の総会と中ソ首脳会談によって世界の目が北京に集まっており、中国政府が弾圧はやりにくい（もしそうすれば中国の世界におけるイメージは一挙に低下するから）ときを選んで政治行動に出た。しかも、ハンストという最も非暴力的な形の行動を選んだ。それだけ政治的センスがあり、冷静に行動できるだけのしっかりした基盤がある以上、中国における民主化要求が一時の夢と終わることはまずありえない。

それはよいことである。それも、中国国民の人権という見地からよいだけでなく、中国の経済発展のためにもよいことである。鄧小平氏（中央軍事委主席）はきわめて大胆に経済政策をおこなったが、政治については、少数が指導権を握るというあり方を変えようとはしなかった。その結果、ほとんど不可避的に腐敗がおこり、それが経済の変調を来す恐れが出てきている。だから、政治改革は中国の経済のためにも必要である。

しかし、それができるかどうかは別問題である。民主化の努力は必ず実を結び、そうすればすべてうまくいくというのは甘い夢でしかない。少なくとも、その過程は混乱を伴うものとなるだろうし、その際、逆流もありうる。ソ連では政治改革はかなり進行したが、経済改革は遅々として進まない状況で、中国と対照的だが、これまた、先行きはたしかではない。その意味での疑問符のついた中ソ首脳会談であった。

中国の政変と対中国政策　1989・6

中国の民主化運動は、まことに悲惨な結末に終わった。天安門広場における流血の鎮圧[116]の次は、運動の指導者たちの逮捕、処罰ということで、その際、「密告」が奨励されているのがやり切れない気持ちにさせる。「そうした政府には未来はない」と言い切ったフランスの〈フランソワ・〕ミッテラン大統領の言葉に共感を感じた人は少なくないであろう。

しかし、感情のままでは外交政策にならない。とくに中国に近く、直接かつ具体的にかかわりの多い日本としては、今後、中国に対してどのような政策をとるかをよく考えてみなければならない。その際、まず必要なことは、今後の中国の展開について幻想を捨て、徹底した現実的認識を持つことである。中国の権力闘争の過程で、改革派がなんとか巻き返すのではないかといった希望的観測を口にした人もあった。それは人情としてはわかるけれども、誤った判断であったことには変わりないし、今後そのようなことをくり返してはならないのである。

そこで第一の前提は、今後の中国は保守派が党の支配を強めていくだろうということである。そして改革派は手ひどく弾圧されるだろう。というのは、権力闘争にはそれ自身の勢いがある。世界の目の前で丸腰の自国民に軍事力を使い、多くの死傷者を出すからには、中国の強硬派にはそれなりの覚悟があったはずである。どの段階でかははっきりしないが、鄧小平氏はこの機会に「反党分子」を思い切って除去しようと決意したように思われる。だから彼は待ったし、また軍事力を使うとなると、示威効果も十分に考えてそうした。

こうしたことは、中国共産党の歴史に前例がある。一九五六年に「百家争鳴[117]」ということで発言を大幅に認め、それが共産党の主導権を危うくすると、今度は「毒草刈り[118]」をやったのであり、鄧小平氏はその際、重要な役割を果たしたように思われる。彼は近代化をたしかに欲してはいるが、それ以上に共産党の主導性を固く信じており、それが危うくなると、容赦なく力を用いるのである。

もちろん、保守派の政権がどのぐらい続くかについては、疑問が出されるだろう。強引な力に基づく政権は正当性を欠く。近代化は中国にとって必要であり、したがって、かってのように世界から自らを孤立させるには限度がある。なにより、強硬派の多くは八十歳を超える老齢であるから、その点でも先は見えている。しかし、政治では力はやはりものを言うのであり、強く弾圧されるであろう改革派が力を回復するには、相当の時間が必要であろう。

それに忘れてはならないことは、中国の政治における軍隊の重要性である。今回の権力闘争は、だれが軍隊を掌握するかによって決まった。この教訓は忘れられないだろうし、なによりも軍隊自身がその意味での自信をつけたであろう。今後、権力闘争に加わるものは自分なりに軍隊を味方につけようとするであろう。その意味で、国民の意思は無力とは言わないが、それだけで政治の動向が決まるものではないことは明らかである。それ故、中国に変化がおこるとしても、それは二十世紀の終わりということになるだろう。つまり、中国は十年以上の年月を失うであろう。その間、日本としては、中国とどのようにつき合っていくかで頭を悩まさなくてはならない。

　一方では、日本としては中国との関係の悪化はなんとしても避けなくてはならない。近代化がうまくいっていようが、それが停滞しようが、また強権的な政府であろうがなかろうが、中国は日本のすぐ横にあって、十一億の人口を持っている。それが貧しいままでは日本も困るのであり、したがって近代化の芽は大切にしなくてはならず、そのためには経済交流はいぜんとして必要である。

　しかし、それとともにわれわれは、今回のような政治のやり方を是認するものではないことを毅然とした態度で明らかにしなくてはならない。そうでないとアメリカ、カナダや西ヨーロッパ諸国から、日本はカネがもうかればよいのかと非難されるだろうし、中国自身にも軽蔑されかねない。アジア諸国への影響も悪い。

　問題はその方法である。強硬な声明を出すこと以外にも方法はある。例えば、経済協力については条件が整うまで待つ、ということも考えられるだろう。より大切なことは純人道的な措置で、例えば、日本に来ている中国人留学生

116　一九八九年六月四日、北京の天安門広場に集まり民主化要求を行っていた学生を中心とする一般市民のデモ隊を、中国人民解放軍が戦車や銃器を用いて鎮圧し、多数の死傷者を出した。六四天安門事件とも呼ばれる。

117　中華人民共和国における文芸、思想、学術上の政策的スローガン。建国後の社会主義改造の過程で、ブルジョア思想批判キャンペーンのために萎縮していた知識人の活動を積極化させようとして打ち出された。春秋戦国時代の諸子百家の自由な言論活動になぞらえ毛沢東が提唱したといわれている。一九五六年五月に中国共産党宣伝部長・陸定一が「百花斉放・百家争鳴」と題して講演し、知識人の自由な発言を呼びかけた

118　一九五七年五月「言者無罪」（なにを言っても罪にならない）の方針に促され、知識人が一斉に発言し始めたことで、中国共産党へのさまざまな批判が噴出した。しかし、これらの発言は「右派」分子による反党・反社会主義の「毒草」であるとされ、同年六月、急遽「反右派闘争」によって弾圧された。

が政治的な理由から滞在の延長を求める場合には、それを認めるべきであろう。そうすることは国際法の精神に照らしても正しい。

とは言うものの、第一の必要と第二の必要を両立させることは難しい。外交関係者の実力が試されるときである。

〝日本たたき〟と日米関係 1989・6 ♣

今年に入って日米関係はにわかにこじれてきた。それはある意味では当然であり、神経を高ぶらせるべきではない。昔から国力が第一位の国と第二位の国との関係は、つねに問題の多いものであり、ときには戦争にさえなった。

しかも日米両国の場合には、四十年前には一方は疑問の余地なき超大国であり、他方は経済的自立さえ疑われる小国であった。このため、そのいずれもが新しい情勢に対応できないのは当然でさえある。歴史を見ても、これだけ急激に力関係が変化した例はほかにない。

したがって、ときとして不協和音が生ずるのは当然でさえある。それに包括通商法スーパー三〇一条（不公正貿易国・行為の特定・制裁）の適用にしても、それが具体的な形をとるのはまだかなり先のことだ。たとえ何らかの「制裁措置」が取られても、大きな実害のあるものとなるようには思われない。日米関係は貿易量が多いだけでなく、技術や部品などでの企業間の協力関係がきわめて密接であるので、相手を傷つけることは自らを傷つけることになるからである。

しかし、人間は必ずしもその利益の正しい認識に基づいて行動するとは限らない。激情にかられて失敗に突き進んだり、惰性を克服できずにずるずると地位を失ったりする。国家も同じことで、その態度はやや異なるけれども、深刻さは変わらない。実際、アメリカも日本も、このところ、その国益を促進する政策を取っているとは言えないのである。

アメリカについて言えば、多くの人が指摘しているように、その問題の根幹は、貯蓄が小さすぎるうえに、政府が財政赤字を出し続けていることにある。経済の常識から明らかなことだが、その際に起こることは投資が減るか、あるいは外国のカネによって投資するということである。現実に起こっていることはその二つの組み合わせで、アメリカの純投資は世界の先進工業諸国のなかで最低であり、そのうえ、外国から巨額のカネを借りている。

再び常識的に考えるなら、投資が少なければアメリカの競争力は低下するだろうし、その際、保護主義なども加わってアメリカの購買力は増えなくなり、世界経済のエンジンの出力は低下するだろう。また、外国からカネを借りて投資することは、いつまでも続けられるわけではない。基本はアメリカが貯蓄を増やすことで、それ以外に解決法はない。

しかし、いったん身についた投資の癖はそう簡単には直らない。それは、レーガン政権の八年間に決定的なものとなった。もし、アメリカが現在の悪癖を直さなければ、レーガンの八年間は、アメリカの衰退の第一歩として歴史に残るだろう。レーガン前大統領は、ソ連との冷戦の最後の高まりに際して、アメリカ国民を勇気づけ、ソ連に対抗するために、大幅な減税と軍事費の増加という、およそ常識では考えられないことを行った。それは必要であったかもしれないが、長期にわたって続け得ないものであった。しかし、実際には長期にわたって続いたし、レーガン政権の後も続きそうである。というのは、ソ連との対抗関係において、アメリカは優勢勝ちを収めた。そうした形で緊張が解けたとき、緊縮財政へと転換することが難しいことは歴史の示すところである。

しかも、日本の〝急上昇〟がマイナスに作用する。なぜなら、日本の成功はアメリカ人の自信を傷つけるところがある。ある世論調査によれば、過半数のアメリカ人が、経済におけるナンバーワンの座を日本に奪われたと考えている。それは事実判断として誤りだし、日本に急追されているのが事実としても、その原因はアメリカにある。

しかし、人間は競争関係においてモノを見、しかもその際、自分を省みるより、他人のせいにしてしまうところがある。大国にはとくにそういうところがある。そうでなければ他国について、「不公正」などという非難を簡単に口にするなどということはあり得ない。だとすれば、日本が感情的になって反論するならば、競争意識が敵意に変わり、それが相互にエスカレートすることもあり得る。だから、日本には何よりもまず冷静さが求められる。

しかし、問題の深刻さは、それでは済まないということにある。というのは、アメリカ経済のあり方とアメリカ政府の財政政策には確かに問題がある。それを直してもらわなければ困るのであり、したがってそのことは適当な形でアメリカに伝えなくてはならない。ところが、日本人はそのことをまだ十分に理解してはいないのだが、日本経済もまた正しいあり方ではないのである。その点を直さなければ、日本の正しい主張も説得力も持ち得ない。

最近、日本人にとって不愉快な著作が相次いで出された。

K・V・ウォルフレンの『日本の権力構造の謎』[119]、J・ファローズの『日本封じ込め』[120]、そしてR・T・マーフィーの『目標なき(金融の)支配力』[121]といった具合である。これらの議論はアメリカの変調の重大さをよく見ていないし、したがってその結論に私は賛成しない。アメリカに改革を求めているマーフィーのものでさえ、最強の国であり、しかもほとんど唯一の国際通貨を持っているアメリカがその財政政策について規律を失うとき、それへの対策はないに等しいという事実を忘れて、世界最大の貸し手となった日本への不安を表明している。

それにもかかわらず、これらの人々が述べている中心的な論点、すなわち日本にはそもそも指導的存在になれないところがあるのみならず、第二の経済大国としてふさわしくない、いわば小国的性格を持っているという指摘は、残念ながら正しいと言わなくてはならない。

例えば、日本の政治は国内の利益集団に拘束されていて、他の国々のことを考えていない。そのことも作用して、具体的には日本の企業はいまだに量的拡大の道、すなわちシェア獲得競争に没頭している。その際、日本そして企業に力があるだけに、他の国の企業を押しつぶすような行動、すなわちアメリカの経営学者、ピーター・ドラッカーが「敵対的貿易」と呼んだものをもたらしてしまうのである。

こうして、ナンバーワンのアメリカとナンバーツウの日本がともに、その経済力ゆえに要求される政策をとっていないことが、世界経済全体にとって問題なのである。かつて、優れた経済学者、(チャールズ・)キンドルバーガーは、第一次、第二次大戦の間の世界経済を扱った名著『大不況下の世界』[122]において、アメリカは第一位の力を持っていたが、指導性を発揮する意思がなく、かつての指導国、イギリスには意思はあってもその力がなかったと述べ、それが大不況を生み出したと書いた。それとは異なった仕方ではあっても、やはり、現在の世界には経済を運営する力が欠如しているのである。

しかも、現在の世界にはかつて見られたことがないような特徴がいくつもある。「ボーダーレス・エコノミー」という言葉に表されるような、経済的相互依存関係の深化はその一つであり、とくに、これほど膨大な量のカネがほぼ瞬間的に移動するという事態は、いまだかつてない。それに、国際関係を変動させるような大戦争がなくなったこともそうで、そのため、国際関係を規定するものが何かがよく分からなくなってしまった。力関係の急速な変動だけでも人の頭は混乱するのに、まったく新しい様相が加わっているため、将来はよけいに不透明なものとなる。それだけ誤った判断をし、間違った行動をする危険性は大きい。

　以上の事実は、中期的あるいは長期的に、世界を大きな混乱に陥れる危険性を持っている。それを協調的に正していくことが必要なのであり、感情を高ぶらせるのは最悪だが、そうしなくても必要な措置がとられないと、やはり悪い結果が訪れるだろう。そして、感情的にならずに相互に批判し合うことはきわめて難しい。

　必要なことは二つある。一つは、アメリカと日本がその〝過去〟を克服することである。もちろん、それは難しい。アメリカについては、それが疑いもなく強力であり、これに対して日本が経済的自立さえも疑わしかったときから、経済と軍事の両面にわたって日本の「保護者」であったごく最近までのことを忘れて、日本の急速な台頭という現実を直視しうるかどうかがキーポイントとなるだろう。日本については、弱小であったときの習性、すなわち、不安感ゆえにつねに膨張を続けることに熱中する習性を改めうるか否かが、その中心的課題である。

　しかも、それがすべてではない。「ボーダーレス・エコノミー」という表現は正しくないけれども、そう言っておかしくないほど経済的相互依存は深化した。しかし、それを運営する秩序はまだ萌芽的な形にせよ現れていない。だから、それを作るのは大変なことである。

　だが、それに失敗するとき、世界は軍事力によって抗争する代わりに、狭い、利己的な経済的利害をめぐって抗争することになるだろう。そうした意味で、日米関係にはきわめて多くのものがかかっているのである。

119　The Enigma of Japanese Power, (Alfred A. Knopf, 1989). 邦訳は篠原勝訳『日本／権力構造の謎』（早川書房、一九九〇年）。
120　More Like Us: Making America Great Again (Houghton Mifflin, 1989). 邦訳は大前正臣訳『日本封じ込め』（ＴＢＳブリタニカ、一九八九年）。
121　R.Taggart Murphy "Power without Purpose", Harvard Business Review, 1989-03, pp.71-83.
122　The World in Depression: 1929?1939 (University of California Press, 1973). 邦訳は石崎昭彦他訳『大不況下の世界――１９２９－１９３９』（東京大学出版会、一九八二年）。

フランス革命二百周年　1989・7

フランス革命から二百年を経たこの七月、パリ祭の十四日をはさんで先進国首脳会議（サミット）がおこなわれ、そこで中国における学生・市民運動に対する武力弾圧が重要なテーマとなった。私はそこに「歴史のアイロニー（皮肉）」をしみじみと感じた。

まず、フランス革命は体制（レジーム）をひっくり返したものであるのに、サミットは現在の世界の体制の管理・維持者である。その、いわば「体制側」が、二百年を経た今日では、「反体制」の成立を祝うことができるのである。しかも、中国の天安門事件は四十年前の「反体制」が「体制側」となり、新しく出現した「反体制」を弾圧したものであって、政治の力学と歴史の歩みはまことに一筋縄ではないことを思う人は少なくないであろう。これまた皮肉であった。

もっとも、中国の強硬派の人々は、自分たちがフランス革命と同じことをしているのだ、といえないものではない。フランス革命は「自由、博愛、平等」というすばらしい理想を掲げつつ、やがて「恐怖政治」へと堕落していった。「革命はその子をむさぼり喰う」という言葉が示すように、他人をギロチンにかけた人が、何カ月かすると自分がギロチンにかけられるということで、血は血を呼び、犠牲者が次々に増えていった。

それ故、フランス革命後二百年を経過する少し前から、フランス革命の意義を疑う歴史家や思想家が、むしろ多数派に近い形で現れるようになったのも不思議ではない。例えば、フランス革命は中産階級の登場を促し、民法典など新しい制度を作ったと言われるけれども、歴史をよく調べると、そうしたものは「旧体制」下ではぐくまれており、革命は流血という犠牲のわりに、それをたいして加速しなかった、といったことが認められるようになった。

より重要なことは、革命によって権力を得た人々がきわめて急速に堕落したことで、その理由は、彼らが自らを人民の代表と規定し、それ故、自分たちには権力の病は取りつかないと考えたことにある、という指摘であろう。いかに主観的に自分は権力でないと思ったとしても、いったん権力の座に着けば、やはり権力である。「人民」を代表するというのは、したがって真実ではなく、虚偽は罪を生む。

今回の鄧小平にしても、彼は自らを「人民」の代表であると信じており——あるいはその立場に立っており——、それ故、天安門に座り込んだ学生や市民は「革命の敵」であり、「人民」の敵と決めつけることができた。だから彼の頭では、「人民解放軍」は「人民」に対して発砲したわけではないのである。ここに反省材料としてのフランス革命の意義がある。

しかもなお、フランス革命には積極的な価値がある。フランス革命は西欧の政治制度の伝統の不可欠の部分――濫用されてきたが故に誤りも多くを含みはするが――、「民主主義」と言ってよいものを代表するものなのである。だからこそ、フランスは、二百年近く前の大量虐殺の非にもかかわらず、それを誇りうるのである。その伝統のエッセンスとは、「普通の人々」が十分な数で、十分に怒るならば、それが感情的なものであり、理性的でなかったとしても――否、それだからこそ――、政府を打倒しうるのが、善き政治体制の保証であることを承認すべきだというものである。

なぜならば、権力はどのようなものであれ、すなわち、その座に着くものが善意で、使命感にあふれていたとしても、知らず知らずのうちに「普通の人々」から離れていき、腐敗がしのび寄ってくる。それを正すのは「普通の人々」の怒りしかない。その効果がなくなるとき、専政となり、社会はやがて停滞してしまう。権力が危険性を内包するが故に、それに対する最終の制約要因は劇薬しかないのである。「普通の人々」の怒りは、怒りであるが故に、いったん力を得ると、極端にまでいってしまう。人間は怒りを正当化する存在であるが故に、そうならざるをえない。そこに、フランス革命後の「恐怖政治」が現れた。だが、怒りは「下剋」であっても、統治の原理たりえない。

だからこそ、統治の責任をになうものは、その劇薬の恐ろしさを十分に認識し、それが使われずにすむように、日々自制しなくてはならないのである。こう考えてくると、日本の政治家こそ、フランス革命二百周年の意味をよくよく考えてみなくてはならないように思われる。統治とは、深い谷間でおこなう綱渡りというところがある。その行為に対する緊張感を失うとき、統治者は堕落する。その緊張感を失いかけている政治家は、決して少なくない。私はその点を憂慮する。

戦争観の変化 1989・8

戦争が終わって四十四回目、昭和が終わって最初の八月十五日、終戦記念日がやって来た。そして、四十四年の歳月は長い。そのため、戦争に対する見方や感じ方も、十年、二十年という時期をおいて比較すると、たしかに変わってきた。それを戦争体験の「風化」として嘆く人もあり、たしかにそうなっては困るのだけれど、この間の変化は一概に悪いとは言えない。

例えば、日本悪玉説とでもいうべきものが、欧米では必ずしも支配的ではなくなりつつある。戦争中のスローガンをもじって言えば、「鬼畜日本」観ではない見方から戦争のことを考察した著作も出てきた。昨年英米で出版され、日本では今年翻訳された〔クリストファー・〕ソーン氏による『太平洋戦争とは何だったのか』[123]はその一例で、連合国の指導者が必ずしも正義の使徒ではなかったことを指摘するとともに、交戦国およびその植民地の人々が、戦争によっていかに大きな影響を受けたかを描いている。例えば、戦後の再建について人々が夢を抱き、計画を立て、それがいささかの成果をもたらしたことや、植民地独立運動が刺激を受けたことなどである。

もっとも、断っておかなくてはならないことだが、ソーン氏の著作は日本弁護論ではない。同氏の力点は、ルーズベルトやチャーチルが戦争後の世界について、あるいは夢想的であり、あるいは時代錯誤的であって、自国および世界の「普通の人々」の思いや考えを正しく捉えてはおらず、それ故、立派な世界秩序を作るには至らなかったことを描くことにある。私は、ソーン氏の英米の指導者に対する批判が少々厳しすぎるのではないか、という読後感を持ったぐらいである。

しかし、こういう見方が出てくるのは至極当然のことである。というのは、戦争が終わった直後は、「勝てば官軍」的な雰囲気が支配的になる。そこに、戦闘につきものの激情も加わる。だから、正と悪の戦いだったということになるのだが、時とともに、勝者にもボロが出てくる。ソ連についてはスターリンの暴政が明るみに出たし、アメリカはヴェトナムで過ちをおかし、そのイメージを低下させた。中国についても、「大躍進」と文化大革命における犠牲者の数の多さがショックを与え、決して理想的な政権ではないことが分かったし、今回の天安門事件で、そのことはさらに明白になった。

そこで、戦後の国際体系が批判的に検討され、それを生み出した第二次世界大戦の再考察がおこなわれることになる。そこには、これまでの反作用としての行きすぎも出てくるだろう。英米の指導者の限界だけを強調するのはそのひとつの形で、それはやはり正しくない、と私は思う。欠点があり、限界はあっても、戦後の国際体系がかなりましなものであったことは否定できないからである。必要なことは、黒白二分法の歴史観を克服し、現実はかなり微妙で複雑なものであったことを見つめるとともに、その後に総合的評価がやはり必要であり、可能でもあることを認めることである。

戦勝国から敗戦国に目を移して日本について言えば、日本の戦争が総合的には不正な戦争と評価されるということから、日本がやったことはなにもかも悪かったということにはならない。例えば、西欧列強の世界制覇の趨勢に日本が立ち向かおうとしたことは、悪いとは言えない。そのためにどうすればよいかにつき、まじめに思い悩み、正しい路線を追求しようとした立派な日本人がいたことも事実である。しかし、「アジア」といった教義を熱狂的もしくは独善的にふり回した人々も多数いたし、それに便乗して私利を追求した人々も、これまた少なくなかった。そして、全体としては不正の戦争をしてしまったのである。だから、戦前戦中の日本によい面があったということから、日本は不正な戦争をしたわけではないということにもならない。

戦争の最大の教訓は、立派な人間がいて、よい動機があってもなお、人間も、また全体として人間の集団も、悪を犯しうるという事実である。その意味で、戦争にかかわる限り日本のすべてを悪と決めつけるのは——例えば、軍人にも政治家にもロクなやつはいなかったとするのは——、真実に歴史から学ぶことにならない。いくつかの教科書を見て、私は、あれでは真実に過去の過ちから学びえないと思う。

戦争についてもうひとつの重要な点は、指導者をはじめ、当事者たちの思いもよらない形で戦争が進行し、歴史を作っていくということである。トルストイは『戦争と平和』において、戦場は戦略や戦術の支配するところではなく、混沌であり、わけの分からぬままに戦闘の帰趨が決まるという見方をとったが、そのことは、戦争全体についてはさらに妥当するところがある。第二次大戦後、植民地が次々に独立したことや、今日の先進工業諸国で福祉の制度が広がったことは、その思いがけない展開と考えるべきであろう。それは人間の営み全体について言えることである。

123 The Issue of War: States, Societies, and the Far Eastern Conflict of 1941-1945, (Oxford University Press, 1985). 邦訳は市川洋一訳『太平洋戦争とは何だったのか——1941-45年の国家、社会、そして極東戦争』(草思社、一九八九年)。

瀬戸際のゴルバチョフ 1989・9

東欧圏は、危機と言ってもよい重大な情勢に立ちいたった。そして、数年前に始まったソ連のペレストロイカも重要な岐路にある。というのは、このところの動きが、だれも予想もしなかったほど激しいものだからである。

まず、夏の終わりにポーランドでは非共産主義の政権が誕生したが、今年の初めにそのようなことを予想した人はだれもいなかった。六月初めに自由選挙がおこなわれたけれども、統一労働者党(共産党)がその後も政権を担当するものと考えられていた。共産党とそれに協力してきた政党のための指定席が半分以上もあったから、「連帯」が選挙される議席のほとんどを取っても過半数には達することはないのだし、それに連帯がそこまで勝つということはなく、共産党もある程度は議席を取るだろうから、共産党と協力政党が三分の二ぐらいの安定多数を取るものと考えられたからである。連帯自身、自分たちの真実の出番は四年後と考えていたらしい。

ところが、時の勢いというものは恐ろしいもので、連帯は選挙される議席のほとんどを取り、共産党とその協力者は安定多数とは程遠いものにとどまった。そのため、共産党内閣は結局組織できず、連帯を中心とする連立政権となったのである。複数政党制になれているわれわれの目から見ると、この展開はそれほど大事件ではないかもしれない。しかし、共産主義政権が地球上に出現してから今日まで、いったん政権を握った共産党が政権の座を離れるといったことは、一度もおこって来なかったのである。それは、人民を代表する共産党にはその資格があるという教義の産物でもあり、また、それを強化するものでもあった。だから、ポーランドの政治的展開は周辺の共産主義者にとって深刻な衝撃を与えたにちがいない。

そこに今度は、西ドイツに行くことを欲する東ドイツ市民の出国を、ハンガリー政府が認めた。ハンガリーはポーランドとともに改革派の国だが、力点がやや違っていて、政治改革よりも経済改革を重んじ、その突破口をオーストリアを経て、西欧諸国とのつながりに求めている。すでにオーストリア・ハンガリー間の「鉄のカーテン」、すなわち有刺鉄線の壁は撤去された。その国が今回のような措置をとると、ハンガリーは共産主義国からの人口流出の窓口として、かつてのベルリンのようになる。

以上の二つの展開は、改革路線をとっていない共産主義国にとって脅威になる。東ドイツ、チェコスロバキア、ルーマニアがそれで、これらの国々はすべて、今回のハンガリー政府の措置を激しく非難した。改革をやらないから国民が逃げ出すので、結局はその政府が悪いと言えばそれまでだが、これら三国の共産主義政権がその存続に不安を感じていることは疑いない。そして、彼らはペレストロイカをいったんやれば体制がもたないと考えているか、あるいはペレストロイカは悪いと信じているのである。ソ連でペレストロイカとグラスノスチ(情報公開)が始まってから、例えば東ドイツではソ連のベストセラー『アルバート街の子供たち』[124]や、二、三の雑誌が輸入禁止になっているのは興味深い。それは「危険思想」なのである。

こうした東欧における保守・改革両派の緊張は、ソ連にとって深刻な問題である。私は、かねてから、ソ連が勢力圏を持っていなかったらペレストロイカとグラスノスチは着実に進むだろうが、不幸にも「子分」を持ってしまったことが足を引っ張る恐れがある、と考えてきた。ソ連としては、東欧圏が四分五裂することは困るから、それらの国々のことを考えなくてはならない。

ところが、いったんそうした考慮を始めると、そもそもソ連国内で大胆な改革を始めたのが悪いという議論も出てくる。しかもソ連の内部においても、極端な分権化の危険が頭をもたげてきている。八月二十三日の独ソ不可侵条約締結五十周年にバルト三国を横断して作られた「人間のくさり」は、平和的な意思表示であったけれども、ゆくゆくは独立という気持ちも認められた。スターリンによって強引に合併されたのだから、エストニア、ラトビア、リトアニアの人々の主張には正当性が強いのだけれども、なにしろソ連は百四十ともいわれる多人種の構成する連邦であるので、これら三共和国に対してあまり甘い顔をすると、ほかに広がる恐れがある。ソ連の内部でもそうした懸念があり、それ故にゴルバチョフへの批判もある。

夏休みから帰ったゴルバチョフは、保守派と急進派の両方がペレストロイカの障害になっていると述べた。前者については、その頑固さに腹を立てているし、後者については、そう急いで混乱を招いてくれるな、というのが本音であろう。もちろん、改革には行き過ぎが避け難い。しかし、

124　アナトーリー・H・ルィバコフ著、長島七穂訳『アルバート街の子供たち』1・2巻(みすず書房、一九九〇年)。

その結果、制御が失われた状況になると、大体ロクなことにならない。こうして、ソ連の指導部にとって、事態への制御力を保って改革を続けうるか否かの瀬戸際にある。

変革迫られる自社両党 1989・9 ♣

現在の日本は、何重かの意味で重要な転機にある。その一つだけ、それも自分にとってのみこみやすいものだけを取り上げ、自らの主張や行為を正当化するのは容易だが、それでは、日本がこの転機をうまく切り抜けることはできない。必要とされることは多くの面にわたり、それ故、少なくとも当面は混乱と不安定さが支配することになるであろう。

転機の第一の意味は、この四十年の日本の政治を特徴づけてきた、自民党の一党支配の終焉の可能性である。一党支配は、元来問題のあるものだし、その欠点はとくに最近になって目立ってきた。

したがって、自民党に代わる政権が成立し、二大政党が競い合うようになれば、それは望ましいことである、という論議には確かに根拠がある。自民党の統治能力は、その議席数とは無関係に衰弱している。さまざまな利益と主張を持つ国民を、少し前までのようには〝統合〟できなくなった。

それは農業自由化政策や消費税導入にも表れている。そのこと自体は、決して間違った政策ではなかった。しかし、国民に不安感や不満を与えることを十分に認識せず、かつその施策を国民に納得させる力に欠けていた。その意味で、自民党と国民の間にはミゾが生じている。

自民党は「永田町の論理」と呼ばれる党内的な考慮で動かされる面が増えた。国民の対する説得力よりも、党内で多数を占めることが重要になってしまった。それは、竹下〔登〕内閣が倒れたという危機的状況のなかで、宇野〔宗佑〕首相、次いで海部〔俊樹〕首相を選んだときに如実に示された。自らの派閥が主導権を維持し、次の機会に主流となるという考慮が、この難局を乗り切るにはどのような内閣を作った方がよいか、という考慮よりも強かったように思われる。

いわゆる「金権体質」については、あらためて言うまでもない。自民党の政治家が私利を追求するということはあまりないにしても、カネにものを言わせた政治活動はよいことではない。

こうしたことは、結局のところ、自民党の一党支配がもたらしたものと言えるであろう。自民党は後援会や圧力集団などの利益をはかる「利益誘導の政治」システムを見事につくり上げることによって、断然強固な勢力を築いた。

他方、社会党は不毛なイデオロギー的主張を繰り返したので、自民党は負けなくなってしまった。そうなると、政権を取るには、選挙で他の政党に勝つよりも、自民党内で主流になる方が重要となってしまう。

しかも、日本の特異な選挙区制がマイナスに作用した。というのは、自民党は過半数を取るためには一選挙区から複数の議員を出さなくてはならず、したがって同一政党の候補者との競争が重要になる。その際、当然ながら、国政をめぐる意見の相違はたいした問題ではなく、「利益誘導の政治」にたけているかどうかが重要になる。政策論争の能力低下は避けられない。

しかも、そうした政治にはカネがかかるので、集金能力が自民党の中で重きをなすようになり、それが政治力の根幹となってしまう。つきつめれば、自民党の統治能力の低下は、その四十年の統治の不可避の結果であると言わなくてはならない。

そうした面からみて一党支配はよくないのだが、それからの脱却は難しい。制度的に一党のみが権力を握る「一党独裁」と違って、日本では反対勢力(党)が権力を握る可能性はつねに存在した。にもかかわらず自民党の一党支配が続いたのは、社会党が自ら「万年野党化」したためである。それは、社会党が不毛のイデオロギーにしばられてきたからでもある。

二大政党が交互に政権を取るというシステムは、教科書には書かれていても、現実には成立し難いものであることも指摘したい。一つの政党が長期にわたって政権を取り続けるということは、決してまれではなく、むしろ普通であるとさえ言える。近い例を引くなら、アメリカにおいて、一九三三年から六九年までの間は一期八年にわたる(ドワイト・)アイゼンハワー政権を除いて民主党が政権を担当した。その後は(ジミー・)カーター政権の一期四年を除いて共和党政権が続いている。二大政党の見本と言われる英国にしても、責任内閣制が始まった十八世紀の最初の六十年はホイッグ党(のちの自由党)が政権を担当した。

どうやら、政党というのは時として政権を取れないような体質になってしまうようで、いったんそうなると、苦境から脱却し難くなってしまう。それによって政治の質の低下がもたらされるので困るのだが、ここで指摘しておきたいのは、一党支配からの脱却が決して容易ではないということである。

転機の第二の意味は、日本が貧しい小国から豊かな経済大国になったことに応じ、政策が変化しなければならない時期にきているということである。その第一の要因は、諸外国から日本への要求が高まったことである。四十年前の日本は明らかに小国であり、国際社会のために何もしなくてもよかったのだが、今日ではそうではない。日本は国内市場を開放し、安定した金融・財政政策を堅持し、経済協力を行い、安全保障についても役割を果たさなくてはならなくなった。

それらはきわめて難しく、国内でのコンセンサスは得られていない。農業自由化を考えれば、それは明らかである。しかし、これらの課題に対応できなければ、結局は日本が一番損をする。

以上は、国内の諸制度に変革を迫ることになる。そうでなくても、この四十年間に日本は大きく変わった。例えば、産業構造は変化し、だれが豊かでだれが貧しいのかのとらえ方も変わった。同じ税制でやっていけるわけはないので、当然、税制改革が必要となるが、全国民を喜ばすような改革はありえない。政府の基本的責務の一つは、長期的に財政の均衡をはかることである。それ故、政府は国民の嫌がることもやらなくてはならない。消費税はその最も明白な事例である。

自民党は八〇年代に入るころから、これらの改革に取りかかった。それは高く評価されるべきことである。しかし、統治能力の衰弱と体質の悪化から、自民党は国民の納得を得ることができなかった。自民党が、一部の反対論者の言うように間違ったことをして失敗したわけではないのは救いだが、だからこそ、今後が難しいのである。

国内市場の開放と間接税導入を含む税制改革は、日本が豊かさを保って国際社会のなかで生きていくためには、不可欠のことなのである。社会党の言うように、消費税を撤廃し、農業自由化を阻止する——つまり、改革前の状況に戻す——のでは問題の解決にはならない。

つまり、社会党は無責任なのである。恐らく、その方がイデオロギー的な体質より深刻な問題である。今日では、社会党もかつてのようにイデオロギー的ではなくなった。しかし、イデオロギー優越の時代に、可能なことと不可能なこととの区別なしに論じるという無責任さが身についてしまったように思われる。これに対し、自民党は国民から遊離し、その意味で自分たちだけの狭い世界に住むようになって統治能力を失ってきた。

こうして、日本の政治の混乱は当面避けられないが、何年か後のことについて考えると三つの可能性がある。

第一は、社会党が無責任体質をただし、自民党が統治能力を回復することである。そうなれば、日本は二十一世紀に入ってもうまくやっていけるだろう。

第二は、社会党か自民党のいずれかが、必要とされる変容をとげることで、さらに言えば、それをやりとげた方が政権を担当することになり、日本はまずまずうまくいくだろう。しかし、両党とも今のままなら、日本の繁栄はうたかたの夢と消えるであろう。

日本が真に豊かな社会を築くためには、実はもう一歩進まなくてはならない。すなわち、豊かさとは別に、何が本当に良い社会かを問うことである。ごく最近までは、ともかくも豊かになることを志向するのは、ある程度、妥当性があったが、今や豊かさだけではだめである。ところが、自民党はそうした視点を失ってきた。それはあまり意識されていないが、重要な問題点で、自民党の魅力を失わせた原因の一つのように思う。また、日本にもうひとつ魅力と説得力がない理由でもある。

与党として国家・社会の運営に長く携わってくると、既存のシステムが円滑に機能することだけを考え、理想といった、いわば超越的な問題を考えなくなってしまう。他方、社会党の価値観も、今日のソ連・東欧諸国を見れば明らかなように、理想には程遠いので、ほとんど役に立たない。自民党はマネジャー的なところがあり、社会党は現実と無関係に理想を考える、いわば評論家的なところがあって、それが障害になっている。どちらかが先にそれを克服し、「良い社会」について考え、ある程度のビジョンを国民に与えることは、果たしてできるであろうか。

共産主義後退の考察　1989・10

ソ連でも、ポーランドでも、ハンガリーでも、共産主義は大きく変化しつつある。率直に言えば後退しつつある。ポーランドでは非共産主義政権が生まれたし、ハンガリーでは社会主義労働者党が社会党と名称を変更し、明らかに多党化への道を歩み始めた。ソ連においてさえ、共産党だけが政治上の指導権を持つことが反省されはじめるとともに、私有財産権の拡大も検討されるようになった。ここまでくると、もはや改革路線を逆転することは不可能であると判断してよいように思われる。

少し前までは、まだ逆転の可能性があった。ペレストロイカはどうなるか分かったものではないという観測が次々に出されて来たし、それには根拠がないわけでもなかった。

とくに、今年が山で、ひょっとしたら今年ゴルバチョフの失脚もありうるというのが専門家の予測であったが、ゴルバチョフはその山場をともかくも乗り切ったように思われる。

このように多くの人々の予想を超えて共産主義の変質が進んだのは、なんといっても、共産主義の下では経済がにっちもさっちも行かなくなりつつあるという事情ゆえである。そうした通常の解釈は基本的に正しいが、ここでわれわれは、いくつかの誤った判断をしてしまう危険性もある。それは、われわれが正しい世界像を持つのを妨げる。

第一の誤りは、これらの国々における共産主義の後退を、経済的失敗だけによって説明しようとすることである。実は経済的失敗は重要だが、すべての理由ではない。多くの東欧諸国とソ連邦を構成する共和国のいくつか——とくにエストニアなどのバルト三国——にとっては、共産主義がソ連によって押しつけられたという事実の方が重要かもしれないのである。

ハンガリーでの——恐らくはポーランドでも——共産主義政党の名称変更を見るとき、私はその思いを強くする。くわしい歴史は省くが、社会主義労働者党とか第一労働者党という名称は、共産主義勢力の弱かったこれらの国々に共産主義を押しつける第一歩として、共産党と他の社会主義政党を合併させるためにつけられたもので、当事国の人々には、名前を聞くだけで不愉快な歴史が想起されるものなのであろう。そうした過去の克服への思いが、名称変更のひとつの原因ではないだろうか。こうして現在おこっていることは、かなりの程度、ソ連という帝国の後退なのである。

第二に、共産主義＝経済的失敗＝国力低下といった、単純な図式的思考の誤りがある。ひとつには、一九七〇年代までは共産主義の下で、ソ連は経済でも成功してきた面があるので、その力はかなりのものである。それに、国力というものは経済力だけから構成されるものではないので、ソ連は超大国ではなくなりつつあると考えてはならないのである。有名なソ連専門家ケナンが少し前、ソ連のことを「アメリカ以外の唯一の超大国」と呼んだことの意味は、十分かみしめられるべきであろう。

もっとも、以上のことから、共産主義は場合によっては経済的にもうまくいくものと言うつもりはない。それは一時的には成功しても、やがては失敗すべく運命づけられていた。大切なことは、なぜそうなのかという理由を正しく認識することである。その理由とは、直接には価格メカニズムの作用を拒否したことである。少数の計画者たちが生産すべき品目と価格を決め、命令によって経済を動かすということは、所詮は無理なことなのである。世の中にいかに多種多様な商品があるかを考えれば、その点は理解されよう。

だから、そもそもそのような愚かな――あるいは大それた――ことを考えたのが不思議なのだが、それは、そうすることによって理想社会が建設できると考えられたためであった、と言えよう。理想は恐ろしいもので、人々の頭を酔わせる。そのため、理想を政治の力で強引に実現しようとすることの恐ろしさが、無視されてしまったのであった。ここに、共産主義の後退もしくは失敗の根本的原因がある。こうして、理想の社会といったようなものを政治権力によって強引につくろうとしてはならないことが、共産主義の実験の最も重要な教訓なのである。

しかもなお、この世には理想が必要である。この点に関連して、ソ連など共産主義国の圧政の事実を知りえた後も、ソ連もしくは共産主義を礼賛した人々が少なくなかったことについても考えてみなくてはならないであろう。それは基本的には人間、とくに知識人の弱さと欠陥を示唆しているように思われる。それと同時に、多くの人々が共産主義に惹かれたころ――とくに一九三〇年代には――、資本主義が問題多きものであったことも忘れられてはならない。だから、人々は共産主義の理想に心を惹かれた面がある。ひるがえって現在を見るとき、どういうことになるだろうか。程度の差こそあれ、問題がないわけではない。だから、共産主義の後退は、われわれの制度の正しさを証明するものと考えるようなことがあれば、大間違いである。それがわれわれの避けるべき最大の落とし穴かもしれない。

長い道のりの始まり　1989・11

「ベルリンの壁」の消滅は実に劇的であった。ソ連および東欧諸国で経済改革や民主化が進行するなか、東ドイツはチェコスロバキアとともにその流れに抵抗してきたが、西ドイツへの移住者が急増し、国内でも大規模なデモがおこり、長く東ドイツの政治を動かしてきた〔エーリッヒ・〕ホーネッカー〔国家評議会議長〕が辞任した。それはまだ一カ月前のことでしかない。それが一気に、東ドイツ国民の海外旅行の自由を認めるところまで突っ走ってしまったのである。

それはまことに思い切った措置であったし、正しい決定であったように思われる。ハンガリーやチェコスロバキアを通って西ドイツに移住することが不可能でなくなった以上、どうしても国を出たい人をとめることはできない。それに、自由がないから東ドイツを離れるという面もあるので、いつでも行けるということになれば、人間はそう簡単に住みなれたところを捨てるものではない。実際、東西ドイツの間の往来が自由になってから、おびただしい数の東ドイツ人が西ドイツを訪れたが、大半はすぐ帰って来た。移住の申請は減少した。東ドイツにとっての当面の危機は回避されたようである（原註 それは一時のことで、末尾に述べた可能性が早くも現実化した）。

それに、「ベルリンの壁」が消滅したことは、東西関係にも好ましい影響を与える。ドイツが東西に分割されただけでなく、壁が作られ、往来もままならないようになったことは、冷戦の帰結であると同時に、冷戦を激化させるものであった。事実、少なくとも二回にわたって、ベルリンは危機[125]を生み出した。今後はそのようなことはないであろう。そして、東西ドイツの間を多数の人々が往来するようになれば、戦争の危険が減少するのはもちろん、緊張も減少するであろう。

しかし、この劇的な決定によって、問題が一挙に解決に向かうと考えることは正しくない。劇的な第一歩の後には、散文的で、難しく、時間のかかる過程が続くであろう。それはドイツについてだけでなく、恐らくそれ以上にソ連や東欧諸国について妥当する。というのは、ソ連、東欧圏の昨今の変化のなによりの原因は、政治的自由の欠如と「命令経済」の破綻であった。そのうち、少なくとも後者については問題の解決は困難で、時間がかかる。解決不可能と言う人さえいる。ソ連のペレストロイカの過程で明らかになってきたことだが、徐々に市場経済原理を導入していくことはうまくいかない。その場合、「命令経済」の不合理、非効率はほとんど残るし、それとともに、一部を自由化した結果としてヤミが横行し、買いだめがおこるなどの弊害がおこるからである。

したがって、少なくとも価格体系の大幅な改革と通貨の兌換性回復が必要と考えられるが、その結果、一時的には大混乱がおこり、少なくとも一部の人々の生活水準はかなり低下するであろう。こうして、「命令経済」がうまくいかないことは明らかになったが、市場メカニズムを活かした社会主義に行く道は分かっていないし、社会主義の看板をかなぐり捨てて市場経済に移行するという決意をしたとしても、これまた、そこにどうして行くのかの見当がつかないのである。だから、ペレストロイカがある程度の解答を見出し、成果を生み出すには、十年にも及ぶ長年月が必要になるであろう。

それに、現在東欧とソ連でおこっていることは、ヨーロッパ全体の政治地図に影響を与えずにはいないものである。有名な評論家ピーター・ドラッカーは、ソ連帝国の崩壊は不可避であるとみなしている。たしかに、エストニア、ラトビア、リトアニアのバルト三国が今の形のままでソ連邦に留まることはまずないと考えられる。しかし、ウクライナや南ロシアのイスラム教徒地域までが独立することは、ソ連には耐え難いことである。だから、ソ連の縮小がどの程度に落ち着くかが問題であり、これまた、かなりの動揺と危機さえを含む過程となるであろう。

それに、なんといってもドイツがどうなるかが問題である。ソ連政府は、ドイツ再統一はありえないという立場を明らかにした。フランスなど西欧諸国も同じ考えである。活力にあふれた多くの人口と、フランスとイギリスを合わせた――もちろんソ連よりかなり多い――国民総生産を持つ存在がヨーロッパの中央に出現することは、人々に不安を与える。だから、東ドイツはもちろん西ドイツも、当面そのようなことは考えていない。

しかし、ナショナリズムが高まれば人々の感情は変化するかもしれない。より可能性があるのは、東ドイツの経済がやはりうまくいかないことが分かったとき、今や自由になった旅行の権利を多くの人々が利用することによって東ドイツが取るに足らぬ存在となり、西ドイツの力が強まることである。こうして「ドイツ問題」は復活した。その解決も見えていない。ここでも長い道のりが始まったのである。

終わりと始まりの間 1989・12

戦争や闘争は嫌なものだが、平和もまた厄介なものであ

125 第二次大戦に敗れたドイツでは首都ベルリンが連合国によって分割統治されることになったが、ソ連の統治する東ベルリンから英米仏の西側三カ国の統治する西ベルリンに流入する市民は後を絶たず、一九四八年四月、ソ連軍政当局は通行を制限、六月からは西ベルリンを完全封鎖するに至った。ソ連占領域にあったため完全に孤立した西ベルリン市民を救うため、西側は燃料や食料、生活用品などの大空輸作戦で対抗し、一九四九年五月、ソ連は封鎖を解除した(ベルリン封鎖)。その後も東側から西側への亡命は続き、事態を憂慮した東ドイツは一九六一年八月一三日、東西ベルリンの境界線に沿って鉄条網を敷設し、次いでコンクリートの壁(いわゆるベルリンの壁)を構築した。

る。ひとつの時代の終わりは突如としてのように訪れるが、新しい時代は緩慢に始まる。激動という言葉がまさにふさわしい一九八九年が終わり、そして一九九〇年代がまもなく始まろうとするとき、私はそのようなことを考えている。

一九八九年は、戦後四十年以上にわたって続いて来た冷戦が終わった年であった。マルタ島沖での米ソ首脳会談[126]は、そのことを示す儀式であった。私はソ連での改革と米ソ間の緊張緩和が始まってからしばらくの間、冷戦の終わりについて語ることに慎重であろうとして来た。というのは、過去に三回ほど——一九五〇年代半ば、一九六三年ごろ、そして一九七〇年代の初頭と——、米ソ関係の緊張緩和が見られたが、その後しばらくすると再び緊張は激化したからである。

しかし、今年に入って、今回の緊張緩和は本物であることが判明して来た。その基本的理由は、ソ連にはもはや冷戦を続ける力がなくなって来たことにあるし、アメリカについても、多分同様のことが言えそうに思われるからである。両国は軍備の削減についてまじめに交渉し始めたし、ソ連は東欧諸国の非共産化に対して——二十一年前のチェコスロバキアの場合とちがって——、「社会主義」を守るために介入はしなくなった。より正確に言えば、その力がなくなった。

しかし、米ソ間の冷戦の終わりは、まだしかるべき戦後処理がすんではいず、まだほんの端緒についたばかりである。そのことは、米ソ両国がまだ見るべき軍備縮小をおこなっていないことに端的にあらわれている。しかも、それは今後相当の時を要するであろう。というのは、重要なのは通常軍備の削減だが、通常軍備が多種多様の軍備から構成される複雑なシステムであり、その上、東西両陣営のそれは性質を異にするので、公平な削減についての合意が難しいからである。合意までにまだ三年はかかると考えるべきであろう。

さらに難しいのは、外交的および安全保障上のいかなるしくみを作るかということであって、そのことはドイツ問題について考えてみれば、すぐ理解できることである。米ソ両国と大多数の関係諸国は、同盟網をはじめとして外交的・安全保障的なしくみは、少なくとも当面は変えないことで一致しているように思われる。マルタ島沖の米ソ会談のすぐ後、ゴルバチョフとミッテランが会見し、ドイツ再統一は非現実という声明を発表したのは、そのことを物語っている。ブッシュがなにを言ったかということは公にはされていないが、ゴルバチョフ・ミッテラン会談とはまるで異なる見解を持っているとは思われない。しかし、やや長い目で見ると、ドイツが完全に分裂したままでヨーロッパの状況が落ち着くとも思われない。そして簡単な解決方法がない以上、新しいしくみが作られ、落ち着くまでには相当の時間が必要であろう。

ヨーロッパの安定はソ連・東欧諸国の国内の改革の成功にかかっているが、これまた、早期の成功の見込みはない。ここでも、ひとつの時代の終わり、すなわち、共産主義では経済はうまく行かないことは明白になったが、それではいかなる新しいしくみを作ればよいかはまるで分かっていない。別の言い方をすれば、「価格メカニズム」を拒否して経済を運営することはできないことは分かったが、それでは「価格メカニズム」をどのようにして導入すればよいかという答えは、まだ、だれも見出してはいないのである。

基本的で最大の困難は、共産主義の経済が〝不足経済〟、すなわち、消費者の需要を満たすだけの商品を供給できないことにある。だから改革が必要なのだが、現にモノが不足し人々が十分すぎる紙幣を保有している以上、価格を自由にすればインフレになることは目に見えている。そこで、取りあえず価格体系の改訂ということになるのだろうが、それは値上げという方向でしかありえない。しかしそれは人々の不満を高めるから、これまた実行することが容易ではない。

それに、ソ連の場合には、石油および天然ガスが主要な（五〇～七五パーセント）外貨取得源であったが、石油価格は低下し、ソ連の石油産出量は減少して来ている。ソ連の経済成長率はこのところマイナスであると考えられるし、ポーランドについてはそれは周知の事実である。そうした状況ゆえに改革が不可避になったのだが、同じ理由から改革は難しい。

しかも政治体制をどうするかも決まっていない。言論と政治の自由の承認は既成事実と言ってよいが、ソ連のように共産党の支配は続けるのか、二、三の東欧諸国のようにそれも放棄するのか、についても答えが出ていない。だからペレストロイカ（立て直し）とグラスノスチ（情報公開）の成果が出るのは十年から二十年先のことだろう。それまで

126　一九八九年一二月三日、アメリカのジョージ・H・W・ブッシュ大統領とソ連のミハイル・ゴルバチョフ書記長がマルタ島で会談し、冷戦の終結を宣言した。

の間は混沌のなかの模索であり、ときには揺り戻しもあるかもしれない。

パナマ進攻に見る多少の危険　1990・1

文字通り激動の一九八九年最後の激動は、アメリカのパナマ進攻とルーマニアのチャウシェスク政権の崩壊とであった。それらは共にかなりの戦闘を伴い、死傷者を生んだが、まずは落ち着くべきところに落ち着いたように見える。

しかし、この二つの場合は、表面的に見られるほど事がうまく運んだわけではない。ルーマニアについては、真実の事態はよく分からないものの、〔ニコラエ・〕チャウシェスクの独裁政権が打倒された後、民主主義的な制度の建設が始められたようには思われない。もっとも、それも無理からぬことで、チャウシェスクのようにナショナリズムを背後にした、したがってより掌握力のある独裁の下では民主主義の芽も育ちにくいのであって、したがってチャウシェスクの独裁の後に来るのは、一部の共産党と軍隊による〝権威主義的〟な政府であっても不思議ではない。すなわち、十年少し前のポーランドで〔ヴォイチェフ・〕ヤルゼルスキ〔首相〕の軍政が施され、その下で――多くの人々の予測に反して――民主主義への進展があったのと、事態の発展段階は同じなのかも知れない。

われわれにとってより関心があるのは、米軍のパナマ進攻である。今年に入って一月三日、〔マヌエル・〕ノリエガ将軍はバチカン大使館を出てアメリカ軍に投降したので、アメリカは進攻の最大の目的を達成したことになる。ノリエガ政権に代わってアメリカが作った〔ギエルモ・〕エンダラ政権は、昨年五月の選挙で勝利をおさめていたと考えられるので、アメリカは文字通りの「カイライ政権」を作ったわけではなく、パナマ国民の少なくとも一部にはアメリカの介入を是認する雰囲気もあるので、パナマの政治はよい方向に向かうかも知れない。

しかもなお、アメリカの介入はわれわれに懸念を与える。成功だったとは言い切れないところが、どうしても残る。その第一は、アメリカが内政不介入という国際法上の大原則を破ったことにある。もっとも、国際法はあらゆる法にもまして金科玉条ではない。しかし、それは理想主義者のペンの書きおろしたものでもないのである。

内政不介入の原則について、いくらかの人は、極悪非道の政権を打倒し、国民に幸せを与える政権に代えることまで悪いのかと言うだろう。それはごく自然の疑問である。そうした場合でも、原則として答えは「ノー」である。そしてそれは、抽象的な原則からそうではなくて、実際上の理由による。すなわち、悪い政権を打倒し、よい政権を作るために他国が介入しても、少々長い目でみると、やはりよい政権はできないからである。というのは、その場合の〝よい政権〟は外国の力によって作られたものであり、すなわち〝カイライ政権〟である。そして人間はしばしば——あるいはほとんどいつも——〝よいカイライ政権〟よりも〝悪い自前〟の政権を選ぶものなのである。

もっとも、内政不介入の原則は、このように抽象的ではなくて現実的な正義の考慮に根ざしているから、例外がないわけではない。きわめて慎重な国でも内政介入は行って来た。〝悪い自前〟の政府が国際的に害をなすような場合には、とくにそうであった。十九世紀前半の〝海賊退治〟のためのイギリス海軍の行動はそのよい例であるが、麻薬を売りさばくノリエガ将軍は、今日版の海賊と言えないものでもない。だから、私はアメリカの介入を論難するつもりはない。

しかもなお、私には、アメリカが介入に際して自信満々であり、疑念を持たなかったのが気になる。アメリカ国内では、民主党も、主要なマスコミはすべて、ブッシュ大統領の行動を支持した。そこには、〝悪い政権〟を〝よい政権〟に代えるのはよいことであり、麻薬退治のために軍事力を用いるのはよいことだという、単純な信念と自信が伺われる。しかもこうした傾向は、アキノ政権を守るために軍事力を用いて協力したことや、援助を切り札として中国に特使を送り、中国に戒厳令を撤回させたことにもやはり見られる。そこにはアメリカの力となすべきこととの限界の認識がない。中国では戒厳令はなくなったが、政府の統制と反政府派への締めつけは続いている。

より大切なことは、アメリカが重要なものはなにかを見失うことであろう。ノリエガ将軍が打倒されても、アメリカにおける麻薬の使用量は減らないであろうと考えられる。それは、アメリカ社会に麻薬を流行させる雰囲気とそれを売りさばく組織が存在するからである。そのことは、アメリカの問題がアメリカ自身にあることの象徴でもある。

貿易収支の不均衡はアメリカの経済政策や経営者の堕落、そして教育の質的低下など、アメリカ自身にある。アメリカはそうした問題と真剣に取り組まなくてはならないのに、十字軍に熱中し満足している。そこに、現代世界にとっての大きな危険がある。

経済力のとらえ方 1990・2

最近、国際関係における経済力の比重の増大ということが言われる。核時代においては軍事力は使いにくいので、かつてのような重要性を持たなくなったし、しかも冷戦の終わりによって、軍事力の比重はますます減少した。その結果、国際関係を規定するものとして経済力が断然重要になってきた、というのである。このところ、アメリカの少なくとも一部で強まりつつある「日本脅威論」も、こうした「力」に関する見方に基づいている。

例えば、半導体はほとんどすべての製品にとって不可欠のものであり、その分野の国際貿易を日本が牛耳っているという状況は、日本の影響力の増大を意味するので放置できない、ということになる。しかし、同種の意見は、実は日本でも強いのであり、その基礎に存在する感情が、アメリカの不安感に対して、ひそかなる誇りという点で異なるだけである。

この「力」に関する見方は正しくない。軍事力の比重低下という部分はまずまず正しいが（もっともそれも完全に正しくはないので、その証拠に米ソは急速な軍備削減をおこなっていない）、軍事力に代わる経済力という考え方は完全に間違いではないにせよ、重大な誤りを含むものなのである。すなわち、それは経済活動の持つ二面的性格に留意していない。

たしかに、経済は競争であり、より良い商品をより安価に作るために人々は努力する。できれば市場制覇をと考える人もいる。企業というミクロのレベルではこうした考慮が支配的であろう。しかし、軍事力による世界制覇と、優れた商品による世界市場制覇は異なる。というのは、軍事力による世界制覇の場合には、一方が圧倒的に強ければそれで一応成立するが、世界市場の制覇の場合はそうではない。後者の場合には、相手方に商品を買ってもらわなくてはならず、それ故、自分以外の国が経済的にひどく見劣りする場合には、いかに優れた製品を作ってもほとんど売れない。理論的想像として、あらゆる分野で買うものがほとんどない程度に強くなれば、輸入がないので輸出もなく、したがって、その国の経済は停滞するか、後退するかのいずれかであろう。つまり、経済関係は一方の得が他方の損であるというゼロサム・ゲームではなく、両者が得をしなければ——ごく短期を除いて——成立しないゲームなのである。

こうした二面性があるので、国際経済関係は運営し難い。人々はしばしば、それを一面的に捉える過ちをおかす。あるときは、国際貿易が伸びることは世界の人々を豊かにし、世界を平和にするとだけ考える。またあるときは、世界市場争覇戦という激烈な闘争がおこなわれているかのように語る。

もちろん、この二つのイメージはともに間違っている。たしかに、経済にも競争はあり、優位と劣位もある。しかし、その競争において成功し、また築き上げた有利な立場を守るためには、他国もまた経済関係によって少なくない利益を得るように経済関係を運営しなくてはならない。他国の発展を促進することによって、先発国は徐々に追いつかれ、いつの日にか追いこされることもありうるのだが、その可能性を一切認めようとしない優位はより早く消滅する。

しかし、この一見相矛盾する両側面を、均衡のとれた形で運営して行くことは難しい。その最大の理由は、国内的な力学にある。他国の産業にチャンスを与えることは、自国に同種の産業が存在するときには容易ではない。日本のコメの問題を考えてみれば、そのことは分かるだろう。どう考えても、コメは絶対に買わないという立場はおかしい。それは自由貿易の原則に反し、したがって、他国にもチャンスを与えるという絶対的必要を無視しているから、長期的国益に反する。日本の政治家でもかなりの人がそれぐらいのことは分かっているだろうが、しかし選挙民の反応を考えて、コメを守るという誤った議論をくり返している。しかも、コメを守りつづければ、農業は保護の下に次第に衰えるだろう。

より一般的に言えば、自国の経済の一部を弱いままにして保護しようとするとき、不協和が生ずる。そして経済は社会に根ざすから、教育が悪いとか、財政政策が間違っているときにも、同じことがおこる。アメリカはそのよい例である。つまり、国際的相互依存体制がうまく機能し、世界がうまくいくためには、各国がその国内体制を健全なものたらしめなくてはならない。すなわち、国際経済上の平和と繁栄の大前提は、各国が自ら深く省みて、必要な改革をおこなうことである。

こうして、国内の健全さは、半導体の世界市場占有率とか資本市場での比重といったものよりも、はるかに重要なのである。ただそれは見にくく、捉えにくい。太平洋の両岸で、最近そのことが見失われ、数字ゲームにうつつを抜かしている。そこに日米摩擦の根本原因がある。

日米関係の見方　1990・3

予想されていた通り、日米関係が難しくなってきた。三月初め、あわただしく日米首脳会談がおこなわれたことも、そうした情勢の悪化を反映したものと言えるだろう。二月におこなわれた日米構造協議[127]の進展がはかばかしくなかったこともあって、ワシントン、とくに議会筋では日本を非難する声が高まった。そこでブッシュ大統領としては、日米間の貿易不均衡を縮めるために最大限の努力をしていることを示す必要が強まり、それが緊急の首脳会談となった、と考えられる。

このような形で問題の解決をはかることがよいかどうかについては、種々の議論が可能であろう。一国の首相をいきなり呼びつけるのはけしからんというような安手のナショナリズムに基づく議論は問題外としても、自民党の実力者である竹下元首相の訪米が三月に予定されていたので(訪米は予定通り実行された)、それによって十分な地ならしがなされてから首脳会談がおこなわれるべきであった、という批判には根拠がある。しかし、この際は、アメリカ政府がそれほど事を急いだという事情を重視すべきであろう。

もっとも、アメリカ政府がそれほど事を急ぐこと自体がおかしい、という批判もあるだろう。まず、日本の市場が閉鎖的であるというのは誤りで、この数年間に日本の輸入は目立って増え、黒字幅は減少している。それでも、日米間の貿易不均衡だけはほとんど減ってはいないが、しかし、そこだけ事態の変化がみられないというのは、アメリカ側にも問題があることを示唆している。そして、そこをなんとか解決しようというのが構造協議なのだが、事柄の性質上、そう早く合意が得られることは期待しにくいし、成果が出るまでには時間がかかるものなのである。それを急ぐのはおかしい。大体、アメリカが財政赤字を減らすなど必要な措置を取らない限り、状況が目立って改善されることはありえない、と以上のように論ずることは十分可能である。それを急ぐのは、中間選挙ということもあって、アメリカの議員たちが点数稼ぎをしているのであり、そうした政治の体質が問題だということにもなる。

私も、現在のアメリカには大いに問題があると思う。競争力が弱まりつつあるのに、経済界は本格的な対策を講ずる決意に欠けている。日本との経済的競争を言いつのり、相互利益の方はあまり言わない政治家の体質もおかしい。財政赤字の放置は言うまでもない。全体として見れば、今やおかしいのはアメリカの方だと言えなくもない。

しかし、われわれとしては「アメリカ」ということで十把一からげにするのではなく、より細かに事態を見なくてはならない。たしかに、日米間の不均衡と日本の閉鎖性とを直接に結びつける議論は正しくない。しかし、アメリカ政府が日本に要求している措置そのものはそうおかしいものではない。独禁法を強めるとか、大店法の規制緩和といったことは正当なものだし、日本にとってよいことではないだろうか。

こうして、総論はおかしいが、各論は大体のところ正しいという奇妙な状況が成立しているのである。だとすれば、われわれとしては各論のうち正しいものは速やかに認め、実行すべきではないだろうか。そして、総論についてはゆっくり時間をかけて議論し、アメリカをやがては説得するつもりでいればよい。それを、総論が誤りだから、あるいは承服できないからと言って、各論についても合意をしぶるというのはおかしい。

もちろん、個々の主張に正しいものがあっても、総論が怪しいというのは不安だろう。しかし、それ故にこそ、われわれは各論を急いで取り上げるべきなのである。そうした状況は、今日のアメリカの政治・経済がいささか変調気味であることに根ざしている。とくに議会はそうかもしれない。そこでは、ときとしてとんでもない議論がなされ、それが雰囲気に影響している。しかし、連邦政府はやはり国際経済秩序のことを考えているので、おかしな主張や一面的な主張は取り上げず、大体のところまともなものを日本に示してくるように思われる。

そうしたものをも取り上げるのに躊躇すれば、「ジャパン・バッシャー」や一部の議員たちだけでなく、普通のアメリカ人（連邦政府もその中にいれてよい）を敵に回す危険がある。彼らはアメリカ国内における対日批判や非難のうち、極端なものについて反論し、自らの責任において取り上げていないだけに、自分たちが絞りこんだ主張については、正当性を強く信じているだろう。それを取り上げないとき、日本への理解や共感が一挙に反感に変わることもありうる。それが最も恐ろしい。

日米間の協議と言って、アメリカをひとまとめにして扱わずに、「相手を見て法を説く」べきなのである。

127　一九八九年から九〇年まで、貿易不均衡（対日貿易赤字）の是正を目的に日米間で開催された二国間協議。

世紀末の日米関係――異質論を超えて

❖ 1

日米間の不協和音が高まってきている。アメリカにおける日本のイメージは急速に悪化しつつあるし、日本のなかにもそれへの反発が見られる。日米関係は戦後最悪と言っても過言ではないし、しかも今後さらに悪化する危険性も少なくない。

しかし、そこには多少理解し難いことがある。たしかに日米間の貿易不均衡は大きく、アメリカの国際収支赤字のほぼ半ばを占めるから、それは長期間放置することのできない問題である。しかし、それは両国が感情をたかぶらせるほどの問題ではないように思われる。なぜなら、日米両国はその経済的相互依存関係から多大の利益を得ており、むしろそれは不可欠の重要性を持つと言ってもよい。二国間の収支問題それ自体は決定的に重要ではないし、また十年の期間で考えれば、均衡が回復されることはまず間違いない。すなわち、経済摩擦は根本的な対立を生むようなものではないし、また、長期的な視野に立つ努力によって解消しうるものである。

それにもかかわらず、日米関係が悪化していることから、それを冷戦の終わりと結びつけて説明することがおこなわれるようになる。ごく簡単に言えば、ソ連が脅威でなくなったため、アメリカにとって同盟国としての日本の重要性が薄れ、逆に脅威として意識されるようになりつつあるというのである。この説明は完全に誤りではないが、しかし浅薄なものである。というのは、アメリカが日本を必要とする度合いは、冷戦後の世界経済運営という課題に注目するとき、むしろ増大するとも考えられるからである。また、「軍事的脅威」と同じ意味で「経済的脅威」について語ることはおかしい。経済関係は、基本的には相互の利益になるものなのである。

しかし、この「日本脅威説」は問題の重要な側面に触れている。すなわち、日米間の問題が、経済の問題につきるものではないということである。経済の問題であれば相互の利益を忘れたり、軽視したりする人は少ないだろうが、それ以外の問題とかかわるため、対立の側面にばかり人々は目を向けているのではなかろうか。一つには「日本異質論」がある。

アメリカでは最近、日本を異質と見る見方が台頭してきているが、それは元来、日本人があるいは弁解のため、あるいは誇示するために用いてきたものであった。それは決して根拠のない議論ではない。しかし、それは感情をたかぶらせるものである。一面的でもあるし、それ故に日米間の問題を大きく増幅している。われわれは異質論をうのみにすべきではない。

次に、国際関係の根本的な変化がある。その一側面として、アメリカの地位の相対的低下と日本の台頭があるので、日本の「脅威」を語る人が出てくるのであろう。盛衰とか覇者の交代は、疑いなく、人々の心をかき立てる。しかし、それは現在おこっている変化の一側面を単純化し、ドラマチックに捉えたものにすぎない。

第三に、日米両国に、とくにアメリカに、問題がいつまで経っても解決されないという苛立ちがあり、それが感情の悪化を招いている。しかし、問題解決に時間がかかるのは、関係する国の誠意の欠如とか努力不足のためであると考えるのはいささか単純である。

こうして、日米関係を悪化させているものは、それぞれ重要な問題にかかわるものである。すなわち、国際社会における異質性、国際社会の変動期における力の配分の変化、そして問題解決のしくみ、という問題にかかわるものであり、それ故、日米関係の悪化が経済的利害の対立だけからでは説明しえなくても不思議ではない。それ故、この小論ではそれらをどう考えるかという、やや基本的問題を扱うことにしたい。しかし、そのことは日米関係の悪化が不可避であるとか、改善が不可能であることを意味しはしない。異質論にしても、覇権論にしても、十分深く、考察されて使われているものではない。そこに問題がある。それ故、この小論ではそれらをどう考えるべきかというやや基本的問題を扱うことにしたい。

✤ 2

そこで、まず異質論について考えてみよう。それをややくわしく紹介するなら、日本は官民一体となって、世界市場の制覇をめざす存在である。その政策決定中枢がどこにあるかはっきりしないが、全体として国益を追求することになっている。それに、日本の社会は構成原理からして開放的とは言えないし、したがってその日本の競争は不公正なものである、ということにある。

私はこれらの議論が完全に誤りであるというつもりはない。ただ、この種の異質論の議論というものは、バランスを失いがちで、非常に危ないものであると言わなくてはならない。それは歴史の示すところであろう。

異質性の議論は、今を去るほぼ百年前にも盛んであった。そのとき異質であると言われたのは、ドイツでありアメリカであったというだけのことである。だから七十～百年ぶりに異質性の議論が盛んになっていると言うべきかもしれない。

例えばフランスの優れたジャーナリスト、アンドレ・シーグフリードの『今日のアメリカ』[128]がそうである。結論部分から引用しよう。

「アメリカ人はいまや巨大な規模で、完全に独特の社会構造をつくりつつあり、それはヨーロッパのものと表面的に似ているところがあるだけである。アメリカのもっとも見事な物質的成果の多くは、個人のいくらかの権利を犠牲にすることによって、はじめて可能となったものであり、その権利は旧世界においては、文明のもっとも貴重な勝利のひとつと見なされているものなのである。」

もちろんこれは、アメリカで少し前に始まり、成功していた大量生産方式について述べているものであるが、アンドレ・シーグフリードは最後には筆がすべったのか、この大量生産方式は個人を脅かす危険を持っている点で独自であり、その点で、ヨーロッパよりはむしろアジアと近い。対話のなされるべきなのは、したがってフォードとガンジーの間である、とさえ書いている。最後のところは熱情に浮かされて書いたとしても、アンドレ・シーグフリードのように優れた評論家でさえ、こういう異質論を書いたことは

128　邦訳は木下半治訳『現代のアメリカ』(青木書店)。

注目に値する。

しかし今日では、アメリカの異質性がなくなったとは言えないだろうが、それが最も大きな問題であるという人はまずいない。それに今日の経済史家たちは、アメリカとかドイツの成功を、その異質性だけでは説明しないで、ある程度の普遍性をもち、したがって他国によって模倣され得る優れた素質や制度によって説明するのが普通である。新たに登場したドイツやアメリカは、たしかに新奇な様相を持ち、その意味では異質であったが、それは決してドイツに生得的とか、アメリカにだけしかないものではなかったのである。

こういう過去の事例を持ち出したのは、昔の人もいささかちょっと過剰反応したことを、覚えておくほうがよいと思われるからである。

ドイツについても、経済について、参謀本部と同じような仕組みで運営しているという批評がなされた。有名な作家〔ポール・〕ヴァレリーの「方法的制覇」[129]はその典型である。これもフランスを中心になされていて、ヨーロッパの古い文明から見ると、ドイツもアメリカも異質であったのである。それは今日から考えると、当たっていないわけではないけれども、十分正しい指摘でもなかった。新興勢力はたしかに、新しい制度、新しい経済の運営を導入する。だからこそそれは成功するのだが、それはドイツに特異とか、アメリカにだけ通用するものというわけではないのである。それになによりも、成功にはまっとうな理由があるものであり、それを承認しないで特異性を云々するのは、事実を正しく認識することにはならない。

実際、日本の成功についても、日本の異質性といったものが作用しているところは少ないように思われる。まずあげられるのは、後発性の利益と呼ばれるものであろう。日本がアメリカからの技術移転を受け、それを消化するのに成功したこと、あるいは、労働者の教育訓練を重要視するマネージメントをアメリカから受け入れ、これを発展させたことなどがそれである。

次に重要なのは幸運であろう。日本の軍事支出が少なかったこと、それから日本の公共支出が他の先進工業諸国に比べて小さかったこと、この二つをまずあげることができる。この二つは必ずしも連関はしていないが、ともかく日本は小さい政府で、安上がりにやってこれたということは間違いのない事実である。

公共支出をとると、一九六〇年代には日本は国民総生産の二〇パーセント弱で、ヨーロッパ諸国の半分以下、アメリカの六〇パーセントぐらいであった。もっとも、これを幸運と呼ぶことについては、反対の人もいるだろう。軍事支出を限定してきたのは、日本人の英知の賜物であると言う人もあるかもしれない。しかし、私はそうは思わない。その必要がなかったということ、すなわち幸運が最大の理由なのである。それに対して他の国々は、不幸にも多額の安全保障費を支払わされたと言ってもよい。あるいは、かわいそうであったという言い方のほうがいいかもしれない。いずれにしても、それは異質性の問題ではない。

それ以外にも、さまざまな小さな幸運をあげることができる。例えば日本には中小企業が多く、それが一九七〇年代には力を発揮するようになった、というのがそれである。私が大学生のころには、二重構造ということで、中小企業は大きな問題だというのが通説であった。そのようにお荷物と考えられていたものが、ある日突然、利点に変わったのであって、これまた幸運としか言いようがない。大体、成功において幸運が占める比率は、きわめて大きいのである。

129 ポール・ヴァレリー著、恒川邦夫訳『精神の危機 他十五篇』(岩波文庫、二〇一〇年)所収。

なんといっても最大の幸運は、一九七〇年代初めのオイルショックであった。オイルショックは日本人にコンセンサスを与え、目標を与え、したがって努力させられたからである。もちろん、オイルショックは日本が起こしたわけではなく、しかもはじめは大変なことになったと人々は思った。だからそれは、英語で言うところの「偽装された幸運」の典型であった。しかもそうした日本人の努力が生きたのは、ちょうどそのころ、省エネルギーとか省資源とかのために、新しい電子技術を使うことが可能になりつつあったからである。そうしたときにオイルショックが起こり、日本の産業がそちらにスイッチしたということなのであり、事後的には、まさに絶好のタイミングで事が起こったと言うことができるであろう。つまり幸運である。もちろん、オイルショック後の日本人の努力は重要であり、それも成功の原因としてあげておくことにしよう。

残ったものが、いわば日本人の特殊性ということになる。その特殊性とは、例えば、官民の密接な関係とそれに基づく輸出振興策、あるいは企業内組合と、それを可能にするものとしての終身雇用、あるいはマネージメントの安定性と総体的に長期的な視野、さらには封建制に根を持つ人的絆および忠誠心などである。

しかし、この四つのものについても、そういうものが他の国になかったのかといえば、まったく同じものはなかったにせよ、ある種の人間のつながり、マネージメントの安定性とか長期的な視野、あるいは、努力し摂生するという精神、これらは勃興期のすべての文明が持っていたところのものなのである。イブン・ハルドゥーンという有名なアラビアの理論家が文明の盛衰の問題を論じているが、彼は文明が勃興するときには、努力や節約や同志感覚といったものが見られ、やがてそれがなくなるということを指摘している。その点では、日本も他の国と共通かもしれない。

そう考えると、私は相当程度まで、日本の特殊性と考えられているものは、タイムラグの問題のように思われる。つまり、現在日本の特殊性と考えられているものはいつの日にか、工業化の成功とともに、相当程度なくなってしまうものではないだろうか。とても永遠に続くとは思われない。日本の企業の長期的視野と呼ばれるものについても、二十年前、三十年前は確かにそうであったが、最近では必ずしもそうは言えない。今は日本人はよく働くが、二十〜三十年すれば話は別かもしれない。

この点で非常に重要であると思うのは、第二次世界大戦の敗戦によって、ひとつの断絶があったという事実かも知れない。それによって新しくされた格好で、全体のために努力しなければならないという雰囲気が起こり、したがって昔の美徳が、昔のままではないが復興した結果、長続きすることになったのではないだろうか。

アメリカの理論家〔ソースティン・〕ヴェブレンは、このタイムラグの問題に鋭い洞察をおこなった。彼は一九一五年に「オポチュニティ・オブ・ジャパン（日本の機会）」[130]という論文を書いた。その論文のなかで、彼は日本が軍事的に非常に強くなったことについて、それは封建的な美徳がまだ残っていて、しかも近代化によって物質的な力が増大したためであり、すなわち、その二つの結合が日本を強くしていると論じた。さらに彼は、こういうことは実はヨーロッパの国でも他にあったと書いた。ただ日本は、その成功度が大きいことが違うだけであるというのである。それに、日本が工業化に成功したということ自体が、基本的

130 “The Opportunity of Japan”, Journal of Race Development, 1915.

なものにおける共通性を証明しているではないか、と彼は論ずる。

例えば、封建時代があったというような事実、あるいは、日本のなかにある種の微妙であるけれども多様性があったというような事実、が重要である。その多様性は、古代においていろいろな人種が混淆したということからくるのであって、それは北ヨーロッパの国とほぼ似たところがあるとも彼は書いている。したがって、日本に独特であるのは工業化の速度の速さなのであって、その成功の基本は変わらないと彼は述べた。

そして、日本が工業化をさらに進めていくとき、遅かれ早かれ、そういう封建的な美徳は弱まり、なくなるだろう。人間関係も変わってくるだろう。なぜなら、工業化というものはある程度のコミュニケーションを必要とするし、ある程度の教育を必要とするし、ある程度の自律性というものを必要とする。それが行われるときに、封建的特質はなくなるだろうし、独特のものがそう続くとは考えられない。「オポチュニティ・オブ・ジャパン」という題は、したがって、日本はやがて普通の国になるのだが、しばらくの間——彼は大体一世代という——、昔の美徳と新しい近代工業力の組み合わせがあるから、そのときに日本は強大化を試みる機会があるという論旨を表したもので、きわめて示唆的なものである。

それは十九世紀の初めのサン・シモン[131]とか〔オーギュスト・〕コント[132]の流れをくむ図式だと言えるであろう。彼らは、ひとつの時代が新しいものと古いものとの混合であるときに問題もおこり、興味深いこともおこると考えた。それはタイムラグという現象を実にうまく説明した議論であった。大体はタイムラグでもって説明できることが、今の日本についても多いのではないだろうか。こうして、独特のものがそう続くわけではなく、かなり長い時間帯で見れば、いま解決できないと思うものも、かなり解決できるものがあると考えられる。

もっとも、その場合、産業社会というものが、どの程度まで同一の方向に進み、どの程度のタイムラグを伴い、最後に残る日本のユニークさがなにかということは、重要な問題として検討してみる必要があるだろう。なにがしかのものは残るであろう。そしてそれがどの程度、かつどのような意味で重要なのかということは、知的な問題としてしっかり検討してみなくてはならない。普遍性と独自性の問題は、近代工業文明が成立し、それがまずヨーロッパの後進的な部分へ、次いでアメリカへ、そして世界全体へと広がって行くとともに現れて来た問題であり、それをどう考えるかということは、われわれの世界観を決める重要な項目なのである。

❖ 3

そこで第二の問題に移ろう。異質性の問題にもまして、現在、より重要なものは、一九七〇年代以降に起こってきた非常に巨大な変化である。それが、さまざまな現在の問題をつくり出しているのではないだろうか。

その巨大な変化が一体何なのかということは、いまだ正確にはわからない。ただ、いくつかの点を指摘することはできる。まず、日本について言えば、オイルショックがあり、それから省エネルギー・省資源

131 フランスの社会主義思想家。資本家を含めた全産業者の指導する社会体制を提唱。
132 フランスの実証派哲学者。社会学の創始者。数学者。

の努力がなされ、これが日本については二重に作用した。まずは輸入が増え、そこで赤字にならないために輸出努力がなされ、輸出が増えたのである。

日本は第二次世界大戦後、一九八〇年にいたるまで、輸出のGNPに対する比率は一三パーセント台で、だいたいコンスタントであった。それが一九八六年には一七・五パーセントへと四パーセント弱ふえたのであり、この変化はきわめて大きいと言わなくてはならない。しかしその前、一九八〇年には輸入が三パーセント程度増えているのであり、以上の数字の推移は、貿易収支赤字を克服するための日本の努力を示している。その努力の中心は省エネルギー・省資源であった。

そして日本が省エネルギーに成功すると、同じころに石油の価格が下がり、そのころ資源の価格も下がりつつあった。それはおそらく、技術の発達に伴って資源に依存することが少なくなったためであろう。それは日本にとって幸運であった。あるいは幸運であり過ぎたかも知れない。日本は高いエネルギーの価格を予想して輸出ドライブをかけ、それに成功したとき価格が下がったため、非常に大きな黒字が生みだされることになったのである。

この傾向は、アメリカにはマイナスに作用した。アメリカは石油を輸出していないが国内に石油があり、かつ多くの資源、農業産品を輸出している。その価格が下がったので、アメリカの収入は減ることになった。こうして、日本の支出が減ったときアメリカの収入が減ることになったのであり、貿易の均衡は激変することになった。

しかもこのころ、オイル・ダラーをきっかけに、さらにより重要なこととして、情報化というより基本的な構造変化のために、世界の金融体系が大きな変化を経験した。そして、世界の金融体系を維持するためにアメリカが行ったことが、結果としては小さくないコストを伴ったと考えられる。振り返ると、オイルショックがあった今から十数年前には、オイル・ダラーの還流の問題がいちばん大きな問題だと言われたものである。それがうまくいかなければ、世界は不況になると恐れられた。そうしたことは起こらなかったが、それはアメリカの銀行が中心となって還流を行ったからであった。ただ、いくつかの還流先は経済的に効率のよいところではなかった。また、いくつかの国での経済政策の失敗もあった。その結果、ラテン・アメリカなどで、累積債務の問題が起こったのである。ところがラテン・アメリカは、アメリカの工業品の非常に重要な輸出先であるので、アメリカの輸出は減り、アメリカはそこでも収入を減らすことになった。

逆に日本の場合には、周りにNIES[133]が出現した。それは日本にとって小さくないプラスであったが、われわれ日本人が二十年前、NIESの成長を期待し予測していたとは思われない。こうして、期待していないところで収入先がまたもや増えたのであった。いずれにしてもNIESの発展は国際体系の構造変化につながる重要な現象であるように思われる。

一九七〇年代のもう一つの重要な事実は、ソ連の勢力の膨張であった。一九七九年末には、ソ連がアフガニスタンに侵攻した。今日から考えると、なんと馬鹿な行為であったかと思われるけれども、当時はその結果として、ソ連の脅威の増大が疑いないものになったと考えられたのであった。それに対してアメリ

133 新興工業経済地域(Newly Industrializing Economies; NIES)の略。工業化を進展させ、高い経済成長率を達成し、先進国を目指す発展途上国・地域。注97も参照。

カがなんら対抗手段を取らなかった場合でも、ソ連はその愚かさを悟ることになっていただろうか。そうなったかもしれない。しかしそうならなかったかもしれない。不確かな予測に賭けるべきだと主張することは、人間に対してあまりに多くを要求するものである。こうしてソ連の膨張に対処すべきだという気持ちが、アメリカはもちろんのこと、ヨーロッパで確実に強まり、日本でもある程度そうした気持ちが強まったのである。一九七〇年代にソ連が別な政策をとっていてくれていたら、世界はもっとスムーズに動いていたかもしれない。しかしソ連は不幸にも膨張策をとった。それに対抗するためアメリカの軍事支出が増えることになった。それがアメリカに大きな負担を与えたのである。

一九七〇年代末から一九八〇年代にかけての「新冷戦」への対抗上、レーガン政権は思い切った軍拡を行った。それに加えて、レーガン政権は大幅な減税を行ったため、政府財政は大幅な赤字となり、それがアメリカの経済に好ましくない影響を与えることになったのである。レーガンの政策に誤りがなかったとは言えないが、それ以上に、アメリカが四十年間冷戦を戦ったことの累積効果が大きかったと考えるべきであろう。

以上のように、七〇年代を振り返ると、日本が悪いのでもなく、アメリカが悪いのでもなく、要するに大きな変化が起こったのであった。それが日本の経済にはプラスに作用し、アメリカの経済にはマイナスに作用したと考えるべきであろう。人間の世は不公平なもので、結果は美徳に応じて決まるわけでは必ずしもない。日本がアメリカよりも優れた文明を打ちたてつつあるなどと考えるのは、恐らく誤りであろう。一九七〇年代以降の事情の作用ゆえに、日本の台頭とアメリカの地位の相対的低下が増幅されている、と考えるべきであろう。そして、国力を総合的にとらえるならば、アメリカは依然として超大国であり、日本は部分的に大国であるにすぎない。ただ最近の動きに目をとられて、アメリカ人も日本人もその点を見誤っている。

しかも、以上の描写は網羅的でない。例えばこの間に政府の任務が変わってきたし、性格が変化してきた。ディレギュレーション（規制緩和）はほとんどすべての先進工業諸国で志向されたが、それは変化の一端を示唆している。政府がどのように各国で変わったのか、あるいは変わりつつあるのかはまだとらえ難いが、きわめて重要な変化であるように思われる。また、情報機器の発達により金融が世界的に一体化し、産業がグローバルに展開しつつ、多様な提携関係に入るようになったことも重要である。それは既存の国際経済秩序に重大な試練を与えるとともに、将来に向けての一層の発展の可能性を秘めている。

いずれにしても、われわれはまだ一九七〇年代以降の変化の大きさと重要性を十分にかつ正しく認識していない。したがってまた、現在の諸問題を孤立的にとらえ、正しい枠組みでとらえてはいない。現在の諸問題の多くは、大きな変化の一環として進んでいるものであり、したがって、国際体系あるいは国内体系の変化を伴うような形でしか解決されえないものなのである。

こうして、この十数年の変化をとらえ、何が問題かということを考えることが重要なのである。それはとくに日本にとって、またアメリカにとって必要である。というのは、現在の日本とアメリカの議論は、状況が新しくなったなかで、古い昔ながらの引照基準を使うという知的な誤りを犯しているように思われるからである。

例えば、一九七〇年代に日米間には貿易不均衡はなかった。その後、日本の政策は変わっていない。変わったとすれば、むしろ国を開放するいい方向に変わった。にもかかわらず日米間に不均衡が生じたのだから、アメリカ側に問題があるという議論はそのひとつであろう。それはたしかに論理的ではある。また事実の一半をついてはいる。しかし、非常に巨大な変化が七〇年代に起こったとすれば、別の説明も可能になる。七〇年代以来のアメリカの対応が誤りであったというより、たとえコストが大きくても、アメリカはいくつかのことをしなくてはならなかったという方が正しいかも知れない。そしてアメリカのリーダーシップ上の役割は、今もなお重要であろう。ただ、そこに無理があるのなら、リーダーシップの性質の変化が必要かも知れない。

アメリカの場合にも、古い枠組みのなかでの思考が続いている。例えば、今までに守られてきたルールが今後も守られたら、すべてのことはうまくいくといった態度である。そして、台頭した日本が挑戦者と見なされることになる。つまり、深く考えることなしに平常への復帰を善とする態度と言ってもよい。冷戦は終わったし、だから正常な状況に戻れば、それで事がうまくいくというような態度である。

しかし実際には、この十数年間に世界は大きく変化している。だからそれに対応する努力が必要なのであり、昔の基準に合わせて、おまえが悪いと互いに非難し合うことは不毛である。昔ながらのパックス・アメリカーナ[134]はありえない。もちろん、パックス・ジャポニカなどというものはありえない。ありうるのは復調したアメリカを軸とする多角的な運営体制か、国際秩序の崩壊かのいずれかであろう。だからこそ、新しい状況に対応して、協力して新しいシステムを作るという心構えが必要なのである。

❖ 4

以上の検討は、政治・外交に関して、戦後数十年の間、さらには近代を通じて存在しなかったような性質の問題と取り組むことが要請されていることを示唆している。普遍性と独自性の問題はこれまでにも存在しなかったわけではないが、しかし、西欧が支配的勢力である限り、それは尖鋭なものではなかった。西欧文明にとって共通の基本価値が支配的でありえたし、それ故、ある程度まで同質的な価値観の上に秩序を構成することができた。ところが、国際社会には中央集権的権力はなく、また存在しえないが故に、ある程度までの価値の同質性がなければ、秩序の形成は著しく難しいのである。

異質の信念体系を持つ共産主義国家ソ連の出現は、それ故、きわめて基本的な挑戦であった。その挑戦が終了しつつあるように見える今（フランスの新聞『ルモンド』は一九八九年末、そのことを「言語の統一の回復」と呼んだ）、日本が出現したことの意義はきわめて大きいのである。たとえ、それが異なる分野のものであり、はるかに柔和なものであっても、独自性を持つ日本の台頭は、国際秩序の形成・維持を困難にすることにおいて変わりはない。『ルモンド』の表現を利用するなら、日本とアメリカの間の言語は決して統一されてはいない。

多分、この問題は基本的でありすぎるし、答えを得るのは容易でない。それに、政治・外交はより具体的で目の前の問題と取り組むべきもので、そうして努力しているうちに基本的問題への対処のしかたも分かってくるところがある。ところが、相互依存の増大、とくに通信技術の飛躍的進歩と金融面における前例のない相互依存の増大は、伝統的な政治・外交のあり方に疑問を投げかけるものなのである。

そこで、日米問題の具体的問題とそれへの対処を例にとって考えることにしよう。われわれはまず、な

134　第二次世界大戦後、圧倒的な軍事力と経済力によってアメリカが維持してきた平和。「アメリカの平和」。

にが実際の問題なのかを考えなければならないであろう。そしてその際、重要でない問題に精力を割いてもしかたがないが、同時に、ある程度まで実行可能なものと取り組まなくてはならない。

例えば日本の農業の開放の要求とか食糧安全保障への批判は、間違いではないが、重要性は疑わしいのではなかろうか。米の輸入のある程度の自由化によって日本の輸入額がどの程度増加するかを考えれば、そのことは理解されよう。たしかに食糧安全保障は正しい議論ではない。しかし、世界の各国は、その社会の安定のためもあって、農業については、それぞれ補助金を出して保護し奨励している。したがって、むしろ補助金の公平という見地から世界的視野で問題を考えるべきだし、そうすれば問題は解決できる可能性がある。日本についていえば、補助金は減少させてもなくならず、米の輸入はおこなわれても、量は限られるものとなるだろう。そのような経済的に重要ではなく、しかし心理的に大きな反発を引き起こす問題を大きく振りかざすのは、賢明とは言えない。もちろん、日本のように固執するのも正しくない。

それでは、あまり重要でない問題は取り上げないことにして、重要な問題を取り上げて、それが解決できるかというと、これまた大体は難しい。まず、重要な問題というものは、あまり解決できないという性格を持っている。例えば、国際収支の不均衡の問題は重要であるが、それを急に解決する方法はなさそうである。歴史を見ると、国際収支の不均衡はある程度の時期継続する傾向がある。それらは、政府の施策によって動かしうることがきわめて少ない、社会の自然の動きによるところが大きいからである。

実際、日米間の議論は、われわれを不思議な気持ちにするし、ため息も出させるようなところがある。例えば日米構造協議が行われて、アメリカは日本に注文をつけ、日本はアメリカに注文をつけている。私はそれを聞いていて、両方とも正しいという感じがする。自分の言っていることは正しくて、相手の言うことは間違いであると感ずることができる人々は幸せであろう。そうした性質の人々はアメリカにも日本にも見られるが、世の中には害を流す存在だと言わなくてはならない。

ただ、両方とも言い分は正しいのではあるが、なぜため息が出るのか。それは、両方ともできそうにないからである。少なくとも簡単にはできない。例えば、アメリカの貯蓄率を上げる必要があることは確かであるが、どうやって上げるのかは分からない。日本の町は汚いから公共投資をもっと増やしたほうがいいではないかというのもそのとおりだが、どうやって増やすのかは同様に難しい。こうした不思議な現象は、両国がそれぞれそのベスト・インタレスト、両国にとって最善の利益から見れば逆のことを続けているということを示唆してくれる。アメリカが貯金をしなければ、つまり過剰消費の習慣が続けば投資が増えないから、したがって競争力は回復しないということになる。日本の場合で言えば、現に公共投資が不足していて、しかも今から十年か二十年すると社会が老齢化して財源が減るため、その前に公共投資を十分に行って都市を住める場所にしておかなければいけない。その必要は明白で、そのことは生産設備を増やすとか福祉を充実するとかより大事なことのように思われる。でも一体、どのようにして実現したらいいのだろうか。

ひとつの答えは放置することかも知れない。両方が自分の最善の利益に逆らっているわけだから、やがて問題の深刻性を認識し、解決の方向に向かうに違いない。それまで待つのもひとつの答えかも知れない。しかし、待つ時間はないように思われる。それに、現在の世の中は相互依存の時代であって、自分の問題を外に輸出することによってしばらくの間は自国の問題をごまかすこともできる。だから自然の流れに委すわけにはいかない。もっと相互依存が少なく、世界の動きが遅ければ、自分の真の利益に気がつくまで待つというのが最善であるかも知れないが、そうはいかないというのが現在の国際社会の性質のしからしむるところである。

さてその場合、外交にそのような仕事ができるかが、また難しい。経済交流の問題については、普通、人が意識している以上に妥協は難しい。というのは外交はギブ・アンド・テイクであり、したがって、これこれのことを要求するがその代わりに自分はこれこれのことをする、といった形の取引が外交の常道である。それが意外にはっきりしないのである。

ひとつには交換条件の問題がある。軍備縮小の場合は簡単である。SS20の撤廃に対して自らはパーシングII型と巡航ミサイルをなくすといった取引ができる。ここでは交換条件がはっきりしている。ところが経済政策の運営については、交換条件がそのようにはっきりしているものは少ない。経済活動の多様性ゆえに、なにとなにの交換的妥協が妥当なのかは認識し難い。

より重要なこととして、たとえ交換条件がはっきりしていても、それが政府間協定で解決できるかどうかに問題がある。経済問題は内政問題だからであるし、またそれは私的部門にかかわることで、軍備のように政府の専権事項ではないからである。そのため経済政策における約束は、これまであまり外交の対象になって来なかった。それぞれが自分の主権の問題であるとしてすましてきた。しかし、もはや軽々しく主権という言葉を振り回すようなことはできない。現代国家は利子率や財政政策など、いくつかの領域では完全な主権を持つことはできないのである。

しかし、主権を振り回すのは愚かだと言ったあとで、ではいかなる外交交渉をすれば事はまとまるのかが問題である。もちろん関税率を交渉で決めることはしてきた。しかしそれは、交渉の議題も限定的であり、またその結果得られる結論もはっきりしてたからである。それに対して経済政策を調整するといった問題は、伝統的な外交ではまず例がない。先例がないため経験がほとんどない。その際、少数のことにポイントを絞り、お互いに約束を交わすということはできるかもしれない。つまり、それぞれの経済政策についての協定ということが、やがて可能になるかもしれない。また可能にさせなければならないかもしれない。国際関係において経済が中心になって来ており、しかも相互依存の状況が深化して来ている以上、経済問題は外交の重要な対象であるのだから、それを解決する手法と慣行が作られなくてはならないのである。この意味で、外交のあり方が今日問われているのであり、それは現在の新しい課題であるように思われる。

しかし、そこには根本的な理論上の問題がある。すなわち、二つの政府間で交渉がおこなわれ、合意が得られたとしても、それはどの程度有効かということである。例えば、アメリカ政府が財政赤字を目立って減らし、日本政府が社会資本のための出資を増やすことは、よいことであるだろう。しかしそうした約束をし、両国政府がそのために努力しても、それぞれの国会が協力しなければ約束は守られない。そして国会は、予算審議は自分たちの権限と信じているから、両国政府の合意にしばられるとは思わないであろう。また、貯蓄にしても投資にしても、それは民間部門の問題だから、政府が約束してもその有効性には限りがある。つまり、相互依存関係の運営は、伝統的な内政・外交の区別をしていてはおこないえないのだが、しかし、各国の制度はその区別の上に作られている。

こうした新奇で困難な状況の打破は、やはりリーダーシップの責任であろう。ところが、両国の政府の質の問題について、私はどうしても悲観的になる。アメリカの場合には圧力集団に振り回されていて、例えば財政赤字の克服がすすまないのはそのためである。日本の場合には外国と横並びでなにかをやるという程度であって、それ以上のことはしようとしない。日本は少なくとも向こう六年間、衆議院で法案が通っても参議院では通らないという状況だから、強いリーダーシップはまずあり得ない。

しかもなお、われわれは悲観的になるべきではない。日本とアメリカの知識力と意見交換の歴史からすれば、問題は難しくても、解決の方向に向かうことは不可能ではない。ただ、日本でもアメリカでも政治のリーダーシップが弱まりつつある。それが先行きを暗くしている。巨視的に見て、そう悲観的になる必要はないかも知れないが、ただ時として緊張がたかまり、波乱が起こるだろう。このところ、われわれがそうした困難な時期にあることは間違いない。そんなとき、感情を抑え、冷静さを保つならば、なんとか切り抜けていくこと、イギリス人のいうmuddling throughが重要であり、また可能である。

それは決して軽蔑すべきものではない。新奇で困難な状況に際して、はじめから基本的解決策が見えているといったことはまずないから、われわれは現実を直視しつつ、手探りで進む以外にない。ただ、その際、方向感覚のようなもの、あるいは、なにが基本的問題であるかを考え、その性格を知ろうとする努力もまた必要とされる。

III

長い始まりの時代

この五年間は、冷戦後の世界が次々にその複雑さを表わしてきたときであった。そして世界の雰囲気は悲観的な方向へと、少なくとも混迷の方向へと変化してきた。

もちろん、五年前でも手放しの楽観主義が支配的であったわけではない。湾岸での危機が深まる中、ブッシュ大統領は「世界新秩序」という目標をかかげたが、それに対して懐疑的なコメントも少なくなかった。一般論として、そう簡単に国際秩序ができるわけはないし、具体的にも、例えばソ連や東欧諸国などで共産主義が瓦解した後、新しい政治・経済・社会制度を作るのが大変であろうことは多くの人の感じたことであった。共産主義という共通の脅威が無くなった後、「自由主義陣営」をどのようにして維持し、どう発展させていくのかが大きな問題となるだろうことを指摘した人もいた。しかし、冷戦終了直後の雰囲気は何といっても明るかった。

それが暗くなったひとつの理由は、人々が多くを望みすぎたことにあるだろう。例えば欧州統合がそうで、人々は勢いに駆られて将来を計画した。後から、その過程にはさまざまな具体的な障害が存在することが判ると共に、楽観主義は弱まることになった。ＰＫＯもそうで、それは局地戦争と内戦という冷戦後の課題への解答を与えるものと思われたが、ユーゴスラビアやソマリアの経験から、この問題は、ひとつの明白な処方箋で対処しうるほど簡単なものではないことを思い知らされたのである。

より重要な理由は、冷戦の間に十分見えていなかった大きな変化が表面に出てきたことである。それはある程度は予想された。例えば、民族対立といったことは冷戦という大きな対立によって隠されていたので、今後はそれが問題になるだろう、と思われた。しかし、より目立たないものが重要である。例えば経済の「世界化」とか、アジアの台頭とか、それ自身はよいことが問題をもたらすものであることが判ってきた。それは世界のなかでの諸関係を変え、新しい制度を必要とさせる。

もっとも、以上のように一般的な形で言うなら、多くの人がそうしたことを論じてはいた。しかし、それがどのような具体的な問題を、どのような形でもたらすのかまでは判らなかった。例えば、世界経済におけるアメリカの比重の低下が多角的なマネージメントを必要とするだろうこと、そして「世界化」が最も大きな影響を与えている国際通貨体制についてとくにそうであることまでは理解されていた。しかし、それが最近のドル安・円高を招くといったことを考えた人はまずいなかった。たとえて言えば、悪天候になることはぼんやり予測できても、大雨が降るのか、台風が吹くのか、雪が降るのかは判らなかったのだし、社会に関する人間の予測はその程度のものなのである。

人間は具体的な問題に直面して考え、対処するものだし、それ以上は、大体のところ望み難い。その際、われわれの思考は長らく慣れ親しんだものによって影響されている。あるいはしばられている。ところが、冷戦の終わりはそれにとどまらず、いくつかの長期的な趨勢の終わりでもある。例えば、二十世紀は国家が日増しに大きな役割を果たし、それが概してよいものを生み出してきたのだが、今や国家がしばしば問題を生み出すものとなっている。そうしたとき、人々は一方で国家を批判し、他方でそれに依存しつづけることになる。だから知的混迷が支配することになる。

しかし、こうした状況ではある程度の方向感覚を持ちつつ、具体的な問題に対処していくしかない。そうした努力がくり返されるなかで、状況と問題が十分に見えてくるまで他に方法はない。その意味で、私は今回の極端な円高はよかったかも知れないと思っている。それはひとつの問題を明らかにしたし、それから理論的考察を重ねていけば、かなり基本的な問題も理解できるだろうからである。それは一九七三年のオイル・ショックに似ているかも知れない。それは当面日本に苦境をもたらしはしたが、長い目で見れば、日本が必要としていた変容をおこなわせてくれた。われわれが腰をすえて対応すれば、今回の試練もそうなる可能性を持っている。ただ、今回の方が多分試練の性格が複雑で、困難なものではある。それに、リーダーシップはきわめて弱い。しかし、突如として現実化する試練に対応できるか否かについて、あらかじめ確信は持てないものであり、おこってから対応し、それによって文明の運命は、人間の運命と同様、決まるものなのである。

ともかく、この書物（本書第Ⅲ部）は、時事論文を集めたもの（記載のないものは『中日新聞』一九九〇年四月～一九九五年三月連載）で、これで三冊目になる。それぞれの論文を書く際に私が心掛けたことは上に述べたようなことだったし、今、読み返してみて、記録としての価値はないわけではないと思う。時事論文というものは、十分な時間をかけ、状況を見極めてから書くわけにはいかない。何か問題がおこるとき、不意をつかれつつ、状況を調べ、過去の事例を参考にし、常識的に判断して書く以外にない。その努力と能力の限界とがあちこちに現われているのだが、それは、とくにこの時代を表現しているような気がする。

こうした作業を、考えてみると三十年余続けてくることができたのは、何人かの編集者をはじめ、多くの人々のおかげである。この機会に深く感謝したいと思う。それと共に、やがて歴史の中長期趨勢とそれへの対応をまとめて書きたいという希望を表明させていただくことにする。

一九九五年四月

アメリカ「野党」論　1990・4

ようやく「中間報告」にこぎつけた日米構造協議について、アメリカは日本の「野党」の役割を果たしたのだという見解が、アメリカの政府筋から出されている。言いえて妙と思う。

それはまず、従来の考え方からいえば「内政干渉」にあたることがおこなわれたことを示している。社会資本の充実をアメリカが日本に迫り、きわめて具体的な十カ年計画を出させたのは、その最たる例である。大店法の緩和あるいは撤廃もそうで、ために反対の立場の人々は、「内政干渉」と言って非難している。

しかし、現代では「内政干渉」はつねに不当とはいえない。経済的相互依存がここまで密接になると、一国の経済の動きが他国の経済の動きに影響を与えるのは避けられない。例えば、社会資本が不十分で生産資本がすばらしいという日本のあり方は、日米の経済関係に――したがってアメリカに――影響を与えるものであるから、アメリカとしては無関心ではおれないのである。同様に、アメリカの政策も日本に影響を与える。例えばその大きな財政赤字は、アメリカの貿易赤字の重要な原因となり、そして貿易不均衡を通じて、日本に影響を与える。だから、いささか遠慮がちではあったが、日本はアメリカの財政赤字の削減を求めたのである。

以上が第一の側面だが、今回の交渉において、アメリカがきわめて強い態度をとったのは、その要求が日本の消費者、すなわち庶民の利益になるものだと信じていたからであった。たしかに、社会資本の充実にしても、大店法にしても、そして独禁法の強化はもちろん、日本の庶民のためになることである。

だから、それは元来、日本自らがやるべきことだったのである。それがアメリカに言われるまでできなかったのは、日本では官僚と与党が一体化していて強すぎる上に、野党も似たような考え方の持ち主だからである。消費者の利益を代表する政党はほとんどなく、野党もまた、財を供給する側の団体の支持を得ようとしている。独禁法が強化されなかったのは官僚と与党の罪にすることができるだろうが、例えばコメの自由化となるとそうではない。社会党もコメの自由化に反対してきた。コメを作り、供給する側に立ってきたわけで、消費者の側には立っていない。やがて国会で議論される大店法の改正に際して、野党がどういう態度をとるかが見物である。

もっとも、私は消費者至上主義が正しいとは思わない。モノ作りに携わる人々を大切にする日本人の考え方には捨て難いところがあるし、戦後の日本のように貧しいときには、その方が正しかっただろう。しかし、今や状況は変わっている。それに、経済活動というものは、最終的には消費者がどのくらい利益を得るかによって判断すべきもので、この視点がなくなるとき、内においては企業もしくは生産者団体が強くなりすぎるし、外に対しては重商主義になってしまう。消費者を中心に考えれば、安いモノを外国から輸入すべきだということになるが、生産者を中心におくと、保護主義になってしまう。こうして、アメリカの言う消費者中心の考え方は、現在では正しいものであるが、しかしまた、政府関係者のみならず日本人の多くが基本哲学を変えることを必要とするものでもある。

この数年間に、そうした変化がなかったわけではない。しかし、現在の社会は変化させるのが意外に難しい。種々の利害集団があり、それぞれが自分の立場を主張する。それも時代に遅れ、それ故経済的に弱い立場に立ったものの方が熱心にそうする。そこで改革を説く人々がかなりいても、反対派もいるので手詰まり状態に陥ってしまう。改革には随分時間がかかる。変化の遅い時代ならそれでもいいが、現在は変化が早く、時間がかかると困る。

それ故、「外圧」、すなわち外国からの要求はそうした手詰まり状態を破るという効用を持っている。そのとき「外圧」は日本の利益に反し、日本人が嫌がることをやらせることにはならず、日本にとって必要な変化を加速することになる。構造協議が「中間報告」を出したすぐ後、アメリカの友人が、「日本もアメリカに注文をつけたが、もう少しポイントを絞って、もう少し強く押してくれた方がよかった」と私に語った。ある程度までは外交辞令だろうが、しかし、アメリカの政策決定者も手詰まり状態を破って改革をしたいと思っており、そのために、日本からの注文も有用だと思っているのかもしれない。

こうしたことは、一昔前は考えられなかった。良かれあしかれ、現代はそうした時代なのである。

変革の代償——二つの増税　1990・5

再び「円高」傾向に転じた最近だが、その理由は、〔ジョージ・H・W・〕ブッシュ大統領が増税をおこなってアメリカ連邦政府の赤字を減らすことを決意したためだという。随分難しいことであったに違いない。というのは、ブッシュ大統領は二年前の大統領選挙の際、増税をしないことを公約してしまっているからである。増税はいかなるときでも難しいが、とくにそれが公約に反するときはそうである。

しかし、それは立派な決心である。なぜなら、増税以外に財政赤字を減らし、なくす方法はない。大体、〔ロナルド・〕レーガン大統領があまりにも気前よく減税したのが悪いのである。税は低いのがよいのに決まっているが、国家財政を賄うのに足りる税を取らなくてはならない。そして、連邦政府の赤字が続く限り、アメリカの貿易収支の赤字も続くし、それでは世界経済は不健全な状況を脱しえないのである。

だから、大統領選挙に際して、いかに勝つためとはいえ、増税はしないと言うべきではなかったというのが識者の一致した意見であったし、そのような公約をしてもいつかは破らざるをえないであろうというのが、おおかたの観測であった。そうした筋論から言えば、ブッシュ大統領の増税決意は一年は遅すぎたわけだが、たとえ遅くとも、正しい方向への修正はよいことである。

ブッシュ大統領に加えてもう一人、増税という困難な決断を迫られているのがコール西独首相である。恐らくは避けられなかったと思うが、〔ヘルムート・〕コール首相はこの三月に東独の選挙に際して、東西ドイツの「再統一」、少なくとも早期に経済面で一体化することを訴えた。それ故に、東独で保守系の政党が勝ったのだが、生活水準を異にし、かつ経済体制を異にする東西ドイツを「再統一」することは一大事業である。

それは当然、巨額の出費を必要とする。簡単に言えば、東独は基礎から再建されなくてはならないのだが、そのためには、インフレや住宅の整備に始まって、東独政府の対外純債務を引きつぎ、東独の年金や医療を西独の水準に近づけ、やがては同等のものにするためなどの出費を必要とする。それに、これまで東独政府がおこなってきた、企業課税と助成金の制度をやめて、企業を独り立ちさせなくてはならないが、その際、企業をつぶす訳にはいかないから、結局、政府収入は減少することになると考えられ、その分は西独政府が負担しなくてはならない、豊かなものが貧しいものを吸収合併する際に、豊かなものがカネを出すことは理の当然ではあるが、その額は大きく、移行期初期には西独の国民総生産の一〇%に達するだろうという計算がなされている。

もちろん、中長期で考えると、ドイツ「再統一」はドイツ経済の高成長をもたらし、ドイツの地位をたかめる。それに、外交のあり方によってはドイツの軍事費が削減されうるから――なんと言っても、東西ドイツが対抗する形でそれぞれ軍備を持つよりも、ひとつの国となって必要なものを持つ方が安くつく――その面もばかにならない。

しかし、移行期のコストは西独が負担せざるをえず、しかも政府財政によってそうしなくてはならないから、西独は増税を避けるわけにはいかない。その不人気な決意ができるか否かに、ドイツとヨーロッパと世界の運命がかかっていると言っても過言ではない。

以上の事態は、冷戦が終わったとか、その際西側が勝ったとか、ドイツ民族がひとつになったと言って喜ぶ時期がすぎ、新しい体制に移行するための難問と取り組む時期に入ったことを示している。それは当然のことである。あらゆる争い――冷戦もそうだが――は高くつく。そのときだけでなく、後から大きなツケとして回ってくる。アメリカの場合には、レーガン時代に、減税と軍事力強化をしたことは、たとえ必要であっても――私自身は大体のところそう思うが――、財政赤字という重い荷物を残した。西独の場合には、「再統一」を急ぐことは不可避であっても――このことについても私はそう思う――それを巧くやるための大きな出費を背負いこむことになった。思い切って言えば、「勝利」の代償は大きいのである。しかし、それを支払うことには困難が伴う。アメリカとドイツがその方向に歩み始めたことは立派であり、喜ぶべきことである。

ふりかえって日本はどうだろうか。実は、日本も冷戦末期に重荷を背負ったのである。そのうち最大のものは、地価の異常高騰である。日本は赤字国アメリカに資金を流すため、きわめて低い金利を続けた。それもしかたがなかったと私は思う。その代償が投資熱であり、土地と株の異常高騰なのである。少なくとも、そのうち土地の異常高騰には、決死の覚悟で対処しなくてはならない。そうでないと、ほんとうによい「冷戦」後の日本と世界にはならない。

しめくくることの難しさ　1990・6

急ぐべきか、急がざるべきか。それは外交の世界で重要な問題となることが少なくない。現在は恐らくそれが問題のときで、そのことは冷戦後の世界システムの構築、とくにドイツ問題の解決を考えてみれば判る。

五月末、〔ミハイル・〕ゴルバチョフ大統領がアメリカを訪問しておこなわれた米ソ首脳会議は、アメリカ国民の多くが示した熱狂ぶりとは逆に、新しい具体的な成果はほとんどなかった。まず、戦略兵器削減交渉については、両国は合意に達したものの、数年前に原則的に合意をみた戦略核弾頭の半数削減にまでは到底到らない結果に終わってしまった。アメリカのそれは一万二〇〇〇から九五〇〇へ、ソ連のそれは一万一〇〇〇から七〇〇〇へと減っただけなので、一九八〇年の状況に戻ったにすぎない。それに、海上発射ミサイルについては、現状の二倍以上の高いところに上限を設けたにすぎず、検証はしないことになったとか、旧式のものを陸上移動式ミサイルに代えてよいとか、技術革新は認められることになったとか、触れこみが大きかったわりには成果は小さかった。軍備管理の面での具体的な進展は、両国が化学兵器の大幅削減に合意したことしかない。

それに、恐らくは現在の最重要問題であるドイツ問題については、まるで進展が見られなかった。ドイツ再統一はもはや既定の事実となったが、その再統一されたドイツの安全保障上の地位をどうするかが、このところ、問題となっている。西ヨーロッパ諸国もアメリカも、統一ドイツがNATO（北大西洋条約機構）に所属すべきだという立場を取っているし、東ヨーロッパ諸国の多くも、中立ドイツよりもその方がましだと考えるようになったけれども、ソ連はそれに賛成していない。そして首脳会談でも、ゴルバチョフはドイツと戦った「大祖国戦争」でいかに多くのソ連国民が死んだかを語り、したがってヨーロッパの政治安全保障地図の決定にソ連がいかなる発言権を持っているかを指摘し、歴史的にみてもドイツ問題がロシアにとっていかに決定的な重要性を持っているかを強調しただけで、具体的な話し合いに進もうとはしなかった。シェワルナゼ外相の態度は、いっそう頑固であった。あるアメリカの官僚は、「ドイツ問題に使われた時間は無駄だった」と語ったという。

こうして、米ソ首脳会談の唯一の成果は新貿易協定だった、とする批評も故なきものではない。しかも、それさえも、アメリカ議会がユダヤ人などの出国の自由とか、リトアニアの独立問題など、いくつかの条件をつけるだろうから、それが発足するまでにどのくらい時間がかかるか判ったものではない。しかも、新貿易協定がめでたく発足しても、ソ連製品の国際競争力のなさを考えると、新貿易協定の現実的な価値はきわめて疑わしい。米ソ首脳会談は、雰囲気を盛り上げただけだったと言えないものでもない。

しかし、ものは考えようである。「ドイツ問題」について、そう簡単に、しかも短期間に答えが出ることは、そもそもありえない。もしそうなら、冷戦が四十年以上戦われることはなかっただろう。ドイツがどうなるかは、ソ連にとって重要なのである。しかも、ドイツ統一が現実の問題となってきたのは、たったの数カ月前である。昨年の冬が訪れたころには、東ドイツではまだ共産党の一党独裁が続いていて、その指導者は、西ドイツとは独立した東ドイツの存在を守ろうとしていた。それから急転直下、あっという間に再統一にまで進み始めたのだから、ソ連の指導者が驚き、対応に苦しむことになっても当然である。

しかも、ヨーロッパの外交史をふり返れば明らかなことだが、「ドイツ問題」は重要で難解なものである。別段、ドイツが悪い国だからというわけではないのだが、西ヨーロッパと東ヨーロッパの間にあるという地理的位置だけでも、それをめぐる外交関係は難しい。

そのうえ、ゴルバチョフはソ連経済が惨憺たる状況にあるので、国内での立場は悪化しつつある。彼はワシントン訪問で、ソ連国内の旅行よりも大きな歓迎を受けた。そのゴルバチョフに対して「ドイツ問題」の解決を迫るのは無理というもので、逆効果が恐れられる。そうしなかったのは、「勝った」ときのアメリカの長所である寛大さの表れで、多分正しいのだろう。

しかし、問題が重要で、ゴルバチョフとソ連の先行きが不確実であるだけに、あまりに時間をかけすぎると、事態が変わり、新しい難問が発生して「ドイツ問題」の解決が不可能になり、冷戦は終わったようで終わらないという不安定なことになる恐れもある。どの程度で進むべきかはまことに難しく、関係者の判断が正しく行われることを希求するしかないように思われる。

選挙制度改革より自民党の体質改善 1990・6 ♣

先の選挙制度審議会の答申を受けた海部〔俊樹〕首相は、政治生命をかけて政治改革と取り組むという姿勢を明らかにした。こうして政治改革への機運が盛り上がってきたのは、なんと言っても昨年のリクルート問題[135]に端を発するが、それと同時に、日本の政治がこのままであってはならないという認識が、与野党を含めて広範なものになってきたことが重要である。

内政面でも外政面でも日本は難しい問題に直面しているのに、自民党が万年与党で社会党が万年野党という状況では、対応しきれないという思いを、与党の人々からも野党の人々からも耳にする。

そうした機運の盛り上がりは、疑いもなくよいことである。確かに、日本の政治は今のままでは困る。しかし、選挙制度の改正は重大なことである。民主主義の最も重要な要素は、国民が政治を行う者を選ぶということ、逆に言えば、その支持を失った者は政権を追われるということであるから、選挙制度は最も重要な制度と言ってよい。そして、人々が永きにわたって慣れ親しんできた制度というものは、よほどのことがなければ変えるべきではない。慣れ親しんできた制度には、無形の付属物があって、それが機能を果たさせている。

まずわれわれは、いかなる政治改革が、どのような理由で説かれているのかを見てみなくてはならない。そして、目的を遂げるために選挙制度の変革といった大修正が必要なのかを考えてみなくてはならない。

政治改革の必要が説かれる第一の理由は、既存の制度ではカネがかかりすぎるということであろう。中選挙区制では自民党（あるいは多数を占めたいと思う党の）候補者同士の競争が避けられず、そこでは、政策は大体同じなのでサービス合戦が決め手となる。したがって、議員が選ばれるための活動にカネがかかるようになるというのである。確かに、政治にカネがかかりすぎることは問題である。資金を供給するものに不当に大きな影響力を与えるし、また、政治を行おうとする者の数を減らす。

しかし、政治にカネがかかるのは中選挙区制のためであるという議論は、一応、理屈が通っているようだが、反証も存在する。特に、小選挙区制にすればカネがかからなくなるとは、必ずしも言えない。実際、英国の政治はカネがかかっていないが、同じ小選挙区制でも米国の場合にはカネがかかっている。それに、日本でも奄美大島は一人区だから小選挙区だが、カネが飛び交うことで知られている。政治にカネがかかるかどうかは、社会的・文化的な要因によるところが大きいのではないだろうか。

中選挙区制のより大きな欠点は、政治が二重の意味で焦点のはっきりしないものになるということであろう。小選

135　リクルート社の会長であった江副浩正が自社のステイタスを高めるため政財界・メディアの有力者に同社の子会社であるリクルート・コスモス社の未公開株を譲渡し、一九八六年一〇月の店頭公開に伴う売却益をもたらした贈賄事件。一九八八年に発覚すると、中曽根康弘前首相、竹下登首相、宮澤喜一副総理・蔵相、安倍晋太郎自民党幹事長ら自民党の有力議員をはじめ多数の政治家や官僚、学者、企業家が利益を得ていたことが明らかになり大スキャンダルとなった。

挙区制と比べて、中選挙区制では議席の移動が少ない。与党三対野党二が逆に与党二対野党三になるぐらいのことであって、小選挙区のように、一対〇が〇対一となるのとずいぶん違う。そのため、選挙の結果は劇的な性格が少なくなるし、緊張感をも弱める。

加えて、選挙の結果と政策の結び付きがはっきりしない。政策論争が選挙結果に影響を与える度合いが少ない。もしくは少ないと考えられるからである。社会党が、負けても（自民党に対して負けただけでなく、その議席を減らすという意味で負けても）基本的政策をほとんど変えなかったのは、そのためかもしれない。小選挙区の方が明らかにメリハリが効いている。

理論的には、小選挙区の方が明らかに正しい。現代民主主義は代表による政治であり、選挙は代表を選ぶためのものである。ところが、同じ選挙区からまったく考えの異なる人々が代表として国会に送られるとなると、訳がわからなくなってしまう。

選挙結果が判明して当選者にインタビューがなされるのを聞いて、頭が混乱する感じがするのは私だけではあるまい。ある当選者は「消費税反対が支持を得たのだと思います」と言い、またある当選者は「消費税の必要を正直に述べたのがよかったのだと思います」と言っているからである。

しかし、人間も社会も政治も不得要領のものかもしれない。したがって、中選挙区制の方が世の中の現実に合致しているであろう。とくに、われわれ日本人は黒白をはっきりつけるのが嫌いで、そこで、選挙区の代表として自民党議員も社会党議員も、そして公明党議員も選ばれることで案外満足しているのではなかろうか。死票が多くなる小選挙区制になれば、不満感が増大するのではなかろうか。

小選挙区制は勝ち負けを明白にするゲームであり、それを楽しむ精神を必要とする。しかし、われわれはそれほどさばけてはいないかもしれない。また、多数を得た政党がしばらくの間、授権されて政治を行い、うまくいかなければ交代するという考えである。しかし、日本人は授権ということが苦手で、何につけても合議をして、権限も少ないが責任も少ないことで安心しているのではなかろうか。

それに、小選挙区制には重要な問題があることを指摘しなくてはならない。すなわち、現職が圧倒的に強いということで、再び米国の議会はそのことを示している。日本のように社会全体に年功序列型の制度と価値観があるところでは、年寄りを押しのけて若い新人が出ることは、一層難しいのではなかろうか。カネがかかる政治が政治に入る人を減らしているのは事実だが、小選挙区制にして新人がもっと出にくくなれば、その点ではかえってマイナスになりうる。

比例代表制の問題点については多くを触れないが、ひとつは、投票する人たちと議員となった人の間に直接関係がなく、したがって親近感も少なく、責任もはっきりしないことと、候補者リストを作成する党執行部の力が強くなりすぎることを挙げておこう（参議院の比例区のリスト作成のことを想起してもらえばわかるだろう）。

こうして、小選挙区制を基本とする選挙制度に変えることには、利点とともに問題点も少なくない。また、カネがかかることについては、その効果は必ずしも確かではなく、それ自体を目標とした措置をとる方がよいように思われる。ただしその場合、カネを使うことを取り締まることだけを考えても恐らく効果はないので、ある程度カネがかかることを認め、出所を明白にすることや、選挙に公的資金を使うことなども考えるべきであろう。

とはいえ、以上のことから、私は選挙制度の改革に反対という訳ではない。それは、多少日本の政治的・社会的風土に反して、ぬるま湯につかっているような現状を改める刺激剤となりうる。そのような変革が、いくつかの思いがけない波乱を起こすにしても、日本の政治に刺激が必要であると判断するならば、選挙制度の変革を行った方がよい。真実のところ私もその判断に苦しむのだが、やはり改革をすべきだろうと思う。

しかし、それには時間がかかる。選挙制度の改革は関係者の利害が絡むから、簡単に合意が得られるとは思われない。そして、日本の政治がぬるま湯から抜け出す必要性は現在、存在する。それ故、私としては、まず自民党が自らを改革すべきだと思う。それならば、自民党の議員と支持者に十分な決意があればできることだからである。

第一に、自民党はその母体をより広範にすべきであろう。議員になる人の層が限られていることが問題であるのだから、異色の人物を議員にする努力が必要である。例えば、参議院の比例区はそれに役立てることができる。そこで比例区の存在理由を明白にするならば、小選挙区と比例区との併用の価値も実証されるだろう。

今のような形で参議院比例区を使っている政党が、衆議院で選挙改革をやっても、うまく使えるはずがない。そのためには、各議員ではなくて党の資金が豊かになる必要があるだろうから、その点での政治資金規正法の改正は望ましいように思われる。また、内閣閣僚に自民党の議員以外の人間をかなりの数、登用することもよいことだろう。同じような人間が集まっていることは、ぬるま湯的環境の最大の原因だからである。

しかも、自民党内部はトコロテンのような〝昇進〟構造になっている。一年生とか二年生とか、まるで学校の生徒のような名称があり、年功序列で大臣になる。それでは他の世界で成功した、かなりの年の人が入ってくるはずがない。二十年前の自民党は、まだそれほど年功序列がはっきりしていなかった。

さらに、競争原理の導入ということで、国会および自民党内部での議論を盛んにし、かつ相当程度（完全公開というようなことは政治ではありえない）公開のものとするのもよいだろう。

それは、「族議員」の弊害を直すのにも役立つかもしれない。要するに、自民党内部の停滞した雰囲気が問題なのであり、腐敗もそれを遠因としている。

ここで、そうした改革をやるには国の制度を変えなくては、結局は絵にかいた餅になるという議論が出されるだろう。それもそうだが、自民党内部の改革なしに選挙制度を変えても、魂のないものになってしまう。だから、選挙制度の改革は中期目標として十分に議論を行い、まずは自民党自身の改革から始めるべきだと考える。

対ソ政策と長期的視野 1990・7

ヒューストンで開かれた先進国首脳会議において、日本がソ連に対する金融支援に慎重論を唱えたことは正しかった。というのは、ソ連が本気で改革をおこない、立ち直りの努力をしているのか否かが疑わしいからである。ソ連がいまだにGNP（国民総生産）の十数％という驚くべきカネを軍備にかけているのはその表れである。私は、だからといってソ連がまだ膨張主義を持ち続けているとは思わない。それは多分、惰性であろう。

しかし、そういう惰性から脱却できないのでは、ソ連の経済改革が巧くいくわけはない。事実、ソ連の経済改革のためのこれまでの努力は不徹底なものであって、市場原理の採用もほとんどない。そうしたソ連の姿勢から見て、ソ連に援助をしても効果はきわめて限られている。昔から「天は自ら助くる者を助く」と言われている通りなのである。そうである以上、金融大国として、世界の金融体系の運営に少なからざる責任を持つ日本としては、ドブにカネを捨てるようなことはしないというのが責任ある態度であろう。

もっとも、ゴルバチョフは西側として交渉可能な相手であり、そのゴルバチョフが失敗することは西側にとって高くつくことになるから、手遅れになる前に援助を始めるべきだという、フランスや西ドイツの主張には、たしかに理解できるところがある。しかし、そうした主張は短期的視野に基づくものであり、長期的視野に欠ける。恐らく、ゴルバチョフは失敗するだろう。

そして、それはしばらくの間、われわれにもマイナスとなるだろう。しかし、ソ連の改革の難しさを考えると、ゴルバチョフが政権をとっている間に、改革が成功しそうには思えないのである。なにしろ、共産党の一党独裁と命令経済という、不自然で人間性に反する体制の下にソ連は七十年間もあった。ソ連の国民はそれになれているので、市場原理になじみ、それで成功するまでには、時間がかかり、何回かの挫折があるだろう。

こうしてゴルバチョフが始めた改革は、ゴルバチョフが政権を去ってから後に、それもかなりの時間を経てから結実するであろう。「ゴルバチョフの次にゴルバチョフになった人が一番得をする」というジョークは、そのことを示唆している。つまり、ゴルバチョフの次に現れる人が鍵を握るので、そのように考えるなら、ゴルバチョフが失脚すればすべては挫折すると考えるのは、短期的視野に基づく判断なのである。ソ連は今世紀中、困難な国内改革に忙殺されるだろうし、それが国際政治・経済の重要な積極的行為者として復活するのは、二十一世紀、それも二十一世紀がしばらくたってからであろう。その程度の長期的視野で、ソ連は判断されるべきである。

そして、今回の対応は正しかったけれども、日本の対ソ政策は、その長期的視点から言えば、問題の多いものなのである。例えば、領土問題を今のうちに解決しておこうと焦ることは、短期的考慮の所産である。ゴルバチョフの在任中に領土問題を解決しておこうという考えは、ゴルバチョフ在任中にソ連の改革の成果を見たいというのと同程度に、短期的視野に基づいている。

より下等な態度としては、ソ連が経済援助を必要とする今、それをテコに領土問題を解決しておきたいという考えで、それは短期的視野に基づくと同時に、いささかあさましい利害の打算に基づいている。ソ連にプライドがあれば——私はソ連がそうした国だと思うが——ソ連はそうした取引きには応じないだろう。また、ソ連の国内状況がさらに悪化し、文字通り背に腹は代えられないということで、ソ連が領土問題について譲歩したとしても、そのような相手の弱みにつけこんで成果を得るという交渉は、必ず後に毒を残す。

そして、ソ連はいずれは大国として国際体系に再登場する国なのである。私がそう判断するのは多分に感覚的なものだから、論拠を示せと言われても困るが、これまでの歴史で文学、芸術、科学に大きな成果を残してきて、しかも多くの人口を持つ——大ロシア人だけでも一億五千万に近い——国は、必ず復活するものだと私は思う。そのソ連は日本と隣接し、復活後はアジア・太平洋地域でもかなりの役割を果たすと思われるだけに、日本として外交のきわめて重要な相手国なのである。あさましい交渉によって将来に毒を残すことは、絶対避けるべきである。

それに対して、正々堂々と、しかも妥当な形で、領土問題の解決をはかることは、ソ連の指導者になんらかの感銘を与え、日本への敬意さえ生み出すかもしれない。島を早く返してもらうことよりも、敬意をかちとる方が、日本の国益上重要なのである。

戦後四十五年目の八月の随想　1990・8

人間は愚かなものだとつくづく思う。東欧諸国に行ってみるがよい。そのすべての首都に——それも最も目立つところに——ソ連製の戦勝記念碑が建っている。そしてそのすべてが、その地の住民によって嫌われている。ウィーンの市民は、その周囲に多数の樹木を植えて、戦勝記念碑が目立たないようにした。街を見おろす小高い丘の上に戦勝記念碑が建てられ、したがって、それをかくしようがないブダペストの市民は、ジョークでうっぷんを晴らしている。「あの丘の上から見るブダペストの街が一番美しい。だって、あそこからはソ連の戦勝記念碑が見えないからね」

こうした反応は、東欧諸国の共産主義が半年のうちにすべて崩壊した事情を、端的に物語っている。東欧諸国の共産主義化は、所詮ソ連による押しつけであり、したがってソ連の勢力圏の拡大にすぎなかったのである。それは根づくはずがなかった。実際、戦勝記念碑に加えて、同じころ作られたマルクスやレーニンやスターリンの大きな銅像は、いくつかの都市で早くも壊された。

もっとも、アメリカも、西欧のいくつかの国と日本に民主主義を押しつけたではないか、と言う人があるかもしれない。それはその通りである。私はアメリカによる押しつけを否定しはしない。しかし、アメリカの押しつけは人間の本性に反したものではなかった。それは、歴史的に自然に発展してきた理想と制度の移植であり、したがって根づきうるものであった。

それに対して、共産主義はそれまでの価値と制度をすべて否定し、その後に、理論的に理想と考えられる社会をつくろうとしたものであった。それも、ある理論によれば、と言うべきであろう。しかし、人間の社会のなかで自然に育ってきたものとちがって、ソ連の理論的に「最善」の社会には、どこか無理があり、したがって根づくはずがなかったのである。ドイツの優れた社会学者ダーレンドルフが書いたように、「そのような社会像は、常に疑わしい理想像なのである。それは、われわれの知る人間の性質や、歴史的現実と掛け離れている」。したがって、「そのような国家を創造するには、暴力を多く行使する必要があり、プロレタリアートの独裁が避けられないことになる。つまり、すべての解決法を知っていると自認する者の傲慢な権力行使がそれである」。

しかし、ソ連にはそうした理想を求める理由もあった。ソ連はヨーロッパの国のなかで――少なくとも大国のなかで――最も恵まれず、そして、確実に最も後進的な存在だったからである。そのような状況から飛躍したという気持ちが生まれても不思議ではない。その思いは今から四十五年前、現実になったと見えただろう。この八月上旬、ソ連は不意に日本を攻め、満州、樺太、千島列島を支配下におさめた。それに先立つ一年の間に、ソ連軍はドイツに勝利をおさめ、東欧諸国を支配下に置いていたから、ソ連の勢力の拡大は途方もなく大きなものだった。それも、ナチス・ドイツの攻撃の前に打倒されるかという時もあった苦しい過程を経た後に、そうなった。

ソ連の政府や軍隊が大いに喜んだことは想像に難くない。そのとき、彼らはよいことをしていると信じていただろう。東欧諸国を「解放」したと、本気で思っていただろう。正確に言うと、東欧に見られる記念碑は、ソ連の戦勝記念碑としてではなく、解放記念碑として建てられたのだった。しかし、自力ではなく、他力によって「解放」されるのは、人間にとって好ましいことではない。「よい」体制をおしつけられるのは、なおさらそうである。人間は、たとえ客観的に間違っていても、自分が正しいと思う道を選びたい存在なのである。

苦しみと焦りとその後に訪れる成功への喜びから、ソ連の人々はそのことが判らなかったのだろう。だから、今日から見れば愚の骨頂としか言いようがない記念碑を、作りまくったのだろう。人間は、愚行と知っていて愚行をしたりはしない。なんらかの事情でそうするのであり、その最も普通のケースは、苦しみの後の急激な成功によって思い違いをしたり、他人の心が判らなくなったりする場合である。

そう考えると、われわれの国日本も、同様な誤りをおかしやすいときにきているのではないだろうか。われわれは無意識のうちに、他人の心を踏みにじる立場に立ってしまったからである。こうして、人間は愚かであるという言葉は、決して、他人を批判、非難するときに使われてはならない。それは他人を許し、自らを戒めるための言葉である。

ひとつの時代の終わり　1990・9

〔エドウィン・〕ライシャワー元駐日大使が亡くなられた。日米経済摩擦に加えて、中東危機で日本が苦しい選択を迫られているときのこの死去は、象徴的なものであるような気がする。すなわち、それはアメリカが日本の教師であり、保護者であった時代の終わりを象徴しているのではなかろうか。

ライシャワー氏は、大学教授のときも大使のときも、日本が民主的な国家として健やかに発展するのを助けることに、強い使命感をいだいておられた。同氏の功績は、なんといっても一九六〇年代初頭に大使として日本のあちこちで行った対話と、沖縄返還を議題にのせたことであろう。ライシャワー氏が大使として日本に着任したのは一九六一年の初頭で、その半年前には新日米安保条約の締結をめぐって大きなデモがくり返され、結局、〔ドワイト・〕アイゼンハワー大統領の訪日はキャンセルとなり、岸〔信介〕首相は辞任して、日米関係は困難な将来を思わせていた。

そのとき、ライシャワー氏は『フォーリン・アフェアーズ』に寄稿し、反安保デモは必ずしも反米ではなく、日本の民主化の一過程とも言えるところがあること、また、日本人が自分の立場を主張するようになるのも当然の展開であることなどを指摘した。ケネディ大統領は、それを読んでライシャワー氏を駐日大使に任命したと思われるが、それはすばらしい人事だった。

ライシャワー大使は、日本に来るや否や、日本の「近代化」が大層有望な可能性を持っていることを、歴史学者の立場から説き、いくつかの大学も含めて訪れ、意見の交換をした。それが日本人に自信を持たせるのに役立ったことは言うまでもない。開放的な大使の人柄は対話を可能にさせたし、大使は日本語が判るので、大使は英語で、そして日本人の参会者は日本語で話すことができ、言語的障壁も低かった。そうした会合での気さくな話しぶりを、私は今もなつかしく思い出す。

続いて、ライシャワー大使は沖縄返還に手をつけた。アメリカのなかには、何重かの意味での不信感から、アメリカは沖縄の基地を保持すべきだという意見がかなり強力に存在したが、日本人との関係が相互信頼によるものでなければ、結局沖縄の基地も使えなくなると述べて、説得に成功したようである。全体としてライシャワー氏は、日本を立派な国として育てることによって日米関係を固める、という哲学に基づいて行動されたのである。

もちろん、そこには友人であると同時に教師という側面があった。日本の力を伸ばし、それと同時に責任感を育てようということであっただろう。しかし、ライシャワー大使も、彼に代表されるアメリカ人も、その仕事に成功しすぎたかもしれない。日本はだれもが予想できなかったほどの速さで経済成長をとげ、ライシャワー大使の着任以後三十年を経た今日、押しも押されもせぬ経済大国となってしまった。

その間、日本人に自信と責任感が育ったことは否定すべきでない。しかし、その成長よりも経済成長の方が速かった。しかも、世界情勢の変化もまた、近年に至って急速なものであった。だから、日本人は次々に新しい課題に直面し、それとまじめに取り組むものの、不十分な答えしか出せないという状況が続いてきた。

それに、日本がその安全保障の多くをアメリカに負うという基本的事実は変わらなかった。それは甘えや依存心とともに、ある種のひねくれた心情を生み出した。アメリカの日本に対するコミットメントを前提にして、批判したり、ためらったりするという習性が生まれた。そして、アメリカに言われて初めて、考え始め、時間をかけた後、しぶしぶ協力する体質も現れた。

今回の中東危機への日本の対処は、その最たる例であろう。今回のような国際秩序の基本にかかわる危機は、アメリカからの圧力によって行動するのではなく、自ら積極的に行動すべきであるのに、アメリカとイラクの紛争のように受けとり、そのアメリカを助けるのをためらう向きもある。大多数の人々は、より正面から危機を見つめてはいるものの、自衛隊員の使用をも考えなくてはならないという、戦後初めてのケースにためらっている。

そうした日本を見て、いわば「親離れ」をさせる必要を説く人々が現れるのも当然かもしれない。ライシャワー氏が亡くなられる二日前、『インターナショナル・ヘラルド・トリビューン』に、日本は自国の安全を、基本的には自らの頭で考え、自らの手で確保するという〝普通の国〟になった方が、アメリカにとっても日本にとっても、そして世界にとってもよいのではないかという論説が出たことはそのひとつである。それには十分の真実がある。どこかで依存心があれば、真実の責任感は育ち難いからである。

　私は自主防衛論にくみしたことはないし、今もそれには反対である。日米協力は不可欠の重要性を持っている。しかし、日米関係の性質が大きく変わりつつあることも間違いない。

ドイツ再統一と国際体系　1990・10

　今から百二十年ほど前のドイツ統一[136]は、ヨーロッパの勢力均衡を動揺させ、それから四十年余り後の第一次世界大戦を招いた、とされている。そこで大戦後、ヨーロッパの列強はドイツを小さくして封じこめようとしたが、失地回復運動を生み出し、その結果、第二次世界大戦になった。今回のドイツ再統一は、どのような国際的帰結をもたらすだろうか。それは国際関係を動かし、再び対立を生みはしないだろうか。

　随分乱暴な議論だが、多くの人がそう考えていることは間違いない。「二度あることは三度ある」とことわざに言うぐらいだから、そうした危惧に理由がないわけではない。もっとも、「歴史はくり返す」と考えるのも単純すぎる。いろいろな意味で周囲の環境が変わるし、それに人間には学習能力があって、過去の過ちを避けようとする。第二の点について言えば、十月三日の再統一の模様をテレビのニュースで見て、私は少なからず安心した。仰々しい式典とか行進といったものはなく、ブランデンブルク門をはじめ、あちこちの町の中心地に人々が集まり、午前零時になると教会の鐘が鳴り、人々がそれぞれ喜び合うといったものので、多くの国で普通のニュー・イヤーイブにみられるものとあまり変わらなかった。

　一八七一年とは対照的である。そのときの演説とか新聞を見ると、「歴史の碑の上に火が刻みこんだ大事件」といった大げさなものがいくつもある。火が刻みこむとは、モーゼが十戒を与えられた仕方に言及しているので、当時のドイツ人の心理状況を示している。それからみると、二回の大戦という大失敗によって、ドイツ人は随分賢明になったように思われる。

　また、国際環境について言えば、当時は西ヨーロッパでは帝国主義の時代が始まりつつあり、東ヨーロッパでは汎スラブ主義や汎ゲルマン主義がすでに相当の力を得ていた。ロシアはソ連になってから、汎スラブ主義の歴史的な夢を達成したわけだが、夢を実現してみるとよいことはあまりなく、多くの問題をかかえることになった。昨年来のソ連の後退はその結果と見ることもできる。すなわち、それは汎スラブ主義の終焉という性格を持っている。汎××主義ということで、強国がその支配権を拡大する時代は終わった。

逆に、ヨーロッパ統合は緩やかに、しかし確実に進展してきている。ヨーロッパの一国では小さすぎるので、より大きな政治的単位をつくろうということで似たところもあるが、その目的を協調によって果たそうとする点で大きく異なる。フランスはやや難色を示すところもあったが、西ヨーロッパ諸国がドイツ再統一に異を唱えず、賛成した人も多かったのは、ヨーロッパ共同体のなかにドイツがしっかりと組みこまれていることが安心感を与えているからである。

しかし、一八七一年と一九九〇年のひとつの共通点は否定しようがない。それは、統一ドイツが他の国に比べて力が強く、しかもヨーロッパの中央に位置するという地政学的事実である。それは、時とともにその意義を示してくるであろう。

時とともにと言うのは、当面、西ドイツは統一にからむ問題への対応に忙殺されるだろうからである。まず、東ドイツの経済は予想されていたよりひどい状況にあったので、それをドイツ連邦共和国の完全な一員とするためには、西ドイツからかなりの富の移転がなくてはならない。道路をはじめ社会資本を改良し、新しい工場を造り、農業制度を変え、社会保障の質的レベルを上げるといったことが必要

136 三十年戦争(一六一八〜一六四八)によって神聖ローマ帝国が衰退すると、ドイツは三〇〇を越える領邦の分立状態となっていたが、ナポレオン戦争(一八〇三〜一八一五)後の連邦化を経て、徐々に再統一への機運を高めていた。プロイセン王国の首相ビスマルクは、いわゆる「鉄血政策」と呼ばれる軍備拡張を行い普仏戦争に勝利し、最終的に一八七一年、プロイセン国王ヴィルヘルム一世を君主とする統一が果たされた。歴史学では、これをドイツ統一、一九九〇年の東西ドイツの統一はドイツ再統一と呼び区別される。

で、そのためにはしばらくの間、毎年西ドイツのＧＮＰ（国民総生産）の四％ぐらいを使わなくてはならないだろうという計算もある。

それに加えて、西ドイツはソ連軍撤退の経費を負担すると約束している。その額は、東ドイツに対する富の移転と比べればものの数ではないが、しかし、二年でやろうとすると一年分は、ＧＮＰの〇・四％には達するだろう。そのうえ、ハンガリー、ポーランド、チェコスロバキアにも、東ドイツの吸収による各国の変化を助けるため援助を約束している。援助をしなければ、それらの国から第二次大戦でドイツが与えた損害を忘れたかと言われるうえに、外国労働者の流入がおこるだろう。

しかし、以上のことは、五年もたてば、すべてドイツの影響力増大につながる。東ドイツが後進的だということは、それだけ発展の余地があり、かつ労働力の供給源たりうるということだし、経済協力はそれを行う国の影響力を強めずにはいない。だから、世紀末にはドイツの国際政治における比重は大幅に増大しているであろう。そのとき、周囲の国が競争心や嫉妬心を燃やし、協調が損なわれることはないだろうか。それに対し、ドイツ人が自信過剰になり、傲慢になることはないであろうか。それは世紀末ごろの大問題であろう。

寛容と無原則　1990・10

最近、国際社会の現実と日本のなかの雰囲気との間のギャップが目立つようになって来た。以前からそうした傾向はあったけれども、この一両年はとくにそうである。

その理由は、世界情勢が急に、かつ激しく変化してきたことにある。それも、私の見るところ、悪い方向に変化してきた。その変化を一口で言うのは難しいけれども、第一の特徴は熱狂のたかまり、あるいは宗教的・人種的な対立の激化ということであろう。冷戦が終わり、イデオロギー的対立がなくなって、より散文的な政治の時代になるかと思われたのだけれども、そして東西間の緊張はたしかに和らいだのだけれども、世界は平和にはならなかった。冷戦のかげに隠れていた宗教的・人種的対立が表面化してきたのであり、それも世界各地で、さまざまな形でおこっている。

例えばインドでは、最近政権の交代があったが、それも永続きしないであろうと言う。それというのも社会的緊張がたかまっていて、だれがやっても巧くいかない状況だからである。なかでも厄介なのが宗教的・人種的対立で、このところインドのヒンズー教徒が戦闘性をたかめて、イスラム教徒を攻撃するようになった。多数存在するモスクをこわせとか、アヨディヤにあるモスクの遺跡をこわしてヒンズー教の寺院を建てようといった運動がおこってきた。後者はとくに深刻な問題なので、インド政府はその運動を禁止したが、ヒンズー教徒が多数集まり、政府側との衝突になり、死者は千に達し、候補者が十万出たというから、ちょっとわれわれの想像できない世界である。

　不思議なことだが、イデオロギー対立が終わった後、より不寛容な状況が現れつつある。われわれは日本がそうではないことを喜ぶべきだし、また、そうした状況を続けるよう努力すべきであろう。そして、われわれが宗教に対して持っている独特の感覚から、宗教的不寛容という病にはかからずに済みそうである。しかし、われわれの寛容は無関心に近い態度でもあるので、無原則にもなりやすい。少なくとも、激しい対立を経た後に獲得した寛容ではない。それではやって行けないのが、これからの世界である。

　というのは、現在の世界のあちこちに見られる混乱は、結局のところ、戦後作られた秩序が四十年を経てほころび始めたことと、米ソ超大国の力の相対的あるいは絶対的な衰えによるものである。先にはインドの例をあげたが、それは建国の精神が失われ、各集団（宗教的・人種的あるいはカースト的）がその利益をてんでばらばらに追求し始めたためである。そして、アフリカでもラテン・アメリカでも、またアジアでも、内戦やそれに近い状況が数多く見られる。

　中東もそうであることは言うまでもない。今回の湾岸危機がどのような形の決着を見るのかはだれにも判らないが、しかし、どのような決着になろうが、中東の〝旧秩序〟が終わったことは間違いない。それと並ぶ危機の帰結は、アメリカが経済的に——そして多分心理的に——打撃を受け、疲弊の度を深めるということである。ソ連が緊急援助を必要とするだろうと言われていることをあわせ考えると、世界秩序の柱ががたついていることは否定できない。

　もっとも、私はアメリカがこのまま〝衰退〟して行くとは思っていないし、ソ連についてさえ、やがてその力を取り戻してくるだろうと考えている。しかし、世界が再編成期に入ったことはたしかである。そこでは種々の混乱がおこり、難問が生じ、それへの対処を通じて、新しい国際システムが形を取ってくるであろう。

　日本にも、四十年間の制度的疲労は見られるものの、不思議にも、目下のところ日本は安定し繁栄している。それ故、新しい国際システムの形成に際して、日本は小さくない役割を果たさざるをえないであろう。そのとき無原則では困るのである。

今回の湾岸危機に際しての日本の〝貢献策〟について、日本のなかでは随分さまざまな議論がなされた。主観的には大真面目だっただろう。しかし、外国から見ると、無原則の事なかれ主義と見えたのではなかろうか。

例えば、平和的解決を願うあまり、イラクが法を破って侵略し、クウェートを併合したことや、それをそのままにしておくのでは国際連合の権威は低下し、国際社会に無秩序がしのびよることを忘れた議論がなされているのではないかという意見を私は聞かされたが、たしかにその通りとしか言いようがない。

原則や正義をやたらに振りかざすのはよくない。しかし、和やかななかにも原則はしっかりとしていなくては、世界のなかで生きて行くことはできないのである。

湾岸危機と日本の国民性 1990・11 ♣

今回の湾岸危機は、遅かれ早かれ、国際社会における日本の生き方に対して、反省を迫るものとなるであろう。というのは、日本の貢献はどう見ても「遅すぎ、かつ少なすぎ」るからである。

八月二日にイラクがクウェートに侵攻した後、早々と経済制裁を決めたにもかかわらず、いわゆる「貢献策」が出されたのはその月の終わりであったし、その内容は経済援助十億ドルにすぎなかった。その後、金額は四十億ドルになったけれども、カネ以外の貢献は限りなくゼロに近い。

もっとも、まだ湾岸危機は終わっていない。今後、事態がどのように展開し、どのような収拾に至るかはだれにも分からない。それ故、日本の対応がそう悪いものではなかったということになる可能性がない訳ではないが、それは結果論というものであろう。

他の多くの国々と比較して、日本の貢献が「遅すぎ、かつ少なすぎ」たことは否めないし、少なくともそうしたイメージを与えたことは事実である。そのため日本は、短期的にも中期的にも、小さくないマイナスを破るであろう。アメリカとそれに協力する国々にはもちろん不満を与えたが、そうではない国々からも〝弱々しい存在〟と見られるだろう。それが与える損失は大きい。

なぜ、そうなったのか。その直後の理由は、日本の決定の仕組みにある。すなわち、日本は危機に際して、素早い決断を下すような仕組みを持っていない。

事態の展開を振り返るなら、今回の湾岸危機に際して、当初かなりの数の日本人が、相当の貢献をしなくてはならないと感じていたように思われる。自民党の加藤紘一代議士（衆院国連平和協力特別委員長）はインタビューで、そのような総論のレベルではコンセンサスがあったように思うと述べていたが、その判断は恐らく正しい。

　しかし、そうした総論的判断を具体化するのに、時間がかかりすぎてしまった。関係者の間の調整を通じて政策を作る、という通常のやり方が取られたが、その過程で、それぞれが小さな良心からそれぞれ筋を通そうとしたため、そうなったのである。例えば大蔵省は支出するカネがないという立場を取ったが、財布を預かるものとしては当然の立場であろう。

　しかし、危機となれば別の判断にならざるを得ないのであり、それができなかったのは、そうした趣旨を明らかにするリーダーシップが取られなかったことによる、と言わなくてはならない。だが、日本では首相がそうしたリーダーシップを取ることはまずない。危機に対処する法的権限が不十分だということもあるが、慣習からリーダーシップは弱くなっているのである。

　それに、カネ以外の貢献という課題が難し過ぎた。紛争状態におけるそうした貢献は、広義の軍事的なものにならざるを得ないが、日本はそうしたことはしないことを基本原則としてきた。自衛隊の職務や集団的自衛権について、これまでに解釈が積み上げられてきており、それを少なくとも一部修正しなければ貢献は難しい仕組みになっていた。総論から各論に入るにしたがって、議論が迷走するようになったのは当然である。

　私見では、そうした生き方の修正が今回の危機によって迫られたのだし、今回の帰結のいかんにかかわらず、日本はこれまでの基本原則のままでは生きていけない。

　というのは、ここまで大きくなった日本は、世界の秩序の形成と維持にかかわらざるをえないのだが、秩序の維持は基本的に力の問題だからである。そして、相当部分が軍事力（それが使われる場合と使われない場合を含めて）の問題であるのだから、それとは一切無関係という立場は成立しない。

　しかし、日本人はこれまでの考え方を変えたくはなかったし、政治を指導する立場にある人のかなりもそうだった。その根本的な原因は、日本人が世界秩序を自分たちの問題とは考えず、良かれ悪しかれ、だれかが与えてくれるものとみなす態度にある。

　今回のイラクのクウェート侵攻について、秩序が破られたと判断し、自分たちもなんとかしなくてはならないと感じた人は少なかったように思われる。すべてとは言わないが、マスコミがイラク対国連という枠組みで事態をとらえず、イラクとアメリカが対立しているかのような態度であったことは、その一例である。

人質に対する態度も、多分、同様のことを示している。アメリカやイギリスは、人質のために政策を変えないという冷厳な態度をとっているが、それは、自分たちが作っている秩序が破られたという意識があるから可能なのである。日本人の場合には、なんとか助かって欲しいというもので、それは、たまたま乗り合わせた飛行機がハイジャックされた場合の親類縁者の反応である。それは人間的だが、人質を取るという不法行為への対策にはならない。

日本人は法と秩序をよく守る。しかし、その法と秩序はどこからか、だれかによって与えられたものであって、自分で法と秩序を作り、それを守るという感覚がない。それが、もし戦後に与えられた民主主義が良すぎたためであり、そのため自ら事を決するという精神が希薄になったためであるとすれば、かなり深刻なことである。

第二幕を迎える湾岸危機　1990・12

二十年以上も前の古い映画だが、名画ということでテレビでも放映され、ヴィデオなどで見た人も多いだろうから、「アラビアのロレンス」のことから始めさせてもらおう。私には、その終わりのシーンがひどく印象的だった。ピーター・オトゥールが演じたロレンスが、トルコ帝国からの独立を求めるアラブ民族を指揮し、戦いに勝ってダマスカスに入るとき、アレック・ギネスの演ずる上級将校が言う。「戦時には若者が情熱を燃やし、理想にも駆られて戦うが、戦争が終わったあとは、年寄りたちが知恵をこらして取引きをおこなうのだ」

このシーンを私がよく覚えているのは、ひとつにはアレック・ギネスが私の一番好きな俳優であるからであろう。しかし、それと共に、歴史の現実はまさにこの言葉通りであるからでもある。

湾岸危機も、多分、そうした段階に移行しつつある。イラクは国連決議の期限が切れる一月十五日までに、クウェートから〝無条件〟に撤退するであろう。なによりも人質を全員出国させたことが、それを示している。大体、イラクは戦争になればほぼすべてを失うのだから、撤退するのが合理的なのだが、人間は合理的とは限らない。そこに戦争になる危険があったのだが、もしあくまで意地を通して戦うのであれば、人質を帰すことはない。

しかし、以上のことは、来年初めに湾岸地域と中東とが八月二日以前の状態にすぐに復帰するということを意味しはしないし、まして、安定が得られるということではない。そのことを暗示するのが、数日前に発表されたフランス軍増派の決定である。フランスは、これまでの六千人に加えて四千人を派遣するし、しかも、今回の増兵はタンクなど攻撃力を持つ部隊の派遣である。

国際政治の複雑さといやらしさを十分体験していない日本人から見れば、戦争の可能性が著しく少なくなったときに増兵することは理解し難いことであろう。実際、私もフランスがそうした決定を下すことはまったく予想していなかった。しかし、よく考えてみると、それはむしろ常識的なことなのである。

戦争の可能性が遠ざかった後、外交が始まる。そして、外交においては軍事力はきわめて重要で、しばしば決定的なカードなのである。恐らく、フランスは中東の今後のしくみをめぐる外交が始まり、それは時間を要する長い過程となるものと予測したのであろう。その過程で、軍事力を展開していない国は影響力が小さくなると判断して、増派を決定したように思われる。

外交がそのようなものであることは、悲しむべきことであるかもしれない。しかし、それが現実なのである。そうした取引きに、われわれが参加しないのはよいとして、われわれもまたフランスの状況判断は大いに参考にしなくてはならない。すなわち、湾岸危機の処理は困難で、時間を要するものとなるだろうということを見すえなくてはならない。

実際、ちょっと考えてみれば、中東地方にはいくつもの問題があり、それぞれが容易な解決方法のない種類ののであることは理解できるはずである。まず、イラクが千八百万の人口なのに六十五万の大兵を擁し、しかも化学兵器を持ち、核兵器を作ろうとさえしているいびつな存在であることが問題である。それをそのままに放置すれば安定はありえず、平和もつかの間のものとなる恐れがあることは明らかであろう。しかし、軍縮はつねに難しい。

それに、イスラエルが一九六七年の戦争で占領した地域の一部を今日も占領し続け、パレスチナ人が大きな苦しみを味わっていることも忘れてはならない。これまた、このまま放置することはできないが、占領地の返還を求めた国連決議二四二号が、二十年近く経った今日でも実行されないでいるところを見ると、これまた解決は容易ではない。

それに、シリアが力を貯え強大化してきたし、イランも湾岸地域で最大の人口をかかえ、湾岸地域での指揮権を求めてイラクの対抗勢力になっている。つまり、中東地域では激しい覇権争いがおこなわれている。

しかも、アラブ首長国連邦にしてもサウジアラビアにしても、率直にいえば時代遅れの存在だし、クウェート自身がそうである。それらがこのまま続くとは考えられない。したがって、サウジアラビアに展開した軍隊が早期に撤退することもないかもしれない。湾岸地域の安全保障システムの構築もまた難しい。

こうしたことをめぐって駆け引きが始まろうとしている。湾岸危機は第二幕に入りつつある。

「湾岸戦争」の不気味さ　1991・1

湾岸でとうとう戦争が始まってしまった。きわめて重大な事態になったわけだが、初期の戦闘を見ると、最悪の事態には発展しないようである。というのは、多国籍軍が航空攻撃によって、イラクの空軍基地とミサイル基地を壊滅に近い状態にしたと考えられるからである。

イラクは残されたミサイルでイスラエルを攻撃したので、イスラエルがこれに反撃すると、イスラエルが「湾岸戦争」に巻き込まれることからアラブ諸国の民族感情が刺激されて、戦争が拡大する危険はまだ残っている。しかし、イスラエルが賢明であれば、イラクからの脅威が限定的なものであるので、全面戦争にはならないであろう。

それに、イラクがサウジアラビアの油田と製油設備を攻撃し、それらを操業不能に陥れる危険も小さくなった。戦争の開始とともに石油価格は一時上がったものの、すぐ急落した。また反騰もあるだろうが、1バレル＝50ドルとか60ドルとか、経済に大打撃を与えるような水準まで上がることはなさそうである。価格は人心の動揺によって不合理なレベルにまで上昇しうるが、日本やアメリカなど主要国は戦略備蓄を完全に保持しているので、その放出によって人心の動揺を防ぐことはできる。

とはいえ、まだ不気味な可能性は残っている。なんといっても、戦争にまで立ち至った経緯が、真実には至らない。私は、初めから楽観していたわけではないが、人質を全員帰還させたときには、イラクがクウェートから撤退して「平和的解決」の過程が始まると思った。軍事力が行使された場合、イラクが勝つ可能性はないのだし、それに、パレスチナ問題がやがて交渉の対象となることはまず確実であったから、〔サダム・〕フセイン大統領にとって最小限の面子は——本人がそう思えば——立つことになったからである。つまり、イラクは負ける戦争に突入したので、そこに不気味さがある。

もっとも、イラクは軍事的計算を間違っているかもしれない。すなわち、航空攻撃ではやられるだろうが、クウェートを多国籍軍が攻めるとなると陸上戦闘になるし、そのとき堅固な陣地に立てこもっているイラク軍はアメリカ軍をはじめ多国籍軍に相当な損害を与えることができるし、そのときに交渉のチャンスが訪れるというものである。たしかに、そこがもうひとつのヤマで、今度は初期の航空作戦ほど巧くはいかないだろう。一週間で戦争が終わるといった考え方は、多分、甘い。しかし、アメリカ兵に損害が出ればアメリカはひるみ、交渉に応ずるという読みは、アメリカがひとたび本気で戦い始めたときの意思の強さを見損なっている。

それも含めて、十二月に入ってからのフセイン大統領は判断がおかしかったように思われる。アメリカが譲歩をしても交渉によって事態を収拾するだろうと思った節があるし、それがなくても、フランスが妥協案を出してくるだろうと希望していたようである。

しかし、国際連合の安全保障理事会がクウェートからの無条件撤退を決議したあとでは、イラクに対してなされる譲歩は限られたものであり、フセイン大統領が満足できるようなものになるはずがなかった。（十二月下旬、安保理の議長声明でパレスチナ問題解決のための会議を開くことがうたわれたのが、恐らく最大の譲歩であり、また最後の譲歩であったが、フセイン大統領はその機会を失した。）

だから、根本的にはフセイン大統領が国際連合安全保障理事会の決議にしかるべき尊敬の念を払わなかったことに、負けることが確実な戦争を始めてしまった原因がある、と言わなくてはならない。そして、それはフセイン大統領が現在の世界秩序を極度に軽視し、あるいは憎んでいたことを示している。しかも、そうした感情はアラブ世界のかなりの人が共有するものであった。だから、フセイン大統領は力づき、突っ張り、最後には身を引くチャンスを逃したのであろう。

そこに不気味さの根本原因がある。たとえ世界の一部であっても、現行秩序をそこまで憎悪する人々が相当数存在するということを、われわれは軽視すべきでない。というのは、その不満が根も葉もないものではなく、相当の根拠を持つものだからである。パレスチナ問題はそのひとつにすぎない。湾岸地帯に国民のことをほとんど考えない政権がいくつも存在することもそうである。もちろん、だからといってクウェートを一方的に攻め、併合することが許されるわけではないし、世界の多くがそれに反対したとき、それをパレスチナ問題とリンクするような論点のすりかえは正しくない。

しかし、きわめて強い不満が存在し、それにはかなりの根拠があることは忘れるわけにはいかない。武力行使は正しかった。それは一カ月のうちに終了するだろう。しかし、それですべてが終わるわけでなく、世界秩序を少しでも公正なものにする、難しい仕事が待っている。

アメリカと国連に最大級の支援を　1991・1 ○

まず結論を述べよう。日本はアメリカと国際連合とを、できる限り積極的に支援すべきである。アメリカが日本の同盟国であり、それとの信頼関係が、日本の国益に死活の重要性を持つという理由からだけではない。「湾岸戦争」の帰趨が、国際秩序のあり方に深甚な影響を与えるものだからである。

もし、イラクがクウェートから撤退しないままで終わるなら、明白な侵略行為が放置されることになり、国連の威信は極端に低下するだろう。それとともに、アメリカのそれも地に落ちるだろう。どのような理由があろうが、他国を侵略し、併合するという行為は許されるべきでないのであり、その基本的事実から、われわれは一瞬たりとも目を離すべきではない。

もっとも、戦争が始まってしまったということが、すでに、国際秩序が揺らいだことを意味する。すべての戦争がそうであるように、今回の戦争も関係者のいくつかの誤算から起こった。その重要なものを挙げるなら、電撃作戦によってクウェートを支配下に置いてもアメリカは何もしないだろう、というイラクの読みがあったし、春から夏にかけアメリカが十分な警戒を示さなかったことがある。戦いは謀みのうちに破るのが最善、という孫子の原則に照らせば、失敗である。

しかし、一番大きな誤りは、国連を背景に圧力をかければイラクは引くとアメリカが考え、イラクは国連安全保障理事会の決議の重みをまるで理解しなかったことであろう。イラクのフセイン大統領は、国連を正当な機関とはまるで思っていなかったようだし、確かに国連は欠点だらけの秩序である。フセイン大統領と同じ気持ちのアラブ人も少なくない。

だからといって、イラクの行動が正当化されるわけではなく、国連への真っ向からの挑戦となった以上、ともかくそれを破ることが必要となった。しかし、以上のことは中東問題の根の深さを示している。また、戦わずして勝つのが次善という孫子の原則から見て、そうならなかった現在の状況は相当悪い。

その結果、孫子の言う最悪の戦争形態、すなわち城を攻めるということになってしまったのだから、戦争が簡単に片づくことはまずなさそうである。それに、戦争が一、二カ月の短期で終わっても、背景に横たわる事態の深刻さから、戦後の中東情勢は困難を極めるであろう。

だから、日本としても相当の覚悟で臨まなくてはならない。理論的に最も容易なことは、戦後復興に資金を出すことだが、そのカネは簡単に出せるような額ではないだろう。それに、どのような計画にするかも重要だから、今から検討しておく必要がある。

とはいえ、目下の急務は戦争にいかにかかわるかということである。日本が軍事的にかかわるべきではないというコンセンサスはあるが、戦費についても負担すべきではないという議論があって、国論はまとまっていない。しかし、秩序はある場合には力によって守られなくてはならないものである以上、戦費の支出をしないのは、秩序について無関心ということになる。

最も困難なのは人員の派遣だが、自衛隊機の派遣も含めて難民救済に当たる、という政府の方針は間違っていない。第一に、それは明白に非戦闘的な任務である。それに劣らず重要なことは、難民救済の仕事は、難民の出身国の同意なしにはできないから、その点で重要な歯止めがある。カネだけ出すというのは極めて拙劣で、カネの効用も減らしてしまうことを忘れてはならない。

日本として「戦争放棄」を貫くには、ただ叫ぶだけでなく、相当の出費と苦労が必要であることを強調したい。

ウルグアイ・ラウンドの重要性　1991・2

毎年夏が訪れると、ヨーロッパではバカンスが始まる。しかし、日本の在外公館に居る外交官たちにとっては、バカンスどころではない。国会が終わった後、日本の代議士たちが〝視察〟にヨーロッパを訪れるので、その接待で大変な日々を送らなくてはならないのである。とくに昨年の夏は、大変化をとげつつある東欧とドイツを〝視察〟した人が多かったので大変だった。しかし、ひまなところもあったらしい。

私の友人が皮肉をこめて話してくれたところでは、ジュネーブにはお客様があまりなかった。GATTのウルグアイ・ラウンドが重要な時機を迎えていたし、そこではコメがひとつの焦点であったから、相当の数の代議士が〝視察〟にくると思っていたら、そのような人はほとんどなかったという。時流に敏感というか、焦点になっている問題を追いかけ回す日本人の習性がよく現れている。それでは困るので、焦点にはなっていなくても、重要な問題とはしっかり取り組んでくれる人がいなくてはならない。

このところ「湾岸戦争」一色にぬりつぶされた感じのあるなかで、私は先の友人の話を思い出した。なぜ、だれもウルグアイ・ラウンドとコメの問題を持ち出さないのだろうか。政府は九〇億ドルの支出と、必要があれば自衛隊機を使っても難民を輸送することを、早めに決めた。今回は合格点をつけてもよい。しかし、その政府も、ウルグアイ・ラウンドとコメのことはほとんど口にしない。

実は湾岸戦争後の秩序作りのことを考えると、九〇億ドルよりもウルグアイ・ラウンドとコメの方が大切とさえ言えるのである。まず、湾岸戦争後、「自由陣営」の団結の重要性があらためて確認されなくては復興も秩序作りもできない。ソ連でペレストロイカが大体のところ消滅し、保守化傾向が出てきたことも、「自由陣営」の重要性を増大させるものである。

ところが、その重要な「自由陣営」の団結は、保護主義の台頭によって脅かされている。アメリカの議会のなかで保護主義の勢力が強まり、政府もそれに押されて、口では自由貿易の原則をうたいながら、次々に保護主義的な措置を導入してきたことは、残念ながら事実である。しかも、そんなことでは生ぬるいとし、日本について自由貿易という原則を守ろうとするのがおかしいという〝ジャパン・バッシャー〟たちが気勢をあげている。そのうえ、アメリカでは不況色が強まってきたので、保護主義は一層力を強めるおそれがある。

そのアメリカは、一九九二年にヨーロッパ統一市場が作られることに脅威を感じている。それは一大ブロックとなり、排他的になるだろうというのである。日本のなかにも同様の考え方をする人がいて、彼らは、アメリカの保護主義の強まりと合わせて、世界経済はブロック化するだろうとさえ見ている。

私は、世界経済がいくつかのブロックに分かれることが不可避とは思っていない。それはやはり貿易を不自由にするから、自由貿易と比べて損である。それに、輸送・通信がこれほど発達した以上、さまざまなレベルで、さまざまな形の企業間の提携関係が生ずるし、カネはほぼ完全に自由に動くので、閉鎖的なブロックを作ることは難しい。しかし、自由貿易はそのための不断の努力を必要とすることを歴史は示している。

だから、われわれは貿易の自由を保つために努力しなくてはならないし、当面の課題はウルグアイ・ラウンドである。しかも、それこそが日本の仕事である。アメリカは目下、「湾岸戦争」で忙しい。ヨーロッパは、その主力であるドイツが東西ドイツ統一後の経済再構築のために多大の精力をとられていて、これまた積極的に行動し難くなっている。つまり、日本が最も動きやすい。それに、自由貿易体制が崩れると一番困るのは日本である。

もちろん、イニシアティブをとることはコストが伴う。日本がウルグアイ・ラウンドの再開を呼びかける場合、コメは一粒も入れないという態度の修正が必要となるだろう。外国米もある程度は入れた方がよい。それで日本の農業が崩壊することはまずない。コメは主食というより多くの食べ物のひとつになったから味が問題だし、そうなると、日本の農家の方々の工夫がものをいってくる。一昔前、みかんを自由化したら農村がつぶれると言わんばかりの議論があった。みかんの輸入は自由化されつつあるが、農業はもちろんのこと、みかん作りも崩壊しなかった。変化といえば、日本産の柑橘類がおいしくなったことしかない。われわれは自信を持って、コメに関する政策を修正すべきである。

心の腐敗こそは国を滅ぼす　1991・3◆

湾岸戦争は終わった。間もなく、戦後処理のための複雑で骨の折れる政治交渉に入り、それに続いて、あちこちで復興が始まるであろう。われわれ日本人は時機と方法を選んで、これら復興の努力に協力すべきである。しかし、それがわれわれの仕事のすべてというわけではない。われわれの最大の仕事は国内、それも心のうちにある。

というのは、昨年八月二日以降、われわれは、われわれの内にいかに多くの問題をかかえているかを見てきたのではなかろうか。それも、日本の行動が「遅すぎ、少なすぎ」ただけではない。正直言って、私も含めて、今回のイラクのクウェート侵攻は、われわれの虚をつく行動であった。したがって、あわてて、驚き、なすべきことを政府が決めるのに時間がかかってもしかたがない面もあった。それは批判されるべき欠点ではあっても、命とりとなるものではない。

しかし、この半年の議論は、日本のなかに存在する内面的腐敗を示した。国は戦争に敗れても滅びはしないが、内面的な腐敗によっては滅びる。したがって、状況はまことにゆゆしいのであり、われわれはだれよりも真剣に、われわれの致命的欠陥の克服にとりかからなくてはならないのである。

その内面的腐敗は、一月十七日に多国籍軍とイラク軍の間に戦闘が始まって以来、「即時停戦、イラクはクウェートから撤退せよ。日本はアメリカに協力するな」という驚くべき発言がいとも軽々しくなされ、それがかなり多くの人によって受け入れられたことに、なによりもよく現れている。以上の発言を構成する三つの命題は、それぞれに美しい理想によって固められている。戦争は殺人だからよくない。侵略は否定されるべきである。日本には平和憲法があるから戦争には協力すべきではない。しかし、この三つの命題を一九九一年初頭の状況において結びつけるとき、美しい理想どころか、世の中で最も醜い非道徳と化すのである。それはまた、人間存在についてのきわめて浅薄な哲学に基づいている。

一部の例外を除いて、イラクのクウェート侵攻を肯定する人はない。また、戦争がよいと言う人はだれもないであろう。しかし、不法行為がおこなわれたとき、それは是正されなくてはならない。それが是正されないとき、秩序は崩壊し、世の中は混乱し、その結果、より多くの人命が失われる恐れがあるし、きわめて多くの人々が非人間的な生活を強いられる。

もちろん、不法行為に対して、即座に実力行動に出るのは避けるべきであろう。しかし、不法行為に及んだ人物が説得に応ぜず、人質をとって立てこもったら、たとえ望ましくはなくても実力を使わざるをえない。つまり、人間社会は、秩序を守るために力を用いる覚悟と、最悪の場合にはそれを使うことによって保たれうるのだし、それによって人間は人間たりうる、それは嫌な真理だが、人間という存在の根本にかかわる真理である。そうした真実を直視せず、悩みもせず決断もしないで暮らすとき、人間は必ず腐敗する。そして、豊かであればあるほどその腐敗は激しい。われわれはそれを、すでに身近に見ているのではないだろうか。

例えば、学校におけるいじめっ子である。それはわれわれの秩序維持力の衰退を予感させる。いじめっ子は社会——この場合では学校——の規制力によって対処しなくてはならない。彼もしくは彼らをいましめ、いじめられている人をかばう生徒がいなくてはならない。しかし、いじめっ子は強く、かつずるい。いじめっ子になぐられる危険があるだけではなく、「いい子ぶりやがって」という非難もありうる。しかし、だれかが勇気を出していじめっ子に立ち向かわない限り、いじめっ子が支配することになる。

日本の学校は他の国々と比べてまだ静かであり、暴力も少ない。しかし、いじめっ子のようなものは他の国にはそう多くはない。それは秩序に対して日本人の多くが持っている浅薄な、もしくは偽善的で非道徳的な考え方の反映ではなかろうか。なにしろ、政府自身が及び腰であり、国際的いじめっ子に実力行使を覚悟してはっきり「いけない」という勇気がないのだから、子供たちにそうした精神がなくても不思議はない。それでは将来の日本が心配である。

二十年余り前、大学紛争があった。秩序を破壊する行為に対し、大学人の少なからざる数の人々が、説得という美しい言葉にかくれて、決然たる行動をとらなかった。やがて彼らは、社会にわびることもなく機動隊という実力を導入して秩序を回復した。しかし、悪い種子はばらまかれ、三年後、その一部が浅間山荘に人質をとって立てこもった[137]。人質を殺すことなく事件を処理するよう命ぜられた警察隊は、二人が死に、多くが傷ついた。そうした過去への反省も罪悪感もなく、同じ人が同じような発言をくり返している。私は怒り以上のものを感ずる。しかし、そうした非道徳の極致の人々はどうでもよい。日本の将来が、私には心配である。

湾岸からソ連へ 1991・3

「湾岸戦争」が「多国籍軍」の大勝に終わった後、世界政治の焦点はソ連へと移った。

もっとも、湾岸情勢が戦争の終結によって安定したわけではない。イラクの国内情勢がどのような展開をとげるか、そのなかでフセイン大統領の運命がどうなるかは、今後の問題である。そこから少々東へ移って、イランがどのような外交を展開するかも重要である。なんといっても、イラ

137　一九七二年二月一九日、日本の新左翼運動組織である連合赤軍のメンバーが長野県軽井沢町にあった企業の保養施設、浅間山荘に管理人の妻を人質に立てこもった。山荘を包囲した機動隊が人質の救出に当たったが、一〇日後、強行突入によって解決するまでに三〇名の死傷者を出した。

ンは湾岸地域における最大の国家であり、それがどのような外交戦略を持ち、その成果がどのようなものになるかは、今後の湾岸情勢に重要な影響を与える。

そしてイランは、エジプトとの国交回復やアメリカとのそれを考えている、と言われる。この二つは、共に大きな意味を持っている。イランはホメイニ革命の後、アメリカの外交官を人質にしたことから、両国の関係は断絶した。それが復帰されることは、イランが激烈な教条主義的な革命の後、正常に回復しつつあることを示唆する。イランはまた、エジプトがイスラム諸国のなかで最初にイスラエルを承認したとき、それを裏切りとして、断交した。その二国が国交を再開することは、イスラエルの存在を断固として拒否するという政策の、修正の第一歩かも知れない。

加えて、イスラエルがどのような政策をとるかの問題が残っている。イスラエルは一九六七年の第三次中東戦争の勝利の後、占領した地域から、エジプト領のシナイ半島を唯一の例外として、撤退していない。だから、国際連合は二四二決議で占領地からの撤退を求めたのだが、同決議には、中東諸国がイスラエルの存在を認めるようにという要請も加えられている。今日まで、エジプトを除いて、イスラエルの存在を認めた国はないが、クウェートの態度は柔軟になりつつあるし、他の国々のそれにも変化の兆しが見られる。したがって、今度はイスラエルがどの程度のステーツマンシップを発揮するかが問題である。

しかし、その中東の安定のためのもうひとつの重要な条件として、この地域とソ連とのかかわりがどうなるか、ということがある。なんといっても、ソ連は中東地域に最も近い大国である。それはまた、国内に六千万人のイスラム教徒をかかえるが故に、この地域と最も深いかかわりを持つ国である。だからこそ、ソ連は湾岸戦争が決定的段階——すなわち地上戦突入前に調停をくり返したのであった。ソ連は中東地域の国際関係から排除されることを避けようとしたのであるし、たしかにソ連は、この地域に〝正当な利害関心〟を持っている。アメリカが、もし万一それを無視することがあれば、中東地域の安定と平和はありえない。

しかし、ソ連はこの地域の無視できない関係者ではあるが、その政策によっては、ソ連が加わることはかえって中東地域の国際関係を不安定にする。ソ連は、軍部の意向もあって、イラクを軍事的に強化し、それをテコとして中東での発言力を確保しようとしてきた。それは妥当とは言えないものであったが、イラクの敗北と、敗北に際してフセイン大統領が示した政治的判断力の欠如から、ソ連はこれまでの政策の非を悟ったかもしれない。

それはある程度まで、ソ連の軍部がどう判断しているかにかかっている。ソ連の軍部は、ソ連の中東政策に大きな影響を与えてきた。しかも、ゴルバチョフ大統領は軍部と共産党の保守的な人々を支持基盤とするようになってきたので、軍部の動向は一層重要となった。それ故、ソ連の軍部が湾岸戦争からいかなる教訓を引き出したかが、重要になってくる。

しかし、より基本的にはソ連全体が今後どうなって行くかが重要であるし、アメリカをはじめとする西側諸国の政策が、それに多少の影響を与える。ごく単純化して言えば、ソ連が国内的および国際的に挫折感を持ち、不満に満ちた存在になるかどうか、ということに問題の焦点がある。そして、国内については、どう見てもその将来は明るくない。その経済が改革を一応終え、再び機能し始めるのは随分先のことであろう。ソ連邦を構成してきた共和国のうち、いくつかにおける独立運動は今後も続くであろう。ソ連の国民がさまざまな不満を持つことは避けられない。

そこにもし、ソ連が国際社会でもかろんじられることになれば、不満は一層強まり、多くの人々がナショナリズムに救いを求める恐れがある。それを避けるためには、中東問題を含めて、世界の国々がソ連を重要な一員として扱い続ける必要がある。そして、この点に関して、日本もわずかではあるが、影響を与えることができる。

長期的利益感覚の必要 1991・4

ゴルバチョフ大統領の訪日は、なんら具体的成果をもたらさずに終わった。四月十九日未明の記者会見を報じた十九日の夕刊の見出しはそのことを示唆している。ある新聞は、ゴルバチョフ大統領が一九五六年の〔日ソ〕共同宣言[138]の有効性を確認したことを見出しにしたのに対し、別の新聞は、その共同宣言の二島返還に触れた部分の有効性の確認を拒否したことを見出しとした。ちょっと見るとまるでさかさまだが、この際はどちらかの新聞が誤りを犯したわけではない。ゴルバチョフ大統領は、一九五六年の

138　日本とソ連の国交回復と関係正常化を謳い、一九五六年一〇月一九日に署名が行われた（発効は同年一二月）条約。交渉過程で懸案事項となっていた国境の確定については先送りとされた。

共同宣言全体の前向きの姿勢は確認したが、二島返還に触れた部分そのものは確認していない。つまりは玉虫色なのである。

そうした玉虫色の発言の解釈が見出しになるということは、具体的な成果がなかったことを雄弁に物語っている。四島すべてを領土問題として交渉の対象とすることを定めたことは、だれにでも判る成果だが、しかし、交渉の対象にするということは、返還に応ずることではまるでない。そのほかには、事務的な取り決めがいくつか結ばれただけだから、具体的な成果はなかったとするのが、素直な判断であろう。

しかし、それは必然の結果であったし、またそれでよかったのではなかろうか。というのは、今回の首脳会談は、お互いに満足できる取引きはできない性質のものだったからである。日本は北方領土の返還に向かって明日に前進することを望んでいたが、それによってソ連が得ることができるものは、日本国民の感情の好転でしかなく、そうした雰囲気には満足しないソ連が、そうした一方的譲歩をする見込みは小さかった。

逆にソ連は、日本から経済協力の約束を欲していたし、首脳会談が予定されていた以上の回数になったのに、ゴルバチョフ大統領がそれへの言及を強く主張したからだと伝えられる。しかし、日本としてはその要求に応ずることは難しかった。経済が混乱の極にある現在のソ連に、大規模な経済協力をしてもまるで効果はない。そして、経済を中心として生きる日本としては、明白にむだなカネを支出しないという原則が重要であり、それは世界への日本の信用にかかわるのである。

しかも、日本が経済協力を行う約束をしても、現在の世界ではカネと領土の明瞭な取引きは行いがたい——私見では、それは無意味な偏見だと思うが、そうした感情が存在するという事実は否定しがたい。だから、実質的にはそうした取引きしかあり得ない以上、日ソのいずれかが先に譲り、次は他が譲るということしかなかっただろうが、海部首相はもちろん、ゴルバチョフ大統領も最近では国内を十分に掌握していないので、そうした先見の明のある行動はとれなかった。私の勝手な批評としては、ゴルバチョフ大統領が二島返還を約束する勇気があればよかったと思う。また、海部首相が長期的な展望の下に経済協力についてもう少し積極的であったらよかったとも思う。しかし、両者とも利益の短期的均衡にこだわり、そのため成果は得られなかった。

だが、それでよかったようにも思われる。どの道、日ソの友好関係がつくられ、それがアメリカにとって重要になるのはかなり先、多分二十一世紀のことである。すでに述べたように、ソ連が混乱をきわめる経済体制をなんとかしない限り日本の経済協力は無意味だが、そうなる前にソ連経済は一層混乱し、その試練を経てはじめて立ち直ると思われるので、ソ連の大きな努力と相当の期間を必要とする。

逆にソ連から見て、少なくとも当分の間、カネの問題を除けば、日本は譲歩をする価値のない存在である。ゴルバチョフ大統領が今回おこなった提案のなかで、ソ連側から見て重要であったのは、アジア・太平洋地域の安全保障体制を再構築することを目指して、全欧安全保障協力会議のようなものをつくろうというものであったように思われる。その提案に対して、日本がもう少し積極的であれば、日ソ関係はかなり前進していたかもしれない。

また、それ自身、日本の長期的な国益に合致するものである。実際、日本がソ連と友好関係をつくることとの最大のメリットは、それで北方領土が返ってくることではない。隣国で強力な軍事力を持つ国との関係の改善が日本の安全保障に寄与するということであり、それが日本の政治的立場を強化することである。

そうした安全保障体制の構築は、日本流の〝平和主義〟とはまるで無縁である。「仲よくしましょう」と言っていれば済むものでは、断じてない。軍事力のバランスを考え、その上で戦争の危険を減ずる措置の積み上げが必要なのである。現在の日本のように、軍事と名がつけば避けて通る人々と、ソ連と聞くと脅威もしくは領土しか連想しない人々しかないようでは、ソ連は日本を交渉の相手にしないであろう。

悩めるドイツ人 1991・5

ドイツ連邦銀行の〔カール・オットー・〕ペール総裁が辞意を表明した。このことは、ドイツの悩みが深刻であることを示している。

というのは、すでにあちこちで報じられているように、旧東ドイツの状況はまことに深刻である。命令経済〔計画経済〕下の公営企業ということで、まるで競争という試練を受けてこなかった旧東ドイツの企業の競争力は著しく低い。それがドイツの競争経済のなかに入ったのだから、経営が成り立たなくなり、企業活動を続けることができなくなるものが出てくるのは当然である。その結果、これも当然に、失業者が増大する。旧東ドイツの失業率はすでに三〇%をこえ、さらに増えるだろうと考えられる。

そして、失業率が三〇%を超えた社会といったものは、われわれの想像を絶する社会である。数字はしばしば人間を不感症にさせるが、日本の失業率がまれにしか三%を超えないことを考えていただければ、その失業が十倍になることの異様さを少しは味わうことができる。だから、その東ドイツをかかえることになった西ドイツも、つまり全ドイツが今や非常事態だと言ってもよい。

もっとも、私はドイツ経済が破綻し、ドイツの社会がおかしくなるとは思っていない。大体、現在の悲観主義がおかしいのである。それは一年ほど前の、統一を喜んだ軽率な楽観主義の反動であり、同様に軽率なものなのである。旧東ドイツ領の企業閉鎖や失業の増大は深刻だけれども、すべて暗い材料だらけというわけではない。

人間のすばらしい生命力というべきか、倒産も多いけれども、新しく事業を始める人も少なくない。この一年足らずの間に、三十万の新しい企業と百万の新しい職が出現しているのである。ひどく小さな企業だとは言わないでいただきたい。自由経済、もしくは資本主義経済の始まりはどこでもそのようなものであったし、だからこそ活力があったのである。

その上、統一ドイツ政府による旧東ドイツへの資金移転もおこなわれるようになった。それに力を得て、旧西ドイツから旧東ドイツへの民間投資も増大し始めている。だから私は、旧東ドイツの経済的大苦況は二年で峠をこし、二十世紀の終わりごろには、ドイツ再統一は成功で、ドイツの力を増した、と評価されるだろう、と思う。

しかもなお、真実にそうなるかは、これから一年ぐらいの間の政策決定にかかっている。市場経済への移行は苦しいのに決まっているが、しかし、それは必要なものである。それをいかに断固としておこなうかということが、基本的な指針となるだろう。しかし、なんでもかんでも断固たる態度というものは、まずありえない。ある部分では、真実に苦しいものを助けることが必要となる。その場合、その範囲をいかに限定するかが大切で、それを忘れるとき、人々を甘やかすことになってしまう。その見極めが難しく、ドイツ人は悩むのが当然である。恐らく正しいのは、あくまでもインフレを防止するためドイツ連銀は厳しい政策をとり、政府はその財政政策によって、賢明な救済策を講ずるのがよいのであろう。だが、それは決して容易ではない。

しかも、ドイツほどの大国となると、自国のことだけ考えているわけにはいかない。とくに来年はヨーロッパ統一市場をつくる年だから、ヨーロッパ諸国のことも考えなくてはならない。ところがそうなると、金融政策を厳しいものにし続けることは難しい。マルクを中心として動いているヨーロッパ諸国は、その経済が不況に向かってきたので、ドイツの金利は高すぎると考えるようになっている。マルクが中心である以上、その金利と明らかに異なる金利はヨーロッパ諸国にとって設定し難いからである。だから、悩みは一層深くなる。

そうした悩まざるをえない状況のなかで、ペール総裁には後悔の念もあるだろう。すなわち、昨年の七月、西ドイツマルクと東ドイツマルクとを1対1で交換することに決めたことで、それが旧東ドイツの労賃を上昇させ(そのメカニズムは難しいので、ここでは省略する)、その結果、ただでさえ競争力のなかった東ドイツの企業の採算がとれないようにしたからである。優れた金融家として、ペール総裁はそのことをもちろん自覚しているし、それ故、一年前にコール首相に対し、「1対1の交換は非現実的です」と言うべきであったと後悔しているにちがいない。

現在のドイツは〝悩めるドイツ〟である。われわれとしては、彼らが難問を巧く解決してくれるよう祈るよりしかたがない。できることがあるとすれば、金利引き下げを軽率におこなわないことによって、基本的には正しいドイツ連銀の政策を支援することぐらいであろう。

サミットへの決意　1991・6

日本の外交はだめだというのが、国の内外での支配的見解である。それには確かに根拠があって、最近の例でいえば、湾岸危機と湾岸戦争への対応は、情報能力の不足、責任感と決断の欠如を、恥ずかしくなるぐらい示してしまった。しかし、こうした見解は決まり文句でもある。日本の外交が正しい判断に基づき、立派に行動したことも忘れられてはならない。

そのなによりの例が、昨年の(ヒューストン)サミットにおける日本の主張である。日本は中国に対する経済的制裁を緩和することを主張し、それを押し通したのであった。それに対して、ヨーロッパ諸国は反対した。天安門事件後一年余りを経ても、中国政府は政治的弾圧をやめていないではないか、政治制裁が続いているではないか。自由主義国としては、そうした国に対しては厳しい態度をとるべきである、というのであった。

それに対して、日本は執拗に主張した。政治的弾圧はたしかに続いているが、しかし制裁を頑なに続けても、それが終わる保証はない。それよりも大切なのは、中国がその経済政策については、守旧派の欲するような「命令経済」に逆行していないことであり、それ故、中国の経済は国際収支の赤字を解消しつつ、再び高成長へと向かいつつある。それを助けるならば、中国の経済事情はよくなり、それと共に〝改革派〟が盛り返すことが期待される、と。

アメリカは、中国を過剰に孤立化させることを避けたく思っていた。しかし、議会の中には中国の弾圧を怒る意見が強くて無視しえないものであったし、ヨーロッパ諸国の意見もやはり無視することができなかった。そこでアメリカは、日本が経済協力を再開することにそれほど熱心であるなら、あくまでも反対することはしない、という態度をとった。そこで、日本の行動を皮切りに、中国への経済制裁は緩和されることになった。

それから一年、日本の状況判断が正しかったことが、だれの目にも明らかになってきた。中国は国際収支を黒字にしながら、かなりの経済成長をとげるようになった。そして、今年の春になって胡啓立など〝改革派〟が復権を始めた。残念ながら、政治制裁は続いているし、良心的な人間なら、心を痛めずにはいられない。しかし、状況が改善されたのは事実である。経済政策になるとにわかに自信が出てきて、正しい判断をするのは少々いびつだが、なによりも、よいところがないよりはましである。

そこで、今年の〔ロンドン〕サミットである。その準備段階においても、日本は自らの立場を主張した。今年のサミットにゴルバチョフ・ソ連大統領を呼ぼうというヨーロッパ諸国の提案に対し、日本は懐疑的な姿勢を示したのであり、その結果、サミットの終わりごろに招待するという妥協が成立した。

この場合も、日本の主張は正しかった、と私は思う。というのは、サミットは元来、経済政策について話し合うためのものである。とくに今年のサミットはそうだからである。世界経済を見る者にとっては常識でしかないが、ドイツが、統一事業をおこなうため多額の資金を支出せざるをえないようになり、そのため財政赤字が出て、物価が過去二十年間で最高の上昇率を示すようになった。ドイツの経済が安定していたことがヨーロッパ経済を安定させ、それもあってドイツは世界経済の三本柱のひとつとなってきたのに、その重要な柱がぐらつき始めたのである。片や、世界各国は不況に入ってきていて、その打開策を講ずることを求める声がたかまってきた。

だが、へたにその声に応ずると、世界はまたもやインフレに見舞われる恐れがある。そうしたジレンマにいかに立ち向かうかが焦眉の急であって、かなり厳しい姿勢が要求されるのである。

したがって、ソ連を呼んでにぎやかに会議を楽しむといった形勢ではない。もっとも、ソ連が世界経済の安定に寄与する存在なら話は別である。ところが、それとは逆に、ソ連はまだ経済改革のメドが立っていない。ソ連は、経済の上では大きなお荷物になりつつある。

もちろん、そうした苦況にある国を放置するのは正しくない。だから、援助をする姿勢はとるべきだが、援助は有効である可能性が大きくなければすべきではない。すなわち、ソ連の経済改革にメドが立つまでは、資金協力は差し控えるべきである。思い切った言い方だが、ソ連は経済を論ずるサミットの有資格者ではない（政治・外交面では最有力のメンバーだが）。

こうして、日本は今年のサミットに対して真剣そのものの態度で臨むべきであり、その結果、激論になってもひるむべきではないのである。

冷戦後の秩序構築の時　1991・7

今回の（ロンドン）サミットは極めて重要なものである。それは、八三年五月に開かれたウィリアムズバーグのサミットに匹敵するか、あるいはそれを上回る重要性を持つ。そして、それは疑いもなく、より難しい。ウィリアムズバーグのサミットは、冷戦の最後の高まりにおける「西側」の結束を固める上で重要なものであり、そのとき中曽根首相は、日本の政治家としてたぐいまれな決断力をもって、「西側」を断固と支援した。

これに対し、今回のサミットは冷戦後の最初のサミットであり、冷戦後の世界の運営のための最初の試みとなる。そして、戦時における決意の表明と比べて、戦後の構築のために必要とされる素質はより得難いものであることを、これまでの歴史は示している。

そのサミットは七月中旬から始まる。今回のサミットは二つの重要な争点、すなわち対ソ経済援助と先進工業諸国の経済政策の二つがそこで話し合われる。そして、それが重要なのは、それがあらゆる戦後の基本問題の核心をなすものだからである。前者は、「敗者」に対していかなる態度で臨むべきかということに、後者は「勝者」の正常への復帰に、かかわる。

まず、対ソ経済協力援助について考えてみよう。われわれは、厳しい現実認識に基づく政策をとるべきか、それとも、希望と楽観主義に立ったものをとるべきなのか。

国際政治には紛争と厳しい対立が存在することが避けられない以上、「敗者」は絶対的な悪でも、永遠の敗北者でもない。それは国際社会へ再統合されなくてはならない。そしてありがたいことに、この点については、アメリカをはじめとして、西欧諸国は一昨年末のマルタ会談以後立派な態度をとってきた。ソ連を敵視するものはまず存在しない。むしろ、ソ連の「共産主義経済」が破産し、再建が困難なものであり、そのために外部からの援助が必要であることも認識されている。この点から見て、対ソ経済援助は原則的に正しい。

しかし、助けるにはタイミングと方法が決定的に重要である。というのは、外からの援助はせいぜい、補助でしかない。その国自身の政策が決定的な重みを持つのであり、ソ連が改革に本腰でなければ、外からの援助は有効ではない。その点から見ると、ソ連自身の経済改革がまだ形をとっていない現在は、援助の時機ではない。時機尚早というほかない。日本の態度は概して消極的だが、それは誤ってはいない。

しかし、外からの援助は誘導の機能を果たしうる。ここでも再び、タイミングが重要で、いつでも有効というわけではないが、ソ連への援助は、ソ連の国民に改革と、それがもたらすものへの希望を持たせ続けるために必要である。恐らく、西欧諸国はそうした効果を考えて、対ソ経済援助に積極的なのであろう。しかも、経済の基本原則を守ることは重要ではあっても、それはそのまま外交政策の原則とはならない。

アメリカや西欧諸国の指導者たちは、ゴルバチョフ大統領との間に生まれた親密な関係を維持したいと思っている。さらに、戦略兵器削減交渉を結実させ、通常兵器の削減をさらに推進することも大切であって、そのために経済協力というカードを使いたいと考えるのも当然である。

日本にとっても、そうした事情は存在する。遠くない将来に、日本は北東アジア、より広くは北西太平洋、さらにはアジアの戦略環境を、より平和で、より安定したものにするという課題と取り組まなくてはならない。その際、ソ連との関係を改善することは不可欠のことなのである。そのことを考えると、ソ連に対する態度も少々変わらざるをえない。

こうして、経済原則から言えば、ソ連が経済改革について最低限の進展を示すまで資本供与を行わないというのが正論だが、戦略や政治上の考慮を入れると、その正論を突っ張ることは妥当ではない面がある。したがって、現在の問題は、今どこまで行うかということであり、是非の問題ではなく、程度の問題である。基礎的な哲学がしっかりとしていれば、妥協可能の問題と言ってよい。

ただ、それは第二の問題、「勝者」の「戦後の復興」の問題とリンクしている。厳しい争いは常に、両者ともに大きな打撃を与える。

アメリカ経済の地位は、長期にわたる冷戦のために相対的に低下した。西ドイツは東ドイツとの「再統一」に成功したから「勝者」というべきだが、その「再統一」を真実に成功させるために、今後数年にわたって、相当の出費が必要だろう。その結果、これまで先進工業諸国のなかで最も健全で、安定的だったドイツ経済が動揺を始めている。ドイツは過去二十年間に経験しなかったようなインフレを味わいつつあり、きわめて強かったマルクもいささか弱くなった。

人間だれでもそうだが、自らの能力以上のことは行うべきではない。他国のため、世界のためということで頑張った結果、自らの体質が悪化しては元も子もない。つまり、「勝者」は抗争時にその力を無理に使ったために歪んでしまった体質を是正するという仕事を忘れてはならない。それが最も重要なのであり、そのことはアメリカについて特にあてはまる。

この点から言うと、昨今、アメリカ、西欧諸国、そして日本を見舞いつつある経済的停滞は、正常な状態への復帰を命ずるサインと言わなくてはならない。したがって、経済活動の不活発化は自然の傾向であり、それを無理して修正することは正しくない。もっとも、このことに関して、日本とアメリカ、日本といくつかの西欧諸国の間には意見の相違がある。その相違は、対ソ経済援助をめぐるそれよりも、客観的に大きくはないとしても、人間性を考えると、多分より大きく、より重要である。

人間が厳しい政策を取り難いことを考えると、甘んじて苦難を受ける政策をとることを主張する人間や国は、多くはない。こう考えると、日本は金利政策をはじめとして、世界の景気政策に対して緊縮政策を説くべきであるように思われる。ただ、厳しい政策のみを主張し、実行するのは、人々に受け入れられないだけでなく、多くの場合には部分的にしか正しくない。二つの点で日本は積極的な政策を主張し、そのためイニシアティブをとるべきであろう。

その一つは、いわゆる世界の貯蓄不足への積極的対策を主張しなくてはならない。カネの使いすぎは悪いし、それは戒められなくてはならないが、しかし、貯蓄不足は各国の成長への意欲が小さくないことをも意味するものなのである。だから、それを抑えつけるだけではだめで、望ましい方向への誘導が必要であり、そのための具体的措置が講じられなくてはならない。

もう一つは、言うまでもなく、自由貿易体制を維持しつづけることである。そのためには、目前の課題であるウルグアイ・ラウンドを成功させなくてはならない。そのために、日本がコメの輸入について積極的な態度をとる必要があることは、常識的に考えればだれでも判断がつくはずである。日本政府の〝微温的態度〟は、どのような見地からも間違っている。ここでこそ勇気が望まれる。

つまりは、長期的に、かつ広い視野から将来の国際政治秩序を構想すべきなのである。その点でもう一つ付け加えるなら、国際政治における抗争を緩和する必要の認識と、そのための長期的措置が必要である。

ここまで私は、分かりやすく説明するために〝勝者〟と〝敗者〟について語ってきたし、それに誤りではないが、より重要なことは、現代においては狭義の、あるいは伝統的な意味における〝勝者〟も〝敗者〟も存在しないということである。その点から言えば、冷戦は無駄な対立だったということになる。そうした対立を防止することは難しいが、必要であり、これからの長期的課題である。そうした課題にどこから手をつけるかが、特に政治ではまことに重要である。武器輸出管理なのか、人権なのか、それとも環境問題なのか、一つしか選べないというわけではないが、あれもこれもというわけにはいかないし、手のつけ方がきわめて重要である。

とはいえ、政治は未来への感覚を持ちつつ、現在の課題に対処すべきもので、これらの長期的課題への対応はいささか次元を異にするものではある。きわめて困難な目の前の課題への対応に加えて、そうした問題への視野をも要求されるところに、現在の国際秩序作りの難しさがある。

ペルーでの痛ましい事件　1991・7

国際協力事業団（JICA）のために働いていた日本人三人がペルーでゲリラに殺害されたことは、まことに痛ましいニュースであった。

それはまた、憤りを感じさせる事件でもあった。というのは、〝輝ける道〟[139]と名乗るペルーのゲリラの行動は、卑劣でもあり、愚劣でもあり、かつ思い上がったものでもあるからである。

まず、卑劣という点についてはほとんど説明を要しないであろう。殺された三人は、農業技術を伝えに行っていたのであり、農業関係の器具は携えていても、武器は携えていない。そうした人間を殺害するのは、それにゲリラ戦などいかなる名前がつけられようが、間違いなしに人倫の基本に反する。日本のなかには、そうしたゲリラ活動に理解を示すような姿勢をとる人が一部にせよ存在するが、私にはまるで理解できない。人間たるもの、憤るべきときには憤らなくてはならない。

もっとも、憤りの感情をすぐに行動に結びつけるのは、ほとんどの場合よくない。相手がゲリラだから報復しようがないし、ペルーに対する経済協力をやめるといったことをすれば、ゲリラの思うつぼである。ペルーのゲリラは、ペルーの合法政権である〔アルベルト・〕フジモリ政権を倒そうとしているのであり、そのために、日本からの支援を断ち切りたいと考えているからである。

日本としては、自信を持って、静かに、かつ堂々とこれまでの政策を続けるべきである。というのは、ゲリラの行動は愚劣でもあり、思い上がったものでもあって、成功の見込みは少ないからである。彼らは、ペルーのこれまでの社会構造を崩し、権力を倒して、理想社会を作ろうというのだが、旧体制を破壊すれば理想社会が可能になるという考え方は愚劣である。人々はやはり豊かになりたいと思うし、また、豊かな社会の方が大体のところ——いつもというわけにはいかないが——無難なものである。そして豊かになるには、技術を向上させることがやはり必要なのであり、その点で、日本からの経済協力は間違いなしに役立つ。

ゲリラの考え方の最大の問題点は、彼らが理想社会を作る青写真を持っていると考えていることであり、その点で彼らは思い上がっているのである。もちろん、ペルーの社会には数々の問題があり、不正があるだろう。多少の数字と写真を見れば、たとえば貧富の差が大きいことはすぐに判る。しかし、それは全体を豊かにするなかで徐々に直して行くべきもので、ある体制を作れば、一挙に豊かになり、貧富の差がなくなるわけではない。人間は、それぞれに自分の生活を向上させるために努力し、自らのなしうる範囲

139 Sendero Luminoso 当時、日本では「センデロ・ルミノソ」と報じられた。

で社会をよくしようと思うものであり、そのメカニズムを通じて徐々に社会を良くしていく以外に方法はない。それなのに、自分たちは理想社会を作る方法を知っており、それ故力ずくで――〝人民〟という名前は借りるにしても――それを押しつけようとするのは、とんでもない思い上がりである。

そうした思想を、有名な経済学者〔フリードリヒ・〕ハイエクは「死に至るうぬぼれ」〔140〕と名づけた。そしてありがたいことに、そうしたうぬぼれは大いに弱まり、死滅しつつある。ハイエクが「死に至るうぬぼれ」と名づけたのは、もちろん、共産主義のことだが、東欧では共産主義はほぼ完全に捨て去られ、ソ連もそのために苦闘している。中国はまだ共産党の一党独裁だが、経済政策に関しては、豊かになりたいと思う人々の気持ちと、それ故に現れる才覚を使わなくてはいつまで経っても貧困で、豊かにはなれないことを認識するようになった。だから過去十年強の間、中国の経済は発展してきたのである。

つまり、政府はある青写真にそって経済を計画的に動かそうとしてはならず、市場経済の営みにまかせ、それと同時にインフレをおこさないような政策をとるとともに、社会資本の造出法と秩序の維持、そして教育の普及といったことに努力を集中すべきなのである。フジモリ氏のやっていることも、反インフレ策をはじめとしてそれに近い。

実際、こうした変化のために、一九九〇年代には開発途上国を含む多くの国々が経済発展をとげるだろう、と期待されるようになってきたのである。だから、今こそわれわれは、経済協力に積極的に取り組まなくてはならない。

ただ、それと同時に、より注意深くあらねばならない。というのは、JICAで働く日本人のような人々はわれわれの誇るべき宝である。宝は大切にしなくてはならない。彼らが真実によいプロジェクトに携わっているのかをつねに確かめるとともに、彼らの身の安全にも心を配らなくてはならない。

米ソ首脳会談と今後の世界政治　1991・8

少し前から、ブッシュ大統領は長めの夏期休暇をとっている。日程がつまりすぎていて、頭が動かなくなるのが現代の指導者の危険だから、一ヵ月の休みをとるのはよいことだし、とくに今年は、ブッシュ大統領にとって、一働きも二働きもした後という気持ちの休みであろう。二月には湾岸における軍事行動を成功させた後、主要国間の調整に取りかかり、七月後半にはロンドン・サミット、その後七月末にモスクワを訪問という具合に、ブッシュ大統領はかなりの成功をおさめてきたからである。

その成功の重要な理由は、ソ連とくにゴルバチョフ大統領への態度にある。マルタ会談の前ぐらいから、ゴルバチョフがアメリカとの関係改善を求めるようになったのに対し、ブッシュ大統領は、ソ連の面子を損なわないように、丁重にゴルバチョフを扱うと同時に、アメリカから見て重要なポイントは主張するという品行方正な姿勢をとってきた。七月末の米ソ首脳会談でも、そうした姿勢は貫かれた。『ロンドン・エコノミスト』は次のように批評している。「七月三十日から三十一日にかけてのモスクワでの会談で、二人は、二国頂上会談が要求する平等の見かけを保つべく最善を尽くした。にもかかわらず、真実をおおいかくすのはますます難しくなってきた。すなわち、ソ連は軍事力を別にすればアメリカと対等というところはほとんどない。……丁重で友好的ではあったが、ブッシュ氏は、彼が欲するときにはノンセンスを許さない校長のように話した」

例えば、ブッシュ大統領はソ連の対キューバ援助や、「北方領土問題」に関する態度を批判したし、またソ連に大幅な軍備削減を呼びかけ、バルト三国の独立要求に耳を傾けるように説いた。これらはブッシュ大統領の自信を示している。ソ連の面子を尊重し、ソ連の経済立て直しに協力する限り、ソ連はアメリカと協力せざるを得ない、という読みがそこにある。

たしかに、ソ連はアメリカおよび「西側」と協力する以外にないことを悟っているようである。湾岸で武力行使がおこなわれた一月から二月にかけて、ソ連内部ではゴルバチョフの対米協調路線に反対する声が、軍部や共産党の一部で強まった。しかし、それは最後のあがきだったことで専門家たちはほぼ一致している。西側に対抗するソ連という存在は消滅したのであり、後はソ連の誇りと感受性を傷つけないようにすれば、米ソは協力してやって行ける、というのがブッシュ政権の考え方であろう。

そうした配慮のひとつの表れは、締結された戦略兵器削減条約で、アメリカは弾頭数でソ連と同数の八千弾頭にすることを認めた。それはＳＡＬＴⅠ（戦略兵器制限条約）でも

140　西山千明監修、渡辺幹雄訳『致命的な思いあがり』ハイエク全集、第二期、第一巻（春秋社、二〇〇九年）。

SALTⅡでもなかったことで、ソ連のタカ派も反対できないものである。しかし、核弾頭において一万二千対一万と勝ってみてもなんの役にも立たないものであるし、逆に弾頭数を八千と均等にしても、全体としての力における不平等は歴然としているから、安んじて均等にできるのである。逆説的な言い方だが、もはや二極構造ではなくなったからこそ、戦略核は対等でよいことになった。

それでは、世界政治は「単極構造」に向かうのであろうか。そうした指摘はかなり多くの人によってなされている。しかし、それは正しくない。というのは、第一に、アメリカの指導力は今や極めて強力だが、しかしアメリカが単独でやれることは決して多くはないからである。例えばソ連経済の立て直しにしても、アメリカは音頭をとれるし、当面アメリカしか音頭をとれる国はないが、実行の多くの部分はヨーロッパ諸国や日本にまたなくてはならない。また、アメリカは国際機構で大きな力を持っているが、国際機構の性格上、他国の言うことに耳を傾けなくては国際機構を動かすことはできない。だから、世界は「単極」ではなく、より多くのファクター（要因）が複雑に相互に作用し合うシステムに向かう、と考えた方が多分正しい。

多極化に向かう第二の理由は、世界に存在する問題が多種多様であり、大国によって簡単に解決できるものではないことである。例えば中東情勢がそうで、昨年夏のイラクのクウェート侵攻のような赤裸々な挑戦をくじく能力がアメリカにはある。しかし、安定したシステムを作るとなると話は別である。今回の頂上会談で米ソ両国は、十月に中東和平会談を提唱した。しかし、石油はないが軍事力は強いエジプトおよびシリアと、石油とカネはあるが軍事的には弱いサウジアラビアやクウェートなど六カ国との関係は微妙だし、イスラエルは和平会議には賛成したものの、PLOやエルサレム問題については頑固な態度を崩していない。

以上は問題の一部にすぎず、要するに、中東地方では平和を確かなものにするには事情があまりにも複雑なのである。世界のあちこちにはまた別の種類の複雑な問題があり、アメリカといえども、その手に余るのである。

こうして、世界はやはり多極化の方向に進んでいる。

急変するもの、しないもの　1991・9

この二、三年間の歴史の歩みは著しく早いものであった。もし宇宙旅行が可能となっていて、人間が五年前に地球を出発し、火星かどこかの惑星に行って帰ってきていたなら

――とくに彼がソ連の宇宙飛行士であったなら――、彼は浦島太郎のように感ずることだろう。エルベ[141]から太平洋岸に至る広大な地域のなかで五年前にはあらゆる権限を持っていた共産党が、今日ではあらかた消滅してしまっているからである。

　こうした事態の変化のテンポの早さを考えると、今回のソ連のクーデター[142]が、安物のドタバタ劇にも似た性格を持っていたのも自然のことであったように思われる。クーデターが失敗した後、多くのジャーナリズムは、クーデターの読みの甘さや手段の不徹底さをひやかすような記事を掲載した。例えば、ゴルバチョフを軟禁したが、エリツィンにはまったく手をつけずにいたことが、その例としてしばしば指摘されている。

　事後的には、たしかにそう言うことができる。しかし、数年前までは共産党が全知全能であったことを考えるなら、クーデター派の判断の誤りも、そうばかげたものではなくなる。共産党を中心とする権力機構がすべてを動かすのになれてきた人々の目からは、その権力機構を抑えてしまえば国全体を動かせると思われたのであろう。彼らは、この数年間にソ連の人々が変わり、それも権力機構のなかにある人々まで変わったことを完全に見誤っていたのである。そして、彼らは他山の石とみなすべきであって、われわれもまた、急激に変化してきた世の中を、従来までの通念に従って判断してはいないだろうか、と厳しく反省しなくてはならない。

　しかし、逆の面もまた存在する。世の中は、すべての面が急激に変化しはしないのである。実際、私は今回のクーデターの失敗を見ていて、複雑に矛盾した気持ちになった。すなわち、それはたしかに大事件ではあったが、今後十年間のソ連情勢の展開を考えるとき、どれだけの相違を生み出しただろうか。もちろん、クーデターが成功していたならば、それはソ連と、そしてある程度まで世界を、数年間

141　エルベ川。西ドイツ、東ドイツ、チェコスロバキアなどの国境となっており、西側（自由主義圏）と東側（共産圏）を隔てていた。

142　一九九一（平成三）年八月、新たな連邦制度の創設を目指すゴルバチョフソ連共産党書記長に対し、守旧派が巻き返しを図った。休暇中だったゴルバチョフは軟禁されたが、モスクワではロシア共和国の大統領ボリス・エリツィンが市民と共に抵抗し、クーデターは未遂に終わった。

前へと引き戻していただろうから、その成否は歴史の展開に大きくかかわるものである。しかし、それが失敗した以上、なにが変化したのであろうか。

ここでもまた、われわれはクーデターの失敗が共産党の解体という結果をもたらしたこと、そしてそれは今後のソ連の経済改革にとっても大いに望ましいものであったことを忘れてはならない。この点で、歴史が加速されたことは否定しえない。しかし、それもまた、過去数年間に準備されてきたことであり、ソ連においてさえ、共産党の指導的役割は否定されるに至っていたことが想起されなくてはならない。クーデター派はその時計の針を逆行させようとしたのであり、だから失敗したのである。

だが、共産党の解体は、命令経済から市場経済への転換の上で重要な一歩ではあるが、ほんの一歩でしかない。命令経済をやめたならば、後は自動的に巧く行くと考えるのは、共産主義にも似た教条主義なのである。まず、命令経済をやめるとして、これまでに作り上げた巨大な構築物の解体や転換がおこなわれなくてはならない。それも、経済計画や社会の管理のための官僚機構だけの問題ではない。そうした制度の下で作られた、生産施設や制度もある。

例えば、ソ連では重要な商品の三分の一以上が、ひとつの工場で作られている。ほとんど信じられないような話だが、大規模生産と中央集権的計画を信じ、競争の価値を否定する立場からはそうなるのだろう。したがって、そうした工場を「民営化」しても巨大独占企業ができるだけで、市場経済の最大の眼目である競争原理はほとんど働かない。以上はほんの一例であって、要するに、ソ連はその七十余年の歴史の間に、まったく異常な制度を作り上げた。

しかも、ソ連の人々はそれ以外のシステムをまったく経験したことがない。したがって、ソ連の経済改革には、市場経済の枠組みを作るという思い切った措置を必要とするだけでなく、それから不可避的に発生する混乱を乗り切りながら、新しいシステムを定着させていく根気のいる努力をも必要とする。すべてが急激に変化するわけではないのである。

こうしたソ連の現実は、われわれを難しい立場に立たせる。クーデター失敗後の雰囲気において、われわれは消極的な態度を続けることはできない。しかし、ソ連が必要な改革をおこなわないうちに資金援助をおこなっても、まったく効果がない。このジレンマへの明快な解答はない。ただ、緊急援助的なものについては、思い切った態度をとることだけは必要であろう。それはソ連への関心を示し、改革の進行によってより本格的な援助を与える用意があることのシグナルとなる。

近隣諸国との関係の難しさ 1991・10

冷戦が終わった一九九〇年代には、アジアの近隣諸国との間で〝政治摩擦〟とも言うべきものが問題となるだろう。少し前から私はそのように考えてきたが、この二、三ヵ月の事態を見て、ますますそう思うようになった。

一方では、日ソ関係は改善される兆しを示している。国後、択捉は日本の固有の領土であることを認めるような発言が、政府の代表ではないにせよ、それに近い筋から聞かれるようになったことは、ソ連が、譲歩してでも日ソ関係の改善をはかる意思を固め始めたことを示唆している。こうした展開の基本的原因は、ソ連が経済支援を必要としていることにあるが、しかし、単純にこの二つを直結させて考えるのは正しくない。

というのは、アジア諸国も同様に、もしくはそれ以上に、日本との経済協力を必要としている。しかもなお、そこにはそう大きくはないが、重要な不協和音を聞きとることができるのである。なかでも重要なことは、国際連合の平和維持活動（ＰＫＯ）について、日本が自衛隊の使用を含めて考えていることに対し、中国政府は日本に慎重さを要請したし、韓国政府も、より控えめながら同様の立場をとっていることである。

こうした懸念の表明に対し、多くの人々は日本が中国や韓国、それにアジア諸国に対して、大きな被害を与えたことをあげて説明とするだろう。それとともに、戦後処理が円滑にはおこなわれず、日本が十分に反省し、謝罪しなかったことが強調されるであろう。それらは確かに無視しえない要因である。しかもなお、それですべてを説明することはできない。

少なくとも、日本軍国主義の復活とＰＫＯへの自衛隊の参加とを結びつけるのには、論理的に無理がある。ＰＫＯに参加する自衛隊は、日本政府がその意思だけで決定して派遣されるものではない。ＰＫＯは国際連合がしかるべき手続きに沿って派遣を決め、その任務もまた国際連合が決めるものだからである。自衛隊はその活動に参加するにすぎない。つまり、自衛隊の派遣とＰＫＯへの参加は質的に異なるものであって、後者が前者の先例になるなどということは到底考えられない。感情は無視できないけれども、感情論を用いれば、日本の経済的進出はやがて軍事的進出につながるという議論も可能なのであって、感情論はよい外交の基礎にはなり得ない。

私の見るところ、中国や韓国の懸念は、むしろ日本が政治的に役割を果たすことを欲するようになっていることに原因がある。現在、多くの国民が日本の国際的貢献の必要性を認識するようになっている。それには多くの国の要請もあるし、日本としては、これ以上貢献なしに生きることはできない。しかもなお、そうした貢献は日本の政治的地位を向上するように作用するものであること、そして、それがいくつかの国には脅威感を与えることも忘れてはならない。

ここで、対ソ経済支援のことに戻ることにしよう。それが日ソ関係の改善に役立ちつつあるのは、日本がアメリカやヨーロッパ諸国からの要請を待ってそうしていることによる面があることを、私は指摘したい。それは、少なくとも島をカネで買うという悪印象を防止するのに役立つ。しかし、なぜ、アメリカやヨーロッパ諸国は日本の貢献を要請するのだろうか。それは、日本の貢献が彼らにとってあまり脅威にはならないからである。

ソ連の重心はあくまでも西、すなわちヨーロッパの方向にある。それ故、経済協力が専らドイツによっておこなわれるようなことがあれば、ドイツの勢力が大きくなりすぎる恐れがある。日本の経済協力は、それを均衡のとれたものとし、そうした悪い帰結を防止するのに役立つ。日本の全世界的な貢献は、概して歓迎され、要請されるであろう。

しかし、アジアでは話がちがう。そこでは、日本の経済力は圧倒的な比重を持っている。したがって、日本の役割増大は全体として日本の優越を招くと恐れられる。この点に関して今年の初夏、中山〔太郎〕外務大臣が東南アジア諸国に対して、アジア・太平洋の広い範囲にまたがる安全保障機構を作る方向で努力するよう提案したときの反応が、冷たいものであったことも想起されるべきであろう。そこにもまた、日本の発言力増大への懸念がある。

今後、日本は世界的な貢献をますます求められるだろうし、日本はそうした要請に応じなくてはならない。しかし、それが近隣の国々には懸念を与えることも事実なのである。それに対しては、日本としてアジア諸国の正当な国益を尊重することを、行動によって示す以外にない――もっとも、それはかなりの期間にわたる〝政治摩擦〟を経験することが必要であるだろうが。

孤立主義的遺制との決別　1991・11

敗戦から今日に至るまでの日本の外交政策は、基本的に孤立主義であった。もっとも、孤立主義はその国の性格や時代状況によってさまざまな形をとるものであるし、日本人自身は、日本の政策を孤立主義と自覚していないところがある。それというのも、日本は貿易、とくに輸出を伸ばすために多大の精力を傾けてきたし、その結果、日本製品は世界のどの地域でも売られるようになった。そして、海外にある日本人の数も史上最高になった。

十九世紀中葉のイギリスもそうだった。イギリスはその上、世界にまたがる植民地を所有していた。それにもかかわらず、イギリスの人々は、「光栄ある孤立」を自負していた。「孤立主義」という言葉はアメリカが作ったものだが、これまた経済関係については孤立してはいなかった。まず、外国資本を大量に受け入れていたし、それとともにイギリスから半世紀ほど遅れて、大量の輸出をおこなうようになった。この二つの事例から理解されるように、通商関係の存在は孤立主義ではないことを意味しない。

孤立主義の特徴は、国際政治への関与を避けることにある。イギリスは十九世紀の中葉、ヨーロッパの権力政治への関与をあまりしなかったし、アメリカは「旧大陸」の権力政治への関与を避けることを国是とした。それほど明白ではないが、もう一つの特徴は内政中心主義で、アメリカについて、その特徴は明白に存在した。アメリカは高い保護関税で悪名が高かったが、それというのも、国内産業のことをなによりも考えたからであった。

戦後の日本の対外政策は、この二つの特徴を持っている。権力政治に関与しないことについては、あらためて説明するまでもあるまい。日本人が平和主義と形容してきたのはそのことであり「巻きこまれ論」はそうした性格を示している。それが近年「一国平和主義」と呼ばれるようになったのには、十分に理由がある。内政中心主義は、必ずしも保護関税という形はとらなかった。日本は十九世紀のアメリカと違って、輸出しなくては生きていけないし、輸出するためには明白な保護関税はとりえない。

日本の場合、内政中心主義は日本社会の体質の維持という形をとった。すなわち、外国の日本への投資を警戒することがそれであり、外国企業――とくに金融機関とサービス業――がそうすることへの警戒がそれであった。さらに、日本はその農業が弱まり、農村社会が変質、もしくは変質することをあくまでも避けようとした。オレンジの輸入自由化への抵抗は、過去における代表例である。そして最後に、外国人労働者を受け入れることへの嫌悪感があって、それは言うまでもなく日本社会防衛策である。

こうして、日本の対外政策は孤立主義であった。ただ、イギリスやアメリカほど自信がなかったので――あるいは明白に表現することを好まないので――、そうはっきり言わなかっただけである。それへの反省は、中曽根首相が日本の「国際化」を唱えたときあたりから具体的な形をとり始めた。保護関税はそのころにはなくなっていたが、日本の社会をより開放的にしなければ経済摩擦は避けられない、という認識がその動機であった。それに、政治面でも行動しなくてはならないという気持ちが加わった。その気持ちはここ二、三年の「国際貢献」の主張に明らかなように、一層強まった。

実際、日本ほど世界経済で大きな比重を占めるようになった国は、孤立主義では生きていくことはできない。現在の世界が、歴史上例のないほどの相互依存状態にあることを考えるとなおさらそうである。経済の面をとっても、経済政策や環境問題にからむ規制など、グローバルに決められることが多い。そうしたルール形成に参加しないことは、明らかに不利である。そして、世界政治に参加しない限り、ルール形成への発言力は――経済に関するものであっても――小さくなるのが避けられない。

そして、国際政治は軍事問題と完全に無関係ではありえない。秩序を維持するには力も必要だからである。もちろん、「力も必要」であって、「力が必要」であるわけではない。だから日本としては、「非軍事的」領域に力点を置くべきであろう。しかし、「軍事的」領域からの完全な棄権は不可能である。こうしてPKOへの参加は――多くの自制を伴いつつ――避けるわけにはいかない。

社会を開放的にすることは、もちろん苦しい。しかし、これまた日本が豊かになった以上、相当程度開放的にならざるをえない。豊かな国というものは、チャンスが多い国であることを意味し、多くの人がそれを求めてくるからである。外国人労働者の問題が急ぐべきでないにしても、コメの輸入はそうではない。それは経済的にそう大きな根拠がなく、それ故、日本の〝閉鎖性〟のシンボルになっているからである。

PKOとコメ、それは前政権からの積み残しの課題だが、残された孤立主義の遺制の最後の大物である。それを解決しなければ、孤立主義は克服できない。

元ソ連という地域の今後　1991・12

ロシア帝国の歴史について、日本ではあまり知られていない事実がある。それは、日露戦争前後の二十年間、とくに日露戦争後の十年間に、ロシアの経済が世界一の速さで成長したということである。そのことが認識されていない理由は、まず、日本人が日露戦争での戦勝に酔って、敗戦後のロシアでの成功に目を向けなかったことがあげられるだろう。それと共に、第二次世界大戦後にはソ連の業績に注目することが専らおこなわれたため、それ以前の帝政ロシアの時期をひたすら暗黒の時代と受けとったことも原因であるだろう。マルクス主義の歴史の欽定史観がそのようなものだった。

このようなことから書き始めたのは、最近のソ連の激変ぶりを見ていて、そのなかで長期的な視野を持つためには、ロシア民族が敗戦といった悪い状況からはい上がる力を持っていることを銘記すべきだと思うからである。実際、時の勢いというものは恐ろしい。この八月にクーデターが試みられて失敗するまで、ソ連が消滅するとは思われなかった。二年余り前、ピーター・ドラッカーがソ連帝国の解体を予言したとき、私はピーター・ドラッカーを尊敬して来たので、彼の予言は心に留めておくべきものだとは思ったが、しかし文字通り〝解体〟ということにはならないだろうと考えた。

しかし、重要であったのは彼の予言よりもその根拠であった。ピーター・ドラッカーは彼の母国オーストリア帝国の解体の経験から、多民族帝国はそのなかに住む諸民族が独立を要求し、帝国が衰えを示すようになるとき、手の打ちようがないことを指摘していた。そうしたとき、そうした民族の要求に対し弾圧で臨めば、独立運動はそれに反撥して激しさを増す。しかし、彼らの要求に対し、部分的にそれを容れて、宥和しようとするならば、それは少数民族を勇気づけ、さらに多くを要求させ、最後には独立を要求させるようになるという力学を、ピーター・ドラッカーは彼の予言の根拠としたのであった。

まさに、その通りのことがおこったのではないだろうか。帝国の支配者のなかの頑固派が愚かな行動に出て、それが帝国の解体を加速するという事情を彼の指摘に加えるなら、夏以降の展開はほぼ完全に説明することができる。ゴルバチョフがソ連を改革し、それを構成する諸民族の自主性を尊重する形に持って行こうとしたのは立派だったが、それは諸民族の要求を強めた。それに危惧の念を持った頑固派がクーデターという愚挙に出て、ソ連の権威を一層弱め、その結果、諸民族は独立にまで突き進むことになった。

ソ連に残ると思われたウクライナとベラルーシまでが独立したのは、上述の力学による。そして、ウクライナとベラルーシが独立した以上、連邦国家はありえず、共同体という可能性しか残っていない。しかし、真実にソ連はそこに軟着陸できるのだろうか。例えば、ソ連の解体をあくまでも阻止したいと頑固派が考え、再びクーデターという愚挙に出ることはないだろうか。

その可能性はない訳ではない。しかし、それは結局のところソ連帝国を維持することには成功せず、かえって解体の度合を強め、共同体の設立をさえ難しくすることになるだろう。そして、ロシア人はそのことが判らないほど愚かではないだろうから、愚挙が繰り返される可能性は少ないように思われる。ウクライナにはロシア民族が相当数いて、彼らもウクライナ独立に賛成票を投じたことも、力ずくでソ連を維持することを思いとどまらせるであろう。

とはいえ、今後まだまだ混乱が続くことは確実である。まず、共同体のあり方をめぐって意見は対立し、そう簡単にはまとまらないであろう。次に、ソ連が解体すると、ソ連の南部のイスラム教徒の住む共和国はイスラム圏へと引かれるべきであろうし、その結果混乱がおこるであろう。イスラム教とキリスト教の境界線、たとえばアゼルバイジャンとアルメニアでは、事態はかなりの程度紛糾するであろう。さらに、ロシア共和国のなかに住む少数民族も自治権を求め、さらには独立を求めることになるだろう。それは軍事力の行使、もしくはその威嚇を含む状況になるかも知れない。

しかし、長期的に見て二つのことはまず確かである。まず、この地域で主導権をとるのはロシア民族であるだろう。その人口の大きさを考えても、そのことはまず間違いない。それに、初めに述べた歴史が示しているように、ロシア民族には逆境に強い性質がある。だから、かなりの長期にわたって混乱はあるだろうが、ロシアはやがて、世界史の重要な存在として復活するだろう。われわれはその程度の長期的視野を持って、ソ連の激変に対処すべきである。

アメリカの悪い癖　1992・1

〔ジョージ・H・W・〕ブッシュ大統領一行の言動をうるさく感じた人は少なくないであろう。平等な自由貿易とか日本市場は系列などでまだ開放性が不足しているとかいったことを、お説教調で言われると、そのように他人の問題に口をはさむよりも自分のことをきちんとしろ、とも言いたくなる。実務的な交渉内容はまずまずだったが、スタイルの方が気になる。

たしかに、お説教主義はアメリカの近年の最大の問題点で、私は大いに嫌いである。しかし、それは対外的なことに限られはしない。例えば、この数年間にアメリカでは禁煙が進んだので、私などもアメリカでたばこを吸い難くなった。もちろん喫煙は健康によくない。しかし、それが決定的に悪いかというと、そうは言えなさそうである。人間の健康や寿命はさまざまな要因で決まるものであり、しかもわれわれが口にするものは、ほとんどすべて、健康に悪い面がある。だから、たばこを目の仇にして、しかも食べ過ぎている人に出会うと、一体なにをしているのか、と私は思う。

また、たばこが他人にとって不愉快なこともあることは間違いない。例えば、閉めきられた部屋に多数の人間がいるときに、たばこの煙はうるさい。食事の席で初めからたばこを吸う人は、その人にとってだけでなく、他人にとっての食事の味をこわす。しかし、そうした場合には吸わないのがエチケットというもので、それ以上に大層な理屈を持ち出されると、私は意地ででも吸いたくなる。全体として、それほど大切ではないことについて、正邪を軽々しく口にするのが良くない。

この調子でいくと、そのうちに酒も悪いということになり、〝禁酒法〟の復活へと向かうのではあるまいかと思っていたら、このところ、そうした動きが出てきた。最初は妊娠中の女性にはアルコールが悪いということで、三年前から、アルコール類にはその種の警告をつけなくてはならないようになった。ところが、妊娠中の女性が少量のアルコールをとって胎児に悪いことは、なんら医学的に証明されていないのである。しかし、本心から悪いと思う人がいて、地方によっては、妊娠中の女性がアルコール類を口にすると、彼女をたしなめることがあるらしい。

つまりはお節介なのだが、それに超まじめな理由がつけられているところに危険性がある。人間というものは、正邪の論議に酔うところがあり、その酔い方はアルコールの比では到底ないからである。より最近では、普通のモルト・ビールのアルコール含有量五％よりも強い五・九％のモルト・ビールを造り、それを大都市部の黒人向けのコマーシャルで売ろうとしたことが、黒人を奴隷にするビールとかいうことで、激しく攻撃され、政府筋もそれを非難するところまでいってしまった。

こうしたことを書いたのは、まずそれが、アメリカ産業の競争力の低下といったことよりも重要であるかもしれないと思うからである。アメリカ経済の弱体化はよく言われるが、私の見るところ、大体がオーバーに言われていて、アメリカの経済はたしかに調子を崩しているが、しかし、まだまだ力がある。お説教主義の方が深刻だという認識が、われわれには必要なのである。

そうしたお説教主義は、冒頭に触れたように、日本に対するアメリカの態度にも表れている。しかし、アメリカ国内でもアメリカ人同士のお節介とお説教がおこなわれていて、日本だけがターゲットになっているわけではないことをわれわれは知るべきである。そうしたとき、アメリカでは反論が出て、議論になり、大体のところは妥当なところに落ち着く。ブッシュ大統領一行の対日発言についても、アメリカの主要新聞が厳しく反論したことは日本にも報じられた。

温かい目で見れば、お説教症はアメリカの回復努力の一兆候である。お節介・お説教症を私は好まないし、大体アメリカにとってよくない。しかし、私はこの症状に温かく接したい。というのは、それは安物の精神主義だが、およそ人間は立ち直ろうとか、頑張ろうとするときに、そうした症状を示すものだからである。

アメリカの経済はいぜんとして強力ではあるが、このままでいけば下降することは間違いない。しかし、アメリカは黒人問題や教育問題や財政問題など、およそありとあらゆるものについて反省をおこなっている。そうしたとき、具体的な方策がとられる前に気持ちを引きしめろということになるし、それは過剰にもなりうる。

日本も二十年近く前、そうしたことがあったのではないだろうか。石油ショックはインフレや公害問題と重なって、日本経済にとって重大な危機だった。われわれはそれに見事に対応したが、初めのうちは、ひたすら節約とか、お役所自らその模範を示すといったことが多かった。それは省エネを理論的に考えた場合、まことに些細なことであり、大勢には影響がなかった。しかし、それが始まりになったことは否定しえない。

アメリカは日本よりいささか仰々しく、他国にもお説教をする。だが、そのぐらいのことは、自らの経験に照らして、大きく、温かく、見守ってやろうではないか。

歴史としての地方分権化　1992・2

一九九一年をもってソ連邦が消滅したが、われわれはそれを、ソ連もしくは共産主義国に限られた現象とみなしてはならない。地方分権化は今や世界的に広く見られる傾向である。まず、アメリカだが、レーガン政権以来、連邦政府がこれまで担当してきた仕事が州もしくはそれ以下のレベルに移されるようになってきた。教育についてはそれぞれの州が新しい実験を試みているし、健康保険についても同様である。例えば、オレゴンではメディ・ケイド（医療扶助）の対象者を増やすと同時に、無料で治療を受けることができる金額に上限をつけることにした。

言うまでもなく、教育と医療はアメリカの問題領域であることを多くの人が認めるものである。小学校から高等学校までの教育水準が極めて低い学校があり、それが労働力の質を悪化させていることを指摘する人は多い。医療は、水準は高いが、やたらにカネがかかる。GNPの一二％以上が医療に使われていて、ほかの先進工業諸国と比べて使いすぎであることは間違いない。アメリカの平均寿命が決して高くないことを考えると、なおさらそうである。

そうした問題について、連邦政府のレベルではなく、州もしくはそれ以下のレベルで実験が行われていることは極めて興味深い。考えてみると、それには理由もある。アメリカは広く、かつ多様である。当然、地方によって事情が異なり、したがってある方法がひとつの州で巧くいっても、別の州で巧くいくとは限らない。だから、それぞれの州に適した解決を求めるべきだということになる。最近、ブッシュ大統領は、外政はよくやったが内政は無能だといわれ、それに根拠がないわけではないが、しかし、連邦政府が種々のレベルの地方政府に権限を与えてきていることも忘れられてはならない。

もっとも、アメリカは例外的な存在だという人があるかもしれない。アメリカは広い上に、元来は州が政治の中心であり、連邦政府は外交・安全保障の責任を持つ以外は脇役であったからである。（例えば、教育は憲法が作られたときから州政府の権限であった。）そうした本来の状況に戻ったといえないこともない。

しかし、地方分権はアメリカに限られてはいない。アメリカとほとんど同じ時期に、フランスでも地方分権化が進行した。フランスは歴史的に、ヨーロッパの国々のなかでも、最も中央集権的な国である。フランスの県（デパルトマン）の知事は任命制であり続けてきた。しかも、アメリカがレーガン、ブッシュという保守派の政権下にあったのに対し、フランスではミッテランが社会党を基盤とする政権をつくってきた。そこでも地方分権が行われたのである。一九八二年にいくつかの県にまたがる地方をつくり（九十六の県に対して二十二の地方）、一九八六年にはその議会の議員を直接選挙で選出するようにした。そして、市や町に地域開発に関する支出を自分で決める権限を与えた。

その結果、フランスでは町づくり運動が花開くことになった。例えば、サン・エティエンヌは衰亡しつつある炭鉱を持つ暗い工業都市だったが、文化、教育、ハイテクを育てて新しい都市に生まれ変わろうとし始めた。モンペリエは南部にあるという地理的利点を生かして、スポーツ、芸術祭に熱を入れて個性を出そうとしている。巨大なオペラハウスを造り、国際空港まで造ろうというのである。文化ということがかなり共通のテーマになっていることは、いかにもフランス的だといえるかもしれない。

もちろん、こうした町づくり運動がすべて巧くいくわけではない。これまでは起債できなかったのに歴史上初めて起債できるようになったものだから、夢ばかり膨らみ、現実的な計算がおろそかにされてしまって、やがて残るのは借金だけだろうといったところもある。今回冬季オリンピックが開かれたアルベールビル地方はその代表例で、いわば山間の寒村に巨大な施設を——それも借金して——造ったのだから、オリンピックの後が大変だろうといわれている。

こうした行き過ぎと悲喜劇はあっても、地方分権は進み、逆行はあり得ない。一九八〇年代に政治組織のあり方が変化したことは間違いない。そこには、歴史の流れのようなものが感じられるし、それは不思議ではない。一九七〇年代の半ばから、産業組織の面で巨大な企業が時代遅れのものとなり、中型・小型のものの連携の時代になってきた。日本の大企業は健在だが、それは元来欧米と比べて小さく——したがってスリムだし——、上から中央集権的に経営されてはいないからである。そうした産業・技術社会の変化が、一九八〇年代には政治・行政組織の面に及んできたということであろう。

共産主義・冷戦後の政治状況 1992・3

今年は政府与党受難の年になることが、まず確実になってきた。日本やアメリカでこれまでに行われた選挙の結果がそのことを示唆しているし、今後行われる選挙でますます明らかになるであろう。

まず、アメリカの大統領選挙の予備選挙だが、ブッシュ大統領が苦戦し、まったく無名といってもよい〔パット・〕ブキャナン氏が善戦している。もちろん、ブキャナン氏が共和党の大統領候補になる可能性はなく、そのことはいわゆる「スーパー・チューズデー」の結果、明白となった。しかもなお、そうした候補が三分の一以上を獲得したという事実を無視するわけにはいかない。それらは基本的に批判票である。ブキャナン氏が立候補していないサウスダコタでも、ブッシュ大統領に投票せず、「未定」という白票を投じた人々が三〇％を超したことからもそれは理解されよう。つまり、ブキャナン氏でもだれでもよいので、ブッシュ大統領以外に票を投じたということである。

もっとも、こうした〝不人気〟から、ブッシュ大統領が十一月の本選挙で民主党候補に負けると考えるのも早計というものであろう。民主党は〔ジム・〕ケリー氏と〔トム・〕ハーキン氏が脱落し、クリントン候補と〔ポール・〕ソンガス候補の一騎打ちになってきたが、二人とも長所はあるのだが、しかし〝全国的人物〟ではない。これまでの票の取り方を見ていても、支持基盤の狭さが感じられる。そのひとつの原因は、昨年のブッシュ大統領の高い人気から、民主党の〝大物〟が今年の大統領選挙への出馬を早々と見送ったことにある。まったく、ブッシュ大統領の人気の急落はだれも予想しなかったことであって、その点も重要である。

そのことは、間もなく行われるフランスの地方選挙でも明らかになるだろう。相当量の世論調査に基づく予測によれば、かなり投票率が下がり、そのなかで〔ジャン＝マリー・〕ルペンの率いる極右政党が議席を伸ばすだろうという（もっとも、右翼とか左翼とかいった用語は今日では妥当性を減じているのだが、ここでは一応、右のように定義しておくことにする）。しかし、フランスの政治が最近何か目立った失敗をしたかというと、そうではない。例えば、物価はフランスには珍しく安定しているし、ミッテラン政権の下に始められた地方分権は地域開発に励みを与えている。

日本でも、今年行われた二回の参議院議員〔補欠〕選挙で自民党は敗れたし、夏の選挙でも議席を減ずることはほぼ間違いない。イギリスでも保守党は次の選挙で苦戦を強いられそうだし、ドイツでは選挙がないけれども、〔ヘルムート・〕コール首相の人気は低下した。こうして、主要な先進工業国のすべてで政府与党は、支持を減らしているのである。それは、現在の政治状況の最大の特徴ということができるかもしれない。

もっとも、それはイギリスとより少ない確率でアメリカを除いて、政権を担当するものの交代には結びつかない。ひとつには、雰囲気の変化が、最近にわかに起こったもので、反対勢力に準備ができていないこともあるが、より基本的には、政府への批判が無定型で、感情的なレベルのものだからである。さらに言えば、政府が何か具体的な政策面で失敗をしたからというより、社会の雰囲気の変化といった方が正しい。

日本では共和・佐川問題〔143〕があり、アメリカでは経済の不振と内政面でのブッシュ政権の無策があるではないか、という人があるかもしれない。しかし、私の見るところ、それらは批判に根拠を与えるもので、そのことから政府の人気が低下したものではない。人気の急落は、そうした具体的な問題によって説明できないのである。

そして、この際は雰囲気の変化だから、より重要なのである。それは、共産主義と冷戦の終わりのもたらしたものである。それによって、人々は新しいものを求めはじめたのであり、冷戦と共産主義が明白に終わった一年目にそれが現れてきたのである。というのは、冷戦は、共産主義諸国はもちろん民主主義の国々においても、新しい実験を困難にするところがあった。外交における選択の幅はもちろん、内政においても、社会主義の方向と考えられるものは行い難かった。

言うまでもなく、資本主義・自由主義がすべてよいということはないのだが、ソ連を中心とする共産主義があまりにもひどかったから、それに近そうなものは警戒された。そうした冷凍保存作用がなくなったのであり、人々は新しいものを求めるようになった。

しかし、それは雰囲気にすぎず、型をまだ持たない。だれがそれに型を与えるかが今後の動向を決めるであろう。日本について言えば、腐敗体質は〝旧制度〟の象徴だから、それを直さないと自民党はだめである。しかし、それだけでもだめなので、新しいセールスポイントを作らなくてはならない。野党にしても、自民党の腐敗体質を攻撃するだけでは、つかの間の戦術的勝利をおさめることしかできない。

焦点なき不満の時代　1992・4

〝日本たたき〟で悪名高い〔エディット・〕クレッソン女史がフランス首相を辞任した。ひそかに快哉を叫ぶ向きもあるだろうが、今回の政変と〝日本たたき〟は関係がない。クレッソン首相はフランス国民の間できわめて不人気であった。それに、先日おこなわれた地方選挙で与党社会党は一六・四％の票しかとれず、文字通り惨敗した。四年前の総選挙で三七・五％を獲得したのと比較すると、その敗け方が理解されよう。このままでは来年の総選挙でも大敗を喫しそうなので、首のすげかえがおこなわれたのである。

しかし、クレッソン首相と社会党の不人気には多少かわいそうな面がある。フランスの経済はこれまでになく調子がよい。フランスは強いし、インフレ率も低く、失業率は高いが、それはかなり前からの話である。要するに、フランスの政府は、この数年間に、失敗をおかしたということはまるでないのである。社会の雰囲気が変わったという以外にない。

　その原因はまず、〔フランソワ・〕ミッテラン大統領が就任してから十二年目に入り、人心が倦んできたことに求められるだろう。フランスの大統領の任期は七年で再選が可能だから、都合十四年間、すなわちあと三年はミッテランが大統領の座にあることになる。元来が気分屋のフランス人のことだから、余計に我慢ができないのであろう。

　しかし、より重要なことは、冷戦の終了が人々に新しいものを求めるようにさせたことであろう。それは一九九二年の潮流ともいうべきもので、今年は旧「西側」のすべての国で、与党が苦戦することになりそうである。三月におこなわれた韓国の国会議員選挙で与党の民自党は予想外の大敗を喫したが、ブッシュ大統領も予備選挙で苦労しているし、夏の参議院議員選挙で自民党も苦労するだろう。宮沢首相の支持率は〝危険範囲〟に入るほど低下したが、それには同氏の失敗が作用しているものの、支持率がこれほど低下するほどの失敗とは言えないので、要するに国民が新しいものを求めているということであろう。

　しかし、新しいものを求める気分はあっても、それは具体的ではないし、焦点も定まってはいない。再びフランスの地方選挙に戻るなら、社会党が敗けたことは間違いないが、それの対抗勢力である保守党が勝ったわけではない。これまた前回一九八六年の地方選挙の三九・六％と比べて、六％強票を減らしている。票を伸ばしたのは〔ジャン＝マリー・〕ルペン氏の率いる「国民戦線」と「みどりの諸政党」であった。とくに顕著な伸びを示したのが「みどりの諸政党」で、前回の地方選挙の得票率二・四％から一四・四％に増えた。

　だが、ここで興味深いのは、みどりの政党が二つできたことで、その二つは最高に仲が悪い。ひとつはみどりの過

143　この時期、鉄骨加工メーカー共和による架空取引事件の摘発に端を発し、巨額の使途不明金が政界への献金となっていた共和汚職事件や、佐川急便から五億円もの献金を不正に受領していたとして自民党の有力議員であった金丸信元幹事長が衆議院議員辞職に追い込まれる東京佐川急便事件などが相次いで明らかになっていた。

激派、もうひとつは穏健派のそれで、お互いに分派行動を非難し合っている。しかし、環境問題はたしかに重要だが、いかに取り組むべきかについては意見が分かれるところなので、二つのみどり政党の出現と抗争はその自然の反映と言うべきであろう。

　ルペン氏の「国民戦線」は、外国人労働者の流入を厳しく取り締まることを主張することでよく知られており、一般に〝極右〟と言われている。そのような勢力が増えたこと（前回の地方選挙の九・六％から今回の一三・九％へ）に眉をしかめる人がいるだろうが、しかし冷静な観察者は、その発展にはブレーキがかかり始めたとみなしている。今回の地方選挙は「国民戦線」にとって絶好のチャンスと思われていたし、ルペン氏も二〇％の得票は可能だと自認していた。結果はそれよりもかなり下回ったのだから、「国民戦線」の発展力にも限界が見えたということである。

　それに、フランスの選挙民は選挙場の出口調査が示しているように、外国人流入とそれによって増加したと「国民戦線」が主張する犯罪増加に、それほどの関心を持ってはいない。彼らはそのことを受け入れていて、過激な排外主義に走る人は限られているのである。それは将来への明るい材料かもしれない。クレッソン首相が〝日本たたき〟をしても、それが批判されたとは言えないにせよ、支持の獲得には結びつかなかったことは間違いない。つまり、近い移民労働者の悪臭も遠い日本の脅威も、人々をそうは動かさないのである。アメリカの大統領選挙の予備選挙でも保護主義的な民主党の二人の候補が早々と敗退したことをあわせ考えると、排外主義は票にならないと言ってもよさそうである。

　もっとも、それは現在の状況の難しさを表現してもいる。人々は現状にあき足らない気持ちを持ってはいるが、それは排外主義という劇薬でもまとめうるものではないということは、今後の政治の難しさを示してもいると考えなくてはならない。

正念場のドイツ　1992・5

　人間は妙な存在で、ひとつの目標が達成された後、かえって不安になるところがあるらしい。アメリカがその典型だが、ドイツもそうである。二年半前、東西ドイツをへだてていた壁が崩れ、統一へと向かったとき、ドイツ人は希望に満ち、自信にあふれていた。ところが、実際に統一してみると、沈滞し切っていた旧東ドイツを引き上げることの難しさが切実に感じられるようになった。今では、ドイツ人たちは楽観的ではなく悲観的である。

その表れがこの春二つの州でおこなわれた地方選挙であり、最近の公務員のストである。地方選挙では与党のキリスト教民主同盟が票を減らし、民族主義政党が五％の壁を破って議席を獲得した。その民族主義政党は、外国人労働者への規制とともにマルクを守れといった主張をおこなっている。公務員たちのストライキは、二桁に達する賃上げをかかげて闘われたもので、ドイツの労働組合は無茶な賃上げをおこなわないという、これまでの伝統を破るものだった。

両者は、共に自らの利益を強引に主張しているのだが、それは自らの生活が低下するのではないかという不安感に基づくものである。大幅な賃上げ要求は、統一によっていわばお荷物をかかえるようになったため、生活水準が下がるのを防止しようというものであり、民族主義政党はそれに加えて、旧東ドイツよりもさらに東からの移民の増大と、西ヨーロッパの統合へのコストを自分たちが背負わされることへの反感に訴えるものである。

こうした懸念にはたしかに根拠がある。しかし、それはある程度まで必然的なものでもある。常識的に考えれば判ることだが、西ドイツは貧しい東ドイツを吸収・合併したのだから、生活水準を急いで近づけるためには——またそうしないと東西間に新しい分裂が生ずる——、かなりの富の移転を必要とする。それに、旧東ドイツは再建されなくてはならず、通信や交通網の改善、生産設備の近代化などに膨大なカネがいる。それらは旧西ドイツから捻出されなくてはならず、その分だけ、旧西ドイツの人々の生活は一時的に低下せざるをえない。

コール首相やドイツ連邦共和国の首脳は、それでも東西ドイツの合体化は急ぐしかないと考えている。旧東ドイツに大量に発生した失業者には失業手当を与え、旧東ドイツの社会資本を改善するために資金を投下している。この春、私は旧東ドイツを旅行したが、ベルリンの電話の改良や旧東ドイツの鉄道の複線化は驚くほど速いテンポで進んでいる。それによって旧東ドイツの生産活動の復活を期待しているわけで、ドイツはきわめて大きな賭けをしているのを感じた。その賭け金はきわめて大きい。

問題は、ドイツが政治的、心理的にそうした賭けに耐えうるかということである。経済的に言えば、旧東ドイツの経済再建は決して不可能ではない。私の印象では、今の調子でカネを注ぎこんで行けば、五年から十年で、旧東ドイツの経済は再稼働を始め、旧西ドイツの水準に接近し始めるだろう。問題は、それだけの巨額のカネを捻出しうるかにある。先に私は、統一前にドイツ人は楽観的だったが今は悲観的だと書いたが、正確に言うと、統一前後に一度悲観的になり、昨年夏ごろやや楽観的になって、現在、再び悲観的になっているのである。

最初の悲観は、予想に反して旧東ドイツの状況がひどいことが判り、どこまで事態が悪くなるか判らないという有り様であったために生まれた。しかし、昨年夏には失業率は増加の速度をゆるめ、やがて頭打ちすると考えられるようになったし、通信・交通の改善は可能であると思われるようになったので、やや楽観的な雰囲気が出てきた。それが再び悲観的になったのは、そうした仕事にはカネと時間がかかることが判ってきたからである。

そして、カネを支払う立場の旧西ドイツの人々の中に、不満や反感が出てきた。だから、一年余り前の悲観論は旧東ドイツを中心とするものであったのに対して、現在のそれは旧西ドイツに広汎に見られると言ってよいであろう。多くの人々が、自分たちの生活水準の低下を恐れている。それは理解できる気持ちだが、しかし、客観的に見てその苦しみに耐えなくては、ドイツ統一は結局失敗だったということになる。

だから、リーダーシップが問題になるのだが、〔ヘルムート・〕コール首相は、統一前に統一後の苦難をほとんど口にせず、バラ色の未来像を描いたので、「うそつき」とみなされ、信用を失ってしまった。社民党は、かつては責任政党として立派だったが、このところ堕落して、キリスト教民主同盟にとって代われそうもない。だからドイツの政治は混迷するので、総選挙がおこなわれる来年までに体制が立て直されないと、かなりの危機になるかもしれない。向こう一年が、ドイツにとっては正念場であるように思われる。

グローバル・イベントの限界　1992・6

百カ国を超える世界各国の首脳を集めてリオデジャネイロで開かれた世界環境会議[144]は、良くも悪くも象徴的なイベントであった。それは環境問題に対する人々の関心を喚起する点では力があったが、問題の解決策を提示することはなかった。

それは、会議が大掛かりなものになりすぎた上に、議論すべく選ばれた論題が大きすぎたことによる。とくに地球温暖化問題がそうだった。CO_2が増えることが大気の温度を上げることは確かだが、しかし、どの程度上昇するかについては科学者の間で意見はまちまちである。それに、大気温度が二〜三度上がるとして、それがどのような結果をもたらすのかはまるで判っていないし、当面は予測不可能であるように思われる。北極と南極の氷が溶けて海面が上昇する、といった恐怖物語はどうやら嘘らしい。逆に、極地付近の氷河がむしろ増大しているという観測結果もある。

地球温暖化の危険はまず、それが世界の気象を思いがけないような形で変え、耕作可能地を砂漠に変えたり、逆にこれまで人間が住み難かった所を住みやすくしたりするということにある。海流の流れも変わるかもしれず、その場合の変化は大変大きなものになる恐れがある。

しかし、気象がどう変わるかといったことは、少なくとも今日の科学水準では判らない。年間長期予報でさえしばしば狂うのだから、かなり異なる条件の下、五十年後にどうなるのかが判るはずがない。したがって、悪い結果が訪れるかもしれないが、訪れないかもしれないのである。世界には破滅が待っているという類の議論は、終末論に似ていて、たしかな根拠と合理的な思考に基づくよりは、信仰の産物である。

もっとも、現在の気温から二〜三度も温度が上昇すると、これまで人類が経験したこともないものになるらしい。つまり、まったく未知の世界が訪れるわけで、そうしたことは避けるべく努力するのが賢明というものである。少なくとも、そのテンポを緩めることが必要であり、その間、温暖化と気象の関係についての研究もできるし、正しい対策を考えることもできる。こうして、温暖化問題については、注意深く、現実的な予防策と一層の研究が必要なのである。

その点で、CO_2の規制はフロンガスの使用禁止と性質を異にする。フロンガスはオゾン層を破壊する効果を持つことが正確に判ったし、オゾン層が破壊される場合の人間への影響も判っていた。つまり、問題のありかがはっきりしていたわけで、なにをすべきかも明らかであった。CO_2の場合にはそうではない。それにもうひとつの相違として、フロンガスの製造は主として先進工業諸国でなされており、その間の合意によって製造禁止を実効的ならし

144 正式名称は「環境と開発に関する国際連合会議」だが、一般には「地球サミット」と呼ばれることも多い。国際連合が主催した首脳レベルの国際会議であった。

めることができた。

後者の点でもCO_2は違う。現在、多くのCO_2を排出しているのは大体のところ先進工業諸国であり、したがって先進工業諸国がCO_2の排出を増加しないようにすることは妥当だが、それだけでは問題は解決されない。というのは、一人当たりの所得は小さくても、中国やポーランドのように石炭を非効率的に使用するところではCO_2やその他の温暖化ガスの量が多くなるし、全体として、今後CO_2の排出が増加すると思われるのは開発途上国だからである。それらの国々に成長を止めるようにとはとても言えないから、CO_2の排出量は増やさないようにとも言えないし、放置するのも正しくない。また、石炭の多用は硫化化合物を増やし、酸性雨の原因ともなる。

こうして、よりきれいなエネルギーやエネルギーの有効利用が必要となってくる。そのための技術は、原子力発電まで飛躍しなくても存在する。しかし、そのための資金が開発途上国にはない。つまり、大気の汚染を防止する上で最も重要なところには、そのための技術や資金が存在しないのである。だから、資金の移転ということになるが、今回の会議の生物多様性条約をめぐる議論を見ても判るように、だれがいくら拠出し、その使い方をだれがどう決めるかをめぐって対立がおこる。実際、今回の会議は、大理念とあまり巨額ではないカネの思惑という二つのものが、奇妙な対照をなして目立った。

それは無理からぬことで、世界には実にさまざまな国がある。それがカネの使い方について合意できるとは、とても思われない。それ故、近くのことを具体的に考える方が責任ある態度といわなくてはならない。日本としては、例えば、中国がよりきれいなエネルギーを作り、それを有効利用するのを助けることを真面目に考えるべきである。それによってまず硫化化合物が減るし、全体としてエネルギー効率が上がれば、CO_2もそうは増えない。それは中国の利益になるとともに、日本の利益になり、そして世界の利益にもなる。全体として世界会議は、問題提起にはよいが、解決のための責任ある行動には適していない。

PKOと日本の進路　1992・6 ♣

牛歩[145]という異常な光景が一週間以上も展開されはしたが、PKO協力法[146]はともかくも成立した。それは、日本が責任ある存在となるための一歩として評価されるべきことだ、と私は思う。というのは、国家は責任ある存在でなければ生きられないし、その発言は行動を伴ってはじめて責任あるものとなるからである。安全保障もその例外たりえないのであり、国際貢献をしないわけにはいかない。

不幸なことだが、世界には紛争がある。それをできるだけむき出しの軍事力によることなく解決するために国際連合が作られたのだが、それは期待通りには機能してこなかった。しかし、いくつかのケースでは国連は紛争の解決のために重要な機能を果たしてきた。一九五六年のスエズ危機[147]が国際的大危機に発展しなかったのは、国連が動き、エジプトとイスラエルの間に国連警察軍を展開したからである。それ以後もそうした努力は続けられ、次第に信任を高めてきた。そして最近、多くの場所で国連の平和維持活動が行われるようになってきた。

こうした国連の役割の増大は、冷戦の終わりと関連している。冷戦の時代には、世界の多くの国の安全保障は米ソ関係によって決まった。米ソはその勢力争いにおいて、できるだけ多くの国を自らの傘下に置こうとして対立していた。そこで、地域的な争いは米ソ間の争点となった。

米ソ両国は対立していたから、問題が国連の安全保障理事会に持ち出されるとき、どちらか一方が拒否権を用いたので、国連は機能しなかった。しかも、米ソはほとんどの問題に関心を持ち、状況が一方に有利となるのを防止しようとしたので、国際状況は固定化され、それ故に安定が得

145　国会で投票が行われる際、呼名された議員が故意に投票までの移動に時間をかけ、議事を妨害するための手段として用いられる。牛歩戦術。主として、可決が見込まれる議案に反対する立場の議員が採決に時間をかける意図で行う。

146　一九九〇（平成二）年の湾岸戦争に際し、国内外の反発から自衛隊を派遣することが出来ず、資金協力にとどまった日本は国際的な非難を浴びた。人的協力の方策が議論された結果、国連平和維持活動（ＰＫＯ）など、国連をはじめとする国際機関が行う人道活動に文民や自衛隊を海外派遣する際の根拠法として、一九九二年六月一五日「国際連合平和維持活動等に対する協力に関する法律」が衆議院で可決された。

147　第二次中東戦争の別称。一九五三年に王制から共和制に移行したエジプトは、東西冷戦に関わらない非同盟主義を標榜したが、次第に西側諸国との関係が悪化し、一九五六年に大統領に就任したナセルは、当時イギリスの管理下にあったスエズ運河の国有化を宣言し接収した。そのためイギリスは、運河の建設資金の出資者であったフランス、エジプトと敵対関係にあったイスラエルと共同し武力侵攻に踏み切った。

られた。

そうした状況は、逆とは言えないまでも、大きく変化した。米ソが対立をやめたので拒否権が使われるのが減り、国連はよりよく機能するようになったが、冷戦時のような安定もなくなった。地域的紛争はむしろ起こりやすくなったのであり、それを防止するための新しい枠組みが必要となってきた。

その努力は様々な側面のものから構成されるが、国連のPKOがその重要なものであることは間違いない。全体として、安全保障問題は国際的に、より多くの国が参加して運営されるものとなってきた。そこから棄権することは無責任でもあり、国益にも反する。実際、国際的な運営は経済の面ではより顕著であるし、日本はそこで大いに発言している。日本の国力の増大は、日本がひっそりとおとなしく世界の片隅で生きることを不可能にした。

すでに、九〇年の（ヒューストン）サミットで日本は中国への制裁緩和の可能性を主張したし、九一年の（ロンドン）サミットでは対ソ支援は時期尚早であるという立場をとった。それにはかなりの反論もあったが、日本の主張は大体のところ認められた。しかしそれは、日本がカネを出してそうしたことに参加する準備があったからで、発言はするが経済協力は自粛しますという態度であったならば、日本の主張は簡単に無視されたであろう。

国際経済の問題と安全保障を含む国際政治の問題は、離れ難く結びついている。だから、前者の面では国際的運営に参加するが、後者からは棄権するというのでは、余りにも不均衡で、全体として発言の重みが減ってしまう。日本は小切手を切るだけではないかという批判は低俗だし、事実にもかなり反するのだが、そういうイメージが存在することは否定できない。

もっとも、国にはその歴史や地理故に、それぞれ長所と短所があって、すべての領域について均衡のとれた存在ではないことが指摘されるであろう。そして日本は、無謀な戦争を行ったために、軍事的な面では依然として不信の目で見られていることが指摘されるであろう。また、日本は戦争を放棄したのであり、それが各国の不信感を抑えることになったし、日本の再生の根本的原因にもなったという議論もなされるであろう。そうした問題提起には根拠がないわけではない。PKO協力法が成立し、国連の平和維持活動に自衛隊の派遣も可能になったことは、確かに日本のあり方を変える。しかし、それは許されるものであり、必要で望ましいものでもある。

まず、軍事問題や安全保障問題から日本が棄権すれば世界の平和に役立つ、という考え方は正しくない。憲法の起草者やそれを審議した人々は、そのように単純に考えていたわけではなかった。それは、憲法第九条の難しい言い回しによく現れている。

したがって様々な解釈があり、紛糾するのだが、日本国憲法が禁じているのは、「国権の発動」としての武力の行使と考えるべきであろう。そして、ＰＫＯは国連の行為であって日本の国権の発動ではない。それに、ＰＫＯは紛争の当事者の合意があってはじめて派遣されるものであり、この原則はしっかりと守られてきた。それは平和が作られてから、それを維持するために送られるものであって、それ故、ＰＫＯの部隊は武器を携行するとはいえ、軍事力行使のためのものではないのである。

それならば、自衛隊とは別組織でよいではないかという議論も出るだろうが、しかし、いくつかの理由で自衛隊も活用できる方がよい。

というのは、ＰＫＯは軍事力を行使しに行くのではないけれども、危険の伴う場所に派遣される。停戦が成立したといっても、政治情勢や社会情勢はまだ不安定だし、場合によっては撤退を余儀なくされるかも知れない。それに、紛争地帯は大体のところ生活条件の悪いところであって、住むところもなければ交通・通信も悪い。そうしたところで活躍できるのは、兵站《へいたん》、補給、施設などの能力があり、しかも集団として規律のとれた行動をとるようあらかじめ訓練されている組織でなくてはならない。そうした組織を自衛隊とは別個に作ることは、カネが余分にかかるだけでなく、人材の取り合いなど、重複故の様々な摩擦を生みかねない。

しかし、最も重要な理由は、安全保障政策と自衛隊を「国際化」することが望ましいということである。

ＰＫＯへの参加は、先に述べたように、安全保障を国際的な運営によって確保しようとするものであって、その方向への発展があれば、その分だけ日本が独走する危険は減少する。もちろん、国際政治においては常に大国の発言力が大きくなるものであり、国際組織といっても大国が動かすところが小さくないのだけれども、それでも国際組織と無関係に大国が行動するよりよい。

それに、ＰＫＯに参加することは、自衛隊の人員を他国の軍人と接触させることによって、自衛隊を国際化させる効果を持つであろう。そうした経験を通じて他国の人々を直接に知り、長所や短所を判断できるならば、独りよがりの危険はずっと小さくなることが期待される。これまでにも自衛隊は、武官の派遣や留学、それに共同訓練などで、そうした接触を多くしようとしてきたが、一緒に作業することほど深い接触はない。また、PKOは軍事面以外のことも任務とするので、より広い視野でものを見、付き合うことになるので望ましい。

つまり、PKOの最大のメリットは、行動し、そして自衛隊が国際的な枠組みのなかで安全保障を考え、行動し、そして自衛隊が国際的なチームワークのなかで行動するのを学ぶことにある。それが国際的信頼をかち得る道であるし、恐らくは最も重要な道である。日本の防衛力が国際的に孤立した存在であり、しかもかなりの力量であるというのが、国際的には最も恐ろしいことではないだろうか。

このことは、日本とドイツを比較すればよく判る。半世紀前、ドイツは日本と同様に――恐らくは日本以上に――国際的信用を失ったし、それは完全に回復したわけではない。しかし、ドイツについては軍国主義復興の懸念が口にされることはなくなった。

それは、ドイツが過去への反省をはっきりと表明したことにもよるが、より重要なのは、ドイツが軍事的には北大西洋条約機構(NATO)、経済では欧州共同体(EC)という国際的枠組みの中にしっかりと入っていて、独走しないという安心感を与えていることにある。

日本とドイツは、取り巻く国際環境が異なるので、まったく同じ政策をとるというわけにはいかない。しかし、できるだけ国際的な枠組みとかかわり、国際的チームワークの中で行動すべきであることは共通している。PKOへの参加は、その方向への重要な一歩である。

タブー的思考との決別　1992・7

日本では軍事問題について、常識的で具体的な議論が行われたことがない。戦前は軍人が軍事問題を自らの専権事項としていたから議論がなかったのだが、戦後もやはりない。今度は軍事問題をタブーとしてしまい、国政を論ずべき政治家たちも軍事問題について〝見ざる、聞かざる、言わざる〟の〝三ザル主義〟をとってきているからである。

この二年近く議論が続いてきたPKO問題についても、この〝三ザル主義〟は認められる。

PKO法への反対論は、要するに、自衛隊をPKOのために使用するのは違憲であるということである。しかし、それはタブーを守ろうということにつきる。というのは、自衛隊はいかなる目的でも海外には送り得ないという考えは、少なくとも憲法の確実な解釈ではない。確かに、憲法は日本に「国権の発動」としての戦争を禁じている。しかし、ＰＫＯは「国権の発動」ではない。それは国際連合のおこなう活動であって、日本だけが決定して送ることができるものではない。

　さらに、ＰＫＯは軍事的行動ではない。ＰＫＯは、少なくとも今日までのところ、紛争の当事者がすべてＰＫＯの派遣に同意して初めて派遣されるものである。それには軍隊が使われはするが、しかしそれは、軍隊の団体活動の能力と戦闘が再び起こりうるという危険な状況では、軍人の専門的能力が必要であるからである。戦闘が起これば、ＰＫＯ部隊は原則として「退避」する。

　したがって、ＰＫＯへの反対は憲法論議という形をとってはいるが、具体的には、いかなる目的であれ、一旦自衛隊が海外に送られるならば、それが先例をつくり、やがては日本国憲法が禁じているような行動にも派遣されるのではないか、という危惧の表明である。すなわち、タブー的思考にほかならない。

　もっとも、タブー的思考はまったく無用というわけではない。タブーは、合理的なものではないが、原則を守る保護膜のようなもので、原則をより強固なものにする効果がある。人間というものは、合理的思考において完全なものではなく、合理的に考えているつもりでも、実際にはそうではなく誤った判断をしてしまうところがある。だから、禁止命令にはタブーが有効なので、そのことは原始時代にタブーが重要であったことを見れば判る。また、幼児に対する禁止命令にタブー的なものが多いことを考えても理解されよう。

　しかし、タブー的思考では進歩がない。複雑な状況に直面し、対処せざるを得ないようになるときには、タブー的思考を排除し、「合理的」に考えて、対処しなくてはならないようになる。今回の事態について言えば、日本は国際貢献を避けるか、あるいは〝小切手を切る〟だけでは済まなくなった。そのことは、ほとんどすべての日本人が認識していて、国際貢献の必要性を問う世論調査では、肯定的なものが圧倒的多数を占める。それならば、違憲という不確かな論拠によることなく、ＰＫＯには自衛隊を送ることも含めて参加すべきではないだろうか。

　より具体的に重要な問題は、カンボジアに自衛隊を送るのが妥当かということであろう。というのは、カンボジアはＰＫＯに適切な対象であるか否かに問題のある場所である。カンボジアの内戦においては、パリ協定でポル・ポト派を含む各派が停戦に合意し、ＰＫＯを派遣する条件が整った。しかし、その具体化の段階になると、ポル・ポト派は武装解除に従わず、再び内戦が戦われることになった。そうしたとき、ＰＫＯを派遣するか否かは困難な問題である。

二つの意味でそうなので、そのひとつは原則上のものである。すなわち、当事者の合意がＰＫＯ活動の前提であるが、それがカンボジアについては満たされているとも、そうでもないということもできる。そうしたとき、ＰＫＯをいわば〝見切り発車〟で派遣することは、一方では当事者への圧力となるから、その意味では派遣してもよいのだが、しかし、その圧力が効かなければ失敗ということになる。きわめて微妙な状況なのである。

その判断は、結局のところ、カンボジアの状況についての具体的なものとなる。すなわち、ポル・ポト派は結局のところ武装解除に応ずるのか応じないのかが問題になる。その際、武装解除に応じざるを得なくなるとすれば、それだけの軍事情勢があるからであろう。そこのところの見きわめが決定的な重要性を持つ。その判断ができれば、ＰＫＯ活動に日本は協力すべきである。

もうひとつの可能性は、ポル・ポト派が武装解除に応じず、それにもかかわらず、残りのカンボジアについてＰＫＯが活動し、いわば局地的にカンボジア和平が実現することである。その場合には、日本はＰＫＯ活動への派遣を、取りあえず、見送るべきであろう。いずれにしても、われわれはこのあたりでタブー的思考を捨て、実質的判断を行わなくてはならないようになっている。

ロシア民族主義のたかまり　1992・8

毎年八月になると、戦争に関連したさまざまなことが思い出される。そのなかで、ソ連が突如としてまず満州および朝鮮そして千島列島へと侵攻したことや、その後多くの日本人将兵をシベリアに連行して強制労働させたことはかなり大きな比重を占める。だから、日本人が北方領土の返還を根気よく求めてきたことは不思議ではない。しかし、今秋〔ボリス・〕エリツィン〔ロシア連邦〕大統領が訪日する際、領土問題が解決されるかというと、決して楽観はできない。

情勢は、ゴルバチョフ元大統領が来日した一年余り前より、さらに悪くなっているように思われる。それは旧ソ連に民族問題がおこり、その結果、ロシアのナショナリズムが強まりつつあるからである。少し前までは、ロシア人はソ連の中で「支配民族」であり、大きな顔をしていた。それがソ連邦の崩壊と主権国家の誕生によって、立場が逆転してしまった。ロシア人はあちこちで少数民族になった。その総数は二千六百万と推計されているが、そのうちいくらかのものは、少数民族の悲哀を明確に味わわされている。その最も普通の形は、その地で市民権をとるためにはその土地の言葉に習熟すべきだという法律で、それ自身はそう不当ではないが、これまでロシア語で事足りてきたロシア人にとっては大問題である。より深刻な事態は、かつてソ連が無理して併合したところで、人情からいって当然だが、旧状に復帰しようという動きがある。例えば、モルドバはルーマニアへの復帰、少なくともより緊密な紐帯を欲する人々が少なくなく、そのため激しい対立が起こっている。

バルト諸国もソ連に併合される前の状況に戻ろうという気持ちが強く、たとえばエストニアはこの六月、一九三八年以前にエストニアに住んでいたものとその子孫だけに投票権を与える憲法を採択した。その気持ちは理解できるものの、それによって、エストニアの住民の三分の一にあたる五十万人のロシア人が投票権を失うことになった。

こうした動きに対し、ロシアに住むロシア人が憤激し、あるいは同胞の将来を気づかうことになるのも当然である。しかも、上述の場所以外に、旧ソ連南部の国々では回教の復権が叫ばれており、「回教化」が進行しているので、そこでのロシア人の将来も暗いのでなおさら民族主義が刺激されることになる。副大統領のルツコイはその代表で、ロシアは「その意思を押しつけうる力を持たなくてはならない」と発言したし、軍部を中心に強い支持を得ている。エリツィン大統領がルツコイ副大統領の独走気味の言動を見逃していることは、民族主義の強さを示唆している。

ロシア人は共産主義には幻滅し、愛想をつかしているが、ロシアへの誇りとロシア民族への共感は相変わらず強い。ありがたいことに、ロシア以外に住むロシア人の半数近い千百万をかかえるウクライナと、四分の一近い六百二十万のいるカザフスタンでは、余り露骨な差別政策がとられていないので、ロシアの民族主義はまだ制約されている。ロシアの将来にとって、この二つの国がどのぐらい良識を保てるかは、決定的と言ってよい重要性を持っている。われわれとしてはまず、この二つの国との関係を発展させ、可能な協力をおこなって、事態が不安定になるのを防止すべきであろう。

それは世界平和に役立つとともに、「北方領土」問題の解決にも、間接的だが重要な役割を果たすであろう。ロシアで民族主義が燃えさかるならば、領土問題の解決は不可能になる。実ははじめに述べたように、今日の程度でも、ロシア民族主義のたかまりは、エリツィンが北方領土問題の解決を望んでいても、思い切った行動をとれなくしているのである。だから日本としては、まず原則の確認に力を注ぐべきであって、返還そのものを急ぐべきではない。

それとともに重要なのが、現に北方領土に住んでいるロシア人の人権を十分尊重する姿勢を明確にし、くり返し表明することである。エストニアなどの事例は、ロシア人に少なからざる懸念を与えてしまったが、日本はエストニアと同じではないことを示すことはできる。

なぜ、そのように気をつかう必要があるのかと言う人があるかも知れない。北方領土に住むロシア人は、合法的に来たわけではないからである。しかし、その点はエストニアの場合も同じである。国の行為は不法であっても、その結果移住してきた人々の責任を問うべきではない。彼等の人権は尊重されなくてはならない。そうすることは、国際社会における日本の信用をもたかめるであろう。

国際的常識と外交 1992・9

ロシア大統領エリツィンが、直前になって訪日を無期延期し、人々を驚かせた。もっとも、外国の観測者たちにとっては決して寝耳に水ということではなかったらしい。私の友人によると、日本に通告があった数日前に、ドイツの有力紙『フランクフルト・アルゲマイネ・ツァイトゥング』は訪日取りやめを報じていたという。

この小さな事実は、いくつかの重要な点を示唆している。そのひとつは、ロシア政府が公式訪問取り消しという、通常はひんしゅくを買う措置について、世界のあちこちの反応を注意深く探っていたと思われることである。そしてその場合、かなりの人々がロシアの非礼を批判するよりは、むしろ領土問題に関する日本の硬直した姿勢を問題にするだろうという感触を、彼らは得ていたし、そうした判断から訪日中止に踏み切ったようである。

もちろん、エリツィン大統領が訪日を中止した理由はそれだけではないし、それが最も重要なものでもなかったであろう。恐らく、ロシアの内政が大きく作用したように思われる。今年の初めから、エリツィン大統領は思い切った経済改革を始めた。それは多分必要なものであったが、今日までのところ積極的な効果をおさめることはできず、物価上昇など目に見えるマイナスを生み出している。

これまた不可避のことで、大体、体質を大きく変えるような改革が短期間で成功するはずがない。しかし、改革のもたらした混乱はロシアのいわゆる「保守派」――軍部、重工業、共産党の元幹部――にエリツィン批判のチャンスを与えたし、それに若手もいくらか加わることになった。彼らは、秩序を再建することとともに、ロシアを守れというナショナリズムに訴える主張をおこなっている。

領土問題というものは、人間の本能や情緒に訴えるものだから、こうした状況で日本に領土を返すことは、どんな政治家にもできない。ロシアは広大な領土を持っているし、小さな四つの島ぐらいどうでもよいように思われる。しかし、日本人にとってと同様、ロシア人にとっても、その象徴的価値は大きい。それに旧ソ連は第二次世界大戦後、あちこちで領土を奪ったので、あるところを返すと、それが他に及ぶという危惧がある。世論調査でロシア国民の六〇％が「北方領土」を日本のものにすることに反対であるのは、こうした事情からである。彼らの多くは地図の上で「北方領土」の位置を正確に示すことはできないだろうが、その感情は強い。

こうした事情に加えて、この秋「保守派」との対決という重大局面を迎えることから、日本を訪れることはマイナスでしかないと判断したエリツィン大統領は、訪日を中止し、ロシアのナショナリズムを味方につけることにしたのであった。それが妥当であったわけではない。国家元首の訪問をこのような形で取りやめるのは、やはり正しくない。それが日ロ関係を一層難しいものにしたことは、否定できない。エリツィン大統領は、領土問題で日本と完全対立をすることがあっても、約束通り日本を訪れるべきだった。ロシア人のなかにも、そうした考えの人々はいる。

しかし、はじめに書いたズレは、われわれとしては反省すべきものである。それも、日本の要求のマナーだけでなく、その内容についてもズレがある。すなわち、国際的には領土問題それ自身についても、「北方領土」が日本領土であることが百パーセント確実である、と考えている人は専門家のなかにはほとんどいない。日本の主張に根拠がないわけではないが、ロシアのそれも、とくに国後、択捉については、ある程度の根拠があると考えられている。つまり黒白はそう明白ではないので、「灰色」の解決を両国が見つけてくれるのが最も望ましいというのが支配的な意見であろう。だからこそ、日本の態度が頑なと見えるのである。

以上のことから、私は「北方領土」の返還を求めるのが間違いであると言うつもりはない。法的には完全ではなくとも相当の根拠がある上に、「北方領土」が奪取された態様が重要である。ここでくわしくは書かないが、戦争が終了する直前にソ連が突如として参戦し、強引にいろいろなものを持っていったことは歴史的事実であり、われわれはそれを軽視するわけにはいかない。

しかし、われわれの目的を達成するためには、客観的でさめた目が必要であるし、国際的な常識や通念を踏まえて行動しなくてはならない。その点では、政府だけが責められるべきではなく、日ロ関係というとすぐに領土問題を持ちだし、そこから一歩も出ないマスコミ、世論にも大きな問題があることをつけ加えたいと思う。

フランス国民投票の示すもの 1992・10

九月下旬におこなわれたマーストリヒト条約[148]承認を問うフランスの国民投票は、賛成票がかろうじて反対票を上回り、批准を得ることができた。その結果、ヨーロッパ統一市場とその後の発展の可能性は生き残ったと判断される。もし、反対票が上回っていたら、戦後世界の重要な柱である欧州統合には黄信号がともっていただろう。

しかし、半数に近い人々が反対票を投じたことは、尋常ならざる意味を持っている。とくに、マーストリヒト条約を国民投票に付すことが決定された数カ月前には、かなりの大差で可決されると思われたことを考えると、そうである。議会における意見の分布では、賛成が圧倒的に多数であったのが、そうした判断を生んだ。ところが夏に入るころ、ヨーロッパの各地で雰囲気が変わり始めた。その最も衝撃的なあらわれがデンマークで、ここでも議員たちは圧倒的にマーストリヒト条約に賛成であったのに、国民投票の結果は逆に出たのだった。フランスではそうならなかったが、その差は小さかった。

何故そうなったのだろうか。世論調査を見ると、反対票を投じたのは「庶民」と言ってよい人々であったことが判る。学歴では低い方の人々、収入の面でも低所得の人々、たとえば農民、手工業者、サービス業の人々が反対した。それに加えて興味深いのは、二十代の若者たちと六十代以上の人々に賛成が多かったのに対して、その中間の年齢層では、賛否が相半ばしていたことである。

以上を総合するなら、日々の生活に奮闘しなくてはならない人々に反対が多く、頭で考えることができる人々に賛成が多かった、と言えるだろう。通俗的な階級分類ではなく、より深い意味で「エリート」と「庶民」の間で意見が分かれた、と言ってもよい。

そのことは、ヨーロッパの統合が直面している困難を示している。庶民らしい意見は大体正しいことが多いのだが、完全にそうではない。エリートたちが理性的に考えて、その圧倒的多数が賛成したことは、それなりの意味を持っている。すなわち、二十一世紀を考えると、ヨーロッパが市場をひとつにするだけでなく、欧州中央銀行と共通通貨を持ち、やがては政治、外交も一体となっておこなうことは、ヨーロッパが国際社会のなかで堂々と生きていくために必要であるだろう。ヨーロッパは、そのように統合への努力を続けなくては、分裂して弱々しい存在となるだけでなく、国家が再び相争うようになる危険さえある。

それに、今日のようにヨーロッパのなかでの相互依存がたかまった以上、それぞれの国が独自の通貨を持っていても、その意味は限られている。すでに、ヨーロッパ共同体の構成国の財政・金融政策は決して独自のものでなく、かなりの調整を伴うものになっている。それならば、通貨をひとつにする方がすっきりする、と考えることができる。

しかし、そのように、経済の営みの論理的帰結へと進むことには、まことに人間的なためらいがおこる。例えば農民だが、彼らは多かれ少なかれ、政府の保護の下に生きて来た。ところが、ヨーロッパ全体で農業政策が決められるときには、彼らがこれまで受けて来た保護が得られなくなるかも知れない。論理的にはそうと限らないのだけれども、人々はヨーロッパ共同体の官僚たちといった、つながりが弱くなじみの薄いものに自らの運命を託するのをためらう。

フランスの農民たちは、フランス政府とその官僚たちを決して好んではいないが、少なくともそれになれているし、なんとか影響を与えるチャネルがある。国民国家は長きにわたって運命共同体であったし、そこで人々が生きて来た実績がある。そこから離れることには不安がある。通貨もそうで、人々は中央銀行など普通には意識もせず、インフレや不況になって非難するぐらいだが、それでともかくやって来た記憶がある。それを捨てて、見知らぬ中央銀行と通貨をとるのはこわい。

つまり、経済交流の増大と国際的相互依存も、国民国家も共に現実であるというのが今日の状況なのである。ヨー

148　一九九二年二月七日にオランダのマーストリヒトで調印された、欧州連合（EU）の創設を定めた条約。EC（欧州共同体）をはじめとする欧州諸共同体加盟国間で、通貨統合（ユーロ導入）などが定められた。一九九三年一一月一日に発効した。

ロッパの場合、「エリート」の意見は前者を、「庶民」のそれは後者を代表したのだが、実は、各人の気持ちに両面がある。

そのことから、二つの結論が得られる。ひとつは、ヨーロッパ統合の歩みはゆるやかなものにならざるをえないということで、それは今日一般的に認められている。もうひとつの重要な事実は、それにもかかわらず、いくつかの局面——たとえば通貨——で統合への決心がやがて避けられないということである。二つの現実が共に存在するとき、すべてを中間というわけにはいかない。国民国家の現実をどの点で残し、相互依存をどこで確かめるかが問題なのである。それは決してヨーロッパだけの悩みではなく、日本もやがて味わうことになる、と私は思う。

クリントン政権と〝変化〟 1992・11

世界にとって、来年の前半は重要な時機になるであろう。というのは、先のアメリカ大統領選挙で（ビル・）クリントンが勝ち、来年一月に新政権が発足することになったからである。過去十二年間、共和党の大統領が続いてきたので、今回の選挙の結果は大きな変化だが、それ以上に、ブッシュ大統領が選出された四年前にはまだ冷戦は終わっていなかったから、クリントンは冷戦前に対して冷戦後を代表するものであり、その意味での変化も重要であろう。

実際、今回の大統領選挙の結果はクリントン候補が「変化」(change)をスローガンとしたことによるところが大きい。まず、基本的に、アメリカ国民は冷戦に勝ち、イラクの（サダム・）フセインの侵略に対処した後、その目を外から内に向けた。そして、アメリカは外では疑いなく世界一の大国だが、国内を見るといくつもの問題があり、そのため経済の競争力も低下していることをあらためて知った。それをなんとかしなくてはならないという気持ちが強まり、それに対してブッシュ大統領が「信頼」(trust)——今までの実績もあるし、個人の行動を見てもいかがわしいところがない——を強調しても、それほど効果がなかったのであった。

そうした気持ちは、アメリカの中産階級にとくに強かった。この十〜二十年間のアメリカの最も問題のある現象は貧富の差の拡大、とくに少数の金持ちがますます金持ちになるということだが、中産階級はそれをひしひしと感じてきた。だから、アメリカの再建ということで一九八〇年にはレーガンを支持した人々が、前回の一九八八年の選挙では再び民主党に復帰しかけていたのであった。だから、一時は民主党の〔マイケル・〕デュカキス候補が優勢となったのである。

ただ、民主党には生活費や医療費をやたらにばらまき、そのために税金をとる政党であり、そうしたばらまきは結局なんにもなっていないというイメージがあった。そこで、やはり共和党が勝った。その点、クリントン候補はばらまき福祉をやめることをかなりはっきり示した。継続的に福祉に頼らないようにすることが重要だと述べ、教育の改善を強調した。こうして、民主党のマイナス・イメージがかなり克服されたので、「変化」を求めることで勝利を収めることができたと考えられる。

しかし、変化をもたらすのは難しい。少なくとも時間がかかる。それは、クリントンの主張しているところが、かなり本格的な政策だからでもある。本格的な政策が効果を発揮するまでには時間がかかる。例えば教育の改善がそうで、その必要性は疑いないが、それが生産性の向上をもたらすまでには相当の時間がかかる。職場の教育の効果が表れるのはもう少し早いが、これもすぐというわけではない。要するに、アメリカは本格的にその体制を立て直す必要があるので、それが認識されてきたことはアメリカにとっても世界にとってもよいことなのだが、それは簡単に片づくものではないのである。

アメリカ人がそれに辛抱することができるだろうか。十二年ぶりに政権に返り咲いた民主党の支持者には気負いもあるだろうし、アメリカ国民の現状への不満はきわめて強い。その重要な表れが「ペロー現象」で、二割近い人々がまったく未知数の〔ロス・〕ペローに投票したのである。ペローの主張したことは、例えば財政赤字を一気になくす案など、ちょっと冷静に考えれば偽の解決策だということが判るはずだが、多くの人々がそれを聞いて喝采を送ったのであった。

こうした期待と実際にできることのギャップをどうするかということが、クリントン新大統領の課題であるように思われる。それはどの道、克服できないギャップではある。しかし、「二十一世紀に入るころにはアメリカはしっかり立ち直っているから、しばらくは辛抱してほしい」と言うことは、現代政治ではあまり役に立たない。そこで、ギャップに悩んだクリントン新大統領が、なにか目ざましい行動をとるという誘惑に駆られる危険性が出てくるのであり、具体的に言えば、産業政策を打ち出し、保護主義的な施策をとるとか、あるいは他国の〝不公正〟な通商行為への制裁措置をとるといったことである。

これまでの発言などから見て、クリントンは自由貿易を肯定的にとらえているようである。しかし、上述のような過程で、いわば状況に流されて、保護主義的措置をとる恐れは存在する。

そうしたとき、なにもしないのはよくないが、感情的に激してしまって、制裁への対抗制裁をとるのははるかによくない。感情のおもむくところ、悪循環がおこるからである。最も重要で、望ましいのは、例えばウルグアイ・ラウンドを進めるような措置を日本やヨーロッパがとり、それによって方向性を確かめることであろう。現在の状況は、正しい方向へと根気強く努力するよりしかたがないので、方向性をはっきりさせることの意義は、小さくないのである。

あかつき丸とエネルギー政策 1992・12

間もなく日本にフランスからプルトニウムを積んで帰ってくる「あかつき丸」は、強い国際的反対に出合った。それも「反核団体」が反対行動をとっただけでなく、中南米六カ国と南アフリカ、近くではインドネシア、マレーシア、シンガポールが、自国領海内、もしくは二百カイリの経済水域内の通航を拒否したのである。そのため、「あかつき丸」は南アフリカのはるか沖合いを通って、オーストラリアの南方海上を通り、やがて北に進路を変えて太平洋を北上し、再び西へ向かって日本に着くという、大層大回りのコースをとらざるをえないことになった。

今後、二〇〇〇年前までに日本は十五回以上の輸送を予定しているので、毎年二回ということになる。強い反対の中、そのようなことを続けることができるだろうか。この際、日本のしていることがまるで愚かであれば、思い切って中止すればよいのだが、プルトニウムは高速増殖炉を通じて再利用できることから、日本のエネルギー政策の柱として決めたものである。簡単に中止するわけにはいかない。日本はジレンマに直面している。

そこで、国際的な反対と日本にとっての必要について、やや詳しく考えてみよう。先にあげた十カ国の反対理由は、輸送中のプルトニウムが偶発的に漏れる恐れがあることと、テロリストや冒険主義的政権によってプルトニウムが強奪される危険がある、というものである。それらはともに、解決しえない問題ではない。漏出の危険は技術をしっかりすれば消滅するし、乗っ取られる危険はしかるべき対策を講ずればよい（ただ、日本自身は国際法上の軍艦を派遣してはいないし、アメリカの原子力潜水艦と偵察衛星が〝自発的〟に守ってくれているので、アメリカが護衛をやめるといえば、それで終わりという難点はある）。

しかし、基本的には、プルトニウムが危険なものであることが反対を生んでいる。少量でも致死性であるし、それにプルトニウムがそのまま核兵器の原料となるので、民生用燃料と軍事的資源との間に線がない。だから、『ワシントン・ポスト』が書いたように、「もし日本がプルトニウムに関心をもつ世界唯一の国であったなら、憂慮すべき理由はほとんどない」。技術的にも政治的にも、コントロールは十分だからである。しかし、「他の国々が同様のプロセスを利用しよう」とすれば、どうなるのか。そこに真の脅威があると言われると、たしかにその通りだと答えるしかない。

だが、日本は原子力エネルギーなしになって行けるのか、世界はどうなのか。長期的に見て、なしでもやって行けると言うことはできない。人間が豊かに生きて行くのに十分な化石燃料があり続けるとは思われないし、太陽熱や風力など、自然エネルギーはよほどの革新がなければ量的に不足する。だから、人間は原子力エネルギーに、たとえ過渡的にではあっても、頼らざるをえない。原子力エネルギーをより安全に、より安価に利用する方法は、日本のためにも世界のためにも、探求され続けなくてはならないのである。

しかし、二つの但し書きをつける必要がある。第一は、原子力エネルギーが決して安価なエネルギーではなく、そのことから世界中で熱がさめ、反対が強まっているという事実である。そうなったのは天然ガスが大量に発見されたので、天然ガスを燃焼させて発電するのが最も安価ということになったためである。それに対して、安全を十分に守れば原子力エネルギーの方が高くつく。それに、天然ガスは燃えた後、CO_2は出るが、石炭に比べればもちろん、石油に比べてもクリーンである。だから、当面は天然ガスが主力になっていくだろうし、それで何十年かはやって行けるだろう。

第二は、プルトニウムを使う原子炉はウラニウムが不足する恐れがあったときに考えられたものであるが、今日事情が変わって、ウラニウムは大量にあることがわかった。兵器に使われるウラニウムが今後極度に減り、核兵器の弾頭から逆に燃料に作りかえられることを考えると、なおさらそうである。つまり、プルトニウムの利用は一時必要と考えられ、フランスなど他の国々もそれに莫大な資金を投じたが、その必要性はもはや高くはないのである。

だとすると、日本もその政策を再検討すべきではないだろうか。少なくとも、高速増殖炉についてその比重を下げるべきではなかろうか。二、三十年先のことを考えると原子力発電の研究開発は進めなくてはならないが、問題の多いプルトニウム利用について、これまでの政策にある程度以上こだわるのは、よくないのではなかろうか。

積極外交は選挙区変革から 1993・1 ♣

敗戦後の日本の政治は、外交・安全保障政策について主体的な行動をとらないことを、その最大の特徴としてきた。まず、安全保障についてはアメリカとの同盟関係によって自国の安全を保障する以外は、憲法第九条を盾として棄権してきた。次に、外交のなかで日本にとって最も重要な経済政策についても、自ら発議することはほとんどせず、世界の大勢が決まり、他の国々とくにアメリカが日本に強く要求してはじめて、行動をとるという姿勢を保ってきた。

しかし近年、そうしたあり方を続けることは望ましくないものになった。その理由は、冷戦の終了と日本の国力増大である。

まず、冷戦の時代には、世界は東西対立を軸に動いたし、西側陣営においてはアメリカのリーダーシップが明白であった。したがって、日本としてはアメリカに従うとともに、その際のマイナス面を減らすため、いわば消極的に協力するのがよかった。だが、冷戦の終わりとともに、国際政治の構造は変化した。その中心課題は、国際社会の混乱と不安定を避けることであり、国際連合や地域的機構がその重要性を増してきた。その際、より多くの国が参加して国際社会の安全と平和を維持するようになった。その方が、アメリカの単極的リーダーシップを防止し得るので望ましくもある。湾岸戦争が以上のことを示したことは、われわれの記憶に新しい。そして日本は、消極的であることによって、国際社会での評判を下げた。

第二の日本の国力増大は、国際経済秩序の維持・運営に関して、日本がより大きな役割を果たし、ときにはイニシアティブをとることを必要ならしめた。日本が小国であり、貧しい国であったときには、日本は自由貿易体制の受益者であってよかったが、もはやそうではない。日本は受益者にとどまるのには大きすぎるようになったし、とどまり続けるならば国際経済の攪乱要因となるし、少なくともそのようなイメージを与える。このことは、ウルグアイ・ラウンドにおいての、コメの輸入をめぐる日本の態度に当てはまる。

ここで重要なことは、二つの意味での消極主義が、日本の国益に反するものとなったという点である。それは日本の発言力を低いままにするし、評判を下げる。もちろん、積極的に行動することは反発を招き、疑惑を生み、かつ失敗する危険を伴っている。しかし、大きな国力を持つ国が消極的であることは、不気味なものである。積極的に行動し、それが無法でも愚かなものでもなく、国際社会のルールにのっとったもので、有用なものであることを示して信頼を獲ち得なくてはならない。それ以外に信頼を獲ち得る方法はないし、信頼を得ることなしに大国は生きていけないのである。

安全保障政策も決して例外ではない。相当の軍事力を持つ国が国際的に何ら役割を果たさない方が不気味なので、日本は、国際的な決定や同意があればともに行動することを明白にし、それによって日本が暴走しないことを示す方がはるかに望ましい。そのために憲法改正が必要であれば、もはや、それを避けるべきではない。軍事力のあり方と行使について厳しい制限を維持するとともに、国際的な必要があり国際的に認知された手続きに従うなら、軍事力を行使し得るようにはっきりさせた方がよい。日本は、リストラクチャリングを必要としている。

しかし、リストラクチャリングは難しい。それも、単に惰性の問題ではない。内政および政治システムの変化を伴わなくてはならないから難しいのである。戦後の日本の政治は、議論の不在と利益の配分への偏重とによって特徴づけられる。それは二つの構造をもたらし、それによって支えられてきた。

そのひとつは、外交・安全保障政策をめぐる自民党と社会党の不毛の対立であり、前者は日米安保条約と自衛隊の漸増とを政策とし、後者はそれらに原理的に反対してきた。「社会主義」を「平和勢力」とする社会党は、日米安保は不要であるどころか、世界の緊張を高めるが故に不正なものと論じたし、自衛隊は違憲であるとした。その立場の大きな開きから、議論は成立するはずがなかった。

こうした対立が、ブレーキとしての役割を果たしてきたことは否定できない。保守勢力も、ある時期にはそれを対米交渉に利用した。しかし、状況が変化し、日本が国際的な安全保障においても何らかの役割を果たさなくてはならないようになった以上、必要とされるブレーキの機能が変化した。

日本がPKO（国連平和維持活動）に参加するということは、必然的に政府が今までより大きな力を持つことを意味する。

それ故、ブレーキは必要である。しかし、必要なのは、PKOに賛成か反対かといった議論ではなく、いかなる場合にいかなる役割を果たすべきかについての議論であり、選択なのである。

残念ながら、そうした議論は行われていないし、また行われそうにもない。その結果は、世界の大勢に遅れて付き合うことであり、したがって、日本外交の貢献は何にしても「遅すぎ、少なすぎる」ことを続けるであろう。こうして、日本外交の積極化のためには、与野党とくに自民党と社会党の関係の変化を必要とする。政界再編成が語られているのは理由のないことではない。

第二の構造は、自民党が半永久政権であったことと中選挙区制の組み合わせである。そのため、選挙は選挙民の世話役活動をどのくらいよく行うか、とくにどのくらい多くの利益を選挙区に持ち帰るかによって決まることになった。それは政策論争の比重を下げ、政権のありかは自民党内の派閥関係によって決まるようにさせた。そして、裏取引きに長ずる人物や集金能力のある人が政治を動かすようになり、金権政治という弊害が生じていることは周知の事実である。

そこに、政治のリストラクチャリングを必要とする重要な理由があるのだが、ここではそれ以上その問題には触れない。ただ、外交政策との関係について、その構造が消極主義と利己主義とを生んでいることは強調しておかなくてはならない。というのは、日本は後発国として先進国を追いかける存在であり、したがって、政府は経済活動の保護、規制、育成で大きな役割を果たした。多くの論者が日本の経済政策を「開発主義」とするゆえんである。

それは必要であったし、有益であった。その際、日本の政治システムが分配に力点を置くものであったことは、国民が経済成長の成果にかなり公平に均霑できるようにさせたわけだから、それも承認してもよい。しかし、今や事情が変化し、「開発主義」の制度が持つ保護主義的効果が問題となってきたのである。すなわち、官庁と議員と利益団体との結びつきが、保護主義的効果を持っているのであり、コメの自由化問題はそうした事情を示している。

もっとも、日本市場がどの程度保護されているかについては、議論が分かれるであろう。とくに、他国もそれなりに保護主義的政策を残しているので、他国と比べ、日本がより保護主義的だとは言えないかもしれない。しかし、日本がその強力な経済力ゆえに、その市場を最も開放的にすべきこと、その際、われわれの努力の中心が「開発主義」

の遺制を清算することにあるのは間違いない。こうして、日本が国際経済体制の維持・運営に積極的に参加するためにも、日本の政治体制のリストラクチャリングが求められている。具体的には、中選挙区制の見直しがやはり必要であろう。

　しかし、選挙区制を変えなければ、何もできないと考えるべきではない。政治は多くの要因の複雑な組み合わせであり、また、生き物であると言われるように動くものだから、あるところから始めなくてはならないということはない。例えば、国際化の必要はすでに政治のあり方を徐々に変えてきており、いずれにせよ、世話役活動に多くを頼って選出されることは不可能になるだろう。

　また、小選挙区制への移行の前に政界再編成が起こるかもしれない。とくに、保守系の政党が複数出現して競い合うことは十分考えられる。それというのも、中選挙区制では、保守系の政党は複数個存在し得るのである。それによって議論が始まるならば、人々は不毛の議論を繰り返してきた保守対革新の旧式を捨てて、新しい視点から政治を見るようになるかもしれない。

　重要なことは、日本が国際社会において積極的に行動できるようになること、それも、国会での議論によってコントロールされた形でそうなることの二点であって、そうした状況への道はひとつではない。

国連の発展と落とし穴　1993・1

　世の中には放置できないほどの悲惨がいくつか存在する。しかし、放置しないでなにかすることができるか、またなにかした方がよいかというと、そうでもない場合もある。そこに人間の道徳的・政治的ジレンマがあるし、そのことは国際社会においてとくに著しい。

　最たる事例は、アメリカが三万に近い兵力を出し、それにフランスやカナダなどが加わる多国籍軍が送られたソマリアである。私は一部の報道しか知らないが、状況は惨憺たるものである。一九九一年一月に独裁者（シアド・）バーレ大統領が失脚した後、部族間の戦争が始まり、国家は無政府状態になり食糧不足がおこった。その二重苦から三十万以上のソマリア人が難民としてケニアに逃れ、国内では二百万以上もの人間が住み家を失った。そして推定人口六百万人のうち二百万人が餓死の危機に直面している。これに対してユニセフ（国連児童基金）やＵＮＨＣＲ（国連難民高等弁務官事務所）などが食糧援助などをおこなっているが、そのほとんどが部族指導者たちの妨害や横流しによって、必要とされるところへ届いてはいない。

だから、ブッシュ大統領が軍隊を派遣し、援助物資が安全に届けられる状況を作り出すことに決めたのは、一応妥当な決定と言ってよいだろう。放置しえない悲惨が存在することは間違いないのである。しかし、いくつかの問題がある。

まず、軍隊を派遣することで問題は解決するのだろうか。米軍を始めとする多国籍軍が存在する間は、援助物資は届くだろう。しかし、米軍は二、三ヵ月以内には撤収する意図を表明しているし、いずれにしてもそう長くいるわけにはいかない。その後は平和維持軍に引きつぐということだが、そう巧く行くだろうか。

そこで第二の問題が出てくる。国連平和維持軍(PKF)があちこちに派遣されるようになったとき、国連はその費用を拠出できるのだろうか。最近、国連の平和維持活動(PKO)はとみに盛んになってきた。国連創設時から一九八七年までの国連平和維持活動は十三回であるが、過去四年間でその回数に達している。予算も、五年前には二億三三〇〇万ドルであったのに、現在は二七億ドルとなっている。

もっとも、急激に増えたといっても、その額は世界各国の軍事費に比べれば(一九八〇年代は一年一兆ドルで、日本だけでも三〇〇億ドルを超す)一%をはるかに下回る。そして、国連の名のもとにおこなわれる行動は、大国が自分で勝手に決め実行するのとはちがって、大国間の権力争いの具になるところが少ないという大きな美点を持っている。だから、私はPKOに原則として賛成だし、日本が自衛隊の使用をも含めてPKOに協力することに賛成である。

しかし、国連平和維持活動が、兵員数も予算も急増したことに、私はいささか懸念を持つ。それはPKOのよい特徴、すなわち平和を維持するものであって、創るものではないことにかかわる。簡単に言えば、過去のPKOは小さかったからよかった。それはその地で作られた平和を維持する。さらに言えば、維持の助けとなるものだったから小さくて済んだ。しかし、PKOはPMO(平和創設軍)への兆しを見せているのではなかろうか。

それは、場合によっては必要であるだろう。しかし、そうなると成功すると限らなくなる上に、正当性にも問題が出てくる。ソマリアのように一国の秩序を回復しにいくとなると、外交的智恵が避けるべきものと考えてきた内政介入に近づく。たとえて言えば、それは臓器移植にも似て、成功の可能性はなくもないが、身体が異物反応をおこす危険も少なくない。そこで、患者を助けようという処置がかえって死を早めるように、状況をかえって悪化させることもありうるのである。

こうした考察はカンボジアにも妥当するかも知れない。内戦は悲惨であったし、それを終了させるためには国連の介入が必要であった。しかし、選挙がおこなわれるまで暫定的な政府を作るという考え（UNTAC＝国連カンボジア暫定統治機構）は、多少ではあるが臓器移植に似ている。だから異物反応がおこるので、例えば、大量の国連関係人員がプノンペンに入ったため、プノンペンの物価が一気に上昇したのはその表れとみなくてはならない。

だから、昨年十一月に国連平和維持軍が初めてカンボジアに到着したとき、喜び歓迎したカンボジア国民は、今日では幻滅し、あるいは、異物である国連機関をたねに金もうけに明け暮れている。クメール・ルージュが武装解除に応じないのは、こうした人々の気持ちを知っていて、それが不満に変わるのを期待しているからではなかろうか。また、こんなことで、カンボジア人は自前の政府を真実に作れるのだろうか。

私は、カンボジアにおける国連平和維持活動が成功することを心から祈っている。しかし、成功のためには厳しい目で現実を見なくてはならない。できそうもないことには、冷たいようでも、始めから手を出さないとか、撤退することも考えなくてはならないのである。

中国の警戒信号　1993・2

よいドライバーは三つほど向こうの交通信号を見て運転するという。通商も外交もそうだが、私の見るところ、少々先の方だが中国について黄信号が出ている。

このところ、中国経済は目ざましい成長をとげてきた。一九九二年の実質成長率は一二％強という驚くべき数字だし、今年も一〇％程度は成長すると予想されている。世界の先進工業国がすべて不況もしくは低成長に悩んでいるなか、アジア諸国、とくに人口の多い中国の経済が急成長をとげていることは、日本にとってもありがたいことである。世界も注目していて、外国の投資は急増している。中国の貿易は増大していて、今年は二〇〇〇億ドルに達し、世界の十位に入るだろう。とくに、電気通信の分野では需要が大きく、間もなく中国は最大の市場になると予想されている。

だが、よいドライバーは少々先を見なくてはならない。このところの成功から、中国経済がこのまま順調に伸びると考えてはならない。経済には循環がつきものである。このままの好調が続くわけはないのであって、そこを見誤ると必ず痛い目に遭う。好況は必ず過熱し、インフレを招き、反動が訪れる。

もっとも、それは自然の動きであり、それ故、好況がいったん不況になっても、中国経済はまた力強く回復し、再び好況になるだろう。実際、今回の中国の好況は中国が本物の成長路線に入ったことを示すという見解もある。その最大の理由は、天安門事件以来の政治的締め付けにもかかわらず、経済改革は推進され、中国は「市場経済」と呼べるものになった。すべての人々ではないにしても、多数の中国人が経済の論理で動くようになり、それが成功を生んだので、経済成長への情熱と自信が生まれた。

そうなると、経済は常識では考えられないほど早く成長する。三十年ほど前の日本がそうで、こんなに早く成長するはずはないと人々が考えたのに、そうした常識的な考えはことごとく外れた。中国がそうなっても不思議はない。中国は巨大な人口と広い国土を持ち、貧富の差が大きいので(日本は最も豊かな地域と最も貧しい地域の一人当たり所得は二対一だった。今日の中国は七対一にもなると推計される)、二十年も高成長が続くかは問題であるが、十年間高度成長が続くと考えて間違いはないだろう。

しかし、それはなめらかな成長ではありえない。中国にやがて不況が訪れることは自然でもあるし、大きな問題ではないが、高度成長がもたらすひずみは問題である。二、三年以内におこると思われるインフレはそのひとつである。それは社会的混乱を招くからである。高度成長自身が富の格差を招く。すでに一部の中国人はきわめて豊かで、広東の方に行くと、外国人用レストランで食事をする中国人が見受けられるが、その夕食の価格は中国人の平均賃金の半月分にあたる。それに自動車も見かけるようになった。もっとも、それは直ちに社会不安を招きはしない。

社会的混乱がおこるのは、インフレがおこり、一部の人の生活が苦しくなるときである。他の人々が豊かになっても、成長期には自分もいずれそうなると思って我慢するだろう。しかし、インフレがおこって彼らの生活水準が低下すると、話は別である。中国では、学校の先生や多くの公務員は賃金が低い。インフレがおこると彼らの実質賃金は一層低いものとなり、生活が苦しくなるし、そうなると彼らは生活防衛に立ち上がる。それが政治問題を生むのである。

実際、天安門事件もそうだった。一九八七年と一九八八年は一〇%に近い高度成長を記録した。しかし、やがて物価が上昇し、一部の人々の生活が苦しくなり、そして他方、経済成長に不可避の〝道徳的腐敗〟がおこった。そのため、中国で守旧派が力を得、共産主義の精神を取り戻さなくてはならないと主張し始めた。それに対して、趙紫陽を中心とする人々は理論的にすぎ、改革を徹底するしかないとして、全面対決に至ったのであった。

再びインフレがおこるとき、似たようなことがおこる可能性はないわけではない。それを中国の政治がどう解決するかは、きわめて重要である。そして、中国の政治指導者が巧く対処するという保証はない。ここで、中国の指導者が交代期にあることがかかわってくる。

鄧小平などの革命第一世代は消え去りつつある。そして、指導者の世代交代は常に困難なものなのである。私は中期的には、中国の行方について楽観的である。しかし、中国の経済が真実に巧く行くまでに、もう一回大きなヤマがあるような気がする。

政治の混迷と再生 1993・3

昨年あたりから、ほとんどすべての先進工業諸国で、政治改革が唱えられるようになった。その表面を見て皮肉に考えるなら、どの制度も巧く行かないということになるだろう。例えば、イタリアと日本は政治的腐敗がひどく、それもあって政治改革が唱えられているのだが、選挙制度は重要な点で対照的と言ってよいぐらい異なる。すなわち、イタリアは比例代表制をとっているが、その場合、候補者名簿の順番が大層重要なので、政党のボスの力が大きくなりすぎて腐敗を生むことになったと考えられている。社会党のクラキシ氏[149]はそうしたボスの代表で、イタリア政界の大物であり、首相にもなったが、汚職の疑いで社会党のリーダーの座を去らなくてはならなかった。

これに対して日本は中選挙区制で、議員個人が選挙をやるという色彩が強いので、選挙制度上は政党の指導部の力は弱くなり勝ちで、イタリアとは違う。しかし、汚いカネを集め、それで実権を持つボスが出現したことは同じで、

149　ベッティーノ・クラクシ(一九三四〜二〇〇〇)。二〇年近くにわたってイタリア社会党書記長の座にあり、一九八三〜八七年には首相も務めた。

金丸〔信〕氏[150]とクラキシ氏はまことによく似ている。

それでは強力なリーダーシップを生み易い小選挙区制がよいかというと、長い議会主義の歴史を通じて、ずっと小選挙区制をとってきたイギリスでは、第三党が出現し難く、政治の動きが少なすぎるというので、小選挙区制を見直そうではないかという意見が出てきている。ところがドイツでは、比例代表制の欠点である多党分裂の傾向が表面化して、政治が安定し難いという傾向が出かかっている。この三月の初めにヘッセ(商業の中心地フランクフルトのあるところ)でおこなわれた地方選挙は、そのことを示した。十年近く前まで、ドイツの政治はキリスト教民主同盟、社会民主党、自由民主党の、大体中道に近い政党が議席を分け合い、強力な与党と責任ある野党という役割を交替して果たしてきたが、今回、キリスト教民主同盟は三二%、社会民主党は三六・四%、そして自由民主党は五・一%と失格ライン五%を僅かに上回る票しか得ることができなかった。そして右翼の共和党が八・三%をとり、みどりの政党が一一・一%をとったので、政権の作り方が難しくなった。多数を占める唯一の方法はキリスト教民主同盟と社会民主党の「大連合」だが、それは責任ある野党をなくすということだから、応急措置でしかなく、長く続くものではない。

つまり、イタリアでは比例代表制が、日本では中選挙区制が、イギリスでは小選挙区制がそれぞれ批判されているのだし、ドイツでは比例代表制の欠点が現れ始めているのである。

以上のことから、どんな制度も欠陥があるのだから、所詮政治はだめなのだなどとは考えないで欲しい。まして、日本について、小選挙区制にすることが空しいことにはならない。上述の混乱した事実は、絶対の政治制度は存在しないということを示すものである。汚職は政治に取りつき易い病気だし、民意を反映することと、安定を得ることはしばしば矛盾する。だから、政治制度の使い方や政治の目的が重要になるのである。例えばイタリアの場合、比例代表制だから安定多数が得られなかったが、キリスト教民主党から社会党にいたる五ないし六の政党が連立政権を作り、利益誘導に訴えながら、政治的安定を与えてきた。だから、イタリアの経済は見事な成長をとげてきたのである。しかしそれは、談合とそれ故の政治的腐敗というコストを伴ったのであり、それが大きくなりすぎたのだった。その点は日本とよく似ている。

そうした欠点は、イタリア共産党の力が弱まり、やがてヨーロッパで共産党が崩壊して、共産主義化の危険が無くなり、政治的求心力が無くなったため、にわかに大きくなった。腐敗ではないが、ドイツの政治の分裂傾向も同じ原因による。ドイツで比例代表制の欠陥が出なかったのは、共産主義の脅威が求心力を与えていたからであった。

こうして、政治制度は、人々がその欠点を意識しつつ運用し、かつ人々を統合するだけの目的を見出すときに初めて巧く行くという性格を持っているように思われる。残念ながら、人間はその欠点を忘れ勝ちだし、つねに共通の目的を持てるわけではない。だから、何十年かすると、どの国の政治も混迷し、再建を必要とするのである。そして、ときによると政治制度の変更も必要になる。

とくに、現在は人々が豊かでもあるし、それもあって社会には当惑するばかりの多様性が存在する。豊かであれば腐敗への誘因も大きいし、多様性のある社会で、人々の意見を反映しつつ、まとめて行くのは難しい。今や、すべての先進工業諸国が形こそ異なれ、基本的には同一の問題に苦しむことになっているのである。世紀末にかけての数年間はそうした状況であろう。そのなかで、ともかく満足できる答えを見出すのはどの国だろうか。

カンボジア総選挙とその将来 1993・4

四月七日、〔ブトロス・〕ガリ国連事務総長も出席して、カンボジアの総選挙が始まった。選挙戦は六週間おこなわれ、五月二十三日から二十八日にかけて投票がおこなわれる。その選挙には有権者の九七%と推定される人々が登録しているから、カンボジアの人々が選挙によって政府を作りたいという意思を持っていることは間違いない。

しかし、すべてが巧く行っているわけではない。ポル・ポト派は選挙をボイコットすることを宣言し、二週間にわたってゲリラ活動を激化した。そのひとつの標的は、UNTAC（国連カンボジア暫定統治機構）の要員で、日本の自衛隊の第一次派遣隊は幸い死傷者を出さずに、第二次派遣隊と交代して無事帰ってきたが、選挙関係の仕事で送られていた民間人が一人殺されたことは、われわれの記憶に新しい。ポル・ポト派は選挙を妨害し、あるいは国連の平和維持軍の「保護能力」への信頼をゆさぶろうとしている。

150 金丸信（一九一四［大正三］～一九九六［平成八］）は自民党の衆議院議員で党幹事長、防衛庁長官、建設大臣、副総理などを歴任したが、一九九二年、東京佐川急便からの献金をめぐる政治資金規正法違反で失脚した。

しかし、彼らの最大の攻撃目標は四十万人に達すると言われるヴェトナム系住民で、その集落が攻撃され相当な数の人間が殺され、多くのヴェトナム人がプノンペン、あるいはさらに遠くへと逃亡を始めた。また、プノンペンにあるカフェやレストランにも手榴弾が投げ込まれて、ここでも死傷者が出ている。ポル・ポト派の狙いは、カンボジア人の反ヴェトナム感情に訴えようということで、それによって自派の存在理由を示し、やがてプノンペン政府に対抗する勢力になろうということのように思われる。

そして、不幸なことにカンボジア人の反ヴェトナム人感情は強い。フランスの植民地であったときには、ヴェトナム人は官吏や商人として巧く立ち回ったし、カンボジアの経済はヴェトナム人の動かすところとなっていた。そこに感情的反日が生ずるのは当然である。それに、ヴェトナムはカンボジアに介入し、ヘン・サムリン政権を作った。その前のポル・ポト政権が歴史上珍しいほどの暴政で、人口の数分の一と考えられる国民が死んだので、ヴェトナムの介入にもやむをえないところがあったが、しかし、外国によって作られた政権が国民の支持を受けることはまずない。ポル・ポト派のゲリラが強力なヴェトナム軍によって鎮圧されなかったのは、地形もあるが、より基本的には、彼らが反ヴェトナム感情に訴えたからであった。二つの民族の対立は、歴史的にはさらに遡ることができるだろうが、こうして過去百年をとっても、その根の深さと激しさは理解できる。こうして、いびつな形ではあっても、ポル・ポト派がナショナリズムに訴えるところがある以上、その勢力は少数ではあっても、当分なくなることはないであろう。

そこで、国連のカンボジア政策について、あらためて論議がおこなわれるようになった。ひとつの意見は、選挙を延期して様子を見、状況が好転しなければ国連は関与をやめるというものである。たしかに「自由で公正な総選挙がおこなわれるのにふさわしい中立的な政治環境」を作るという使命を、国連カンボジア暫定統治機構は十分に果たしていない。しかし、撤退はカンボジアが再び内戦の悲惨さに復帰するのを黙認することであり、今からおこなうわけにはいかない。

そこで第二の意見として、国連平和維持軍に強制力を与えることが主張される。ポル・ポト派は一九九一年十月に彼らも署名したパリ協定を破っているのだから、軍事力によって、その勢力を制圧すべきだというものである。しかし、幸か不幸か、それは不可能である。なにしろ、ポル・ポト派のゲリラはヴェトナム軍にも負けなかったのであり、そのヴェトナム軍は、この種の非正規戦では世界最強の軍隊のひとつだったのである。ゲリラ活動に適した地形があり、彼らを鼓舞する強烈な思想もしくは感情があり、そしてある程度の国民の共感があれば、ゲリラ活動は無くならない。それが無くなるのは、カンボジア国民の多くが納得する政府ができ、そして時間がたってからである。国連平和維持軍が強制力を持つことが必要でもあり、望ましくもある場合はあるだろうから、この考えは検討に値するが、カンボジアについては、その地域的事情から見て、そうした選択肢は存在しない。

　こうして、カンボジア国民の圧倒的多数が登録をしているのだから、今回、国連当局が決断したように、ともかく選挙をおこない、制憲議会を作り、その結果できる政府に統治権を引き渡していくしか方法がない。

　カンボジアの安定にはひどく時間がかかる。そのことは、国連と、日本を含めカンボジアの平和過程にかかわる国々に、忍耐のみならず、その都度の正しい判断を要請するものである。例えば、選挙がおこなわれた後、ポル・ポト派がゲリラ活動を一層強化するような場合、国連としてはどのような態度をとるべきなのか、カンボジアの事実上の分裂は不可避であるが、どうすればよいのか。日本としては早急に検討を始めるべきであろう。

再考・カンボジア　1993・5

　文民警察官高田晴行さんの不幸な死をきっかけに、カンボジアにおけるＰＫＯ（国連平和維持活動）と日本とのかかわりについて、議論がおこっている。そして、撤退を考えるべきだという主張もなされている。たしかに、日本がＰＫＯに参加を決めたとき、犠牲者が出ることを十分に考えていなかったのだから、予測は外れたし、その意味で事情は変わったのだから、われわれは考え直さなくてはならない。しかし、その際、われわれは正直に、かつ深くそうしなくてはならない。

　ＰＫＯに対して疑念を表明し、反対した人はいたけれども、私の知る限り、それは自衛隊を派遣することへの反対であり、警官を送ることへの反対ではなかった。したがって、正直であるならば、彼らのＰＫＯへの疑念は、彼らが考えた理由とは異なることで根拠を得たように見えるだけである。彼らのＰＫＯへの疑念は証明もされていないし、否定されているわけではない。

　正直に、深く考える出発点は、多分、ＰＫＯ法案の五原則の第一、すなわち、全当事者の合意ということである。それは、少なくともこれまでのPKOが守ってきた原則であったし、カンボジアについてもパリ協定が全当事者によって結ばれたからこそ、UNTAC（国連カンボジア暫定統治機構）の活動が始まったのであった。しかし、それが真実になにを意味するのかは、国際的にも十分明白ではなかったし、日本についてはとくにそうであった。

その点で、日本政府がおかした過ちは、全当事者の合意がある限り、PKOは安全であるかの印象を与えたことであった。それは、これまでのPKOの現実を知らなかったからか、もしくは知っていてそれを無視したかのいずれかによるものである。というのは、PKOはこれまでにも犠牲者を出してきた。考えてみれば、それは当然のことで、内戦を戦った諸勢力の間に割って入って、ともかくも戦闘状態を終わらせることは危険なことであり、そのことは常識的に考えれば判るはずのことだからである。それ故、文民警官のより多くの安全を日本政府が求めたのに対して、UNTACが冷たい態度をとったのは当然であったと言わなくてはならない。

それはわれわれが学ぶべき——いかに辛くとも——点だが、全当事者の合意の問題点はそれだけではない。より深刻な問題は合意の信頼度であり、内戦の性格上、それは完全に信頼すべきものではない。内戦は政治・軍事的闘争である。したがって内戦を戦うものは、戦うだけでなく、その国に平和と安定を求める意思を表明しなくてはならない。それもあって、戦術的理由からの和平提案もある。自らの軍隊が疲れたとき、あるいは国民が内戦に疲れ、戦い続けるものに反感を持つようになるとき、停戦を求めなくてはならない。だから協定ができる。

しかし、内戦で負けることはすべてを失うことに近い。国家間の戦争なら、敗戦してもほとんどの場合自国は残るが、内戦の場合、なにも残らないのが普通である。そこで、和平協定が結ばれ、やがて選挙をおこなうという約束が実行に移され、そこで〝敗北〟することが明白になったものは、再び戦うようになる。こうして、内戦は停戦協定が結ばれては破られることのくり返しになるのである。ユーゴスラビアでは、それが正確に数え切れないほどおこってきたし、今カンボジアでおこり始めているかも知れない。

実際、カンボジアを見ていて最もやり切れないのは、全当事者が、協定を破るとは言わないが、自己に有利なようにごまかそうとしていることである。ポル・ポト派は疑いなしにそうだが、前カンボジア政府派も、シアヌーク殿下もそうである。ただその程度と形がちがうだけで、ポル・

ポト派は和平プロセスがつぶれて欲しいと思っているし、前政府派は、自らに有利だから和平プロセスに協力しつつ、自己の勢力を伸ばそうとしている。そしてシアヌーク殿下はと言えば、手詰まり状況が生じて、自らが仲介者としてカンボジアに帰り、そこを再び統治したいと考えている。

しかもなお、和平協定は十分信頼できないものの、平和への出発点である。それは、カンボジア内戦の全当事者が、ごまかしながらもパリ協定を公然と破棄しないことにあらわれている。彼らは、止め男なしの内戦の恐ろしさを知っている。〝もう知らない、勝手にしろ〟と言われたくないという気持ちを持っている。PKOは抑制効果を持っている。われわれはその抑制効果を大切にしなくてはならない。それは難しい仕事である。しかし、真実の仕事は、難しさを認識するときに始まるのである。

カンボジアとボスニア 1993・6

カンボジアにおける国連の平和維持活動は、大体のところ、成功しつつあると見てよさそうである。選挙は平穏におこなわれたし、しかも、まずは自由におこなわれた。そのことは、おおかたの予想を裏切って人民党が第一党にならず、民族統一戦線(ラナリット派)FUNCINPEC(フンシンペック)が第一党になったことによって証明されている。もっとも、選挙の後、どのような政権が作られるか、また憲法が作られるかは不明である。ただ、多くの報道から推測すると、なんらかの妥協的解決が得られそうで、それで政府が作られ、一応の安定が得られるならば大成功であり、UNTAC(国連カンボジア暫定統治機構)は大手をふって帰ることができる。

ついでに指摘しておくなら、今回の選挙はカンボジアの反ヴェトナム感情の強さを示したものであり、それを基盤に政府が作られることになったとも言える。人民党が思ったほど伸びなかったのは、それとヴェトナムとのつながりのためであるように思われる。だから、救国戦線ができても人民党の立場は微妙だろうし、そこに将来の問題の種子がある。ヴェトナムとカンボジアの関係も難しい。しかし、その反ヴェトナム感情が闘争によってではなく、選挙によって表明されたことはよいことである。戦闘によって表明されたものであるなら、多大の人命がさらに失われただけでなく、カンボジアの社会にはひどい傷が残っただろう。やはり、選挙をやってよかったのである。

しかし、ここで重要なことは、国連の平和維持活動が成功するものだと思いこまないことである。カンボジアでの行動について、私自身は初めからかなり不安だった。犠牲者が出ないというふれこみは初めからおかしかったが、しかし、覚悟を決めてやっても、カンボジアの成功は約束されたものではなかったように思われる。時間がたてばより具体的に分かるだろうが、いくつかの幸運——例えばカンボジアの各派のそれぞれがおかした予測の誤りが、結果的には吉と出たといったこと——が作用した、という感じである。

もっとも、幸運は正しい原則と努力がなければつかめないものであって、その面も確認しておきたい。まず、百パーセント確かなものでなかったにせよ、当事者の間に合意が成立していた、という条件がある。だから、パリ協定を破りたい勢力があっても、公然と破ることはためらわれた。当事者の合意という原則は、やはり正しいのである。次に、UNTACは選挙をおこない、政府を作ることに焦点を絞り、その任務を愚直に果たした。それをよしとする国際的合意も、まずは固いものであった。戦術レベルではUNTACの体制に問題もあり、今後反省すべきだが、基本目標は明確であったので、それなしに成功はありえない。しかも、そうした明確で限定された目標のために、二万人に近い要員を投入した。つまり、コンセンサスと明確な目標と、まずは十分なヒトとカネを投入したのである。

そうした条件がないとき、いかに善意であっても国連の平和維持活動は失敗する。その例がボスニアで、カンボジアの成功と同じころの六月四日、国連の安保理事会は損害限定作戦としか言えない決議を採択した。それは、ボスニアのセルビア人とクロアチア人によって攻撃され、追い立てられた回教徒たちの〝安全地域〟を作り、そこを攻撃するものには空爆によって報復するという強硬姿勢をとってはいるが、実はボスニアにおいて、暴力によって作られた既成事実の承認なのである。

これまでのすみかから追い立てられた回教徒を戻すことは、考えられていない。そうなると、狭いところに逃げたままで、安全と言っても、そこで生活できるわけではない。ボスニアの回教徒の将来はまことに暗い。もっとも、私は安保理の決議を非難するつもりはない。一部の人々が暴力によって権利を奪われることになったのは由々しいことで、それを防止できなかったのは失敗だけれども、しかし、不正を防止するためには、そこに派遣される国の軍隊に多大の犠牲を覚悟しなくてはならなかった。そして、その覚悟はどの国の政府にもなかったものである。無理からぬことである。

ボスニアと国連とのかかわりは、元来、成功の条件に乏しかった。当事者の間の対立と猜疑心が強すぎて、停戦協定が結ばれてもすぐ破られたし、解決方法についての国際的なコンセンサスも確固たるものではなかった。だから、なんとかしなくてはならないという気持ちでともかく仲介をはじめ、少なくない人員を投入したのがそもそも誤りだったと言えるだろう。

国連の平和維持活動は、今後も国際平和の重要な手段である。それだけに、過大な期待は禁物であり、成功とともに失敗の事例からよく学ばなくてはならない。

アメリカのミサイル攻撃　1993・7

過日、アメリカのクリントン政権がおこなったバグダッドに対するトマホークによる攻撃は、私を暗澹たる気持ちにさせた。それは、私がそれに先立つイラクの行動を容認するとか、軽く見るためではない。逆に、私はイラクの行動は重大なものだと思う。ブッシュ前大統領がクウェートを訪問した際、その暗殺を試みたことは許し難い。数百年前、暗殺は国際政治のなかでしばしば用いられたもので、それが無くなったことは、近代の業績のひとつである。その上、ニューヨークでは国連ビルをカー・ボンブ（自動車爆弾）で破壊しようという企みや、マンハッタン島とニュージャージーをつなぐトンネルを爆破しようとする陰謀が発覚した。

こうした行為は市民社会に対する重大な挑戦である。それは対抗措置を必要ならしめ、どこでも警察が見張るという状況をもたらすものであり、したがって市民社会を危うくする。しかし、事が重大だからこそ、アメリカが突如として、単独で、トマホークによる攻撃をおこなったことがよくないのである。何故、アメリカはブッシュ前大統領の暗殺未遂事件を国際連合の安保理事会に提訴し、国際連合がしかるべき手段をとることを求めなかったのだろうか。

もちろん、それは時間がかかる作戦になったであろう。そして、安保理事会はアメリカに報復を認めるのではなく、経済制裁の強化などの微温的な措置でお茶をにごしたかも知れない。その効力が乏しいものであることは、いくつかの事例が示している。しかし、その方が長い目で見れば効果があった、と私は思う。ひとつには、トマホークによる報復も、そうは効果がなかった。フセイン氏が、それによって大きな衝撃を受けたとは、とても考えられない。

それよりは、政治的暗殺やテロはよくないというコンセンサスを国際的に作ることの方が効果がある。そうしたコンセンサスが作られるならば、イラクのような存在は孤立するし、その効果は無視しえないものなのである。あるいは、それしか有効な方法はない。トマホークによる攻撃は、少なくともフセインの地位をたかめる——アメリカとやり合ったという理由からである。そして、一部の回教徒の反米感情をさらに強め、さまざまな形の暴力を使うことが正当化されると思わせる。

それは、イラクのクウェート侵攻に際して、その対応策を国際連合で議論し、その了承を得て多国籍軍を送り、多くの国の支援を得つつ、外交的努力を重ね、最後に武力を使ったブッシュ大統領の賢明な行動という資産を無にするに近いところがあった。

それは大きな損失であった。というのは、これからの国際秩序はできる限り国際的な場で論議し、国際的な対応策を講ずることを積み重ねることによってしか作られえないからである。ひとつには、アメリカはかつての断然他を圧する力を失った。しかし、それが最も重要な理由ではない。重要なことは、力というものが総合的なものであり、それ故、単純に軍事力を用いることの効果は限られているということにある。

力は権威を伴って初めて有効だし、安定は法と秩序のみならず、社会経済的な条件が満たされなくてはありえない。それも、元来そういうものであっただけでなく、現代においてはますますそうである。そのことは、第二次世界大戦後、大国による軍事的介入が成功よりも失敗した方が多いことに示されている。もっとも軍事力の行使が必要なこともあり、日本のように、上の事実をなにもしないことのためにだけ援用するのは間違っているが、国際秩序が総合的な努力を必要とすることは間違いない。だから、国際機構を使うことが重要なのである。PKOは、軍事能力だけをとれば各国の軍隊よりもはるかに劣るが、多くの場合により有効である。

今回のアメリカの行動を見ていると、アメリカには〝一方的行動主義〟と呼ばれるものがあるように思われる。すなわち、自らを世界的正義の守護者とし、行動する習性である。それは孤立主義の裏返しである。アメリカの国際政治学者モーゲンソーが述べたように、孤立主義は、世界が悪い場所だから、それとはできるだけ関わらないというものので、十九世紀のアメリカがそうだった。しかし、アメリカの強大化によって、そうした孤立主義は物理的に不可能になった。

そのとき、自国の原理通りに世界を作り変えるという態度で出てくる。嫌な世界と関わりたくないという思いは、それによって一貫する。経済問題についても一方的行動主義があることは、スーパー三〇一条[151]を考えれば理解されよう。そうした態度に、今後のアメリカと世界にとっての大きな危険がある。その危険を回避するためのひとつの重要なポイントは、他の国々ができるだけ国際的に行動し、そこにアメリカを引き込むことであろう。

社会党大敗、多党化後の政治　1993・7 ♣

奇妙な選挙結果になったものである。大敗を喫したのは社会党であったが、その社会党は、内閣不信任案を提案し、可決させた政党であった。それは選挙でも勝つのが普通だが、敗北した。そのような事例を私は知らない。世界中の記録をひっくり返しても、まずないであろう。

それに、社会党はこの数カ月間に関する限り、責められることはしていなかった。社会党は、選挙制度の改革を含む政治改革にまともに努力したし、譲歩もした。政治制度改革法案を流産させたのは自民党であり、社会党ではない。それなのに、社会党が最大級の敗北を喫したのである。

このように奇妙な結果となった制度的原因は、中選挙区制にある。それは、政党の業績が間接的にしか選挙に現れない制度なのである。というのは、現職議員の六〇%はまず安泰だからで、それ故、地盤を作り上げてしまっている候補者が有利ということになる。その点は、小選挙区制と対比してもらえば分かる。日本にも小選挙区は存在する。その一つの事例は参議院選挙で、一部の選挙区は一区一人の議員という小選挙区制になっている。だから、消費税導入後の参議院議員選挙で自民党が惨敗し、社会党が大勝した。

今回、自民党が現状を守り得たことは、中選挙区の安定性——悪く言えば停滞性——による。先に述べたように、中選挙区制では地盤が大切であり、その地盤を自民党議員は永年にわたって培ってきた。しかし、まったく同じ理由から、社会党議員も有利だったはずである。それが負けた

151　スーパー三〇一条はアメリカの包括通商法の条項の一つで、不公正貿易への対処、報復を目的としたもの。一九七四年に定められた通商法三〇一条の強化版として一九八八年に成立。不公正な貿易慣行、過剰な関税障壁を有する国を通商代表部（USTR）が特定、撤廃を求めて交渉する。それでも改められない場合には、その国からの輸入品に対する関税引き上げなどの報復措置がとられる。

のは、中選挙区制のもう一つの特徴による。

中選挙区制では、投票の一五％をとれば当選するというのが経験則である。ところが、社会党は全体としての得票率がその線に近づきつつあった。一九九〇年に一回だけ回復したが、それは異常現象だった。その近くまでくると、少しのことで落選議員が増えるのである。中選挙区制では、政治的記録が時差を伴って現れる。こうして、社会党の敗北は永年の衰退傾向の帰結なのであり、多くの政党が出現したことが、いわばとどめになったのである。

それは決して悪いことではない。社会党は少なくとも過去十年間、有用な政党ではなくなっていた。まず、それが掲げる綱領はあまりにも無意味になっていた。八〇年代末のソ連・東欧圏の社会主義政権の崩壊はそのことを確認しただけで、そのイデオロギーはとうの昔に魅力を失っていた。それ以後、社会党の意義はほぼ抵抗政党のそれになったが、それは消費税にせよＰＫＯ（国連平和維持活動）にせよ、財政の健全化のためにどうすればよいかとか、国際貢献をどうするかについての対案なしに、政府・自民党の提案に反対することに尽きた。

それは議論を生むものではなかった。その上、自民党と社会党は表面では激しく対立しながら、裏では妥協してきた。だから、国民は選択の機会をまったく与えられなかったのである。日本では、改革を望み、かつ社会主義にくみしえないという意見の人々――それはかなり多いのだが――にとっては、投票する政党がほとんどなかった。政治への無関心層の増大はその結果である。「五五年体制」はこの意味で堕落したものとなっていたのであり、今回の社会党の大敗は、その終わりを意味するが故に喜ぶべきことなのである。

もっとも、社会党はごく最近になって、脱皮を図り始めていた。しかし、時差を伴う中選挙区制故に、社会党の努力は遅すぎた。だから、今後の第一の課題は、今回の選挙の大敗北にもかかわらず、社会党が変身のための努力を続けるだろうか、という点にある。

もう一つの問題は、自民党が、今回はその責任を明白に問われなかったことにある。政治改革を流産させたのは自民党内部の意見の分裂であり、その結果、不信任案が可決されたのであった。その責任は決して軽くはない。だから、自民党は下野するのが望ましいのだが、第一党になったし、それも第二位の政党の三倍以上の議席を獲得した。その結果、非自民の内閣というのは非現実的となった（原註　実際にはその非自民の内閣が成立した。時流というものの恐しさであろう。しかし、それがよかったかということになると問題である）。

しかし、自民党には政界の混乱に対する責任がある。それに自民党はどう答えていくのだろうか。また、自民党には永年政権を独占してきたことの弊害が出ている。その中で、人々の注目を最も集めているのは腐敗だが、それが最大の問題というわけではない。重要なことは自民党の統治能力が失われていることで、選挙制度の改革について、党内での議論も率直なものではなかったし、それ故、意見をまとめることもできなかった。

実際、自民党内で、本心は中選挙区制に賛成の人々は、なぜそうはっきりと言わなかったのか、小選挙区制を党議として決定したのか。それは、野党が妥協せずに抵抗するだろうから、選挙制度の改革は流産するだろうとの策略であったように思われる。つまりはもたれ合いなのである。自民党は真実に提案する能力を失ってしまった。

その根本的理由は、自民党の国民との接触が減り、呼びかける力を失ったことである。長期政権は「寡頭制」に近い存在となる。つまり、一部の国民を支持者として固め、それを組織化し、安全に再選させることになるので、真実の基盤は狭まる。それでは、国益上必要なことであっても、支持団体の一部の利益を損なうことはできない。

それでは、今後の日本が直面する状況に対処しえないことは、多くの人々の論じているところである。国民に訴えかける能力の不足は、国際貢献を本格的にできないことの原因である。コメの輸入自由化を考えれば、日本の真の繁栄に必要な措置を採れないことが理解されよう。

半ば嘘をつきながら消費税を導入したものの、その比重を高めて税制を改革する議論が出されず、だれかがそうした議論を出すとこれを攻撃して点数を稼ごうとする人々が自民党の中にもいることを考えると、税制改革は難しそうである。しかし、税制改革といった制度改革なしに、今回の不況からの本格的な脱出はあり得ないように思われる。

だから、自民党も再生を必要とするのであり、今回の総選挙では中選挙区制ということもあって、負け足りなかったうらみがある。

新党ブームは「五五年体制」の改革を要求する国民のメッセージであった。それは日本の政治に新しい要素を導入した。今回の選挙戦を見ていて、私はそう思った。既成秩序に乗っかって政治をやろうとする人々と、難解で非現実的という意味でのイデオロギーに依存しなくては反対できない人々以外の人々が、久しぶりに政治にかかわることができるのを楽しんでいることが感じられた。

しかし、非自民の勢力は分裂しているし、まだ弱い、中選挙区制では、激変はまずあり得ない。このため、今回かなり大きな変化が起こったとみなすべきだが、それは数字的に政治を変えるところまではまだ行っていない。だから、今後、政治はしばらくの間、混乱するであろう。

というのは、どの道、安定政権は作り難い。自民党と連立を組むことはどの政党もやりにくいだろうから、最も可能性があるのは自民党の少数内閣であるように思われる。その上、忘れている人が多いが、参議院にはもう一つ別の勢力のバランスがあって、衆議院で多数をまとめ、かつ参議院でそうする方式は考え難い。それでも、やるべき仕事はやってもらわなくてはならない。

その最たるものは政治改革であり、それがなされなかった場合、政治不信はさらに強まるだろう。しかし、政治改革はどの道難しいことだし、その仕事を、意見の分裂している自民党ができるのだろうか。

それにもまして重要なことは、取り返しのつかない過ちを犯さないことである。外交政策上の失策がその一つだが、そのような難しい問題は現れるかも知れないし、現れないかも知れない。より具体的な危険は、実に多数の政党が存在する中で、党利党略的な陰謀に訴えることである。それは、多くの勢力の相互間の関係を悪くする。

それは、中長期的に見てゆゆしいことである。というのは、日本が今後迎える政治的混乱は不可避のものだし、基本的に悪いことではない。自民党と社会党の対決は、この十年間は明白に虚構となっていた。多くの人々が政治に疎外感を感じていた。

だから今回、二十年ぶりに真実の競争がおこなわれることになった、と言うことができる。それは当面、相当の混乱を引き起こすだろうが、偽物の競争ではなく、真実の競争になれば、何ものかが生まれる可能性がある。

しかし、策略と陰謀が強まれば雰囲気を毒し、新しい芽を枯らすだろう。戦前の一九二〇年代の政党政治の歴史を振り返って思うのは、各政党間に世界観の相違がなくなり、競争が可能になると、今度は党派心が強く出て、政策を論ずるのをやめて、足の引っ張り合いに夢中になるということである。今後の二年から数年の間、その危険は小さくない。そのために、新勢力も自分の政策を具体的に、かつ本音を中心に明らかにしなくてはならない。

各党は、首班指名やそれに続く政治改革などの機会に、正々堂々と論じあって欲しい。小手先の策略を講じるのが一番よくないのである。逆に、公論によって決するならば日本の政治には未来がある。

政治的腐敗と大衆民主主義　1993・8

イタリアで広範囲にわたる腐敗が摘発され、政治が大きく変化しようとしていることは日本でも一部伝えられた。なにしろ、九百四十五人の国会議員のうち三百五人について、司法当局は議員の不逮捕特権を停止するよう求めているのだから、腐敗がいかに広い範囲にわたっているかが分かる。それに国有の大産業であるＥＮＩ（炭化水素公社）やＩＲＩ（産業復興公社）の社長も捕まっている。日本とよく似ていると思う人もあるだろうし、日本以上だと考える人もあるだろうが、それはどうでもよい。

重要なことは、民衆と政治との関わりについて共通性がかなりあるということである。まず、腐敗摘発は民衆の強い支持を得ている。最近おこなわれた人気調査では、司法官アントニオ・ディ・ビットロ[152]が一番人気のあるイタリア人ということになった。人気歌手やフットボールのスター選手を抜いての一位だから大したものである。イタリアの司法官はマフィアによる暗殺の危険――事実、一、二年前に暗殺事件があった――に敢然と抗して腐敗と戦っているのだから、人気者となっても不思議ではない。そうした民衆のバックアップなしに、イタリアでは腐敗の摘発はありえなかったであろう。

しかし、民衆の支持があればすべての問題が解決されるわけではないし、実は腐敗の根本原因も除去できないのである。そのことは、腐敗した連立内閣に代わって組織されたチャンピ内閣を見てみると分かる。彼はイタリア中央銀行の総裁として令名が高く、そのため今回の危機に首相に任命された。そして彼は、先進工業諸国随一とも言えるその財政赤字を減らすことを課題として設定した。

ところが、この点になると民衆の支持は期待できないし、反対勢力は強い。まず、すべての先進工業諸国に共通する大問題である医療費だが、それを抑制しようという政府の方針は民衆によって反対される。すでに前の内閣で、医療を受ける人が支払う額を増やしたが――日本でも数年前におこなわれた――それは大層な不人気で、国民投票に付そ

152　アントニオ・ディ・ピエトロ（一九五〇〜）は、当時ミラノ地検に在籍。政界に蔓延する汚職を徹底的に追及し、政界再編の契機を作った。国民的人気を背景にその後政界入りし、現在は州議会議員である。

うという運動が高まっている。

もうひとつは、官庁の経費を切り詰めたり、国営企業を民営化することだが、これまた労働組合などの抵抗が予想される。イタリアでは、先進工業諸国のなかで国営企業の占める比率が最も高く、公務員の数も多いので、行政改革をやれば財政赤字は相当減るのだが、それが難しいのである。

そして、政治腐敗と行財政改革とは、別の問題ではないのである。腐敗というと、なにか一部の特権階級が不当な利益を得ているように思われがちだが、それは独裁政権や専制政治の下での話で、今日の腐敗は構造的に異なる。実は、その点がイタリアと日本とが似ているところなのだが、この二国の政治はともに利益分配の政治、あるいはバラマキ財政の国である。

政府に権威が小さく——敗戦はそのひとつの原因である——、それでもともかく政治的安定を得なくてはならないということで、政府は国民の経済的要求に応えることを主要な任務としてきた。ところがそうなると、政治家がその際、恣意的な裁量を下し、特定の人々の利益をはかり、その見返りを得るということになり易い。例えば、国立病院に入る順番を早めてもらったり、国営企業への就職を頼んだり、さらには、国営企業との取引きをあっせんしたり、といったことがおこなわれる。

イタリアも日本も雑多な勢力の連合体が政権を独占してきたので——イタリアではキリスト教民主党を中心とする五、六党の連立政権、日本では五、六の派閥の連合体である自民党——、なおさら腐敗はおこり易かった、という事情はもちろん重要であるし、政権の交代がおこなわれるようになれば、腐敗は随分ましになるであろう。

しかし、それとともに現代版の腐敗は、利益配分中心の大衆民主主義に基づくものであることも忘れてはならない。イタリアの政治も日本の政治も、国民の経済的要求に応ずることでは優れていた。日本の経済発展はそれによるところがあるし、イタリアも戦後のヨーロッパでは最も早く成長してきた。だから腐敗はやむをえないというのではないが、経済的成功と腐敗との間のこの不思議な一致は、認識すべきである。

基本は、政治家が権勢を求めるのと同様、国民は随分勝手な存在であるという点にある。政府が国民に対して種々のサービスをするとき、国民は自分に対してより多くそうすることを求める。腐敗は、カネをもらうものと同時に、献金するものがあるからおこるので、一方だけではおこりはしない。もっとも、以上の事実で国民を責めてもしかたがない。人間は、まず自分のことを考える存在だからである。

しかし、同様の理由で、政治家の倫理的責任を責めるだけでもだめである。重要なのは制度であろう。国家が経済で果たす役割をできるだけ減らすとともに、やむをえない巨額の出費——例えば公共投資や医療——については特別の監査体制を作り、経理に透明性を持たすといったことである。悪い政治家は罰せられるべきだが、それだけでは問題の解決にならない。

リードされるのに慣れすぎて 1993・9

「皆さんがそのように決めるのなら、私も従います」と言うのと比べて、「このように決めましょう」と言うのは、多くの場合、難しい。よい案でも、なにかをやろうとするときには、必ず問題点がある。それを敢えてやろうとするのには勇気がいる。より重要なことに、ある制度の建設やある政策の実行には、それによって利害を傷つけられるので反対する人々がいる。だから、あることを決める上でリーダーシップをとれば、反発され、恨まれることにもなりかねない。「決まったことに従います」という方がよほど楽である。

もちろん、それでは世の中は動かないのだが、現在の世界はリーダーシップの不足によって特徴づけられるように思われるし、そこに危険がある。例えば、ウルグアイ・ラウンドである。自由な貿易が多くの人々の繁栄を生むというコンセンサスは、まだ生き続けている。だから、関係者は過去七年間、交渉をまとめるべく努力してきた。今年の初夏の東京サミットでは相当の進展があった。不信任案が可決され、選挙の最中であったため、人々は東京サミットに余り注目しなかったけれども、その成果は過小評価されてはならない。

しかし、今年のクリスマスという期限——あと三ヵ月余りしかない——内に、ウルグアイ・ラウンドがまとまるかというと、まだ判らない。それは「このように決めよう」と言う政治家がほとんどいないからである。その逆に、いずれは決めなくてはならないが、嫌な役割は他の人にしてもらおうという気持が強すぎる。例えば、コール首相の最近の発言はそうしたものであった。彼はフランス首相バラドゥアと八月末に会ったとき、ウルグアイ・ラウンドの内容で、農業に関するものには問題点があると言ったのだった。

具体的に言えば、昨年末から今年の初めにかけて、アメリカとECが交渉し、一回は決裂し、アメリカの制裁までいってまとまったブレアー・ハウス協定〔153〕は再考の余地がある、というのである。コール首相がなぜそのような発言をしたかについては、いくつかの観測がある。そのひとつは、コール首相はまじめにそう考えているというもので、その場合にはウルグアイ・ラウンドはまとまるはずがない。フランスは農民を中心に、農産物輸入自由化に反対の意見が強く、彼らはドイツの後押しがあれば、勇気づけられ、ブレアー・ハウス協定の見直しを迫るだろう。その結果、見直しをフランス政府が主張し、見直しが始まるならば、今度はアメリカの農民も、ブレアー・ハウス協定はヨーロッパの農民に甘いと考えているので、より強硬な態度をとるようアメリカ政府に迫るだろう。その結果は決裂しかない。

そこでもうひとつの見方として、コール首相は農業政策の問題を蒸し返すつもりはなく、ただ、独仏関係を固めることを願って「フランスの農業政策上の立場は理解できる」と言ったものとして受け取るべきだ、ということになる。こちらの方が楽観的な見方だが、それでも、ウルグアイ・ラウンドの挫折の危険性はある。フランスの農民がコール首相の言うことを真に受け、政府に圧力をかけて成功することがありうるからである。

もっともコール首相は、その場合、アメリカが猛然と自己主張し、その結果、フランスが押し切られる形で交渉がまとまると考えているのかも知れない。つまり、アメリカを悪役とし、自分はフランスに対してよい子になろうというのである。だが、アメリカはそのような役回りを演じないかも知れない。アメリカも、リーダーシップをとることに疲れてきているからである。

習慣とは恐ろしいものである。戦後半世紀近く、アメリカがリーダーシップをとってきた。「こうしよう」とアメリカが言い、他の国々はそれに従うという形で、初めに述べた決定のためのコストを支払わずにきた。そうした決定のしかたが不可能になって来ているのに、習慣は続いているのである。その場合、世界に新しいシステムはおろか、必要な改革もできないことになる。

そして、日本はアメリカのリーダーシップへの依存の典型として過ごしてきた。農産物の輸入自由化についても、アメリカがECを説得し、それでまとまれば、なお少しはゴネた後で大勢に従うというのが、自民党の政府の態度であったし、それは政府が変わった後も変化していない。日本の政治家のなかで、コメの関税化にあくまで反対し、その結果、ウルグアイ・ラウンドが流産するとか、日本が孤立してもよいとまで決意している人はないから、結局、嫌なことは言わずに済まそうということなのである。必要な妥協をすると自ら発言し、国民の納得を得る努力をせずに、大勢に任せようとしている。

今回直ちにそれが失敗するとは限らないが、いつか失敗することは間違いない。自民党の長期政権も、それでつぶれたのだった。選挙制度改革の必要性を問題にするというガッツもなく、改革のために必要な嫌な決断もしないままに、提案をしたのが、今日の状況になった根本的な原因である。自民党政権はつぶれてもよかったが、日本はそうはいかない。嫌なことは他の国に言わせるという習慣から、日本は脱却しなくてはならない。

エリツィン訪日の成果　1993・10

エリツィン大統領の訪日と首脳会談によって、日ロ関係は新しいスタートを切ったという。正しく理解されるならば、それは正しい捉え方である。すなわち、先を急がず、二十一世紀のことを考えて日ロ関係を構築するためには、今がチャンスである。また、それ以外に道はない。というのは、今回の会談の結果として発表された二つのこと、すなわち、北方四島問題とロシアの市場経済化の促進とは、共に、十年を経なければ成果が得られないものだからである。

まず、ロシアの市場経済化にひどく時間がかかることは常識的に考えても理解されうるし、訪日十日前の政治抗争を分析すれば、なおさらそうである。市場経済は簡単に定着するものではない。それが巧く行くには、どの国でも時間がかかった。それは競争のシステムだが、競争が破壊的にならないためには、人々の心構えができ、ルールが定着しなくてはならない。それには時間がかかる。

そのルールのなかで最も重要なもののひとつは、財産権の確定と法の支配である。ところが、現在のロシアは法の支配とはまだかなりの距離がある。今回の政争で、エリツィン大統領は議会を解散し、それへの抵抗を軍事力によってねじ伏せなくてはならなかった。それは少なくとも必要なことであったが、ロシアの既存の法から言えば、

153　一九九二年にGATTのウルグアイ・ラウンドで合意された、国内補助金の削減に関するアメリカとECの間の協定。

クーデターと呼ばなくてはならないものであった。

というのは、旧制度ではソビエトが最高権力を持っており、その議決でほとんどあらゆることができた。それは不思議なことで、共産党独裁というイメージとは合わないのだが、建前としては人民が自ら統治することになっており、ソビエトは人民の代表であった。実際には、その人民の代表というのが共産党であり、共産党が決定していたので、ソビエトはその承認機関に過ぎなかった。

そのソビエトはまだ共産党時代のメンバーが多数を占めていたので、建前として存在する権限を行使して、大統領のやろうとすることを阻止してきたのである。今さら言ってもしかたがないが、共産党の支配が終わったとき、ソビエトも改組されるべきであったし、東欧諸国はそうした。しかし、種々の理由からソ連ではそれがなされずにきた。だから、大統領は選挙された存在としてロシア国民の支持は得ていたが、法的な権限は不確かだった。別の言い方をすれば、ロシアでは行政と立法の関係が明確にされておらず、そのためエリツィン大統領とソビエトはそれぞれバラバラに行動していて、ロシアではなにも進まなかったのである。

そうした状況は変えられなくてはならなかったし、したがってエリツィン大統領の行動は必要なものであった。またソビエトを解散した後、エリツィン大統領命令によって、財産権の法的基盤を作り、残っていた多くの規制を撤廃するなどの措置をとった。市場経済化は、また一歩進展したと言える。しかし、それで巧く行くかというと心もとない。

上述の措置が大統領命令でおこなわれたことは、ロシアには法治国家に不可欠のものである、行政と立法の有機的関係が定まっていないことを示している。頑迷固陋のソビエトがなくなったのはよいことだが、今度は大統領のような存在がツァー〔皇帝〕になる危険がある。エリツィン大統領は軍事力によって敵を抑え込んだので、自分の力を過大評価する危険もある。それに、今回の政治抗争で軍隊の重要性が判ったので、今後、軍部の発言力が増大するかも知れない。しかも、ロシアの政治機能がまひしていたときに始まったインフレという目の前の問題があって、下手をすると超インフレになるという状況の下で、経済改革も政治改革も行われなくてはならないのである。

こうした難しい課題がすぐに解決されるはずはない。二十一世紀までかかっても不思議ではない。そうした難問に直面している政府が、領土返還という本来的に難しい決定をできるはずがない。だから北方四島問題の解決も先のことになる。日本の主張には根拠がないわけではないので、北方領土はいずれ返還してもらわなくてはならないが、今すぐというわけにはいかない。

ごく最近まで、日ソ関係あるいは日ロ関係というと、すなわち領土問題と考えるところが日本人にはあった。その気持ちは理解できないものではないが、賢明ではない。その点、今回の訪日への反応を見ていると、日本人は成熟したようである。それが最大の成果であろう。

不況時の落とし穴 1993・11

この三、四年、世界の先進工業国では経済停滞が続いている。最も深刻なのがヨーロッパ諸国で、ついに失業率が一一%になってしまった。ただ、日本以外のアジア諸国だけが経済成長をかなりの速さで続けているという状況である。

こうしたとき最も恐ろしいのは、広い視野に立って積極的に考えられなくなって、自分の持ち分を守るという消極的で、狭く、利己的な考え方になってしまうことである。例えば、アメリカでNAFTA（北米自由貿易地域）に反対している人々がそうで、彼らは生活水準の低いメキシコとの間で自由貿易地域を作れば、安い労賃で働くメキシコ人との競争に負けることを懸念している。彼らは、アメリカとメキシコとの間で貿易が一層盛んになり、その結果メキシコ人が豊かになれば、メキシコにより多くのものが売れ、自分たちはより一層豊かになるという側面を見ない。

農産物の輸入自由化、日本で言えばコメの段階的自由化に反対する人も同じことで、彼らは安い〝外米〟が入ってくれば、日本のコメは全面的にやられてしまうことを懸念する。その逆に、競争によって日本の農業が活性化するとか、コメの自由化が世界の自由貿易体制を推進することによって多くの国々が豊かになり、そのため日本も豊かになるという側面を見ようとしない。つまり、自分が今持っているものを守ろうとして、多くの人々が豊かになり、その結果自分も豊かになるということを見失っているのである。

もっとも、事はそれほど単純ではない、と反論する人もいるだろう。コメの自由化は食糧の安全保障を危うくするとか、あるいは、水田が無くなれば日本の自然が破壊されるといったことがあげられるだろう。せめてコメだけは自給したいという気持ちは理解できるし、この日本の美しい自然を守ろうという議論は正しいものを含んでいる。しかし、それにはいくらでも方法があって、今のようにコメを輸入しないという制度を作って、国際価格の八倍（もっとも八倍というのは、コメの味などいくつかの条件を抜きにしての計算だから、必ずしも正しくはないが）もの価格で政府がコメの買い入れを保証しなければならないということにはならない。なによりもそれは、競争が人間により工夫させ、力を出させることを無視している。柑橘類がそうだったが、グレープフルーツやネーブルの輸入は日本の農家に努力させ、美味しいものを作ることによって競争力を維持させたのである。自然保護も、それ自体を目的として考えれば、やれること、やるべきことはいくらでもある。

もっとも、とくに農業の場合にそうだが、保護が絶対に悪いというわけではない。時と場合によって、例外的に保護が必要なこともある。しかし、世界中で農業は保護されすぎているようになってしまった。補助金によるものが多いのだが、ピーナツ（アメリカ）、タバコの葉（アメリカ）、蜂蜜（アメリカ）、植物性油の種子（ヨーロッパ）、チーズ（ヨーロッパ）と数え上げていけば、この欄を全部使っても不足するだろう。それが貿易体制のみならず、農業を歪めていることが認識され、足並みをそろえて補助金づけの農業を何とかしようというのが、ウルグアイ・ラウンドの狙いのひとつなのである。それは、全体として保護主義の方向に傾きかけている世界の貿易体制を、自由貿易の方向に引き戻すのに役立つだろう。

そのウルグアイ・ラウンドの期限は、今年中ということになっている。少しは延ばされるかも分からないが、ウルグアイ・ラウンドはこれまでに何回も期限を延ばしてきたので、今度まとまらなければ、しばらくはだめだろう。そうなると、世界の各国がそれぞれ特例として保護主義的措置を増やし、世界は保護主義の方向に一挙に傾く恐れが強い。これまでケネディ・ラウンド、東京ラウンドという具合に、自由貿易推進の努力がなされてきたが、今回のウルグアイ・ラウンドほど重要なものはなかった、と言ってよい。

その期限に向けて、これからの一、二カ月は決定的な重要性を持っている。アメリカはNAFTAの命運が決まり、シアトルではAPECの会合が開かれ、太平洋地域の自由貿易の推進が話し合われた。それから一カ月の間に日本はコメについての態度を決めなくてはならない。にわかに、政治家のリーダーシップと決断力が求められるようになってきた。それもあって、クリントン大統領と細川（護熙）首相という、二人の「スタイルはよいが……」とささやかれてきた指導者に決意が見られるようになってきた。コメの関税化も、妥当な線でまとめる姿勢が見える。なんとか、ウルグアイ・ラウンドへの過程を成功させてほしいものである。

人間は景気の悪いとき、狭く、利己的な考え方に陥って、真実に景気を悪くしてしまう。今年は残り一ヵ月余りだが、上述の落とし穴にはまるかどうかの、真実に大切な分かれ目なのである。

日本農業の再活性化 1993・12

最後のところは大層難航したけれど、コメ市場の部分開放が決まった。少し前まで与党としてウルグアイ・ラウンドの交渉に当たってきた自民党が反対したのはおかしいし、社会党が、決定には反対だが内閣からは離脱しない、としたこともすっきりしないが、この際は不問に付することにしよう。長く続いてきた政策を変えることは、現実の政治の世界では常に困難なことだからである。ひとつの制度にはその維持に利益を持ち、あるいは使命感を持つ人々がいる。

しかし、この過程でひとつの誤ったイメージが作られたし、それは正しておかなくてはならない。すなわち、日本はコメ市場の開放という国益に反する決定を、ウルグアイ・ラウンドの成功のためにおこなわなくてはならなかった、というイメージである。コメ市場の開放はウルグアイ・ラウンドの成功のための犠牲であった、という考え方である。

細川首相もそのような説明をしたし、それはたしかに判り易い説明ではある。また、他の国の政府も、自国のなかで反対が存在するような問題については、すべて同様の説明をおこなっている。しかし、それは正しくない。自由貿易は特定の産業に、ある時期つらい思いをさせるものではあるが、国全体にとってはプラスであり、長い目で見れば当該産業にとっても悪いものではないことがほとんどなのである。

というのは、あらゆる保護にはコストがある。日本のコメの価格が国際価格の数倍であることは間違いないが――計算によっては十倍という数字もあるが、そうした計算では質の問題とか、日本が多くを輸入するようになった場合の世界市場の動向が捨象されているから、大体のところしか判らない――、そのことは、日本人が他の商品を買えるカネをコメに使っていることを意味する。すなわち、同じカネを使って、得られるものが少ないわけだから、その分だけ日本人は貧しくなっているということである。

そして、日本にはそうしたものが少なくない。いわゆる内外価格差と言われるものがそれで――土地とか、建設費とか、いくつかの消費財がその一例である——、その結果、日本人は数字の上では非常に豊かだが——世界一という数字もある——、生活の中身は決して豊かではないということになるのである。そうした内外価格差をなくして行けば、日本人の所得が今のままでも、日本人は豊かになる。コメが安くなれば、それで浮いたカネを他のものに使うことができる。こうして内外価格差をなくすことは今日の日本にとって重要な課題なのであり、コメ市場の部分開放はそのための、小さくはあるが、重要な第一歩なのである。

もちろん、農家にとってそうした調整は苦しいものであるだろう。しかし、長い目で見て、それは農家にとっても悪いものではない。日本は食管法によってコメ市場を守ってきたのだが、食管法は典型的な統制である。それ故、農家の自発的な努力の必要と可能性を狭める。「企業家精神」を持った農家は出現し難い。だから、真実は、食管法をやめれば日本の農業がつぶれるのではなく、食管法を続けていけば、日本の農業は徐々に衰退していくのである。コメ市場の部分開放は、次第に競争の要因を持ち込み、日本の農業を再活性化するきっかけとなるものなのであり、日本と日本農業にとって好ましいことなのである。

もちろん、規制をやめさえすれば巧く行くというほど、世の中は単純ではない。まず、大概の場合、制度を急に変えればその制度によって生きてきた産業が破壊される。しかし、その点は六年間の猶予が与えられることになったので、十分に時間がある。今回の妥協の方式を考え、そこでまとめた交渉の当事者に、私は惜しみない賛辞を与えたい。大切なことは、これからの政府の措置である。七年目にもまた最低限の譲歩で済まそうといった消極的な態度では、将来は開けない。これを機会に日本農業を再活性化すること、その際に競争という要因を徐々に強めて行くことが必要なのである。

もちろん、政府による援助は必要だし、そのことは他の多くの国々もおこなっており、したがって国際的に認められている。ただ、その援助のしかたが問題で、援助が競争を弱めるものであれば、なんにもならない。そうした点をこれから議論し、決定して行くことが必要であろう。

そうすれば、日本における農業は十分存続できるし、多くの専門家がそう考えている。農民自身のなかにも、今のような制度で衰弱して行くより、力を発揮させてくれる方がよいという考えの持ち主もいる。彼らの能力と工夫の才能から見て、やり方によっては日本の農業には将来がある。

だから大切なことは、今回の措置が日本にとってマイナスであると考えずに、苦しくてもプラスになりうるものだと考えることである。政府の説明ではそこがぼけてしまう。政治的に困難なことをやるために細川首相がおこなった説明はしかたがないが、政府が自らの言葉を信じてはならない。今回の譲歩は、日本産業がよくなる転機でもあるのだし、次第にその点を強調していくべきであろう。

市場経済化のコスト――メキシコの反乱　1994・1

年の初めの一月一日、メキシコで武装蜂起があった。その規模は小さなものだったし、比較的簡単に鎮圧された。それに、中南米は日本人の関心が最も薄い地方だから、日本では大きく報道されることはなかった。しかし、NAFTA(北米自由貿易地域)が一月一日に発足したその日の出来事であるという対照において、その意味するところはきわめて大きい、と私は思う。

武装蜂起があったのは、グァテマラと国境を接するメキシコ最南端のチアパス州で、蜂起したのは、〝サパティスタ国民解放軍〟を呼称する「先住民系農民」であった。彼らは、NAFTAが、現在でもはなはだしいメキシコ北部と南部の格差を一層広げ、その南部でも最下層にある先住民系農民を生きて行けなくさせるものと訴えたのである。

たしかに、チアパス州は貧しい。全体としての数字はそう確かではないが、ある統計によると、武装農民の支配下に一時は入ったオコシンゴ町では人口の四五%は文盲で、家屋の八〇%は床がない土間だという。完全な未開発地域の様相を呈している。メキシコ人の一人当たりの所得はアメリカ人の八分の一だから、アメリカと比べれば低いが、決して未開発国とは言えないから、メキシコの南北格差は大きいと言わなくてはならない。そこに人種差別があったことを考えると、武装蜂起にも理由があったことが理解されよう。

しかし、重要なのは貧困の存在だけではない。それがNAFTAへの反対という旗印を掲げたことである。そしてNAFTAは(カルロス・)サリナス大統領が実現に努力したものであるし、そのサリナス大統領は過去数年間、メキシコを市場経済化することに努力して成功し、メキシコの経済を立て直してきたのである。

メキシコは相当長期にわたって、ある種の社会主義を採用していた。「ある種」というのは、国営企業も多かったが大農場主もあるという状況だったからである。貧富の格差も大きかった――もっとも、それはほとんどすべての社会主義国の特徴でもある。ただ、政府が補助金などをバラまき、多くの人がそれにすがり、少数の人がそれを喰いものにして生きてきたことは間違いない。それでは競争はなくなるか、またはきわめて不完全なものになるので、生産性は上昇せず、経済は発展しない。国営企業を発展させるために外国から借り入れたカネを、返すことができなくなってしまった。多くの開発途上国が入った落とし穴である。それではいけないというので一九八〇年代の半ば、サリナスが市場経済化を始めたのであり、今では、ブラジルと共に中南米で経済が巧く行き始めた国である。

さらに言えば、一九八〇年代の終わりになると、ソ連、中国、東欧、インドと、ほとんどすべての国で、経済発展のためには市場経済の原理を採用しなくてはならないことが認識されたので、メキシコはその先駆者の一人だったことになる。全体としてサリナス大統領のやったことは間違っていなかったし、その他の国でも、市場経済の原理を導入したことは、遅かれ早かれ、経済発展をもたらすことが期待される。すでにそのことは証明されていて、このところアジアを先頭に、開発途上国は先進工業諸国を明らかに上回る経済成長を遂げつつある。

だが、そこには危険がないわけではないし、メキシコの小さな武装蜂起はその危険を示した。というのは、経済が発展するためには人々が自由に経済活動を行い、競争する必要がある。市場の原理を簡単に言えば、そういうことである。しかし、競争は勝者と同時に敗者を生み出す。だから、貧富の格差は増大し、それが不満をつのらせ、社会的不安定を増大させる。

その危険を小さくするには社会政策が必要となる。すなわち、時間を限って恵まれない人々を保護し、彼らにより多くの機会を与えるように努力しなくてはならない。恵まれない人々を喰いものにする人が現れないように、留意しなくてはならない。サリナス大統領がそうした努力を怠ったというわけではない。チアパス州には、一人当たり最も多くの救貧資金が投入された。しかし、大農場の制度はそのままにされたから、チアパスの貧しい農民は喰いものにされ続け、貧富の差は増大したのであった。

メキシコでおこったことは、今後日本近辺の国を含め、市場原理を採り入れて経済が発展する国でおこるだろう。人間の能力に限りがある以上、経済発展には必ずコストが伴うからである。例えば、中国でも貧富の格差は広まりつつある。それはある程度までやむをえないものとはいえ、やはり避けるべきことである。この責任はその国自らにあるが、しかし、経済交流に際して、そうしたコストを減少するよう留意することは、良き友人のつとめでもある。

日本の宿題　1994・2

去る二月十一日に行われた日米首脳会談は物別れに終わった。交渉は今後も行われるので、日本はアメリカのすべての要求について〝ノー〟と言ったわけではないけれども、当面〝ノー〟と言ったことは間違いない。そして、〝ノー〟と言うことは、当面、パートナー間に摩擦を生ぜしめるものなのである。もっとも、〝ノー〟と言ったことは間違ってはいない。欧米の経済学者も、そして世界の有力ジャーナリストも言っているように、「数値目標」の設定を求めるアメリカの要求は経済の論理に反するものだったからである。

それに〝ノー〟の言い方もよかった。私は日本が遅かれ早かれ〝ノー〟と言わなくてはならないときが来るだろうと思い、そのときどのように〝ノー〟と言うかが気がかりだった。その〝ノー〟の言い方はスマートだった。細川首相は、真実に合意していないのに、合意したように取りつくろうのはかえってよくないと述べ、しばらく「冷却期間」を置こうということで合意したのだが、それはカドの立たないものの言い方であった。

とはいえ、これですべてが片づいたわけではない。〝ノー〟と言われたアメリカは、やはり面白くないであろう。とくに、戦後初めて〝ノー〟と言われたのだからそうである。だからアメリカ政府の要人たちは「制裁」を口にし始めたし、自動車電話について、日本政府が約束を守っていないから「制裁」措置をとるとしている。

そうなると、次は日本人の反応が心配になる。「制裁」と言われて、うれしい人など存在するはずがないからである。大体「制裁」という言葉を口にする心理がおかしいので、主権国家間に「制裁」などというものはありえない。せいぜいのところ、「制裁」は国際機構がその構成員に対しておこなうことができるものだからである。もっとも、私が予測していたより、日本国民の反応は冷静のように思われる。先日発表された世論調査によれば、三割もの国民がアメリカの言うことも判ると答えている。その数字は二十歳代になるとさらに大きい。日本人は成熟しつつあるのかな、と私は思う。しかし、ときとともに日本人の反応は変化するかも知れない。そこに大きな危険性がある。

それに、実のところ、アメリカの言うことがすべて間違っているわけではないのである。だから、アメリカの要求の一部が間違っており、それ以上にアメリカの論理が間違っているとしても、アメリカは大きなところで正論を吐いている。すなわち、日本の大きな貿易黒字が悪い、というのは正しい。もちろんここでも、それがアメリカの赤字の原因になっているかのような理論構成をするのは、ほとんど完全に間違っている。

しかし、世界の総生産の十数%を占める日本が大きな貿易黒字を出すのは他国への迷惑になり、世界経済の不均衡の原因となっているという指摘は正しいのである。さらに大切なことは、大きな貿易収支黒字が決して日本の国益に合致しないということである。われわれの家計からの類推で考えると、黒字はなにかよさそうに聞こえるけれども、貿易収支はそうではない。

ひとつには、貿易黒字は円高を招く。だからといって、それが当面一ドル＝一〇〇円をはっきり割り込むことはありえないけれども、貿易収支の黒字は黒字国の通貨の上昇をもたらすというのが経済法則のひとつだから、その方向に動くだろう。円高はある程度までならよいことである。円高とは外国の製品や原材料が安く買えるということだからである。一九七〇年代の初め、国際通貨体制が変動相場制になって以来、円は三倍も上がった。それで苦労した人々は少なくなかったが、日本経済がその間伸び続けてきたのは、円高のメリットによる。

しかし、それには限度がある。外国の製品を安く買えることの反面は、自国製品を高く売らなくてはならないということである。そのため、すでにこの十年近く、日本はアメリカに輸出してももうからないようになっている。これがもう少し進行すると、日本が輸出するとその企業が損をすることになるし、そのとき日本の輸出産業は一大危機に直面する。そして、日本企業は外国に出かけて行くようになる。いわゆる〝空洞化〟がおこるので、一九八〇年代に、過剰のドル高から〝空洞化〟が相当進んだアメリカと同じ運命を辿ることになるだろう。

こう考えてくると、日本はその自主的判断によって貿易黒字を減らさなくてはならないことが理解されよう。それが目下の日本の最大の課題と言ってよい。細川内閣はそれができるかどうかの試練に直面している。種々の努力を総合的におこなって、貿易黒字を減らす方向に歩めるかどうか、そこに日本の――細川政権だけのではなく――命運がかかっていると言っても、決して過言ではない。

スーパー三〇一条の復活と日本 1994・3

私の教えている学生が、アメリカに旅行したり、滞在したり、あるいは留学したりした経験から言うのだが、アメリカ人の大半の生活の場である郊外や小さな町に居ると、世界のことはほとんど報じられない。それどころか、アメリカの大都市の悲惨さもテレビでしか見られない。人々は自分の小さな世界に住んでいて、その豊かさと安定を享受している。それは多分、大きな国の属性なのだろう。大きな国の住民は自給自足的な精神的態度を――たとえ現実として自給自足ではなくとも――持つものだからである。他の世界の衝撃からその大きさ故に守られ、その豊かさ故に問題を感ずることが少ない。

最近、にわかに怪しくなった日米関係を考えるとき、こうしたアメリカ人の世界から始めることが必要であろう。そうした精神的態度が議員の選出においては支配的な力を及ぼし、アメリカを代表する大統領と連邦政府になって、初めて、アメリカ以外の世界とのかかわりや運営を考えるようになるからである。そこに、アメリカの連邦政府の苦労がある。それは冷戦時代、共産主義との対抗という至上命令によって世界のことを考えなくてはならなかったときには、現実化しなかったけれども、冷戦の終わりとともに、再び現実の問題となってきた。

だれもが知っているように、経済摩擦を解決しようとした日米首脳会談は不毛に終わり、その後三週間を経て、〔ビル・〕クリントン大統領はスーパー三〇一条を復活させた。日本は「不公正な貿易」をおこなっているとして、やがて報復措置をとる手はずが整ったことになる。単純に考えるなら、〝日米経済戦争〟への歩みが始まったと見ることもできる。

しかも、同じく素直に考えるなら、アメリカは無理難題を吹きかけてきている、と言えなくもない。日本は決して「不公正な貿易」をおこなっているわけではない。もちろん、完全に公正と言って威張れはしないが、多少の保護的な措置は他の国々も――そして、もちろんアメリカも――とっている。それに、このところアメリカが主張している「数値目標」の設定は、自由貿易の原理に明白に反するものであり、日本としてはそれを認めるわけにはいかないものであった。世界の良識的な意見も、ガットの事務局も、アメリカに対して批判的である。アメリカ政府は、突如として、妙な考え方を抱くようになったのだろうか。

そうした面が皆無というわけではない。間違った理論に基づいて日本を「不公正な貿易」をおこなってきた国と考える人々が、不幸にも、現在のアメリカ政府には存在する。しかし、スーパー三〇一条の復活を宣言したときのクリントン大統領は、遠慮がちと言えなくもなかった。日本を名指しするのを避け、内容は明らかではないが、細川首相に電話して、事情を説明した。対決的な姿勢をとることを避けたいという気持ちがうかがわれる。

ある程度のミスもあって、クリントン大統領は、国内的に苦境に立っているのではないだろうか。初めに述べたように、多くのアメリカ国民は、自分たちがその力によって幸福な生活を送っており、国際関係は問題をもたらすものにすぎないと思っているところがある。だから、失業も当然〝外国製〟ということになるのだが、これまた先に述べたように、議員たちはそうした国民の気持ちに訴えて当選してきているものが少なくない。

だから、議員たちのなかでは保護主義的な信条の持ち主が少なくないことになる。そして国政を運営する際に、大統領は彼らを無視することはできない。具体的に言えば、クリントン大統領が重要課題としてきた医療制度の改革に際して、彼の提案を議会が承認し、法案として可決しなければ、一歩も前に進むことはできない。そのためには、大統領は議員のなかに多くの味方をつくる必要があり、したがって、彼らの保護主義的信条に正面から挑戦することはできない。それに、大統領の任命によるものだが、官僚のなかにも同種の人々がいて、彼らと正反対の態度をとるわけにもいかない。それは士気の低下と反抗をさえ招くだろう。

他方、クリントン大統領は、一方的な経済の制裁が、国際経済体制の原理に反することを知らないわけではない。また、実務家として、そうした措置の効果が限られたものであることにも気づいている。だからこそ「制裁措置」をとる構えを示しながら、具体的な措置は、当面、とらないのである。日本としては、そうした事情を認識して行動しなくてはならない。

幸運なことに、アメリカの要求していることの大半は、それを日本がとることが日本の国益に合致したものである。声高のアメリカに対し、声をあらげることなく、さりとておびえることもなく、日本と国際経済の利益にかなうことを着々とおこなうことが、日本のとるべき道なのである。

日米関係の再建　1994・4

細川首相の後継者選びは相当難航しているが、どのような内閣ができても、その重要課題のひとつが日米関係の再建であることは間違いない。そのことは政治家たちによって認識されていて、後継者選びの過程での政策調整の主要課題とされてきた。

だが、再建しようと思えばできるほど、事は簡単ではない。二月十一日の首脳会談がもの分かれに終わったのは、細川首相の力量が不足したためでも、失敗を犯したためでもない。政治改革にエネルギーを割かなくてはならず、そのため日米間に交渉を官僚に任せすぎたことが、もの分かれのひとつの原因であったことは否定できないが、それが主要な原因だったというわけではない。

主要な原因は、日米間の考え方に基本的な相違があったことである。まず、アメリカはいわゆる「数値目標」の設定を求めてきたが、日本はそれが「管理貿易」につながるものとして拒否した。それは正しい対応であったように思われる。西欧のマスコミの多くが日本の立場を支持したことは、そのひとつの証拠である。もっとも、アメリカの当局者は、彼らが要求するものは「数値目標」ではなく、目に見える結果であり、数値はそれを測る客観的基準であると説明しているが、その違いは微妙だし、それに、結果重視の考え方自体「管理貿易」につながる危険を持っている。GATT体制は、合意されたルールに従うことを原則とするものであり、量的なアプローチはとらないことになっている。

だが、アメリカは結果重視に当分こだわるであろう。よかれあしかれ、アメリカはいったん言い出したことを簡単に引っ込めるような国ではない。だからこそ、誤った考えにとりつかれてくれると困るのだが、どの国にも間違いはありうる。アメリカはこのところ経済問題に集中しすぎるところがあるし、それを政治とリンクさせてしまう。そのより明白な例は、人権問題と貿易を結びつけることで、アメリカ議会は中国が人権問題での改善を示さない限り「最恵国待遇」を撤回するという態度をとってきたし、クリントン政権もそれによって影響されている。それはよい外交とは言えないが、アメリカがこの傾向を克服するのには時間がかかるであろう。

もうひとつの原因も重要である。それは、日本が膨大な貿易収支黒字の問題性を十分深刻に捉えていなかったことで、その点は批判されて当然であった。しかし、どうすれば黒字が減るかとなると妙策はないし、少なくとも時間がかかることは間違いない。

したがって、日米間で再度協議しても、両国がその経済政策について意見の合意を見ることは難しいであろう。だが、日米関係は再建されなくてはならない。その根本的な理由は、日米関係が経済上のものだけではないからであるし、広い分野での協力が今ほど必要とされていることはないからである。冷戦が終わった直後は、アメリカがリードし、ソ連がそれに従うという形のパートナーシップが生まれ、世界政治の軸となったが、それは短期で終わった。ソ連(やがてロシア)の経済改革が簡単には成功しないことが分かったため、西側ではロシア支持への情熱が冷めたし、ロシアでは西側の支持が万能薬ではないことが分かって、西側との協力に熱心ではなくなった。もっともアメリカとロシアは対立に戻るわけではないが、世界政治の軸ではなくなった。

逆に、いくつもの難問が予想される。そのひとつは北朝鮮の核武装問題であり、それを解決しないと、核拡散防止体制がゆらぐことになる。ここでは、アメリカと中国の協力が決定的に重要である。ところが、その米中の関係は人権問題で円滑にいってはいないし、中国は中東諸国への武器輸出という無責任な政策をとってもいる。より重要なことは、中国の国内に不満がたかまり、不安定の影がしのびよっていることである。〝盲流〟と呼ばれる流動化人口が一億人ほどあると伝えられているが、それは産業化の過程で、どの国においても大規模な人口移動がおこったことを考えると不思議ではない。だから、中国政府がともかく秩序の維持をはかるのも理解できる。それでもなお、中国の政治が不安定化する危険がある。

この二つの問題だけを考えてみても、日米協力の必要性は明らかである。アメリカは協力者を探す気持ちにならなくてはならないし、日本もそれに積極的に応ずる必要がある。だから、経済だけに目を注ぐのをやめて、より広い範囲での協力を考えるべきである。そして経済については、日本がすべきことでアメリカとの協定なしにできることを独自の判断でおこなうことを基本的姿勢としつつ、対立点をいわば散らすのがよい。後者は日本政府がやりつつあるようだが、前者すなわち政治問題での協力に焦点をあてることが、切に望まれる。

求められる「緩急の妙」 1994・4 ♣

四月二十五日に羽田《はた》孜《つとむ》氏が首相に指名されたが、相当の紆余曲折があった。マスコミに報道されただけでも、新党さきがけ党首武村正義氏の複雑な動きがあり、自民党の有力者渡辺美智雄氏の離党騒ぎがあったし、それ以外にも、水面下でさまざまな画策があったように思われる。それらに対し、論者の立場によって非難もあったし、激励もあったが、全体としては、どうせ政治はすっきりしない、という類のシニシズムが強かったように思われる。改革というとやや無批判的に歓迎する昨年の雰囲気は、もはや存在しない。

しかし、こうした政権をめぐる動きは政治に本質的なものだし、とくに現在のように多党化してくると、それが複雑なものになることは避けられない。それは当面は不可避だし、それに悪いことでもない。やや長い目でみれば、多党に分裂した諸勢力がまとまっていく過程である。選挙制度の改革が行われ、小選挙区制が導入されたことによって、それは確実なことになった。

一選挙区から一人しか議員が出ない以上、バラバラでは勝てないからである。そうした連合の必要性は、政治改革の過程でも重要な要因であったが、政治改革諸法案が通過した後では、ほとんど支配的なものとなった。新新党や統一会派の動きも、それに対する新党さきがけの反発も、ともに、どのような形で政界を再編成するかをめぐるもので、すべて、連合しなくてはならないという政治力学上の必要を反映している。第二に、政権を作るための合従連衡は、そこで政策のすり合わせが行われる過程でもある。各勢力はそれぞれに異なった考え方を持っているが、政権を作る必要から妥協をしなくてはならないし、そのため共通点が得られることにもなる。

日本の場合、その効用は特に大きい。というのは、それは社会党に変化を迫るからである。社会党は、外交・安全保障政策でも、財政政策や経済政策でも、到底実行不可能な政策を掲げ、政権につくことを自らが否定してきた。しかし、それでは日本の政治に将来はない。社会党は変化してもらわなければならないのであり、事実、昨年夏以来、社会党は徐々に変化してきた。

もちろん、この過程はすんなりとは行かないし、かなりの時間がかかるだろう。政治改革という求心力が存在したときでも、連立与党の運営は大変だった。ウルグアイ・ラウンドにおいてコメの輸入自由化をどうするかについて、社会党はこれまでの政策をはっきりと変えることはできず、コメの部分輸入には反対だが、連立政権は割らないという形でお茶をにごした。しかし、それは事実上の変化とも言えるものだし、そうなったのは、連立政権がつぶれた場合、自民党も含めた別の勢力の組み合わせが起こりうるという懸念によるところが少なくない。

全体として、与野党の間のカベは一昔前のようにはっきりしなくなっている。それを如実に示したのが政治改革諸法案の成立過程で、参院社会党の一部の人々は、教条主義的な反対をつらぬき、法案を流産させた。しかし、それによって政治改革法案は死ななかった。連立与党は大幅に自民党案に歩み寄り、それによって政治改革を成立させたのである。このことは、政権に入るところまで行かなくても、問題ごとに与野党のカベをこえて協力することが可能になったことを示している。

こうして、いくつかの意味で日本の政治のゲームの性質が変化した。もちろん、そのため政治状況は目まぐるしく変化するし、権謀術数も激しくおこなわれるようになる。それを、とくに政治の動きをただシニカルに報道する記事だけを読む人は、嫌うかも知れない。しかし、その過程なしの政界再編成などありはしない。

よりまともな懸念は、そのように動揺きわまりない政治で、現在の内外の難局を乗りきっていけるかというものである。そうした声は、細川首相の辞任から羽田首相が決まるまでの間にも聞かれた。しかし、そんなことを言ってみてもしかたがないし、また急を要する問題があることは求心力にもなりうる。それに、急を要する問題と言っても、実はそれほど差し迫ったものではないことも多い。あるいは下手に急がない方がよいこともある。そこで、今後の政治を考える上で中心的な問題は、なにが真実に差し迫った問題であるかを選ぶことであり、それへの対応を考えることである。

まず、急いではならない問題としては選挙協力の問題がある。その体制作りを急ぐことは、この数カ月間は逆効果でしかないからだ。

次に、急ぐべき問題として、予算はまず当然のこととして、選挙区の区割りを決定することがあげられるだろう。それが決まらないことは、いわば政治ゲームの基本的ルールが決まらないことであり、必要があっても選挙ができないことだからである。政治改革法案が可決されたのに、準備が間に合わないから次の選挙は中選挙区制でおこなうというようなことは、正当性の面で大いに問題である。

だが、この二つの課題を別にすれば、内政上の課題で真実に急を要するものはないのではなかろうか。たしかに長引く不況は問題だが、すぐにとれるような措置で効果のある施策はないように思われる。私は無策を説くつもりはないが、すでにおこなわれた何本かのカンフル注射の後は、経済の自然の歩みにゆだねるしかないと思う。税制改革や規制緩和はたしかに必要だが、果たして火急の用だろうか。そのためには、日本経済の未来像を全体として提示する必要があるし、逆に、急ぐことはそのマイナスが大きいように思われる。

それでは、外交上の課題はどうだろうか。北朝鮮の核開発疑惑は疑いなく深刻な問題だし、日本としては、北朝鮮の違法行為を見逃さないという断固たる決意を明らかにし、それを解決するための国際的努力に参加する姿勢を示さなくてはならない。核拡散防止条約に加盟しながら、それに伴う義務（査察受け入れ）を果たさず、ひそかに核兵器を開発するようなことが黙認されるならば、核不拡散体制はガタガタになってしまう。

しかし、そのために具体的にどのような措置が可能であり、望ましいかということになると、事態ははっきりしない。朝鮮半島とその周辺に危機が生ずると考えるのは、速断ではないだろうか。それに、危機への対応というものは、危機が現実化してから英知と決断をもって決定するより仕方がないところがある。だれがそのとき責任者であっても、彼が正しい判断を下し、世論がそれを承認するか否かに国運はかかっている。心構えと議論は必要だが、あらかじめ危機への対応策を考えることは、余り賢明ではない。

何かをしなくてはならないという意味では、日米関係の方が深刻である。そして、この点に関し私も、今の政治体制でうまく行くかには不安がある。もっともそれは、二月の首脳会談で経済摩擦についての解決で合意できなかったから、それを急ぐべきだということではない。それなら可能だが、それは間違った解決方法なのである。日米交渉がもの分かれに終わったのは、アメリカの主張した「数値目標」を日本が拒否したからだが、それを「進展の客観的基準」と言い直してもらっても、日本として受け入れ難いことには変わりはない。大体、「結果重視」という考え方が、貿易のルールは他国間のものとして決め、それによって規制するが、数量による規制はしないという関税貿易一般協定（ガット）の基本理念に反するのである。

しかし、種々の理由からアメリカは同種の要求をくり返すだろうし、日本としては認め難い。国際的な世論も概してそれに反対だし、アメリカのなかにも無視しえない異論がある。だから、安易に妥協することは日本の信用にかかわる。全体として、アメリカは冷戦後の政策を模索中で、その過程でときとして誤った主張をしているのが現状である。日米関係における貿易問題へのこだわりと、中国に対する人権外交はその例である。

だから、日米関係の打開は、〝ノー〟を含むのでなくてはならない。しかし、アメリカ抜きの世界秩序もアジア・太平洋圏も考えられはしない。特に脆弱性の大きい日本にとってはそうである。だから、日本は〝ノー〟と言うとき、その何倍も〝こうしよう〟と提案しなくてはならない。

その前に、日米の経済関係の不均衡を解消するために、日本としてしなくてはならないことが多数存在する。規制緩和はその最たるものであるが、それは日本の判断でおこなうことができる。こうした〝ノー〟と〝イエス〟と〝提案〟の組み合わせは、実際には難しい。だが、おこなわれなくてはならないのである。

政治は「可能性の技術」と言われる。というのは、やるべきこと、やった方がよいことはいくつもあるが、その中でできることは少ないからである。ひとつの時点で、どうしてもしなくてはならないことを政治家は選択しなくてはならない。その際、単純に急がないこと、目は先を見ていても、潮時を見て行動に移ることが肝要なのである。

とくに、多党の並立する状況ではそうである。今回、時間をかけても政策のすり合わせをしたのはよかった。しかし、それで合意が得られるほど状況は簡単ではない。だから緩急の妙が必要なのである。

日韓友好のチャンス 1994・5

韓国広報庁が五月二十四日に発表した韓国青少年の世論調査は、きわめて興味深く、かつ考えさせられるものであった。というのは、一方では「警戒すべき国」としては日本が四八・九%と、二位のアメリカの一九・一%を大きく引き離して、断トツの一位であったが、「見習わなければならない国」としては六一・四%で、二位のドイツの一一・二%をはるかに上回ったからである。「親しくすべき国」としても、三三・八%とこれまた一位で、二位のアメリカの二三・一%を上回っている。

この調査は、韓国の青少年の気持ちを正確に捉えているように思われる。まず、この点が大切なのだが、世論調査は正しい方法でやっても、必ずしも人々の心理を捉ええないところがある。人間は難しい問題に直面するのを嫌がるところがあるので、この調査に現れたような矛盾した気持ちが出るとは限らない。

例えば、少し前であったなら、日本の過去を責めるというところで終わっていただろう。それが、細川首相も過去への反省の気持ちを表明したし、韓国の中にも、現在および将来が大切であるという気持ちが強くなってきたので、こうした結果が出てきたのであろう。

このことからも、われわれが過去への反省の気持ちを失ってはならないことが判る。しかし、私は敢えて、それが最も大切ではない、と言いたい。現在の日本および日本人に信頼感を持てないので、韓国の人々は過去のことをすぐ口にするところがあるからである。もちろん、多くの日本人は韓国人とのつき合いに際して、随分気を使ってはいるのだが、真実に打ちとけてつき合うとか、一緒に本気で仕事をしている人は少ない。

例えば、経済関係にしても、韓国に企業が進出しても、巧く行かないとすぐに諦める。大体、外国への進出は難しいものなので、失敗して帰ってくるのはしかたがないが、同じことなら、働き方や事業の進め方について、本気で喧嘩するほど自分をぶつけてみることも必要なのだが、日本人はそうしない。一応相手の言うことを聞くふりをしてなだめるが、内心では批判的になることが多いのだが、それでは信用を得ることなどできはしないのである。私の見るところ、韓国人の仕事は仕上げにもうひとつ努力がなされていないところがあるし、案外浪費癖もある。私も言い難いし、言ったことも少ないのだが、そうした忠告を思い切ってやりたい、とは思っている。

そして、やり難いことだから価値もあるのではなかろうか。そしてそれがやり難いのは、今回の調査に現れたような、矛盾する心情を韓国の人々が持っているからである。

今回の調査で改めて感じたのは、その点であった。というのは、「警戒すべき国」として日本が一位なのは、過去のこともあるから当然なのだが、二位にアメリカがきていることが注目される。つまり、韓国の人々にとって、「親しくすべき国」がそのまま「警戒すべき国」なのである。

それは、彼らが過去に苦労を重ねてきたためであろう。つまり、彼らは苦労人なので、協力し関係が深くなればなるほど、裏切られる危険があることを熟知しているのである。その点が、外国から苦労させられた経験が少なく、「よい国」と思ったら信じ切ってしまうわれわれとは大きな差がある。だからつき合い難いのだが、その困難は乗りこえることができるはずなのである。

現在は、韓国と仲良くなれる第二回目のチャンスである。一九八〇年代の半ばに第一回目のチャンスがあったのだが、われわれも未熟だったし、韓国もまだ「民主化」がおこなわれていなかった。ソ連や中国などと国交が無く、したがって外交をおこなう立場にはなかった。それに、急成長の必然的な帰結である社会的混乱もあった。だから、日韓関係は良くならず、かえって悪化したし、私も失望した。

ところが、この数年間に第一点と第二点は明らかに変化した。世界の人々を驚かす速度で「民主化」がなされたし、韓国は世界のすべての国と国交を持つようになった。国連にも加盟し、それによって一人前の国としてようやく認められた。それが韓国の人々に自信と責任感を与えたように思われる。十年前の韓国人なら、日本を「見習わなければならない国」と公然と言うことはしなかっただろう。私はそこに、彼らの自信を見る。

それに、われわれも数年前の傲慢さを少しは減じたかも知れない。日本の技術は世界一になり、「日本型経営」は世界の模範と考えていたそのころは、鼻持ちならぬ存在であったように思う。そんなものから見習いたいとは思わないのが、少なくともそうは言わないのが、人間というものなのである。その上、北朝鮮の核問題などもあって、日本と韓国は協議し、協力しなくてはならないようになった。そのように一緒に働くのは、信頼感を育てる最もよい方法なのである。二回目のチャンスはなんとか生かしたいものである。

天安門事件から五年　1994・6

天安門事件から五年が経過した。天安門広場における民主化運動の抑圧はテレビで報道され、生々しい映像によって世界に大きな衝撃を与えた。そのため、先進工業諸国はいくつかの措置をとって反対の意思を表明したが、日本はそう強硬な措置はとらず、経済援助は一時中止したものの、どの国よりも先に援助を再開した。

こうした日本の態度を非難する声が諸外国であげられたけれども、日本には日本の考えがあったし、それは間違っていなかった。すなわち、民主化は間違いなしに望ましく、必要なことだが、しかし、独裁的政府を非難し、圧力をかけても民主化が進むとは限らない。それよりも、成功しつつある経済改革を助け、中国人が豊かになることを通じて、中国が徐々に自由で民主的な国になることに期待をかける方が現実的だというのが、日本の考え方であった。

この五年間は大体そうなってきた。経済は天安門事件以前の加熱状態への反動として一時落ち込んだが、経済改革は続けられ、間もなく一層早く成長を始めるようになった。そして、経済活動が中心だが、中国の人々はこれまでよりも自由に行動するようになったし、社会の雰囲気も変化した。それは、ときどき上映禁止になることがあるけれども、よい映画が次々に作られていることに表れている。イデオロギーの束縛は明白に弱くなった。

しかし、このあたりで、中国についてより悲観的な将来の可能性を含めて考え、中国と賢明につき合うようにしなくてはならないのではなかろうか。

というのは、中国では経済はたしかに急速に成長してきた。しかし、われわれも経験したように、急速な成長は種々の問題をもたらすものである。最近の中国の状況を見ていると、中国はそうした段階に差しかかっているようである。まず、農村と都市のギャップがある。急速な工業化がおこるとき、都市住民の生活の方が速いテンポでよくなるのが普通である。中国は賢明にも農業改革から始めたので、一九八〇年代にはまず農家の収入が増加したが、それは間もなく停滞してしまった。それも当然のことで、農家の生活水準を一層上げようと思うなら、相当数の人々が農業を離れ、工業に従事するようにならなくてはならないし、それは通常、都市への人口移動という形をとる。それが農民一人当たりの生産性の上昇ということであり、その生活水準の上昇をもたらす。

ところが、中国ではそうした人口移動がスムーズにはおこなわれえない。だから、正規でない移動、すなわち〝盲流〟がおこることになるのだが、その数は、世界銀行の推定では一億人から一億五千万人に及ぶと言う。ところが、工業化のある段階ではどこでもおこることだが、人間はすぐにもうかることにはカネを出すが、そうでないことへの資金は不足する。だから、社会資本は不足気味になる。それは日本でもおこったし、現在の経済成長中のすべてのアジア諸国の大都会でおこっている。

そして、中国政府の財政能力と経済企画能力は限られている。基本的に中国が大きすぎる国だからなのだが、中国は経済的にはかなり分権的になっていて、地方政府は中央政府に渡すべき税金を渡さないことがあるらしい。規則通りに中央政府に税金を渡さないのが有力者のあかしとされているという話もある。ここから、地域間格差は大きくなる。

もっとも、そうした地方政府の反抗とサボタージュにも理由があって、中央政府が責任を持っている国営企業は、そのほとんどが赤字を出しているし、そうした状況が修正される見込みはまずない。つまり、中央政府は無駄遣いのかたまりのように見られている。そこに工業化のある段階での利己主義が加わるとき、各地方は自らのことだけを考えることになってしまうのである。さりとて、国営企業を整理するのも、政治的に極度に困難である。こうして、中国は工業化が不可避にもたらす、社会的混乱のなかに足を突き込みつつあり、少なくとも経済政策に関する限り、中央政府の指導力は弱い。

もちろん、腐敗もおびただしい。政府がタテマエの上では少なからぬ権限を持ち、自由な報道機関が存在しない以上、そうならなければ不思議である。

これらの現実は、決して中国の失敗を意味しない。経済成長が成功するとき、どこの国でもおこることが――中国的な色彩を帯びてはいるが――中国でおこっているのにすぎない。だが、そのときおこる問題は困難なもので、場合によっては社会的、政治的大変動がおこることもある。中国がそうした困難な段階に入りつつあることを認識し、中国とのつき合い方を考えるべきときが来ている。経済がうまく行くことは大切だが、それですべてうまく行くほど、世の中は簡単ではないのである。

兵器拡散の脅威 1994・7

朝鮮民主主義人民共和国(北朝鮮)の核兵器開発疑惑が問題となり、国際原子力機関(IAEA)やアメリカなどが、文字通り、なだめたりすかしたりして、解決のために努力している。今回の先進国首脳会議(ナポリ・サミット)でも、それをバックアップする動きがあり、来年期限がきて延長が問題になっている核拡散防止条約(NPT)を無期限で延長しようという声明が出された。これは共に、必要で好ましいことである。

しかし、それで十分とは言えない。核保有国の責任について、さらに一歩進んだものが作られることが望ましい。冷戦の終わりとともに、米ソ両国は戦略核の弾頭を削減し、戦術核の廃止の方向に向かっているから、NPTが作られたときよりも事態は良くなっているが、しかし、これで十分ということはない。

それに、核兵器がすべてではないのである。その他の兵器の拡散も深刻な問題で、そのことは、原始的な核兵器は今日では比較的簡単に作ることができ、したがって運搬手段を開発できるか否かが重要になっていることを考えても分かる。それに、兵器が拡散して、武力衝突がおこるときのレベルが高くなれば、それだけ紛争の解決は難しくなることも忘れられてはならない。

ところが、この面での最近のアメリカの行動は、おかしいとしか言いようがないものである。冷戦の終わりとともに、世界の軍需費の合計は減少し、一時は武器貿易も減少の傾向を示したが、後者は一九九一年ごろから再び増加し始めているのである。もっとも、武器貿易は統計がアテにならぬことで悪名高く、実態はつかみ難い。例えばアメリカ軍備管理軍縮局によれば、九一年の武器貿易は二五五億ドルで、ピークだった八七年の半分以下とされているが、アメリカ議会調査局の統計によれば、九二年には開発途上国向けだけで二三九億ドルとなっているし、九三年にはさらに多くなっている。専門家の中には、九三年の武器貿易は五〇〇億ドルを超えて、過去の最高値である五五〇億〜六〇〇億ドルに近づいていると考える人もいる。

その増大は、アメリカの輸出増による。アメリカのチャールズ・ウルフ・ジュニアはランド研究所[154]に長くいて、軍備問題や安全保障問題の優れた専門家だが、彼によると今や総額の六〇%以上がアメリカからの輸出で、それは八〇年代後半の二五%と大きく異なるという。そのころ、最大の武器輸出国は旧ソ連で武器貿易の四〇%を占めていた。数字から計算できることだが、九三年にアメリカの軍需産業は過去最大の輸出をおこなったことになる。それは言うまでもなく、アメリカの軍需産業が、アメリカ自身の軍事費削減によって需要が減ったのを輸出で埋め合わせようとしているからだし、その売り込みをアメリカ政府が背後から支援しているからである。もちろん、買いたい国があるから売れるのではある。イスラエル、エジプト、韓国、サウジアラビア、台湾といったアメリカの友好国、同盟国については、政府もそれがアメリカの国益に合致するものとしている。それに、とくに湾岸戦争以来のことだが、アメリカ製兵器の人気が高まり、ソ連型のそれが低下したことも作用している。

しかし、このように兵器を売りまくることは、資源の無駄遣いであるばかりではなく、アメリカを含む他の国々にもやがてはね返ってくることなのである。なぜ、アメリカはそのように近視眼的なのか。ひとつには、やがてアメリカの軍需産業は民需への転換を遂げるだろうし、そうなれば輸出の必要は減るので、目下のところは苦しい転換期を切り抜けるための苦肉の策として認めているのかもしれない。確かに、アメリカの軍事費は減少してきているし、防衛関連産業も不要になった労働者を整理している。八七年と比べて、二〇%労働者は整理された。

しかし、一時のこととはいえ、高度の技術を備えた兵器を売りまくることは軍事力のレベルを上げ、軍事力のバラ

154　安全保障問題などを中心的に取り扱う米国のシンクタンク。一九四六年に米陸軍航空軍が設立した、軍の戦略立案と研究を目的とするランド計画（Project RAND）がルーツである。

ンスを崩す可能性もある。とくにアメリカは売り込みに熱心なあまり〝オフセット（相殺）取り決め〟を認めるようになっている。それは兵器輸入国に製品組み立てなどでより多くの特権を与え、その国の民間産業の育成に役立たせようというものである。ということは、アメリカの優れた軍事技術の一部が拡散していることであり、したがって、世界の軍事力のレベルを上げるのに一層役立つことになる。

もちろん、兵器拡散の抑制は難しい。〔ジミー・〕カーター大統領のときに一時アメリカが提唱したが、うまく行かなかった。失敗の最大の理由は〝自分が売らなければ、だれか他のやつが売る〟ということだった。だから、大国の自制のみならず、兵器拡散防止のための国際的取り決めや制度が必要である。その方向への提案を行い、アメリカに自制を求めることは、われわれとしてもなすべきことではなかろうか。

クリントン・ギャップの意味　1994・8

アメリカ経済は好調である。失業率は五％台で、アメリカにとっては完全雇用に近いし、三％台の成長率も、これまでの好調時に近い。インフレは懸念されていて、その根拠はあるのだが、目下のところはまだ大丈夫である。アメリカ経済は、先進工業諸国のなかで最も調子がよいのである。しかし、〔ビル・〕クリントン大統領の評価は、戦後の大統領のなかで最低に属する。それを「クリントン・ギャップ」と言うのだそうだが、なぜそうしたことになるのか。

取りあえず考えられるのは、その外交政策の不出来で、その点は世論調査にもあらわれている。たしかに右顧左眄という言葉はクリントン外交のためにあるようなところがあって、選挙中にはボスニア問題に強い姿勢を示唆したが、実際にはごまかしに終始してきた。ソマリアでは、緊急物資の輸送確保から、政府を作ることへ国連介入の目的をたかめた後で、海兵隊員が殺されると、さっさと兵を引くというありさまである。もっとも、慎重な行動自身はそうおかしくはないのだが、その前の「行動主義」的な言葉がおかしい。信頼できないとか、リーダーシップがなさすぎると人々が考えるのも当然である。

しかし、アメリカ国民がクリントン大統領を選んだのは、内政、とくに経済の面で期待したからであって、外政面での能力を買ったからではない。だから、もう少し支持が高まってもよいはずなのに、そうならないのはなぜか。

その点で重要なのは、アメリカ国民がアメリカ経済の復活を本物とは考えていないことである。その心理にも奇妙なところがあって、アメリカが不況のなかにあるという人は三分の一しかないが、自分の地域は不況であると答える人は三分の二もある。経済統計には反するけれども、人々がそう思っていることは否定できない。要するに、アメリカ人は自分たちの将来に不安を持っているのである。

それは、アメリカが経済の再構築をおこなっていることによるものであろう。リストラをやってきたから経済の調子はよくなったのだが、それはまた人々に不安を与えるものでもある。アメリカでは失業率は低下しているのだが、より具体的に見るなら、製造業では人員整理が続いており、それを上回って生み出されている職は、どうにも頼りないものなのである。専門家に聞いても、種々のソフト関連という答えはすぐ返ってくるが、その数は大したものではなく、したがって〝種種雑多〟ということになる。そのなかには、単純なサービス業――マク・ジョブ(マクドナルドで働くこと)はその典型――は賃金が安いし、そうでなくても、二十年先も続けて勤めているだろうか、と考えると心配になるものが多い。

つまり、職は新しいものが多数生み出されており、だから失業率は低下しているのだが、その新しい職は、これまで製造業が作り出してきた安定性を与えないのである。そこにアメリカ人が不安を持つ理由がある。こういうことは、今後の産業構造が性質上人々に不安を与えるものだということは意味しない。それは時間がたってみないと分からない。ただ、経済は現在大きく変わりつつあって、その変化の過程が、人々に不安を与えずにはいないのである。ちょっとした思考実験をすればそのことは分かるので、今日では安定性を与えると思われている製造業にしても、それが始められたころは、やはり不安に包まれたものではなかっただろうか。

アメリカでおこっていることは、遅かれ早かれ、そして程度の差こそあれ、日本を含めて、他の先進工業諸国でもおこる。そして、不安の気持ちの増大も避けられない。とくに、新しい時代に突入して二、三十年間はそうだろう。しかも、そうしたときは政治家にとって、もうひとつの意味でやりづらいときでもある。新しい時代に入ってくるということは、ひとつの時代が終わったということでもある。そうしたとき、人々は「やれやれこれで終わったのか」とか、「われわれが努力したのはこのような結果に終わったのか」とかいった気持ちを持つ。そして、新しい課題に真剣に取り組まなくてはと思うものの、なにがそうした課題なのか分からないし、まして、解答となると見当さえつかないことが多い。

当然、政治家もリーダーシップを発揮できないので、人々は不満を持つ。実際、政治家全般への不信感は、このところ、先進工業諸国すべてに共通するものと言ってよい。マスコミはもちろん、昔のことを書く歴史書でも、政治家を「下等」な人間として扱う傾向がある。「クリントン・ギャップ」はその影響をも受けている。それでなんとなくやれそうにも思われるが、しかし、社会が政治を通じて、共同の問題と取り組んでいないことからくる漠然たる不満は、精神的危機であり、大きな危険の可能性を秘めているのである。

平和への責任について 1994・9

ガリ国連事務総長が来日して、日本が安保理事会常任理事国になることについて話し合いが持たれた。この問題はどうやらヤマ場を迎えたようで、ここまで来れば、日本は明確なその意思を表明すべきだ。と私は思う。乞われてなるというのはあまりにも日本的な美徳であるし、実は日本においても、そうしたふりをするだけで、真実はちがう。

もちろん、責任者がためらうのは判る。どのような形にせよ、大国の仲間入りをすることは責任を伴う。だから、安易に、もしくは虚栄心から常任理事国になってもらっては困る。しかし、軍事的な貢献が増えるのではないか、という現政府の懸念はまったく筋違いなのである。

大体、そのようなことは国連憲章をどう読んでも書いていない。国際連合の加盟国に軍事的貢献、さらに具体的に言えば「侵略国」に対する軍事的制裁の義務が生ずるのは、国連憲章に言う「国連軍」が作られたときのことで——それについてさえ、意見は分かれるのだが——、そのようなものは現在存在しないし、予見しうる将来もまず考えられない。しかも、それは常任理事国であると否とを問わず生ずる義務なのである。

多くの日本人が念頭においているのは、PKOとPKFであろう。ところがPKOについておこっているのは、安保理事会の常任理事国がそこでより多くの責任を果たすということではなく、国連の承認および支持の下、独自の行動をとるということなのである。最近、問題になっているルワンダについて、国連はフランス軍が取りあえず駆けつけて、秩序を回復することを認めた。また、国連はロシアがジョルジア(グルジア)の平和維持のためにロシア軍を派遣することも認めたし、恐らく、ハイチの国連決議に反して居座っている軍部政権に対して、アメリカが軍事力を行使することを承認するだろう。

現実的な考慮からして、これら三つのケースはやむをえないと思われる。しかし、それらは勢力圏の承認につながる点で問題がある。とくに、これら「大国」が一般的にはPKOに兵員を派遣するのを嫌がり、ときによっては資金の拠出さえ渋っていることを考えると、勢力圏外交がまかり通る危険性は大きいと言わなくてはならない。それは好ましいことではなく、国連の指揮下のPKOの方は、平和回復のためにはるかに望ましいのである。

そのことは、カンボジアのPKOを考えてもらえば判る。そこでは、ある一国が中心となることもなかった。だから、比較的巧く行ったのである。もちろん、その分作戦は難しく、いくつかの不祥事はあったけれども、PKOという外部勢力の「介入」への反発は小さくて済んだ。

だから、日本はPKOを強化し「勢力圏外交」を小さくするよう努力すべきなので、それには、国際連合の政治的決定に携わることが保証される常任理事国になった方がよいのである。PKFについて言えば、それは目下のところ——そして予見しうる将来も——、そのための条件が整っていない。平和を「強制」することは、いかなる秩序が正当であり、どの勢力がそれを乱しており、したがって抑制されるべきであるかが判っていなくてはならない。しかし、国際社会にはそれを決める基礎になる価値観も存在しないし、決める手続きについても合意できないのである。

PKOは、自衛のための武器を持つが、内戦の当事者のうち、どちらかを平和撹乱者と決めて、それを抑えようとはしないところに特徴をもっている。それはまだるっこしいが、しかし、現在の国際社会において望みうる限度なのであり、それ故、われわれはそれを大切にしなくてはならない。

最後につけ加えるなら、日本は非軍事的部門を強調するということで、人口とかエイズとか環境とか貧困といったものを国連は重要視すべきだ、という考え方もおかしい。もちろん、これらは重要な問題ではある。しかしそれは、内戦に苦しむ国の平和を回復することよりもはるかに難しいことなのである。それらについては、宣言は無難にできるが、実効性を求めるなら、かなりの強制力が必要となる。

そのことは、この九月に開かれた人口問題に関する国連主催の会議のことを考えてもらえば判るだろう。「人口爆発」は困るけれども、いかにしてそれを防止するかになると、先進国の勝手だという意見から、人工中絶は〝殺人〟

だという主張まで、実にさまざまな反論があって、到底まとまりそうもない。環境についても、どの国のどの森林を守り、二酸化炭素の排出量をどうするかについて意見はまとまらないし、たとえまとまっても、いかにして実行するかは、まるでメドが立っていない。

平和はきれいごとを言うことによって作られはしないことを確認したいと思う。覚悟もなしにきれいごとを言うことは、現実の改善にとってむしろ妨げになる。

曲がり角のＰＫＯ 1994・10

十月の初め、国連平和維持活動（ＰＫＯ）に参加する自衛隊員がルワンダに到着した。その少し前、ザイールのゴマ地区は治安が悪く危険だからということで、アメリカが派遣を見合わせた方がよいのではないかと言ってきたことが報じられたため、今回のＰＫＯに疑義が表明され、議論も少しはおこったが、全体として、今回は議論が少なかった。おこなわれたのは、機関銃を二丁携行すべきか、それとも一丁にするかという、だれが見てもささいな点をめぐる議論だけであった。

もっとも、今回の派遣がバタバタと決まったのには、やむえ得ない事情もある。国際社会全体の対応そのものがそうだったからである。国連は、ルワンダの内戦とまるでかかわってこなかったわけではないが、この春、内戦が再燃し、深刻な事態になるとは考えていなかったようである。少なくとも、対応策をとらなかった。ところが、内戦で何十万人ものツチ族が殺され、次にそのツチ族が内戦に勝ったので、今度はツチ族による報復を恐れるフツ族が一〇〇万を超える数で、国外に逃亡するようになった。そこで放置できないということで、さまざまな国の軍隊の派遣をおこなうようになったのである。テレビで膨大な数の難民と、彼らが置かれている惨状を見た人なら、放置できないと感じたであろう。それ故、にわかごしらえの活動が始められ、日本もそれに加わったのであった。

しかし、そこには多くの反省材料がある。いかに自然で、高貴な感情といえども、それに政治が動かされすぎるのは問題ではないだろうか。それに、日本では日本の特殊事情が幅をきかしすぎている。すなわち、非軍事であればよいとする考え方で、それが思考停止を招いている。真実の問題はＰＫＯの在り方——その原則、作戦、そして限界——なのであって、それは国際社会の問題なのである。

だれもが知っているように、ＰＫＯは冷戦の終わりとともに、国際連合の活動として重要性を増し、それまでとは比べものにならないほど盛んにおこなわれるようになってきた。それはよいことだと思うし、それ故、私は日本の自衛隊がPKOに参加することにはっきりと賛成してきた。しかし、何事も成功させるためには自制が必要である。すなわち、PKOを万能薬のように使うことには危険がある。そして、PKOの拡大とともにその危険も増大してきたのである。

　というのは、冷戦時代のPKOは米ソ対立のために、内戦が戦われているようなところには派遣されなかった。米ソのいずれか、あるいは他の常任理事国が拒否権を使ったからである。それは困ったことだったが、しかし、停戦協定などの形で当事者の同意が必要であるという原則が作られ、守られることにもなった。それ以外のところには行けなかったからではあるが、同意のあるときにのみPKOはおこなわれた。

　ところが、最近、PKOの拡大に伴って、同意という原則が軽視されるようになってきた。旧ユーゴスラビアへの対処にその面があるし、ソマリアでは明白にそうだった。これらの活動が不法であり、不必要であったということはできない。国連安保理事会の決定があった。そして、内戦が他の地域に拡大したり、大量の難民が出たり、多数の餓死者が出たり、疫病が流行しそうなときに放置することは難しい。「人道的介入」と呼ばれるものである。

　しかし、それによってPKOの職務は拡大した。過去のそれは、内戦の停戦が決まった後それを見守るのが仕事だった。しかし今や、内戦そのものには触れないが、その害を封じ込める行動をとるようになった。任務の性質上、同意は得られないことが多い。しかし、同意を得られないままに外部の勢力が入っていっても、効果の乏しいことも多いし、逆効果の場合さえあるのである。

　内戦について裁定し、それを押し付けることまではすべきでないことは、国際社会のコンセンサスである。その点で、平和強制部隊は少なくとも今日ありえない。しかし「人道的介入」はすべて間違っているとすることはできない。ここに、現在の平和維持のジレンマがある。われわれは、それに対処する際の原則を作らなくてはならない。例えば、当事者の合意に代わるものはなにだろうか。作戦地域に隣接する国々、あるいは地域的機構の賛成と協力が必要ではないだろうか。地元もしくは近所の支持がないところでは、まず成功はありえない。

　それに作戦上の考慮もある。外部の勢力にとって可能で、しかも事態の悪化を防止できるような明白な目標は、その最も重要なものであろう。

今年に入って、国際社会のなかに反省論が出てきたし、国連のなかでも議論されるようになってきた。PKOを重視するなら、われわれもそうした議論を聞き、そして参加すべきである。

政治家受難の時代 1994・11

過日おこなわれたアメリカの中間選挙で、共和党が久しぶりに勝利をおさめた。下院で共和党が過半数をおさめたのは、実に四十年ぶりのことである。それは間違いなしに注目に値する出来事である。

しかし、共和党が勝ったというのは、実は正確ではない。ひとつには、アメリカの政治地図の中で、政党の違いは決定的なものではない。それは、議会選挙では民主党が勝ち続けてきたのに、大統領選挙では共和党の方がやや優越してきたことにも表れているだろう。この四十年間に、共和党は二十六年間大統領を出してきた。だから、四十年ぶりに共和党が下院で過半数をとったと言っても、アメリカ社会の体勢が共和党寄りになったことにはならないのである。大体、アメリカの政治制度は議員内閣制ではないのであり、行政府と立法府はまったく独立の存在である。アメリカ国民は、この二つの機関を使い分けてきたと言ってもよいだろう。

実際、二十年余り前から、アメリカ国民は次第に政党に忠誠心を持たない人が増えてきていて、最近では三分の一が共和党でも民主党でもなく、「独立的」と調査に対して答えている。選挙民だけではなく、政治家にもそうした傾向が出てきて、今回の選挙に際して共和党から出ているニューヨーク市長が、ニューヨーク州知事には民主党候補を推したが、そういったことが、あちこちでおこっている。

そうした傾向は、今回、とくに民主党に顕著で、多くの候補が〔ビル・〕クリントン大統領の立場と違うことを表明したり、あるいは公然と批判したりした。アメリカでは政党への忠誠心はこれまでも低かったとはいえ、自党から大統領を出している政党については、少なくとも政治家たちは、ある程度の忠誠心を示してきたのに、今回はそうではなかったのである。

それはひとつには、この二十年間にアメリカの選挙が政党本位の選挙ではなく、個人の選挙という性格を帯びてきたことによる。巨額のカネをまとめて集めることが難しくなるような政治資金規制がおこなわれるようになったため、各議員がそれぞれのしかたで、小口の資金をあちこちから集めて選挙戦を戦うようになった。それに、テレビなどメディアの影響力が増大して、候補者のイメージとか、単発的な政策の主張――例えば避妊反対とか賛成といったこと――が重要になり、ある程度まで総合的な政策体系の重要性が低下してきた。

しかし、それにしても、民主党の候補者のクリントン大統領離れはすさまじかった。クリントン大統領を支持することは、自らのイメージの低下につながると思ったのだろう。しかもなお、多くの民主党候補が落選したのであった。

したがって、今回の中間選挙に示されたのは、反クリントン感情と言わなくてはならない。もっとも、これまたアメリカの政治に特有の力学で、どの大統領についても、中間選挙では与党が議席を減らした。それにもさまざまな理由があるが、重要な要因は、期待を抱いて選出した大統領の欠点が中間選挙のころになると目立ってくるということであろう。しかし、それが今回ほど明白に出たのは少ない。

ところが、クリントン大統領の最初の二年弱の業績がそれほどひどかったかというと、そうでもないのである。たしかに、外交での出来はよくなかった。例えば、ソマリアへの出兵はブッシュ大統領がおこなったのだが、その使命を格上げして、ソマリアの国家建設とし、その後、海兵隊員が殺されてテレビに報道されると、米軍を撤退させた。政策が動揺しすぎたのである。しかし、アメリカ国民がクリントン大統領を選んだのは、初めから外交政策上の能力のためではない。内政、とくに経済の立て直しがクリントンに期待されたのだった。そして、この二年足らずの間に、アメリカ経済の調子は決して悪くはなく、随分好転したのである。

もっとも、アメリカの改革について、例えば医療制度の改革[155]はこの夏流産してしまった。それをクリントンは公約として掲げ、多大の期待を抱かせたのであった。だから、クリントン大統領に対するアメリカ国民の反応は、

155 大統領夫人であったヒラリーは「メディケア（高齢者医療保険）」改革の責任者となり、薬価基準や診療報酬の不合理性を指摘するなど、改革に尽力するが、民間保険会社などからの反対もあり法案を成立させることは出来なかった。その背景には、米国・カナダ・メキシコ三国間の自由貿易協定（ＮＡＦＴＡ）の承認という競合事案があった。医療保険制度改革とＮＡＦＴＡを同時に進めると共倒れになると考え、クリントンはＮＡＦＴＡを優先することを決断した。

「口ほどにもない」というものであり、「右顧左眄《うこさべん》」というものである。信念がなく状況対応に追われる姿が、アメリカ国民を幻滅させたのであった。

しかし、そうなった責任はアメリカ国民にもある。彼らは、一方ではアメリカが国際的に堂々と振舞うことを望みつつ、犠牲者が出ると政府を非難する。医療制度を改革し、財政赤字を削減することを期待するが、税金が上がるのも嫌だし、自らの既得権が侵害されることにも反対する。

だから医療制度改革は流れ、財政赤字の削減も当初の期待まではいかないように思われる。こうした状況で、政治家に信念を貫けと言っても、まずは無理である。言うまでもなく、こうした状況はアメリカだけのものではない。現代は政治家受難の時代である。

孤立主義の危険 1994・12

アメリカが孤立主義に走るという危険は、第二次世界大戦後「アメリカの平和」が訪れた後も、ときとして指摘されてきた。孤立主義はアメリカの体質の中に存在するものなので、その危険はわれわれとして忘れるべきものではないのだが、私自身は、大体のところ楽観的であり続けてきた。しかし、この一、二年のアメリカの状況を見ていると、もはや楽観的であるわけにはいかないように思われる。

まず、アメリカの政治は精神的な意味で混迷している。それを示したのが十一月上旬の中間選挙で、共和党が四十年ぶりに上下両院を支配した。しかし、四十年前と状況がいかに異なっていることか。四十年前は、アイゼンハワー政権の時代で、アメリカ国民のなかには共和党的とも言うべきコンセンサスが存在した。しかし、今回は二年前にブッシュ大統領が再選されず、〔ビル・〕クリントン大統領が選ばれているのである。

そのひとつの理由はクリントン候補がかかげた「変化」(change)というスローガンにあるが、もうひとつの理由は、第三の候補〔ロス・〕ペローが相当の票を取り、それもどうやら共和党に行きそうなものをとったと思われることにある。そのペロー候補に投ぜられた票の多くは不満票であった。ところが今回の中間選挙では、二年前にペロー氏に投票した人のうち六八%もが共和党に票を入れたと推定される。つまり、共和党は不満票を吸収して、四十年ぶりの逆転を遂げたのであった。

もっとも、腹が立つというだけで人間は投票はしない。したがって、不満を捉えるような政策が重要になってくるのであり、今回、共和党は「アメリカとの契約」として十カ条の立法プログラムを掲げた。新議会で議長になると言われているギングリッチたちは、それを新議会の最初の一〇〇日で立法化すると述べており、相当の自信を持っているように思われる。実際、「コンセンサスをとり易いものに絞った」と彼らが語っているように、人工中絶問題のように国民を感情的に二分する危険性のあるものは、十カ条に入っていない。

その「アメリカとの契約」を見ると、二つの傾向が浮かび上がってくる。そのひとつは、なんとしても予算を均衡させることをはじめ、アメリカの内政を改革することである。この性質の提案が十カ条の大半を占め、なかにはアメリカの裁判の改革や、議員たちが立法化に際して便乗して付帯決議をおこなうのを難しくするなど、随分専門的だが妥当なものもいくつかある。しかし、中心は政府機能の膨張を止め、できれば政府を小さくすることにあるように思われる。この傾向は今日のアメリカできわめて強いし、現実の政治もその方向に行くのではなかろうか。それは悪いことではない、と私は思う。

しかし、もうひとつの傾向、すなわち孤立主義的傾向が私には気になる。「アメリカとの契約」は、アメリカ軍を国連の指揮下に置くことを立法によって禁止するとしているが、それが法律化すれば、アメリカは国連の警察活動には参加せず、ただ単独行動だけを行うことになるだろう。もっとも、アメリカはこれまでもそれに近い政策をとってきたが、はっきりそう決まるならばＰＫＯは大打撃を受けるだろう。

こうした傾向は、世界各国の民主化のために経済制裁を簡単に口にする、クリントンの独断的国際主義への反発であることは間違いない。実際、クリントン政権は「数値目標」や「人権」と「最恵国待遇」を結びつけるなど、およそ外交上してはならないことをくり返してきた。アメリカは他の国々と協調して世界システムを安定させて行かなくてはならないのに、自分の原理を押しつけることをくり返してきた。だから、クリントンの外交は悪いという気持ちが出てくるのは理解できるのだが、それが逆の極端に走って、世界のために犠牲を払うのは嫌だということになれば、それも困る。

もっとも、少数ではあるが「穏健な国際主義」を説く人々も存在する。この初夏ぐらいから、アメリカのクオリティー・ペーパー（高級紙）や『フォーリン・アフェアーズ』のような外交の専門誌はそうした立場を主張してきていて、さすがだと思わせるところがある。しかし、そうした議論はクリントン政権とも、反対党の共和党ともほとんど関係がない。それはアメリカの場合、実に嫌な予兆なのである。大衆世論と世界の人から見て妥当と思われる専門的意見が相反するものとなるとき、アメリカの歴史では前者が勝ったことがほとんどだからである。

こうして、第二次世界大戦後はじめて、孤立主義の危険が現実化する可能性が出てきた。われわれとしても真剣に考え、対処しなくてはならないし、その対策は簡単には考えつかないが、アメリカに依存しつつ、自らの手が汚れないことを誇るのをやめなくてはならないことだけは、確かである。

正月の随想 1995・1

正月の一週間は、当然ながら、ほとんど仕事をしなかった。前から読みたいと思っていた小説や歴史書は楽しんだけれども、現在の政治・経済に関するものは、新聞も読まず、テレビも見なかった。そのため随分平穏な気持ちになったのだけれど、仕事を始めてみると、心を悩ませるようなことがあちこちで起こっている。例えばロシアがチェチェンの独立を阻止するために軍隊を送り込んだが、凄惨な戦闘はまだ続いている。フランスは乗っ取られたエア・フランスを奪回するため特殊部隊を送り込み、それには成功したが、アルジェリアの回教の強硬派は、フランスに対しテロ活動を行うと宣言している。中国では鄧小平が重体だと、日本の大衆紙が報道している。

これらはすべて、深く考えさせられる問題の一端ではある。それが報道されるのはよいことであるし、マスコミの義務でもある。しかし、久しぶりに現代離れをしてみて、少し前、すなわち百年ほど前の人々は、私が正月を過ごしたように、毎日を送っていたのではないかという気がする。昔の人々も同時代の出来事に決して無関心ではなかったが、しかし、ニュースが伝えられるまでに時間がかかった。ほとんど同時中継を見ている現代人とは違う。その結果、彼らの記憶は時間の幅が長かったのではなかろうか。

それに対して現代人は、今のニュースを見て心を動かすが、一、二週間もすれば次のニュースが飛び込んでくるので、前の出来事を忘れてしまう。だから、少々長い目で世の中の出来事を捉え、判断することができないのではなかろうか。そして現在は、その逆に、やや長い目で起こっていることを捉えるべきではなかろうか。

例えば、ロシアのチェチェン進攻である。それが乱暴な行為であり、やってほしくないことであったことは間違いない。テレビで生々しい映像が流れなかったから、ショックはまだ小さかったけれども、しかし、民主主義が基本的には話し合いによって問題を解決することを原則とするものであることを考えると――「弾丸の代わりに投票でものを決める」という英語のことわざはそのことを示す――、ロシアは民主化するのだろうかという疑問も出てくるだろう。

それは十分根拠のある危惧だが、やや誇張されてもいるのである。あるいは、過去数年間のソ連の動向と将来に対する過剰期待の裏返しなのである。大体、新しい、素晴らしいことがそう起こるわけではない。ソ連で共産主義が崩壊すれば民主主義になると考えたことが、そもそも間違っているのである。共産主義の独裁が出現する前のロシアは、民主主義ではまったくなく、ツァーの専制政治であった。これがロシアの伝統なのである。もっとも、それから脱却しようという動きは何回もあった。しかし、それは多くの人々に希望を与えた後、結局は失敗したのであった。

それはなにも、ロシア人が乱暴な人間であるとか、力を信奉するといった理由によるものではない。より重要な理由は、ロシアが遅く開発され、したがって貧困であったこと、自然の障害がなく、それ故、人為的で強引な形で支配を確立せざるを得ないことにある。今回のチェチェンの問題にしても、チェチェンが独立すれば、アゼルバイジャンがそれにならい、石油資源への支配が脅かされることをロシアの指導者の少なくとも一部が恐れたからであった。

だから、ロシアのチェチェン独立阻止が正しかった、と言うつもりはない。一部のロシアの指導者が恐れたように、アゼルバイジャンがＣＩＳ[156]を離れても、それは決して致命的な打撃ではないのだから、彼らは間違った考え方をしたと言わなくてはならない。ただ、ロシアは力を使わざるを得ない環境に置かれてきたのであり、それがつくり上げてきた習慣はそう簡単には変わらないのである。

ただ、それは絶対に変わらないものではない。力ずくで物事を決めるのを慎むところに人類の進歩がある以上、ロシアもその方向に行かざるを得ないし、他の国もその方向に誘導するよう努力すべきである。そのように長い目で見

156　ソ連崩壊時に連邦を構成していた一五カ国からバルト三国を除いた一二カ国によって結成された国家連合体。正式名称は独立国家共同体で、本部はベラルーシのミンスクに置かれている。

ればこの数年間にロシアで起こってきたことが悪いことだらけではなかったことも目につくだろう。ともかく選挙によってエリツィンは大統領に選ばれたのだし、一九九六年に任期が終わるとき、多分、また選挙が行われるだろう。民営化のもたらす混乱がロシアをおかしくし、逆戻りするという危惧も現実化しなかった。

ソ連だけでなく、世界全体がこの数年間で「すばらしい新世界」にもならなかったが、大混乱時代にもならなかったのである。過剰な期待や逆の過剰な悲観主義を排して、なすべきことを、時間をかけて行うことが必要なのではなかろうか。

アジアとアメリカの仲介志せ　1995・1 ♣

最近ときどき耳にする議論に、日本バイパス論がある。台頭しつつあるアジアとアメリカが直接経済上の結びつきを深め、日本は置いてきぼりにされる恐れがあるというもので、現在の日本の雰囲気をよく反映している。まず、それはここ数年の日本経済の不調と人々のやる気のなさ、それに対するふがいなさといった感情に基づいている。

戦後から二十年ほど前まで、日本は世界で最高の経済成長率を示してきたし、その後もごく最近まで、先進工業諸国では最高の成長を遂げてきた。その面影が今はまったくない。九四年の経済成長率を見ると日本は最低に近い。これに対して中国をはじめとするアジア諸国は、かつての日本を思わすような――いやそれ以上の――成長を遂げているし、アメリカも力強く成長している。

第二に、いくつかの重要な領域での立ち遅れが現れてきた。アジア・太平洋圏の急速に発展しつつある航空路のなかで、どうやら日本は根幹となれないようだし、株式市場も日本を離れつつある。全体として、情報化の波に日本は十分対応しているとは言えない。

最後に、バイパス論は、現在現れつつある重要な傾向、すなわち、第一にアメリカの復調と将来へのスパート、第二にアジアの台頭とを踏まえている。世界における重要な出来事がこの二つだけとは言えないにしても、この二つが現在最も目立つものであることは間違いない。こうして、日本バイパス論が語られるのには根拠がある。

しかし、日本バイパス論は未来予測としてやはり正しくないと、私は思う。それが日本人をとらえるのは、日本人の心にある恐怖とものの考え方の欠点に基づくのではなかろうか。

アメリカの復調から考えていくことにしよう。アメリカが再生に成功したことは多分確かだろう。「サービス産業」が将来を切り開き、一時は衰退したと言われた製造業も、いくつかが調子を取り戻したことは間違いない。

しかし、アメリカには問題もある。まず、貯蓄が少なく、投資のための十分な資金がないことに変わりはない。それに「アメリカの分裂」と言われた状況は、少なくとも貧富の差については拡大していて、溝が狭められつつあるとは思われない。全体として、アメリカは力は大きいが混乱しているのではなかろうか。アメリカが将来を先取りしつつあることは多分事実だが、それと同時に、その問題も先取りしているように思われる。

次はアジアだが、過去十数年の成長は確かに目ざましい。それは世界史的な意義のある出来事である。しかし、常識的に考えて、目ざましいことはそう長くは続かない。

実際、より懐疑的な見解もあって、スタンフォード大学教授の国際経済学者ポール・クルーグマンは、「アジアの神話の幻想」(『フォーリン・アフェアーズ』)において、アジアの急成長は、生産に投入する要因を増大させたことによるところが多く、生産性の向上によるものではないから、やがて行き詰まるという見解を表明している。一九五〇年代と六〇年代前半のソ連・東欧諸国と類似しているというのである。その分析は、多分間違いなしに正しい。もっとも私は、どの国も——英国もアメリカも——初めは生産に投入する要因を増加させることによって成長し、その基盤に立って、次に生産性の向上による成長に移ったのではないかと思う。だとすれば、アジア諸国は完全には行き詰まらないにしても、成長の基本原理を変えなくてはならない。重要で困難な時期に遭遇するだろう。

生産性の向上とは、結局のところ人々の創意工夫だから、それを可能にし、引き出すような、より自由な体制への移行——民主化という言葉は使われすぎているし、しかも使う人によって偏りがあるから、私はここでは使わない——という難問と重なるのではなかろうか。アジアの急速な台頭は、挫折の危険をも含んでいるのである。少なくとも、巧くいって、その急速な成長が、常識通り、鈍化することはまず間違いない。

こうして、われわれが対処すべきであるのは、力強いが混乱を内包するアメリカと、目ざましく台頭しつつあるが挫折の危険もあるアジアということになる。不正確な予測の上に、心ばかり焦ってみても、しょせんロクな対応は出来ない。なぜ、われわれは正確な予測ができないのか。

そのひとつの答えは、われわれ日本人の対米イメージにある。日本人はアメリカについてはとくに、過大評価と過小評価、礼賛とひそかな軽蔑の間をゆれ動いてきたのではなかろうか。少し前、日本人の多くはアメリカの分裂について語り、財政赤字の大きさを憂慮し、一部の人々は「アメリカから学ぶものはもはやない」とさえ言ったのではなかろうか。現在は、その逆のことをやっているのではなかろうか。

アジアについては逆に、言葉は別として、われわれは優越感を持ってきたし、今もなおそうではないだろうか。少なくとも、アジアにおいては日本は「ナンバー・ワン」であると考えているのではなかろうか。そうでなければ、アジアの急速な追い上げにあわてたり、悲観主義になったりするはずがない。長い歴史的視野に立てば、アジアのどこかの国が日本より豊かになっても不思議はないし、まして、いくつかの部門で日本を追い越してもなんらおかしくはないのである。日本は、アジアから学ぶという柔軟な強さを持つべきなのである。

より重要なことは、日本の「すみか」についての危惧の念にある。日本はアメリカともヨーロッパとも同一化できないが、アジアに安住することもできない。そこに、われわれの基本的な心理的不安がある。明治以降、われわれは一時の例外のときを除いて「脱亜入欧」でやってきたし、戦後は明白にそうしてきた。この五十年間で、われわれは経済水準ではその目標をものの見事に達成したが、しかし、経済摩擦が示すように、先進諸国の完全な一員にはなれなかった。長きにわたって続いてきた日米経済摩擦の心理的打撃は、そこにある。しかし、日本はアジアの完全な一員でもない。それも、明治以降そうなったのではなくて、中華世界秩序においても、日本はやはり「客分」であった。

どちらにしても、われわれは「客分」にしかなれないのだが、それは島国の宿命と言うべきものなのである。戦後五十年の最も重要な意味は、われわれがその宿命を再びつきつけられたということではなかろうか。われわれはその宿命から逃げず、直面すべきであり、その認識を出発点とすべきだ、と私は思う。そうすれば、いくつかの行動原理が出てくる。

その第一は、中期的に見て訪れる可能性の大きい混乱の時代に対処しうる、国際的枠組みを作るために努力することである。先に述べたように、アメリカは強力だが、混乱もしていて、その行動に安定性を欠く面が出てくるであろう。逆に言えば、混乱はしているが強力だから、それを除外したシステムはおよそありえない。

アジアには挫折の危険があり、それが一番怖いのだが、そうならなくても転換の苦しく、危険に満ちた時期がある。そうしたときの最大の誘惑は、対外強硬の姿勢をとることによって内部の難問から人々の目をそらすことである。その誘惑は日本の軍国主義や資本主義国の帝国主義に見られるが、その批判者たちが言っているように、特定の体制に限られるものではない。

先に述べた挫折の最たるものは、外部に目をそらせようとする行為が、実際に対立や紛争をもたらすことなのである。だから、国際的対立を平和裡に対処しうるよう、少なくとも公然たる対立や武力衝突にならないよう、平和的解決の枠組みを作ることがまず肝要である。APECやASEANの持っている可能性を、われわれは大切にしなくてはならない。

第二に、われわれはアメリカとアジアの仲介者になることを志すべきである。最近の憂慮すべき現象のひとつは、アメリカとアジア諸国の「文明論争」である。前者は、アジアの多くの国における人権無視を大声で指摘する。後者は、アメリカの退廃を、これまた大声で言い返す。それはおよそ無意味なもので、感情的対立を招くだけでしかない。

アメリカはときとして、自らが人権を侵犯してきた過去を忘れているし、アジアは、自分たちが近代文明を作るのに結局は遅れたことを、言わない。キリスト教も、儒教も、共に絶対ではないのである。それを知っているところに――知ってはいなくても実行してきたところに――、日本の持ち味があるのではなかろうか。

最後は、今のこととも関係するが、日本にとって必要な改革を断固としておこなうことである。この点、歴史は二つのことを示している。その一つは、島国はヴェネチアであれ、英国であれ、状況に対応するたくましさがある限り繁栄し、その能力がなくなれば衰勢に向かうということである。

もうひとつは、一国の対外影響力は、なによりも模範になること、すなわち、その国のまねを他の国々がすることによるということである。将来の文明のあり方を模索し、そのひとつの解答を出すことが、日本の生きる道になる。現在の日本は自己改革の時期にある。それは静かな自信がなくてはならないが、戦後五十年は、よく見てみれば、その自信を与えてくれるはずである。

米中の大人のケンカ　1995・2

アメリカと中国との間に貿易戦争がおこりかけている。

中国でコンパクトディスクやビデオなどの海賊版が作られ、売られていることに対して、アメリカ政府が、約十億ドルに相当する中国からの輸入品に対して一〇〇%の関税をかける制裁措置を二月二十六日からとると発表したためである。またアメリカの制裁癖が始まったのかという気もするが、今回のそれには少なくない正当な根拠がある。

中国の南部を中心に、相当数の工場がマドンナなどのショーのビデオとかコンパクトディスクを版権料を払わずに作り、コンピューターのソフトについても同様に海賊版を出しているからで、アメリカの権利は明らかに侵害されている。今後、ソフトの貿易が増えることを考えると知的所有権は守られなくてはならないものであり、アメリカがこの問題に熱心であるのはよく理解できる。

それに中国にとっても、海賊行為の放任は長期的に利益にならない。それは中国が公正な貿易をおこなわない国だということで、その信用を低下させるだろうが、商売というものは信用なしには成功しないものなのである。しかも最近、中国が投資についても法にしたがって対処せず、随分いい加減なことをしていることが問題になっているので、中国に進出しようという企業にブレーキがかかる恐れもある。さらに言えば、知的所有権にせよ、投資にせよ、法の支配がなければ、中国人自身が真実に創意工夫をする動機が弱まる恐れがある。中国の経済発展を願うものとして、中国がまっとうな商売をして欲しいものだ、と思う。

しかもなお、アメリカのやり方が成功するかどうかは疑わしい。ひとつには、人権問題と最恵国待遇を結びつけた高飛車の政策の失敗が尾を引いている。クリントン大統領は就任後間もなく、中国が人権を尊重する方向で改善を示さないと、最恵国待遇を取り消すかも知れないと圧力をかけた。人権は重要だが、それと最恵国待遇とを結びつけることは、内政干渉の恐れもあるし、貿易を政治上の手段として用いる点で問題があった。果たせるかなアメリカ国内、とくにビジネス界に反対が出たし、貿易戦争になりそうだったので、クリントン大統領は昨年五月後退した。それ自身は賢明だったが、脅しをかけて実行しないことは、〝口ほどにもない〟ということで威信を低下させる。今回のアメリカ政府の制裁発表に対して、中国政府も対抗制裁措置をとると宣言したことは、昨年五月の経験が作用しているかも知れない。

もうひとつの理由は、経済上のものであれ、一方的制裁は原則として避けるべきものだということにある。一国がルールを守らせるべく強制することは、国際社会ではよくないことなのである。ルールと言っても、世界中に通用するルールであるという解釈がない場合が多いので、それを守らせると言っても十分な正当性がないことが多い。もっとも、今回の場合はアメリカが現実に被害を受けており、その救済のための措置であるから正当性が高いけれども、しかし、過去においてアメリカが「制裁」を余りにも安易に口にしてきたので、アメリカの立場は弱くなっている。中国が「主権と国家の尊厳の問題」と言っているのは、「制裁」を受けるいわれはないということで、一般的にはまことに正しいのである。だが、今回のケースは余りにも明瞭な不法行為だから、中国の反論は弱く、中国は不法なことも「主権」の名において正当化しようとするところがある。アメリカの制裁癖と合わせて、アジアと世界の平和に有害な態度である。

もっとも、アメリカと中国は多分貿易戦争には至らないであろう。両国は交渉を再開することに決めたし、多くの観測者たちは話がまとまるだろうと見ている。アメリカにとっても中国にとっても、貿易戦争は損失が大きい。中国の商品がアメリカで売れなくなった分、他の国が埋めるし、アメリカの商品が中国で売れなくなった分もそうである。それに中国は世界貿易機関（WTO）に入りたいと思っていて、そのための交渉を続けてきているが、海賊行為に加えてアメリカと貿易戦争になれば、その可能性は遠のくだろう。

だとすれば、大人のケンカと言うべきかも知れない。アメリカが「制裁」を叫び、中国が「主権と国家の尊厳」という重大な発言をし、措置をそれぞれ発表しながら、最後には妥協するというわけである。貿易戦争になるよりならない方が、両国にとってだけでなく、アジアと世界のためにもよい。しかもなお、私には、両国が使う大仰な言葉に危険を見る。そうした癖は、真実に重大な問題がかかっているときとそうでないときとの区別を怪しくする。大声で叫ぶ方が国内向けのショーとして効果はあるだろうが、言葉を軽く扱いすぎている。それは、大人のケンカかも知れないが、紳士ならざる大人のケンカである。

行事と反省　1995・3

アメリカのスミソニアン博物館の原爆展をめぐる論争とその決着は、われわれに多くを考えさせてくれるものであった。大体の経緯はあちこちで報じられているので不必要とも思われるが、一応整理しておこう。広島に原爆を投下したエノラ・ゲイ機がスミソニアン博物館に展示されることになったが、そのとき同時に、被爆者の写真も展示することを博物館は計画した。しかし、昨年の秋に入るころ、退役軍人組織、特に空軍協会が被爆者の写真の削除を強く求め、これに対して歴史学者の一部が、学問の自由がそうした干渉によって損なわれることへの危惧の念を表明して、激しい論争になった。その結果は被爆者の写真の全面削除というものであり、スミソニアン博物館の学芸員や歴史学者の一部は完全な敗北を喫した。クリントン大統領はその決定に賛意を表したし、『ワシントン・ポスト』などのマスコミも写真の削除を正当とした。

公然たる討論を是とするところに最大の美徳があるアメリカとしては、なんとも、もの悲しい結末になったものだが、しかし、私はやむをえないものとも思う。というのは、歴史から学ぶことはもちろん必要だが、戦後五十年といった行事の年には、そのようなことはきわめて困難だからである。

歴史学者たちが主張したことで重要と思われた点はいくつもあるが、とくに二つが印象に残った。そのひとつは、日本を降伏させるために原爆投下が真実に必要であっただろうかという疑念も展示すべきであるという主張であり、もうひとつは、首席補佐官〔ウィリアム・〕レーヒ提督〔リーヒともいう〕、〔ドワイト・〕アイゼンハワー将軍、ダグラス・マッカーサー将軍、アーネスト・キング提督といった軍の上層部が原爆投下の必要性や道義性に疑問を呈したという事実である。

まず、後者から考えていくと、それを意外に思う人が多いだろう。あるいは、そのころのアメリカの軍の上層部は今日と違って良識的だったのだなと、考える人もあるかも知れない。しかし、歴史では、戦っている軍人たちのなかに、自分たちの行為への正当性への疑念を持つ人たちが少なくないのである。というのは、戦争は恐るべき営みである。だから、こんなことが許されるのだろうかという疑問を持ってもおかしくない。

しかし、その恐るべき営みを始めてしまった以上、勝って、それを終わらせなくてはならない。その必要が恐るべき営みを正当化する。この点を最も雄弁に語ったのは、南北戦争における北軍の指令官〔ウィリアム・〕シャーマンであろう。彼は、「戦争は地獄である。だから、それを一刻も早く終わらせる以外にない」と言っている。彼は焦土作戦をおこなったし、それが南部の抵抗意思を弱めたことは間違いない。

空軍協会の人々の主張はシャーマンと同じであって、必ずしも間違っているわけではない。だから、彼らとすれば、戦争の終結に向けて貢献した行為に疑義を呈せられてたまるかという心情なのだろう。だが、戦争を早く終わらせるためなら何をしてもよいかとなると、そうではない。必要性が明白であることが、ある軍事行動を正当化する要件であるというのは、戦争法の基本原則であり続けた。

　そこで第一の点、原爆投下は必要だったかという疑念が問題となる。それに対する明快な答えはもちろん存在しない。ただ、戦争という異常な状況における人間の思考の異常さを抜きにしては、説明できない面があることは多分確かである。一九四五年の春以降、日本の戦争遂行能力は急激に低下していたし、日本は和平工作を開始していた。そしてアメリカはそれを知っていた。だから、原爆投下なしで戦争終結は可能であったという見解も十分成立する。そのために努力した政府高官もいたし、不幸にも原爆投下の後ではあったが、日本のポツダム宣言受諾による戦争終結に彼らは貢献した。

　しかし、そうした可能性は確かなものではなかった。私自身、松代の大本営建設の跡を見るとき、日本は本土決戦をやっていたのではないか、と思うことが多い。ただ、春から夏にかけて、アメリカ政府が異なったアプローチをとっていたら巧くいったかも知れない、とも思う。戦争についてシャーマンの言った性格が、結局支配したのであろうか。

　こうしたことを考え、そこから教訓を学ぶのが歴史から学ぶということである。しかし、それは静かな迷いと考察の仕事であって、行事とはまったく別のものである。およそすべての行事は、原色と騒音によって特徴づけられる。そこでは、弱さと強さ、愚かさと賢明さが入り交じった人間像はまず描かれない。現世的効果が重要だが、それまた反省とは相反するものである。戦後五十年といった行事の年は、反省には不向きな年であるように思われる。そうした作業は五十一年目から静かに、目立たない形で始まるのだろう。

1995
夏

「外交を知らない」二つの大国——アジアをめぐる日米の責任

「たとえば、イギリスでは、普通の男女は、対外関係が外国の（foreign）問題であること、つまり、われわれ自身の国民的利益に関するばかりでなく、他国の利益にもまた関するものであることをまだよくわかっていない。彼らは、対外政策が予算案や教育法案と非常に似た仕方で形成されるものと考えている」

——ハロルド・ニコルソン『外交』

✣ 1

世紀末にかけて、日米同盟の行方は政治的な挑戦でもあり、知的な挑戦でもある。すなわち、政治、外交、行政、そしてさまざまな知的職業に携わるものが、考え抜き、なんとかまともな解答を与えなくてはならない問題である。というのは、これまでの日米関係のあり方では二十一世紀まで持ちそうもないのだが、それにいかにして新しい生命を吹き込み、新しい効用を与えるかは、決して簡単に答えが得られそうもないからである。

冷戦が終わったころ、近い将来の大きな危険として、日米関係がおかしくなるのではないか、という議論があった。そのなかには、的外れとは言えないものの、随分乱暴な議論があって、ソ連という敵があったときには日米は協力できたが、その消滅は日米をつなぐ接着剤を失わせるから、日米関係は続かないのだといったものがそうだった。しかし、いくつかの歴史的事例はそうとは限らないことを示している。戦争という抗争を同じ側で戦ったものが、抗争の終わった後、平和な世界の主導権をとった事例は、反仏同盟のナポレオン戦争後や第二次世界大戦後の英米関係などで、いくつか数えられるのである。

しかし、冷戦の終わりはやはり大きな問題である。というのは、それは外交を必要ならしめるのだが、アメリカも日本も——違った意味ではあるが——、外交に適しない考え方や体質を持っているからである。冷戦はそうした欠点を表面化させずにきた。冷戦の時代には自由陣営と共産主義陣営という大きな図式があり、対外政策の課題は自らの陣営を強めることであった。だからアメリカは自国の延長であるかのように考えて行動したし、日本はアメリカのリーダーシップを自明のこととしていた。それで済んだのである。日米間に意見の相違や利害の対立が無かったわけではないけれども、二つの陣営の対立という大きな図式が最後には支配した。

冷戦の終わりはその図式を消滅せしめた。そこでは、利害の共有と対立が微妙な形で交錯しつつ存在する。ある限度内での協力や、問題によっては対立ということもありうる。われわれはそうした関係を巧く運営していくことができるだろうが、日本の場合も、アメリカの場合も、過去の記録はわれわれを楽観的にさせるものではないし、それに最近の動向もそうである。

❖ 2

そこで二月十一日（一九九四）に不調に終わった日米首脳会談から考えていくことにしよう。それ自体は、それほど憂慮すべきものではないのだが、過去の歴史やそこに現れる体質を考えるとき、それは深刻な問題を示している。

周知のようにその交渉で、日本はアメリカの要求すべてをのむことはしなかった。マクロ政策で積極策をとり、貿易収支黒字を減らすことの約束をしなかったことが決裂の原因になったのか、「数値目標」を承諾しなかったことがそうなったのかについては、説は分かれているが、共に憶測でしかない。そして前者が重要であったのなら、日本は合意してもよかったのだが、そうは言い切れないようである。後者が原因であったなら、日本はアメリカの要求をのむべきではなかったし、それ故に会談が物別れになってもしかたがなかった。

したがって、これらの懸案について、日米間で短期間に了解に達することはできないか、もしくは望ましくない。会談が物別れに終わった後、細川〔護熙〕首相はこれから「大人と大人の関係」になると言った。それは種々の事情から生まれた言葉らしいが、感覚的には正しい。だからこそ、それが人々に弱くない印象を与えたのであった。そして、「大人と大人の関係」であるならば、意見の喰い違いから喧嘩しないと同時に、ごく簡単にそれが収拾されるというものでもないのである。喧嘩して、すぐに収拾というのは、親に対する子供のそれなのであって、日本の関係者はそれはしたくないはずである。

実際、日米関係の修復だけをやりたいのであれば、日本は「数値目標」を「進展の客観的基準」と言い換えたアメリカに対応して、それを認めればよいし、それでも日本の経済的利益はそう大きくは損なわれない。例えば、日本がアメリカ産の乗用車を購入する数値目標を決めたとしても、現在の輸入量が年間二万台に満たないのだから、数値目標もそう大きくなるわけはなく、大体のところ、なにも協定を結ばなくてもそのぐらいの輸入はおこなわれる程度のものでしかないのである。

しかし、われわれはそのような安易な解決法をとるべきではない。それには二つの理由がある。ひとつには、悪しき前例は残り、われわれを拘束する。一時しのぎのつもりで半導体協定を結んだことが、その後どれだけの不便を招いているかを考えてみるがよい。しかし、より重要なのは第二の理由で、そのような協定を結ぶことは、国際経済体制に大きな歪みと、長期的な損害を与えるものなのである。

それはまず、通商の常識に反する。通商においては、よい商品が買われるのであり、ある国がある国の商品を必ず買うというのは通商ではない。そのようなことをおこなえば、商人としてまず成功しない。GATT（関税と貿易に関する一般協定）の基本的原則である無差別、多角的とは、そのことを確認したにすぎない。自由貿易に従って商品を買わない国に、種々の障害を除去して商品を買うことを求めるのは間違ってはいないが、それは、すべての国に適用される法と制度の改善によるべきものなのである。特定の二国間の協定はその基本精神に違反し、それを破壊する。

具体的に見るなら、そうした輸入協定の悪い効果はさらによく判る。例えば、日本はアメリカからの圧力で牛肉の輸入を増やした。日本が牛肉市場を開放するのは自由貿易の原理であり、それは間違っていない。しかし、それを日米間の協定でおこなうときにおこることは、日本がオーストラリアから買う牛肉をアメリカから買うということである。それは競争の原理を曲げる。実際、アメリカがスーパー三〇一条の威嚇の下に韓国との貿易収支不均衡の是正を迫ったのに対して、韓国は妥協したが、そのとき韓国がおこなったのは、アルゼンチンや中国からも買っていた小麦やとうもろこしや大豆を、アメリカからより多く買うようにし、日本などから買っていた自動車などの部品を、アメリカから買うようにしたのであった。それは、政治的圧力による通商の流れの変更でしかない。

もし、こうしたことが一般化するなら、政治・軍事を含めて力にまさる国が、より多くの輸出権を獲得し、弱いものが泣かなくてはならないことになるであろう。新たな「市場分割協定」と言ってもよい。それを知っているから二月十一日の物別れの後、アメリカが西欧諸国やアジア諸国に、共同して日本に圧力をかけようとして使節を送ったとき、これらの国々はアメリカに同調しなかったのであった――もっとも、西欧諸国は、日米の争いに際して局外中立を守り、そのイメージを壊さず漁夫の利を得ようという動機の方が強いかも知れない。日本が予想外の国際的支援を受けたのは、アメリカの主張が国際経済体系を歪め、望ましくない方向に動かすことが恐れられたからなのであって、一般的に、日本への支持が増大したからではないのである。

こうして、日本は「数値目標」というアメリカの要求をのむことはできない。それに、ここで急いで妥協しなくても実害は大きくない。アメリカの言う「制裁」は、多くはGATT違反であり、したがっておこない難いし、またよほどの措置でないと効果も少ない。なんといっても、日本が世界中から非難されているわけではなく、どちらかというと、アメリカの方が批判されている。最近、日米関係は太平洋開戦前のそれに似ているという議論をする人があるが、この点で、根本的に間違っている。戦争直前の日本は悪いことをしていて、ほとんど世界中から批判されていた。今日の日本は、好かれてはいないにせよ、悪いことをしていると非難されているわけではない。その点で、日本の立場は決して弱くないのである。しかし、以上の考察は、二つの問題へとわれわれを導く。ひとつは、アメリカがどうしてそのようなことを主張するようになったかということであり、他の一つは、日本自身の政策の正しさである。後者は判りにくいかも知れないが、AがBに不当な要求をするとき、Aだけが悪いのではなく、Bにもそれだけの理由がある。あるいは、それを非難するだけの資格がないことが普通だからである。あらゆる論争や抗争においては、まず相手のことを知る必要があり、それ以上に自分を見つめなくてはならない。孫子はそのことを、「相手を知り、己を知れば、百戦百勝危うからず」と書いた。それは、あらゆる教えがそうであるようにできないことなのだが、われわれはそのための努力をしなくてはならない。

❖ 3

アメリカの対日要求は、人間的だがしかし誤った心理と、誤った理論――これまたきわめて人間的なのだが――に基づいている。第一の点は、基本的には、なによりも冷戦のコストと日本の異常なまでに急速な台頭に基づく。それに、日本の利己主義的行動の過去がつけ加わる。アメリカは四十年以上の長きにわたり冷戦を戦ったし、それがアメリカをいくつかの意味で疲弊させた。その点でよくヴェトナム戦争とアメリカの混乱が指摘されるが、それは余りにもよく知られていることなので、ここではとくに触れない。それと同時に重大な帰結をもたらしたのが、一九八〇年代の冷戦の最後のたかまりであった。それはソ連が軍備拡張を続け、世界各地に影響力を及ぼそうとし、そしてアフガニスタンに侵攻したことが最大の原因となったものだから、アメリカを責めるわけにはいかないが、国際体系への悪影響はまことに大きなものであった。

それはソ連を破産させただけでなく、アメリカの対外経済地位を切り崩した。すなわち、アメリカはそれまで数十年の年月をかけて所有するようになった在外資産を喰いつぶし、やがて世界最大の債務国になってしまった。言うまでもなく、レーガン政権の減税と軍備拡張を組み合わせるという非常識の産物である。その上、アメリカから多くの製造業が海外へと流出する、脱産業化もおこった。

実際、私は一九八〇年代の抗争がなかったらどんなによかっただろうか、と思うことである。一九七〇年の初め、米ソ関係の緊張は緩和し、冷戦は終わりかけていた。何人かの、それも優れた人をも含む人々が、冷戦の終わりを口にした。その過程がそのまま続いていたら、世界は新しいシステムに、より緩やかに移り変わっていったであろう。しかし、ほとんどすべての抗争は、妥協では終わらないもののようである。抗争を続けるコストが支え切れなくなったときでも、人間は抗争を続ける。「最後の一戦」とも言うべきもので、それでたしかに抗争には決着がつく。冷戦もそうだった。冷戦という原理の抗争に終止符が打たれたことは、悪いことではない。しかし、われわれは破産したソ連と疲弊したアメリカという現実から、新しい国際システムを作らなくてはならないようになっている。しかも、アメリカは冷戦の「勝利者」でもある。だから、他方ではプライドも意気込みもある。

しかも、一九八〇年代はアジアが真実の意味で台頭した時代であった。日本が世界の技術のトップ水準に並んだのはこの時期であったし、巨大な債権国になったのもそうだった。一九八〇年代の初め、アメリカの対外資産残高が急激に減るのと入れ替わるように、日本のそれが急増するのを見て、私は大きな体系的変化を予感した。それは第一次世界大戦間に英米間でおこったことと似ていたし、だから私は不安だった。

それに、一九七九年の鄧小平の経済改革から中国の経済発展が始まった。それまでにNIESの成功が明白になっていたが、その人口の小ささからその意義は限られていた。しかし、小さな薪が燃えて大きな薪に燃え移るかのように、経済発展は中国に波及し、それによってアジアの発展について語ることができるようになったのである。その際、アメリカがレーガノミックス[157]のひとつの結果として、アジア諸国から大量に輸入をおこなったことが、大きく貢献した。やがて、アジアの域内貿易が拡大し、アジアの経済圏という方向に向かい始めたが、初期はアメリカの市場が決定的に重要であった。レーガノミックスはアジアの時代をもたらす触媒になった。

こうした状況が、アメリカ国民を複雑な心理的問題に直面させることは見易い。対外経済政策における一方的市場開放要求を生み出しているのは、その心理なのである。「数値目標」もそうだが、その前提になっているのは、アメリカの市場は開放されているが日本のはそうではないという考えである。それは、日本がGATTのルールに違反しているといった客観的基準に基づくものでなく、日本の貿易収支黒字からのこじつけ的説明でしかない。すなわち、アメリカ商品が日本商品より売れないはずはないし、アメリカ商品は日本でも売れるはずだが、そうならないのは日本の市場が陰微な形で閉鎖されているからだとい

157　ロナルド・レーガン米大統領がとった自由主義経済政策。サプライサイド（供給力）重視の立場から、減税・財政支出削減・規制撤廃などを進めたが、財政赤字と貿易赤字の増大という「双子の赤字」を生み、米国は長らく苦しむことになる。

う説明である。そこには、これほど急激な変化はなにかがおかしいという思いがある。それに、要求したらそれが通ると思うのは、冷戦の勝者であり、いぜんとして断然世界一の大国の心理が作用している。数年前、経済学者〔ジャグディーッシュ・〕バグワティはこうした心理を「小さくなった巨人症候群」と述べた。つまり、アメリカは圧倒的な力を持った超大国から、第一人者ではあるが普通の大国への転換期にあり、そこから焦りと自信の奇妙な組み合わせが生ずることになるのである。

だが、それがすべての理由ではないし、多分、最も重要な理由ではない。人間は感情や心理だけで動くことは少ない。行動には説明が必要であって、だからこそ、人間の行動には制約力が作用するのだが、それはまた、正当化を通じて人間を妥当ならざる行動に駆り立てもする。こうして、アメリカの対外経済政策についてわれわれは、その理論を検討しなくてはならないのだし、そこに私の最大の懸念がある。

その理論とは、戦略的貿易の理論と呼ばれるもの、あるいは競争力重視の理論である。そのことを、これまた優れた経済学者〔ポール・〕クルーグマンは鋭く指摘している。クルーグマンによれば、「国家が直面する経済問題を、世界市場をめぐる競争力の問題とみなし、コカ・コーラとペプシ・コーラがライバルであるのと同様に、米国と日本がライバルであるかのように捉える見方」がいまや普遍的になされ、「貿易収支を国家の競争力の目安」とする考えがもてはやされている。しかし、それは「完全な誤り」であって、それは「国内・国際経済の双方における誤った政策」を生むし、「貿易紛争の激化」を「不可避」にさせるものなのである（原註　「競争力という名の危険な妄想」『中央公論』一九九四年五月号）。

たしかに、日米間の交渉を見れば、そうした考え方が基本にあることを見るのは易しい。アメリカでは、二十一世紀における競争に敗れた場合の悲惨な結末を警告する書物が、数多く売れている。それは先に述べた「小さくなった巨人症候群」から受け入れられ易いのだが、しかし、誤りなのである。というのは、まず、いかに貿易が伸びているとはいえ、国民の経済的福祉は国内的要因によって決定されるところが大きい。それは、日本やアメリカの輸出の対GNP比が一〇%強であることを考えてみれば理解できることである。国民経済の圧倒的多数はその国内での営みなのであり、それが健全かどうかが決定的な重要性を持つのである。アメリカ経済の最大の問題はなにかと聞かれるなら、私は躊躇することなく、多すぎる医療費と答えたい。アメリカの医療費はGNP比一四%で、日本の七%の倍にあたる。それで国民の健康度はほぼ同一なのだから、それは無駄使いであり、アメリカ国民はそれだけ貧しくなっているわけである。言うまでもなく、このことは競争力となんの関係もない。もうひとつの事例は、アメリカの貿易収支赤字の重要な理由が、多すぎる石油輸入であり、それはピーター・ドラッカーが言うようにエネルギーの無駄使いによるもので、これまた競争力とはなんの関係もない。国の運命は、大半がその国内で決まるものなのである。

第二の誤りは、貿易をゼロサム・ゲームであるかのように考えることである。それは結局のところ、ある国の輸出が伸びれば他の国の輸出が減ると考えることである。特定の産業についてはそういうこともあるだろう。また国家についても、例外的に、輸出競争に敗れ、その産業が壊滅的打撃を受けることによって国運が傾くこともありうる。しかし、ある国の輸出が増えれば、たとえ正確に同額ではなくてもその国の輸入も増えるし、それによってビジネス・チャンスも増大する。

その自明の理が見失われるのは、国家間の相対的地位に注目し、経済が大きくなることはその国力が増大する点を強調するからであろう。しかも、軍事力の効用が減少しただけに、これからは経済力が世界政治を決定するという考えも生ずる。その典型が「地理経済学」(Geo-economics)で、それが言われ始めたころから、私は不吉な感じを禁じえなかった。それは、元来ゼロサム・ゲームではない国際経済関係をゼロサム・ゲームのように捉えるもので、それにより不必要で、しかし致命的にもなりうる抗争の原因を作るからである。

もちろん、経済と政治とは切り離すことはできない。豊かな国は大きな国力を持つ。だが、大きな経済力は他国の福祉にも貢献する。大きな軍事力についてそうは言えないのと、そこが違う。軍事力は相手の意思に反してあることを押しつけうるが、貿易は相手に買う意思がなければ成り立たない。それに、経済力が国力の基礎であり、それが国家間の抗争に役立つことは事実だが、その目的のために経済力を国絡みで人為的に伸ばそうとしても、上述の経済関係の性質から成功しないのである。たしかに、十九世紀にイギリスの経済力は、その国際政治における指導力の源泉になった。しかしイギリスは、十七〜十八世紀にその積もりで、人為的に産業化をしたわけではない。二十世紀に、アメリカの巨大な経済力は世界を指導する立場に立たせた。しかし、アメリカは十九世紀に、その積もりで経済を伸ばしたのではない。戦後の日本についても同様のことが言えるだろう。そこに、経済力と国力の逆説的関係があるので、競争力重視の理論はその点で間違っている。それは、二十一世紀にかけての世界にとって最大の脅威であるように私には思われる。

上述の心理と理論に加えて、アメリカの制度もしくは体質をつけ加えなくてはならない。すなわち、アメリカには世界政策はあっても、外交がないことの問題である。というのは、日本の社会的特質がその市場に外国が入り難くしているとしよう——それはある程度まで事実である。また、一風変わった制度を持つ国が経済的成功をおさめ、その国の地位が高まり、その他の国の地位が相対的に低下し、それが問題であるとしよう——これまた、正しく限定的に理解すればその通りである。

だが、普通の国はその場合、他国の体質に文句をつけることをせず、自分は自分なりのしかたで経済を伸ばそうとするのである。内政不干渉の原理として知られているように、主権国家の併存する国際社会ではそれが常識というものである。しかし、アメリカにはそうした制約は余り作用していない。その理由のひとつは、アメリカが理念に基づいて作られた国であり、その意味で普遍主義的な国であるのに加えて、多人種——それも世界のほとんどの人種——を含む国であるが故に、存在自身が普遍主義的であることに求められている。それは疑いもなくアメリカの美徳なのだけれども、アメリカの常識が世界に通用するという間違った考えをとらせるところがある。

それに加えて、アメリカは制度上、外交を特別の分野として認めていないところがある。たしかに大統領は条約を結ぶ権限を持ってはいるが、しかしその批准には上院の三分の二を必要とするということで、大きく制約されている。それに、アメリカ国憲法は通商関係を規制する権限を議会に与えていて、その点で特異なものである。もちろん、その方が民主的ではあるだろう。しかし、外交には必ずしも民主主義がなじまないところがある。それというのは、外交は異なる国情の国との交渉であるが、その外国の意見と利益を代表する勢力は議会には存在しないからである。

もっとも、そのアメリカも大不況という大危機に際して、大統領に通商関係を規制する権限を委任した。それに、アメリカの大統領には戦争に関する権限が明文によって与えられていた。それ故、冷戦の間のように、安全保障が重要な問題であったときには、大統領の指導力は強くなった。ところが、ヴェトナム戦争によって大統領の独裁に近い権限への反省がおこったし、近年、さまざまな理由から冷戦時に存在した東部の外交エリートは崩壊してしまった。その結果、アメリカ国内のさまざまな集団と諸利益が議会を通じて外交関係を大きく動かすようになった。そして、異質の存在として外国を認め、それなりに関係を保っていく外交が衰弱してしまったのである。こうして、現在のアメリカには危険な傾向が存在する。

❖ 4

その点は、アジアとアメリカの関わりを考えればさらによく理解されよう。しかも、アジアはアメリカの不可欠の重要性をも示している。

外交の軽視を示す目立った事例は、アメリカの中国に対する人権外交である。〔ビル・〕クリントン大統領は中国における人権の侵犯を問題としてきたが、最近では、〔ウォーレン・〕クリストファー国務長官の訪中を前にして、厳しい調子で政治犯の拘束を非難した。もちろん、人権は重要なものだし、政治犯を拘束し、投獄する中国の体制は変化して欲しい。しかし、人権を外交政策の基本的目標のひとつとして掲げるのはよいが、それをアメリカのような形で追及するのは、少なくとも三つの問題がある。

まず、それは内政不干渉の原則に反する。そして、内政不干渉は古めかしい国際法の原則ではなくて、主権国家が並立する国際社会で生きていくために、人類が歴史的に形成した叡知なのである。というのは、各国がその国内の秩序を維持するしかたは決して一様ではない。ある国では許されることが、他の国では認められないこともある——犯罪の定義や処罰のしかたを考えてもらえば、そのことは理解されよう。例えば、死刑が存在する国もあり、そうでない国もあって、そのいずれの立場にもある程度根拠がある。それ故、各国がそうした他国のなかの〝好ましくないもの〟を問題にし注文をつけるなら、限りない口論が始まり、国際社会の雰囲気は害せられるであろう。

より重要なのは第二の理由で、外的な力によってある国の国内制度に影響を及ぼそうとすることは、ほとんどの場合、事態の真の改善をもたらさない。とくに、自由の諸制度はそうで、たとえ圧制がおこなわれ、人々がそれに苦しんでいるとしても、その国の国民が立ち上がり、自らの手で自由を手に入れない限り、自由の体制ができることはまずない。実際、この考慮が内政不干渉論の最も重要な根拠であった。

もちろん、外からの働きかけはまったく効果がないわけではないし、働きかけの方法によっては、全体として有用なこともある。人権侵害が余りにも甚だしいものであるときでさえ、それを放置すべきだというのは極論である。例えば南アフリカ共和国はそうで、世界のほとんどすべての国が一致して非難した。その結果、国際連合による非難決議がなされ、やがて経済制裁がおこなわれたし、これらの行動はその目的を果たした。しかし、南アフリカ共和国の事例はきわめて例外的なものである。そして、中国の現在の体制を好ましくないとする人は多いであろうが、それが南アフリカ共和国に匹敵すると考える人はほとんどいないであろう。

第三に、アジアには中国の人権問題よりもはるかに切実な問題がある。後ほど論ずる北朝鮮の核開発疑惑がそうだし、全体として、アジアの安定はどう見ても保障されてはいない。ところが、これらの問題についてアメリカと中国の協力関係は不可欠なものである。だが、アメリカが中国を人権問題で非難することは、中国にとって愉快なことではないし、さらには中国の国内的安定を脅かすものとさえ見られるかも知れない。それは米中協力を難しくする。

とくに、やがて更新の時期がくる最恵国待遇について、アメリカが中国の人権侵犯を理由に更新しないことにでもなれば、両国の関係は明白に悪化するであろう。そこにも、先に述べた内政的事情が作用している。共和党政権の時代から、議会は中国の人権侵害を問題にし、最恵国待遇を取り消すよう圧力をかけてきた。共和党政権はそれに従わなかったが、クリントン政権になると、一年間で中国の人権について進展が見られるようにすると語り、そうなれば一年毎の更新でなく最恵国待遇を与えることを公約した。だから、この六月二日（原註　公約により中国に通告した「一年後」の期日）が問題になるのである。

クリントン政権は、なにか明白な成果を上げるという、アメリカのすべての新政府が屈し易い誘惑に負けたように思われる。だが、外国のことは思うようには動かせないのであり、クリントン政権は、実現が不確かな目標に自らの威信をかけてしまったことになる。もっとも、最後の瞬間に、外交上の常識が働いて、クリントン政権は最恵国待遇を更新するだろう。米中関係を悪化させるというコストは高すぎるし、それにアメリカのなかには、中国という最も将来性のある市場への接近が難しくなるということで、クリントン政権の人権外交への強い反対が存在するからである。ただ、そうなればそうなったで、クリントン政権は無益な威嚇をしたことになってしまう。

大体、最恵国待遇を外交上の手段にしようというアメリカ議会の姿勢に誤りがある。第二次大戦後もこれまでに二回それが試みられ、共に失敗した。ひとつは一九七〇年代半ば、米ソ間の緊張が緩和され米ソ間の通商が拡大する気運を見せていたころ、ユダヤ人の出国を制約しているソ連政府の政策を非難し、それが改善されなければ最恵国待遇を取り消すという決議がなされた。そのために良くなりかけていた米ソ関係が再び悪化したというのは言い過ぎだが、改善されつつあった米ソ関係に水を差したことは否定できない。

その十年余り前、アメリカ議会はユーゴスラビアの中立主義政策がソ連寄りになったのに腹を立て、その体制が自由を抑圧しているという理由で、やはり最恵国待遇の取り消しを求めた。ケネディ政権はかろうじて最恵国待遇は守ったものの、ユーゴスラビアとの関係が冷却化するのは避けられなかった。当時駐ユーゴスラビア大使であったケナンはひどく憤慨し、議会と激しくやり合った後、結局大使を辞任し、外交官生活にも別れを告げた。私にはケナンの気持ちが十分判る。そして、ソ連との外交で最恵国待遇を利用することについて彼が述べていることは至言である。「ソ連がアメリカの商品に対してカネを支払った後、今度はアメリカ政府が、あれこれの政治的代償という形で、もう一回支払えと要求するようなことは、論理的におかしい。自由企業と市場の有効性を信ずるか否かがそこにかかっている」(『核の迷妄』)。

しかし、問題点のない国家などはおよそ存在しない。また、欠点はしばしば美徳と表裏一体になっている。それに、基本的には、アジア・太平洋地域の安定はアメリカなしにはまず考えられないのである。そのことは、例えば、最近クローズアップされてきた北朝鮮の核兵器開発疑惑問題を考えてみれば理解されよう。多くの人は、近い将来にこの問題をめぐって決定的な時期が来るかのように考えているが、私はそうは思わない。それは解決にかなりの時間を必要とし、関係者の粘りと叡知とを要求するような、嫌なものなのではなかろうか。

その基本的理由は、金日成や金正日など北朝鮮の指導者たちが、核兵器開発を固く決意しているとは言えないが、その疑念をはっきり無くしてしまうことは阻止しようと決意していることにある。簡単に言えば、核兵器開発疑惑を曖昧にしておこうとしているのであり、それが現体制の維持にとって不可欠と考えているということである。そう考えないと、一九九一年から九二年にかけて南北朝鮮の共存およびアメリカや日本との経済交流によって、北朝鮮が陥った経済危機＝体制危機を克服しようとした路線を一年余りで変えたことの説明がつかない。

一九九一年九月には、南北朝鮮は国連に同時加盟したし、同じころ、アメリカが朝鮮半島に置かれていた戦術核兵器を撤去したのを受けて、十二月には南北朝鮮による朝鮮半島非核化宣言がおこなわれた。そこで、北朝鮮は延ばしに伸ばしていたIAEA（国際原子力機関）との保障措置協定をようやく結び（一九九二年二月）、IAEAの査察を受け入れた。そのころ、北朝鮮は日本との間の国交樹立交渉をも始めている。きわめて望ましい変化であった。ところが、一九九三年二月、IAEAが通常査察の結果生じた疑惑を解明するために特別査察を要求すると、北朝鮮はこれを拒否し、NPT（核拡散防止条約）から脱退するという強硬姿勢をとるようになった。

北朝鮮はなぜ変化したのだろうか。ひとつの説明は、IAEAの完全な査察を認め核兵器開発を完全にやめることとそのものを、北朝鮮が嫌っているというものである。もうひとつの説明は、路線の変更を一時は本気で目指したのだが、開放・改革路線は体制の維持にとって危険であることを指導部が認識し、内部では引き締め、外部には対決姿勢という昔の政策に戻ったというものである。第一の説明も、北朝鮮の指導部の強い危機感を示しており、要するに、彼らは体制の維持をかけて、核兵器開発問題で頑張っているように思われる。

そして中国は、北朝鮮の体制が危機に瀕しており、指導者たちが包囲されたという心理状況にあるとみなしているので、強硬路線に反対しているように思われる。実際、問題の解決は中国が握っている。というのは、アメリカを中心とする多国籍軍の軍事力行使によって北朝鮮の核兵器開発能力を除去するという選択肢は、多くの専門家が言うように存在しない。そのためには空爆ではだめで、陸上軍を送り、北朝鮮を占領しなくてはならないが、それはコストがたかすぎる。そこで、唯一ありうるのは経済制裁ということになるが、中国が参加しなければそれは成功しない。北朝鮮の経済は、国際的な経済交流が少ないので経済制裁の効果は少ないし、ただひとつ有効なのはエネルギー源の切断だが、そのエネルギーは多くが中国から供給されている。そもそも、中国が反対すれば常任理事会の決議は決定しないのだが、かりに中国が棄権して決議が成立しても、中国が制裁に加わらなければ、効果はまことに限られたものとなるのである。

だから、逆に言えば、中国が制裁に踏み切るような姿勢をとり、国連が動くなら北朝鮮は折れるとも言える。だが、それは一種の賭けである。中国が北朝鮮の核武装を望んでいるわけはないのだから、中国はそうした行動に出ることもありうるのだが——私はそれは望ましいことと思う——、北朝鮮の政権崩壊への懸念から中国はそうした方策をとろうとしないであろう。たしかに、北朝鮮の共産主義政権の崩壊は朝鮮半島の状況を急変させるし、多くの難民が地続きの中国と韓国へと逃げるだろう。それに、共産主義崩壊の政治的波及効果だってありえないわけではない。

こうして、北朝鮮の核開発疑惑問題は、経済制裁なしに解決しなければならないと考えるべきである。それは決して問題を放置することにはならない。北朝鮮は、決裂しかけてはアメリカと交渉を再開することをくり返してきたが、それは北朝鮮が明白な決裂を望んでいないことを示唆している。アメリカと交渉して頑張ることは政権の威信をたかめ、政権の維持に役立つが、決裂し、孤立が完全になればそうした効果もなくなるからである。それ故、北朝鮮は、国際社会が注目し、ＩＡＥＡの査察も不十分ながら時に行われるなかで、核兵器開発をおこなうことになる。そのテンポは限られている。それに加えて、核兵器開発疑惑が解消しない限り、西側諸国との経済協力も当然限定される、だから、その経済力は伸びないか、衰えていく。こうした過程を通じて、北朝鮮の政策変更を期待する方が現実的であろう。

もっとも、この政策の危険は、北朝鮮が核武装へと近づき、数発の核弾頭と初歩的なミサイルを持つかも知れないことである。しかしその場合、日米、米韓の安全保障条約があり、アメリカの核抑止力が機能していれば、ほとんど危険性は増大しない。北朝鮮がアメリカを攻撃できる核能力を持つ場合には、アメリカの拡大抑止は怪しくなるが、そうしたことがおこるとは考えられないからである。

さらに言えば、ごく少数の核弾頭を所有する国ができればただちに核拡散がおこったと考えるのは誤りである。それはたしかに悪しき先例を作るという意味で、それを阻止するためにできる限りのことを行うべきだが、核兵器開発の努力をし、所有に限りなく近づき、あるいは所有した後、その無益さを悟って核兵器開発を止めるというシナリオも、残念ながらありうるのではなかろうか。南アフリカ共和国、ブラジル、アルゼンチンなどの事例から、私はそう判断する。

だが、このように時間をかけてアジアの核拡散問題に対処するとき、アメリカへの各国の信頼が不可欠なのである。

核問題に限定せず、全般的なアジアの安定を考えるときに、アメリカの重要性はますます大きくなる。そのことは、アメリカ抜きでアジアに安定した国際体系を作りうるかを考えてみれば理解される。ここではまず、アジアをビルマ以東と狭く捉えよう。そこでの大国は中国と日本ということになる。この二国が均衡した力を持ち、共存することはもちろん不可能ではない。しかし過去の歴史は、そうしたバランスが抗争の後でなければ作られ難いことを示している。ありがたいことにそうした問題は現在生じていないが、それは、日本が大きな経済力を持つが、軍事力は限られているからである。それは、普通は日本に不安を与えるはずだが、そうならないのは日米間に同盟が存在し、それに相当程度の信頼性があるからである。

その場合、日中の対立とバランスが米中のそれによって代わられているだけだ、という人がいるかも知れない。しかし、そうした批判は正しくない。まず、日米中の三角関係は日本と中国が直接対立する可能性を減らすから、日中関係は有効的なものとして保ち易くなる。それに、アメリカは世界的には一極と言ってもよい力を持っているが、アジアだけに限ると、軍事的にも経済的にも、他の国々を圧倒する力は持っていない。アメリカの力は世界に広く散らばって存在するから、その軍事力は保障を与えることはできても、自ら介入する力は限られている。その経済力は世界経済の枠組みを作り、維持する上で大きな役割を果たすが、アジア諸国の経済を思うように動かしたりすることはできない。

つまり、日米中の三国はそれぞれ異なった性格の力であり、それが補完したり、均衡していて、ひとつの国が思うままに切りまわすことはできないものとなっている。それが元来の勢力均衡の意味であり、望ましい均衡なのである。そこに安心感があって、多くのアジア諸国はアメリカのプレゼンスを歓迎しているのだし、より直接的には、先に述べた日中の対立がおこるか、いずれかが支配することを防止するのでそうしているのである。

面白くないのは、アメリカかも知れない。アメリカはアジアの安定に大きく貢献しているのに、その直接の報酬は少ないように見えるからである。それが指導的立場にあることとの宿命なのだが、しかし、アメリカ人にとっての心理的問題は残る。とくに、アメリカには外交不在の伝統があるだけにそうである。

◆5

以上に考察した状況の変化は、日本を最大級の試練に立たせるものである。というのは、日本のこれまでの対外政策は、アメリカの行動がおおむね正しいものであるときにうまく行くという性格のものだったからである。その場合、日本はアメリカの行動に対応すればよかったし、日本はその技術には長けていた。今ではその条件は消滅し——それは当たり前のことで、どの国も正しくない主張をするものである——、しかも、日米協力は以前にもまして必要である。

それ故、ここで、日本にも真の意味の外交が存在しないことが問題になってくる。アメリカとは逆の意味で、そうなのである。アメリカは外国という環境を変えうると思い過ぎるところがあるが、日本はその逆に、それに無関心であるか、少なくとも国際環境を変えることができないと考える。すなわち、それを「与件」と考え、そのなかでいかに対応するかだけを考える。悪く言えば「一国平和主義」とか「一国繁栄主義」ということになるが、対応型外交という方が正確であろう。日本人は世界における日本の批判を非常に気にするし、盲点はあるものの国際情勢の変化に敏感だからである。だから、根本的問題は対応しかしないことにある。

日米交渉もそうだったが、この数カ月の日本の行動はその欠点を露わにした。初めに書いたように、「数値目標」というアメリカの要求は間違っていたし、それを断ったのは正しかった。しかし、日本がそうすることができたのは、日本の経済力がかなりのものだったからである。小国であれば、ごまかしながら妥協しただろうし、過去のやや似た例で、日本はそうしてきた。そうせずにはっきり断ったのは、日本が「大国」になったからである。それを多くのアジア諸国が非難せず、ヨーロッパ諸国もアメリカを支援しなかったのも、同じ理由に基づく。すなわち、アメリカと日本という二つの「経済大国」がその種の協定を結ぶとき、世界が管理貿易の方に向かうのを恐れたからであった、と言えるだろう。明白な事実は、日本は大国であり、その行動は国際環境に影響を与えることである。

それなのに、自国の行動が国際体系に影響を与えないかのように行動することは、慎ましさではなく利己主義をもたらす。というのは、どの国も利己主義的なところがあるし、それに、国内政治の力学が自国内の諸集団の利益と意見を反映するようになっている。国際環境に事実として大きな影響を与えない小国の場合には、その欠点は表面化しない。戦後二十年足らずの間の日本は明白にそうだった。しかし、その行動が国際環境に影響を与える程度の国力を持った場合、それは許されなくなる。そうした国は、自らの行動が他に影響することを認識し、それを前提にしてその影響が国際環境を好ましいものにすること、少なくとも悪いものでないようにしなくてはならない。

それが「貢献」ということである。だが、この言葉は日本で盛んに使われるようになったが、実行はほとんどされていない。日米交渉はそのことを示した。すなわち、日本はその巨大な貿易収支黒字に驚くほど鈍感であり、少なくとも、それを解決するための方策を積極的に提示することをしなかった。竹中平蔵氏によれば、一時考えられたことはあるが、日本国内がまとまらなかったらしい。そのことは、大国が国際社会のなかで生きるためには、ときとして積極的に提案し、行動しなくてはならないという切実な思いがないことを示している。

もっとも、貿易収支の問題は難しい。まず、貿易収支だけを取り上げるのがおかしく、サービス貿易を加えて考えなくてはならないことは間違いない。それに、一国の黒字がつねに国際経済に悪影響を与えるものとは言えないようである。十九世紀中葉のイギリスは、相当期間経常収支の黒字を出していたし、二十世紀の初めから六十年ほどの間、アメリカもまたそうであった。その歴史的事実はまた、ある国が黒字を出すとき、それがかなりの長期にわたることをも示唆している。それでいて、この時期に国際経済がおかしくなったという訳ではない。大体、貿易収支黒字が得で、赤字は損であると考えることがおかしい、とも言えるだろう。

例えば、アメリカの貿易収支赤字がアメリカにいかなるマイナスを与えているのか、は判るようで判らない。また、現在のように企業がその母国以外で生産し、取引きするようになると、貿易収支黒字の意味はますます捉え難いものになる。しかし、いくつかの注意すべき点は常識的に認識されうるように思われる。

まず、経済収支黒字は程度問題であり、大き過ぎるものは国際経済を歪めるということである。というのは、大きな黒字国があるときには、どこかでそれに見合う赤字が出ていることになる。そして、国家は経常収支赤字をどこまでも積み上げる訳にはいかない。それは負担になるのだし、日本が大き過ぎる黒字を出すことは、他国にそうした負担を課していることになる。歴史上の事実を見ても、戦後のアメリカの貿易収支黒字が大きくなり過ぎたとき、それは「ドル不足」という形で国際経済に歪みを与えたのであった。十九世紀のイギリスの場合にも、大き過ぎる黒字はそう長くは続かなかったし、それは自然の摂理以上にイギリス自身が留意したのであった。現在の日本の場合にも、ほぼ三十年黒字が続き、最近では日本経済が大きくなったためもあって、大き過ぎるようになっているから、日本はそれを減らすようにすべきなのである。

第二に、ほとんどすべての国にとって、輸出の増大がその経済発展に貢献するということである。このところのＮＩＥＳをはじめとするアジア諸国の成長が輸出主導型の経済政策に求められるのは、そのことを証明しているのではないだろうか。もっとも、一国の輸出の増大が、そのまま他国の損失であるかのように考えるのは重商主義的な過ちである。世界の国々が他国の輸出を目の仇にし、それを抑えて自国の輸出を伸ばそうとするとき、世界全体の貿易が伸びなくなり、ほとんどすべての国が損をする。こうして、輸出競争をゼロサム・ゲームと捉えるのは間違いなのだが、しかし輸出は大切なのである。それ故、日本が大きな貿易収支黒字を計上していることは、他国の輸出機会を奪っていることになる。最近、アメリカは久しぶりに輸出増大を志向するようになった。それはアメリカ経済の再活性化のために必要だし、世界のためにもよいことである。「数値目標」はその目標をとげるため性急すぎる方法だから誤りなのだが、目標そのものが間違っているわけではない。だから、日本としてはアメリカの要求に対して、自らの貿易収支黒字を減らすという方策を提案すべきだったのである。

第三に、巨大な貿易収支黒字はその国にとってもよいことではない。なぜなら、黒字の分は、なんらかの形で外国に移転されなくてはならない。そのなかで、自らにとって真実に得になるのは投資だが、その能力には限界がある。それを超える黒字は、結局のところ、無駄に外国に移転されてしまう。実際、イギリスの投資にもアメリカの投資にもそういうところがあった。それに加えて、貿易収支黒字は、少なくとも変動相場制の下では、自らの為替ルートを押し上げ、自国の産業を苦しめる。それがある程度以上になるとき、産業は、必要なものまで海外に流出してしまう。それは自滅と言うほかない。

全体として、貿易収支の黒字そのものが問題ではないのであるが、それは自国と他国の経済と経済関係の歪みの現れなのであり、そこに問題がある、ということができる。それは理解し難いことではあるだろう。アメリカにしても、戦後の国際経済体制を作ったとき、経常収支の不均衡を正すのは赤字国の責任であると主張し、黒字国の責任でもあると主張するイギリスを強引にねじ伏せた。しかし、アメリカはそのプラグマティズムから、自らの黒字が大きすぎるようになったとき、それを減らす方策を考え、提案し、そして実行した。日本もそうした状況にある。だから、貿易収支黒字を減らす必要を認識し、そのための方策を考え、提案し、実行すべきだった。それができなかったのは、日本の体質が対応型である上に、この半世紀ほど、それに慣れ過ぎたからだと言わなくてはならない。

積極的提案の欠如は、昨年(一九九三)末にまとまったウルグアイ・ラウンドに際しても見られた。すなわち、日本はコメの輸入を徐々に自由化していくことについて自ら積極的に動こうとせず、アメリカとヨーロッパで農産物の輸入自由化について話がまとまった後、ウルグアイ・ラウンドをまとめるためにということで、譲歩した。私は日本が積極的な提案をすることを、湾岸戦争のころから必要と思い、書いたこともあるが、同時に、コメについてはまず不可能だろうなとも思っていた。そこには農民や「農業団体」の意向という、きわめて困難な政治的問題が存在したからである。だから、結果としては、最後にではあっても譲歩したことでまずは満足すべきであろう。

しかし、こうした事情を認めることはますます、ときとしてイニシアティブをとらなくてはならないことを知ることでもある。すなわち、提案にはそれだけのコストが伴う。世界で自ら提案し実行する方が、世界で決まったことだと言って国内を説得するよりも、国内政治の力学上難しい。だから、それはひとつの大国だけに任せるべきことではなく、問題によっていくつかの大国が背負うべき負担なのである。

実際、問題はあったが、アメリカはそうしてきた。そして、提案のコスト故に、すなわち国内を説得するために問題のある提案をおこなってきた面もある。その意味でも、さまざまな大国による提案が必要なのである。

以上、私は経済を事例にとって、日本の対外政策の欠点を探り、なすべきことを考察してきた。しかし、それはあくまでも事例であって、私の主張の中心は、日本がときとして、望ましい国際環境を作るために、積極的に提案し、行動すべきだということにある。実際、日本がそうすべきであるのは、経済以外の分野の方が多いかも知れない。というのは、アジアは経済的に発展している。少なくとも、これから十年間、アジアは他の地域よりも数段早い経済成長をとげ、世界のなかでの比重を増していくだろう。

しかし、すべての経済成長は状況を変え、政治的、社会的な問題をもたらすものである。ところが、そうした大きな変動を吸収し、円滑におこなわせる政治的枠組みがアジアには存在しない。先に述べたように、アメリカなしにはアジアの安定は覚束ない。しかし、外交の伝統のないアメリカは、アジアの事情を考慮に入れつつ、安定的な形でアジアにかかわる能力が、少なくとも十分ではない。外国にはそれぞれの事情があることを忘れて自国の原則をふり回すが、その結果は影響力の低下であり、それで面白くなくなってアジア離れすることがありうる。この危険を避けるには、他の国々がアジアの国際関係のあり方についての提案をしなくてはならないし、好むと好まざるとにかかわらず、大国日本にその責務は大きい。

だが、日本は戦後、経済以外については、対外政策においてまったく消極的であったし、それは日本人の習性に合致するものであるため、われわれにとって居心地のよいものであった。しかし、望ましい国際環境を他の国が作ってくれるとは限らないのだから、日本がこの習性に安住する限り、日本の将来は開けないことになる。われわれは、伝統的な体質、少なくともこの半世紀の間の習性から抜け出せるであろうか。

戦後日本と「外交感覚」
——解説にかえて

細谷雄一
HOSOYA Yuichi

❖「外交感覚」とは何か

「ディプロマチック・センスのない国民は、必ず凋落する。」

これは、岳父である牧野伸顕日本政府全権代表とともに一九一九年のパリ講和会議に参加した外交官の吉田茂が、ウッドロー・ウィルソン米大統領の顧問であったエドワード・ハウスから聞いた「忠言」である。それは、大国となった日本が戦後の国際社会で外交を誤ることで国を亡ぼすことのないよう、アメリカ人の立場から提供した助言であった。

このエピソードについては吉田自らが、『回想十年』の冒頭で書き記している[1]。吉田にとって、よほど印象的であったのだろう。ほかの機会にも、吉田はたびたびこのエピソードを紹介して、日本人が「ディプロマチック・センス」を育む重要性を強調している。

だが、パリ講和会議後の日本は、そのような「ディプロマチック・センス」、すなわち「外交感覚」を育む努力を欠くことになった。そして、その結果日本は戦争の泥沼へと足を踏み込み、国益を損ねて、数多くの国民の生命を失った。吉田は語る。「不幸にして、折角のハウス大佐の忠言も、ドイツの場合と同様に、わが国にも用いられず、明治以来長い間の外交上の伝統を狂わせて、無謀な戦争に突入し、興国の大業を根底から破壊してしまった。」このような「外交感覚」を取り戻すこと。それこそが戦後日本が胸に刻まなければならないことであった。

第二次世界大戦後、首相となった吉田は国際社会で日本が進むべき針路を模索し、戦後外交の基礎を築いた。それは後に、「吉田ドクトリン」と呼ばれるようになる。それでは、敗戦を経験した日本は、戦後世界においてどの程度「外交感覚」を回復し、育んできたのであろうか。

戦後、日本人が国際情勢の潮流を見誤らないように「外交感覚」を研ぎ澄ます必要を繰り返し説いたのが、国際政治学者の高坂正尭であった。京都大学法学部助教授であった高坂は、一九六四年二月号の『中央公論』に「宰相吉田茂」と題する外交評論を掲載した。その論文の中で吉田茂が創った外交路線を高く評価して、それをこれからも外交の基本路線として堅持する必要を説いた[2]。何よりも高坂は、吉田茂が戦後の国際情勢を適切に理解して、優れた「外交感覚」を有していたことを評価していた。

他方、一九六三年八月号の『中央公論』の誌上で高坂は、「自民・社会両党に訴う」と題する論文を掲載し、政治指導者のみならず国民世論もまた国際情勢を適切に理解して、外交政策を活発に論議する必要があると説いている。高坂は、国民が依然として十分に外交を理解する努力を行っていない現状を憂いていた。高坂は次のように語る。

「私は現在の状況を、外交政策の不在として捉えた。そして、外交政策不在の原因を、形式的には存在する外交政策が十分な世論の支持を得ていないことに求めた。たとえていえば、現在の日本外交は、馬力の小さい飛行機のようなものである。それは世論の後押しという推進力を持っていない。そうではなくて、外交が世論の強力な支持を得たとき、日本は外交政策を持つといえるようになるのだ。そして、そうなってはじめて、日本は冷戦下の極東という悪い気象条件のなかで、みずからのコースを定めて飛ぶことができるだろう。」[3]

このようにして高坂は、日本国民が「外交感覚」を育むことと、そのような「外交感覚」に裏付けられた世論に支えられる健全な外交政策を生み出すことを期待した。期待するだけではない。高坂は総合雑誌や新聞、さらにはテレビのようなメディアを通じて自らの考えを発信して、やわらかく、わかりやすい言葉で、国際政治や外交政策を論じ続けた。多忙な日常のなかでも、努めて国民へ向けて言葉を発する必要を感じていたのであろう。それは何よりも、戦後の日本人が「外交感覚」を育んで欲しいからであった。また、かつてハウス大佐が忠言したように、日本が再び道を踏み外すようなことをして欲しくないからであったのだろう。

そのような問題意識からも、高坂正堯にとって時事評論はきわめて大きな意味を持っていたのである。

❖「歴史散歩」と時事評論

高坂はその後も、月刊誌の『中央公論』をはじめとしてさまざまなメディアに外交評論や時評を掲載して、流動的で不透明な国際情勢について、ていねいに解説する努力を続けていった。他方で、本格的な歴史研究の執筆にも取り組み、一九七八年に中央公論社から刊行した『古典外交の成熟と崩壊』では、栄えある吉野作造賞を受賞している。この著書の中で高坂は、ナポレオン戦争後のヨーロッパで、ウィーン体制としての安定した国際秩序が形成され、それが変容し、崩壊していく様子を生き生きと描いている。同年一〇月一二日の授賞式では、受賞の言葉として高坂は次のように語っている。

「私は本格的な歴史書を読むのが好きだ。しかし、私は到底歴史の研究者にはなれない。生きて、動いており、今後どうなって行くのか判らないことの方が私には面白い。その反面、現在のことだけを専攻することも私を満足させない。そうすると、事実をよく知ることはできるが、イマジネーションが湧いて来ず、自分なりの読みもできなくなってしまう。だから私は、現実の国際政治をフォローしながら、その合間に歴史のやや本格的な研究をするという方法をとって来た。」[4]

このようにして、高坂は歴史と現在を往復していた。そのことを高坂は、自ら、「歴史散歩」という言葉で表現していた[5]。その「歴史散歩」から生み出される、現状の国際情勢を分析した高坂の時評は、明らかに同時代の多くのほかの政治学者が執筆した時評とは似て非なるものであった。その時評は、長い時間を超えてその生命を保ち、時代を超えて輝きを保っている点で、多くの凡百の時評とは異なる性質のものである。それは、高坂が、常に動きつつある国際政治を歴史のなかに位置づけようとしたからであり、またそこから普遍的な真理を追究しようと試みたからであろう。

高坂は、吉野作造賞の授賞式で先に触れたような受賞の言葉を語る一年前の一九七七年四月に、『中日新聞』(東京新聞)へ掲載する時評を書き始めており、その後、一九九五年三月まで、一八年の長きにわたって時評の執筆を続けることになった。新冷戦から冷戦終結、冷戦後の時代に至る激動の時代に、いわば「定点観測」のように世界を見つめ、国際情勢の潮流を眺めていた。そして、読者が複雑にして予測困難な国際情勢をより深く理解し、「外交感覚」を育むための補助線となるような、優れた数珠のような時評を描き残している。それらを集めたものを『外交感覚』と題して、全三巻にわたり中央公論社から時評集として刊行している。そして、それをあわせて復刊したのが、本書である。

❖苦難の時

一九七七年にその時評を書き始めたとき、高坂は四三歳であった。このとき高坂は、おそらく人生で一番苦しい時間を過ごしていた。大学は学生闘争が荒れており、また高坂の家庭を予期せぬ不幸が襲ったのだ。それまでの順風満帆ともいえる、若き俊英の輝かしい人生に、暗く重い雲が覆うようになっていく。

一九六九年頃から京都大学では激しい学生闘争が展開しており、親米派であって、自民党政権とも近い関係にある高坂は「保守反動の教授」というレッテルが貼られ、激しい非難の標的となっていた[6]。京大の構内には、「京大をアメリカ帝国主義に売り渡した猪木教授、高坂助教授を追放せよ!」(猪木正道は、助手時代の高坂を指導した、京都大学法学部教授の政治学者)と書きなぐられた大きな立て看板があったという。高坂の弟である高坂節三氏が追想するには、「その当時、兄の住む下鴨泉川町の家は、活動家の襲撃にそなえ警察によって防犯カメラが設置され、二十四時間ウォッチされていた」とのことである[7]。後には高坂は、このときのことを思い出し、「理屈では負けんけど、集団暴力すれすれの威迫を繰り返されると、物理的に体に来るし、神経が高ぶって夜中に目が醒める」と語っている[8]。学生の過激な活動は、高坂に集団暴力への恐怖心と、それへの強い嫌悪感を植え付けた。

高坂は一九七五年三月から九月まで、防衛庁長官の諮問機関「防衛を考える会」の委員として、翌年、はじめて策定されることとなる「防衛計画の大綱（以下、防衛大綱）」へ向けて中心的な役割を担うようになる。京都と東京を新幹線で往復する回数が増え、東京で夜を過ごす日も多くなっていった。また、一九七八年からはロンドンの国際戦略研究所（IISS）の理事に就任し、海外出張の機会とともに、京都の自宅を空ける時間が増えていった。一九七八年一二月に高坂は離婚をする。孤独な日々がはじまる。

京都大学法学部で若き日の高坂助教授の指導を受けた五百旗頭真氏が回顧するには、「七〇年代後半は高坂にとって苦難の時であった」のだ[9]。大学では学生運動の標的となり、家庭では妻との心理的な亀裂が開いていくにもかかわらず、高坂は国際政治学者として使命感をもって国際情勢を綴り始めた。歴史が動く息吹を感じて、高坂は歴史と現在とを往復しながら時評を書き始めた。そして、一九八五年にこの新聞時評をまとめた著書を刊行する際に、高坂はそのタイトルを『外交感覚』とした。というのも、高坂が述べるには、「資料が出揃ってから判断することの許されない外交や政治の営みにおいては、感覚による判断が、ある程度まではどうしても必要」だからだ[10]。

そのような感覚は誰もが持っている。それでは、どうすれば「外交感覚」を育むことができるのか。高坂は述べる。「熱狂やおごりや教条といったものに動かされるのをできるだけ避け、人間の力の限界を認識して謙虚に、しかしその努力の効用ゆえにあきらめもせず、素直に事態に取り組むならば、感覚が呼びさまされるのではなかろうか。」〔11〕このように高坂は、「外交感覚」を研ぎ澄ますために人々に特別なことを要求していたわけではなかった。人間としての常識、そして良識を備えること、そして公平かつ冷静に世界の動きを見つけることが、なによりも重要であった。そのためにも、「熱狂やおごりや教条」を排して、謙虚な努力を大切にすること。それによってこそ、日本人は「外交感覚」を育むことができる。

一九七〇年代から八〇年代にかけての予測の難しい流動的な時代に世界が突入していく中で、高坂は日本人が「外交感覚」を研ぎ澄ますことがそれまで以上に重要だと感じたのであろう。そして、自らの知見を活用して、時評を通じて現実の国際情勢を可能な限りわかりやすく、解きほぐそうと試みたのではないか。そして、その果実である魅力的な時評の数々が本書に収められている。

それは、同時代の新聞読者に対するメッセージであるだけではない。後の時代に人々が目を通すであろうことを予期して、国際政治の本質と、歴史の潮流の大局を描き出す作業でもあった。高坂自ら、「時事論文だからしばらく時が経てば価値がなくなるようなものなら、始めから書かない方がよい」と論じている(五頁)。そして、「外交評論や政治評論は、基本的に同時代史的な性格を持っている」と述べる。すなわち、「それは生じつつある事態のなかで作られる政策への批評」(本書四頁、以下同)であり、「転換期にある現在を考えるための材料」(八頁)である。

❖同時代史というアプローチ

本書はいわば、新冷戦から冷戦後へと移っていく激動の時代を、高坂正堯という戦後日本が持つことができた最良の国際政治学者が描いた、同時代史である。後の時代になってから時代を遡って資料をもとに歴史を綴ることに大きな価値があるが、他方でその時代の渦中にいて、その時代の息吹を感じながら内在的に歴史を綴ることにも重要な意義がある。その時代の、その国を代表する知識人や思想家が、流転する政治や外交を論評した時評集として、これまで数々の優れた書物が刊行されてきた。

たとえばフランスでは、戦後初期の時代に保守系の新聞である『フィガロ』に、思想家のレイモン・アロンが寄せた時評が、『冷戦(*La Guerre froide*)』というタイトルで刊行されている[12]。そこには、アロンの下で学び、ソルボンヌ大学(パリ第四大学)歴史学部で現代史を長年教えてきたジョルジュ＝アンリ・ストゥー名誉教授が、素晴らしい序文と解説を寄せている。時代の内側から冷戦の起源を記録したアロンの時評を読むことで、われわれは当時のフランス政治、そしてヨーロッパ国際関係をよりいっそう深く理解できるだろう。ちなみに高坂はアロンの著作から多大な影響を受けている。アロンは、フランスを代表する国際政治学者であると同時に、戦後フランスが生み出した最良の知識人でもあり、新聞や雑誌に数多くの価値ある時評を寄せてきた。したがって、アロンがかつて有していたスタイルを高坂が踏襲したとして不思議ではない。

また、アメリカを代表する国際政治学者のハンス・モーゲンソーも、それぞれの時代を描写する優れた時評集をいくつも刊行している。とりわけベトナム戦争の時代には激しく政府の政策を批判して、論壇でも活躍する有名な外交評論家でもあった。モーゲンソーは、大著『国際政治(*Politics among Nations*)』によってその名が知られるリアリズムの国際政治理論を代表する理論家であるが、その優れた時評によってもアメリカで広くその名が知られていた。たとえば、『真実とパワー(*Truth and Power*)』という著書には、国際政治の本質に迫る価値の高い外交評論が数多く所収されており、国際政治理論と時評との双方をつなげる試みも行った[13]。高坂はアロンやモーゲンソーから、そのリアリズムの国際政治思想とともに、時評を通じて国民世論を啓蒙する重要な使命をも受け継いでいるのではないか。

フランスではアロンが、アメリカではモーゲンソーが、そして日本では高坂が、多忙な生活の合間を縫って新聞や雑誌に時評を寄せて、変転する国際情勢を理解するための貴重な補助線を提供していた。彼らに賛同する者も、反対する者も、それらの時評に刺激を受けてまた助けを得て、自国に必要な外交政策を論議したことであろう。彼らの時評はまた、動きつつある現実の世界の情勢を、同時代史として描き長い歴史の中に埋め込む試みでもあった。そのような同時代史を描く試みについて、高坂は次のように説明する。

「奇妙な連想だが、私のように同時代史的な仕事をするものは、古代のギリシャのデルフィの神官と似ているところがあるように思うときがある。それは情報に触れていることが重要だという点においてだけでなく、何を聞かれるかということ、そして十分には分からないなかで考え、話したり聞いたりすることを他の人々がどう理解するかに多くかかっている点においてである。問いや反応がなければ、同時代史的考察はありえない。」(二三九頁)

このようにして、高坂は同時代史を描く作業が、著者と時代との間の弁証法的な作業であると同時に、同時代を生きる人々の間のコミュニケーションを通じた弁証法的な作業であることも指摘している。その意味では、同時代史を描く際の高坂の歴史認識は、イギリスの歴史家であるE・H・カーが『歴史とは何か』の中で描いた、「歴史とは歴史家と事実との間の相互作用の不断の過程」であるという理解に近い[14]。このように高坂は、「過去と現在」との生き生きとした対話だけでなく、「歴史家と事実との間の相互作用」をも重視していた。そこから、高坂の優れた同時代史が生み出されたのである。

❖モーゲンソーと「慎慮」の必要

それでは、高坂はどのような点に留意をして、新冷戦から冷戦後に至る激動の時代の同時代史を描いたのであろうか。

高坂は、一九九〇年に刊行した『時代の終わりのとき――続・外交感覚』（本書第Ⅱ部）の「まえがき」のなかで、「変化の性質を正しく認識すること」の重要性を指摘している（二三八頁）。どれだけ優れた歴史家であっても、未来を予測することはできない。未来は、その時代を生きている人間の決断によって日々創られていくものであって、特定のレールの上を滑って進むものではない。

だが、「変化の性質を正しく認識すること」ができれば、「前もってそれへの対応を考えておくこと」が可能となる（二三八頁）。その二つを行うことが可能か否かによって、優れた指導者、そして優れた知識人を、そうでない人々と区別する境界線が引かれる。そして、それが可能であるためには、「政治における慎慮」が必要であり、それによって「先を見る」ことが可能となる。人々は「慎慮」を持つことで、「変化の性質を正しく理解すること」ができるのだ。

ここで高坂が「慎慮」という言葉を用いていることに注目したい。ちょうど高坂がこの文書を書く少し前の一九八六年五月に、モーゲンソーの主著である『国際政治（*Politics among Nations*）』が、福村出版から現代平和研究会編（原彬久代表）によって翻訳され、出版されている。この、優れた国際政治学者や国際法学者のグループによる訳書の中で、モーゲンソーが用いた「プルーデンス」という言葉が、「慎慮」として訳出されている。これは、モーゲンソーの政治的リアリズムを理解する上で鍵となる用語である。

それでは、「慎慮（プルーデンス）」とはなにか。モーゲンソーによれば、パワー・ポリティクスとして国家と国家が権力抗争を行う世界の中で平和を維持するためには、人々の「慎慮」が不可欠となる。モーゲンソーは論じる。

「慎慮なくして政治的道義はありえない。すなわち、一見道義にかなった行動でも、その政治的結果が考慮されなければ政治的道義は存在しえないのである。したがってリアリズムは、慎慮、すなわちあれこれの政治行動の結果を比較考量することを政治における至上の道徳と考える。」[15]

モーゲンソーが、このような「慎慮」の対極に位置するものとして繰り返し批判していたのが、「政治的宗教としての十字軍的精神」である。このような粗野な正義感こそが、平和を破壊して、外交を不可能にする。それを、「現代における外交の衰退」の原因として、モーゲンソーは次のように語る。

「二つの巨大なパワー・ブロックの中心、すなわち二つの超大国は、民族的普遍主義の新しい道義的力に裏打ちされた十字軍的精神を吹き込まれており、どちらも全面戦争の可能性にそそのかされ脅かされている。したがって両国は、硬直した敵対関係のなかで対峙してきた。」[16]

高坂は、『時代の終わりのとき』を一九九〇年に刊行するうえで、そして一九八〇年代後半にそこに収める時評を東京新聞に寄せている際に、ちょうどこの時期に翻訳が刊行されたモーゲンソーの『国際政治』で触れられている「政治的宗教としての十字軍的精神」への嫌悪に共感したであろう。というのもそのような政治的熱狂と闘うことこそが、それまでの高坂の言論活動の中核でもあったからだ。

そのような「政治的宗教としての十字軍的精神」という独善性はまた、日本社会にもしばしば浮上して、日本の外交論議を麻痺させてきた。そのような病弊を治癒する上で欠かせない薬が、「慎慮」であった。そしてそのような「慎慮」を可能として、妥協や調整による平和を可能とするためにも、日本人には「外交感覚」が必要なのである。それなくして、日本は中国との関係で、そしてアメリカとの関係で、「政治的宗教としての十字軍的精神」という熱情にうなされて、国益を損ねることになるかもしれない。モーゲンソーによれば、「というのも、対外政策は、妥協することを目標としており、したがって相手側の目的の一部を容認し自己の目的の一部を放棄しなければならないからである。」[17]

「外交感覚」を育み、「慎慮」を外交に活かすことが、高坂が時評を通じて読者に伝えたかったことではないか。しかしながら、高坂の流麗な、そして成熟した文章をもってしても、それは容易ではなかった。激動の国際情勢は濁流のように人々の理性を混乱させて、進むべき針路を迷わせていた。長く続いた冷戦の国際体系が崩れ落ちつつあり、外交の世界では不透明性が満ちあふれていた。そのような不透明性と不確実性が溢れる世界で、他者に先駆けて「時代の終わりのとき」を感じ取っていた高坂は、かつてアロンやモーゲンソーがそうであったように、やはり卓越した「外交感覚」を有する稀有な外交評論家であった。

❖デタントから新冷戦へ

それでは、高坂正堯がこの時評を書き始める一九七七年四月とは、いったいどのような時代であったのだろうか。このとき日本の首相は、福田赳夫であった。世界に目を向けるとデタントが後退しつつあり、日本に目を向けると自民党内での激しい権力闘争や派閥争いが顕著であった。この時代の日本外交の特徴を、中西寛京都大学教授は次のように的確に要約している。

「一九七〇年代は、それまでの戦後世界の基本構造が大きく動揺し、変化した時代であった。こうした時代に日本は、アジアで唯一の先進国として、さらには世界経済の一翼を担う経済大国としての地位を固めていく。日本外交も、アメリカへの依存か独立かという象徴的な議論の段階を脱して、グローバルにも地域的にも広く、かつ密度の濃いものとなった。」[18]

このようにこの時代の日本は、急速に変化する国際政治構造を適切に理解しながら、拡大した国力に見合った責任を担うことが求められていた。しかしながら、必ずしもそのような方向へとスムーズに進んでいったわけではない。中西教授は、したがって、次のようにも論じる。「かくして、国内調整を外交に優先させ、はっきりした自己イメージを欠き、面倒な時にはカネに頼って解決する姿勢は、日本外交が真に自立することを妨げたように思われる。」[19] いわば、「吉田路線」として発展してきた、経済外交と日米同盟中心の戦後外交の基本路線が、この時期に行き詰まりを迎えつつあったのだ。

日本がよりいっそう自立して、また責任ある役割を担う上で、防衛政策を長期的な観点から再検討する必要が生じていた。それゆえに三木武夫政権の下で坂田道太防衛庁長官は民間有識者による「防衛を考える会」を設置して、一九七五年四月七日に第一回目の会合を開催した[20]。そこには、京都大学の教授に昇進して間もない高坂正堯も民間委員として参加していた。防衛事務次官の久保卓也と高坂が中心となって、「基盤的防衛力」という概念を中核に据えた新しい防衛政策を構想した。それは、一九七六年の防衛大綱に取り入れられて、二〇一〇年の防衛大綱で「動的防衛力」構想が導入されるまで、三〇年を超えて日本の防衛政策の根幹に据えられた。

一九七七年四月に、高坂が最初に寄せた時評のタイトルは「日ソ漁業交渉と国益」である。このとき日本は、「日米防衛協力のための指針」（ガイドライン）の合意と、日中平和友好条約締結へ向けて、準備を進めていた。したがって、それらの帰結としてソ連との関係は冷却せざるを得なかった。日ソ漁業交渉におけるソ連政府の強硬な態度は、それゆえにある程度やむを得ないものである。

高坂は、問題の本質を日本の弱さに見た。高坂は論じる。「ひらったくいえば、ソ連は日本の弱みにつけ込もうとした。それをわれわれが怒ることは無意味である。ソ連はその程度がひどいとはいえ、それが外交の常なのである。したがって外交において成功するためには、弱みを作らないことが第一の条件となる。」（一〇頁）このように、高坂は日ソ漁業交渉を通じて、この時代の日本外交の弱みに目を向けて、それに向き合う必要を指摘した。この時評を書く裏側で、高坂は防衛大綱策定に関与しており、よりいっそう大きな責任を日本が担い、よりいっそう自立的な防衛力を保有する必要を考えていた。そのような問題意識から、高坂は次のように論じている。

「備えのない国の外交は、必ず失敗し、国益を守ることができない。その備えとは軍事力を持つことだけではないし、広義の力を持つことにもつきない。必要な制度的変更を国内において行い、外国に無理をいうとか、頼み込まなくてはならないようなことを作らないことも重要なのである。

それを抜きにして外国の強引さを非難するのは、甘えん坊のすることであり、それを抜きにして政府の無策だけをそしるのは、無責任者のすることである。」(一一頁)

さて、われわれは高坂が四〇年ほど前に指摘した課題をすでに終えているのだろうか。ロシアと交渉する際に、あるいは中国と交渉する際にも、「備えのない国の外交は、必ず失敗し、国益を守ることができない」という。「弱みを作らない」ことが外交の要諦であるとすれば、はたして日本にどのような弱みがあるのかを適切に理解することもまた、外交において欠かせないのである。

同時に、国力が増大した日本がどのようにして適切なかたちで国際社会での責任を果たしていくのかという問題もまた、高坂の脳裏から離れなかった。一九七七年を回顧する文章の中で、高坂は次のように述べている。

「まず、日本に対する風当たりが強くなって来たのは、日本の国力増大の帰結である。日本の経済が大きくなったからその動向が世界に影響を与えるのであり、そこから経済大国の責務ということが出てくる。アメリカの対日要求にはたしかに独善的なところがあるが、しかし、その背景には日本が果

たすべき責任を果たしていないことへの不満がある。」(二一八頁)

この、国際社会で日本が果たすべき責任という問題は、冷戦後の現在に至るまで、日本外交における大きな課題となっていった。そして、それはまた高坂が外交を論じる際の一つの重要な問題意識として、「通奏低音」のように残っていった。

この時代を特徴付けるもう一つの重要な構造的な変化は、アメリカとソ連の地位が後退していったことである。そのことが長期的趨勢として冷戦終結に結びついていくが、高坂はその趨勢を見逃さなかった。高坂は、「アメリカの国力の相対的低下」の問題に目を向ける。そして、「アメリカは依然として、他の国々よりも数段上の国力を持っている」にも拘わらず、「アメリカのなかに『孤立主義』と呼ばれうる気分が出て来たことは否定しがたい」ことに懸念を抱いていた(三二一～三二二頁)。これを高坂は、日本や西欧諸国の責任分担の問題として捉えた。というのも、「他の国々の動向によって、アメリカの国際的役割が決まるという面が存在する」からであり、「日本や西欧諸国の責任分担の有無は、アメリカの力を活用するか、それとも眠らせておくかを左右する重要な要因」であるからだ(三二二頁)。日本が一定の国際的な責任を果たすのは、日本自らの外交アイデンティティの問題である以上に、国際秩序の安定のために必要だからであった。さもなければ、アメリカの「孤立主義」が強まってしまうが、「アメリカ抜きで国際関係の運営などは到底考えられない」のだから、それは大きな混乱と不安定化に帰結するであろう。高坂が怖れたのは、日本の無責任な行動と、責任分担の回避によって、国際秩序を不安定化させることであった。

他方で高坂は、ソ連の弱さにも懸念を抱くようになっていた。第三世界でのソ連の膨張主義的な行動が、西側世界におけるソ連への懸念を増大させていた。だが、高坂はそこにソ連の弱さを見た。「こうして問題は、ソ連が真実の自信を持たないまま、軍事力だけ強くなったことにある。もっとも、ソ連は軍事力以外に、世界に誇るものを持たない国である。ソ連から買うべき工業製品はまずない。」(四八頁)そして、軍事力に依拠したソ連の対外政策が行き詰まることを、高坂はこの時代にすでに見抜いていた。すなわち、「この強引な政策はいつまでも続くものではない。ソ連もいつかは、軍備拡張によって安全を得ようとすることが逆効果であるのを知るだろう。」(四八頁)

このようにアメリカの国際的地位の相対的低下、そしてソ連の自信の欠如からの膨張主義的政策が、国際秩序の不安定要因となっていることを高坂は懸念した。それを安定化させるために、日本は自らの対外政策を通じて一定の責任を負う必要がある。そのように適切に国際情勢を観察して、必要な外交政策を提唱していた知識人は、この時代の日本ではきわめて稀であった。そこに高坂の時評が持つ高い価値があった。不幸にして、高坂が四〇年ほど前に指摘した日本外交における課題は、いまだにその多くが解消されていない。

高坂はまだ新冷戦が苛烈な緊張をもたらす時代において、すでに冷戦終結への動きを感じ取っていた。本書の第Ⅰ部として収められている、一九八五年に刊行した『外交感覚』の序文において、高坂は「終わりの始まり」に言及している。すなわち、高坂は「ソ連の力の増大と進出は内に弱さを含み、それゆえに懸念の産物でもあった」とその本質を見抜き、「ソ連の力の増大には限界があることが明白になり、ソ連の指導者の世代交代が行われるに及んで、上述したような『ソ連問題』はその緊急性を失いつつあり、問題の質も変化するかも知れない」と予測する(四〜五頁)。

そして、それらを考慮に入れながら、高坂は「現在われわれはひとつの時代の終り《ママ》について語りうるかもしれない」と論じる（六頁）。まだペレストロイカが本格的に開始する前のこの一九八五年という早い段階で、「ひとつの時代の終わり」を語る高坂の同時代史的な洞察力の鋭さには、驚くべきものである。この高坂の時評集の『外交感覚』は、そのような冷戦終結へ向けた足音に耳を傾けながら、文章が綴られている。

高坂の洞察はそこに留まらない。高坂は、ソ連の力の低下と、それに伴う東欧の自立性の回復にともなって、世界政治に巨大な構造変動が起こることを予期している。高坂は語る。「東欧が世界政治に占める比重がやがて低下するということは十分に考えられる。ことしに入って『アジア・太平洋地域』とか『太平洋共同体』といったことが語られるようになったことは、そのひとつの前兆かもしれない。」（二三二頁）このように高坂は、アジア太平洋の時代の到来を、東欧の重要性の低下と関連づけて予測していた。そして、ヨーロッパから太平洋へと世界政治の中心が移動することで、その構造にも巨大な変化が生じるであろう。高坂は続ける。「私は、まだ当分の間ヨーロッパが世界政治の焦点であり続け、逆に『太平洋共同体』は容易に現実化しないと思うけれども、長期的趨勢は太平洋の時代へと向かっており、それゆえ、二十一世紀には焦点が移動するかもしれないのである。」（二三二頁）

高坂がこのように論じているのは、「ヤルタ会談後四十年」と題する時評においてである。高坂は、「すべてのものは変わるものであり、したがって、ひとつのシステムが長期にわたってまったく変わらないということはありえない」と論じる。高坂が予測したように、世界政治の中心はヨーロッパから太平洋へとシフトして、米中関係が現在の世界でもっとも重要な二国間関係となっている。

すでに述べたように、高坂は「変化の性質を正しく認識すること」の重要性を力説していた。そして、高坂が一九八〇年代に感じていた変化の性質への認識は、怜悧なほど正確であった。高坂の外交政策論は、そのような適切な国際情勢の認識という基礎の上に立つものであった。そこに、高坂の時評の優れた美徳が見られるのである。

❖新冷戦から冷戦終結へ

「外交感覚」第二巻の『時代の終わりのとき』の時評は、一九八五年四月にはじまっている。そして高坂自らが、この年について、「一九八五年は、これまでの国際体系が変化し、崩れ始めた年であった」と位置づける(二三七頁)。この第二巻の序文を一九九〇年に綴った高坂は、「簡単に言えば、共産主義は東欧諸国で崩壊し、それとともに冷戦が終了し、新たに日米関係が困難な問題として登場してきた」と、その五年間を総括している。

高坂自らは、「ほぼ五年間の論文を読み返してみて、おこりつつある変化の可能性は認識されているものの、そのテンポについてはまるで予測外れであったという気もする」と書いている。しかしながら、さらに後の時代からその時評を読み返してみると、冷戦終結へと向かう国際情勢の複雑な動きを、実に適切に、そして正しく理解していたことに驚きを覚える。これほどまでにその動向の本質と方向性を正しく理解できていた国際政治学者は、世界でも稀である。

もちろん、時評はその未来予測の当たり外れで価値が決まるわけではない。むしろ、時間を隔てて読んでみても価値があるような、国際政治の本質を理解するための普遍的な問題への確かなる視点を持っていることが、重要である。その意味で、高坂の時評は二一世紀の現在に読んでも、その価値が減じることなく、国際政治や日本政治、そして東アジアの国際情勢を理解する上での叡智に溢れている。たとえば、中国についての高坂の次のような言葉は、今読んでみてもまったくの真実である。つまり、「皮肉のようだが、中国は次のように見るのがよい。すなわち、ブームになれば先は短いと思い、少々停滞期が続けば中国に期待する、という態度である。」(二五二頁)

他方で高坂がこの時期に強く懸念を増していったのが、アメリカの動向であった。高坂は繰り返し、日米関係の危機や、アメリカが保護主義に向かう懸念を文章を通じて示していた。そして、アメリカで保護主義の主張が繰り返される要因として、高坂は、「経済の世界でどこから見てもナンバーワンの座をすべり落ちたことからくる、フラストレーション(欲求不満)」を見ていた(三一四頁)。高坂は、アメリカが自ら十分に努力をせずに、相手国に強い要求を突き付ける姿に強い怒りを示していた。だが他方で、アメリカがこれまで国際秩序の安定のために重要な役割を担ってきたことにも目を向けている。そこに高坂は、これからの世界における問題の本質を見た。

「たしかに超大国の介入が減ることは、概してよい方向への歩みである。しかし、超大国が介入しなくなれば内戦がなくなり、世界は安定するという考えは甘い。超大国の力は世界における秩序の基本的構成要因なのであり、それが役割を控え目かつ賢明に果たすことが必要なので、まったく役割を果たさないのも困るのである。」(三三二頁)

一九八八年の国際情勢の動向を見て、冷戦の終結を感じた高坂は、一九八九年一月の時評で次のように綴っている。まだ、東欧革命も、ベルリンの壁の崩壊も、ソ連の崩壊も起きていない、その前の時点での時評である。

「ひとつの時代が終わり、別の時代が始まるとき、世界は混沌とし、新しい時代の形はもちろんのこと、事態の発展の方向性も定かではないのが普通である。転換期とはそうしたもので、これからしばらくはそうなる。」(三五二頁)そして、冷戦時代に繰り返し米ソ間での緊張緩和が繰り返されてきながらも、「今回の緊張緩和はなにか違う」と論じる。「その基本的理由は、米ソ両国が冷戦的対立に疲れてきたことに求められよう。」(三五二頁)慧眼である。

そして高坂は、新しい世界システムに言及する。「新しいシステムは、設計図に従って作られたりはしない。過渡期には偶然としか言えない出来事が起こり、問題が発生する。それといかに取り組むかが、将来を決定することが多い。」(三五五頁)高坂は、「偶然」に注目する。政治は、科学ではない。直線的にものごとが動くこともない。人間が苦悩して、決断して、行動することによって、政治は動く。それが複雑に相互作用を起こすことで、新しいシステムが浮上するのであり、新しい問題が発生するのである。

一九八九年一二月に高坂は、激動の一年間を総括して、「終わりと始まりの間」という興味深い時評を書いている。そこで高坂は、「戦争や闘争は嫌なものだが、平和もまたやっかいなものである」と書いている。そして、「ひとつの時代の終わりは突如として訪れるが、新しい時代は緩慢に始まる」と述べている(三八四頁)。多くの論者が、冷戦の終結に希望を抱き、楽観的な「新世界秩序」を語るようになる。しかし、高坂はそのような楽観論に乗じることはなかった。そして、冷戦後の世界の誕生を待って、「長い始まりの時代」が到来する。

❖冷戦後の世界へ

高坂正堯が「外交感覚」第三巻（本書第Ⅲ部）の序文を一九九五年に書いていたとき、余命はわずか一年ほどしか残されていなかった。冷戦後の歴史は留まることなく刻まれていったが、高坂の人生は幕を降ろそうとしていた。そこに至るまでに、苦しい癌の闘病生活が待っている。すでにこのとき、高坂は還暦を過ぎていた。二十代末から論壇の世界で活躍を続けてきた高坂とはいえ、亡くなったのが六二歳というのは、一般的な感覚ではあまりにも早い。冷戦後の歴史を綴ることになる第三巻は、一九九〇年四月の時評にはじまり、一九九五年四月の序文で終わる。まるで砂時計の砂が上から下へと落ちていくかのように、高坂の人生に残された時間はわずかであった。

世界が冷戦の終結と、冷戦後の平和な世界に希望を寄せているときにも、高坂は冷静に、慎慮をもって国際情勢を眺めていた。冷戦が終わっても、国益の衝突がなくなるわけではないし、軍事力の意義が失われるわけでもない。とりわけ、ナショナリズムや奢りに突き動かされて、日米両国間の摩擦が大きくなっていくことに、高坂は繰り返し懸念を示していた。バルカン半島では激しい内戦が展開しており、朝鮮半島では北朝鮮の挑発的な行動が戦争の亡霊を呼び起こしていた。世界はどこに行くのか。高坂は論じる。「この五年間は、冷戦後の世界が次々にその複雑さを表してきたときであった。そして世界の雰囲気は悲観的な方向へと、少なくとも混迷の方向へと変化してきた。」（四一五頁）なぜこうなってしまったのか。高坂によれば、「一般論として、そう簡単に国際秩序ができるわけではないし、具体的にも、例えばソ連や東欧諸国などで共産主義が瓦解した後、新しい政治・経済・社会制度を作るのが大変であろうことは多くの人の感じたことであった。」(四一五頁)

確かに、冷戦後の世界を多くの者が手放しで礼賛していたわけでも、楽観視していたわけでもなかった。「しかし、冷戦終了直後の雰囲気は何といっても明るかった。それが暗くなったひとつの理由は、人々が多くを望みすぎたことになるだろう。」(四一五頁)人間がいちどにできることは限られている。歴史や、文化や、経済がつくってきた無数の国家間の摩擦は、冷戦の終結ですべて消散するわけではない。それらの摩擦や衝突、対立をひとつずつていねいに、ときには時間をかけて妥協へと導いていかなければならない。

それだけではない。高坂が論じるには、「より重要な理由は、冷戦の間に十分見えていなかった大きな変化が表面に出てきたことである。」(四一六頁)それらの難しい問題が解決されることを見ることなく、高坂はこの世界から去って行った。それは残されたものたちが、高坂が綴った数珠のような優れた時評に含まれる叡智から多くを学んで、対処していかなければならない。

❖危機に直面する日本

一九九〇年八月のイラクのクウェート侵攻、そしてその後の湾岸危機は、日本外交に重たい挑戦と課題を示すことになった。それまでの惰性による対処では、十分な責任を果たすことができない。冷戦後の新しい世界に向かって国際情勢が動く中で、日本に必要な新しい外交路線を模索しなければならないのだ。

そのような動きを見つめるなかで、高坂は一九九〇年一一月の時評において、世界が「悪い方向に変化してきた」ことを懸念している。高坂は次のように続ける。

「その変化を一口で言うのは難しいけれども、第一の特徴は熱狂のたかまり、あるいは宗教的・人種的な対立の激化ということであろう。冷戦が終わり、イデオロギー的対立がなくなって、より散文的な政治の時代になるかと思われたのだけれども、そして東西間の緊張は確かに和らいだのだけれども、世界は平和にはならなかった。冷戦のかげに隠れていた宗教的・人種的対立が表面化してきたのであり、それも世界各地で、さまざまな形でおこっている。」（四三六頁）

このように、「世界では熱狂のたかまり」と「宗教的・人種的な対立の激化」によって、より不安定で不透明な情勢になっていった。それは、高坂にとっては心地の良い世界ではなかった。それは、より不寛容な世界なのだ。高坂は、次のように述べる。

「不思議なことだが、イデオロギー対立が終わった後、より不寛容な状況が現れつつある。われわれは日本がそうではないことを喜ぶべきだし、また、そうした状況を続けるよう努力すべきであろう。そして、われわれが宗教に対して持っている独特の感覚から、宗教的不寛容という病にはかからずに済みそうである。しかし、我々の寛容は無関心に近い態度でもあるので、無原則にもなりやすい。少なくとも、激しい対立を経た後に獲得した寛容ではない。それではやって行けないのが、これからの世界である。」（四三七頁）

それではどうしたらよいのか。日本は寛容を保持するべきだが、同時にゆるやかな原則も持つべきである。無関心と無原則に基づいた寛容は、その本質において大きな問題を孕んでいる。日本がいかなる国家であって、いかなる理念を擁護しているのかを、世界に示すことなくしては、本当に意味で信頼される国家になることはないのだ。

湾岸戦争の際の日本国内の無責任な言論、そして無原則な主張に、高坂は深い失望と怒りを感じていた。そのときのことを、五百旗頭教授は次のように想起する。「高坂が憤慨したのは、たとえば、イラクに開戦した多国籍軍は正規の国連軍ではないから協力する必要はないといった日本人の議論であった。これは良心を欠いた形式論であり、『まやかしの議論』だと断ずる。」[21] そして、高坂は次のような強い言葉で、この時代の日本人を非難している。

「この半年の議論は、日本のなかに存在する内面的腐敗を示した。国は戦争に敗れても滅びはしないが、内面的な腐敗によっては滅びる。したがって、状況はまことにゆゆしいのであり、われわれはだれよりも真剣に、われわれの致命的欠陥の克服にとりかからなくてはならないのである。」（四四八頁）

リアリストとされた高坂が、実際には道徳や精神の問題にきわめて鋭敏に向き合っていたことを指摘するのが、京都大学で高坂の指導を直接受けた中西寛教授である。中西教授は論じる。「冷戦と湾岸戦争以降、高坂がとりわけ重視し、また懸念を示したのは日本政治の停滞であり、『言葉の欠如』であり、『精神の腐敗』であった。高坂が長年念願してきた対外政策をめぐる幅広いコンセンサスが日本において形成されることはなく、憲法や安全保障をめぐる分裂は継続し、湾岸戦争や冷戦後の国際秩序への関与をめぐって政治的議論は混乱した。」[22]そのことは、晩年の高坂の精神を摩耗させ、その希望を大きく損なったのである。

同じく高坂の指導を受けた五百旗頭教授も、同様に、高坂が「精神の腐敗を指弾し『内面の充実』を求めるモラリストであった」と語る[23]。冷戦後の世界で日本を待ち受けた危機は、「精神の腐敗」であった。それを克服できるかどうかに、日本の未来はかかっているのである。

❖外交評論家としての高坂正堯

一九九五年四月に高坂正堯がそれまで一八年間続けてきた新聞時評を終えたとき、日本の首相は社会党の村山富市であった。そして、戦後五〇年を記念する年となり、四ヵ月後には村山首相が、いわゆる「村山談話」を発表することになる。他方で、同年一月には阪神・淡路大震災、三月にはオウム真理教による地下鉄サリン事件が起こり、日本社会にも不安が渦巻くようになっていた。将来がよりいっそう不透明で、日本の国家アイデンティティが動揺する冷戦後の時代にこそ、高坂正堯が綴る時評を通じて人々は未来を思索するヒントを得たかった。しかしながら、高坂に筆を執る時間はわずかしか残されていなかった。

本書はこのように、デタントから新冷戦、冷戦終結、そして冷戦後の世界へと時代が移るなかで、戦後日本を代表する国際政治学者の高坂正堯が一八年続けてきた時評を集めてまとめたものである。この激動の、不透明で、流動的な時代のなかで、日本は高坂正堯という最良の道案内を得て、慎慮をもって外交を論じることが可能となった。それは幸運というほかない。高坂が嫌った「熱狂やおごりや教条」というものを排して、われわれは「外交感覚」を研ぎ澄ますことで、霧に覆われた未来に目を向けて、「変化の性質を正しく認識すること」が可能となるであろう。

最良の外交評論家である高坂正堯がどのように国際情勢を観察して、日本政治を描写したのか。高坂が時評を寄稿するのをやめてからすでに二〇年が経過した。混迷する現代において、高坂の外交評論を通じて「外交感覚」を学ぶことはよりいっそう高い価値を持つようになったのではないか。

（慶應義塾大学法学部教授）

註

1　吉田茂『回想十年（一）』（中公文庫、一九九八年）二二頁。

2　高坂正堯「宰相吉田茂」『中央公論』一九六四年二月号、及び、高坂正堯『宰相吉田茂』（中公クラシックス、二〇〇六年）に所収。

3　高坂正堯「自民・社会両党に訴う」『中央公論』一九六三年八月号、「外交政策の不在と外交論議の不毛」と改題して、高坂正堯『海洋国家日本の構想』（中央公論社、一九六五年）に所収。ここでは高坂正堯『海洋国家日本の構想』（中公クラシックス、二〇〇八年）五三～五四頁を参照。

4　高坂正堯「（受賞の言葉）私の方法論」高坂正堯著作集刊行会編『高坂正堯著作集第六巻』（都市出版、二〇〇〇年）三八〇～三八一頁。

5　高坂正堯『文明が衰亡するとき』（新潮選書、二〇一二年）三〇〇頁。また、細谷雄一「外交史家としての高坂正堯――『歴史散歩』する政治学者」五百旗頭真・中西寛編『高坂正堯と戦後日本』（中央公論新社、二〇一六年）二七～五一頁を参照。

6　高坂節三『昭和の宿命を見つめた眼――父・高坂正顕と兄・高坂正堯』（ＰＨＰ研究所、二〇〇〇年）二七二～二七三頁。

7 同右、二七四頁。
8 五百旗頭真「高坂正堯の戦後日本」五百旗頭・中西編『高坂正堯と戦後日本』一四〜一五頁。
9 同右、一五頁。
10 高坂正堯『外交感覚——同時代史的考察』（中央公論社、一九八五年）ⅳ〜ⅴ頁。
11 同右。
12 Raymond Aron, *La Guerre froide (juin 1947 à mai 1955): Les articles de politique international dans Le Figaro de 947 à 1977* (Paris: Fallois, 1990).
13 Hans J. Morgenthau, *Truth and Power: Essays of a Decade, 1960-70* (New York: Praeger, 1970).
14 E・H・カー『歴史とは何か』清水幾太郎訳（岩波新書、一九六二年）四〇頁。
15 モーゲンソー『国際政治——権力と平和（上）』原彬久監訳（岩波文庫、二〇一三年）五七〜五八頁。
16 モーゲンソー『国際政治（下）』三一四頁。
17 同右、三五四頁。
18 中西寛「自立的協調の模索——一九七〇年代の日本外交」五百旗頭真編『第三版補訂版・戦後日本外交史』（有斐閣、二〇一四年）一八四頁。
19 同右、一八六頁。
20 田中明彦『安全保障』（読売新聞社、一九九七年）二五四頁、佐道明広『戦後政治と自衛隊』（吉川弘文館、二〇〇六年）一〇一頁。
21 五百旗頭「高坂正堯の戦後日本」二一頁。
22 中西寛「権力政治のアンチノミー——高坂正堯の日本外交論」高坂・中西編『高坂正堯と戦後日本』二一八頁。
23 五百旗頭「高坂正堯の戦後日本」二六頁。

ワ 行

英字

マ 行

ヤ 行

ラ 行

ナ　行

ハ　行

タ 行

サ 行

主要事項索引

ア 行

カ 行

ヤ 行

ラ 行

ワ 行

ナ 行

ハ 行

マ 行

サ 行

タ 行

主要人名索引

ア 行

カ 行

年	月/日	主な出来事
	11/15	G20首脳会合（アンタルヤ、～11/16）開催
	11/18	第27回APEC首脳会議（マニラ、～11/19）
	11/30	COP21（国連気候変動枠組条約第21回締約国会議）開幕。京都議定書に続く新たな枠組みパリ協定を採択（2016年11月4日発効）
2016（平成28）	1/6	北朝鮮、4回目の核実験実施を発表
	1/30	米海軍、西沙諸島で「航行の自由」作戦
	2/4	12ヵ国により環太平洋戦略的経済連携協定（TPP）署名
	2/27	中国、西沙諸島（ウッディー島）に地対空ミサイル配備
	3/22	ブリュッセルで「イスラム国」によるテロ事件。死者32名
	5/20	台湾総統に蔡英文就任
	5/26	G7サミット（伊勢志摩）。安倍首相議長
	5/27	オバマ米大統領、現職大統領として初めて広島を訪問。原爆死没者慰霊碑に献花
	6/9	尖閣諸島沖の日本の接続水域（領海の外縁にあり、基線から24海里の範囲で沿岸国が設定する水域）に初めて中国の軍艦が侵入（ロシア軍艦艇も同時に侵入）
	6/23	英国でEU離脱の是非を問う国民投票が行われる。離脱派が僅差で残留派を上まわり、いわゆるBrexitが決まる
	6/28	イスタンブールで「イスラム国」による自爆テロ事件。死者36名
	6/30	フィリピン大統領にロドリゴ・ドゥテルテ就任
	7/1	ダッカで武装集団による襲撃・人質立てこもり事件。「イスラム国」が犯行声明。死者28名
	7/3	バグダッドで爆弾を積んだトラックが爆発。「イスラム国」が犯行声明。死者200人以上
	7/10	第24回参議院議員通常選挙（自民党：121、公明党：25、民進党：49、共産党：14、おおさか維新の会：12）
	7/12	ハーグの常設仲裁裁判所がフィリピンの主張を認め、南シナ海における中国の領有権主張に根拠なしと判定
	7/13	英国首相にテリーザ・メイ（保守党）就任
	7/15	トルコで軍の一部によるクーデター未遂が発生
	8/8	天皇が生前退位問題についてビデオメッセージを発表
	9/4	G20首脳会合（杭州、～9/5）開催
	9/9	北朝鮮、5回目となる核実験実施を発表
	11/9	米大統領選挙でドナルド・トランプ（共和党）が当選
	11/19	第28回APEC首脳会議（リマ、～11/20）
	12/9	韓国国会で朴槿恵大統領の弾劾訴追案可決。大統領は職務停止
	12/19	駐トルコ露大使、アンドレイ・カルロフが、アンカラでのスピーチ中にトルコ人警官により射殺される
2017（平成29）	1/1	国連事務総長にポルトガルのアントニオ・グテーレス就任
	1/20	米大統領にドナルド・トランプ（共和党）就任

年	月/日	主な出来事
		のロシア編入問題で緊急開催。ロシアのサミット参加資格停止が決定
	4/1	武器輸出三原則に代わる防衛装備移転三原則が閣議決定 消費税率5%から8%にアップ
	5/22	タイで軍事クーデター
	6/1	アジア安全保障会議(シャングリラ対話)で中国代表が南シナ海の支配を強調
	6/4	G7サミット(ブリュッセル)。安倍首相出席
	6/26	ハワイ沖で行われたリムパック(環太平洋合同演習)に中国海軍が初参加
	6/29	「イスラム国」、国家樹立を宣言
	7/8	イスラエル軍、ガザ侵攻
	8/8	米国を中心とする有志連合が「イスラム国」に対する空爆を開始
	8/19	南シナ海上で中国軍機が米軍機に異常接近
	9/28	香港で雨傘革命(反政府デモ)始まる(~12/15)
	10/24	アジアインフラ投資銀行(AIIB)設立覚書に21ヵ国が署名
	11/4	米国中間選挙で上下院とも共和党が制する
	11/10	第26回APEC首脳会議(北京、~11/11)。習近平が「一帯一路」構想を提唱
	11/15	G20首脳会合(ブリスベン、~11/16)開催
	12/4	安全保障会議が国家安全保障会議(日本版NSC)に再編
	12/14	第47回衆議院議員総選挙(アベノミクス解散、自民党:291、公明党:31、民主党:71、維新の党:41)
	12/17	米国とキューバ国交正常化交渉開始
2015 (平成27)	1/1	ユーラシア経済共同体を発展的に解消したユーラシア経済連合発足
	1/7	フランスでイスラム過激派による政治週刊紙「シャルリー・エブド」襲撃事件
	1/20	「イスラム国」、拘束した日本人2名の身代金を要求する動画を公開
	6/7	G7サミット(エルマウ)。安倍首相出席
	7/20	米国とキューバ、54年ぶりに国交を回復
	9/19	平和安全法制関連2法案が参議院で可決成立(30日に公布)
	9/30	ロシアが「イスラム国」に対する空爆開始を発表
	10/27	米海軍、南沙諸島で「航行の自由」作戦
	11/7	習近平中国共産党総書記と馬英九台湾総統が分断後初の首脳会談
	11/8	ミャンマー総選挙でアウンサン・スーチー率いる野党が大勝し、政権交代
	11/13	パリで「イスラム国」による同時多発テロ。死者130名

年	月/日	主な出来事
	8/9	米ルース駐日大使が米国政府代表としてはじめて長崎平和記念式典に出席
	8/15	香港の活動家たちが尖閣諸島の魚釣島に上陸、逮捕され強制送還
	9/11	日本政府、尖閣諸島の魚釣島他を国有化。中国で反日活動激化
	9/17	米レオン・パネッタ国防長官、尖閣諸島が日米安全保障条約の適用対象であると明言
	9/28	橋下徹大阪市長を中心に日本維新の会結党（〜14/7/31）
	12/16	第46回衆議院議員総選挙で自民党大勝（294議席で対照と、民主党：57、日本維新の会：54）
	12/26	第2次安倍晋三内閣成立
2013（平成25）	1/16	アルジェリアでアルカイダ系の武力組織が天然ガスプラントを襲撃。人質となった外国人のうち、日本人10人を含む37人が殺害された（アルジェリア人質事件）
	1/22	フィリピン、南シナ海における中国との紛争について国連海洋法条約に基づく仲裁手続きを開始
	1/30	東シナ海上で中国人民解放軍海軍のフリゲート艦が海上自衛隊の護衛艦ゆうだちに対して火器管制レーダーを照射
	2/12	北朝鮮、第3回の核実験実施を発表
	2/25	韓国大統領に朴槿恵就任
	3/14	中国国家主席に習近平就任
	3/19	ローマ教皇にフランシスコ（アルゼンチン）就任
	6/17	G8サミット（ロックアーン）。安倍首相出席
	6/28	衆議院小選挙区選出議員定数の人口格差を是正するための公職選挙法および区割り改正法公布
	7/1	クロアチアがEU加盟
	7/21	第23回参議院議員選挙（自民党：115、公明党：20、民主党：59、みんなの党：18）。自民党が過半数を獲得し、ねじれ状態を解消
	9/5	G20首脳会合（サンクトペテルブルク、〜9/6）開催
	10/7	第25回APEC首脳会議（バリ、〜10/8）
	11/19	キャロライン・ケネディ、駐日米大使に
	11/23	中国、尖閣諸島上空を含む東シナ海上に防空識別圏を設定
	12/17	防衛計画の大綱（25大綱）閣議決定。国際協調主義に基づく積極的平和主義を唱え、積極的な安全保障体制を目指す統合機動防衛力が打ち出された
2014（平成26）	1/1	米国でオバマケアによる保険適用開始
	1/7	安全保障会議設置法の改正に基づき設置された国家安全保障会議の事務局となる国家安全保障局（NSS）が発足
	2/3	米FRB議長にジャネット・イェレン就任
	3/14	安倍首相、河野談話を見直さないことを明言
	3/24	オランダのデンハーグで核セキュリティサミット。クリミア

年	月/日	主な出来事
		点を公開
	11/4	海上保安庁の巡視船に対する中国漁船衝突時の映像がYouTubeに流出
	11/11	G20首脳会合(ソウル、～11/12)開催
	11/13	第22回APEC首脳会議(横浜、～11/14)
	11/23	北朝鮮軍、韓国領延坪島に砲撃
	11/29	ウィキリークス、米外交機密文書約25万点の公開を開始
	12/17	防衛計画の大綱(22大綱)閣議決定。国際テロに対する動的防衛力の向上が目指された
	12/18	チュニジアでジャスミン革命。「アラブの春」始まる
2011(平成23)	3/11	東日本大震災発生。福島第一原子力発電所炉心溶融・水素爆発(国際原子力事象評価尺度レベル7)
	3/12	米軍による被災地救援復興支援活動・トモダチ作戦開始(～4/30)
	4/14	第1回東日本大震災復興構想会議(～12/2/10)
	4/15	参議院、東日本大震災に対する国際的支援に感謝する決議を全会一致で可決
	5/26	G8サミット(ドーヴィル)。菅首相出席
	6/7	東京電力福島原子力発電所における事故調査・検証委員会(内閣事故調、～12/7/23)
	6/24	東日本大震災復興基本法施行
	6/25	第12回東日本大震災復興構想会議「復興への提言～悲惨のなかの希望」を提出
	8/24	アラブの春に端を発した内戦からリビアのカダフィ政権崩壊
	9/2	野田佳彦内閣成立(～12/12/26)
	11/3	G20首脳会合(カンヌ、～11/3)開催
	11/12	第23回APEC首脳会議(ホノルル、～11/13)
	12/8	東京電力福島原子力発電所事故調査委員会(国会事故調、～12/7/5)
	12/17	北朝鮮の最高指導者、金正日死去。後継者に金正恩
	12/24	イラク戦争終結
2012(平成24)	2/10	復興庁発足
	5/15	仏大統領にフランソワ・オランド就任
	4/16	石原慎太郎東京都知事、尖閣諸島を地権者から買い取る意向を表明
	5/18	G8サミット(キャンプデービッド)。野田首相出席
	6/18	G20首脳会合(ロスカボス、～6/19)開催
	8/10	韓国の李明博大統領が竹島に上陸し、自国領であることを宣言
	8/14	李大統領が天皇に韓国の植民地化、戦争について謝罪を要求
	9/8	第24回APEC首脳会議(ウラジオストック、～9/9)

年	月/日	主な出来事
	11/14	初のG20首脳会合（ワシントン、～11/15）が開かれる
	11/22	第20回APEC首脳会議（リマ、～11/23）
	12/8	中国の海洋調査船が尖閣諸島の日本領海を侵犯
2009（平成21）	1/20	米大統領にバラク・オバマ（民主党）就任（～17/1/20）
	4/2	G20首脳会合（ロンドン）開催
	4/5	オバマ米大統領、核廃絶に向けた決意を示すプラハ演説を行う
	5/25	北朝鮮、第2回核実験
	7/8	G8サミット（ラクイラ）。麻生首相出席
	7/19	民主党代表の鳩山由紀夫が普天間代替施設について「最低でも県外」と発言し、選挙に際しての公約と見なされる
	8/20	ジョン・ルース、駐日米大使に（～13/8/12）
	8/30	第45回衆議院議員総選挙で民主党が圧勝（308議席、自民党：119）。衆参のねじれも解消される
	9/16	鳩山由紀夫内閣成立（15年ぶりの非自民勢力による政権、～10/6/8）
	9/24	G20首脳会合（ピッツバーグ）開催
	9/25	北朝鮮、2回目となる核実験実施を発表
	10/9	オバマ大統領、ノーベル平和賞を受賞
	11/10	北朝鮮警備艇が黄海の軍事境界線を越えて南下し、艦砲50発余りを発射。韓国軍は応射（大青海戦）
	11/13	日米首脳会談で鳩山首相が “Trust me.” と発言。2010年12月末までの普天間移設問題解決を約束
	11/14	第21回APEC首脳会議（シンガポール、～11/15）
2010（平成22）	1/16	新テロ特措法が失効しインド洋での給油活動から自衛艦撤収
	3/23	米国の医療保険制度改革（オバマケア）成立
	5/11	英国首相にデーヴィッド・キャメロン（保守党）就任（～16/7/13）
	6/8	菅直人内閣成立（～11/9/2）
	6/25	G8サミット（ムスコカ）。菅首相出席
	6/30	フィリピン大統領にベニグノ・アキノ3世就任（～16/6/30）
	7/11	第22回参議院議員選挙（自民党：84、公明党：19、民主党：106）。民主党、自民党ともに過半数に届かず衆参ねじれ状態に
	7/25	ウィキリークス、アフガニスタン紛争に関する米軍および情報機関の機密資料約8万点を公開
	8/6	ルース駐日米大使が米国政府代表としてはじめて広島平和記念式典に出席
	9/7	尖閣諸島付近で違法操業中の中国漁船が海上保安庁の巡視船に衝突
	9/12	中台間の自由貿易協定（FTA）両岸経済協力枠組協議（ECFA）が発効
	10/22	ウィキリークス、イラク戦争に関する米軍の機密文書約40万

年	月/日	主な出来事
	7/5	北朝鮮によるミサイル発射実験
	7/15	G8サミット（サンクトペテルブルク）。小泉首相出席
	9/11	第44回衆議院議員総選挙（自民党：296、公明党：31、民主党：113）
	9/26	第1次安倍晋三内閣成立（～07/9/26）
	10/9	北朝鮮、初めての核実験実施を発表
	11/18	第18回APEC首脳会議（ハノイ、～11/19）
	12/18	第5回6ヵ国協議第2フェーズ（～12/22）
	12/22	改正防衛庁設置法の公布により名称が防衛省設置法に変更
2007（平成19）	1/1	ブルガリア、ルーマニアがEU加盟 国連事務総長に韓国の潘基文就任（～16/12/31）
	1/9	防衛庁が防衛省に昇格
	2/8	第5回6ヵ国協議第3フェーズ（～2/13）
	3/13	テロ対策や国境の安全にかんする協力を定めた日豪安保共同宣言に署名
	3/19	第6回六ヵ国協議（～3/21）
	5/16	仏大統領にニコラ・サルコジ就任（～12/5/15）
	6/6	G8サミット（ハイリゲンダム）。安倍首相出席
	6/26	従軍慰安婦に対する日本政府の謝罪を求める米国下院121号決議が可決
	6/28	英国首相にゴードン・ブラウン（労働党）就任（～10/5/11）
	夏	米国でサブプライム住宅ローン危機深刻化
	7/29	第21回参議院議員選挙（自民党：83、公明党：20、民主党：109）。民主党が参院第1党となり、ねじれ状態に
	9/8	第19回APEC首脳会議（シドニー、～9/9）
	9/26	福田康夫内閣成立（～08/9/24）
	10/1	日本郵政株式会社の下に郵便事業株式会社と郵便局株式会社設立。日本郵政公社は廃止
	10/2	盧武鉉韓国大統領と金正日北朝鮮総書記が平壌で会談（～10/4）
2008（平成20）	1/16	新テロ特措法施行（2年間の時限立法）
	2/25	韓国大統領に李明博就任（～13/2/24）。太陽政策を転換
	5/20	台湾総統に馬英九就任（～16/5/20）
	7/7	G8サミット（北海道洞爺湖）。福田首相議長
	8/8	北京オリンピック開幕（～8/24）
	9/15	米リーマン・ブラザーズ証券倒産（リーマンショック）
	9/24	麻生太郎内閣成立（～09/9/16）
	9/29	緊急経済安定化法が米下院で否決。米ニューヨーク証券取引市場で株価大暴落。前年のサブプライムローン問題を契機とする世界金融危機はじまる
	10/22	長期的戦略課題での協力を謳った日印安全保障宣言に署名

年	月/日	主な出来事
	11/9	第43回衆議院議員総選挙（民主：177、自民：237、公明党：34）
2004（平成16）	1/1	韓国で日本文化の第4次開放（日本映画の公開を全面解禁、レコード・CD・テープの販売）
	2/25	第2回6ヵ国協議
	3/11	マドリッドでイスラーム過激派による列車爆破テロ
	5/1	キプロス、チェコ、エストニア、ハンガリー、ラトビア、リトアニア、マルタ、ポーランド、スロバキア、スロベニアがEUに加盟
	5/22	小泉首相第2回訪朝。拉致被害者5名が帰国
	6/8	G8サミット（シーアイランド）。小泉首相出席
	6/23	第3回6ヵ国協議
	7/11	第20回参議院議員選挙（自民党：115、公明党：24、民主党：82）
	8/13	在日米軍（海兵隊）のヘリコプターが沖縄国際大学に墜落
	11/2	米大統領選挙でジョージ・W・ブッシュが再選
	11/10	中国人民解放軍海軍の漢型原子力潜水艦が石垣島周辺海域で領海侵犯
	11/20	第16回APEC首脳会議（サンティアゴデチレ、～11/21）
	12/10	防衛計画の大綱（16大綱）閣議決定。抑止重視から対処重視に転換
2005（平成17）	3～	中国各地で反日運動が相次ぎ暴徒化。4/2には日系スーパーが襲われる（～4/23）
	4/11	トーマス・シーファー、駐日米大使に（～09/1/15）
	4/19	ローマ教皇にベネディクト16世（ドイツ）就任
	7/6	G8サミット（グレンイーグルズ）。小泉首相出席
	7/7	ロンドンでアルカイダによる地下鉄同時爆破テロ
	7/26	第4回6ヵ国協議第1フェーズ（～8/7）
	9/11	第44回衆議院議員総選挙で自民党大勝（郵政解散、民主党：113、自民党：296、公明党：31）
	9/13	第4回6ヵ国協議第2フェーズ（～9/19）
	10/1	日本道路公団廃止
	10/14	郵政民営化関連法可決成立
	11/9	第5回6ヵ国協議第1フェーズ（～11/11）
	11/18	第17回APEC首脳会議（釜山、～11/19）
	11/22	独首相にアンゲラ・メルケル（キリスト教民主同盟）就任
2006（平成18）	1/23	日本郵政株式会社発足
	2/1	米FRB議長にベン・バーナンキ就任（～14/1/31）
	4/7	普天間代替施設の辺野古沖移設（現行案）が防衛庁と名護市の間で合意
	5/9	ASEANで初の国防相会議
	6/2	「小さな政府」を目指した行政改革推進法施行

年	月/日	主な出来事
	6/27	韓国で日本文化の第3次開放（歌謡公演の規模制限解除、スポーツ・ドキュメンタリー・報道番組の放映など）
	7/5	ハワード・ベーカー・ジュニア、駐日米大使に（〜05/2/17）
	7/18	日本の歴史教科書問題に関連し、韓国議会が日韓共同宣言の破棄を含む対日関係の見直しを韓国政府に促す決議を満場一致で採択
	7/20	G8サミット（ジェノヴァ）。小泉首相出席
	7/29	第19回参議院議員選挙（自民党：111、公明党：23、民主党：59）
	8/13	小泉首相靖国神社参拝
	9/11	米同時多発テロ
	10/7	アフガニスタン紛争はじまる
	10/20	第13回APEC首脳会議（上海、〜10/21）
	10/29	テロ対策特別措置法成立（公布11/2）
	11/9	海上自衛隊の補給艦などをインド洋（公海）に派遣
	12/22	九州南西海域工作船事件（北朝鮮の工作船は巡視船と交戦し、自爆沈没）
	12/2	米総合エネルギー企業エンロン、粉飾決算が明るみに出て破綻
2002 （平成14）	1/29	ブッシュ大統領、一般教書演説内で北朝鮮、イラン、イラクを名指しで「悪の枢軸」と批判
	3/2	自衛隊、国連東ティモール暫定行政機構（UNTAET）に東ティモール派遣施設群を派遣（〜04/6/27）
	5/31	FIFAワールドカップ日韓共催（〜6/30）
	5/24	モスクワ条約（米国とロシア間の核軍縮条約）
	5/28	日経連と経団連が統合して日本経済団体連合会となる
	6/26	G8サミット（カナナスキス）。小泉首相出席
	7/21	米大手通信事業者ワールドコム破綻
	7/29	普天間代替施設として辺野古崎沖西南リーフ付近の埋立て案が決定
	9/4	日本海中部海域不審船事件
	9/17	小泉首相訪朝、金日成と日朝首脳会談。日朝平壌宣言
	10/26	第14回APEC首脳会議（ロスカボス、〜10/27）
2003 （平成15）	1/10	北朝鮮、NPTからの脱退を宣言（第2次北朝鮮核危機）
	2/25	韓国大統領に盧武鉉就任（〜08/2/24）
	3/15	胡錦濤国家副主席、中国国家主席に就任（〜13/3/14）
	3/20	イラク戦争開始
	6/1	G8サミット（エヴィアン）。小泉首相出席
	6/13	有事法の基本法となる武力攻撃事態法成立
	8/27	第1回6ヵ国協議
	10/20	第15回APEC首脳会議（バンコク、〜10/21）

年	月/日	主な出来事
	10/20	韓国で日本文化の第1次開放（漫画、4大国際映画祭受賞映画の公開）
	10/27	独首相にゲアハルト・シュレーダー（ドイツ社会民主党）就任（～05/11/22）
	11/17	第10回APEC首脳会議（クアラルンプール、～11/18）
1999（平成11）	3/23	能登半島沖不審船事件
	3/24	NATO軍、コソボ空爆（～6/10）
	4/30	カンボジアがASEANに加盟
	5/7	NATO軍、ベオグラードの中国大使館誤爆事件
	6/18	G8サミット（ケルン）。小渕首相出席
	8/13	国旗国歌法施行
	9/10	韓国で日本文化の第2次開放（一定規模以下の歌謡公演など）
	9/12	第11回APEC首脳会議（オークランド、～9/13）
	9/23	第2次チェチェン紛争（～09/4/16）
	9/30	東海村JCO核燃料加工施設臨界事故（国際原子力事象評価尺度レベル4）
	12/20	ポルトガルから中国へマカオ返還
	12/31	ロシアのエリツィン大統領辞任。後継にウラジーミル・プーチン首相を指名
2000（平成12）	4～	新しい歴史教科書を作る会の『新しい歴史教科書』『新しい公民教科書』（扶桑社）教科書検定に合格
	4/2	小渕首相、脳梗塞で昏睡（5/14死去）
	4/5	森喜朗内閣成立（～01/4/26）
	5/20	台湾総統に陳水扁就任（～08/5/20）
	6/13	金大中韓国大統領と金正日北朝鮮国防委員長が平壌で会談（～6/15）
	6/25	第42回衆議院議員総選挙（神の国解散、民主党：127、自民党：233、公明党：31）
	7/21	G8サミット（九州沖縄）。森首相議長
	夏	米カリフォルニア電力危機
	11/15	第12回APEC首脳会議（バンダルスリブガワン、～11/16）
2001（平成13）	1/6	中央省庁再編統合により1府22省庁から1府12省庁に。内閣府、財務省、文科省、厚労省、経産省、国交省、環境省などが誕生
	1/20	米大統領にジョージ・W・ブッシュ（共和党）就任（～09/1/20）。フィリピン大統領にグロリア・アロヨ就任（～10/6/29）
	2/10	米ハワイ州オアフ島沖で愛媛県立宇和島水産高校の練習船えひめ丸が米海軍の原潜と衝突し沈没。死傷者21名
	4/1	南シナ海上で米中の軍用機が空中衝突。両国間の緊張高まる（海南島事件）
	4/26	小泉純一郎内閣成立（～06/9/26）

年	月/日	主な出来事
	11/21	行政改革会議設置（～98/6/30）。橋本行革始まる
	11/25	第8回APEC首脳会議（マニラ／スービック）
	12/17	ペルー日本大使公邸人質事件発生（～97/4/22）
1997（平成9）	1/1	国連事務総長にガーナのコフィー・アナン就任（～06/12/31）
	2/19	中国の最高指導者、鄧小平死去
	4/1	消費税率3%から5%にアップ
	5/1	英国総選挙で労働党圧勝
	5/2	英国首相にトニー・ブレア（労働党）就任（～07/6/27）
	6/20	G8サミット（デンヴァー）。橋本首相出席。ロシアが正式加盟し、以後、G8となる
	7/1	英国から中国に香港返還
	7/2	機関投資家の空売りに端を発した通貨下落によってアジア通貨危機はじまる
	7/23	ミャンマー、ラオスがASEANに加盟
	8/31	ダイアナ元英皇太子妃、パリで交通事故死
	10/8	金正日、朝鮮労働党総書記に就任
	11/3	三洋証券破綻（戦後初の証券会社破綻）
	11/17	北海道拓殖銀行破綻
	11/19	トーマス・フォーリー、駐日米大使に（～01/4/1）
	11/22	山一證券破綻
	11/24	第9回APEC首脳会議（バンクーバー、～11/25）
	12/11	COP3（国連気候変動枠組条約第3回締約国会議）で京都議定書を採択
1998（平成10）	1/26	大蔵省接待汚職事件（三塚博大蔵大臣、松下康雄日銀総裁らが引責辞任）
	2/25	韓国大統領に金大中就任（～03/2/24）。対北朝鮮宥和政策（太陽政策）はじまる（～08/2/24）
	5/11	インドが1974年以来となる核実験を実施（5/13にも）
	5/15	G8サミット（バーミンガム）。橋本首相出席
	5/28	パキスタンがインドに対抗し核実験を実施（5/30にも）
	6/30	フィリピン大統領にジョセフ・エストラダ就任（～01/1/20）
	7/12	第18回参議院議員選挙（自民党：103、民主党：47）。自民党は過半数を割るも、自由党、公明党との連立でねじれを解消
	7/30	小渕恵三内閣成立（～00/4/5）
	8/7	ケニアとタンザニアで米国大使館同時爆破事件
	8/17	ロシア中央銀行が90日間の対外債務支払い停止を発表。ロシア財政危機はじまる
	9～	米ヘッジファンドLTCM経営危機
	10/8	日韓共同宣言。小渕首相と金大中韓国大統領が新たな日韓パートナーシップの構築を謳う

年	月/日	主な出来事
	3〜	朝鮮半島エネルギー開発機構（KEDO）発足（〜06/5/31）
	3/20	地下鉄サリン事件発生。死者13名、重軽傷者5,510名
	4/19	米オクラホマシティの連邦政府ビルで爆破テロ
	5/17	仏大統領にジャック・シラク就任（〜07/5/16）
	6〜	連立与党のプロジェクトチームが立ち上がり住専問題が表面化
	6/15	G7サミット（ハリファックス）。村山首相出席
	7〜	財団法人女性のためのアジア平和国民基金設立（〜07/3/31）
	7/21	中国、台湾海峡でミサイル発射試験（〜96/3/23）。第3次台湾海峡危機はじまる
	7/23	第17回参議院議員選挙（自民党：111、新進党：57、社会党：37）
	7/28	ベトナムがASEANに加盟
	8/5	ベトナム、米国と国交正常化
	8/15	植民地支配と侵略を再確認し、謝罪を表明する村山談話を表明
	9/4	沖縄で米兵による少女暴行事件発生
	10/21	沖縄宜野湾市で少女暴行事件に抗議する県民集会
	11/16	韓国で盧泰愚前大統領逮捕
	11/19	第7回APEC首脳会議（大阪）
	11/28	防衛計画の大綱（07大綱）閣議決定。即応予備自衛官制度導入
	12/3	韓国で全斗煥元大統領逮捕
	12/8	福井県敦賀市の高速増殖原型炉もんじゅでナトリウム漏洩事故
1996（平成8）	1/5	村山首相退陣表明
	1/11	自民党、社会党、新党さきがけ連立による橋本龍太郎内閣成立（〜98/7/30）
	1/19	日本社会党が社会民主党（社民党）に改称
	3/23	台湾で初の直接総統選挙が行われ、李登輝が当選
	4/12	橋本首相とウォルター・モンデール駐日米大使との間で米海兵隊普天間基地の移設条件付返還が合意
	5/15	高坂正堯死去（62歳）
	6/27	G7サミット（リヨン）。橋本龍太郎首相出席
	7/3	ロシア大統領選挙でボリス・エリツィン再選
	7/20	排他的経済水域及び大陸棚に関する法律施行
	8/14	橋本首相、従軍慰安婦問題でフィリピンに謝罪
	9/10	国連総会で包括的核実験禁止条約（CTBT）採択
	9/29	民主党結成、菅直人と鳩山由紀夫の共同代表制を採る
	10/20	小選挙区比例代表並立制が採用されて初となる第41回衆議院議員総選挙（新進党：156、民主党：52、自民党：239）
	11/5	米大統領選挙でビル・クリントン再選

年	月/日	主な出来事
	7/18	第40回衆議院議員総選挙で自民党過半数割れ（日本新党：35、新党さきがけ：13、新生党：55、社会党：70、自民党：223）
	8/4	従軍慰安婦に関して官憲や軍の関与を認める河野洋平官房長官談話を発表
	8/9	細川非自民連立政権成立（～94/4/28）。55年体制崩壊
	9/21	ウォルター・モンデール元副大統領、駐日米大使に（～96/12/15）
	10/3	ロシアで10月政変（エリツィン大統領派の勝利）
	11/19	第5回APEC首脳会議（シアトル、～11/20）。今回から首脳レベルの会合に格上げされ、細川首相が出席
	12/16	田中角栄元首相死去
1994（平成6）	1/1	北米自由貿易協定（NAFTA）発足
	2/3	細川首相、3年後の消費税廃止と、税率7%の国民福祉税構想を発表し、即日撤回
	2/11	細川・クリントン会談、包括協議合意に至らず決裂
	2/23	防衛問題懇談会（樋口廣太郎座長）発足
	3/4	政治改革四法（改正公職選挙法、改正政治資金規制法、政党助成法など）成立
	3/24	参議院で衆議院の小選挙区比例代表並立制を柱とする選挙改革法案が可決
	4/8	細川首相辞意表明
	4/28	羽田孜内閣発足（～94/6/30）
	6/15	ジミー・カーター元米大統領が北朝鮮訪問。金日成国家主席と会談
	6/30	自民党、社会党、新党さきがけにより村山富市社会党委員長首班指名。村山内閣成立（～96/1/11）
	7/8	G7サミット（ナポリ）。村山首相出席 北朝鮮で金日成国家主席死去。後継者に金正日
	7/18	村山首相、自衛隊合憲を明言
	10/21	米国の軽水炉提供などを条件に北朝鮮が核開発放棄に合意（米朝枠組み合意）
	11/8	米中間選挙で共和党が40年ぶりに上下両院で過半数を獲得
	11/15	第6回APEC首脳会議（ボゴール）
	11/16	国連海洋法条約（UNCLOS）発効（日本では1996年7月20日発効）
	12～	ロシア連邦軍、チェチェン侵攻（第1次チェチェン紛争、～96/8）
	12/10	新生党、公明党、民社党、日本新党などが合流し、新進党結成
1995（平成7）	1～	CSCEが欧州安全保障協力機構（OSCE）に改組される
	1/1	オーストリア、フィンランド、スウェーデンがEUに加盟
	1/1	GATT「ウルグアイラウンド」の合意に基づき、GATTをWTO（世界貿易機関）に改組
	1/17	阪神淡路大震災発生

年	月/日	主な出来事
	2/7	欧州連合（EU）の創設を定めたマーストリヒト条約に調印
	2/25	中国で「領海及び接続水域法」制定
	3/15	国連カンボジア暫定統治機構（UNTAC、明石康事務総長）が活動開始
	4/1	ボスニア・ヘルツェゴビナ紛争起こる（～95/12/14）
	5/22	細川護熙元熊本県知事が日本新党を結党
	6/15	国際平和協力法（PKO協力法）衆議院本会議で可決
	6/30	フィリピン大統領にフィデル・ラモス就任（～98/6/29）
	7/6	G7サミット（ミュンヘン）。宮澤首相出席
	7/26	第16回参議院議員選挙（自民党：107、社会党：71）。ねじれ解消
	8/24	韓国、中国と国交樹立
	9/10	第4回APEC首脳会談（バンコク、～9/11）
	9/16	ブラックウェンズデー。ヘッジファンドの売り浴びせを受けたイングランド中央銀行がポンドの買い支えに失敗（ポンド危機）。翌日、ポンド変動相場制に移行
	9/17	自衛隊第1次カンボジア派遣施設大隊出発
	9/30	米、フィリピンにスービック海軍基地を返還
	10/17	米ルイジアナで日本人留学生射殺事件
	10/23	天皇、中国を初訪問
1993（平成5）	1/1	マーストリヒト条約発効により欧州連合（EU）発足
	1/3	ブッシュ米大統領とボリス・エリツィンロシア大統領、第2次戦略兵器削減条約（START II）に調印
	1/20	米大統領にビル・クリントン（民主党）就任（～01/1/20）
	2/25	韓国大統領に金泳三就任（～98/2/24）
	3/12	北朝鮮、核拡散防止条約（NPT）からの脱退を宣言（第1次北朝鮮核危機）
	3～	韓国、金泳三大統領が従軍慰安婦問題で日本に物質的な補償は求めないことを言明
	3/25	海上自衛隊に日本初のイージス艦こんごう就役
	3/27	中国国家主席に江沢民就任（～03/3/15）
	4/8	カンボジアで選挙監視活動中の国連ボランティア中田厚仁射殺される
	5/4	カンボジアで文民警察官の高田晴行殉職
	6/9	皇太子徳仁親王と小和田雅子、結婚の儀
	6/18	宮澤内閣不信任案が可決され、衆議院解散
	6/21	武村正義元滋賀県知事を中心に新党さきがけ結成（田中秀征、鳩山由紀夫ら）
	6/23	自民党羽田派が離党し、新生党を結成（羽田孜、小沢一郎、渡部恒三ら）
	7/7	G7サミット（東京）。宮澤首相議長
	7/12	北海道南西沖地震、奥尻島他に津波被害

年	月/日	主な出来事
		惜の念」を表明
	7/9	G7サミット（ヒューストン）。海部首相出席
	7/29	第2回APEC首脳会議（シンガポール、～7/31）
	8/2	イラク軍クウェート侵攻（～8/4、湾岸危機）
	8/30	日本、多国籍軍への10億ドルの資金協力を決定
	8/31	東西ドイツ統一条約に調印
	9/14	日本、多国籍軍に10億ドルの追加資金協力と紛争周辺3ヵ国への20億ドルの経済援助を決定
	10/3	東西ドイツ統一（東ドイツ各州が西ドイツに加入）
	11/28	英国首相にジョン・メージャー（保守党）就任（～97/5/2）
1991（平成3）	1/17	多国籍軍によるイラク空爆で湾岸戦争始まる（～2/28）
	1/24	日本、多国籍軍へ90億ドルの追加資金協力を決定
	3/11	クウェート、「ワシントン・ポスト」紙に支援30ヵ国への感謝広告掲載。財政支援のみの日本・韓国の記載なし
	4/6	国連による停戦協定を受け入れイラク停戦合意
	4/26	海上自衛隊ペルシャ湾掃海派遣部隊出発
	6/9	フィリピン・ピナツボ火山噴火により米軍基地が使用不可能に
	6/12	ロシア共和国大統領選挙でボリス・エリツィンが当選
	7/12	ペルーでJICAの技術指導員3人がゲリラに殺害される（ワラル事件）
	7/15	G7サミット（ロンドン）。海部首相出席
	8/19	ソ連で保守派によるクーデターが起こり、ゴルバチョフ大統領軟禁（～8/21、クーデター失敗）
	9/17	韓国、北朝鮮および、エストニア、ラトビア、リトアニアのバルト3国が国連に加盟
	9/22	クロアチア、ユーゴスラビア軍と衝突（クロアチア紛争、～95/11）
	10/23	カンボジア和平パリ国際会議（カンボジア内戦終結）
	11/5	宮澤喜一内閣成立（～93/8/9）
	11/12	第3回APEC首脳会議（ソウル、～11/14）
	11/26	米、フィリピンにクラーク空軍基地を返還
	12/8	ロシア、ウクライナ、ベラルーシ首脳、3国のソ連離脱と独立国家共同体（CIS）樹立で合意（ベロヴェーシ合意）
	12/13	韓国・北朝鮮間で和解・不可侵・交流を謳った南北基本合意書締結（92/2/19発効）
	12/25	ソ連、ゴルバチョフ大統領辞任
	12/31	ソビエト連邦解体、ロシア連邦へ。エリツィン、ロシア連邦大統領に
1992（平成4）	1～	鄧小平、改革開放を唱導する南巡講話を発表
	1/1	国連事務総長にエジプトのブトロス・ガリ就任（～96/12/31）

年	月/日	主な出来事
	12/16	韓国で16年ぶりの大統領選挙
1988（昭和63）	1/1	ソ連でペレストロイカ始まる
	1/13	台湾総統に李登輝就任（～00/5/20）
	2/25	韓国大統領に盧泰愚就任（～93/2/24）
	3/14	中国とベトナムが南シナ海で衝突（スプラトリー諸島海戦）
	5/15	ソ連軍、アフガニスタンからの撤退開始
	5/23	レーガン大統領ソ連訪問
	6/19	G7サミット（トロント）。竹下首相出席
	8/20	イラン・イラク戦争停戦
	9/17	ソウルオリンピック開幕（～10/2）
	9/19	天皇吐血報道をきっかけに自粛ムード広がる
1989（平成元）	1/7	昭和天皇崩御
	1/20	米大統領にジョージ・H・W・ブッシュ（共和党）就任（～93/1/20）
	2/15	ソ連軍アフガニスタンから撤収。ソ連アフガン戦争終結
	4/1	竹下内閣、消費税法施行（税率3%）
	5/15	マイケル・アマコスト、駐日米大使に（～93/7/19）
	6/3	宇野宗佑内閣成立（～89/8/10）
	6/4	中国で六四天安門事件（民主化デモを武力鎮圧）
	7/14	G7サミット（アルシュ）。宇野宗佑首相出席
	7/23	第15回参議院議員選挙（自民党：109、社会党：68）。自民党は参院で過半数を割り、ねじれ状態に
	8/10	海部俊樹内閣成立（～91/11/5）
	9/7	ポーランドに非共産党政権誕生
	10/23	ハンガリーに非共産党政権誕生
	11/6	第1回APEC首脳会議（キャンベラ、～11/7）
	11/9	ベルリンの壁崩壊
	11/17	チェコ・スロバキアでビロード革命、共産党支配終結
	12/2	ブッシュ米大統領とゴルバチョフソ連共産党書記長によるマルタ会談（～12/3、冷戦終結）
	12/20	米軍パナマ侵攻（～90/1/31）
	12/21	ルーマニアで民主化革命（～12/26、共産党政権崩壊）
1990（平成2）	1/3	パナマのノリエガ将軍、米軍に投降
	2/18	第39回衆議院議員総選挙（消費税解散、自民党：275、社会党：136、公明党：45）
	3～	不動産価格の暴騰を沈静化させるため総量規制はじまる（～91/12）
	4/1	国際花と緑の博覧会（花博・大阪）開幕（～9/30）
	5/24	天皇、訪日した盧泰愚韓国大統領を迎えた宮中晩餐会で「痛

年	月/日	主な出来事
	10/31	インドでインディラ・ガンジー首相暗殺される
	11/6	米国大統領選挙でレーガンが再選される
1985（昭和60）	3/10	ソ連のチェルネンコ書記長死去。翌日、ミハイル・ゴルバチョフが後任に
	3/17	国際科学技術博覧会（つくば万博）開幕（～9/16）
	3/19	トルコ航空機がイラクによる空爆が迫るイランのテヘランから在留邦人を救出
	5/2	G7サミット（ボン）。中曽根首相出席
	5/29	ベルギーのヘイゼル競技場で暴動が発生し観客39人が死亡（ヘイゼルの悲劇）
	8/15	中曽根首相、靖国神社を公式参拝
	9/22	ニューヨークのプラザホテルで先進5ヵ国蔵相会議によるプラザ合意。円高不況始まる
	11/19	ジュネーブでレーガン大統領とゴルバチョフ書記長による初会談
1986（昭和61）	1/1	スペインとポルトガルがEC加盟
	2/25	フィリピンのマルコス大統領国外脱出。故ベニグノ・アキノ氏夫人コラソンが大統領就任（～92/6/29）
	4/15	テログループへの支援などを理由に米国がリビアを空爆
	4/26	チェルノブイリ原子力発電所で大規模な爆発事故（国際原子力事象評価尺度レベル7）
	5/4	G7サミット（東京）。中曽根首相議長
	7/6	衆参同日選。第38回衆議院議員総選挙（死んだふり解散、自民党：300、社会党：85、公明党：56）、第14回参議院議員通常選挙（自民党：143、社会党：41、公明党：24）
	9～	GATTで「東京ラウンド」に続くあらたな多角的貿易交渉「ウルグアイラウンド」始まる（～95）
	10/11	アイスランドのレイキャビクで米ソ首脳会談
	11/3	イラン・コントラ事件発覚
1987（昭和62）	1/1	北京の天安門広場で学生によるデモが起きる
	4/1	日本国有鉄道（国鉄）分割民営化でJRグループ誕生
	6/8	G7サミット（ベネチア）。中曽根首相出席
	7/1	単一欧州議定書が発効
	8/11	米FRB議長にアラン・グリーンスパン就任（～06/1/31）
	10/19	ニューヨーク株式市場が大暴落し、世界同時株安が始まる（ブラックマンデー）
	11/6	竹下登内閣成立（～89/6/3）
	11/29	北朝鮮工作員による大韓航空機爆破事件。死者115名
	12/7	ソ連のゴルバチョフ書記長米国訪問
	12/8	レーガン大統領とゴルバチョフ書記長、中距離核戦力（INF）全廃条約仮調印

年	月/日	主な出来事
	6/7	イスラエルによるイラク原子炉爆撃事件（オペラ作戦）
	6/10	マレーシア首相にマハティール就任（〜03/10/31）
	7/20	G7サミット（オタワ）。鈴木首相出席
	7/29	チャールズ英皇太子、ダイアナ妃と結婚
	10/6	エジプトでサダト大統領暗殺
	10/14	エジプト大統領にムバラク副大統領が昇格
	12/13	ポーランドで反政府運動を牽制するために戒厳令施行
1982（昭和57）	1/1	国連事務総長にペルーのハビエル・デクエヤル就任（オーストリアのクルト・ワルトハイムから交代、〜91/12/31）
	4/2	アルゼンチン軍、英領フォークランド諸島を占領。フォークランド紛争始まる（〜6/14）
	5/28	ローマ教皇ヨハネ・パウロ2世が英国訪問。カトリック教会とイングランド国教会が和解
	6/4	G7サミット（ベルサイユ）。鈴木首相出席
	10/1	西独首相にヘルムート・コール（キリスト教民主同盟）就任（〜98/10/27）
	11/10	ソ連のレオニード・ブレジネフ書記長死去。後任にユーリ・アンドロポフが就任（〜84/2/9）
	11/27	中曽根康弘内閣成立（〜87/11/6）
1983（昭和58）	3/8	レーガン大統領、一般教書演説でソ連を「悪の帝国」と揶揄し、新冷戦が激化
	5/28	G7サミット（ウィリアムズバーグ）。中曽根首相出席
	6/26	第13回参議院議員通常選挙（自民党：137、社会党：44、公明党：27）
	8/21	フィリピンでベニグノ・アキノ元上院議員暗殺される
	9/1	ソ連防空軍、領空を侵犯した大韓航空機を撃墜。死者269名
	10/9	ミャンマーのヤンゴン（当時ラングーン）で北朝鮮によるテロ（ラングーン事件）。現地を訪問中だった韓国の閣僚らが死亡
	10/12	東京地裁が田中元首相に受託収賄などの罪で有罪判決。国会紛糾、解散へ
	10/25	米軍、グレナダに侵攻
	11/18	第37回衆議院議員総選挙（田中判決解散、自民党：250、社会党：112、公明党：58、民社党：38、共産党：26）
	11/23	胡耀邦総書記、中国共産党の最高指導者として初の来日
1984（昭和59）	2/9	ソ連のアンドロポフ書記長死去
	2/13	ソ連の最高指導者にコンスタンチン・チェルネンコが就任（〜85/3/10）
	6/7	G7サミット（ロンドン）。中曽根首相出席
	7/28	ロサンゼルスオリンピック開幕（〜8/12）。ルーマニアを除く東側諸国がボイコット
	9/6	全斗煥大統領、韓国の国家元首として初の来日

年	月/日	主な出来事
	4/1	イランで国民投票によるイスラム共和国樹立
	5/4	英国首相にマーガレット・サッチャー（保守党）就任（～90/11/28）
	6/18	ウィーンで米ソ首脳会談。第2次戦略兵器制限条約（SALT II）に調印
	6/28	G7サミット（東京）。大平首相議長
	7/16	イラクでサダム・フセインが大統領に就任（～2003/4/9）
	8/6	米FRB議長にポール・ボルカー就任（～87/8/11）
	10/7	第35回衆議院議員総選挙（自民党：248、社会党：107、公明党：57）。非主流派による首相退陣要求から四十日抗争始まる
	10/26	韓国で朴正熙大統領暗殺される
	11/4	テヘラン（イラン）の米国大使館占拠事件
	12/24	ソ連軍、アフガニスタン侵攻。ソ連アフガン戦争始まる
1980（昭和55）	1/26	イスラエルとエジプトが国交樹立
	4/17	中国、IMFに加盟
	4/23	カーター大統領、米国大使館の人質解放のため武力作戦を決行（失敗）
	5/18	韓国で光州事件
	6/12	大平首相選挙期間中に急死。伊東正義官房長官が職務代行
	6/22	初の衆参同日選挙。第36回衆議院議員総選挙（ハプニング解散、自民党：284、社会党：107、公明党：33）、第12回参議院議員通常選挙（自民党：135、社会党：47、公明党：26）。G7サミット（ベネチア）には大来佐武郎外相が代理出席
	7/17	鈴木善幸内閣成立（～82/11/27）
	7/19	モスクワオリンピック開幕（～8/3）。前年のソ連によるアフガン侵攻への抗議から西側諸国、中国、イラク、パキスタンなどがボイコット
	7/27	パフレヴィー元イラン国王、亡命先のエジプトで死去
	8/14	ポーランドで造船所のストライキをきっかけとする民主化運動
	8/27	韓国大統領に全斗煥就任（～88/2/24）
	9/17	ポーランドで自主管理労働組合「連帯」結成
	9/22	イラン・イラク戦争勃発
	11/4	米国大統領選挙で現職のカーターがレーガンに敗れる
1981（昭和56）	1/1	ギリシャがEC加盟
	1/20	米大統領にロナルド・レーガン（共和党）就任（～89/1/20）
	2/7	第1回北方領土の日
	2/18	レーガン大統領が経済再建計画（レーガノミクス）を発表
	3～	第二次臨時行政調査会（会長：土光敏夫）発足。鈴木行革始まる
	3～	初の中国残留日本人孤児訪日調査（～94/11）
	5/21	仏大統領にフランソワ・ミッテラン（社会党）就任（～95/5/17）

年	月/日	主な出来事
	7/17	モントリオールオリンピック開幕（～8/1）。アパルトヘイトをめぐる抗議からアフリカの22ヵ国がボイコット
	7/27	ロッキード事件で田中元首相を逮捕
	9/6	ソ連の戦闘機ミグ25が函館空港に着陸（ベレンコ中尉亡命事件）
	9/9	中国の毛沢東共産党主席が死去
	10/29	防衛計画の大綱（51大綱）閣議決定。基盤的防衛力の整備を明示
	12/5	第34回衆議院議員総選挙（ロッキード選挙、自民党：249、社会党：123、公明党：55、新自由クラブ：17）
	12/24	福田赳夫内閣成立（～78/12/7）
1977（昭和52）	1/20	米大統領にジミー・カーター（民主党）就任（～81/1/20）
	2/10	200海里経済水域規定に基づく日米漁業協定調印
	2/24	ソ連、北方領土周辺を含む200海里水域での日本漁船の操業規制を決定
	4/29	ソ連、日ソ漁業条約の破棄を通告（1年後に失効）
	5/7	G7サミット（ロンドン）。福田首相出席
	6/10	マイケル・マンスフィールド、駐日米大使に（～88/12/22）
	7/1	領海法（領海及び接続水域に関する法律）施行（日本の領海は海岸から12カイリ）
	7/10	第11回参議院議員通常選挙（自民党：124、社会党：56、公明党：25）
	8～	中国共産党、文化大革命の終結を宣言
	8/18	福田首相、東南アジア歴訪の最終訪問地フィリピン・マニラで演説。東南アジア外交3原則（福田ドクトリン）を表明
1978（昭和53）	3/26	社会党を離党した国会議員らが合流して社会民主連合結成（～94/5）
	5/20	台湾総統に蒋経国就任（～88/1/13）
	5/23	第1回国連軍縮特別総会開幕
	7/16	G7サミット（ボン）。福田首相出席
	8/12	日中平和友好条約調印（発効は10/23）
	10/16	ローマ教皇にヨハネ・パウロ2世（ポーランド）就任
	10/27	アンワル・サダト（エジプト）とメナヘム・ベギン（イスラエル）がノーベル平和賞受賞
	12/7	大平正芳内閣成立（～80/7/17）
1979（昭和54）	1/1	米中国交樹立
	1/16	イラン国王モハンマド・レザー・パフラヴィーが国外脱出
	2/11	イラン革命。ホメイニーの組織したイスラム革命評議会が権力を奪取（第2次石油危機）
	2/17	中越戦争勃発（～3/16）
	3/28	米国のスリーマイル島で原子力発電所の放射能漏れ事故（国際原子力事象評価尺度レベル5）

年	月/日	主な出来事
		ジプト・シリアがイスラエルを攻撃
	10/16	OPEC湾岸6ヵ国が原油公示価格の引き上げを発表（第1次石油危機始まる）
	10/17	OAPEC加盟国が石油戦略（原油生産の段階的削減）を決定
	12/20	OAPEC加盟諸国がイスラエル支持国に対する経済制裁（石油禁輸）を決定
	12/23	OPEC湾岸6ヵ国が74年1月から原油価格を2倍以上に引き上げることを決定
1974（昭和49）	1/15	中国とベトナムが西沙諸島の領有をめぐって交戦
	1/19	中国が西沙諸島を占領。実効支配下に置く
	3/5	英国首相にハロルド・ウィルソン（労働党）就任（第2次政権、～76/4/5）
	5/16	西独首相にヘルムート・シュミット（ドイツ社会民主党）就任（～82/10/1）
	5/27	仏大統領にヴァレリー・ジスカールデスタン（フランス民主連合）就任（～81/5/21）
	7/7	第10回参議院議員通常選挙（自民党：126、社会党：62、公明党：24）。保革伯仲
	7/19	ジェイムズ・ホッジソン、駐日米大使に（～77/2/2）
	8/8	ニクソン大統領、ウォータゲート事件で辞任。フォード副大統領昇格
	10/9	月刊文藝春秋に立花隆の「田中角栄研究」が掲載され、金脈問題の追及はじまる
	11/26	田中首相退陣を表明
	12/9	三木武夫内閣成立（～76/12/24）
1975（昭和50）	2/11	英国保守党党首にマーガレット・サッチャー選出される
	4/30	サイゴン陥落。南ベトナムは無条件降伏し、ベトナム戦争終結
	7～	全欧安全保障協力会議（CSCE）で東西の安全保障の促進を謳ったヘルシンキ宣言が採択される
	8/15	三木首相、現職の総理大臣として初めて終戦の日に靖国神社参拝
	11/15	英・米・仏・西独・伊・日による初の先進国首脳会議（ランブイエ）。三木首相出席
1976（昭和51）	1/9	中国の周恩来国務院総理が死去
	2/24	東京地検によるロッキード事件の強制捜査開始
	4/5	英国首相にジェームズ・キャラハン（労働党）就任（～79/5/4）
	6/25	自民党を離党した河野洋平らが新自由クラブを結成（～86/8）
	6/27	G7サミット（サンファン）。今回よりカナダが加わり、G7となる。三木首相出席
	7/2	南北ベトナム統一。ベトナム社会主義共和国成立

年	月/日	主な出来事
1970（昭和45）	2/3	日本政府、核拡散防止条約（NPT）に調印
	3/14	日本万国博覧会（大阪万博）開幕（～9/13）
	6/23	日米安全保障条約自動延長
	9/6	パレスチナ解放機構（PLO）の下部組織PFLPが4機の航空機を同時ハイジャック
	12/3	中国の国営新華社通信が尖閣諸島は中国領であると報道
1971（昭和46）	2/14	ペルシア湾岸産油6ヵ国および各国で操業する石油会社グループの間で、1975年までの原油価格の年次ごとの値上げと所得税率の引上げを定めたテヘラン協定締結
	6/27	第9回参議院議員通常選挙（自民党：131、社会党：66、公明党：22）
	7/1	環境庁発足
	7/9	ヘンリー・キッシンジャー米大統領補佐官が極秘訪中。周恩来首相と会談
	7/15	リチャード・ニクソン米大統領、訪中を発表（ニクソン・ショック）
	8/15	ニクソン大統領がドルと金の兌換停止を発表（ドル・ショック）
	10/25	中華人民共和国が国連に加盟。中華民国（台湾）は追放
1972（昭和47）	2/21	ニクソン大統領訪中
	3/1	ローマクラブ『成長の限界』を発表
	4/12	ロバート・インガーソル、駐日米大使に（～73/11/8）
	5/15	米国から沖縄が返還され、沖縄県発足
	6/11	田中角栄「日本列島改造論」を発表
	6/17	ウォーターゲート事件発覚
	6/17	佐藤栄作首相、退陣を表明
	7/7	田中角栄内閣成立（～74/12/9）
	9/29	田中首相訪中。日中国交正常化共同声明
	11/22	ジュネーヴでSALT II（第2次戦略兵器制限条約）交渉開幕
	12/10	第33回衆議院議員総選挙（日中解散、自民党：271、社会党：118、共産党：38、公明党：29、民社党：19）
	12/27	韓国大統領に朴正煕就任（79/10/26暗殺）
1973（昭和48）	1/1	英国、アイルランド、デンマークがEC加盟
	1/27	パリ（ベトナム和平）協定調印
	1/29	ニクソン大統領、ベトナム戦争終結を宣言
	3/29	米国軍が南ベトナムからの完全撤退を完了
	7/25	資源エネルギー庁発足
	8/8	金大中事件
	9～	GATT（関税と貿易に関する一般協定）閣僚会議で採択された東京宣言に基づき、多角的貿易交渉「東京ラウンド」始まる（～79）
	10/6	第4次中東戦争。第3次中東戦争での失地回復を目指したエ

関連年表

年	月/日	主な出来事
1967（昭和42）	1/29	第31回衆議院議員総選挙（黒い霧解散、自民党：277、社会党：140、民社党：30、公明党：25、共産党：5）
	2/11	初の「建国記念の日」
	6/5	第3次中東戦争（六日戦争）勃発（～6/10）
	6/17	中国が初の水爆実験
	7/1	ブリュッセル条約発効。欧州石炭鉄鋼共同体、欧州経済共同体、欧州原子力共同体が統合される
	8/8	東南アジア諸国連合（ASEAN）創設
1968（昭和43）	1/5	アレクサンデル・ドプチェク、チェコスロバキア共産党第一書記に就任。「プラハの春」はじまる
	1/16	ウィルソン英首相、1971年までにスエズ以東からの英駐留軍の撤退を表明
	1/27	佐藤栄作首相、国会答弁で非核三原則を表明
	1/30	南ベトナムの共産ゲリラによるテト攻勢はじまる
	4/4	マーティン・ルーサー・キング牧師暗殺される
	6/26	小笠原諸島が本土復帰
	7/7	第8回参議院議員通常選挙（自民党：137、社会党：65、公明党：23）
	8/20	ワルシャワ条約機構軍がチェコスロバキアに軍事介入。「プラハの春」の終焉
	10/21	国際反戦デー。新宿騒乱
1969（昭和44）	1/18	東京大学安田講堂で学生と機動隊による攻防戦
	1/20	米大統領にリチャード・ニクソン（共和党）就任（～74/8/9）
	3/2	ダマンスキー島事件によって中ソ国境紛争勃発
	6/10	日本のGNPが西独を抜き世界第2位になったことを経済企画庁が発表
	7/15	仏大統領にジョルジュ・ポンピドゥー（フランス国民連合）就任（～74/4/2）
	7/20	アポロ11号月面着陸
	9/1	リビア政変によりカダフィが政権を掌握
	9/6	新東京国際空港（成田空港）着工
	9/23	中国が初の地下核実験
	10/21	国際反戦デー。新左翼各派が新宿を中心に各地で機動隊と衝突
	11/21	訪米中の佐藤首相が米国政府と3年後の沖縄返還で合意
	12/27	第32回衆議院議員総選挙（沖縄解散、自民党：288、社会党：90、公明党：47、民社党：31、共産党：14）

［著者略歴］

高坂正堯（こうさか・まさたか）

国際政治学者、法学博士

一九三四年京都市生まれ。一九五七年京都大学法学部卒業後、同助手に採用され、一九五九年同助教授、一九七一年教授に昇進。専門は国際政治学、ヨーロッパ外交史。一九七八年『古典外交の成熟と崩壊』で第一三回吉野作造賞を受賞。国際戦略研究所理事、財団法人平和・安全保障研究所理事長などを歴任するも一九九六年急逝。

主著に『海洋国家日本の構想』『宰相吉田茂』（ともに中公クラシックス）、『国際政治』（中公新書）、『文明が衰亡するとき』『世界史の中から考える』『現代史の中で考える』（いずれも新潮選書）などがある。

外交感覚——時代の終わりと長い始まり

二〇一七年二月一日　初版第一刷発行
二〇一七年三月七日　初版第二刷発行

著者　高坂正堯

発行者　千倉成示

発行所　株式会社 千倉書房
〒一〇四－〇〇三一　東京都中央区京橋二－四－一二
電話　〇三－三二七三－三九三一（代表）
http://www.chikura.co.jp/

印刷・製本　中央精版印刷株式会社

造本装丁　米谷豪

ISBN 978-4-8051-1094-2 C3031

「死の跳躍」を越えて

佐藤誠三郎 著

西洋の衝撃という未曾有の危機に、日本人は如何に立ち向かったか。近代日本の精神構造の変容を描いた古典的名作。

❖Ａ5判／本体 五〇〇〇円＋税／978-4-8051-0925-0

日本は衰退するのか

五百旗頭真 著

悲観してはならないが楽観も許されない。国際社会で厳しい舵取りを迫られる日本に、揺るぎない指針を示す。

❖四六判／本体 二四〇〇円＋税／978-4-8051-1049-2

「普通」の国 日本

添谷芳秀＋田所昌幸＋デイヴィッド・ウェルチ 編著

「日本が普通の国になる」とはどのような事態を指すのだろう。それは可能なのか、望ましいのか、世界はどう見るのか？

❖四六判／本体 二八〇〇円＋税／978-4-8051-1032-4

表示価格は二〇一七年二月現在

千倉書房